해커스변호사

민법

암기장

윤동환

해커스변호사

전면개정판 서문

1. 민법 최초의 암기장에서 암기장의 모델이 되기까지

아직도 기억이 생생합니다. 20년 전 본 강사가 처음 강의를 시작할 때 방대한 민법을 시험 직전에 빠르게 정리할 수 있는 암기장을 만들어 보자라는 의욕에 불타 몇 달을 밤샘 작업하며 만들어 낸 약 70page 분량의 암기장, 아직도 본 강사의 책꽂이 한켠에 古書로 남아있습니다.

당시 신림동 사법시험 강의에서는 이런 획기적인 '암기장'이 없었던 터라 사실 오늘의 본 강사가 학생들에게 강렬하게 인상지어 줄 수 있었던 것도 바로 이 '암기장' 덕분입니다. 그 후 '맥' 기본서와 함께 2009년부터 정식교재로 암기장이 출간되어 이제는 매년 3천부 이상 인쇄되는 수험서의 초베스트셀러에 이르게 되었습니다.

2. 암기장은 암기장답게 하지만 꼭 필요한 내용은 빠짐없이

하지만 수험환경도 바뀌어 변호사시험의 경우 객관식과 주관식을 한 번에 치러야 하는 까닭에 주관식 뿐만 아니라 객관식도 90점 이상 확보될 수 있는 암기장이 필요하게 되었습니다. 이에 본 강사는 해당 암기장을 막판에는 거의 기본서 대용으로서도 충분히 활용할 수 있게끔 계속 업그레이드 하였습니다. 본서의 특징 및 활용방안을 아래와 같이 소개합니다.

(1) 기존 암기장 내용을 다시 전면적으로 재검토, 판형과 글자를 크게

[2025 해커스변호사 민법 암기장]은 내용을 다시 한 번 전면적으로 재검토하여 ① 최신판례 및 13회 변호사시험 기출반영, ② 기본적인 내용 추가, ③ 필요한 부분에 판례제목붙이기, ④ 핵심사례를 요약 정리하여 추가 등을 통해 한층 완결적인 암기장을 완성하였습니다. ⑤ 또한 암기장 목차체계를 민법의 맥 목차체계와 동일하게 구성하고, 기본서 방주번호를 암기장 목차옆에 소개하여 기본서와 암기장을 유기적으로 활용할 수 있게 하였습니다.

무엇보다 필요한 내용의 빠짐없는 서술을 위해 작년판 기준 내용을 대폭 추가하였습니다. 아울러 그동안 암기장을 최대한 슬림하게 한다는 취지에서 책 여백을 거의 두지 않음에 대한 불편함이 많다는 지적에 따라 '판형과 글자'를 키우고, 여백을 충분히 두어 가독성을 높였습니다.

(2) 출제예상 주제별, 판례별 강약조절

변호사시험 및 사법시험 등 각종 국가고시 기출문제를 분석하여 중요주제 및 판례를 '엄선'한 뒤 각 주제별 중요도 체크, 두문자 정리와 함께 필수암기(요건, 효과) · 判例를 소개하였습니다. 특히 판례선정에 심혈을 기울여 빈출기출 판례, 출제예상 판례는 거의 빠짐없이 소개하였습니다. 판례는 2023년 7월까지 반영하였습니다.

(3) 변호사시험 및 각종 국가고시 기출표시

변호사시험 선택형 및 사례형(예를 들어 12회 선택형, 12회 사례형), 법원행정고시(예를 들어 20법행), 법무사(예를 들어 20법무), 법무행정고시(예를 들어 20행정) 입법고시(예를 들어 20입법) 2차 쟁점까지 기출표시를 함으로써 암기장의 중요기능 중 하나인 강약조절기능을 더욱 강화하였습니다.

(4) 판례소개도 중요도에 따라 강약조절

사실 중요판례만 따서 '붙여넣기'하는 작업은 어렵지 않습니다. 하지만 암기장이 암기장으로서 제 기능을 발휘하려면 철저하게 강약조절이 필요한바, 객관식용 판례는 간단히 '판결요지'만 소개하고, 주관식으로까지 출제될 수 있는 판례는 '판시원문'(" "로 표시)을 가급적 소개하되 답안지에 꼭 필요한 분량만큼 정리해서 소개하였습니다. 특히 중요판례의 경우 판례의 이해도를 높이기 위해 또 주관식 답안지에 활용하기 위해 '판례검토를 각주'에 소개하여 객관식 및 주관식을 통합적으로 대비할 수 있게 하였습니다.

(5) 논리적이고 체계적인 흐름을 잡을 수 있는 암기장

사실 중요판례만 따서 '나열'하는 작업은 어렵지 않습니다. 하지만 민법과 같이 논리체계가 복잡 다단한 과목은 반드시 논리적 흐름체계하에서 주제와 판례를 검토해야 하는바, 기본서 논리흐름과 목차체계를 유지하여 단순암기장을 넘어 '막판' 기본서 대용으로 활용할 수 있게 하였습니다.

(6) 객관식 및 주관식 사례대비 논리(사례)구조

각 주제별로 수십개의 사례가 만들어질 수 있으나, 본서에 수록된 논리(사례)구조는 각 주제별로 가장 전형적으로 문제될 수 있는 경우를 예시로 제시하였으며, 필요에 따라 요건사실론에 바탕을둔 주장 → 항변 사례구조도 제시하여 기록형까지 동시에 대비할 수 있도록 하였습니다. 이러한 사례구조의 Tool을 잘 활용한다면 객관식에서 시간절약, 주관식에서 쟁점누락 방지 등 여러측면에서 크게 도움이 될 것으로 생각됩니다.

올해판의 경우 기존 암기장을 전면적으로 다시 검토하고 완결성을 높이겠다는 욕심 때문에 약속한 출간일자보다 지연되어 수험생들에게 미안한 마음입니다. 하지만 기다림의 아쉬움은 본서의 완성도를 통해 충분히 보상받으실 수 있을 거라 믿습니다. 아무쪼록 방대하고 어려운 민법과목을 공부하는 수험생들에게 단비와 같은 암기장으로서의 역할을 계속해서 수행할 수 있도록 본 저자도 최선을 다하겠습니다.

본서에 관한 의문이나 질문이 있으신 분은 카톡(아이디 dhyoon21), 이메일(dhyoon21@hanmail.net)이나 daum 카페 "윤동환 민사법교실"(http://cafe.daum.net/civillawclass)로 의견을 개진해 주시길 바랍니다.

참고로 본서에 관한 목차 및 판례색인은 위 '해커스변호사 홈페이지'와 다음카페 '공개자료실'에 게재할 예정입니다.

2024년 3월

저 자 **윤 동 환**

목차

제1편 민법총칙

제2편 **채권총론**

제3편 채권각론

제4편   물권법

제5편 친족 · 상속법

2025 해커스변호사
민법 암기장

제 1 편

민법총칙

(계약체결단계에서의 하자 ⇒ 계약이행단계에서의 하자 ⇒ 물권침해까지의 사례 풀이구조)

Ⅰ. 계약의 체결단계에서의 하자 검토

1. 당사자 사이의 계약유형(15가지 전형계약) 및 당사자의 법적지위 확정···권리근거사실

2. 계약의 성립요건의 하자 검토···권리방해사실[1]

법률행위 해석을 통한 당사자 · 목적(계약 내용) · 의사표시의 합치 확정

3. 계약의 유효(효력)요건의 하자 검토···권리방해사실

(1) 계약의 유효(효력)요건 검토

① 일반적 유효요건으로 ⅰ) 권리능력(태아) · 의사능력 · 행위능력(제한능력자), ⅱ) 계약 내용의 확정 · (실현)가능 · 적법(제105조) · 사회적 타당성(제103조 · 제104조), ⅲ) 의사와 표시의 일치(제107조~제110조), ② 특별 효력요건으로 대리(무권대리 ⇒ 표현대리 ; 유권대리 ⇒ 대리권남용의 항변)

(2) 무효 · 취소에 따른 효과

1) 부당이득반환(이미 이행한 경우)

① 급부청산의 법적근거 ⅰ) 주된 급부인 소유권 또는 대금의 경우(제741조 또는 제213조, 제214조), ⅱ) 부수적 급부인 사용이익 또는 법정이자의 경우(제201조 또는 제748조)

② 급부청산의 구체적 행사시(동시이행의 항변권, 유치권)

2) 손해발생에 따른 손해전보(신뢰이익[2] 배상이 문제)

① 제535조(유추적용), ② 불법행위책임

---

1) 구체적으로 ① 권리장애사실[권리근거규정의 법률효과의 발생을 방해하는 규정의 요건사실을 말한다. 공서양속위반(제103조), 강행법규위반(제105조), 통정허위표시(제108조) 등 계약의 무효사유를 들 수 있다] · ② 권리소멸사실[권리근거규정의 법률효과인 권리가 발생한 다음에 이를 소멸, 종료시키는 규정의 요건사실을 말한다. 취소, 해제 등 계약 자체의 효력을 소멸시키는 사유와 변제, 공탁, 상계, 소멸시효 완성 등 당해 청구권의 소멸을 초래하는 사유를 들 수 있다] · ③ 권리행사저지사실[권리근거규정의 법률효과인 권리가 발생한 다음에 그 권리의 행사를 저지 또는 배제하는 규정의 요건사실을 말한다. 동시이행의 항변권(제536조), 유치권에 기한 항변(제320조) 등이 있다]을 들 수 있다.

2) 여기서의 신뢰이익 손해는 계약이 유효하게 체결되었다는 것에 대한 신뢰이익을 의미한다(제535조 참조).

Ⅱ. 적법·유효하게 계약이 체결되었다면 계약의 이행단계에서의 하자 검토

1. 채무가 이행된 경우(7가지 채권의 소멸사유 검토)…권리방해사실

특히 변제, 변제공탁, 상계

2. 채무가 이행되지 않은 경우(채권자의 구제수단을 중심으로)…권리근거사실

(1) 채무자의 귀책사유가 없는 경우(특히 급부불능의 경우)

쌍무계약시 (대가)위험부담의 문제(제537조, 제538조), 대상청구권 문제

(2) 채무자의 귀책사유가 있는 경우

① (하자)담보책임(신뢰이익[3]배상) ⇒ ② 채무불이행책임(강제이행, 손해배상청구, 계약해제·해지권, 대상청구권) ⇒ ③ 담보책임과 채무불이행책임과의 경합여부(결론은 경합 인정) ⇒ ④ 불법행위책임 ⇒ ⑤ 계약책임과 불법행위책임의 경합 여부(결론은 경합 인정)

3. 계약당사자 이외 제3자에 의한 채권침해의 경우(채권자의 구제수단을 중심으로)… 권리근거사실

채권자대위권, 채권자취소권, 제3자의 채권침해를 이유로 한 불법행위책임 문제

Ⅲ. 계약의 이행으로 인한 권리(물권)변동 후 권리(물권)침해의 경우

1. 물권자 확정…권리근거사실

주로 소유권자 확정에 따른 제213조 또는 제214조(목적물인도청구권, 진정명의회복을 원인으로 한 소유권이전등기청구권, 등기말소청구권, 건물철거청구권 등)

2. 의무자의 점유할 권리(제213조 단서) 검토…권리방해사실

여기서 '점유할 권리'란 민법상 완전한 권리뿐만 아니라 점유를 정당화할 수 있는 모든 법적 지위를 포함한다. 여기에는 ① 물권법상 권리로서 ⅰ) (법정)지상권, ⅱ) 유치권, ② 채권적 권리로서 ⅰ) 미등기 매수인, ⅱ) 점유취득시효완성자, ⅲ) 임차인, ⅳ) 동시이행항변권, ③ 위 권리가 없을 경우 최후의 보충적 항변수단으로 신의칙(주로 권리남용, 실효의 원칙 등이 문제)을 들 수 있다. 반면 물권적 청구권을 행사하는 소유자에게 대항할 수 없는 채권적 권리는 이에 포함되지 않는다.

3. 물권자 확정에 따른 부수적 이해관계 조정…권리근거사실

① 제201조 내지 제203조 또는 제748조와 관련한 점유자와 회복자의 관계 ⇒ ② 손해발생과 관련한 불법행위책임 ⇒ ③ 유치권 및 동시이행항변권

---

3) 여기서의 신뢰이익 손해는 매수인이 권리 또는 물건에 하자가 없다고 신뢰한데 따른 손해를 의미한다(제580조 참조).

Ⅰ. 제1조의 의미 [A-1]

제1조는 "민사에 관하여 법률에 규정이 없으면 관습법에 의하고 관습법이 없으면 조리에 의한다"라고 하여 민법의 법원으로 인정되는 '범위'와 '적용순서'를 정하고 있다.

Ⅱ. 관습이 법으로 되기 위한 요건 및 효과 [A-5]

관습이 법으로 되기 위해서는 ㉠ '관행'(반복성)이 존재하고, ㉡ 관행을 법규범으로 인식하는 '법적 확신'이 있어야 하며, ㉢ 관행이 헌법을 최상위규범으로 하는 전체 법질서에 반하지 않을 것으로서 '정당성과 합리성'을 갖출 것을 요한다(제1조).

이러한 관습법은 민사에 관해 법원이 되며(제1조), 직권조사사항이며, 성문법과의 관계에서는 보충적인 효력을 갖는다(보충적 효력설)(80다3231).

✎ **[비교]** 이에 비해 사실인 관습이란 '법적 확신을 얻지 못한 관행'으로 '법률행위 해석의 기준'이 된다(제106조).

Ⅲ. 종중 구성원에 대한 관습법의 효력 [15사법] [핵심사례 A-01]

1. 관습법의 성립요건 및 효력요건(관행, 법적확신, 정당성과 합리성)

2. 종중 구성원의 자격을 성년 남자만으로 제한하는 종래 관습법의 효력(효력상실)

종중 구성원의 자격을 성년 남자만으로 제한하는 종래 관습법에 대해 대법원은 헌법상 남녀평등의 원칙을 최상위 규범으로 하는 변화된 우리의 전체 법질서에 부합하지 아니하여 정당성과 합리성이 있다고 할 수 없어 더 이상 법적 효력을 가질 수 없게 되었다고 한다(전합2002다1178).

3. 관습법이 효력상실된 경우 소급효가 있는지 여부(예외적으로 당해 사건에 소급효 인정)

4. 관습법으로서 효력이 없는 경우 종중 구성원의 자격

⑴ 조리에 의한 보충(제1조에 따라 법률에 규정이 없으면 관습법, 관습법이 없으면 조리에 의한다)

⑵ 판례(종중은 자연발생적인 종족집단이므로 성별의 구별이 없어야 하는 것이 조리에 합당)

Ⅳ. 조리(條理)의 법원성 [A-3]

과거에는 '조리'에 부합하였던 법규범이라도 사회관념과 법의식의 변화 등으로 인해 헌법을 최상위 규범으로 하는 전체 법질서에 부합하지 않게 되었다면, 대법원은 그러한 법규범이 현재의 법질서에 합치하도록 하여야 한다. 따라서 '제사주재자'(제1008조의3)는 우선적으로 공동상속인들 사이의 협의에 의해 정하되, 협의가 이루어지지 않는 경우에는 피상속인의 직계비속 중 남녀, 적서를 불문하고 최근친의 연장자가 제사주재자로 우선한다고 보는 것이 '조리'에 부합한다고 한다(전합2018다248626)(13회 선택형).

Ⅰ. 신의칙 [A-13, A-16]

1. 법적성질

신의성실의 원칙은 강행법규적 성질을 가지므로 당사자의 주장이 없더라도 법원이 '직권'으로 그 위반 여부를 판단할 수 있다(94다42129)(3회 선택형).

2. 파생원칙(← 구체적 타당성 확보를 위한 보충적인 법리 : 최후의 항변수단)

① 권리남용금지의 원칙(← 권리행사의 자유), ② 실효의 원칙(← 소멸시효, 제척기간), ③ 사정변경의 원칙(← 계약준수의 원칙), ④ 자기모순금지의 원칙(← 합법성의 원칙)

※ 권리남용금지의 원칙 논리(사례) 구조(지상물[4] 철거청구가 일반적)

> ### ※ 물권법 소유권에 기한 부동산인도 · 철거 · 퇴거청구 참고
>
> ### Ⅰ. 권리자(토지소유자)의 권리행사의 법적근거 검토
> 주로 소유권자 확정에 따른 제213조 또는 제214조
>
> ### Ⅱ. 의무자(건물소유자)의 점유할 권리(제213조 단서) 검토
> 주로 토지의 일부에 대한 취득시효가 쟁점
>
> ### Ⅲ. 최후의 항변수단으로 권리남용 검토
> ① 객관적 요건 ⇒ ② 주관적 요건
>
> ### Ⅳ. 권리남용으로 인정되는 경우의 법률관계
> ① 정상적인 권리행사에 따르는 법적 효과의 불발생 ⇒ ② 의무자의 부당이득 반환 또는 불법행위 책임 성부 ⇒ ③ 의무자의 점유를 적법하게 하는 방법

Ⅱ. 권리남용의 요건 [A-18]

1. 객관적 요건

① 권리의 행사와 ② 실질적인 신의칙의 위반이 있어야 하는바, 특히 判例는 토지소유자의 지상물철거청구가 권리남용인지를 판단하는 기준과 관련하여 ⅰ) 지상물 소유자와 토지소유자의 이익형량 ⅱ) 토지소유자의 전략적 행동의 유무, ⅲ) 지상물 소유자의 귀책성 등을 고려한다(이, 전, 귀).

2. 주관적 요건(가해의사의 요부)

(1) 지상물철거청구

判例는 일관된 입장을 보이고 있지 않으나 기본적으로 '가해의사'(오직 상대방에게 고통을 주고 손해를 입히려는 목적)를 요구한다. 다만 최근에는 "주관적 요건은 권리자의 정당한 이익 결여라는 객관적

---

4) 공공의 이익과 관련성이 있는 학교, 병원, 송전선이 특히 문제된다.

사정에 의하여 추인될 수 있다"라고 판시함으로써 주관적 요건을 완화하는 경향이다[5]

⑵ 소유권 아닌 다른 권리의 행사

이 경우 判例는 권리남용의 요건으로서 주관적 요건이 반드시 필요한 것은 아니라고 한다. 이 때에는 그 제도의 취지에 비추어 이를 악용하는 경우 권리남용에 해당하는 것으로 본다. 즉, ① 주로 자기 채무의 이행만을 회피하기 위한 수단으로 동시이행의 항변권을 행사하는 경우에는 그 항변권의 행사는 권리남용으로서 배척된다고 하고(91다29972), ② 상계할 목적으로 부도가 난 채권자의 어음을 헐값으로 매입한 뒤 자신의 채무와 상계하는 것은 상계제도의 목적이나 기능을 일탈하여 상계에 관한 권리를 남용하는 것으로서, 이 경우 주관적 요건은 필요하지 않다고 한다 (2002다59481).

Ⅲ. 권리남용의 효과　　　　　　　　　　　　　　　　　　　　　　　　　　[A-20]

1. 정상적인 권리행사에 따르는 법적 효과의 불발생

2. 상대방의 부당이득 반환 또는 불법행위 책임 성부

권리남용이라고 하더라도 친권상실(제924조) 등과 같은 명문의 규정이 없는 한 원칙적으로 '권리행사가 제한'되는 것이지 '권리 자체가 박탈'되는 것은 아니다. 따라서 권리행사가 남용이라고 하더라도 상대방의 침해로 입은 손해에 대해서는 부당이득반환책임이나 불법행위책임을 물을 수 있다. ① 예를 들어 지상물 철거 청구의 경우 지상물 소유자는 토지위에 지상물을 소유하는 한 계속해서 차임 상당의 부당이득금을 지급해야 하므로 토지의 소유자에게 토지에 관한 '용익권'의 설정을 청구할 수 있으며(매수나 매도청구는 불가) 토지소유자는 신의칙상 승낙의무가 있다(92다20170 참고). ② 그리고 상대방의 침해가 불법행위를 구성하는 경우에는 권리자는 손해배상을 청구할 수 있다 (제750조).

Ⅳ. 권리남용을 부정한 판례와 긍정한 판례　　　　　　　　　　　　　　　　[A-21]

1. 토지소유권에 기한 건물철거청구(지상물 철거청구의 남용)

토지소유자가 토지 상공에 '송전선'이 설치되어 있는 사정을 알면서 그 토지를 취득한 후 13년이 경과한 때 송전선의 철거를 구한 사안에서, 한전의 송전선 설치에 따른 토지이용권 확보나 적절한 보상이 현재까지 없는 점과 토지소유자가 비록 위 토지를 농지로만 이용하여 왔다고 하더라도 토지소유권의 행사에 아무런 장애가 없다고 할 수는 없다는 이유로, 위 청구가 권리남용에 해당하지 않는다고 하였다(94다54283).

2. 토지소유권에 기한 공로(公路)인도청구 등

判例에 따르면 ① 어떤 토지가 그 개설경위를 불문하고 공로(일반 공중의 통행에 공용되는 도로)가 되면 그 부지의 소유권 행사는 사회적 제약을 받게 되며, 따라서 공로 부지의 소유자가 이를 점유하는 지방자치단체를 상대로 도로의 철거, 점유 이전 또는 통행금지를 청구하는 것은 '권리남용'이며

---

5) **[판례검토]** 判例가 가해의 의사라는 주관적 요건을 필요로 하는 것은 주로 토지소유권 행사에 한정되어 있는바 '토지소유권 존중의 원칙'에 비추어 볼 때 타당한 측면이 있다(소유권의 배타성·항구성을 고려).

(2021다242154), ② 이러한 공로에 대한 특정인의 통행의 자유를 침해하는 것은 '불법행위'에 해당하므로 침해를 받은 자로서는 방해의 배제나 장래에 생길 방해를 예방하기 위하여 '통행방해 행위 금지청구권'을 행사할 수 있다(2021다242154).

3. 실체적 권리관계에 배치되는 확정판결의 집행

소송당사자가 불법한 수단으로 법원과 상대방을 속여 부정한 내용의 확정판결을 취득한 경우 ('사위판결 또는 편취판결') 그 구제수단으로 ① 소송법적 구제수단인 추후보완상소(민사소송법 제173조) 또는 재심의 소(민사소송법 제451조 1항)와 ② 집행법적 구제수단인 권리남용을 이유로 하는 청구이의의 소(민사집행법 제44조 2항)가 있다. ③ 실체법상의 구제수단과 관련하여 判例에 따르면 확정판결에 기한 집행이 권리남용에 해당하여 청구이의의 소에 의하여 집행의 배제를 구할 수 있는 정도의 경우라면 그러한 판결금 채권에 기초한 다른 권리의 행사, 예를 들어 판결금 채권을 피보전채권으로 하여 **채권자취소권을 행사하는 것 등도 허용될 수 없다**고 한다(2013다75717). 다만 확정판결에 기한 강제집행이 경료된 경우에, 그 확정판결이 취소되지 않은 이상 부당이득의 성립은 부정되며(99다32905), 불법행위에 기한 손해배상청구도 예외적으로만 인정된다(95다21808).

Set 004 실효의 원칙 ★

Ⅰ. 실효의 원칙의 요건(상, 새, 정)   [A-22]

ⅰ) 권리자가 상당한 기간 동안 권리를 행사하지 않다가 후에 새삼스럽게 권리를 행사하였을 것, ⅱ) 권리자가 더 이상 권리를 행사하지 않을 것이라고 믿을 만한 정당한 사유가 있을 것을 요한다.

Ⅱ. 실효의 원칙의 효과   [A-25]

실효의 원칙의 요건이 충족되면 권리행사는 권리남용이 되어 허용되지 않으며 반사적 효과로서 상대방은 의무를 면한다. 구체적 효과는 권리남용의 일반적인 효과에 따르므로 '권리 자체'가 소멸하는 것이 아니라 '권리의 행사'만을 허용하지 않는다.

Ⅲ. 관련판례

1. 실효의 원칙을 긍정한 판례

(1) 노동관계 분쟁

判例는 '고용관계의 존부'를 둘러싼 노동분쟁에서는 '법률관계의 조속한 확정'이 필요하다는 점 때문에 보다 적극적으로 실효의 원칙을 원용하고 있는바, "다른 직원이 승소판결을 받음으로써 해고가 무효라는 것을 알았음에도 무려 '2년 4개월'이 경과한 시점에 당해 근로자가 그 무효를 주장하는 것은 실효의 원칙에 비추어 허용될 수 없다"(91다30118)고 한다.

⑵ 형성권, 항소권

기간의 정함이 없는 제척기간인 '해제권(제544조)'과 같은 형성권(94다12234), 기한의 정함이 없는 '항소권'과 같은 소송법상의 권리(94다51840)등에도 적용이 있다.

2. 실효의 원칙을 부정한 판례

⑴ 소유권에 기한 권리행사

소유권과 같은 배타적 · 항구적 권리에 관해서는 그 권리의 본질과 배치되지 않는 한도에서만 인정될 수 있다는 점 등을 이유로 判例는 소유권 및 그에 기한 물권적 청구권에 대하여 권리가 실효되었다고 인정한 경우는 사실상 없다(94다54283 참고).

① "송전선이 토지 위를 통과하고 있다는 점을 '알고서 토지를 취득하였다고 하여' 그 취득자가 그 소유 토지에 대한 소유권의 행사가 제한된 상태를 '용인'하였다고 할 수는 없으므로, 그 취득자의 송전선 철거청구나 부당이득반환청구 등의 권리행사가 신의성실의 원칙에 반한다고 할 수 없다"(94다27069).

② "토지소유자가 그 점유자에 대하여 부당이득반환청구권을 장기간 적극적으로 행사하지 아니하였다는 사정만으로는 부당이득반환청구권이 이른바 실효의 원칙에 따라 소멸하였다고 볼 수 없다"(2001다60019).

⑵ 친족법상의 권리

① 判例는 상속재산에 대한 이해관계를 위해 신분관계를 바로잡을 목적으로 검사를 상대로 인지청구의 소를 제기한 경우, 인지청구권(제863조)은 포기할 수 없는 권리라는 이유로 실효의 법리는 적용되지 않는다고 한다(2001므1353).

② 중혼의 취소기간에는 특별한 제한이 없다(제810조, 제816조 1호). 判例는 전혼이 사실상 파탄된 후 이혼하지 않고 이중호적을 이용하여 타인과 재혼을 함으로써 중혼이 된 사례에서, 원고가 중혼 성립 후 10여년이 지난 후 혼인취소청구권을 행사한 경우, 실효의 법리는 부정하였으나, 혼인파탄 후의 중혼이어서 반사회적인 성질이 약한 점과 이미 배우자는 사망한 점, 중혼취소에 따른 중혼자의 피해가 매우 큰 점 등을 이유로 그 행사가 권리남용에 해당한다는 이유로 취소청구를 부정한바 있다(92므907).

※ 실효의 원칙 논리(사례) 구조

권리남용금지의 원칙 사례와 동일하다. 다만 실효의 원칙 검토에 앞서 반드시 소멸시효 또는 제척기간의 항변여부를 선결적으로 검토한 다음 실효원칙의 필요성(민법상 시효제도가 비교적 장기이고 고정되어 있다는 점, 형성권 · 항변권에 대해서 기간의 제한이 없는 경우 권리행사의 기간을 제한할 필요가 있다는 점 등)을 이끌어 내어야 한다.

Ⅰ. 일반원칙으로서의 사정변경원칙의 인정 여부 　　　　　　　[A-27]

1. 일시적 계약관계의 경우

① 과거에는 기본적으로 부정설의 입장이었으나, 최근 判例 중에는 "사정변경으로 인한 계약해제는 계약준수 원칙의 예외로서 인정된다"고 하여 사정변경의 원칙의 인정을 전제한 판결이 나와 주목받고 있다(2004다31302).

② 지방자치단체로부터 매수한 토지가 공공용지로 편입되어 매수인이 의도한 음식점의 건축이 불가능하게 된 것은 '주관적 사정'에 불과할 뿐 계약의 기초가 되었던 '객관적인 사정'이 변경된 것은 아니므로 사정변경을 이유로 '해제'할 수 없다(2004다31302).

③ "제599조의 입법취지에 비추어 금전소비대차계약이 성립된 이후에 차주의 신용불안 등이 생겨 장차 대주의 대여금반환청구권 행사가 위태롭게 되는 등 사정변경이 생기고 이로 인하여 당초의 계약내용에 따른 대여의무를 이행케 하는 것이 공평과 신의칙에 반하게 되는 경우에 대주는 대여의무의 이행을 거절할 수 있다"(2017다224302).

2. 계속적 계약관계의 경우

① 判例는 대표적으로 계속적 보증계약의 경우 사정변경을 이유로 '해지권'을 인정하거나 '책임제한'을 인정하고 있다(상세한 내용은 Set 056.참고).

② 임대차에서 차임불증액 특약이 있더라도 사정변경에 기한 차임 증액을 긍정하고 있다(96다34061)(차임불감액특약은 제652조, 제628조에 의해 무효이나 차임불증액특약은 유효하다).

③ 判例는 주택건설사업을 위한 견본주택 건설을 목적으로 토지임대차 계약을 체결하면서 특약사항으로 위 '목적을 명시'하였는데, 지자체로부터 가설건축물 축조신고 반려통보 등을 받고 위 토지에 견본주택을 건축할 수 없게 된 경우, 사정변경을 이유로 계약을 '해지'할 수 있다고 보았다(2020다254846).

Ⅱ. 사정변경의 원칙의 요건 　　　　　　　[A-28]

사정변경의 원칙이 적용되기 위해서는 ㉠ 법률행위 성립의 '기초'가 된 '객관적 사정'이 ㉡ 당사자가 '예견하지 못했던 사유'(당사자의 귀책사유 없이)로 인해 '현저히 변경'되어, ㉢ 당초의 내용대로 그 효과를 강제하는 것이 당사자 일방에게 '명백하게 부당'하게 될 것을 요건으로 한다.

Ⅲ. 사정변경의 원칙의 효과 　　　　　　　[A-29]

① 우선 법률행위의 보충적 해석을 통해 계약내용을 변화된 현실에 맞게 수정해 보아야 한다(1차적효과). ② 계약의 수정이 불가능하거나 계약의 존속이 피해당사자에게 기대불가능할 때에는 계약을 소멸시킬 수 있는 해제권 또는 해지권이 발생한다(2차적 효과)

I. 금반언의 요건 및 효과

[A-31, A-32]

① ㉠ 모순되는 행위와 그에 대한 귀책 및 ㉡ 선행행위에 의하여 야기된 상대방의 보호가치 있는 신뢰가 '상관적'으로 고려되어야 한다. ② 금반언의 요건을 충족하면 선행행위와 모순되는 후행행위의 효력이 부인된다.

II. 관련판례

1. 금반언의 적용을 긍정한 판례

(1) 묵비 또는 묵인행위

① 경매가 무효임을 알고 있는 권리자가 경매를 방치하다가 후에 경매의 무효를 주장하는 것(93다42603). ② 대항력 있는 임차인이나 전세권자가 권리가 없다고 확인을 해준 후 나중에 권리를 주장하는 것 등은 신의칙에 반한다(97다12211).

(2) 무권대리인이 본인을 상속한 경우

判例는 병존설을 전제로 하여, ① 상대방이 선의·무과실인 경우는 무권대리인이 본인의 상속인 지위에서 추인거절권을 행사하는 것은 금반언의 원칙에 반한다고 하였으나(94다20617), ② 상대방이 악의인 경우는 제135조를 고려하여 추인거절권을 행사할 수 있다고 한다(91다30941).[6]

(3) 시효제도

취득시효완성 후에 그 사실을 '모르고' 당해 토지에 관하여 어떠한 권리도 주장하지 않기로 하였다면 이는 시효이익의 포기는 아니지만(제184조 1항), 나중에 이에 반하여 시효주장을 하는 것은 특별한 사정이 없는 한 신의칙상 허용되지 않는다(96다24101).

(4) 물권적 청구권

건축업자가 토지를 매수하고 '소유권이전등기를 받기 전'에 토지소유자인 '매도인의 승낙'을 받아 그 토지에 '대규모의 견고한 건물'을 신축하고 이를 제3자에게 분양(양도)한 상태에서 매도인이 건축업자의 채무불이행을 이유로 토지매매계약을 해제한 경우, ① 건물의 제3취득자는 제548조 1항 단서의 제3자에 해당하지 않으며(90다카16761), ② 관습법상 법정지상권을 취득하는 것도 아니다(87다카12895). ③ 다만 토지소유자인 매도인이 건물양수인을 상대로 건물철거를 주장하는 것(제214조)은 신의칙(권리남용 또는 금반언)에 반한다(2003다2154).

(5) 의사무능력

무효주장이 거래관계에 있는 당사자의 신뢰를 배신하고 정의의 관념에 반하는 예외적인 경우에 해당하지 않는 한(정형적·대량적 거래), 의사무능력자에 의하여 행하여진 법률행위의 무효를 주장하는 것은 금반언에 반하지 않으므로 허용된다(2004다51627)고 한다.

---

6) **[판례검토]** 상대방이 선의·무과실인 경우에는 무권대리인이 어차피 제135조의 책임을 져야 하지만, 그렇지 않은 경우에는 무권대리인이 제135조의 책임을 지지 않으므로 후자의 경우 상대방이 상속이라는 우연한 사정에 의하여 뜻밖의 이익을 얻는 부당한 결과가 생길 수 있으므로 判例의 태도가 타당하다.

2. 금반언의 적용을 부정한 판례

判例는 신의칙의 적용으로 '강행법규의 입법취지를 완전히 몰각시키는 결과'를 가져온다면 신의칙의 적용은 허용되지 않는다고 본다. 아울러 강행법규 위반에 따른 '손해배상을 청구'하는 것이 강행법규의 입법취지를 몰각시키는 결과를 초래할 경우에는 그러한 청구 역시 허용될 수 없다고 한다(2016다203551).

(1) 부동산 거래신고 등에 관한 법률

강행규정인 (구)국토이용관리법에 의한 토지거래허가 없이 토지를 매도한 후 동법 위반을 이유로 무효를 주장하는 것을 신의칙 위반이라는 이유로 허용하지 않는다면, 투기거래 방지라는 동법의 입법취지를 완전히 몰각시키는 결과가 되므로 특단의 사정이 없는 한 그러한 주장은 금반언에 반하지 않으므로 허용된다(93다44319).

(2) 제한능력

미성년자의 법률행위에 법정대리인의 동의를 요하도록 하는 것은 강행규정이므로 법정대리인의 동의 없이 신용구매계약을 체결한 미성년자가 나중에 동의 없음을 이유로 취소하는 것은 금반언에 반하지 않으므로 허용된다(2005다71659)**(7회 선택형)**. 단, 제17조에는 해당되지 않아야 한다.

(3) 이해상반행위

강행법규인 제921조에 위배되는 상속재산 분할협의에 참가한 후 나중에 무효라고 주장하더라도 상대방이 위 상속재산 분할협의가 유효하다고 믿은 것은 정당하다고 할 수 없어 위 무효주장을 모순행위금지의 원칙에 반하는 것이라고 할 수 없다(2007다17482).

(4) 상속포기

상속의 승인·포기는 상속개시 후에만 가능하다. 따라서 상속의 사전포기는 무효로서, "상속인 중의 1인이 피상속인의 '생존시'에 피상속인에 대하여 상속을 포기하기로 약정하였다고 하더라도, '상속개시 후' 민법이 정하는 절차와 방식(제1019조, 제1041조)에 따라 상속포기를 하지 아니한 이상, 상속개시 후에 자신의 상속권을 주장하는 것은 정당한 권리행사로서 권리남용에 해당하거나 또는 신의칙에 반하는 권리의 행사라고 할 수 없다"(98다9021)**(9회 선택형)**.

3. 금반언의 원칙 < 합법성의 원칙(신의칙 적용의 한계)　　　　　　　　[핵심사례 A-15]

> 매도인 甲은 매수인 乙에게 (구)국토이용관리법상의 허가구역내의 토지에 대해 매매계약을 체결하면서 토지거래허가를 잠탈하기 위하여 증여를 원인으로 소유권이전등기를 해 주었다. 그런데, 나중에 甲은 스스로 허가가 없음을 이유로 소유권이전등기의 무효를 주장하면서 소유권이전등기의 말소를 청구하고 있다. **甲 주장의 당부를 판단하라.**

I. 토지거래허가를 잠탈하기 위하여 행해진 당해 소유권이전등기의 효력

判例는 처음부터 허가를 '배제'하거나 '잠탈'하는 내용의 계약일 경우에는 확정적으로 무효로서 유효화될 여지가 없다고 한다(전합90다12243).

Ⅱ. 甲이 무효를 주장하는 것이 신의칙(금반언)에 반하는지 여부(소극)

判例는 신의칙의 적용으로 '강행법규의 입법취지를 완전히 몰각시키는 결과'를 가져온다면 신의칙의 적용은 허용되지 않는다고 본다.

Ⅲ. 甲의 소유권이전등기의 말소청구가 불법원인급여에 해당하는지 여부(소극)

判例는 제746조의 불법을 제103조의 불법과 동일한 개념으로 이해하므로 강행법규 위반으로 무효인 경우는 제746조의 불법에 해당하지 않는다고 본다.

Set 007　태아의 권리능력 ★★★

Ⅰ. 권리능력의 소멸 [A-35]

① 자연인은 사망으로 권리능력을 잃는다(제3조). 즉, 오직 사망만이 권리능력의 소멸사유이며, '실종선고'나 '인정사망'으로 인하여 권리능력이 소멸되는 것은 아니다.

② 2인 이상이 동일한 위난으로 사망한 경우에는 동시에 사망한 것으로 '추정'된다(제30조). 동시에 사망한 것으로 추정되는 수인들 사이에서는 상속이 일어나지 않는다(동시존재의 원칙)(**7회 선택형**). 그러나 '대습상속'은 일어난다는 점을 유의하여야 한다(99다13157)(Set 151.참고).

Ⅱ. 민법상 태아가 권리능력을 가지는 경우 및 태아의 권리능력 취득시기 [A-37, A-38]

① 사람은 출생한 때로부터 권리능력을 가진다(제3조). 따라서 태아는 권리능력을 갖지 못하는 것이 원칙이다. 그러나 이를 획일적으로 적용할 때는 불법행위에 기한 손해배상청구(제762조), 상속(제 1000조 3항), 유증(제1064조), 인지(제858조) 등에서 태아에게 불이익하거나 공평에 반하는 경우가 있게 되므로 민법은 위 4가지의 경우에만 예외적으로 이미 출생한 것으로 본다(개별주의). **[10사법, 10행정, 16입법]**

② 태아가 '이미 출생한 것으로 본다'는 의미에 대해 判例는 "특정한 권리에 있어 태아가 권리를 취득한다 하더라도, 현행법상 이를 대행할 기관이 없어 태아로 있는 동안은 권리능력을 취득할 수 없고"(76다1365)라고 하여 정지조건설을 취하고 있다. **[10사법, 10행정, 16입법]**

🔖 **[논의실익]** 判例에 따르면 태아인 동안에는 권리능력이 없어 법정대리인이 대리행위를 할 수 없다(해제조건설은 가능). 결국 '태아가 살아 출생하기 전 태아인 동안'에 권리능력취득 여부에 논의의 실익이 있다.

Ⅲ. 증여의 경우 태아의 권리능력이 인정되는지 여부 [A-37]

① 생전증여의 경우 判例는 "태아에 대한 증여에 있어서도 태아의 수증행위가 필요한바, 상속 또는 유증의 경우를 '유추'하여 태아의 수증능력을 인정할 수 없다"고 한다(81다534). 그러나 判例는 태아를 상해보험의 피보험자로 하는 상해보험계약은 민법 제103조에 위반되지 않는 유효한 계약이라고 한다(2016다211224).

② 사인증여의 경우 명시적인 判例는 없으나, 유증의 효력에 관한 제1078조는 엄격한 방식을 요하는 '단독행위'임을 전제로 하는 것이어서 '계약'인 사인증여에는 적용되지 않는다(제562조, 제1064조 참고)고 하여 부정설과 동일한 논거를 취한 판시내용이 있다.[7]

※ 부모 중 일방이 사고로 즉사한 경우 태아의 가해자에 대한 구제수단(상속 및 불책)

Ⅰ. 피해자(피상속인)의 손해배상청구권 확정

즉사의 경우에도 이른바 '시간적 간격설'에 의해 사망자 본인에게 ⅰ) 재산상(적극손해, 소극손해) 및 ⅱ) 정신상 손해배상청구권이 발생(근거 ⇒ 주체성 ⇒ 범위 ⇒ 상속성)

Ⅱ. 태아(상속인)의 상속 여하

제1000조 3항에 의해 상속능력 인정시 ⅰ) 재산상(적극손해, 소극손해) 및 ⅱ) 정신상 손해배상청구권을 상속

Ⅲ. 태아(상속인) 고유의 손해배상청구권자로서의 권리

제762조에 의해 손해배상청구권의 권리능력 인정시 ⅰ) 재산상(적극손해, 소극손해) 및 ⅱ) 정신상 손해배상청구권을 행사할 수 있는지 여부(특히 태아가 정신적 고통을 느낄 수 있는지 여부[8])

Ⅳ. 상속받은 권리와 고유의 권리의 관계

재산적 손해는 중복·일치, 정신적 손해는 중복 아님

✎ 그 외에 사례로 쟁점화 될 수 있는 것은 ① 사망자에게 법률상 배우자가 있는 경우, ② 사망자에게 사실혼 상태에 있는 배우자가 있는 경우(강제인지), ③ 상속인 중 일방이 태아의 손해배상청구권에 관해 가해자와 배상액 합의를 하는 경우(권리능력×), ④ 사망자가 생전에 태아에게 특정 재산을 주기로 한 경우(유증○, 증여×, 사인증여×, 제3자를 위한 계약○), ⑤ 사망자의 배우자가 태아를 낙태한 경우(제1004조 1호의 상속결격○)가 있다.

---

7) [판례검토] 유증이나 제3자를 위한 계약에 의해서도 충분히 목적을 달성할 수 있다는 점에서 부정설이 타당하다(통설).

8) "태아가 피해 당시 정신상 고통에 대한 감수성을 갖추고 있지 않다 하더라도 장래 감수할 것임을 현재 합리적으로 기대할 수 있는 경우에 있어서는 즉시 그 청구를 할 수 있다"(61다903) [10행정]

※ 제한능력자의 법률관계(주장 ⇒ 항변)

Ⅰ. 제한능력자가 법정대리인의 동의없이 법률행위를 한 경우

1. 제한능력자측 항변 사유

제한능력을 이유로 한 취소의 요건사실은 ⅰ) 제한능력자의 재산상 법률행위, ⅱ) 취소권을 가지는 자가 취소의 의사표시를 한 것(제5조 2항, 제10조 1항, 제13조 4항)

2. 상대방측 재항변 사유

취소권의 제한 또는 소멸(주로 ① 제6조, ② 제17조, ③ 제143조, 제144조, ④ 제145조, ⑤ 제146조, ⑥ 신용구매계약의 경우 금반언 검토)

3. 결국 취소가 가능한 경우

(1) 제한능력자측에서 취소권을 행사한 경우

① 제141조 단서, ② 제750조(제17조 속임수 관련),[9] ③ 제536조(부당이득반환 관련), ④ 제320조(부당이득반환 관련)

(2) 제한능력자측에서 취소권을 행사하지 않은 경우

① 제15조, ② 제16조, ③ 제110조(제17조 속임수 관련),[10] ④ 제109조(제17조 속임수 관련)[11]

Ⅱ. 법정대리인이 대리권의 제한(제909조 2항, 제921조, 제950조 1항 4호 등)을 위반하여 법률행위를 한 경우(무권대리 ; 본인의 항변)

① 상대방의 표현대리 재항변 검토 ⇒ ② 본인의 대리권 남용 재재항변 검토

Ⅰ. 의사능력

[A-39]

1. 의사능력의 의의 및 판단기준

의사능력이란 ⅰ) 자신의 행위의 의미나 결과를 합리적으로 판단할 수 있는 정신적 능력 내지는 지능을 말하는 것으로서, ⅱ) 의사능력의 유무는 민법의 규정이 없어 '구체적'인 법률행위와 관련하여 '개별적'으로 판단되어야 하며(11회 선택형), 判例는 의사능력이 인정되기 위하여는 그 행위의 일상적인 의미뿐만 아니라 법률적인 의미나 효과에 대하여도 이해할 수 있을 것을 요한다(2008다58367). [07행정]

2. 의사무능력의 효과

(1) 절대적 무효

---

9) 미성년자의 사기가 그 '능력'에 관하여만 존재하는 때에는 불법행위에 기한 손해배상청구권은 발생하지 않는다.

10) 속임수가 기망행위에 해당하는 등 제110조의 요건을 충족된다면 제17조와 중첩적으로 적용될 수 있다.

11) 대부분 동기의 착오에 불과하거나 상대방의 중과실이 있다고 하여 착오에 기한 취소가 인정될 가능성은 적다(제109조).

(2) 의사무능력을 이유로 한 무효주장과 금반언(신의칙 참고)

(3) 부당이득반환(제141조 단서의 유추적용 여부) **[07행정]**

제141조 단서(제한능력자는 그 행위로 인하여 받은 이익이 현존하는 한도에서 상환할 책임이 있다)는 제748조의 특칙으로서 제한능력자의 보호를 위한 규정이므로 의사무능력을 이유로 무효가 되는 경우에도 유추 적용되어야 한다(2008다58367).

Ⅱ. 미성년자의 행위능력   [A-40]

1. 원칙과 예외(단,대,근,처,영,혼,유,취)

미성년자가 법률행위를 함에는 법정대리인의 동의를 얻어야 한다(제5조 1항 본문). 미성년자가 동의를 얻지 않고 한 행위는 미성년자 본인 또는 그 법정대리인이 '취소'할 수 있다(제5조 2항, 제140조). 하지만 민법은 미성년자 보호에 문제가 없는 경우 미성년자가 단독으로 유효한 법률 행위를 할 수 있는 경우를 아래와 같이 인정하고 있다.

(1) 법정대리인이 범위를 정하여 처분을 허락한 재산은 미성년자가 임의로 처분가능(제6조)

제6조의 범위는 '사용목적의 범위'가 아니라 '재산의 범위'라고 보는 것이 타당하다. 이러한 법정 대리인의 동의는 묵시적으로도 가능한 바, 묵시적 동의의 유무는 미성년자의 독자적인 소득의 범위와 계 약의 내용(할부계약인지 여부)등을 고려한다(2005다71659). 아울러 처분을 허락하였더라도 법정대리 인의 대리권은 존속한다(**3회 선택형**).

(2) 영업의 허락을 받은 특정한 영업에 관하여는 성년자와 동일한 행위능력(제8조)

허락을 받은 영업에 관하여 미성년자는 성년자와 동일한 행위능력이 있다. 따라서 당해 영업과 관련하여서는 법정대리인의 대리권도 소멸한다(**3회 선택형**).

(3) 기타

① 대리인은 행위능력자임을 요하지 않는다(제117조). 즉 미성년자는 유효한 대리행위를 할 수 있다. ② 제5조의 규정은 유언에 관하여는 이를 적용하지 아니하므로(제1062조), 만 17세에 달한 자는 단독으로 유언을 할 수 있다(제1061조). ③ 미성년자는 독자적으로 임금을 청구할 수 있고 (근로기준법 제68조), 친권자 또는 후견인은 미성년자의 근로계약을 대리할 수 없다(근로기준 법 제67조 1항). ④ 제한능력자임을 이유로 한 취소도 단독으로 할 수 있다(제140조). ⑤ 단순히 권리만을 얻거나 의무만을 면하는 행위는 미성년자가 단독으로 법률행위를 할 수 있다(제5조 1항 단서). ⑥ 미성년자도 혼인(법률혼만 의미)을 한 때에는 성년자로 본다(제826조의2 ; 성년의제).

2. 미성년자 법정대리인의 대리권 제한(공, 자, 이, 후)(상세한 내용은 대리 참고)

법정대리의 경우는 원칙적으로 대리권의 범위에 제한이 없으나(제920조 본문, 제949조 1항), 예 외가 있다. 즉, ① 미성년자의 친권자인 부모가 혼인 중인 때에는 부모가 공동으로 친권을 행사 하여야 한다(제909조 2항, 3항). '공동'의 의미는 본인 보호라는 공동대리제도의 취지상 의사표 시가 아닌 의사결정의 공동을 의미한다. ② 子의 행위를 목적으로 하는 채무를 부담할 경우에 는 본인의 동의를 얻어야 한다(제920조 단서, 제949조 2항). ③ 친권자와 그 子 사이에 이해상반행위를 하는 경우에는 특별대리인을 선임하여야 한다(제921조). ④ 후견인이 피후견인의 중요 재산 등에 대하여 대리행위를 할 때 후견감독인이 있으면 그의 동의를 받아야 한다(제950조). 동의가 없는 후견인의 대리행위는 피후견인 또는 후견감독인이 취소할 수 있다(제950조 3항).

Ⅲ. 피성년후견인의 행위능력 [A-41]

정신적 제약으로 사무를 처리할능력이 '지속적으로 결여'된 사람에 대하여는, 가정법원은 일정한 자의 청구(직권으로는 불가능)에 의해 성년후견개시의 심판을 하는데(제9조), 그 심판을 받은 자를 '피성년후견인'이라고 한다.

🖋 그 심판을 할 때에는 '본인의 의사를 고려'하여야 한다(제9조 2항)[이는 한정후견의 경우에도 동일하나, 특정후견의 경우는 본인의 의사에 반해서 할 수 없다(제14조의2 2항)]. 따라서 한정후견의 개시를 청구한 사건에서 의사의 감정결과 등에 비추어 성년후견 개시의 요건을 충족하고 본인도 성년후견의 개시를 희망한다면 법원이 성년후견을 개시할 수 있고, 성년후견 개시를 청구하고 있더라도 필요하다면 한정후견을 개시할 수 있다(2020스596). 즉, 후견심판에서 법원은 청구취지에 기속되지 않는다.

1. 원칙과 예외

① 피성년후견인의 법률행위는 원칙적으로 언제나 취소할 수 있다(제10조 1항). ② 가정법원이 '취소할 수 없는' 피성년후견인의 법률행위의 범위를 정한 경우에 그 한도에서 예외적으로 행위능력을 가지고(동조 2항), 일정한 자의 청구에 의해 가정법원이 그 범위를 변경할 수 있다(동조 3항). 일용품의 구입 등 일상생활에 필요하고 그 대가가 과도하지 아니한 법률행위는 피성년후견인이 단독으로 할 수 있다(동조 4항)(4회, 11회 선택형).

2. 피성년후견인의 법정대리인

① 가정법원은 성년개시심판을 하면서 '직권으로' 성년후견인을 선임하여야 한다(제929조, 제936조 1항). ② 성년후견인은 자연인 외에 '법인'도 선임될 수 있으며(제930조 3항), 미성년후견인의 수는 '한 명'으로 제한하고 있으나(동조 1항) 성년후견인은 '여러 명'을 선임할 수 있다(동조 2항)(7회, 11회 선택형). ③ 피성년후견인의 법률행위는 원칙적으로 언제나 취소할 수 있으므로 성년후견인은 피성년후견인의 법률행위에 대한 동의권을 가지지 않고, 대리권과 취소권을 가질 뿐이다.

Ⅳ. 피한정후견인의 행위능력 [A-42]

정신적 제약으로 사무를 처리할능력이 '부족'한 사람에 대하여는, 가정법원은 일정한 자의 청구(직권으로는 불가능)에 의해 한정후견개시의 심판을 하는데(제12조), 그 심판을 받은 자를 '피한정후견인'이라고 한다.

1. 원칙과 예외

① 가정법원은 피한정후견인의 정신적 제약의 상태에 따라 한정후견인의 '동의를 받아야 하는' 행위의 범위를 정할 수 있다(제13조 1항). ② 한정후견인의 동의가 필요한 행위에 대하여 한정후견인이 동의하지 않음으로써 피한정후견인의 이익이 침해될 염려가 있을 때에는, 가정법원은 피한정후견인의 청구에 의하여 그 동의에 갈음하는 허가를 할 수 있다(동조 3항). 그리고 일용품의

구입 등 일상생활에 필요하고 그 대가가 과도하지 아니한 법률행위는 피한정후견인이 단독으로 할 수 있다(동조 4항 단서). 피한정후견인의 행위능력 제한은 가족법상의 행위에는 미치지 않는다.

2. 피한정후견인의 법정대리인

민법은 한정후견인을 당연한 법정대리인으로 취급하지 않는다(제959조의4 1항).

Ⅴ. 피특정후견인의 행위능력 [A-43]

① 정신적 제약으로 '일시적 후원' 또는 '특정한 사무에 관한 후원'이 필요한 사람에 대하여는, 가정법원은 일정한 자의 청구에 의해 특정후견의 심판을 하는데(제14조의2), 그 심판을 받은 자를 '피특정후견인'이라고 한다. ② 특정후견의 심판이 있어도 피특정후견인의 행위능력은 제한되지 않는다. 그리고 특정한 법률행위를 위하여 특정후견인이 선임되고 그 범위에서 법정대리권이 부여된 경우(제959조의11 1항)에도 그 법률행위에 관하여 피특정후견인의 행위능력은 제한되지 않는다. 따라서 그러한 행위를 특정후견인의 동의 없이 직접할 수도 있어 특정후견인은 취소권 및 동의권을 가지지 않는다.

Ⅵ. 임의후견제도

1. 요건 및 효력발생

당사자간의 후견계약에 의하여 행해지는 후견을 '임의후견'이라고 하는데(제959조의14), 후견계약은 '공정증서'로 체결하여야 하고, 가정법원이 '임의후견감독인을 선임'한 때부터 효력이 발생하며(제959조의14 2항, 3항), 임의후견인의 대리권 소멸은 등기하지 아니하면 선의의 제3자에게 대항할 수 없다(제959조의19)**(11회 선택형)**. 이러한 임의후견인 선임을 위한 후견계약은 피후견인의 행위능력에 어떠한 영향도 미치지 않는다.

2. 법정후견과의 관계

법정후견(성년후견·한정후견·특정후견)은 임의후견에 대하여 보충적이다. ① **[원칙]** 따라서 임의후견계약이 체결되어 '등기'되어 있는 경우에는 가정법원은 원칙적으로 법정후견을 개시하지 않지만(제959조의20 1항), ② **[예외]** 후견계약이 '등기'되어 있더라도 가정법원은 본인의 이익을 위하여 특별히 필요한 경우에 한하여 임의후견인 또는 임의후견감독인의 청구에 의하여 법정후견의 심판을 할 수 있고, 이 경우 후견계약은 효력이 발생하지 않아 종료하게 된다(제959조의20 1항). 이와 관련하여 判例는 '한정후견개시심판 청구가 제기된 후 그 심판이 확정되기 전에 후견계약이 등기된 경우'에도 가정법원은 본인의 이익을 위하여 특별히 필요하다고 인정할 때에는 한정후견개시심판을 할 수 있다고 하며(2017스515), 제959조의20 제1항 후문에 따라 종료되는 후견계약은 임의후견감독인이 선임된 경우에 한정되지 않는다고 한다(2020으547).

Ⅶ. 제한능력자의 상대방 보호 ★★★ [A-44]

1. 문제점

제한능력자제도는 거래의 안전을 희생시키는 것을 감수하면서 '제한능력자를 보호'(제140조 취소의 주체, 제141조 단서 취소에 따른 부당이득의 범위 모두 제한능력자에게 유리)하는 데 목적을 두고 있는 '강행규정'이다(2005다71659)**(7회, 9회, 11회 선택형)**. 따라서 예외적으로 거래안전을 보호할 수단(제도)이 필요하다. 이에 민법은 제한능력자의 상대방을 특별히 보호하기 위해 상대방의 확답을 촉구할 권리(제15조), 철회권·거절권(제16조), 속임수에 의한 제한능력자의 취소권 배제(제17조)를 규정하고 있다.

✎ 확답을 촉구할 권리, 철회권, 거절권 비교

	대 상	행사의 상대방	상대방의 선·악
확답을 촉구할 권리	법률행위	법정대리인 또는 능력자	선, 악 불문
철회권	계약	법정대리인 또는 제한능력자	선의
거절권	단독행위	법정대리인 또는 제한능력자	선, 악 불문

2. 속임수에 의한 취소권 배제

(1) 요 건(속, 오, 인)

㉠ '속임수'를 써서 제한능력자를 능력자로 믿게 하거나 또는 미성년자나 피한정후견인이 법정대리인의 동의가 있는 것으로 믿게 하였고(제17조 1항, 2항), ㉡ 상대방이 '오신'하였어야 하며, ㉢ 상대방이 그러한 오신에 기하여 제한능력자와 법률행위를 하였어야 한다(인과관계)**(3회 선택형)**.

(2) 제17조의 '속임수'의 의미

判例는 '성년자로 군대에 갔다 왔다'고 하거나, '자기가 사장이라고 말한 것'만으로는 속임수라고 할 수 없고(71다2045), 생년월일을 허위로 기재한 인감증명을 제시하는 등의 '적극적인 사기수단'을 써야 속임수에 해당한다고 하여 협의설의 입장이다(71다940).[12] **(5회,13회 선택형)**

VIII. 제141조 단서의 현존이익 반환 ★★★　　　　　　　　　　　　　　　[A-159]

제한능력자는 그 행위로 인하여 받은 이익이 현존하는 한도에서 상환할 책임이 있다(제141조 단서)**(4회 선택형)**. 여기서 현존하는 한도라 함은 제한능력자가 취소되는 행위에 의하여 얻은 이익이 '원형대로' 또는 그 '형태를 바꾸어서' 남아 있는 한도라는 뜻이다. 예를 들어 유흥비에 지출한 경우 현존이익이 없다고 보나, 생활비·학비 등 '필요한 비용'을 지출한 때에는 다른 비용의 지출을 면한 것이므로 현존하는 것으로 된다(지출절약의 법리).

특히 신용카드회원계약이 제한능력을 이유로 취소되는 경우, 제한능력자가 반환하여야 할 부당이득 반환의 대상은 (신용카드가맹점과의 거래계약을 통하여 취득한) 물품과 용역이 아니라 신용카드사가 가맹점에 대신 지급함으로써 면제받은 물품, 용역대금'채무 상당액'이고, 이러한 이익은 금전상의 이익으로 현존하고 있는 것으로 추정된다(2003다60297)**(7회, 13회 선택형)**.

---

12) **[판례검토]** 제17조는 제한능력자 보호원칙의 예외라는 점에서 가급적 엄격하게 해석하는 것이 제한능력자 제도의 취지에 부합한다고 할 것이므로 적극설(협의설)이 타당하다.

Ⅰ. 부재자 재산관리

[A-45.이하]

1. 부재자

부재자란 종래의 주소 또는 거소를 떠나서 용이하게 돌아올 가능성이 없어서 그의 재산을 관리하여야 할 필요가 있는 자를 말한다(제22조 참조). 따라서 부재자는 실종선고의 경우와는 달리 반드시 생사불명일 필요는 없다.

2. 부재자 재산관리 논리(사례) 구조(핵심판례)

[핵심사례 A-04]

①A가 무권대리인으로 乙과 부재자 甲의 X재산에 대한 매매계약 체결 ⇒ ②B가 부재자재산관리인으로 선임된 후 乙에게 X재산에 대한 처분행위(소유권 이전) ⇒ ③ 甲소유 X, Y재산 처분에 대한 법원의 허가 ⇒ ④ B가 부재자와는 아무런 관련이 없는 자에 대해 Y재산 처분 ⇒ ⑤ 甲에 대한 실종선고로 부재자 재산관리인 선임결정 취소 ⇒ ⑥ 甲이 생환하여 실종선고가 취소된 경우 법률관계는?

Ⅰ. 처분행위시 재산관리인으로서의 지위 상실 여부

判例는 "법원에 의하여 일단 부재자의 재산관리인의 선임결정이 있었던 이상, 부재자가 그 이전에 사망하였음이 판명되더라도 재산관리인의 권한이 소멸되지 않을 뿐만 아니라, 그 취소의 효력도 장래에 향해서만 미치는 것"(69다719)이라고 한다. 따라서 재산관리인으로서 지위는 상실하지 않는다. 그리고 '실종기간이 만료된 뒤 실종선고 전'에 재산관리인이 권한초과행위의 허가를 받고 그 선임결정이 취소되기 전에 재산관리인의 위와 같은 법률행위의 효과는 부재자의 상속인에게 미친다(91다11810). 즉 재산관리인이 부재자의 상속인을 대리하여 행위한 것으로 본다.

Ⅱ. X재산 관련 법률관계

判例는 "그 후에 법원의 허가는 장래의 처분행위를 위한 경우뿐만 아니라 기왕의 처분행위를 추인하는 행위를 행위로도 할 수 있다"(80다3063)고 한다. 따라서 X재산의 처분행위는 유효한 처분행위이다

Ⅲ. Y재산 관련 법률관계

判例는 "법원의 허가(제25조 전단)를 얻었다 하더라도 그 처분은 부재자를 위하는 범위에서 행하여져야 하므로"(75마551) 부재자와는 아무런 관련이 없는 처분행위는 무권대리이나, 제126조의 표현대리는 성립할 수는 있다고 한다.[13]

---

13) [판례해설] 그러나 '현명'(본인을 위한 것임을 표시)의 의미를 고려할 때 유권대리지만 대리권 남용 법리에 의하여 대리행위의 효과가 부정될 수 있는 것으로 이론구성하는 것이 타당하다는 견해도 있다.

Ⅱ. 실종선고 및 실종선고의 취소

1. 실종선고

실종선고란 부재자의 '생사가 일정기간 동안 불분명'(보통실종 5년, 특별실종 1년)한 경우에(실질적 요건), 이해관계인 또는 검사의 청구와 공시최고를 거쳐(형식적 요건) 법원이 그 부재자에 대해 실종선고를 하고 '실종기간이 만료한 때' (실종선고시가 아님)사망한 것으로 '간주'하는 제도이다. 예컨대 甲이 2000년 1월 1일에 항공기가 추락하면서 실종되고, 그 배우자가 2010년에 실종선고를 청구하여, 2011년에 甲에게 실종선고가 내려진 경우, 甲은 2001년 1월 1일 오후 24시에 사망한 것으로 된다. 다만 사망의 효과가 생기는 범위는 실종자의 종래의 주소(또는 거소)를 중심으로 하는 사법적 법률관계에 국한된다.

✎ **사망으로 보는 시기(실종기간 만료시)에 대한 예외**

① **[부재자재산관리인의 처분행위]** 제28조에 의하면 공시최고기간(6개월) 때문에 사망의제 시기가 실종선고 시기보다 필연적으로 앞서게 되어 부재자와 거래한 제3자가 피해를 입는 경우가 생길 수 있다. 따라서 앞서 부재자재산관리에서 살펴본 바와 같이 判例는 거래안전을 고려하여 '실종기간이 만료된 뒤 실종선고 전'에 재산관리인이 권한초과행위의 허가를 받고 그 선임결정이 취소되기 전에 재산관리인의 위와 같은 법률행위의 효과는 부재자의 상속인에게 미친다(91다11810)고 한다.

② **[소송절차]** 이미 사망한 자를 피고로 하여 소를 제기하였고 법원이 이를 간과하여 판결을 선고한 경우 원칙적으로 그 판결은 '당연무효'이다(2016다274188). 그러나 判例는 소송절차의 안정을 고려하여 실종선고의 효과를 실체법과 달리 실종선고가 확정된 시점에 사망한 것으로 보고 있다(82사18).

2. 실종선고의 취소

(1) **요 건**

ⅰ) 실종자가 생존한 사실이나, ⅱ) 실종기간이 만료한 때와 다른 시기에 사망한 사실의 증명이 있으면 법원은 본인, 이해관계인 또는 검사의 청구에 의하여 실종선고를 취소하여야 한다(제29조 1항).

(2) **효 과**

실종선고의 효과는 소급적으로 무효가 된다. 그러나 소급효를 관철할 경우 실종선고를 신뢰한 잔존자가 불측의 손해를 입을 염려가 있으므로 민법은 아래의 두 가지의 예외를 인정한다. 즉, ① '실종선고후 그 취소전'에 '선의'로 한 행위의 효력에 영향을 미치지 아니한다(제29조 1항 단서). ② 실종선고의 취소가 있을 때에 **실종의 선고를 '직접원인'**으로 하여 재산을 취득한 자(상속인, 수유자, 생명보험수익자 등)가 선의인 경우에는 그 받은 이익이 현존하는 한도에서 반환할 의무가 있고 악의인 경우에는 그 받은 이익에 이자를 붙여서 반환하고 손해가 있으면 이를 배상하여야 한다(제29조 2항).

3. 실종선고 후 취소 전에 한 법률행위의 효력과 관련한 논리(사례) 구조

① 실종선고 취소 ⇒ ② 실종선고 후 취소 전에 한 법률행위의 효력(제29조 1항 단서의 '선의' 의미 : 결론은 쌍방선의설로) ⇒ ③ 별개의 권리취득원인(취득시효, 선의취득, 첨부, 채권의 준점유자에 대한 변제)에 의한 실종선고취소의 소급효 제한 가능성 검토 ⇒ ④ 제29조 2항의 문제 ⇒ ⑤ 제29조 1항 단서와 2항과의 관계(선택적 관계).

Set 010　법인의 설립 ★

I. 비영리사단법인의 설립 　　　　　　　　　　　　　　　　　　　　　　　　　　　　　[A-51]

1. 비영리사단법인의 설립

비영리사단법인의 설립에는 ㉠ 목적의 비영리성(제32조), ㉡ 설립행위(정관작성이라는 요식행위, 합동행위)(제40조), ㉢ 주무관청의 허가(제32조), ㉣ 설립등기(제33조)의 요건을 갖추어야 한다.

2. 사단법인 정관의 해석방법

判例는 사단법인의 정관작성행위는 법률행위에 해당하나 일단 작성된 정관은 '계약'이 아닌 '자치법규'로서의 성질이 가진다고 보아 그 해석은 '법률행위 해석의 방법이 아닌 법규해석의 방법에' 따라야 하는 것으로 보았다. 따라서 작성자의 주관이나 해석 당시의 사원의 다수결에 의한 방법으로 자의적으로 해석될 수는 없다고 한다(99다12437).

II. 비영리재단법인의 설립 　　　　　　　　　　　　　　　　　　　　　　　　　　　　　[A-52]

1. 출연행위를 착오를 이유로 취소할 수 있는지 여부

'서면에 의한 출연'이더라도 민법 총칙규정에 따라 출연자가 착오에 기한 의사표시라는 이유로 출연의 의사표시를 취소할 수 있고(제555조에서 서면에 의한 증여의 해제를 제한하고 있으나 이는 해제에 있어서만 적용되는 것이고 이와 요건·효과가 다른 민법총칙상의 취소에는 적용이 될 수 없다), '상대방 없는 단독행위'인 재단법인에 대한 출연행위라고 하여 달리 볼 것은 아니다. 이 경우 출연자는 재단법인의 성립 여부나 출연된 재산의 '기본재산인 여부와 관계없이' 그 의사표시를 취소할 수 있다(98다9045)(13회 선택형). 즉, 주무관청의 허가가 필요없다(제43조, 제42조 2항 참고)(12회 선택형).

2. 생전처분으로 재단법인을 설립하는 경우

(1) 출연재산이 부동산의 경우 [07행정]

제48조의 해석과 관련해서 判例는 "출연자와 법인간에는(대내관계) 등기 없이도 제48조에서 규정하는 때에 법인에 귀속되지만, 법인이 그것을 가지고 제3자에게 '대항'하기 위해서는(대외관계) 제186조의 원칙에 돌아가 그 등기를 필요로 한다"(전합78다481)(2회, 3회 선택형)고 판시하여 '소유권의 상대적 귀속'을 인정하고 있다.[14] 따라서 재단법인 명의의 등기가 경료되기 전이라면, 설립자

의 채권자가 그 부동산에 관하여 신청한 강제집행에 대하여 재단법인은 제3자이의의 소를 제기할 수 없다(제3자이의의 소는 소유권자만이 제기할 수 있기 때문이다)**(3회 선택형)**.

(2) 출연재산이 채권인 경우

지명채권의 양도에는 당사자의 합의 외에 다른 요건을 필요로 하지 않으므로, 제48조가 정하는 시기에 법인에 귀속한다는 데 문제가 없다**(3회 선택형)**(제450조의 통지나 승낙은 대항요건에 불과).

3. 유언으로 재단법인을 설립하는 경우

判例는 "유언으로 재단법인을 설립하는 경우에, 재단법인이 등기를 마치지 아니하였다면 선의의 제3자에 대하여 대항할 수 없다"(93다8054)고 하는바**(3회 선택형)**, 이는 경우에 따라서는 '악의의 제3자에게는 대항할 수 있다'라는 취지로 해석될 수 있다.

※ 재단법인설립시 출연재산의 귀속시기 논리(사례)구조　　　　　　　　[핵심사례 A-05]

> 甲은 乙재단법인의 설립을 위하여 자신 소유 X토지를 출연하였고, 乙재단법인은 설립등기를 마쳤으나 아직 X토지에 대한 이전등기는 경료하지 않았다. 이 때 丙이 X토지가 乙재단법인을 위해 기부되었음을 알면서도 甲을 적극적으로 설득하여 甲과 매매계약을 체결한 후 丙 앞으로 소유권이전등기를 경료하였다. X토지의 소유권자는 누구인지 견해에 따른 차이점을 서술하시오.

Ⅰ. 설립등기시로 보는 견해

당해 견해에 따르면 X토지의 소유권은 乙재단법인의 성립시인 '설립등기시'(제33조 참조)에 乙에게 귀속된다(제48조 1항). 이때 乙명의로 소유권이전등기를 하였을 필요도 없다. 따라서 출연자(기부자) 甲이 丙에게 X토지에 소유권이전등기를 경료한 것은 '무권리자의 처분행위'로써 乙재단법인이 추인하지 않는 한 丙은 X토지에 대한 소유권을 취득할 수 없다.

Ⅱ. 등기 완료시로 보는 견해에 따른 경우

당해 견해에 따르면 乙재단법인의 성립 후에도 乙재단법인 앞으로 등기가 이루어지지 않았다면 X토지의 소유권은 여전히 甲에게 있는 것이 된다. 따라서 甲이 丙과 매매계약을 체결한 것은 '부동산의 이중매매'와 동일한 경우로써 '계약자유의 원칙'에 비추어 유효함이 원칙이다. 그러나 丙이 사안과 같이 甲의 배임행위에 적극 가담한 경우에는 반사회질서 행위로서 무효가 된다(제103조). 따라서 丙명의 등기는 물권행위의 유인성에 따라 무효인 것이 원칙이나 제746조의 불법원인급여에 해당하여 甲은 丙명의 등기를 말소청구할 수 없다. 그렇다면 반사적으로 丙이 X토지의 소유권을 취득할 수 있으나, 判例는 반사회적인 이중매매의 경우에 제1매수인은 매도인을 대위하여 제2매수인에 대해 등기의 말소를 청구할 수 있다고 하므로 乙은 甲을 대위하여 丙명의 등기를 말소함으로써 X토지에 대한 소유권을 취득할 수 있다(제404조).

---

14) **[판례해설]** 그러나 '형식주의'(성립요건주의)를 취하고 있는 현행 민법 하에서 '소유권의 상대적 귀속'을 인정한 점에서 민법의 결단에 위배되는 측면이 있다(전합78다481 소수의견).

Ⅲ. 판례에 따른 경우

判例에 따르면 X토지는 甲과 乙 사이에서는 乙재단법인이 성립하는 때 乙에게 귀속하지만, 乙이 제3자 丙에게 소유권을 주장(대항)하려면 등기가 필요한바, 丙이 등기를 경료받았다면 원칙적으로 丙이 X토지의 소유권자가 될 수 있다. 다만 사안과 같이 甲과 丙사이의 매매계약이 제103조 위반이라면 이하의 내용은 등기완료시로 보는 견해와 동일하다. 다만 설립등기시 乙이 甲에게 갖는 소유권이전등기청구권은 등기완료시실과 같이 채권적 청구권으로 보는 것이 아니라 判例는 물권적 청구권으로 판단한다.

> **Set 011**　대표기관의 행위에 대한 법인의 책임관계

※ 대표기관의 행위에 대한 법인의 거래상대방에 대한 책임여하 ★★★★

Ⅰ. 계약책임 : 제59조 2항에 따라 대리법리 적용

1. 권리(행위)능력내인지 여부(제34조)

행위자의 주관적, 구체적 의사가 아닌 행위의 객관적 성질에 따라 추상적으로 판단

2. 강행규정(사립학교법 제28조)위반여부, 무권리자 처분행위(제276조 1항) 등

위반시 확정적 무효이므로 표현대리의 법리를 적용할 여지가 없음

3. 대표권 범위내인지 여부(제41조, 제60조)

대표권 제한의 '효력요건'인 정관기재(제41조), '대항요건'인 등기기재(제60조) 위반여부

4-1. 대표권 범위 내이면 대표권남용 해당여부(제107조 1항 단서 유추적용)

대표권남용이론은 유권대표이든 표현대리이든 일단 법인에게 법률행위 책임이 귀속되는 것으로 평가될 때 비로소 법인 측의 항변으로서 검토할 필요

4-2. 대표권 범위 밖이면 표현대리책임 인정여부(제126조)

Ⅱ. 법인의 불법행위책임 : 주로 강행규정 위반 또는 대표권남용으로 무효가 되는 경우

① 제35조 1항 1문 요건 검토(특히 직무관련성 관련 외형이론 및 외형이론의 제한) ⇒ ② 구체적 손해배상책임의 범위(특히 과실상계)

Ⅲ. 법인의 부당이득반환책임 : 주로 강행규정 위반 또는 대표권남용으로 무효가 되는 경우

선·악 판단은 대표기관이 기준(제748조 2항), 강행법규 위반시 불법원인급여 해당어부

Ⅳ. 불법행위책임과 부당이득반환책임과의 관계

피해자는 '선택적'으로 행사할 수 있으나(청구권 경합), '중첩적'으로 행사할 수 없다. 다만 과실상계와 관련하여 보통은 부당이득반환책임이 피해자에게 '유리'

Ⅰ. 법인의 계약책임 ★★

1. 요 건(대, 권, 범)

대표기관의 행위에 대해 법인이 상대방에 대해 계약책임을 지기 위해서는 ⅰ) 대표기관의 행위일 것, ⅱ) 법인의 권리능력 범위 내의 행위일 것, ⅲ) 대표권의 범위 내의 행위일 것을 요한다 **(12회 선택형)**.

2. 법인의 권리능력 　　　　　　　　　　　　　　　　　　　　　　　　　　[A-53]

(1) 성질에 의한 제한

① 자연인을 전제로 하는 권리, 즉 생명권·상속권(다만 포괄유증을 받음으로써 동일한 효과를 거둘 수 있다. 즉 법인도 유증은 받을 수 있다)·육체상의 자유권·사람의 신체적 특징에 관한 초상권(2020다227455) 등은 법인이 가질 수 없다.

② 그러나 **법인의 사회적 명성, 신용**을 훼손한 경우에는 그 법인에 대하여 불법행위를 구성하며(96다12696), 이 경우 그 법인은 상대방에 대하여 불법행위로 인한 손해배상과 함께 제764조의 명예회복에 적당한 처분(사죄광고는 포함되지 않음)을 청구할 수 있다(96다17851). 또한 비법인사단도 '인격권의 주체'가 되므로 명칭에 관한 권리를 가질 수 있고, 자신의 명칭이 타인에 의해 함부로 사용되지 않도록 보호받을 수 있다(2018다249995).

(2) 정관에 의한 제한 [11회 사례형]

① 제34조의 '정관으로 정한 목적의 범위'와 관련하여 判例는 "목적을 수행하는 데 있어서 직접·간접으로 필요한 행위는 모두 포함한다"(91다8821등)고 하며, "목적수행에 필요한지 여부도 행위의 객관적 성질에 따라 추상적으로 판단할 것이지 행위자(대표기관)의 주관적, 구체적 의사에 따라 판단할 것은 아니다"(86다카1349)라고 판시하여 그 목적의 범위를 확대하는 경향이다(객, 추, 주, 구).

② 따라서 대표기관의 주관적, 구체적 의사가 '대표권남용'의 의사였다고 하더라도 행위의 객관적, 추상적 성질이 법인이 목적수행에 필요한 행위라면 정관에서 정한 목적의 범위에 해당한다.

3. 대표권 남용 : 유권대표의 경우

判例의 경우 대리권남용과 같이 대체로 제107조 1항 단서 유추적용설과 그 견해를 같이 하나(86다카371)**(12회 선택형)**, 주식회사의 대표이사의 대표권남용에 대해서는 신의칙설에 따라 판단한 것도 있다(86다카1522). 다만 후자의 경우 상대방이 악의인 경우에만 회사가 책임을 면할 수 있다고 한다.

4. 대표권의 유월·일탈

(1) 법령에서 규정된 절차를 위반한 경우

判例는 계약책임(대리법리)이 아닌 불법행위책임(제35조)으로 해결하고 있다. 즉 "학교법인이 감독청의 허가를 받지 않고 금원을 차용한 행위는 강행규정인 사립학교법 제28조 위반으로 무효"라고 판시하여 사립학교법 제28조를 법률행위의 효력발생요건으로 보고 있으며, 제126조의 표현대리에 관한 규정이 적용되지 아니한다(83다548)고 하여 표현대리책임의 성립을 부정한다.

(2) 정관에서 규정된 절차를 위반한 경우 : 무권대표의 경우 [11회 사례형]

민법은 '이사의 대표권에 대한 제한은 정관에 기재하여야 효력이 있다'(제41조)고 하여 **정관기재**를 '**대표권 제한**'의 **효력요건**으로 하고 있고, '이사의 대표권제한은 이를 등기하지 않으면 제3자에게 대항하지 못한다'(제49조 2항 9호, 제60조)고 하여 **등기기재**를 '**대표권 제한**'의 **대항요건**으로 하고 있다. 제60조의 제3자의 범위에 대해 등기에 의한 법률관계의 통일과 명확화를 기한다는 취지에서 判例는 선·악을 불문한다는 무제한설의 입장이다(91다24564)**(7회, 8회, 9회 선택형)**.

Ⅱ. 법인의 불법행위책임 ★★★

[A-55]

1. 요 건(대, 직, 불)

법인의 불법행위책임이 성립하기 위한 요건은 ㉠ 대표기관의 행위일 것, ㉡ 직무관련성이 있을 것(외형이론), ㉢ 대표기관의 불법행위가 제750조의 요건을 갖추고 있을 것을 요한다(제35조 1항 1문).

(1) 대표기관의 행위

① 이사(제57조)**(12회 선택형)**·임시이사(제63조)**(12회 선택형)**·직무대행자(제60조의2)·특별대리인(제64조)·청산인(제82조) 등이 그 대표기관이다. 따라서 이사에 의해 선임된 특정행위에 대한 대리인(제62조), 지배인, 사원총회, 감사 등은 대표기관에 해당하지 않는다.

② '법인의 대표자'에는 법인을 실질적으로 운영하면서 법인을 사실상 대표하여 법인의 사무를 집행하는 사람을 포함한다(2008다15438)**(3회 선택형)**.

(2) 직무에 관하여(직무관련성)

1) 직무관련성의 의미(외형이론) : 주로 확정적 무효인 경우에 문제

判例는 외형상 법인의 직무행위라고 인정할 수 있는 것이라면, 대표자 개인의 사리를 도모하기 위한 것이었거나(대표권남용) 또는 법령의 규정에 위배된 것이었다(강행규정 위반) 하더라도 직무에 관한 행위에 해당한다고 한다(2003다15280)**(3회 선택형)**.

2) 외형이론의 적용배제요건 [16행정]

'직무에 관하여'의 범위를 확장하는 것은 거래의 안전을 위한 것이므로, 대표기관의 행위가 직무집행에 관한 것이 아니라는 점에 대하여 상대방이 '선의'이고 '중대한 과실'이 없어야 한다 (2002다27088). 따라서 상대방이 '경과실'로 인하여 몰랐을 경우 상대방은 법인에 대하여 불법행위책임을 물을 수는 있지만, '과실상계'를 함으로써 양자의 이익을 보호할 수 있다.

(3) 불법행위의 일반적 요건

손해의 '타인성'의 경우 判例는 대표기관의 임무해태(횡령) 등의 잘못으로 1차적으로 법인이 손해를 입고, 그 결과 사원의 경제적 이익이 침해되는 손해를 '간접적인 손해'라고 하면서, 이때 그 사원은 법인이 배상책임을 부담하는 타인의 범주에 해당하지 않는 것으로 보았다(99다19384).

2. 효 과

① 법인의 불법행위가 성립하는 경우 '법인'은 피해자에게 손해를 배상해야 하고(제35조 1항 1문), '대표기관'도 자기의 손해배상책임을 면하지 못하며(제35조 1항 2문), 법인의 책임과 기관의 책임은 부진정연대채무의 관계에 있게 된다. '사원등'은 사원총회·이사회의 의결에 찬성하였다는 이유만으로 불법행위책임을 부담한다고 할 수는 없고, 대표자와 공동으로 불법행위를 저질렀거나 이에 가담하였다고 볼 만한 사정이 있을 때 제3자에 대하여 위 대표자와 연대하여 손해배상책임을 진다(2006다37465).

② 법인의 불법행위가 성립하지 않는 경우 '기관' 개인만이 제750조에 의해 불법행위책임을 진다. 이 경우 그 의사에 찬성하거나 의결을 집행한 '사원·이사 및 기타 대표자'는 그들 사이에 공동불법행위의 성립 여부를 불문하고 연대하여 배상한다(제35조 2항).

3. 불법행위책임과 부당이득반환책임의 관계 [7회 사례형, 09행정]

거래 상대방은 양자를 '선택'하여 행사할 수 있으나, '중첩'적으로 행사할 수는 없다. 가령 부당이득을 반환받은 한도에서는 손해배상의 범위가 감축된다(92다56087). 그러나 부당이득반환책임의 경우에는 불법행위책임과는 달리 과실상계가 참작되지 않기 때문에, 경우에 따라서 거래 상대방으로써는 부당이득반환청구가 보다 효과적인 구제수단이 될 수 있다.

Ⅲ. 법인의 기관

1. 이 사 [A-56]

이사는 대외적으로 법인을 대표(대표기관)하고, 대내적으로 법인의 업무를 집행하는(업무집행기관) 기관으로서 사단법인, 재단법인 모두의 '상설적 필요기관'이다(12회 선택형). 제59조 2항 등에 비추어 법인의 적법한 대표권을 가진 자가 하는 법률행위는 그 성립상 효과뿐만 아니라 채무불이행책임까지 법인에게 귀속된다(2017다53265)(12회 선택형).

(1) 임기만료된 이사에게 후임 이사의 선임시까지의 업무수행권이 인정되는지 여부(한정 적극)

"법인 이사의 ⅰ) 임기가 만료(사임) 되었음에도 불구하고 ⅱ) 그 후임 이사의 선임이 없거나 ⅲ) 또는 있었다고 하더라도 그 선임결의가 무효이고, 남아 있는 다른 이사만으로는 정상적인 법인의 활동을 할 수 없는 경우, 구 이사는 후임 이사가 선임될 때까지 민법 제691조의 규정을 유추하여 구 '종전'의 직무를 수행할 수 있다"(2010다2107). "이러한 사임한 대표자의 직무수행권은 법인이 '정상적인 활동을 중단하게 되는 처지를 피하기 위하여 보충적으로 인정'되는 것이다"(2001다7599).

(2) 법인이 정당한 이유 없이도 이사를 해임할 수 있는지 여부(적극) 이사에 대한 해임사유를 정관에 정한 경우의 법적성질

"법인과 이사는 위임 유사의 관계이므로 쌍방 누구나 정당한 이유 없이도 언제든지 해지할 수 있는 것이어서, 제689조 1항에 따라 법인은 이사의 임기 만료 전에도 이사를 해임할 수 있으나, 불리한 시기에 부득이한 사유 없이 해지한 경우에 한하여 제689조 2항에 따라 상대방에게 그로 인한 손해배상책임을 질 뿐이다"(2013마1801). 다만, "제689조는 임의규정이므로 법인이 정관으로 별도의 규정을 두는 것은 가능하다. 이 경우 그 규정은 이사의 신분을 보장하는 의미도 아울러

가지고 있어 **이를 단순히 주의적 규정으로 볼 수는 없고**, 법인으로서는 이사의 중대한 의무위반 또는 정상적인 사무집행 불능 등의 특별한 사정이 없는 이상, 정관에서 정하지 아니한 사유로 이사를 해임할 수는 없다"(2011다41741)**(8회 선택형)**.

(3) 법인 이사의 사임의 의사표시의 법적성질 및 철회가부

"법인의 이사는 법인에 대한 일방적인 사임의 의사표시에 의하여 법률관계를 종료시킬 수 있고 (상대방 있는 단독행위), 그 의사표시가 수령권한 있는 기관에 도달됨으로써 효력을 발생하는 것이며, 법인의 승낙이 있어야만 효력이 있는 것은 아니다"(92다749). 한편 이 경우, "그 의사표시가 효력을 발생한 이후에는 임의로 이를 철회할 수 없다" (93다28799). 따라서 법인이 정관에 이사 사임의 의사표시의 효력발생시기에 관하여특별한 규정을 둔 경우, "이사가 사임의 의사표시를 하였더라도 정관에 따라 사임의 효력이 발생하기 전에는 그 사임의사를 자유롭게 철회할 수 있다"(2007다17109).

(4) 대표권의 제한(정, 복, 이, 사)

1) 정관에 의한 제한(제41조, 제60조)

2) 사원총회의 의결에 의한 제한(제59조 1항 단서)

사단법인의 경우 이사의 대표권은 사원총회의 의결에 의하여도 제한할 수 있다(제59조 1항 단서). 그러나 그 경우에도 대표권 자체를 박탈하는 것은 허용되지 않는다.

3) 이익상반의 경우(제64조)

법인과 이사의 이익상반행위에 대하여는 대표권이 없으며, '특별대리인'이 법인을 대표한다(제64조)**(8회,12회 선택형)**.

4) 복임권의 제한(제62조)

이사는 원칙적으로 자신이 스스로 대표권을 행사하여야 한다. 다만, 정관 또는 사원총회의 결의로 금지하지 않은 사항에 한하여 타인으로 하여금 '**특정의 행위**'를 대리하게 할 수 있다(제62조). 따라서 이사는 '**포괄적인복임권**'은 없다. 만약 대표자가 타인에게 업무를 포괄적으로 위임한 경우 그 포괄적 수임인이 법인의 사무를 행하더라도 이는 제62조에 위반된 것이어서 그 효력이 법인에는 미치지 아니한다(2008다15438)**(3회 선택형)**.

2. 기타 대표기관

(1) 임시이사

이사가 없거나 결원이 있는 경우에 이로 인하여 손해가 생길 염려 있는 때에는 법원은 이해관계인이나 검사의 청구에 의하여 임시이사를 선임하여야 한다(제63조)**(12회 선택형)**. 이러한 임시이사는 정식이사와 동일한 권한을 가진다(2012다40332).

(2) 특별대리인

법인과 이사의 이익이 상반하는 사항에 관하여는 이사는 대표권이 없다**(12회 선택형)**. 이 경우에는 전조의 규정에 의하여 특별대리인을 선임하여야 한다(제64조).

(3) 직무대행자

이사의 선임행위에 흠이 있어 직무집행정지의 가처분이 내려진 경우, 법원이 당사자의 신청에 의해 가처분으로 선임하는 자가 직무대행자이다(제52조의2). 직무대행자는 법인의 **통상사무**에 속하는 행위만을 할 수 있다. 통상사무가 아닌 행위도 할 수 있기 위해서는, 가처분명령에서 이를 허용하거나 또는 법원의 허가를 얻어야 한다. 다만, 직무대행자가 이에 위반한 행위를 한 경우에도 법인은 선의의 제3자에 대하여는 책임을 진다(제60조의2)**(8회 선택형)**.

Ⅳ. 법인의 소멸

① 먼저 '해산'에 의해 법인의 본래의 활동을 정지하고, ② 이어서 재산을 정리하는 '청산'의 단계로 들어간다.

1. 해 산

① 사단법인 및 재단법인의 공통된 해산사유로 ㉠ 존립기간의 만료, ㉡ 법인의 목적의 달성 또는 달성의 불능 기타 정관에 정한 해산사유의 발생, ㉢ 파산 또는 ㉣ 설립허가의 취소(제38조)로 '해산'한다(제77조).

② 사단법인은 총회의 결의에 의해 해산하며(제77조 2항), 이는 사원총회의 전권사항이고, 정관에 의해서도 달리 정할 수 없다. 해산결의에는 정관에 다른 규정이 없으면 총사원 4분의3 이상의 동의가 있어야 한다(제78조)**(12회 선택형)**.

2. 청 산

청산절차는 제3자의 이해관계에 중대한 영향을 미치기 때문에 모두 '강행규정'이며(94다13473), 법인이 소멸하는 시점은 해산등기나 청산종결등기시가 아니라 '청산사무가 종료한 때'이다(94다13473).

Ⅴ. 정관변경

정관의 변경이란 법인이 그 동일성을 유지하면서 조직을 변경하는 것을 말한다.

1. 사단법인의 정관변경   [A-58]

사단법인은 '자율적 법인'이므로 그 법인의 '동일성을 유지하는 범위'에서 원칙적으로 정관변경이 가능하다. 정관의 변경에는 정관에 다른 규정이 없는 한, 총사원 3분의2 이상의 동의가 있어야 한다(제42조 1항). ① 이는 **사원총회의 전권사항**이므로 정관에서 이사회의 결의로써 정관변경을 할 수 있다고 정하더라도 그것은 무효이다. ② 그러나 정관에 그 정관을 변경할 수 없다고 규정하고 있더라도 모든 사원의 동의가 있으면 정관을 변경할 수 있다**(2회 선택형)**. ③ 아울러 정관의 변경은 주무관청의 허가를 얻지 않으면 그 효력이 없다(제42조)**(12회 선택형)**

2. 재단법인의 정관변경   [A-59]

(1) 정관변경 가부 및 주무관청의 허가

재단법인은 설립자의 의사에 의하여 '타율적으로 구속되는 법인'이므로 원칙적으로 정관변경이 불가능하고, 예외적이고 제한적으로만 가능하다(제45조, 제46조). ① 재단법인의 정관의 변경은 사단법인의 정관변경과 마찬가지로 주무관청의 허가를 얻지 아니하면 그 효력이 없다(제45조 3항, 제42조 2항)(12회 선택형). ② 다만 判例는 규정이 '허가'로 표현되어 있기는 하나 법률행위의 효력을 보충해 주는 것이지 일반적 금지를 해제하는 것이 아니므로, 그 법적 성격은 '인가'로 보아야 한다고 한다(전합95누4810). 이에 따르면 그 불허가처분에 대해서는 행정소송으로 다툴 수 있다.

(2) 기본재산의 처분·편입과 정관의 변경 ★

재단법인을 설립하기 위해 출연한 '기본재산'은 재단법인의 실체를 이루며, 이것은 정관의 필요적 기재사항이다(제43조). 따라서 判例는 ㉠ 재단법인의 기본재산의 처분(저당권설정행위는 불포함 : 2017마1565), ㉡ 경매절차에 의한 매각(2017마1565), ㉢ 기본재산을 수동채권으로 한 상계(97다 9970)뿐만 아니라 ㉣ 기본재산에의 편입(82다카499), ㉤ 명의신탁해지에 따른 원상회복(90다 8558)과 같은 기본재산의 '증가'도 모두 정관의 변경사항이 되므로 주무관청의 허가를 얻어야 그 효력이 생기고(제45조 3항), 그 허가 없이 한 처분행위는 무효가 된다고 한다(90다8558)(2회 선택 형). 그리고 주무관청의 허가 없는 기본재산의 처분을 금하는 법의 취지상 채권계약으로서도 그 효력이 없다(73다1975)(강행규정 위반에 따른 절대적 무효).

Set 012 | **권리능력 없는 사단 ★★★★**

※ 권리능력 없는 사단의 법률관계 논리(사례)구조(전합2004다60072) [11회 사례형]

> 사단법인의 실체를 가진 甲재건축조합의 조합장 乙이 丙과 채무보증계약을 체결하면서 조합규약(정 관)에서 정한 조합 임원회의 결의 등 절차를 거치지 않은 경우, 그 보증계약의 효력은?

Ⅰ. 甲조합의 법적 성격
① 비법인사단과 조합의 구별 ⇒ ② 비법인 사단의 법적규율 일반

Ⅱ. 乙의 채무보증행위가 甲의 권리능력 내의 행위인지 여부(적극 : 제34조 유추적용)

Ⅲ. 丙과의 채무보증계약이 총유물의 관리·처분행위인지 여부(소극 : 제276조 1항)

Ⅳ. 조합규약(정관)에서 정한 대표권제한을 위반한 경우의 효과
① 대표권 제한과 관련한 제41조와 제60조 규정의 권리능력 없는 사단 甲에의 적용여부 ⇒
② 제126조의 표현대리법리 검토 ⇒ ③ 경우에 따라서는 대표권남용법리 검토

Ⅰ. 성립요건(조합과 구별)
[A-66]

ⅰ) 사단으로서의 실체는 가지고 있지만, ⅱ) 주무관청의 허가를 얻어 설립등기를 마치지 않아 법인격을 갖지 못한 조직형태를 말한다.

判例에 따르면 조합과 비법인 사단과의 구별은 명칭에 구애됨이 없이 그 '단체성의 강약'을 기준으로 판단하며, 사단으로서의 실체적 요건을 구비했다고 하기 위해서는 ⊙ 사단적 성격을 가지는 규약(정관)을 만들어 이에 근거하여 대표자를 두는 등의 조직을 갖추고 있고, ⓒ 업무집행방법이 다수결의 원칙에 의하여 행하여지며, ⓒ 구성원의 가입·탈퇴 등으로 인한 변경에 관계없이 단체 그 자체가 존속되고, ② 기타 단체로서의 주요사항이 확정되어 있어야 한다고 한다(사, 다, 변, 주). 다만, 종중과 같이 특별한 조직행위 없이도 자연적으로 성립하는 경우는 예외이다.

Ⅱ. 법적 지위

[A-67]

1. 비법인 사단의 법적규율

(1) 일반론

判例가 판시하는 바와 같이 사단법인에 관한 규정 중에서 '법인격을 전제로 하는 것을 제외'(제60조 등)하고는 법인격 없는 사단에 '유추적용'해야 한다(92다23087)(6회 선택형). 즉, 법인의 권리능력(제34조)(2006다72109), 법인의 불법행위능력(제35조)(2005다34711), 사원총회 결의방법(제72조, 제73조 2항, 제75조 2항)(12회 선택형), 포괄위임금지 규정(제62조)(11회 선택형), 대표자의 업무집행(제40조, 제58조, 제68조), 임시이사의 선임(제63조)(전합2008마699)(1회,12회 선택형)등이 유추적용된다.

(2) 비법인 사단에서 정관으로 정한 대표권 제한을 위반한 경우의 효과 [11회 사례형, 15사법]

1) 제60조(대표권 제한) 규정의 비법인 사단에의 적용여부

判例는 이사의 대표권 제한에 관한 제41조 규정(효력요건)은 비법인사단에 유추적용될 수 있으나, 비법인사단의 경우에는 대표자의 대표권 제한에 관하여 등기할 방법이 없어 제60조 규정(대항요건)은 유추적용할 수 없다고 한다(2002다64780)(7회, 12회 선택형).

2) 제126조의 표현대리 성립여부

대표권 제한을 위반한 대표기관의 행위는 무권대표행위로서 제126조의 표현대리의 성립여부가 문제된다(제59조 2항의 유추적용). 이에 대해 判例는 상대방이 '대표권제한 및 그 위반사실'을 알았거나 알 수 있었을 경우가 아니라면 그 거래행위는 원칙적으로 유효하다고 보고, 대표권제한 및 그 위반 사실을 상대방이 알았거나 알 수 있었다는 점을 비법인사단측이 주장·입증하여야 한다고 본다(전합2004다60072)(2회, 6회, 7회, 9회, 12회 선택형).
[판례해설] 判例가 거래 상대방의 악의·과실을 문제삼은 것은 법인 대표에 준용되는(제59조 2항) 대리규정 가운데 제126조를 준용한 것으로 보인다(다수설).

2. 대외적 법률관계에서의 지위

① 법인이 아닌 사단으로서 대표자 또는 관리인이 있는 경우에는 민사소송에 있어서 '당사자능력'이 있다(민사소송법 제52조)(5회, 9회 선택형). ② '부동산 등기능력'도 인정된다(부동산등기법 제26조 1항)(5회, 9회 선택형).

3. 재산귀속관계(총유관계)

(1) 총유물의 관리·처분

권리능력 없는 사단의 재산소유는 '총유'로 하며(제275조 1항), 총유물의 관리 및 처분은 정관 기타 규약에 정한 바가 없으면 '사원총회'의 결의에 의한다(제275조 2항, 제276조 1항). 그리고 각 구성원들은 사용·수익만을 할 수 있다(제276조 2항). 즉 공유나 합유와 달리 구성원의 지분 권이 없다.

1) 총유물의 관리·처분의 개념 [11회 사례형, 15사법]

判例는 "총유물의 관리 및 처분이라 함은 총유물 그 자체에 관한 이용·개량행위나 법률적·사 실적 처분행위를 의미하는 것이므로, [보증계약과 같은] 단순한 채무부담행위는 총유물의 관리·처분행 위라고 볼 수 없다"고 하여 그 범위를 '좁게' 본다(전합2004다60072·60089)(3회, 5회, 6회, 7회, 8회, 9회, 11회 선택형).

[판례검토] 판례의 반대의견에 따르면 총회결의를 거치지 아니한 채무부담행위는 상대방의 선 의 여부에 관계없이 무효가 된다. 따라서 비법인사단을 특히 보호하여야 할 공익적 필요성이 있는 경우가 아니라면 거래안전상 대법원의 다수의견이 타당하다(다수설).

🖈 총유물의 관리 및 처분인지 문제된 사안

① [설계용역계약] "재건축조합이 재건축사업의 시행을 위하여 설계용역계약을 체결하는 것은 단순한 채무부담행위에 불과하여 총유물 그 자체에 대한 관리 및 처분행위라고 볼 수 없다"(2002다64780). ② [매매, 채무승인] "총유물에 관한 매매계약을 체결하는 행위는 총유물 그 자체의 처분이 따르는 채무부담행위로서 총유물의 처분행위에 해당하나, 그 매매계약에 의하여 부담 하고 있는 채무의 존재를 인식하고 있다는 뜻을 표시하는 데 불과한 소멸시효 중단사유로서의승 인은 총유물의 관리·처분행위라고 볼 수 없다"(2009다64383)(11회 선택형).

2) 사원총회의 결의를 결한 총유물의 관리·처분 [15입법]

判例는 비법인사단의 대표자가 사원총회 결의 없이 총유물을 처분하는 행위는 법령상 처음부터 대표권이 없으므로, 대표자의 독자적 처분은 '확정적 무효'이고(2000다10246)(10회 선택형), 이에는 제 126조의 규정이 적용될 여지도 없다고 보아 상대방이 선의였는지 여부는 문제되지 않는다는 입장이다(11회 선택형).

(2) 보존행위

총유의 경우에는 공유나 합유의 경우처럼 보존행위는 구성원 각자가 할 수 있다(제265조 단서, 제272조)는 규정이 없으므로 보존행위를 함에도 제276조 1항에 따른 사원총회의 결의를 거치거 나 정관이 정하는 바에 따른 절차(제275조 2항 참조)를 거쳐야 한다(2012다112299).

🖈 총유재산에 관한 소송

① [당사자적격] 判例는 "총유재산에 관한 소송은 법인 아닌 사단이 그 명의로 사원총회의 결의를 거쳐 하거나(민소법 제52조) 또는 그 구성원 전원이 당사자가 되어 필수적 공동소송의 형태로 할 수 있을 뿐 총회의 결의를 거치더라도 (설령 대표자라도)구성원 개인이 할 수는 없다"(전합2004다 44971)(2회,3회,8회 선택형).

② **[채권자대위소송]** ㉠ "그러나 이러한 절차는 비법인사단의 대표자가 비법인사단 명의로 총유재산에 관한 소를 제기하는 경우에 비법인사단의 의사결정과 특별수권을 위하여 필요한 내부적인 절차이다. 따라서 비법인사단이 총유재산에 관한 권리를 행사하지 아니하고 있어 비법인사단의 채권자가 채권자대위권에 기하여 비법인사단의 총유재산에 관한 권리를 대위행사하는 경우에는 (채권자대위권은 그 권리행사에 채무자의 동의를 필요로 하는 것은 아니므로) 사원총회의 결의 등 비법인사단의 내부적인 의사결정절차를 거칠 필요가 없다"(2014다211336)**(6회 선택형)**. ㉡ "원칙적으로 채무자가 제3채무자에게 이미 재판상 행사한 권리를 채권자가 채무자를 '대위'하여 행사할 수는 없다(권리불행사 요건). 그러나 비법인사단인 채무자 명의로 제기된 제3채무자를 상대로 한 소가 '사원총회 결의가 없었다는 이유'로 각하되어 판결이 확정된 경우에는, 채무자가 스스로 제3채무자에 대한 권리를 행사하였다고 볼 수 없어 채권자가 채무자인 비법인사단을 대위할 수 있다"(2018다210539)**(9회,10회,11회 선택형)**.

Ⅲ. 판례에 나타난 권리능력 없는 사단의 구체적인 형태 [A-68]

1. 교회의 교인들이 집단적으로 탈퇴한 경우의 법률관계

내부적인 사정으로 A교단에 소속되어 있던 X교회의 일부교인들(이하 '乙'이라 한다)은 특별한 결의절차 없이 종전 A교단 및 X교회를 탈퇴하고 Y교회라는 새로운 이름으로 B교단에 가입하였다. 그런데 탈퇴한 乙의 인원이 종전 X교회 세례교인의 2/3이상이어서 종전교회 건물을 배타적으로 사용하자, 남은 교인들(이하 '甲'이라 한다)이 乙을 상대로 교회건물의 명도를 청구하였다.

☞ 변경된 判例(전합2004다37775)의 태도에 따라 비록 탈퇴한 乙이 종전 X교회 결의권자의 2/3에 이른다 하여도 적법한 소집절차에 따른 결의가 없는 이상 종전 X교회의 재산에 대한 권리를 보유할 수 없다고 할 것이다. 따라서 甲의 청구는 정당하다.

⑴ 교회의 분열을 인정할 수 있는지 여부

'교회분열'이란 종교적 신념 등 원인여하 불문하고 다수의 교인들이 종전의 교회에서 탈퇴하여 '동일성·계속성'을 인정할 수 없는 새로운 교회를 구성하는 것을 말한다(전합91다1226). ① 종전 判例는 교회의 분열을 인정하였으나(전합91다1226), ② 변경된 判例는 사단법인 규정을 유추적용하여 교인의 탈퇴나 교회의 해산은 인정되나 '교회의 분열'은 부정하고 있다(전합2004다37775)**(5회 선택형)**.

⑵ 교인들의 집단 탈퇴시 교회재산의 귀속관계

① 종전 判例는 교회 분열을 인정하는 바탕에서 분열 당시의 교인들 전원의 총유에 속한다고 하였으나(전합91다1226), ② 변경된 判例는 교회의 분열을 인정하지 않는 바탕에서 소속 교단에서의 탈퇴 내지 소속 교단의 변경은 사단법인 정관변경에 준하여 의결권을 가진 교인 2/3 이상의 찬성에 의한 결의를 필요로 하고(제42조 1항 유추적용), 그러한 요건을 갖추지 못한 탈퇴한 교인들의 종전교회 재산의 사용·수익권을 원천적으로 부정한다(전합2004다37775).

2. 종 중

⑴ 고유한 의미의 종중

① **[성립]** '종중'이란 공동선조의 후손들에 의하여 선조의 분묘수호 및 봉제사와 후손 상호간의 친목을 목적으로 형성되는 '자연발생적인 종족단체'로서 비법인사단이나(93다27703)**(10회 선택형)**, 이러한 종중은 관습상 당연히 성립하는 것으로 조직행위를 요하지 않으며(2001다5296)**(10회 선택형) [11회 사례형]**, 대표자 선임이나 성문의 규약을 요구하지도 않는다(96다25715).

② **[구성원]** 공동선조와 성과 본을 같이 하는 후손은 성년이 되면 **남녀를 불문하고** 의사와 관계없이 당연히 구성원이 되는 것이 '조리'에 부합한다(전합2002다1178). 제781조 제6항에 따라 자녀의 복리를 위하여 자녀의 성과 본을 변경할 필요가 있어 자녀의 성과 본이 모의 성과 본으로 변경되었을 경우, 성년인 그 자녀는 모가 속한 종중의 공동선조와 성과 본을 같이 하는 후손으로서 당연히 종중의 구성원이 된다(2017다260940).

③ **[재산]** 종중재산은 종중원의 총유라고 본다. 判例는 종중 토지 매각대금의 분배에 관한 종중총회의 결의가 무효인 경우, 새로운 종중총회의 결의 없이 종원이 곧바로 종중을 상대로 분배금의 지급을 구할 수는 없다고 한다(2007다42310, 42327)**(10회 선택형)**.

⑵ 종중 유사의 단체

判例는 공동선조의 후손들 중 특정지역 거주자나 특정 범위 내의 자들만으로 구성된 '고유한 의미의 종중'은 있을 수 없고**(10회 선택형)**, 이는 '종중 유사의 단체'로 그 자체로 비법인사단이 될 수는 있다고 한다(2018다264628). 그러나 공동선조의 후손 중 일부에 의하여 인위적인 조직행위를 거쳐 성립된 '종중 유사 단체'는 사적 자치의 원칙 내지 결사의 자유에 따라 그 구성원의 자격이나 가입조건을 자유롭게 정할 수 있음이 원칙이라고 한다(2009다17783).

Set 013 법률행위 해석 ★★

Ⅰ. 서 설   [A-72, A-73]

1. 의 의

법률행위의 해석이란 불명확한 법률행위의 내용을 확정하는 것을 말한다. 법률행위의 내용은 그 요소인 의사표시에 의해 결정되는 것이므로 법률행위의 해석은 결국 의사표시의 해석으로 귀결된다. 이러한 법률행위의 해석은 법률의 내용을 파악하는 '법률의 해석'과 구별된다.

2. 법률행위 해석의 객체(대상 : 표시주의)

"법률행위의 해석은 당사자의 내심의 의사가 어떤지에 관계없이 그 문언의 내용에 의하여 당사자가 그 표시행위에 부여한 객관적 의미를 합리적으로 해석하여야 하는 것이다"(2000다40858)라고 하여 '표시주의' 입상이다**(6회 선택형)**.

Ⅱ. 법률행위 해석의 방법   [A-74]

상대방 있는 의사표시의 경우 법률행위 해석의 방법은 ① 일정한 표시에 관하여 당사자가 사실상 '일치'하여 이해한 경우에는 그 의미대로 효력을 인정하는 '자연적 해석'을 하여야 하고(오표시

무해의 원칙), ② 일치 여부가 확정되지 않는 때에는 '상대방'이 그 표시에 부여한 의미를 탐구하는 '규범적해석'을 하여야 하며, ③ 그 해석의 결과 법률행위에 흠결이 발견되면 법관이 당사자의 '가정적 의사'를 고려하여 이를 보충하는 '보충적 해석'을 하여야 한다. 보충적 해석은 주로 쌍방의 공통하는 동기의 착오, 일부무효(제137조), 무효행위의 전환(제138조)에서 문제된다.

✎ 오표시무해의 원칙

① **[쌍방 공통하는 지번의 착오]** 甲이 국가 소유인 X토지를 불하받는 과정에서 서로 간의 착오로 인접한 국가 소유의 Y토지로 잘못 표기하여 매매계약이 체결된 사안에서, "계약의 해석에 있어서는 형식적인 문구에만 얽매여서는 아니되고 쌍방 당사자의 진정한 의사가 무엇인가를 탐구하여야 하는 것이므로, 계약서에 그 목적물을 X토지가 아닌 Y토지로 표시하였다 하여도, 위 X토지에 관하여 이를 매매의 목적물로 한다는 쌍방 당사자의 의사합치가 있는 이상, 위 매매계약은 X토지에 관하여 '성립'하였다"(93다2629)(6회, 11회, 13회 선택형)고 한다(계,형,쌍,진). 따라서 착오를 이유로 취소할 수 없다.

② **[쌍방 공통하는 계약상 지위의 착오]** 이러한 법리는 계약 당사자들이 오류를 인지하지 못한 채 당사자들의 합치된 의사와 달리 착오로 계약상 지위가 잘못 기재된 계약서에 그대로 기명날인이나 서명을 한 경우에도 동일하게 적용된다고 한다(2016다242334)

[판례해설] 이처럼 잘못 표시를 하였더라도 자연적 해석에 의해 당사자 의사의 합치가 인정되는 이상, 착오에 의한 취소는 발생할 여지가 없다(오표시 무해의 원칙). 그러나 이러한 判例는 법률행위 해석의 대상이 '표시행위에 부여한 객관적 의미'를 밝히는 작업이라고 본 기존의 判例(2000다40858)와는 구별된다.

Ⅲ. 계약당사자의 결정 [쟁점 02.]

1. 타인명의를 사용한 법률행위의 논리(사례) 구조(특히 행위자가 자신을 위한 법률행위를 하면서 명의자의 명의를 임의로 사용한 경우)

> **Ⅰ. 행위자와 상대방이 일치하여 법률행위 당사자를 '행위자'로 생각한 경우**
> 이 때 명의인의 표시는 잘못된 표시(오표시무해)에 불과하여 아무런 효력이 없게 된다. 따라서 법률행위의 효과는 당연히 행위자에게 귀속하며, 대리법의 적용은 문제되지 않는다. 또한 명의인은 추인(제130조)에 의하여 법률효과를 자기에게 귀속시킬 수도 없다.
>
> **Ⅱ. 상대방이 법률행위 당사자를 '명의인'으로 생각한 경우**
> ① 법률행위 해석을 통한 당사자 확정(규범적 해석) ⇒ ② 표현대리(제126조 등)(유추)적용 ⇒ ③ 협의의 무권대리(제135조 등)(유추)적용 또는 불책(제750조)

(1) 계약당사자 확정의 기준 : 성립요건 [4회 사례형, 09법무, 12행정]

타인의 명의를 사용하여 행한 법률행위의 경우에 대해 최근의 판결들은 "누가 그 계약의 당사자인가를 먼저 확정하여야 할 것"이라고 보아 **법률행위 해석을 통한 당사자 확정의 문제**로 보고 있다.[15] 즉, 먼저 ① '자연적 해석'을 통하여 행위자와 상대방의 의사가 '일치'한 경우에는 그 일치하는

---

15) **[판례검토]** 타인의 명의를 사용한 법률행위의 경우 '효력요건'의 검토(명의신탁의 유효성이나 대리행위의 유효성)에 앞서

의사대로 행위자 또는 명의자의 행위로 확정하고, ② 그러한 일치하는 의사를 확정할 수 없는 경우에는 '규범적 해석'을 통하여 '상대방'이 행위자의 표시를 어떻게 이해했어야 하는가에 따라 당사자가 결정되어야 한다고 한다(94다4912 등)**(6회 선택형).**

(2) '계약명의자'가 당사자로 확정되는 경우 : 효력요건

법률행위 해석에 의하여 계약명의자가 당사자로 확정되는 경우 대리에 관한 규정이 (유추)적용될 수 있다.

1) 행위자에게 대리권이 있거나 명의사용을 허락받은 경우

이 경우에는 일반적으로 행위자에게 대리의사가 있고, 判例는 현명의 경우 반드시 대리인임을 표시하여 행위하여야 하는 것은 아니고 '본인명의'로도 할 수 있다고 하므로(63다67), 결국 유권대리의 법률관계로 처리된다. 따라서 명의인이 권리를 취득하고 의무를 부담한다(제114조).

2) 행위자에게 대리권이 없거나 타인명의를 무단으로 모용한 경우

이 경우에는 일반적으로 행위자에게 대리의사가 없고, 현명도 있다고 할 수 없지만 타인의 이름으로 법률행위를 하였다는 점에서 **무권대리 규정이 유추적용**된다. 한편 표현대리의 성립 여부와 관련해서 判例는 "사술을 써서 대리행위의 표시를 하지 아니하고 단지 본인의 성명을 모용하여 자기가 마치 본인인 것처럼 상대방을 기망하여 본인 명의로 직접 법률행위를 한 경우에는 **특별한 사정이 없는 한 제126조의 표현대리는 성립될 수 없지만**, ⅰ) 본인을 모용한 사람에게 본인을 대리할 '**기본대리권**'이 있었고, ⅱ) 상대방으로서는 위 모용자(행위자)가 본인(명의자) 자신으로서 본인의 권한을 행사하는 것으로 믿은 데 '**정당한 이유**'가 인정된다면 표현대리의 법리가 유추적용되어 본인에게 그 효력이 미친다"(2001다49814)고 한다.

예를 들어 判例는 본인으로부터 아파트에 관한 '임대' 등 일체의 관리권한을 위임받아 본인으로 가장하여 아파트를 임대한 바 있는 대리인이 다시 자신을 본인으로 가장하여 임차인에게 아파트를 '매도'한 경우 권한을 넘은 표현대리의 법리를 유추적용하여 본인에 대하여 그 행위의 효력이 미치는 것으로 보았다(92다52436).

2. 금융실명제하에서 예금계약의 당사자

① 원칙적으로 '예금명의자'이다. ② 그러나 예금명의자의 예금반환청구권을 배제하고 출연자 등과 예금계약을 체결하여 출연자 등에게 예금반환청구권을 귀속시키겠다는 '**명확한 의사의 합치**'가 있으면(묵시적으로는 불가능) 예외적으로 예금계약의 당사자는 출연자 등이다. 이러한 의사의 합치는 실명확인 절차를 거쳐 작성된 예금계약서 등의 증명력을 번복하기에 충분할 정도의 명확한 증명력을 가진 구체적이고 객관적인 증거에 의하여 매우 엄격하게 인정되어야 한다(전합2008다45828)**(2회, 5회 선택형).** [16)]

'성립요건'과 관련하여 당사자가 누구인지를 법률행위의 해석을 통해 확정해야 하는바, 判例의 태도가 타당하다.

16) **[판례검토]** 금융실명제하에서 '예외적'으로 출연자 등을 예금계약의 당사자로 해석하는 범위를 넓히는 것은 동법의 취지에 어긋나는 것이라는 점에서, 극히 예외적인 경우로 제한해석하는 변경된 判例의 태도는 타당하다.

3. 차명대출 - 명의대여자가 당사자로 되는 경우 [10사법]

(1) 비진의표시로 무효인지 여부

判例는 법률상 또는 사실상의 장애로 자기 명의로 대출받을 수 없는 자를 위하여 대출금채무자로서의 명의를 빌려준 자에게 그와 같은 채무부담의 의사가 없다고 할 수 없으므로 비진의표시에 해당한다고 볼 수 없다. 설사 비진의표시로 인정하더라도 비진의임을 상대방이 알았거나 알 수 있었어야 그 의사표시가 무효로 된다. 그러나 여기서 말하는 '진의'는 채무부담이라는 법률상의 효과를 받지 않겠다는 의사를 의미하므로, 대출금을 타인이 사용한다는 것을 채권자가 아는 것만으로는 진의를 알았거나 알 수 있었다고 볼 수는 없다(97다8403등).

(2) 통정허위표시로 무효인지 여부

원칙적으로는 차명대출의 경우 통정허위표시로 볼 수 없으나, 判例에 따르면 상대방이 대출명의를 명의대여자로 할 뿐 명의대여자에게 책임을 지우지 않는다는 '양해'를 하고 대출을 한 경우라면 명의대여자를 당사자로 한 의사표시는 통정허위표시로 무효가 되어 명의대여자가 책임을 면할 수 있으며(98다48989), 이 경우 실제 채무자인 명의차용자가 채무자가 되어 상대방에게 책임을 진다고 한다(7회 선택형)[17]

(3) 명의대여자의 구상의무

1) 다른 연대보증인 또는 물상보증인이 은행에 대출금을 변제한 경우

判例는 다른 연대(물상)보증인이 은행에 대출금을 변제한 경우 '명의대여자'는 ⅰ) 내부관계에서는 실질상의 주채무자가 아닌 한 연대보증책임을 이행한 연대보증인에 대하여 주채무자로서의 구상의무를 부담한다고 할 수 없으나, ⅱ) 최소한 연대보증인으로서의 구상의무는 부담할 의사가 있다고 한다. ⅲ) 다만 연대보증인이 명의대여자가 실질적 주채무자라고 믿고 보증책임을 이행하였고, 그와 같이 믿은 데에 명의대여자에게 귀책사유가 있는 경우에는 주채무자로서 전액 구상의무가 있다고 본다(2007다75648).

2) 형식상 연대보증인 또는 물상보증인이 된 명의차용자가 대출금을 변제한 경우

ⅰ) 이 때 명의차용자는 명의대여자에게 구상권을 행사할 수 없다(94다2701). ⅱ) 반대로 명의대여자가 은행에 대출금을 변제한 경우에는 명의차용자에게 구상권을 행사할 수 있다.

---

17) **[판례해설]** 이러한 判例의 결론은 자연적 해석의 결과라고 할 수 있다. 즉 이론상으로는 이 경우 통정허위표시로서 무효라고 판단(항변)하기 전에 명의대여자는 계약당사자가 아니라고 판단(부인)하는 것이 타당하다(물론 判例가 통정허위표시라고 판단한 것은 명의대여자가 그러한 취지의 항변을 했기 때문이다).

Ⅰ. 반사회적 법률행위의 유형 [07·11행정]   [A-87, A-88]

선량한 풍속 기타 사회질서에 위반한 사항을 내용으로 하는 '법률행위'는 무효로 하는바(제103조), 判例는 "제103조에 의하여 무효로 되는 '법률행위'는 ① 법률행위의 내용이 선량한 풍속 기타 사회질서에 위반되는 경우뿐만 아니라, ② 그 내용 자체는 반사회질서적인 것이 아니라고 하여도 ⅰ) 법률적으로 이를 강제하거나(혼인하지 않기로 하고, 위반시 위약금을 지급하기로 하는 약정 등 자유로워야 할 법률행위를 법률적으로 강제하는 것), ⅱ) 법률행위에 반사회질서적인 조건(제151조 참조) 또는 ⅲ) 금전적인 대가가 결부됨으로써 반사회질서적 성질을 띠게 되는 경우 및 ⅳ) 표시되거나 '상대방에게 알려진' 법률행위의 동기가 반사회질서적인 경우를 포함한다고 한다(99다38613)(4회 선택형).

1. 정의 관념에 반하는 행위

⑴ 형법상 범죄로 되는 행위를 목적으로 하는 계약처럼 '법률행위 자체'가 정의 관념에 반하는 행위

① **[유효]** 범죄행위에 해당한다고 하여 모두 반사회적 법률행위에 해당하는 것은 아니다. 예컨대 강제집행을 면할 '목적'으로 부동산에 허위의 근저당권설정등기를 마친 경우(2003다70041 : 제108조 1항에 해당하여 무효) **[09행정]**, 양도소득세를 회피할 '목적'으로 매매계약서에 실제로 거래한 가액보다 낮은 금액을 매매대금으로 기재하거나(2007다3285)**(12회 선택형)**, 부동산을 명의신탁한 것이라 하더라도 그러한 이유 때문에 반사회적 법률행위로서 위 명의신탁이 무효라고 할 수 없다(96다16334 : 부동산실명법 제4조 1항에 해당하여 무효).

② **[무효]** 보험계약자가 다수의 보험계약을 통하여 보험금을 부정취득할 목적으로 보험계약을 체결한 경우, 이러한 보험계약은 선량한 풍속 기타 사회질서에 위반하여 무효이다(2009다12115).

⑵ 원래는 사회통념상 정당한 행위임에도 불구하고 그에 대한 '대가가 결합'함으로써 정의 관념에 반하는 행위

① **[성공보수약정]** ㉠ 判例는 '형사사건의 성공보수약정'은 수사·재판의 결과를 금전적인 대가와 결부시킴으로써, 변호사 직무의 공공성을 저해하고, 사법제도에 대한 신뢰를 현저히 떨어뜨릴 위험이 있으므로, 선량한 풍속 기타 사회질서에 위배된다고 하나(전합2015다200111), ㉡ 민사사건은 대립하는 당사자 사이의 사법상 권리 또는 법률관계에 관한 쟁송으로서 형사사건과 달리 그 결과가 승소와 패소 등으로 나누어지므로 사적 자치의 원칙이나 계약자유의 원칙에 비추어 보더라도 '민사사건의 성공보수약정'이 허용됨에 아무런 문제가 없다고 한다. 다만 약정된 보수액이 부당하게 과다한 경우에는 예외적으로 상당한 범위 내의 보수액만을 청구할 수 있다고 판시하고 있다(전합2016다3583 : 다만 이러한 보수 청구의 제한은 어디까지나 계약자유의 원칙에 대한 예외를 인정하는 것이므로, 법원은 그에 관한 합리적인 근거를 명확히 밝혀야 한다).

② **[증언약정]** ㉠ 타인의 소송에서 사실을 증언하는 조건으로 그 소송의 일방 당사자 등으로부터 통상적으로 용인될 수 있는 수준을 넘어서는 대가를 제공받기로 하는 약정은 무효이며(2009다56283), ㉡ '대가제공의 내용에 기존 채무의 변제를 위한 부분이 포함'되어 있더라도, 전체적으로 통상 용인될 수 있는 수준을 넘는 급부를 하기로 한 것이라면, 당해 약정은 기존 채무를

제외한 부분만이 아니라 '전부'가 제103조 위반으로 무효이다(2016다25140). ⓒ 그러나 '허위진술의 대가에 관한 약정'이라면 그 급부의 상당성 여부를 판단할 필요 없이 제103조에 위반된다(2000다71999).

(3) 부동산 이중매매(상세한 내용은 채권총론 Set. 050.참고) [11 · 13사법, 10법무, 5회 사례형]

부동산 이중매매는 '계약자유(자유경쟁)의 원칙'에 비추어 유효함이 원칙이다. 그러나 제2매수인이 매도인의 '배임행위에 적극 가담(권유)'한 경우에는 '정의관념'에 반하므로 반사회질서 행위로서 무효이다(93다55289)(4회 선택형).

🔖 **부동산 이중매매 이외에 판례가 취하는 배임행위에 대한 적극가담의 법리**

① [명의신탁해지 후 매매] 수탁자가 단순히 등기명의만 수탁받았을 뿐 그 부동산을 처분할 권한이 없는 줄을 잘 알면서 수탁자에게 실질소유자 몰래 수탁재산을 불법 처분하도록 유도한 경우(92다1148), ② [점유취득시효 완성 후 매매] 부동산에 관한 취득시효가 완성된 후 부동산소유자에게 취득시효를 주장하였는데 소유자가 제3자에게 처분하고 제3자가 이에 적극 가담한 경우(92다47892), ③ [제1매매 후 상속재산분할협의] 공동상속인 중의 1인이 상속부동산을 타인에게 매도한 후 등기 전에 다른 상속인이 매도인의 배임행위에 적극가담하는 형태로 상속재산을 협의분할하여 받은 경우, 상속재산 협의분할 중 '그 매도인의 법정상속분에 관한 부분'은 반사회적 법률행위로서 무효라고 한다(제137조 단서의 일부무효)(95다54426, 54433).

2. 인륜에 반하는 행위

(1) 혼인질서나 가족질서에 반하는 계약

① [무효] 일부일처제(제810조 참조)에 반하는 법률행위는 무효이다. 즉 첩계약은 처의 동의 유무에 관계없이 무효일 뿐만 아니라 본처에 대하여 불법행위가 성립한다(67다1134)[다만 본처가 기왕의 부첩관계에 대하여 용서한 때에는 그것이 손해배상청구권의 포기라고 해석되는 한 유효하다(96므1434)] 아울러 부첩관계의 종료를 해제조건으로 하는 증여계약은 그 조건만이 무효인 것이 아니라 증여계약 자체가 무효이다(66다530)(제151조 1항).

② [유효] 그러나 첩에게 재산을 증여하는 것이 불륜관계의 계속을 위해서가 아니라 첩계약을 '종료'시키면서 첩의 생존을 유지하고 출생한 자녀의 양육을 보장하기 위한 것인 때에는 유효하다(80다458).

(2) 윤락행위와 관련한 약정

윤락행위를 목적으로 술을 파는 업소가 종업원에게 지급하였던 선불금에 따른 채권은 제103조 위반으로 무효이며, 이미 지급한 것은 불법원인급여에 해당하여 업주는 선불금의 반환을 청구할 수 없다(2004다27488)(2회 선택형).

3. 지나치게 사행적인 행위

① [무효] 判例에 따르면 도박채무 부담행위 및 그 변제약정이 반사회질서 위반으로 무효라 하더라도, 그 무효는 변제약정의 이행행위에 해당하는 위 부동산을 제3자에게 처분한 대금으로 도박채무의 변제에 충당한 부분에 한정되고,

② **[유효]** 부동산 처분에 관한 대리권을 도박 채권자에게 수여한 행위 부분까지 무효라고 볼 수는 없으므로, 위와 같은 사정을 알지 못하는 거래 상대방인 제3자가 도박 채무자로부터 그 대리인인 도박 채권자를 통하여 위 부동산을 매수한 행위까지 무효가 된다고 할 수는 없다(94다40147).

4. 법률행위의 성립과정에서 강박이라는 불법적 방법이 사용된 경우

判例는 강박행위는 그것 자체가 사회질서에 반할지라도 법률행위가 제110조에 의하여 취소될 수 있을 뿐 원칙적으로 제103조(제104조)에 의하여 무효는 아니라고 한다.

Ⅱ. 반사회질서 법률행위의 효과 [A-89]

1. 무 효

이러한 무효는 '절대적'이고 '확정적'이어서, 당사자의 추인에 의하여 유효로 될 수 없고(72다2249), 이러한 무효는 이를 주장할 이익이 있는 자는 누구든지 무효를 주장할 수 있다(2015다11281). 아울러 判例에 따르면 반사회적 법률행위에 따른 무효도 취소 등의 요건을 갖춘다면 선택적으로 취소를 주장할 수 있다고 한다(2014다234827).

2. 부당이득반환(상세한 내용은 채권각론 참고)

① 사회질서에 위반된 법률행위의 결과 상대방에게 부동산 소유권이전등기를 한 경우 이는 제746조의 불법원인급여에 해당하여 반환청구가 허용되지 않으며, 그 결과 '반사적 효과'로서 수익자에게 그 소유권이 귀속된다(전합79다483). **[4회 사례형, 11행정]**

② 그러나 주의할 것은 그렇다고 불법원인 급여를 받은 상대방(수익자)이 제3자에게 소유권에 기한 물권적 청구권을 행사할 수 있는 것은 아니다. 만약 甲이 乙회사 직원의 배임행위에 적극가담하여 그에게 별도의 대가제공을 약속하면서 원래 공매대상이었던 乙회사 소유 X건물을 저렴하게 매수하고 甲 명의로 소유권이전등기를 마쳤다면(제103조 위반) 그 후 甲이 X건물을 매매계약 전부터 사용하고 있는 불법점유자 丙을 상대로 소유권에 기해 X건물의 인도를 구하는 소를 제기하더라도 이는 인용될 수 없다(2015다11281).

3. 제3자 보호

예를 들어 이중매매계약이 제103조에 해당하여 '절대적무효'인 경우, 당해 부동산을 제2매수인으로부터 다시 취득한 제3자는 설사 제2매수인이 당해 부동산의 소유권을 유효하게 취득한 것으로 믿었더라도 이중매매계약이 유효하다고 주장할 수 없다(96다29151). 다만 전득자는 독자적인 보호규정, 예컨대 선의취득 또는 취득시효의 요건을 갖춘 때에는 이에 의하여 권리를 취득하는 것이 가능하다.

I. 서 설
[A-90]

① 제104조는 사적자치의 원칙에 대한 제한원리이므로 '공경매'에는 적용되지 않는다(80마77) **(1회 선택형).**

② 제103조와 제104조의 관계에 대해 判例는 **제104조가 제103조의 예시에 지나지 않는 것으로 해석한다.** 이에 의하면 제104조의 요건에 해당하지 않더라도 제103조의 요건을 충족하여 무효가 될 수 있다. 예컨대 判例에 따르면 행정기관에 진정서를 제출하여 상대방을 궁지에 빠뜨린 다음 이를 취하하는 조건으로 거액의 급부를 제공받기로 하는 '조건부 증여계약'을 체결한 경우, 반대급부가 없어 제104조를 논할 수 없지만 이는 '반사회질서적인 조건 또는 금전적 대가'가 결부됨으로써 제103조의 반사회적 법률행위에 해당한다(99다56833참고)

II. 불공정한 법률행위의 요건
[A-91]

① 객관적 요건으로 ㉠ **'법률행위시를 기준'**으로 급부와 반대급부의 '현저한' 불균형이 존재하고, ㉡ 피해자의 궁박 · 경솔 · 무경험 중 어느 하나가 존재해야 한다. 경솔 · 무경험은 대리인을 기준, 궁박은 본인을 기준으로 판단해야 한다**(1회, 13회 선택형).**

② 주관적 요건으로 判例는 피해당사자의 사정을 알면서 이를 이용하려는 의사, 즉 폭리자의 의도(악의)를 요구하고 있다. 무효를 주장하는 자가 주관적 · 객관적 요건 모두를 주장 · 입증하여야 한다(70다2065).

✎ 폭리자의 악의를 추정한 판례

91다40351은 목적물의 매매대금이 시가의 15%, 감정가의 30%에도 미치지 못하는 점에 중점을 두고, 이로부터 경솔 또는 무경험의 상태에서 계약을 체결한 것으로 추인된다고 보았고(물론 고령이고 농촌에서 농사만을 지은 점도 고려되었다), 계약금으로 매매대금의 1/3이상을 지급하고 그 다음 날 중도금을 지급한 것은 부동산매매에서 상당히 이례적인 것인 점에서, 즉 피해자측의 해제를 봉쇄하려는 의도가 엿보인다는 점에서, 폭리자의 악의가 추인(추정)된다고 보았다.

III. 불공정한 법률행위의 효과
[A-92]

① **[절대적 무효]** 불공정한 법률행위는 절대적, 확정적 무효이다(제104조). 따라서 목적부동산이 제3자에게 이전된 경우에 제3자가 선의라 하여도 그 소유권을 취득하지 못하고(63다479), 추인에 의해서도 그 법률행위가 유효로 될 수 없다(94다10900)**(1회, 9회, 12회 선택형).**

② **[불법원인급여]** 부당이득반환과 관련하여 불법의 원인이 폭리행위자에게만 있으므로 상대방, 즉 피해자는 제746조 단서에 의해 이행한 것의 반환을 청구할 수 있는 데 반해, 폭리행위자는 제746조 본문에 의해 자기가 이행한 것의 반환을 청구할 수 없다.

③ **[무효행위의 전환]** 判例는 매매대금의 과다로 말미암아 불공정한 법률행위에 해당하는 매매계약에 대해서, 선행하는 조정절차에서 제시된 금액을 기준으로 당사자의 가정적 의사를 추론하여 그 매매대금을 '적정한 금액'으로 감액하여 매매계약의 유효성을 인정하였다. 즉, 제104조에 해당

하여 무효인 경우에도 제138조(무효행위의 전환)가 적용될 수 있다고 한다(2009다50308)(6회, 10회, 11회 선택형). 참고로 불공정성을 소송 등 사법적 구제수단을 통하여 주장하지 못하도록 하는 부제소합의 역시 다른 특별한 사정이 없는 한 무효이다(2009다50308)(1회, 2회, 8회 선택형).

Ⅳ. 적용범위 [A-93]

① **[단독행위(적극)]** 判例는 구속된 남편을 구하기 위하여 궁박한 상태에서 '채권을 포기하는 행위'(단독행위)는 불공정한 법률행위에 해당한다(75다92)고 한다.

② **[무상행위(원칙적 소극)]** 그러나 '기부행위'(무상행위)와 같이 아무런 대가관계 없이 일방이 상대방에게 일방적인 급부를 하는 법률행위는 급부와 반대급부의 불균형의 문제는 발생하지 않는다(99다56833)(1회, 12회 선택형)고 한다. 다만 외형상 당사자 일방이 상대방에게 일방적인 급부를 하는 경우라 하더라도 그 이면에 실질적인 반대급부(대가적인 재산상 이익)가 있으면 제104조가 적용될 수 있다. 따라서 ㉠ 상간자(相姦者)에 대하여 간통으로 인한 위자료청구권을 포기하는 대신에 그로부터 일정한 돈을 받기로 한 경우에는 제104조가 적용될 수 있지만(96다47951), ㉡ 제3자로서 진정한 것을 취하하는 대가로 피진정인에게서 일정한 돈을 받기로 한 경우에는 '진정이나 그 취하는 국민으로서 가지는 청원권의 행사 및 그 철회에 해당하여 성질상 대가적 재산적 이익'으로 평가될 수 없으므로 제104조가 적용될 수 없다(99다56833).

Set 016 | 비진의 표시 ★★

Ⅰ. 제107조가 적용되기 위한 요건(의, 표, 알) [A-93]

진의 아닌 의사표시로 되기 위하여는 ㉠ 의사표시의 존재, ㉡ 표시와 진의의 불일치, ㉢ 표의자가 그러한 사실을 알고 있을 것을 요한다.

✎ 비진의표시에서 '진의'의 의미

'진의'란 判例가 판시하는 바와 같이 "특정한 내용의 의사표시를 하고자 하는 표의자의 생각을 말하는 것이지 표의자가 진정으로 마음속에서 바라는 사항을 뜻하는 것은 아니다"(99다34475). 따라서, "비록 재산을 강제로 뺏긴다는 것이 표의자의 본심으로 잠재되어 있었다 하여도 표의자가 강박에 의하여서나마 증여를 하기로 하고 그에 따른 증여의 의사표시를 한 이상 증여의 내심의 효과의사가 결여된 것이라고 할 수는 없다"(92다41528)(13회 선택형).

Ⅱ. 사용자의 지시 내지 강요에 의해 근로자가 사직서를 제출한 경우 [A-97]

判例는 근로자들이 의원면직의 형식을 빌렸을 뿐 사용자의 '지시나 강요'에 의해 근로자가 사직서를 낸 경우에 그 사직의 의사표시는 비진의표시에 해당하고, 또 그 사정을 사용자도 안 것으로 보아 무효라고 본다(제107조 1항 단서). 따라서 이는 부당해고가 되어 해고무효로 된다(92다3670 등). 그러므로 근로제공과 관련한 피용자의 급부불능은 사용자의 부당해고로 인한 것이므로 제538조 1항 1문의 '채권자에게 책임 있는 사유'로 인한 불능이라고 본다. 따라서 피용자는 원칙적으로 부당해고가 없었더라면, 계속 근로하였을 경우의 임금 상당액의 지급을 청구할 수 있다(94다45753, 45760 등). 그러나 判例는 위와 같은 사정만으로 강박에 의한 의사표시로까지 구성하지는 않는다.

✎ **[비교판례]** 공무원'이 사직의 의사표시를 하여 의원면직처분을 하는 경우, 비록 사직원제출자의 내심의 의사가 사직할 뜻이 아니었다고 하더라도 진의 아닌 의사표시에 관한 민법 제107조는 공법행위에는 준용되지 아니하므로 그 의사가 외부에 표시된 이상 그 의사는 표시된 대로 효력을 발생한다(97누13962).

Set 017 | 통정허위표시(가장행위) ★★★★

Ⅰ. 제108조가 적용되기 위한 요건(의, 표, 알, 통)   [A-98]

ㄱ 의사표시의 존재, ㄴ 표시와 진의의 불일치, ㄷ 표의자가 그러한 사실을 알고 있을 것, ㄹ 상대방과의 통정이 있을 것을 요한다.

특히 ㄹ 통정허위표시에서 '통정'은 진의가 없는 의사표시의 외형만을 서로 짜고 일치시키는 것을 말하는 것으로 상대방과의 '합의'를 의미하고, 상대방이 단순히 이를 '인식'하고 있는 것만으로는 부족하다(2002다38675). 判例는 아버지가 아들에게, 남편이 아내에게 부동산을 매도하여 소유권이전등기를 하는 것은 이례에 속하는 일로서 가장매매로 '추정'한다.

✎ **[구별]** 가장행위 속에 실제로 다른 행위를 할 의사가 감추어진 경우(가령 증여를 매매로 가장한 경우)에, 그 감추어진 행위를 '은닉행위'라고 한다. 그런데 은닉행위의 효력에 대하여는 그 행위 자체에 관한 규정(즉 증여에 관한 규정)이 적용되어야 할 것이다(자연적 해석). 따라서 가장행위인 매매가 무효이더라도, 은닉행위인 증여는 유효이고, 서면에 의하지 않았다면 제555조에 의해 해제될 수 있을 뿐이다(91다6160).

Ⅱ. 효 과   [A-100]

1. 당사자 사이의 효과

① **[무효]** 허위표시는 당사자 사이에서는 언제나 무효이다(제108조 1항). 원칙적으로 누구든지 그 무효를 주장할 수 있다(2002다72125).

② **[제746조와의 관계]** 허위표시 자체가 제746조의 '불법'은 아니기 때문에 제746조는 적용되지 않는다(2003다70041)**(1회 선택형)**.

③ **[제406조와의 관계]** 무효와 취소의 '이중효'의 이론적 측면뿐만 아니라 통정허위표시의 경우에는 사해행위의 전형적 방법으로 쓰이고 있다는 현실적인 측면과 통정허위표시의 경우 제3자의 보호법리(제108조 2항)에 의해 채무자의 재산이 일탈될 가능성에 비추어 채권자가 사해행위를 주장하여 그 취소를 구할 실익이 있기 때문에 判例는 허위표시도 제406조(채권자취소권)의 '법률행위'에 해당하는 것으로 해석한다(84다카68)**(1회, 2회, 6회 선택형). [09행정]**

2. 제3자에 대한 관계

허위표시의 무효는 선의의 제3자에게 대항하지 못한다(제108조 2항). 민법과 같이 등기의 공신력이 인정되지 않는 법제에서는 제108조 2항은 부동산의 거래에 있어서 사실상 등기에 공신력을 인정하는 것이 되어 중요한 의의를 가진다.

(1) 제3자의 의미(제548조 1항 단서의 제3자와 비교 Set 070.참고)(실, 새, 법)

① **[의미]** 判例에 따르면 제108조 2항의 제3자는 허위표시의 당사자와 그 포괄승계인 외의 자로서, 허위표시에 의하여 외형상 형성된 법률관계를 토대로 ⅰ) 실질적으로 ⅱ) 새로운 ⅲ) 법률상 이해관계를 맺은 자를 의미한다(94다12074). 이러한 제3자는 특별한 사정이 없는 한 선의로 추정되며, 무과실은 요건이 아니다(70다466)**(1회, 10회 선택형)**.

② **[범위]** 제3자로부터의 전득자는 제3자가 선의라면 전득자는 선·악을 불문하고 보호되는바, 이는 제108조 2항이 문제되는 것은 아니다[선의의 제3자의 개입에 의하여 허위표시의 하자는 치유되었다고 보아야 한다(엄폐물의 법칙)]. 반면 제3자가 악의이고 전득자가 선의인 경우에는 제108조 2항에 의하여 전득자가 보호될 수 있다(2012다49492)**(11회 선택형)**.

1) 제3자에 해당하는 경우

① 가장양수인으로부터 목적부동산을 양수한 자가 제3자의 전형적인 예이다. 관련하여 **가장양도인으로부터의 양수인과 가장양수인으로부터의 양수인의 우열**이 문제되는 경우 "가장양수인으로부터의 양수인이 가장매매로 인한 가등기 및 이에 대한 본등기의 원인이 된 각 의사표시가 허위임을 알지 못하였다면, 가장양도인으로부터의 양수인은 선의의 제3자에게 허위표시의 무효를 주장할 수 없고, 따라서 가장양수인으로부터의 양수인 명의의 소유권이전등기는 유효하다"(94다12074)고 한다**(1회 선택형)**.[18]

② 전세권설정계약이 없으면서도 임대차계약에 기한 임차보증금 반환채권을 담보할 목적으로(금융기관으로부터 자금을 융통할 목적으로) 임차인과 임대인이 합의하여 임차인 명의로 전세권설정등기를 마친 경우, 그 전세권설정은 통정허위표시에 해당하여 무효이나 ㉠ 그 전세권에 근저당권을 설정한 채권자와(2006다58912) 그러한 전세권근저당권부 채권을 가압류한 가압류권자(2012다49292)**(7회 선택형)**, ㉡ 그 전세권부채권을 가압류한 채권자(2009다35743)[19]**(7회, 10회 선택형)**에 대하여는 무효를 주장할 수 없다고 한다.

---

18) **[판례검토]** 가장양도인으로부터의 양수인은 새로운 법률관계를 맺은 것이 가장매매를 기초로 한 것이 아닐 뿐만 아니라, 이미 가등기가 등재되어 있어 가등기에 기한 본등기시 자신의 등기가 말소될 위험을 부담하고 권리를 취득하였을 것이라는 점에서 判例의 태도가 타당하다.

19) **[사실관계]** "전세권이 법정갱신(제312조 4항)된 경우 이는 법률의 규정에 의한 물권의 변동이므로 전세권갱신에 관한 등기를 필요로 하지 아니하고, 전세권자는 등기 없이도 전세권설정자나 그 목적물을 취득한 제3자에 대하여 갱신된 권리를 주장할 수 있다(88다카21029). 이러한 법리에 전세권설정자의 전세금반환의무와 전세권자의 목적물 인도 및 전세권설정등기의 말소등기에 필요한 서류 교부의무가 동시이행 관계에 있는 사정 등을 더해 보면, 전세권부채권을 가압류한 자가 전세권부채권가압류 등기를 마칠 당시 전세권설정등기가 말소되지 아니한 상태였고, 전세권 갱신에 관한 등기가 불필요한 전세권명의자가 당해 부동산 중 일부를 여전히 점유·사용하고 있었다면, 전세권부채권 가압류권자는 통정허위표시를 기초로 하여 새로이 법률상 이해관계를 가진 선의의 제3자에 해당한다고 봄이 타당하다"

③ ㉠ 채무자와 허위표시에 기초한 채무에 대해 보증을 한 자가 보증채무를 이행하여 채무자에 대해 구상권을 취득한 경우, 그 구상권 취득에는 보증채무의 부종성으로 인하여 주채무가 유효하게 존재할 것이 필요하므로, 결국 그 보증인은 채무자의 채권자에 대한 채무부담행위라는 허위표시에 기초하여 '구상권 취득'에 관한 법률상 이해관계를 가지게 되었다고 보아야 하므로 제3자에 해당한다(99다51258)**(3회 선택형)**고 한다. 다만, 보증채무부담행위 그 자체만으로는 제3자에 해당하지 않는다. ㉡ 그러나 가장채무의 보증인이 선의이지만 '**중과실**'로 가장채권자에게 보증채무를 이행한 경우, 보증인은 가장채무자(통정허위표시의 당사자)에게는 구상권을 행사할 수 있지만, 선의의 구상보증인들(통정허위표시의 무효를 주장하는 다른 제3자)에게까지 구상보증채무의 이행을 구하는 것은 권리남용에 해당하여 허용되지 않는다고 한다(위 판결의 재상고심).

④ 가장소비대차의 대주가 파산한 경우의 파산관재인은 파산자와는 독립한 지위에서 파산채권자 전체의 공동의 이익을 위하여 직무를 행하게 됨을 이유로 제3자에 해당한다(2004다68366)**(7회 선택형)**고 한다. 그리고 파산관재인의 선의는 추정되고, 파산채권자 중 1인이라도 선의이면 파산관재인은 선의로 다루어진다고 한다(2004다10299)**(1회, 2회, 3회, 7회, 10회 선택형)**. 이러한 법리는 제110조 3항의 제3자에 대한 판단에서도 마찬가지이다(2009다96083)**(8회 선택형)**.

⑤ 가장매매에 기한 대금채권의 양수인 기타 가장채권의 양수인도 제3자에 해당한다고 한다. 즉, 통정허위표시에 의하여 금융기관과의 사이에 대출명의인이 된 자는(차명대출 사안) 제108조 2항에 의해 그 금융기관으로부터 그 채권을 양수한 한국자산관리공사에 대하여 대출계약의 무효를 주장할 수 없다고 한다(2002다31537)**(1회, 2회, 3회 선택형)**.

⑥ ㉠ "통정한 허위표시에 의하여 외형상 형성된 법률관계로 생긴 채권을 가압류한 경우, 그 가압류권자는 허위표시에 기초하여 새로운 법률상 이해관계를 가지게 되므로 제108조 2항의 제3자에 해당한다"(2003다70041)**(2회, 7회 선택형)**고 한다. ㉡ 그러나 '피담보채권을 성립시키는 기본계약이 부존재'[20]하는 경우 '가압류결정의 무효'를 이유로 당해 가압류권자는 등기상 이해관계 있는 제3자로서 근저당권의 말소에 대한 승낙의 의사표시를 할 의무가 있다(부동산등기법 제57조 1항)고 한다(2003다70041)**(7회 선택형)**.

즉, 判例는 '피담보채권의 성립 및 근저당권설정계약 양자 모두에 통정허위표시가 존재하는 경우'에는 채권가압류권자는 제3자에 해당하나, '법률행위의 외형조차 없는 경우'에는 제108조 2항이 적용될 수 없다는 입장이다. 신뢰의 대상 자체가 없기 때문이다.

⑦ 채권의 가장양도에서 채무자는 ㉠ 채권의 양도인이 채무자에게 채무의 이행을 청구할 때 선의의 채무자는 채권 양수인에게 변제하여야 함을 이유로 거절할 수 없다(82다594 ; 이 판결은 채무자가 가장양수인에게 지급하지 않고 있는 동안에 양도가 허위표시에 기한 것임이 밝혀진 경우를 전제로 하고 있음을 주의해야 한다)**(3회 선택형)**. ㉡ 그러나 가장양도인이 채무자에게 채무의 이행을 청구하였는데 채무자는 이미 채권의 양도가 유효한 것으로 믿고 채권 양수인에게 채무를 이행해 버린 경우, 채무자는 채권의 가장양도에 터 잡아 '**채무의 변제**'라는 새로운 이해관계를 맺었기 때문에 제3자에 해당한다(다수설). 따라서 채무자는 이를 이유로 변제를 거절할 수 있다. 물론 **채무자**는 그 밖에 제452조 1항에 의한 항변, 채권의 준점유자에 대한 변제(제470조) 항변 등을 할 수도 있다.

---

[20] 근저당권설정계약과 기본계약은 별개이고 근저당권 설정등기시 '근저당권설정계약'만 등기될 뿐 '기본계약'은 등기조차 되지 않으므로 근저당권설정등기가 되어 있다고 해서 그 피담보채권을 발생시키는 기본계약의 성립이 추정되지는 않는다.

✎ **[비교판례]** 채권의 가장양수인으로부터 '추심을 위하여' 채권을 양수한 자는 제3자라고 할 수 없으나, 이에 반해 가장양도된 채권에 대하여 그 양수인의 채권자가 채권압류 및 '추심명령'을 받은 경우에는 단순히 추심권을 취득한 자에 불과한 것이 아니라, 허위의 양도계약을 기초로 실질적으로 새로운 법률상 이해관계를 맺은 제3자에 해당한다고 한다(2013다59753)**(9회, 10회, 12회, 13회 선택형).**

2) 제3자에 해당하지 않는 경우

① **[계약상 지위인수]** 앞서 1) ⑤에서 살핀 가장채권의 양도인으로부터 개별채권이 아닌 '계약이전'(계약인수)을 받은 금융기관은 제3자에 해당하지 않는다(2002다31537).

② **[채권의 가장양도에서 기존 채무자]** 앞서 1) ⑦에서 살핀바와 같이 **채권의 가장양도에서 채무자는** 채권의 양도인이 채무자에게 채무의 이행을 청구할 때 선의의 채무자는 채권 양수인에게 변제하여야 함을 이유로 거절할 수 없다(82다594).

③ **[형식상으로만 가장양수인으로부터 가등기를 경료한 자]** A가 B로부터 금전을 차용하고 그 담보로 A의 부동산에 가등기를 하기로 약정하였는데, 채권자들의 강제집행을 우려하여 C에게 가장양도하고 이를 B 앞으로 가등기를 해 준 경우, B는 형식상은 가장양수인(C)으로부터 가등기를 한 것이지만 실질적으로 새로운 법률원인에 의한 것이 아니므로 제3자에 해당하지 않는다. 다만 B의 가등기는 실체관계에 부합하는 것으로서, C 앞으로의 소유권등기가 허위표시임을 B가 알았건 몰랐건 간에, 실제의 소유자인 A는 B에 대한 채무를 이행하지 않고서는 B 명의의 가등기의 말소를 구할 수 없다(즉 B가 보호받는 것은 제108조의 선의의 제3자 보호와는 별개의 것이다)(80다1403)**(3회, 7회 선택형).**

④ **[가등기에 대한 통정 철회 후 임의로 본등기한 자로부터의 매수인]** 통정한 허위의 의사표시에 기하여 허위 가등기가 설정된 후 그 원인이 된 **통정허위표시가 당사자 간에 철회되었으나** 그 외관인 허위 가등기가 미처 제거되지 않고 잔존하는 동안에 가등기 명의인이 임의로 소유권이전의 본등기를 마친 것이라면, 위 본등기를 토대로 다시 소유권이전등기를 마친 자는 **제108조 제2항의 '제3자'**에 해당하지 않는다(2019다280375).

(2) 제3자의 선의

'선의'란 의사표시가 허위표시임을 모르는 것을 말한다. 무과실은 요건이 아니다(2003다70041)**(10회 선택형).** 제3자는 선의로 추정되므로 제3자가 악의라는 사실은 그것을 주장하는 자가 입증해야 한다(70다466)**(1회 선택형).**

(3) 무효를 주장할 수 없는 자의 범위

선의의 제3자에게 대항하지 못하는 자는 '당사자 및 포괄승계인'에 한정되지 않고, 그 누구도 허위표시의 무효를 대항하지 못한다(94다12074 등)**(10회 선택형).**

(4) 제108조 2항의 유추적용 **[13행정]**

등기의 공신력을 인정하지 않는 민법 하에서 부동산 물권변동의 거래안전을 위해 判例는 "예외적으로 권리자가 부실등기(위조등기는 이에 해당하나 절대적 무효사유인 제103조 위반 등기는 × : 96다29151 참고)를 알면서 방치한 경우에는 제108조 2항 유추적용이 가능하다"(91다3208)[21]고 하여 **제한적 긍정설**이다.

※ 동기가 상대방으로부터 제공되었으나 상대방도 착오에 빠진 경우

Ⅰ. 하자담보책임 성부(소극)

착오와 담보책임이 동시에 문제되는 경우 判例(2015다78703)는 경합을 인정

Ⅱ. 착오를 이유로 한 취소가부(적극)

1. 착오의 종류(결론은 법률행위 내용의 착오가 아닌 동기의 착오)

2. 쌍방이 공통된 동기의 착오를 일으킨 경우(결론은 보충적 해석에 의한 계약의 수정불가)

3. 동기가 상대방으로부터 제공되거나 유발된 경우(결론은 제109조에 의한 취소가능)

Ⅲ. 사기를 이유로 한 취소 가부

Ⅲ-1. 착오와 사기의 경합(착오취소와 사기취소의 요건을 모두 충족하는 경우)

Ⅳ. 취소권 행사의 효과

1. 부당이득반환[① 부당이득반환(제201조 또는 제748조) ⇒ ② 동시이행의 항변권(판례)]

2. 표의자의 경과실 착오 취소시 상대방에 대한 신뢰이익 배상책임 인정 여부

判例에 따르면 취소자의 손해배상책임(제750조)을 부정하는 것이 타당

甲은 공장을 짓기 위한 임야를 매수할 목적으로 乙소유의 X임야가 적합하다고 생각되어 교섭을 시작하였다. 그런데 X임야가 도시계획상 공원구역에 포함되어 있어 공장신축이 불가능하자, 소유자 乙은 비용을 들여 관계공무원에게 공원구역 해제 여부를 문의하였더니 곧 공원구역에서 해제되어 공장신축이 가능할 것이라는 답변을 듣고 이를 甲에게 고지하였다. 이에 甲은 공장신축이 가능하다는 乙의 말만 믿고 乙에게 위 임야에 공장을 짓는 것이 가능하다는 점을 계약서에 특별히 기재하자고 하였으나 乙은 이를 거절하였고, 이에 따라 매매대금도 통상의 임야와 같은 가격인 1억원으로 결정하였다. 그 후 甲 앞으로의 소유권이전등기와 매매대금의 지급을 완료하였다. 그러나 예상과는 달리 X임야는 공원구역에서 해제되지 않았다(단, 이와 관련하여 甲과 乙은 모두 경과실이 있었다고 가정한다). 甲은 이에 따라 착오와 사기를 이유로 위 매매계약을 취소하고 매매대금 1억원 및 乙이 받은 날로부터 이 사건 소장부본 송달일까지는 (민법 제397조의 민사법정이율인)연 5%의, 소장부본 송달일 다음날부터 완제일까지는 (소송촉진 등에 관한 특례법 제3조 1항에서 정한)연 12%의 비율에 의한 금원을 지급하라는 내용의 소를 제기하였다. 甲의 청구에 대한 결론[청구인용, 청구일부인용(구체적인 인용범위 포함), 청구기각]을 서술하시오.

---

21) [주로 무권리자의 처분행위에서 문제] "乙이 甲으로부터 부동산에 관한 담보권설정의 대리권만 수여받고도 그 부동산에 관하여 자기 앞으로 소유권이전등기를 하고 이어서 丙에게 그 소유권이전등기를 경료한 경우, 丙은 乙을 甲의 대리인으로 믿고서 위 등기의 원인행위를 한 것도 아니고, 甲도 乙 명의의 소유권이전등기가 경료된 데 대하여 이를 통정·용인하였거나 이를 알면서 방치하였다고 볼 수 없다면 이에 제126조나 제108조 제2항을 유추할 수는 없다"

☞ 법원은 甲의 乙에 대한 청구에 대하여 '피고 乙은 원고 甲에게 100,000,000을 반환하라.'는 일부승소판결을 하여야 한다. 즉 소송에서 乙이 동시이행항변권을 행사하지 않는 한, 법원은 이를 고려하여 상환이행판결을 할 수 없다.

I. 제109조가 적용되기 위한 요건(착, 중, 중)   [A-102]

㉠ 의사표시에서 착오의 존재, ㉡ 법률행위 내용의 중요부분에 착오가 있을 것, ㉢ 표의자에게 중대한 과실이 없을 것을 요한다. ㉠㉡은 착오를 이유로 의사표시를 취소하는 자(표의자)가(2007다74188)(**10회 선택형**) ㉢은 상대방측의 (재)항변 사유이므로 표의자의 상대방이 입증해야 한다(제109조 1항 단서)(2005다6228).

> ✎ **[착오의 개념]** 判例는 ① '**장래의 불확실한 사실자체**'에 관한 것이라도 착오에 해당한다고 한다(93다24810 : 장래에 부과될 양도소득세 등의 세액에 관한 착오). ② 이와 달리 단순히 '**장래의 미필적 사실의 발생에 대한 기대나 예상**'이 빗나간 것에 불과한 것은 착오라고 할 수 없다고 한다. 예컨대 매매계약 당시 장차 도시계획이 변경되어 호텔 등의 신축에 대한 인·허가를 받을 수 있을 것이라고 생각하였으나 그 후 생각대로 되지 않은 경우, 이는 착오라고 할 수는 없다고 한다(2006다15755).

1. 동기의 착오   [쟁점 03]

(1) 문제점

동기의 착오란 (효과)의사와 표시(행위)가 일치하나, 효과의사를 결정하도록 한 동기가 인식사실과 일치하지 않는 경우를 말한다. 이러한 동기는 의사표시의 구성요소가 아니므로, 동기의 착오가 제109조의 '법률행위 내용(의사표시)의 착오'에 해당하는지 문제된다.

(2) 판 례

1) 당사자 일방의 동기의 착오 [4회 사례형 · 9회 기록형]

① 동기를 '의사표시의 내용'으로 삼을 것을 상대방에게 표시한 경우 그 착오를 이유로 계약을 취소할 수 있다고 보아 기본적으로 동기표시설의 입장이다. 다만, 의사표시의 해석상 그 동기가 법률행위의 내용으로 되어 있다고 인정되면 충분하고, 당사자들 사이에 별도로 그 동기를 의사표시의 내용으로 삼기로 하는 '합의'까지 이루어질 필요는 없다고 한다(**10회, 13회 선택형**).[22]

② 동기가 상대방으로부터 제공되거나 유발된 경우 判例는 동기의 표시 여부를 묻지 않고 대부분 법률행위의 중요부분을 인정하여 취소를 인정한다(94다25964 등)(**2회 선택형**).[23]

2) 쌍방에 공통하는 동기의 착오

이 경우에는 계약내용을 '수정'하는 것이 당사자의 의사에 부합하는 측면이 있어 判例는 명시적으로 '보충적 해석'에 의한 수정가능성을 인정하였으나, 실제로 대부분의 判例에서는 의사표시가 법률행위의 중요부분일 경우 취소를 인정하여 왔다(93다24810). 즉, 대법원은 계약취소에 앞서 당사자의 의

---

22) **[판례검토]** 표의자의 이익과 상대방의 이익을 조화하는 동기표시설이 타당하다.
23) **[판례검토]** 判例는 표의자의 (동기)착오를 유발한 상대방의 보호가치가 부정된다는 점에서 타당하다.

사를 보충하여 계약을 해석할 것을 요구하고 있는바, '보충되는 당사자의 의사'란 "당사자의 실제 의사 또는 주관적 의사가 아니라 계약의 목적, 거래관행, 적용법규, 신의칙 등에 비추어 객관적으로 추인되는 정당한 이익조정 의사(가정적 의사)를 말한다"(2005다13288)(6회 선택형)고 한다.

2. 중요부분의 착오

判例는 '이중적 기준설'에 따라 주관적 현저성과 객관적 현저성이 있어야 된다고 하는바, 착오로 인하여 표의자가 '경제적 불이익'을 입은 것이 아니라면, 이를 법률행위 내용의 중요부분의 착오라 할 수 없다고 하였다(2006다41457).

判例는 ① 토지의 현황·경계에 관한 착오(2019다288232)(11회 선택형), 근저당권설정계약상 채무자의 동일성에 관한 물상보증인의 착오, 다른 문서로 잘못 알고 서명·날인한 경우, 법률행위의 목적물이 누구에게 속하는가의 문제는 중요부분의 착오이므로 취소할 수 있다고 한다. ② 반면에 지적의 부족, 일반적으로 매매목적물의 시가는 중요부분의 착오가 아니라고 한다. 다만 시가차이가 현저한 경우 중요부분의 착오가 될 수 있고, 이때에는 일부취소가 가능하다고 한다(97다44737).

3. 중대한 과실

判例는 ① 공장을 경영하는 자가 새로운 공장을 설립할 목적으로 토지를 매수함에 있어 토지상에 공장을 건축할 수 있는지 여부를 관할 관청에 알아보지 아니한 경우(92다38881)에는 중대한 과실이 있다고 하나, ② 골동품도자기 매매계약을 체결함에 있어 매수인이 전문적 감정인의 감정을 거치지 아니한 채 매매계약을 체결한 경우(96다26657)에는 중대한 과실이 있다고 보기는 어렵다고 한다. ③ 표의자에게 중대한 과실이 있음은 '상대방'이 증명해야 한다(5회 선택형).

✎ **[예외]** '이익형량'의 관점에서 判例는 상대방이 표의자의 착오를 알면서 이를 이용한 경우에, 표의자에게 중대한 과실이 있더라도 표의자는 그 의사표시를 취소할 수 있다고 한다(2013다49794)(5회, 7회, 9회 선택형).[24]

Ⅱ. 착오의 효력 [A-104]

1. (경과실) 표의자의 상대방에 대한 신뢰이익 배상책임

判例는 "ⅰ) 과실로 인하여 착오에 빠져 계약을 체결한 것이나 ⅱ) 그 착오를 이유로 계약을 취소한 것이 '위법'하다고 할 수는 없다"(97다카13023)(5회, 7회, 9회 선택형)고 판시하여 취소자의 불법행위책임을 부정한 바 있다.

2. 다른 제도와의 관계

(1) 해제와 착오취소의 경합

判例는 '매도인'이 매수인의 중도금지급채무 불이행을 이유로 매매계약을 적법하게 해제한 후라도,

---

24) **[사실관계]** 미래에셋증권의 직원이 거래 당일 개장 전인 08:50경 이 사건 계약의 매수주문을 입력하면서 주문가격란에 0.80원을 입력하여야 함에도 80원으로 잘못 입력하였는데, 상대방은 그것이 주문자의 착오로 인한 것임을 충분히 알 수 있었음에도 이를 이용하여 다른 사람들보다 먼저 매매계약을 체결한 사안이다.

'매수인'은 계약해제에 따라 자신이 부담하게 될 손해배상책임(제551조)을 피하기 위해 착오를 이유로 위 매매계약을 취소하여 이를 무효로 돌릴 수 있다고 한다(95다24982)(**2회, 9회, 11회 선택형**).

(2) 담보책임과의 경합 여부

判例는 착오로 인한 취소 제도와 매도인의 하자담보책임 제도는 취지가 서로 다르고, 요건과 효과도 구별된다고 하여 **제580조**(물건의 하자담보책임)와 **제109조의 경합**을 명시적으로 인정하였다(2015다78703). 따라서 判例에 따르면 설령 하자를 안 날로부터 6개월이 지났더라도(제582조), 제146조의 제척기간이 지나지 않았다면 착오를 이유로 취소할 수 있다.

(3) 소송행위

절차안정이 요구되는 소송행위에는 제109조가 적용되지 않으므로 소송행위를 착오를 이유로 취소하지 못한다. 따라서 判例는 '**소를 취하한 경우**'(71다941 : 재판외에서 행하는 당사자의 소취하합의는 사법계약인 반면 소취하는 소송행위이다), **소송상 화해**(78다1094 : 재판 외에서 행하는 화해계약은 사법계약인 반면 소송상 화해는 소송행위이다)등의 경우에 그러한 행위에 착오가 있더라도 이를 이유로 취소할 수 없다고 한다.

> ✎ **[비교판례]** '소취하합의'가 민법상의 화해계약에 해당하는 경우에는 당사자는 착오를 이유로 취소하지 못하고 다만 화해 당사자의 자격 또는 화해의 목적인 분쟁 이외의 사항에 착오가 있는 때에 한하여 이를 취소할 수 있으나(제733조 단서), 민법상의 화해계약에 이르지 않은 법률행위에 해당하는 경우에는 민법 제109조에 따라 법률행위의 내용의 중요 부분에 착오가 있는 때에 취소할 수 있다(2020다227523,227530).

Set 019 | **사기 또는 강박에 의한 의사표시 ★★★**

I. 사기 또는 강박에 의한 의사표시의 성립요건

[A-108, A-109]

① 사기에 의한 의사표시가 성립하기 위해서는 ⅰ) 사기자의 2단의 고의[25], ⅱ) 기망행위(사기) ⅲ) 기망행위의 위법성, ⅳ) 기망행위와 착오 사이에 그리고 착오와 의사표시 사이에 인과관계가 존재하여야 한다(고, 기, 위, 인).

② 강박에 의한 의사표시가 성립하기 위해서는 ⅰ) 강박자의 2단의 고의[26], ⅱ) 강박행위, ⅲ) 강박행위의 위법성, ⅳ) 강박행위와 공포 및 공포와 의사표시 사이에 각각 인과관계가 있어야 한다(고, 강, 위, 인).

1. 기망행위의 위법성

부작위에 의한 기망은 고지 또는 설명의무가 전제되어야 하는바, 고지의무의 대상이 되는 것은 직접적인 법령의 규정뿐 아니라 널리 계약상·관습상 또는 조리상 일반원칙에 의하여도 인정될 수 있다(2004다48515).

---

25) 사기자에게 표의자를 기망하여 착오에 빠지게 하려는 고의와, 그 착오에 기하여 표의자로 하여금 의사표시를 하게 하려는 고의가 있어야 한다.

26) 표의자에게 공포심을 일으키려는 고의와, 그 공포심에 기해 의사표시를 하게 하려는 고의가 있어야 한다.

① **[신의칙상 고지의무가 있는 경우]** 判例에 따르면 아파트 분양자는 아파트단지 인근에 공동묘지가 조성되어 있는 사실이나(2005다5812) 아파트 단지 인근에 쓰레기 매립장이 건설예정인 사실을 (2004다48515) 수분양자에게 고지할 신의칙상의 의무가 있다고 하였다(사기취소 및 불책 성립 가능).

② **[신의칙상 고지의무가 없는 경우]** 그러나 수분양자의 전매이익에 영향을 미칠 사항들에 관하여 분양자가 가지는 정보를 밝혀야 할 신의칙상의 의무는 없다고 하였다(2009다86000). 判例는 매매계약(2012다54997)[27] 또는 교환계약(2000다54406)에서의 시가에 대한 묵비의 경우 위법성을 부정하였다.

2. 강박행위의 위법성

강박에 의하여 달성하려고 한 '목적'과 그 '수단'인 강박행위의 양자를 고려하여 위법성 유무를 판단하여야 한다. 判例는 적법절차(형사절차)의 고지로써 추구하는 목적이 정당하지 아니한 경우 전체적으로 위법하다고 한다(99다64049등).[28]

Ⅱ. 사기·강박에 의한 의사표시의 효과   [A-110]

1. 취소권의 발생, 소급적 무효

사기·강박에 의한 의사표시가 취소되면, 그 의사표시를 요소로 하는 법률행위가 소급적으로 무효로 된다(제141조). 다만 判例 중에는 소급효를 제한하여 근로계약이 사기에 의한 것으로 취소되면 이미 제공된 근로자의 노무를 기초로 형성된 취소 이전의 법률관계까지 효력을 잃는 것은 아니라고 하여 '장래효'를 인정하기도 한다(2013다25194,25200)(11회 선택형).

2. 제110조 2항의 제3자 [4회·7회 사례형, 07사법]

제3자의 사기·강박이 있는 경우 표의자는 상대방이 그 사실을 알았거나 알 수 있었을 경우에 한하여 그 의사표시를 취소할 수 있다(제110조 2항)(13회 선택형). 제110조 2항의 제3자의 범위확정은 사기를 당한 표의자와 사기에 가담하지 아니한 의사표시 수령자의 '이익형량'의 문제인바, 判例는 상대방의 단순한 피용자는 제3자에 해당하나, 대리인은 제3자에 해당하지 않는다고 한다(98다60828 ; 제116조 참조)(2회, 4회 선택형).

구체적으로 ㉠ 회사의 '대리권 없는 기획실 과장'의 사기가 문제된 경우에는 제3자성을 인정하였고(96다41496), ㉡ '상법상 지배인에 해당하는 은행의 출장소장'의 사기가 문제된 경우에는 제3자성을 부정하였다(98다60828). ㉢ 만약 기망행위를 한 자가 피용자 겸 대리인인 경우에도 제3자의 사기가 아니므로 제110조 1항이 적용된다.

---

27) "매수인은 목적물을 염가로 구입할 것을 희망하고 매도인은 목적물을 고가로 처분하기를 희망하는 이해상반의 지위에 있으며, 각자가 최대한으로 자신의 이익을 도모할 것으로 예상되기 때문에"

28) "일반적으로 부정행위에 대한 고소, 고발은 그것이 부정한 이익을 목적으로 하는 것이 아닌 때에는 정당한 권리행사가 되어 위법하다고 할 수 없으나, 부정한 이익의 취득을 목적으로 하는 경우에는 위법한 강박행위가 되는 경우가 있고 목적이 정당하다 하더라도 행위나 수단 등이 부당한 때에는 위법성이 있는 경우가 있을 수 있다"(92다25120). 즉, 목적과 수단이 모두 정당해야 위법성이 부정될 수 있다.

3. 제110조 3항의 선의의 제3자

취소 후 말소등기 전에 이해관계를 맺은 선의의 제3자도 보호된다(75다533).

4. 다른 제도와의 관계

(1) 사기와 착오의 경합

判例는 사기의 경우 의사와 표시의 불일치가 없다는 점에서 ① 타인의 기망행위에 의하여 '동기의 착오'가 발생한 때에는 사기와 착오의 경합을 인정하나(68다1749), ② 타인의 기망행위에 의하여 '표시상의 착오'가 발생한 경우에는 사기를 이유로 취소할 수 없고(제110조), 착오를 이유로만 취소할 수 있다고 한다(2004다43824)(5회, 7회 선택형).[29][30]

(2) 하자담보책임과의 관계

사기·강박에 의해 하자 있는 물건을 매수한 경우에는 의사형성과정에 위법한 요소가 개입한 특수한 경우이므로 착오와는 달리 매수인은 하자담보책임과 사기·강박에 의한 취소권을 선택적으로 주장할 수 있다고 보아야 한다(73다268 : 제570조와의 경합을 인정).

(3) 불법행위책임과의 관계

사기·강박이 불법행위의 요건을 갖춘 때에는 채권자는 양자를 '선택적'으로 행사할 수 있다(청구권 경합). ① 다만, 법률행위를 취소하여 부당이득반환을 받은 때에는 그 반환받은 범위 내에서는 손해가 회복되므로 그 반환받은 범위 내에서는 손해배상청구권을 '중첩적'으로 행사할 수 없다(92다56087). [7회 사례형, 09행정] ② 그러나 법률행위를 취소하지 않은 경우에도 불법행위를 원인으로 한 손해배상청구권은 가지나(2회 선택형), 그 손해액을 계산함에 있어서는 피기망자(피강박자)가 법률행위의 효력으로써 보유하게 된 급부의 가액을 공제하여야 할 것이다(79다1746).

---

29) [사실관계] "사기에 의한 의사표시란 타인의 기망행위로 말미암아 착오에 빠지게 된 결과 어떠한 의사표시를 하게 되는 경우이므로 거기에는 의사와 표시의 불일치가 있을 수 없고, 단지 의사의 형성과정 즉 의사표시의 동기에 착오가 있는 것에 불과하며, 이 점에서 고유한 의미의 착오에 의한 의사표시와 구분되는데, 제3자의 기망행위에 의하여 신원보증서류에 서명날인한다는 착각에 빠진 상태로 연대보증의 서면에 서명날인한 경우 '표시상의 착오'에 해당하므로, 상대방이 제3자의 기망행위 사실을 알았거나 알 수 있었을 경우가 아닌 의사표시자가 취소권을 행사할 수 없다는 제110조 2항의 규정을 적용할 것이 아니라, 착오에 의한 의사표시에 관한 법리만을 적용하여 취소권 행사의 가부를 가려야 한다"

30) [판례해설] 제110조의 해석상 상대방 또는 제3자의 기망에 의해 효과의사와 표시행위가 불일치하는 법률행위 내용의 착오의 경우 사기의 법리에 따라 그 의사표시를 취소하지 못한다고 제한할 수는 없고, 사기를 당한 표의자를 보호하는 측면에서도 判例의 태도는 타당하지 않다는 비판이 있다(다수설).

I. 상대방 있는 의사표시의 효력발생시기(제111조)

[A-113]

1. 원칙적 도달주의

민법은 상대방 있는 의사표시는 그 통지가 상대방에 도달한 때로부터 그 효력이 생긴다고 하여 '도달주의'를 채택하고 있다(제111조 1항). 이 때 '도달'이란 상대방의 지배권 내에 들어가 사회통념상 일반적으로 알 수 있는 상태에 이른 것을 말하고, 상대방이 현실적으로 수령하였거나 내용을 알았을 것까지 요하지는 않는다(97다31281).

예컨대 ① 채권양도통지서가 들어 있는 우편물을 채무자의 가정부가 수령한 직후에 한 집에 거주하고 있던 채권양도인이 그 우편물을 바로 회수해 간 경우(83다카439)에는 도달이 된 것으로 볼 수 없다. ② 반면, 상대방이 부당하게 등기취급 우편물의 수취를 거부함으로써 우편물의 내용을 알 수 있는 객관적 상태의 형성을 방해한 경우, 그러한 상태가 형성되지 아니하였다는 사정만으로 발송인의 의사표시 효력을 부정할 수는 없다. 이 경우 의사표시의 효력 발생 시기는 수취 거부시이며, 우편물의 수취 거부가 신의성실의 원칙에 반하는지 판단하는 방법 및 우편물의 수취를 거부한 것에 정당한 사유가 있는지에 관한 증명책임의 소재는 수취 거부를 한 상대방에게 있다(2019두34630).

2. 예외적 발신주의(무, 사, 채, 격, 제한)

① **[최고에 대한 확답]** 제한능력자의 상대방의 최고에 대한 제한능력자측의 확답(제15조), 무권대리인의 상대방의 최고에 대한 본인의 확답(제131조), 채무인수에서 채무자의 최고에 대한 채권자의 확답(제455조)에서는, 일정한 기간 내에 그 확답을 '발송'하지 않으면 일정한 효과가 발생한다(10회 선택형).

② **[총회소집의 통지]** 사원총회의 소집은 1주간 전에 그 통지를 '발송'하여야 한다(제71조). 예를 들어 총회예정일이 2019. 3. 15. 오전 10시라면, 늦어도 2019. 3. 8. 오전 0시까지는 사원들에게 소집 통지를 발송해야 한다("빼기 7, 0시"로 외울 것).

③ **[격지자 간의 계약]** 격지자 간의 계약은 '승낙'의 통지를 '발송'한 때에 성립한다(제531조). 유의할 것은 격지자와 대화자의 구별은 거리적·장소적 관념이 아니라 시간적 관념이라는 점이다.

II. 의사표시의 수령능력(제112조)

[A-114a]

① 의사표시의 상대방이 이를 받은 때에 제한능력자인 경우에는 의사표시자는 그 의사표시로써 '대항'할 수 없다(제112조 본문). 표의자가 의사표시의 도달, 즉 효력의 발생을 주장할 수 없다는 것이므로 제한능력자가 그 도달을 주장하는 것은 무방하다. ② 상대방이 제한능력자이더라도, 그의 법정대리인이 의사표시가 도달한 사실을 안 후에는 그 효력을 주장할 수 있다(제112조 단서).

I. 대리구조 ★★★★

1. 대리에 있어 논리(사례) 기본 구조

① 본인의 무권대리 항변(부인) 검토 ⇒ ② 상대방의 표현대리 재항변 검토 ⇒ ③ 본인의 대리권 남용 재재항변 검토[31]
① 상대방의 유권대리 인정시 ⇒ ② 본인의 대리권 남용의 재항변 검토[32]

2. 이해상반행위, 친권남용, 제126조의 표현대리 논리(사례) 구조 [11·12사법, 10행정]   [A-40c]

미성년자 甲의 단독 친권자인 乙은 자신이 대주주로 있는 丙 주식회사의 채무를 담보하기 위하여 甲 소유의 X부동산을 甲을 대리하여 丁은행에 근저당권을 설정하여 주었다.

① 친권자(乙)의 근저당권 설정 대리행위가 제921조 1항의 이해상반행위에 해당하는지 여부(형식적 판단설, 실질적 판단설) ⇒ ② 형식적 판단설에 의하는 경우(유권대리이므로 친권자의 대리행위가 친권의 남용에 해당하는지 검토) ⇒ ③ 실질적 판단설에 의하는 경우(무권대리이므로 법정대리권을 기본대리권으로 한 제126조의 표현대리가 성립하는지 검토)

(1) 이해상반행위 의의

친권자와 그 子 사이에 또는 그 친권에 복종하는 수인의 子 사이에 이해가 상반되는 경우에, 친권자는 법원에 그 子 또는 수인의 子 각자의 특별대리인의 선임을 청구하여야 한다(제921조). 이에 위반한 행위는 무권대리가 되어, 본인이 추인하지 않는 한 무효이다(제130조).

한편 미성년자에게 친권자가 없어 후견인이 선임된 경우에도 제921조가 준용된다. 다만 후견감독인이 선임된 경우에는 그가 피후견인(미성년자)을 대리하여 특별대리인의 역할을 수행할 것이므로 특별대리인을 따로 선임할 필요는 없다(제940조의6 3항, 제949조의3)**(3회 선택형)**.

(2) 제921조와 제124조와의 관계

동조는 제124조(자기계약 또는 쌍방대리의 금지)의 특칙이다(즉 제124조는 친자관계에는 적용되지 않는다). 따라서 子에게는 이익이 되지만 친권자에게는 아무런 이익이 되지 않는 행위(예를 들어 친권자로부터 子에게로의 증여)는 비록 자기계약에 해당되어도 제921조의 이해상반행위는 아니므로 이런 행위도 유효하다(81다649).

---

31) 표현대리의 성립요건으로서 '선의·무과실'의 인식 대상은 '대리권의 존재(범위·존속)'임에 반해서 대리권 남용이론에서 악의 또는 과실의 인식 대상은 '대리인의 대리권남용 의사'여서 양자의 인식 대상이 다르기 때문에 표현대리가 성립하는 경우에도 대리권남용이 있을 수 있다는 견해가 유력하다(86다카1004).

32) 표현대리는 무권대리의 일종이기 때문에 여기에는 다시 표현대리 성립여부를 검토하지 않는다.

(3) 이해상반행위의 판단기준

① 여기서 '이해상반행위'란 친권자에게는 이익이 되고 子에게는 불이익이 되는 경우(제921조 1항) 혹은 子들 간에 있어서 일방에게는 이익이 되고 타방에게는 해가 되는 행위(제921조 2항)를 말한다. 判例는 "행위의 객관적 성질상 친권자와 子 사이에 이해의 대립이 생길 우려가 있는 행위를 의미하며 친권자의 의도(예컨대 친권자 개인의 이익을 위해 행위된 내용)나 실질적으로 이해의 대립(예컨대 결과적으로 미성년자에게 이익이 되었는지 여부)이 생겼는가는 묻지 않는다"고 하여(96다10270) 형식적 판단설의 입장이다(8회 선택형).

② [이해상반 긍정] 判例는 상속재산 분할협의에서 공동상속인 친권자가 다른 공동상속인인 미성년자를 대리하여 상속재산 분할협의를 하는 경우(2007다17482)(5회, 6회, 7회, 8회, 13회 선택형) [4회 기록형] 이해상반행위에 해당한다고 한다.

③ [이해상반 부정] 그러나 判例는 형식적 판단설의 입장에서 미성년자에게 불이익하더라도 '형식적'으로 친권자가 아닌 제3자(또는 성년의 子)에게 이익이 되는 다음과 같은 경우는 이해상반행위가 아니라고 한다. 즉, ㉠ 母 乙이 자기 오빠의 A에 대한 채무를 담보하기 위하여 자신 및 미성년의 子 甲이 공유하는 부동산을 A의 채권자 丙 앞으로 각각 근저당권을 설정해 준 경우(91다32466)(5회, 6회 선택형), ㉡ 친권자인 母가 자신이 대표이사 겸 대주주로 있는 주식회사의 채무 보증을 위하여 자신과 미성년인 子의 공유재산을 담보로 제공한 행위(96다10270)(8회, 13회 선택형), ㉢ A의 공동상속인이 배우자 乙, 성년의 자 B, 미성년자 甲인 경우 乙이 자신의 상속을 포기함과 동시에 甲을 대리하여 甲의 상속을 포기하는 행위(88다카28044)(3회 선택형)는 이해상반행위에 해당하지 않는다고 한다.

(4) 친권의 남용 [09·10·11사법]

친권자의 친권행사도 일종의 법정대리권의 행사인 이상 대리권 남용이론이 동일하게 적용되어야 하며, 단지 친권의 상실제도(제924조 이하)가 있다는 특수성이 있을 뿐이다.

① 判例도 "ⅰ) 법정대리인인 친권자의 대리행위가 객관적으로 볼 때 미성년자 본인에게는 경제적인 손실만을 초래하는 반면, 친권자나 제3자에게는 경제적인 이익을 가져오는 행위이고, ⅱ) 그 행위의 상대방이 이러한 사실을 알았거나 알 수 있었을 때에는, 제107조 제1항 단서의 규정을 유추적용하여 그 행위의 효과는 자(子)에게는 미치지 않는다"(2011다64669[33])(7회 선택형)고 한다.

② 아울러 判例는 친권남용의 경우 제107조 1항 단서뿐만 아니라 제107조 2항의 규정도 유추적용될 수 있다는 입장이다(2016다3201)(12회 선택형).

③ 다만 判例는 친권의 행사에는 넓은 재량이 인정되므로 최종적으로 친권의 남용 여부를 판단할 때 신중한 태도를 보이고 있다(91다32466[34])(5회, 6회 선택형)

---

33) [사실관계] "미성년자 甲 소유의 부동산에 대해 법정대리인 乙이 자신의 유흥비를 마련하기 위해 시세보다 훨씬 저렴한 가격으로 甲을 대리하여 丙과 매매계약을 체결한 경우, 丙이 그러한 사정을 알았거나 알 수 있었다면 그 매매계약의 효력은 甲에게 미치지 않는다.

34) [사실관계] "미성년자의 (단독)친권자인 母가 미성년자에게는 오로지 불이익만을 주는데도 자기 오빠의 사업을 위하여 미성년자 소유의 부동산을 제3자에게 담보로 제공하였고, 제3자도 그와 같은 사정을 잘 알고 있었다고 하더라도, 그와 같은 사실만으로 母의 근저당권 설정행위가 바로 친권을 남용한 경우에 해당한다고는 볼 수 없다"

Ⅱ. 대리권(본인과 대리인 사이의 관계)

1. 사자 [A-115, A-116]

사자는 본인이 '효과의사'를 결정하나, 대리는 대리인 자신이 '효과의사'를 결정한다는 점에서 본질적인 차이가 있다. 사실행위나 불법행위에 대해서는 대리가 허용되지 않으나, 判例는 제126조의 표현대리 규정은 일반적인 권리외관 이론에 그 기초를 두고 있는 것이므로 '사실행위'를 하는 사자에게도 유추적용할 수 있다는 입장이다(61다192).

2. 증명책임 [A-117]

① 일반적으로 대리권이 있다는 점에 대한 입증책임은 그 대리행위의 효과를 주장하는 자에게 있다(93다42047)**(13회 선택형)** ② 그러나 부동산거래의 대리행위에서 등기가 있는 경우에는 '등기의 추정력'에 의해 그 등기의 무효를 주장하는 자가 대리인에게 대리권 없음을 입증하여야 한다(93다18914)**(7회 선택형)**.

3. 수권행위 [A-118]

(1) 수권행위의 법적성질

수권행위는 '상대방 있는 단독행위'(계약이 아님)이므로(95다20775), 대리인의 승낙은 필요치 않고 상대방인 대리인 측의 사정에 영향을 받지 않는다. 예를 들어 본인의 사기로 대리인이 수권행위를 '승낙'하더라도 대리인이 '수권행위'를 취소할 수 있는 것은 아니다(다만, 대리인인 수임인이 '위임계약'을 사기를 이유로 취소할 수는 있다). 그러나 대리인의 사기로 본인이 수권행위를 한 경우 본인은 사기를 이유로 수권행위를 취소할 수 있다.

(2) 수권행위의 독자성 및 유인성 인정여부

① **[독자성]** 判例는 위임과 대리권수여는 별개의 독립된 행위로서, 위임은 위임자와 수임자 간의 '내부적인 채권·채무관계'를 말하고, 대리권은 대리인의 행위의 효과가 본인에게 미치는 '대외적 자격'을 말하는 것(4294민상251)이라고 하여 수권행위의 '독자성을 긍정'하고 있다.

② **[유인성]** 원인된 법률관계가 종료하면 임의대리권도 그 때부터 소멸한다(제128조 전문). 문제는 원인된 법률관계가 무효·취소되어 실효되면, (그 자체로는 흠 없는) 수권행위도 실효되는지 문제되나 제128조 전문 등을 고려할 때 '유인설'이 타당하다. 이 경우 소급효가 있는지 여부가 문제되나, 소급효 긍정설에 의하면 상대방은 표현대리의 법리에 의하여 보호받을 수 있다.

(3) 수권행위의 방식

수권행위로써 백지위임장이 교부되면 ① '성명백지'의 경우 백지위임장 작성자의 의도와는 달리 그 위임장이 전전 유통되어 대리인의 성명이 보충되었다면 제125조 표현대리가, ② '내용백지'의 경우 대리인이 본인으로부터 부탁받지 않은 사항을 보충하였다면 제126조의 표현대리가 성립할 수 있다. 예컨대 A가 B에게 1억 원을 차용할 것을 부탁하면서 수임인 및 위임사항이 백지로 된 위임장을 교부하였는데, B가 다시 C에게 위 위임장을 교부하여 C가 A를 대리하여 D로부터 돈을 빌린 경우, C의 대리행위는 무권대리행위가 된다. 이때 C가 1억 원 범위 내에서 차용했으면 제125조, 1억 원을 초과해서 차용했으면 제126조가 중첩적으로 적용된다.

(4) 수권행위의 해석 ★★★

임의대리권의 범위는 수권행위에 의해 정해진다. 따라서 그 구체적인 범위는 '수권행위의 해석'을 통해 결정된다. 다만, 수권행위의 해석을 통해서도 그 범위를 명백히 정할 수 없는 경우에 그 대리인은 보존행위(제118조 1호)와 '물건이나 권리의 성질을 변하지 아니하는 범위'에서 이용행위·개량행위(제118조 2호)만을 할 수 있다.

① **[긍정]** ㉠ 判例는 임의대리권은 그 권한에 부수하여 상대방의 의사표시를 수령하는 이른바 수령대리권을 포함하고, ㉡ 매매계약체결의 대리권을 수여받은 대리인은 중도금과 잔금을 수령할 권한을 가지며(93다39379)**(2회, 4회, 5회, 9회, 12회 선택형)**, ㉢ 매매계약의 체결과 이행에 관하여 '포괄적'으로 대리권을 수여받은 대리인은 상대방에 대해 약정된 매매대금 지급기일을 연기하여 줄 권한도 가진다고 한다(91다43107)**(2회, 12회 선택형)**.

② **[부정]** 그러나 본인을 대리하여 금전소비대차 내지 그를 위한 담보권설정계약을 체결할 권한을 수여받은 대리인에게 본래의 계약관계를 '해제'(취소)할 대리권까지 있다고 볼 수는 없다고 한다(92다39365)**(6회, 12회 선택형)**.

4. 대리권의 제한 ★★★   [A-120]

(1) 자기계약·쌍방대리

1) 원칙적 금지, 예외적 허용

자기계약·쌍방대리는 금지되나, '채무의 이행'이나 본인이 자기계약 또는 쌍방대리를 '허락'하는 경우에 대리행위는 유효하다(제124조 본문). 判例는 대주와 차주가 사채알선업자에게 쌍방을 대리하여 금전 소비대차계약을 체결하도록 승낙한 경우, 특별한 사정이 없는 한 차주의 변제를 수령할 권한도 사채알선업자에게 인정된다고 한다(97다12273)**(6회 선택형)**.

2) 위반의 효과

제124조에 위반한 대리행위는 절대적 무효로 되는 것이 아니라 무권대리행위로 되며, 따라서 본인은 이를 추인할 수 있다(제130조). 判例는 부동산 입찰절차에서 동일물건에 관하여 이해관계가 다른 2인 이상의 대리인이 된 경우에는 그 대리인이 한 입찰은 원칙적으로 무효라고 한다(2003마44)**(2회 선택형)**.

(2) 공동대리 [10사법]

대리인이 수인인 때에는 각자가 본인을 대리한다(제119조 본문). 즉 '각자대리'가 원칙이다. 그러나 법률(예컨대, 친권의 부모 공동행사; 제909조 2항) 또는 수권행위에서 달리 정한 때에는 공동으로만 대리하여야 한다. 공동대리에서 '공동'의 의미와 관련하여 의사결정의 공동인지 의사표시의 공동인지가 문제되나, 공동대리제도의 취지상 일반적으로 전자로 해석된다.

5. 대리권 남용(이론)··· 상대방에 대한 본인의 최후의 항변(무효) ★★★   [A-121]

'대리권의 남용'이란 대리인이 형식적으로는 '대리권의 범위 내'에서 한 행위이지만(보다 정확하게는 대리인이 한 대리행위의 효과가 유권대리든 표현대리든 일단 본인에게 귀속하지만) 실질적으로 그것이 자기 또는 제3자의 이익을 도모하기 위하여 대리행위를 하는 경우를 말한다. 이러한 '대리권 남용이론'은 상대방이 본인에게 책임을 묻는 것에 대한 본인의 상대방에 대한 최후의 항변수단으로 기능한다. **[04사법, 16행정]**

判例는 대체로 대리인의 진의가 사익 도모에 있다는 것을 상대방이 알았거나 알 수 있었을 경우에는 제107조 1항 단서를 유추하여 '무효'라고 한다(86다카371)**(9회 선택형)**.

Ⅲ. 대리행위

1. 현명주의(제114조, 제115조) ★★   [A-123]

대리인이 그 권한 내에서 한 의사표시가 직접 본인에게 그 효력이 생기려면 '본인을 위한 것임을 표시'하여야 한다(제114조 1항). 다만 여기서 '본인을 위한다는 것'은 본인에게 법률효과를 귀속시키려는 의사를 의미하고, 본인의 이익을 위해서라는 뜻은 아니다.

(1) 본인의 표시

일방 당사자가 대리인을 통하여 계약을 체결하는 경우에 있어서 계약의 상대방이 대리인을 통하여 본인과 사이에 계약을 체결하려는 데 '의사가 일치'하였다면(자연적 해석) 대리인의 대리권 존부 문제와는 무관하게 상대방과 본인이 그 계약의 당사자라고 할 것이다(2022다245129).

① '대리인의 이름을 사용하는 현명행위'와 관련하여 判例는 '매매위임장을 제시'하고 매매계약을 체결하면서 매매계약서에 대리인의 이름만을 기재하더라도, 그것은 소유자를 대리하여 매매계약을 체결한 것으로 보아야 한다고 한다(제115조 참조 ; 81다카1349). **[10사법]**

② '본인의 이름을 사용하는 현명행위'와 관련하여 判例는 반드시 대리인임을 표시하여 행위하여야 하는 것은 아니고 '본인명의'로도 할 수 있다는 입장이다(63다67).

(2) 현명하지 않은 경우의 효과

① 대리인이 본인을 위한 것임을 표시하지 아니한 경우(대리인의 성명만이 표시된 경우)에는 그 의사표시는 자기(대리인)를 위한 것으로 본다(제115조 본문).

② 그러나 상대방이 대리인으로서 한 것임을 알았거나 알 수 있었을 때에는 본인에 대하여 효력이 발생한다(제115조 단서)**(5회, 12회 선택형)**.

2. 대리행위의 하자(제116조) ★

의사표시의 효력이 의사의 흠결, 사기, 강박 또는 어느 사정을 알았거나 과실로 알지 못한 것으로 인하여 영향을 받을 경우에 그 사실의 유무는 대리인을 표준으로 하여 결정한다(제116조 1항)**(4회, 6회 선택형)**. 예를 들어 '부동산의 이중매매'에서 제2매수인의 대리인이 매도인의 배임행위에 적극가담한 경우, 본인이 그러한 사정을 몰랐거나 반사회성을 야기한 것이 아니라고 할지라도 그 매매계약은 제103조 위반으로 무효가 된다(97다45532). 그러나 대리행위의 하자로부터 생기는 효과(무효·취소)는 본인에게 귀속한다.

IV. 대리의 효과(본인·상대방사이의 관계)

대리인이 한 의사표시의 효과는 모두 '직접' 본인에게 생기는바, 대리인이 한 의사표시가 직접 본인에게 그 효력이 생기려면 ㉠ 대리권의 범위 내에서, ㉡ 본인을 위한 것임을 표시하여야 한다(제114조). 이때 직접 본인에게 귀속하는 것은, 당사자가 원한 바의 효과뿐만 아니라 손해배상청구권이나 취소권 등도 본인에게 귀속된다(2011다20871). 반면 대리인은 대리행위에 따른 권리를 취득하지도, 의무를 부담하지도 않는다.

> **Set 022** 복대리 ★★

Ⅰ. 개 념 [A-126]

복대리인은 '대리인이 그의 권한 내의 행위'를 하게 하기 위하여 '대리인 자신의 이름'으로 선임한 '본인의 대리인'이다.

Ⅱ. 복대리인의 선임과 책임 [A-127]

1. 복대리인의 선임과 책임

	임의 대리인	법정 대리인
복임권	① 원칙적 부정 ② 본인의 승낙, 부득이한 사유가 있는 때 가능	언제든지 가능
책 임	① 선임 감독상 과실에 대해서만 책임 ② 본인이 복대리인 지명한 경우는 불성실 등 통지를 태만한 때에만 책임	① 모든 책임 부담 ② 단, 부득이하게 선임한 경우는 선임 감독상의 과실만 책임

2. 임의대리인의 복임권

임의대리인은 본인의 승낙이 있거나 또는 부득이한 사유가 있는 때에 한하여 예외적으로 복임권을 가질 뿐이다(제120조)(4회, 12회 선택형). 다만 判例는 "대리의 목적인 법률행위의 성질상 대리인 자신에 의한 처리가 필요하지 아니한 경우(예를 들어 단순업무)에는 본인이 복대리 금지의 의사를 명시하지 아니하는 한 복대리인의 선임에 관하여 묵시적인 승낙이 있는 것으로 보는 것이 타당하다"(94다30690)라고 판시함으로써 복대리의 인정에 관대한 태도를 취하고 있다.

그러나 오피스텔의 분양업무(94다30690)나 아파트의 분양업무(97다56099)는 그 성질상 분양 위임을 받은 수임인의 능력에 따라 그 분양사업의 성공 여부가 결정되는 사무로서, 본인의 명시적인 승낙 없이는 복대리인의 선임이 허용되지 아니하는 경우로 보아야 한다.

Ⅲ. 복대리와 표현대리

1. 복대리·제125조·제126조·제129조의 사례구조 ★★★

> 甲은 乙에게 2천만 원의 대출에 대한 대리권을 수여하였다. 그런데 乙은 갑자기 몸이 나빠져 부득이하게 대출대행을 전문적으로 하는 丙에게 2천만 원의 대출건에 대한 복임행위를 하였는데, 丙은 甲의 대리인 자격으로 丁은행으로부터 1억 원을 대출받았다. 그런데 甲은 乙이 丙에게 복임행위를 하기 이전에 이미 사망하였다(丁은행은 甲의 사망을 모르는 것에는 과실이 없었으나, 丙의 대리권한의 범위와 관련해서는 과실이 있다).

Ⅰ. 丙의 대리권 인정여부

1. 임의대리인 乙의 복임권(제120조) : 부득이한 사유, 묵시적 승낙

2. 丙의 복대리인 지위 인정여부(제127조) : 丙은 처음부터 대리권 X

Ⅱ. 표현대리 성립 여부

1. 대리권 소멸 후의 표현대리 성립 여부(제129조)

2천만 원 대출부분에 대해서는 제129조의 표현대리 O

2. 권한을 넘는 표현대리 성립 여부(제126조)

8천만 원 대출부분에 대해서는 제126조의 표현대리 X

Ⅲ. 대출계약의 효력범위

일부무효법리에 의해 대출계약은 2천만 원에 대해서만 유효(제137조 단서).

2. 복대리와 제125조의 표현대리

判例는 복임권이 없는 임의대리인이 복대리인을 선임(제120조 위반)하여 그 복대리인이 본인의 이름으로 대리행위를 한 경우 복대리인 선임행위가 대리권수여의 표시에 해당하는 것으로 보아 제125조의 표현대리를 적용하고 있다(79다1193).

3. 복대리와 제126조의 표현대리

복대리인 선임권이 없는 대리인에 의하여 선임된 복대리인의 권한도 기본대리권이 될 수 있다고 하여 제126조의 표현대리가 성립할 수 있다고 보았다(97다48982)(**1회, 6회, 7회 선택형**).[35]

4. 복대리와 제129조의 표현대리

判例는 대리인이 대리권 소멸(제127조의 본인 사망) 후 복대리인을 선임하여 대리행위를 시킨 경우에도, "표현대리의 법리는 거래의 인진을 위하여 일반직인 권리외관 이론에 그 기조를 두고 있는 것인 점에 비추어 볼 때 제129조에 의한 표현대리가 성립할 수 있다"(97다55317)(**6회 선택형**)고 한다.[36]

---

35) [**판례검토**] 표현대리의 취지가 상대방의 보호에 있다는 점을 고려할 때 제126조의 성립요건으로 '기본대리권'이 형식적으로 존재하느냐 보다, 상대방에게 대리권이 있다고 믿을 만한 '정당한 이유'가 있느냐를 기준으로 판단하는 判例는 타당하다.

Ⅰ. 표현대리 총설 [A-130]

1. 표현대리의 본질 [2회 사례형]

표현대리제도는 '거래안전'(상대방 보호)에 존재이유가 있는바, 判例도 '일반적인 권리외관이론'(예컨대 선의취득, 취득시효제도 등)에 기초를 두고 있다고 한다(97다55317). 아울러 判例는 "유권대리에 관한 주장 속에 무권대리에 속하는 표현대리의 주장이 포함되어 있다고 볼 수 없다"(83다카1489)고 하여 표현대리가 무권대리임을 밝혔다(1회 선택형).

2. 표현대리의 적용범위

절차안정이 요청되는 '소송행위'에는 민법상의 표현대리 규정이 적용 또는 준용될 수 없는바, 判例도 "공정증서가 채무명의로서 집행력을 가질 수 있도록 하는 집행인낙 표시는 공증인에 대한 소송행위로서 이러한 소송행위에는 민법상의 표현대리 규정이 적용 또는 준용될 수 없다"(93다42047)고 하고, "이행지체가 있으면 즉시 강제집행을 하여도 이의가 없다는 강제집행 수락의사 표시는 소송행위라 할 것이고, 이러한 소송행위에는 민법상의 표현대리규정이 적용 또는 유추적용될 수는 없다"(81다카621)고 한다.

Ⅱ. 제125조의 표현대리 [A-131.이하]

1. 성립요건(표, 내, 상, 선)

제125조의 표현대리가 적용되기 위해서는 ㉠ 대리권 수여의 표시, ㉡ 표시된 대리권의 범위 내에서 한 행위, ㉢ 표시의 통지를 받은 상대방과의 대리행위, ㉣ 상대방의 선의·무과실이 있을 것을 요한다.

2. 수권표시의 방법

判例는 ① "본인에 의한 대리권 수여의 표시는 반드시 대리권 또는 대리인이라는 말을 사용하여야 하는 것이 아니라 사회통념상 대리권을 추단할 수 있는 직함이나 명칭 등의 사용을 승낙 또는 묵인한 경우에도 인정된다"(97다53762)(7회 선택형)고 하나,
② 중개인에게 오피스텔 분양에 대해 중개를 부탁하고 수수료 지급을 약속한 것은 사실행위이기 때문에 제125조의 대리권수여의 표시가 아니라고 한다(96다51271).

3. 법정대리

判例 중에는 호적상으로만 친권자로 되어 있는 자가 미성년자의 법정대리인으로서 '소송위임'에 관하여 대리행위를 한 사안에서, 그 행위를 대리권 흠결로 보아 무효로 보면서도 제125조의 표현대리의 적용을 부정한 것이 있다(4287민상208).

---

36) **[판례검토]** 대리인이 대리권이 소멸한 후 직접 대리행위를 한 경우에 제129조의 적용을 긍정하면서 복대리인을 통하여 대리행위를 한 경우를 제외하는 것은 형평에 어긋난다는 점에서 判例의 태도는 타당하다.

Ⅲ. 제126조의 표현대리

1. 성립요건(기, 넘, 정)

제126조의 표현대리가 적용되기 위해서는 ㉠ 기본대리권의 존재, ㉡ 권한을 넘은 표현대리행위의 존재, ㉢ 상대방의 정당한 이유가 있을 것을 요한다.

2. 기본대리권의 존재

(1) 사실행위

判例는 "증권회사로부터 위임받은 고객의 유치, 투자상담(권유), 위탁매매약정실적의 제고의 업무는 사실행위에 불과하므로 이를 기본대리권으로 하여서는 권한초과의 표현대리가 성립할 수 없다"(91다32190)고 한다.

(2) 표현대리권

표현대리제도의 취지에 비추어 볼 때 제125조 또는 제129조의 범위를 넘는 때에는 그 범위를 넘는 부분에 대해서는 제126조가 (중첩적으로) 적용된다(**1회 선택형**).

(3) 제한능력자를 위한 법정대리에 제126조의 표현대리가 성립할 수 있는지 여부

判例는 "**한정치산자의 후견인이 친족회**(개정 민법은 종전의 친족회제도를 폐지하고, 가정법원이 사안에 따라 후견감독인을 선임할 수 있는 것으로 바꾸었다)**의 동의 없이 피후견인의 부동산을 처분한 경우**(제950조 1항 4호 참조)에도 거래의 상대방이 친족회의 동의가 갖추어진 것이라고 믿을만한 정당한 이유가 있는 때에는, 본인인 한정치산자에게 그 효력이 있고 제950조 2항(현행법 제950조 3항)에 따른 취소권을 행사할 수 없다"(97다3828)고 판시하여 긍정설을 취하고 있다.[37]

(4) 일상가사대리권에 제126조의 표현대리가 성립할 수 있는지 여부(친족상속법 Set 144.)

3. 권한을 넘은 표현대리행위의 존재

제126조가 적용되기 위하여 대리인의 대리행위가 있어야 하고, 대리행위로 인정될 만한 것이 없다면, 비록 상대방의 신뢰가 있더라도, 제126조가 적용될 여지는 없다.

① **[무권리자의 처분행위]** 判例에 따르면 관리에 관한 대리권한을 가진 대리인이 자기 명의로 원인무효의 등기를 한 후 이를 제3자에게 매도하는 경우에는 "계약의 당사자는 대리인과 제3자로서 그 대리인이 본인의 대리인으로서 그러한 계약을 하였다고는 볼 수 없으므로 제126조의 표현대리가 적용될 여지가 없다"(71다2365) **[13행정]**

② **[타인명의를 사용한 법률행위]** 그러나 대리인이 현명하지 않은 채 본인인 것처럼 가장하여 월권행위를 한 경우에, 判例는 원칙적으로 현명을 요구하지만, 특별한 사정이 있으면 현명이 없더라도 제126조의 유추적용을 긍정한다(92다52436).

---

37) **[판례검토]** 제한능력자의 보호가 중대한 법익임에 분명하나, 상대방의 신뢰 역시 보호할 필요성이 있으므로 제126조를 (유추)적용하되 '정당한 이유'를 엄격하게 검토함으로써 대립하는 이익을 조정할 수 있다고 본다. 따라서 判例의 입장이 타당하다. 즉, 당해 判例에서도 친족회의 동의 여부를 확인하지 않은 잘못을 물어 상대방의 과실을 인정하였다.

4. 정당한 이유의 존재

判例에 따르면 정당한 이유라 함은 상대방의 '과실'이 없는 경우를 말한다 하고, 이러한 사정의 유무는 '대리행위시'(사실심변론종결시가 아님)를 기준으로 객관적으로 판단하여야 하며(88다카 13219)(1회 선택형) [10입법] 상대방에게 정당한 이유의 증명책임이 있다고 한다(68다694).

Ⅳ. 제129조의 표현대리

[A-139.이하]

1. 성립요건(소, 내, 선)

제129조의 표현대리가 적용되기 위해서는 ⅰ) 존재하였던 대리권의 소멸, ⅱ) 대리인이 권한 내의 행위를 할 것, ⅲ) 상대방의 선의·무과실을 요한다.

2. 법정대리

判例는 친권자가 미성년자의 재산관리를 해왔는데, 미성년자가 성년이 된 이후에 그 子의 재산을 처분한 사안에서 제129조의 성립을 긍정한바(74다1199), 법정대리의 경우에도 제129조의 표현대리가 적용된다고 한다.

Set 024 | 협의의 무권대리 ★★★

Ⅰ. 계약의 무권대리

[A-144]

협의의 무권대리란 무권대리인이 대리권 없이 대리행위를 한 경우에 표현대리가 성립하지 않는 경우를 말한다. 협의의 무권대리는 그 대리행위가 계약이냐 단독행위냐에 따라 효과에 차이가 있으므로 계약의 무권대리에 대해 먼저 검토한다.

1. 본인의 추인권 및 추인거절권

(1) 방 법 [2회 사례형, 12회 사례형, 6회 기록형]

① [묵시적 추인] 判例에 따르면 무권대리에 의하여 체결된 '계약의 이행을 상대방에게 청구'한 때에는 묵시적 추인이 있다고 할 수 있으나(67다2248), '장기간 이의'를 제기하지 아니하고 '방치'한 것만으로는 묵시적 추인이 있다고 할 수 없다고 한다(88다카181).

② [일부추인] 일부추인은 원칙적으로 허용되지 않지만 예외적으로 상대방의 동의가 있으면 허용된다(81 다카549)(8회 선택형). 다만, "무권대리인이 행한 소송행위의 추인(민사소송법 제60조)은 특별한 사정이 없는 한 소송행위의 전체를 대상으로 하여야 하고, 그 중 일부의 소송행위만을 추인하는 것은 원칙적으로 허용되지 아니한다"(2007다79480). 물론 무권대리인이 행한 '소취하' 행위만을 제외하고 나머지 소송행위를 추인하는 것과 같이 소송절차의 안정을 해칠 우려가 없는 경우에는 소송행위의 일부추인도 허용된다(69다60).

(2) 상대방

추인의 의사표시는 무권대리인, 무권대리 행위의 직접의 상대방 및 그 무권대리 행위로 인한 권리 또는 법률관계의 승계인에 대하여도 할 수 있다(80다2314)(2회, 3회, 11회 선택형). 다만 무권대리인에 대해 한 경우에는 상대방이 추인이 있었던 사실을 알지 못한 때에는 그에 대해 추인의 효과를 주장하지 못한다(제132조). 따라서 그 사실을 상대방이 모른 경우에는, 그 때까지 상대방은 무권대리인과 맺은 계약을 철회할 수 있고(제134조)(3회 선택형), 또 무권대리인에 대한 추인이 있었음을 주장할 수도 있다.

(3) 효 과 [8회 사례형]

① 추인으로 무권대리행위는 다른 의사표시가 없는 때에는 '소급'하여 확정적으로 유효하게 된다(제133조 본문). 이러한 추인의 소급효는 '제3자의 권리'를 해하지 못하는바(제133조 단서)(4회, 9회 선택형), 이 때 소급효가 제한되는 것은 무권대리행위의 상대방이 취득한 권리와 제3자가 취득한 권리가 모두 배타적 효력을 가지는 경우에 한한다(62다223). 따라서 물권변동에 있어서는 등기·인도(제186조, 제188조), 채권양도에 있어서는 확정일자 있는 통지나 승낙을 먼저 갖추는 자(제450조 2항)가 우선한다.

② '대리권 혹은 대표권 없는 자에 의해 이루어진 소송행위에 대한 추인'에 대해서는 민사소송법에서 소급효만 규정하고 있으므로(동법 제60조, 제97조), 소급효를 제한하는 민법 제133조 단서는 적용되지 않는다(91다25383)(3회 선택형)

2. 상대방의 최고권, 철회권

① [최고권] 상대방은 '상당한 기간'을 정하여 추인 여부를 확답할 것을 본인에게 최고할 수 있고, 그 기간 내에 확답을 '발송'하지 않은 경우에는 추인을 거절한 것으로 본다(제131조)(제15조와 비교).

② [철회권] 무권대리인임을 알지 못한 선의의 상대방은 본인이 추인하고 있지 않은 동안에 철회가 가능하다(제134조). 한편 判例는 상대방이 유효한 철회를 하면 무권대리행위는 확정적으로 무효가 되어 그 후에는 본인이 무권대리행위를 추인할 수 없다고 한다(2017다213838). 한편 "상대방이 대리인에게 대리권이 없음을 알았다는 점에 대한 주장·입증책임은 철회의 효과를 다투는 본인에게 있다"(2017다213838)(11회 선택형).

3. 무권대리인의 거래상대방에 대한 책임 [11사법]

(1) 책임의 요건(대, 표, 선, 행, 철)

㉠ 대리인이 대리권을 증명할 수 없을 것, ㉡ 상대방이 무권대리인에게 대리권이 없음을 알지 못하고(선의), 또한 알지 못하는 데 과실이 없을 것(증명책임은 무권대리인에게 있다 ; 2018다210775), ㉢ 본인의 추인이 없거나 표현대리가 성립하지 않을 것(다수설), ㉣ 상대방이 아직 철회권을 행사하고 있지 않을 것, ㉤ 무권대리인이 행위능력자일 것의 요건이 필요하다(제135조).

(2) 책임의 성질

무권대리인의 상대방에 대한 책임은 무과실책임이므로, 무권대리행위가 제3자의 기망이나 문서위조 등 위법행위로 야기되었다고 하더라도 책임은 부정되지 아니한다(2013다213038)(9회, 10회,

(3) 책임의 내용

상대방의 선택에 좇아 이행 또는 손해배상의 책임을 진다(제135조 1항 ; 선택채권)(10회 선택형).

① [손해배상액의 예정] 이때 상대방이 계약의 이행을 선택한 경우 무권대리인은 자신이 계약의 당사자가 된 것처럼 계약에서 정한 채무를 이행할 책임을 진다. 따라서 위 계약에서 채무불이행에 대비하여 손해배상액의 예정에 관한 조항을 둔 때에는 무권대리인은 조항에서 정한 바에 따라 산정한 손해액을 지급하여야 하고, 이 경우에도 손해배상액의 예정에 관한 제398조가 적용된다(2018다210775)(9회, 11회 선택형).

② [소멸시효] 그리고 계약이행 또는 손해배상청구권의 소멸시효는 그 '선택권을 행사할 수 있는 때'(선택권을 행사한 때가 아님)로부터 진행하고(제166조 1항)(12회 선택형), 이는 대리권의 증명 또는 본인의 추인을 얻지 못한 때를 의미한다(64다1156). [15행정] 그리고 그 시효기간은 무권대리행위가 유권대리라면 상대방이 본인에게 가졌을 청구권의 성질에 따라 정해진다.

Ⅱ. 단독행위의 무권대리(제136조)　　　　　　　　　　　　　　　　　[A-145]

Set 025　무 효

Ⅰ. 일부무효 ★★　　　　　　　　　　　　　　　　　　　　　　　[A-147]

1. 일부무효가 되기 위한 요건(일, 분, 가)

① [원칙] 일부무효는 전부무효가 원칙이다(제137조 본문). ② [예외] 그러나 일부무효가 예외적으로 일부무효가 되기 위해서는 ⅰ) 법률행위의 일체성[39)]과 분할가능성이 인정되어야 하고, ⅱ) 당사자들이 그 무효부분이 없더라도 법률행위를 하였을 것이라는 가정적 의사가 인정되어야 한다(제137조 단서).

2. 구체적인 경우

(1) 채권의 일부가 무효인 경우 저당권 등의 말소청구

判例는 담보물권의 불가분성(제370조, 제321조)을 고려하여 "채권담보의 목적으로 소유권이전

---

38) [사실관계] 甲은 A를 사칭하는 X로부터 대리권을 수여받아 선의, 무과실의 乙에게 A소유 토지에 관하여 근저당권설정등기를 마쳐주었다. 그런데 실제 A가 나타나 乙을 상대로 근저당권설정등기가 무효라는 이유로 말소청구소송을 제기하여 승소판결을 받음으로써 乙이 손해를 입게 된 사안이다.

　☞ 위 判例에 따르면 甲의 무권대리행위가 제3자 X의 기망 등 위법행위로 야기되었더라도 甲이 A에게(규범적 해석에 따라 위임계약의 당사자는 A와 甲이다) 사기를 이유로 위임계약을 취소(제110조 2항)하거나 甲이 X에게 사기를 이유로 불법행위책임을 묻는 것은 별론으로, 乙에 대한 제135조 책임이 부정되는 것은 아니다. 참고로 본인 A는 대리권 수여를 표시한 적도 없고(제125조), 기본대리권이 甲에게 있지도 않으며(제126조), 甲의 대리권한이 있다가 소멸한 적도 없으므로(제129조) 즉, 본인 A가 甲의 무권대리행위에 대해 책임져야 할 사정이 전혀 없으므로 표현대리가 성립하지 않는다. 따라서 甲이 한 대리행위는 '협의의 무권대리행위'로서 근저당권설정행위는 본인 A가 추인하지 않는 한 무효이다.

39) 복수의 법률행위가 상호 밀접한 관련성을 가지는 경우(금전소비대차와 저당권설정계약 또는 보증계약)에도 일체성이 인정된다.

등기를 한 경우에는 그 채권의 일부가 무효라고 하더라도 나머지 채권은 유효하다"고 보아 일부무효를 인정하였고, "나머지 채권이 유효한 이상 채무자는 그 채무를 변제함이 없이 말소등기절차를 구할 수 없다"(70다1250)고 한다.

(2) 토지거래규제구역 내의 토지와 지상건물을 일괄하여 매매한 경우

判例는 "ⅰ) 일반적으로 토지와 그 지상의 건물은 법률적인 운명을 같이 하게 하는 것이 거래의 관행이고 ⅱ) 당사자의 의사나 경제의 관념에도 합치되므로, 매수인이 토지에 관한 거래허가가 없으면 건물만이라도 매수하였을 것이라고 볼 수 있는 특별한 사정이 인정되는 경우를 제외하고는, 토지에 대한 매매거래허가를 받기 전의 상태에서는 지상건물에 대하여도 거래계약 내용에 따른 이행청구 내지 채무불이행으로 인한 손해배상청구를 할 수 없다"(93다22043)고 하여 원칙적으로 전부무효라고 한다.

(3) 일부무효 법리의 적용범위 및 강행법규와의 관계 [15법행, 12법무]

일부만이 강행규정에 위반하는 경우 判例는 "제137조는 임의규정으로서 원칙적으로 사적자치의 원칙이 지배하는 영역에서 적용되므로 ⅰ) 법률이 별도로 일부무효의 효과를 규정하는 경우에는 이에 의하고, ⅱ) 그러한 규정이 없다면 원칙적으로 제137조가 적용될 것이나, 나머지 부분을 무효로 한다면 당해 효력규정의 취지에 명백히 반하는 결과가 초래되는 경우에는 나머지 부분까지 무효가 된다고 할 수는 없다"(2011다9068)고 한다.

Ⅱ. 유동적 무효 ★★★★ [6회 사례형, 17사법, 11법행, 15입법]   [A-148]

1. 개 념

'유동적 무효'란 법률행위의 효력이 현재는 무효이나 추후 허가(또는 추인)에 의해 소급하여 유효한 것으로 될 여지가 있는 유동적인 상태를 말하는 것으로 '불확정적 무효'를 의미한다.

2. 토지거래허가 없이 체결한 토지(유상)계약의 효력

① **[유동적 무효인 경우]** 토지거래허가를 전제로 한 토지 (유상)거래의 경우에는 '투기거래에 대한 위험'이 없다 할 것이므로 "허가가 있기 전에는 채권계약 자체도 무효이지만 허가를 받을 것을 전제로 한 계약은 유동적 무효로 보아 허가가 있으면 소급적으로 유효한 계약이 된다"(전합90다12243).

② **[처음부터 확정적 무효인 경우]** 判例는 허가를 '배제'하거나 '잠탈'하는 내용의 계약일 경우 '처음부터 확정적 무효'로서 유효로 될 여지가 없다고 한다(전합90다12243). 따라서 허가받을 의사 없이 중간생략등기의 합의아래 전매차익을 얻을 목적으로 전전매매한 경우 그 각각의 매매계약은 모두 확정적으로 무효이고, 전득자는 중간자의 토지거래허가신청절차 협력청구권을 대위행사할 수도 없다(96다3982).

3. 유동적 무효상태에서의 당사자간 법률관계

(1) 소유권이전등기의무와 대금지급의무(소극), 허가조건부 소유권이전등기청구(소극)

① 判例는 허가받기 전의 유동적 무효상태에서는 채권적 효력도 전혀 발생하지 아니하여 매수인의 대금지급의무나 매도인의 소유권이전등기의무가 없고[따라서 허가를 받기 전의 상태에서 상대방의 거래계약상 채무

불이행을 이유로 거래계약을 해제하거나 그로 인한 손해배상을 청구할 수도 없다(97다4357)](2회, 5회, 12회 선택형)

② 허가가 있을 것을 조건으로 한 장래이행의 소로서의 소유권이전등기청구도 할 수 없다고 한다(전합 90다12243).

⑵ **토지거래허가신청절차 이행청구(적극), 그 불이행에 대한 손해배상청구(적극)**

① 判例는 유동적 무효상태의 계약당사자는 공동으로 관할관청의 허가를 신청할 '협력할 의무'를 부담하고 상대방은 협력의무의 이행을 소송으로 구할 이익이 있다(전합90다12243)(5회, 6회, 11회 선택형). 그리고 이러한 토지거래허가신청절차청구권을 피보전권리로 하여 매매목적물의 처분을 금하는 가처분을 구할 수 있고, 협력의무 불이행시 상대방은 손해배상을 청구할 수 있으며, 토지거래허가구역에 있는 토지의 매수인은 채권보전의 필요성이 있다면 토지거래허가 신청절차의 협력의무 이행청구권을 보전하기 위하여 매도인의 권리를 대위하여 행사할 수 있다(2010다 50014).

② 그러나 判例는 일방적으로 계약을 '해제'할 수는 없다고 한다(判例는 협력의무를 일반적인 신의칙상 의무로 보아 손해배상의 법적근거를 제750조로 보는 입장).

⑶ **계약금 또는 손해배상의 약정(원칙적 적극), 부당이득반환청구(원칙적 소극)**

① 判例는 유동적 무효인 상태에서도 계약금의 수령자는 배액을 상환하고, 교부자는 계약금을 포기하고 계약을 '해제'할 수 있다고 한다(제565조). 이는 당사자 일방이 '이행에 착수하기 전'에만 허용되나, ㉠ "유동적 무효상태에서의 '협력의무'는 그 매매계약의 효력으로서 발생하는 매도인의 재산권이전의무나 매수인의 대금지급의무와는 달리 신의칙상의 의무에 해당하는 것이어서 당사자 쌍방이 위 협력의무에 기초해 토지거래허가신청을 하고 이에 따라 관할관청으로부터 그 허가를 받았다 하더라도, 아직 그 단계에서는 당사자 쌍방 모두 매매계약의 효력으로서 발생하는 의무를 이행하였거나 이행에 착수하였다고 할 수 없고"(2008다62427)(5회 선택형). ㉡ "매수인이 매도인의 (토지거래허가 협력)의무이행을 촉구하였거나 매도인이 그 (토지거래허가 협력)의무 이행을 거절함에 대하여 의무이행을 구하는 소송을 제기하여 1심에서 승소판결을 받은 것만으로는 매수인이 그 계약의 이행에 착수하였다고 할 수 없다"(97다9369)(9회 선택형) [6회 사례형]

② 계약금 등은 유동적 무효상태가 확정적으로 무효로 되었을 때 비로소 부당이득으로 그 반환을 구할 수 있다고 한다(91다33766).

⑷ **계약상 지위인수**

① 매도인과 매수인 및 제3자 사이에 '매수인의 지위'를 이전받기로 한 합의는 매도인과 매수인 사이의 매매계약에 대한 관할 관청의 허가가 있어야 효력이 발생한다(96다7762). 제3자의 매수인 지위인수를 허용하면 사실상 허가 전의 토지에 대한 거래를 용인하는 것이 되기 때문이다.

② 따라서 이와 달리 제3자가 허가를 받기 전의 토지 매매계약상 '매도인 지위'를 인수하는 경우에는, 토지거래허가제도가 투기적 거래를 방지하고자 하는 데에 있는 점에 비추어, 애초의 매매계약에 대해 관할 관청의 허가가 있어야만 그 인수계약의 효력이 생기는 것은 아니다(2012다1863).

⑸ **규제구역 내의 토지와 건물을 '일괄'하여 매매한 경우에 건물만에 대한 소유권이전등기청구의 가부(원칙적 소극)**(일부무효 Set 025.참고)

4. 사후적으로 확정적 무효로 되는 경우 [17사법]

① 불허가 처분이 있는 경우(91다33766), ② 당사자 '일방'이 유동적 무효의 무효·취소 사유를 주장하여 거래허가신청협력에 대한 거절의사를 명백히 한 때(97다36118)**(5회 선택형)**, ③ 당사자 '쌍방'이 허가신청을 하지 않기로 명백히 한 경우(91다33766), ④ 일방의 채무가 이행불능임이 명백하고 나아가 그 상대방이 거래계약의 존속을 더 이상 바라지 않고 있는 경우(2010다31860,31877)에는 확정적으로 무효가 된다. ⑤ 만약 토지거래허가가 나지 아니한 상태에서 당해 토지에 관한 경매절차가 개시되어 제3자에게 소유권이 이전되었다면, 위 토지거래계약에 기한 소유권이전의무는 이행불능 상태이므로, 이로써 위 토지거래계약은 '확정적으로 무효'가 된다(2011다11009). 따라서 토지거래허가 없이 체결된 매매예약에 기하여 소유권이전청구권 보전을 위한 가등기가 경료되어 있는 상태에서 당해 토지가 제3자에게 낙찰되어 소유권이 이전된 경우에는 그 후 그 가등기에 기한 본등기까지 경료되었더라도 이는 효력이 없는 무효의등기라 할 것이다(유동적 무효 아님)(2012다89900). ⑥ 그러나 매매계약 체결시 일정한 기간 안에 토지거래허가를 받기로 약정한 경우, 그 약정기간이 경과하였다는 사정만으로 매매계약이 확정적으로 무효가 되는 것은 아니다(2008다50615)**(5회 선택형)**.

5. 사후적으로 확정적 유효로 되는 경우 [12사법, 11법행]

① 토지거래허가를 최종적으로 받은 경우, ② 토지거래허가구역 지정을 해제하였거나, 허가구역지정기간이 만료되었음에도 허가구역 재지정을 하지 않은 경우(전합98다40459)**(12회 선택형)**, 허가구역 해제 후 재지정된 경우(2002다12635), 判例는 처음부터 허가를 잠탈하거나 배제하여 확정적으로 무효가 된 경우를 제외하고는 더 이상 허가를 받을 필요 없이 확정적으로 유효라고 보았다**(6회 선택형)**.

Ⅲ. 무효행위의 전환 ★★

[A-149]

1. 요 건(무, 전, 다)

㉠ 일단 성립한 법률행위가 무효일 것, ㉡ 전환의사의 존재(당사자가 그 무효를 알았더라면 다른 법률행위를 하는 것을 의욕하였으리라는 '가정적 의사'가 인정될 것), ㉢ 다른 법률행위의 요건을 갖출 것(제138조)을 요한다.

2. 구체적인 경우

判例에 따르면 ① 혼인외의 출생자를 혼인 중의 출생자로 출생신고를 한 경우 그 신고는 친생자 출생신고로서는 무효이지만 '인지신고'로서는 효력이 있고(71다1983 ; 가족관계의 등록 등에 관한 법률 제57조)**(1회 선택형)**, ② 상속인 중 일부의 상속포기가 무효인 경우에 상속재산의 협의분할로 전환되어 그 효력이 인정될 수 있으며(88누9305) **(2회 선택형). [7회 사례형]** ③ 또한 타인의 子를 자기의 子로서 출생신고한 경우에도, 당사자 사이에 친생자관계를 창설하려는 명백한 의사가 있고 기타 입양의 성립요건이 모두 구비된 때에는 '입양'의 효력은 있다고 한다(전합77다492).[40]

---

40) **[판례검토]** 현대에 있어서의 양자제도가 子의 복리를 위한 양자제도로 변해가고 있음을 고려할 때 친생부모와의 관계도 중요하지만 양자가 큰 충격 없이 성장해 나가는 것이 더욱 중요하므로 허위출생자신고에 입양의 효력을 인정하는 判例는 타당하다.

1. 요 건(무, 알, 새)

㉠ 무효인 법률행위의 존재, ㉡ 무효임을 알고 추인, ㉢ 추인시에 새로운 법률행위로서 유효요 건을 갖추고 있을 것을 요한다(제139조). 다만, 사회질서에 반하는 법률행위(제103조·제104조) 나 강행규정 위반의 '절대적 무효'의 경우에는 추인에 의하여 유효로 될 수 없다(2001다77352)**(3회, 8회 선택형)**

2. 방 식

(1) 묵시적 추인

① **[긍정]** 判例는 만15세가 된 후 망인(亡시)과 자신 사이에 입양이 무효임을 알면서도 망인이 사망할 때까지 아무런 이의를 하지 않고 망인을 친부모처럼 극진히 섬겼다면 묵시적으로 '입양'을 추인한 것으로 보았다(제869조 참조)(전합77다492). 다만 무효인 신고행위에 상응하는 신분관계가 실질적으로 형성되어 있지 않은 경우에는 추인의 의사표시만으로 그 무효행위의 효력을 인정할 수 없다고 한다(2004므1484).

② **[부정]** 判例는 ㉠ 일방적 혼인신고 후 혼인의 실체 없이 육체관계를 맺고 출산하였다 하여 무효인 혼인을 추인한 것으로 볼 수는 없다고 하였고(93므430), ㉡ 당사자가 이전의 법률행위가 존재함을 알고 그 유효함을 전제로 하여 이에 터 잡은 후속행위를 하였다고 해서 그것만으로 이전의 법률행위를 묵시적으로 추인하였다고 단정할 수는 없고, 묵시적 추인을 인정하기 위해서는 이전의 법률행위가 무효임을 알거나 무효임을 의심하면서도 그 행위의 효과를 자기에게 귀속시키도록 하는 의사로 후속행위를 하였음이 인정되어야 한다(2012다106607고 한다)**(9회 선택형).**

(2) 일부추인

判例는 "집합채권의 양도가 양도금지특약을 위반하여 무효인 경우 채무자는 일부 개별 채권을 특정하여 추인하는 것이 가능하다"고 한다(2009다47685).

3. 효 과

(1) 원칙적 장래효

무효행위의 추인의 효과는 소급효가 없는 것이 원칙이다(제139조). 따라서 判例는 무효인 채권양도를 추인한 경우에도 소급효가 없다고 하며(99다52817)**(10회 선택형)**, 무효인 가등기를 유효한 등기로 전용키로 한 약정도 그 때부터 유효하고 이로써 가등기가 소급하여 유효한 등기로 전환될 수 없다고 한다(91다26546)**(2회 선택형).**

(2) 예외적 소급효

신분행위의 경우에는 신분관계의 안정을 위해 예외적으로 소급효(입양신고 당시 ; 判例사안에서는 친생자출생신고 당시)를 인정하였다(99므1633,1640)**(2회 선택형).**

※ 무권리자의 부동산 처분행위(타인권리매매)에 따른 쟁점

> 甲은 평소에 자신 소유의 X토지에 대한 관리를 부탁하며 등기권리증 및 자신의 인감도장을 乙에게 맡겨
> 두었는데, 乙은 이를 기화로 관계서류를 위조하여 X토지에 대해 자기 앞으로 소유권이전등기를 마치고
> 시가 2억 원인 위 부동산을 이러한 사정을 모르는 丙에게 2억 5,000만 원에 매도하고, 매매대금을 지급
> 받음과 동시에 위 부동산에 대한 소유권이전등기를 경료하여 주고 위 부동산을 인도하여 주었다. 그 후
> 甲은 丙명의로 소유권이전등기가 경료된 것을 발견하였다.

Ⅰ. 부동산에 대한 소유권자 확정

1. 매매계약의 효력(유효 ; 제569조)

2. 무권리자와 상대방 사이의 처분행위의 효력

(1) 무권리자의 처분행위로서 무효

(2) 취득시효(날짜가 있는 경우)

(3) 제108조 2항의 유추적용(부실등기가 있는 경우)

(4) 제126조의 표현대리의 유추적용(무권리자가 대리인인 경우)

Ⅱ. 권리자가 무권리자의 처분행위를 추인할 수 있는지 여부 및 법적 근거

1. 추인의 법적 근거(사적자치의 원칙)

2. 추인의 방법(무권리자 또는 상대방) 및 대상(처분행위)

Ⅲ. 권리자가 추인한 경우의 법률관계 : 진정한 권리자가 권리를 잃은 경우

1. 권리자와 상대방 사이의 법률관계(물권적 효과의 귀속)

2. 권리자와 무권리자 사이의 법률관계 ★

(1) 불법행위에 따른 손해배상청구권(제750조)

(2) 부당이득반환청구권(제748조 2항)

(3) 물권적 청구권의 이행불능에 따른 손해배상청구권(제390조)

(4) 물권적 청구권의 이행불능에 따른 대상청구권

3. 무권리자와 상대방 사이의 법률관계(소급효 : 제130조, 제133조 유추 적용)

Ⅳ. 권리자가 추인하지 않은 경우의 법률관계 : 진정한 권리자가 권리를 회복한 경우

1. 권리자와 상대방 사이의 법률관계(점유자와 회복자 관계)

2. 상대방과 무권리자 사이의 법률관계 ★

(1) 타인권리매매로 인한 담보책임(제570조)

(2) 채무불이행(이행불능)으로 인한 책임

1) 이행불능에 따른 전보배상책임(제390조)

Ⅰ. 무권리자 처분행위의 효력 및 거래상대방 보호 [쟁점 5.]

타인의 권리를 처분할 권한이 없는 자가 타인의 권리를 자신의 이름으로 처분하는 것을 '무권리자 처분행위'라 한다.

1. 효 력

'처분행위'(직접적으로 권리의 변동을 생기게 하는 행위)는 처분권한이 있는 자가 해야만 효력이 있기 때문에, 처분권한이 없는 자가 한 처분행위는 상대방이 공시방법(등기 또는 점유)을 갖추었다고 하더라도 원칙적으로 효력이 없다. 그러나 '채권행위'의 경우에는 이행기까지 권리를 취득하여 이행을 하면 되므로, 민법은 타인 권리의 매매도 유효하다는 입장이다(제569조).

2. 거래상대방 보호

무권리자의 처분행위로 무효가 된 경우 거래상대방의 보호가 문제되는바, ① 동산의 경우에는 선의취득제도가 있으나, ② 부동산의 경우에는 보호규정이 없어 문제된다. 이에 判例는 ㉠ 무권리자의 처분행위에 대해서 표현대리가 적용될 여지가 없다고 하나, ㉡ 예외적으로 권리자가 부실등기를 알면서 방치한 경우에는 제108조 2항의 유추적용이 가능하다고 한다(91다3208 등).

Ⅱ. 무권리자 처분행위에 대한 추인의 근거 및 효과

1. 법적 근거 [9회 사례형, 13행정]

종래 判例는 무권대리의 추인의 법리에 따라 해결하였으나, 최근에 判例는 "권리자의 추인으로 권리자 본인에게 위 처분행위의 효력이 발생함은 사적 자치의 원칙에 비추어 당연하고"(2001다44291)라고 하여 '사적자치의 원리'에서 구하고 있다.

2. 추인의 효과

(1) 권리자와 무권리자 사이의 법률관계

① [부당이득반환청구권(적극)] 권리자가 무권리자의 처분행위를 추인하더라도 무권리자가 권리자에 대하여 처분을 통해 받은 이익을 보유할 정당한 권원까지 부여한다고 볼 수는 없다. 따라서 이 경우 권리자는 자기의 손해(추인당시의 목적물의 시가)를 한도로 하여 무권리자가 받은 이득(처분대가 상당액)의 반환을 청구할 수 있다(2020다210686,210693)(8회 선택형) [13행정]

✎ **[비교판례]** "무권리자가 소유자 있는 부동산에 관하여 원인 없이 등기를 마치고 제3자에게 매도하여 등기를 마쳐준 후 **제3자의 등기부취득시효가 완성된 경우**, 원소유자가 무권리자를 상대로 하여 제3자로부터 받은 매매대금에 관한 부당이득반환을 구할 수는 없다"(2019다 272275). 왜냐하면 원소유자의 소유권 상실의 손해는 제245조 2항에 따른 물권변동의 효과일 뿐 무권리자와 제3자가 체결한 매매계약의 효력과는 직접 관계가 없기 때문이다(손해와 이득 사이에 상당인과관계 결여) **[13회 사례형]**

② **[불법행위로 인한 손해배상청구권(소극)]** 권리자는 무권리자에 대하여 불법행위를 원인으로 하여 권리의 상실에 대한 손해배상을 청구할 수는 없다. 권리자가 권리를 잃은 것은 자신이 무권리자의 처분행위를 추인함으로 인한 것이기 때문이다.

(2) 무권리자와 상대방 사이의 법률관계(소급효)

다만 "무권리자의 처분이 계약으로 이루어진 경우에 권리자가 이를 추인하면 **제130조, 제133조를** 유추적용하여 그 계약의 효과가 계약을 체결했을 때에 '소급'하여 권리자에게 귀속된다고 보아야 한다"(2017다3499)**(9회, 10회 선택형)**고 판시하고 있다.

Set 027 취 소 ★

Ⅰ. 취소권 일반   [A-153]

1. 취소의 방법

① 취소권은 형성권이므로 단독의 일방적 의사표시에 의한다. 상대방이 확정되어 있는 경우에는 상대방에 대한 의사표시로써 한다(제142조). 그러므로 상대방이 그 권리를 제3자에게 양도한 경우 취소의 의사표시는 제3자가 아닌 원래의 상대방에게 하여야 한다**(6회 선택형).**

② 그리고 判例는 법률행위의 취소를 당연한 전제로 한 소송상의 이행청구나 이행거절에는 취소의 의사표시가 포함되어 있다고 본다(2004다43824)**(11회 선택형).**

2. 일부취소

(1) 인정여부 및 요건

민법상 명문의 규정은 없으나 일부무효의 법리에 관한 제137조를 법률행위의 일부취소에 관하여도 유추적용할 수 있다. 判例도 "하나의 **법률행위**(일체로서의 법률행위)의 일부분에만 취소사유가 있다고 하더라도 ⅰ) 그 법률행위가 **가분적**이거나 그 목적물의 일부가 **특정될 수 있다면**,[41] ⅱ) 그 나머지 부분이라도 이를 유지하려는 당사자의 가정적 의사가 인정되는 경우 그 **일부만의 취소도 가능하다** 할 것이고, 그 일부의 취소는 법률행위의 일부에 관하여 효력이 생긴다"고 한다(97다 44737 ; 토지의 매매가를 감정기관의 착오로 가격을 지나치게 높게 시가보다 85%나 초과해서 청구한 경우, 정당한 감정가 보다 초과된 부분의 착오취소를 긍정하였다).

---
41) 즉 判例는 일부무효와는 달리 법률행위의 가분성과 선택적으로 '목적물의 일부가 특정될 수 있음'도 들고 있음에 주의해야 한다.

⑵ 목적물 일부를 매매대상에서 제외 특약

判例는 "매매계약 체결시 토지의 일정 부분을 매매 대상에서 제외시키는 특약을 한 경우, 이는 매매계약의 대상 토지를 특정하여 그 일정 부분에 대하여는 매매계약이 체결되지 않았음을 분명히 한 것으로써 그 부분에 대한 어떠한 법률행위가 이루어진 것으로는 볼 수 없으므로, 그 특약만을 기망에 의한 법률행위로서 취소할 수는 없다"(98다56607)고 하였다.

[판례해설] 이는 법률행위 일부취소의 요건으로서 어떤 목적 혹은 목적물에 대한 법률행위가 존재함을 그 전제로 한다는 것을 밝힌 판결이다.

Ⅱ. 취소권의 소멸…(재)항변사유   [A-154]

1. 취소할 수 있는 법률행위의 추인

⑴ 추인의 요건

㉠ 제140조가 규정하는 취소권자가, ㉡ 취소원인이 소멸한 후에, ㉢ 취소할 수 있는 것임을 알고 취소하지 않겠다는 의사표시를 해야 한다(제143조, 제144조)(취, 소, 알).

⑵ 취소한 법률행위의 추인

判例는 취소한 법률행위는 무효인 법률행위의 추인의 요건과 효력으로서 추인할 수는 있는바, 무효(취소)원인이 소멸한 후에 하여야 그 효력이 있다고 한다(제139조). 따라서 강박에 의한 의사표시를 이유로 증여를 취소한 후에도 취소의 원인이 종료된 후, 즉 강박상태에서 벗어난 후라면 다시 이를 무효행위의 추인의 요건과 효력으로서 추인할 수 있다고 한다(95다38240)**(2회, 6회, 9회 선택형)**

또한 추인하면 취소할 수 있는 법률행위(유동적 유효)는 확정적으로 유효한 행위가 되므로 추인 후에는 취소하지 못한다(제143조 1항)**(6회 선택형)**.

2. 법정추인

법정추인이 되기 위한 요건은 ㉠ 원칙적으로 취소원인이 소멸한 후에, ㉡ 이의를 보류하지 않고, ㉢ 법정추인의 사유가 있어야 한다(소, 이, 사). 통상의 추인과 달리 취소권자가 취소할 수 있는 것임을 알아야 하는 것이 아니며, 추인의 의사가 있어야 할 필요도 없다(제145조).

3. 취소권의 단기소멸

취소권은 추인할 수 있는 날로부터 3년 내에, 법률행위를 한 날로부터 10년 내에 행사하여야 하지만(제146조), 여기에서 '추인할수있는날'이라 함은 취소의 원인이 종료되고 또 취소권행사에 관한 법률상의 장애가 없어져서 취소권자가 취소의 대상인 법률행위를 추인할 수도 있고 취소할 수도 있는 상태가 된 때를 가리킨다(98다7421). 한편 취소로 인하여 발생하는 부당이득반환청구권은 그 취소권을 행사한 때로부터 '소멸시효'가 진행한다.

Ⅰ. 조건부 법률행위

1. 조건의 개념 [A-160]

'조건'이란 법률행위의 효력의 발생 또는 소멸을 '장래의 불확실한 사실의 성부'에 의존케 하는 법률행위의 부관이다. 조건은 법률행위의 부관으로서 당해 법률행위를 구성하는 의사표시의 일체적인 내용을 이루는 것이므로, "의사표시의 일반원칙에 따라 조건의사와 그 표시가 필요하며, 그것이 표시되지 않으면 법률행위의 동기에 불과하다"(2003다10797)(**4회, 10회, 13회 선택형**). 다만, "조건을 붙이고자 하는 의사의 표시는 그 방법에 관하여 일정한 방식이 요구되지 않으므로 묵시적 의사표시나 묵시적 약정으로도 할 수 있다"(2016다221368).

🔑 [가장조건] 기성조건이 정지조건이면 조건없는 법률행위가 되지만 기성조건이 해제조건이면 그 법률행위는 무효이다(제151조 2항)(기.해.무). 한편, 불능조건이 해제조건이면 조건없는 법률행위가 되지만, 불능조건이 정지조건이면 그 법률행위는 무효이다(제151조 3항)(불.정.무)(**12회 선택형**)

2. 조건의 성취와 불성취 [A-162]

① [증명책임] 법률행위가 조건의 성취시 그 효력이 발생하는 정지조건부 법률행위에 해당한다는 사실은, 즉 조건의 '존재' 사실은 그 법률행위로 인한 법률효과의 발생을 저지하는 사유로서, 그 법률효과의 발생을 다투는 자에게 그 입증책임이 있다(93다20832)(**4회,13회 선택형**). 이에 대해 그 조건이 '성취'되었다는 사실은 그 효력을 주장하는 자에게 그 입증책임이 있다(84다카967).

② [조건의 성취와 불성취 의제(제150조)] ㉠ 判例는 조건성취의 방해에 대해 고의뿐만 아니라 '과실'에 의한 경우도 포함된다고 하고(98다42356)(**4회 선택형**), ㉡ 제150조 제1항은 계약 당사자 사이에서 정당하게 기대되는 '협력'을 신의성실에 반하여 거부함으로써 계약에서 정한 사항을 이행할 수 없게 된 경우에 유추적용될 수 있다고 한다(2018다223054). ㉢ 또한 여기서 말하는 '조건의 성취를 방해한 때'란 방해행위가 없었더라도 '조건의 성취가능성이 현저히 낮은 경우'까지 포함되는 것은 아니다라고 한다(2022다266645)(**13회 선택형**). ㉣ 상대방은 그 조건이 성취되거나 성취되지 않은 것으로 주장할 수 있다(제150조 1항, 2항). 이 경우 조건이 성취된 것으로 의제되는 시점은 신의성실에 반하는 행위가 있었던 시점이 아니라 '신의성실에 반하는 행위가 없었더라면 조건이 성취되었으리라고 추산되는 시점'이라고 한다(98다42356)(**4회 선택형**).

3. 효 력 [A-163]

(1) 조건성취 전의 효력

조건의 성취 전이라도 당사자 일방은 조건의 성취로 일정한 이익을 받을 기대를 갖는데(기대권), 민법은 이러한 '조건부권리'를 보호하는 규정을 두고 있다.

① [소극적 보호] 제148조에 따라 당사자 일방이 조건부 권리를 침해하는 행위를 한 경우 상대방은 손해배상을 청구할 수 있다. 이 때 상대방은 제150조에 의한 조건의 (불)성취를 '선택적'으로 주장할 수 있다.

② **[중간처분무효의 법리(해제조건부증여로 인한 소유권이전등기를 마친 경우 조건성취의 효과 및 조건성취 전에 수증자가 한 처분행위의 효력)]** "해제조건부증여로 인한 부동산소유권이전등기를 마쳤다 하더라도 그 해제조건이 성취되면 그 소유권은 증여자에게 복귀한다고 할 것이고, 이 경우 당사자간에 별단의 의사표시가 없는 한 그 조건성취의 효과는 소급하지 아니하나(제147조), 조건성취 전에 수증자가 한 처분행위는 조건성취의 효과를 제한하는 한도 내에서는 무효라고 할 것이고, 다만 그 조건이 '(가)등기'되어 있지 않는 한 그 처분행위로 인하여 권리를 취득한 제3자에게 위 무효를 대항할 수 없다"(92다5584)**(13회 선택형)**.[42]

③ **[적극적 보호]** 조건부 권리의무는 일반규정에 따라 이를 처분·상속·보존·담보로 할 수 있다(제149조).

(2) 조건성취 후의 효력

① 정지조건부 법률행위는 조건이 성취한 때로부터 효력이 생기고(제147조 1항), ② 해제조건부 법률행위는 조건이 성취된 때로부터 효력을 잃는다(제147조 2항). ③ 이러한 조건성취의 효과는 원칙적으로 소급하지않으나, 당사자가 조건성취의 효력을 그 성취 전에 소급하게 할 의사를 표시한 때에는 그 의사에 의한다(제147조 3항).

✎ **[비교]** ① 시기 있는 법률행위는 기한이 도래한 때로부터 그 효력이 생기고, ② 종기 있는 법률행위는 기한이 도래한 때로부터 그 효력을 잃는다(제152조). 그리고 기한도래의 효과는 기한 도래시부터 생기며 절대로 소급효가 없다. 당사자가 소급효의 특약을 하여도 마찬가지이다. 기한에 소급효를 인정하면 기한이 무의미해지기 때문이다.

Ⅱ. 기한부 법률행위

1. 조건과 불확정기한의 구별   [A-164]

(1) 구별기준

이는 법률행위 해석의 문제로서, ① 부관이 붙은 법률행위에 있어서 부관에 표시된 사실이 발생하지 않으면 채무를 이행하지 아니하여도 된다고 보는 것이 상당한 경우에는 '조건'으로 보아야 하고, ② 표시된 사실이 발생한 때에는 물론이고 반대로 발생하지 아니하는 것이 확정된 때에도 그 채무를 이행하여야 한다고 보는 것이 상당한 경우에는 표시된 사실의 발생여부가 확정되는 것을 '불확정기한'으로 정한 것으로 보아야 한다(2003다2421)**(7회, 12회 선택형)**.

(2) 구체적 예

① **[불확정기한]** 判例는 "도급계약의 당사자들이 '수급인이 공급한 목적물을 도급인이 검사하여 합격하면, 도급인은 수급인에게 보수를 지급한다'고 정한 경우 도급인의 수급인에 대한 보수지급의무와 동시이행

---

42) **[판례해설]** '의무자가 조건부 권리를 침해하는 '처분행위'(물권행위 등)를 한 경우에 그 처분행위의 효력과 관련하여 위 判例에 따르면 그러한 처분행위는 조건부 권리를 침해하는 범위에서 무효이다 이렇게 새겨도 제3자를 해치지는 않는바, 제3자에 대한 관계에서는 조건부 권리가 (가)등기되어야 무효를 주장할 수 있기 때문이다(동산의 경우에는 선의취득이 인정된다). 그리고 위의 효과(손해배상책임·처분행위의 무효)는 조건의 성취 여부가 결정될 때까지는 조건부로 발생한다고 해석하여야 한다.

관계(제665조 1항)에 있는 수급인의 목적물 인도의무를 확인한 것에 불과하고 '검사 합격'은 법률행위의 효력 발생을 좌우하는 '조건'이 아니라 보수지급시기에 관한 '불확정기한'(2017다272486)이며, 임대차계약이 해지된 후 보증금 반환에 관하여 '타인에게 임대가 되면 임차보증금을 반환하겠다'는 약정을 했는데 1년 5개월이 지나도록 임대가 되지 않고 타인의 창고로 이용되고 있는 경우도 불확정기한부 법률행위"(88다카10579)[43]라고 보았다.

② **[조건]** 判例는 소송 진행 중 원고가 피고로부터 물품대금 해당 금액을 지급받으면, 소를 취하하고 어떠한 이의도 제기하지 않기로 하면서 '위 모든 합의사항의 이행은 원고가 피고로부터 돈을 모두 지급받은 후 그 효력이 발생한다'고 합의한 사안에는 장래 발생 여부가 불확실한 사실로서 조건으로 볼 여지가 있고, 이 사건 합의가 화해계약의 성격을 가진다고 하여 달리 볼 이유가 없다고 판단하였다(2018다201702)**(10회 선택형).**

2. 기한의 이익

(1) 기한과 기한의 이익의 개념

① '기한'이란 법률행위의 효력의 발생 또는 소멸을 '장래의 확실한 사실의 성부'에 의존케 하는 법률행위의 부관이다. ② '기한의 이익'이란 기한이 도래하지 않음으로써 그동안 당사자가 받는 이익을 말하는 것으로 기한은 '채무자의 이익을 위한 것'으로 추정한다(제153조 1항)**(4회 선택형).**

(2) 기한이익의 포기

① 기한의 이익은 포기할 수 있다. 예를 들어 임대인은 임대차계약 존속 중 기한의 이익을 포기하고 임대차보증금반환채권을 수동채권으로 하여 상계할 수 있다(2015다252501). **[13회 사례형, 17행정]** 그러나 상대방의 이익을 해하여 포기하지는 못한다(제153조 2항). 따라서 이자부 소비대차에서는 '이행기'까지의 이자를 지급하여 기한 전에 반환할 수 있다(제468조). 물론 이는 '임의규정'이므로 민법 규정들과 다른 약정을 할 수 있다(2021다305338).

② 다만, 포기의 효과는 상대적이기 때문에 연대채무자 중의 1인이 기한의 이익을 포기해도 그 효력은 다른 연대채무자에게 미치지 않고(제423조), 보증채무에 있어서 주채무자의 이익의 포기는 보증인에게 효력이 미치지 않는다(제433조 2항)**(7회 선택형).**

(3) 기한의 이익의 상실

1) 법정 기한이익 상실 사유

민법은 채무자가 담보를 손상·감소·멸실케 한 경우 등과 같이 **채무자를 더 이상 신용할 수 없는** 경우에 채무자의 기한의 이익을 상실시킴으로써 채무자가 기한 전의 이행청구를 거절하지 못하도록 하고 있다(제388조 각호의 1). 다만, "기한의 이익의 상실에 관한 제388조는 임의규정이므로 당사자 사이에 위 규정과 다른 내용의 약정이 있는 경우에는 그 약정에 따라 기한의 이익의 상실 여부를 판단하여야 한다"(99다56192)**(8회 선택형).**

---

43) 당해 판결은 위 약정을 영원히 반환하지 않을 수도 있다는 취지가 아니라 일시적으로 연기한다는 의미로 파악하여 불확정기한을 정한 것으로 보았다. 따라서 불확정기한부 법률행위에서는 그 정한 사실발생이 불가능한 경우로 판단되면, 이행기가 도래한 것으로 보기 때문에 그 즉시 보증금반환청구가 가능하다.

2) 기한이익 상실 특약(주로 동산 할부거래, 소유권유보부 매매에서 문제)

'채무자가 약정한 이행의무(할부금채무)를 한 번이라도 지체하였을 때에는 기한의 이익을 잃고, 즉시 채무금 전액을 변제할 것'을 특약한 경우 判例는 "일반적으로 기한이익 상실의 특약이 채권자를 위하여 둔 것이므로 명백히 정지조건부 기한이익 상실의 특약이라고 볼 만한 특별한 사정이 없는 이상 형성권적 기한이익 상실의 특약으로 추정하는 것이 타당하다"(2002다28340)고 한다(**7회, 8회, 12회 선택형**).

가) 정지조건부 기한이익 상실 약정

① **[이행지체책임]** 정지조건부 기한이익 상실약정을 하였을 경우에는 기한이익 상실사유가 발생함과 동시에 이행기 도래의 효과가 발생하고, 채무자는 특별한 사정이 없는 한 그때부터 이행지체의 상태에 놓이게 된다(99다15184)(**2회, 8회 선택형**).

② **[소멸시효의 기산점]** 따라서 채권의 소멸시효도 그때부터 진행된다.

나) 형성권적 기한이익 상실 약정

① **[이행지체책임]** 일정한 사유가 발생한 것만으로 곧바로 기한의 도래가 의제되지는 않고, 채권자가 기한이익 상실의 의사표시를 한 때 비로소 기한의 도래가 의제된다. 그 구체적 효과는 법정기한이익 상실 사유가 발생한 경우와 같다.

② **[소멸시효의 기산점]** 判例는 "형성권적 기한이익 상실의 특약이 있는 할부채무에 있어서는 1회의 불이행이 있더라도 각 할부금에 대해 그 각 변제기의 도래시마다 그 때부터 순차로 소멸시효가 진행하고 채권자가 특히 잔존 채무 전액의 변제를 구하는 취지의 의사를 표시한 경우에 한하여 전액에 대하여 그 때부터 소멸시효가 진행하는 것이다"(2002다28340)(**8회 선택형**)고 한다.[44]

---

44) **[판례해설]** 그러나 소멸시효는 권리를 행사할 수 있는 때로부터 진행한다(제166조 1항)고 규정하고 있는 점에 비추어 보면, 기한이익 상실 사유가 발생하면 채권자는 곧바로 나머지 전액의 지급을 청구할 수 있으므로 그때로부터 나머지 전액에 대한 소멸시효가 진행한다고 해석하는 것이 타당하다는 비판이 있다(다수설).

Set 029 소멸시효의 요건 ★★★★

※ 의무자의 소멸시효 완성의 항변 논리(사례) 구조

Ⅰ. 의무자의 소멸시효 완성의 항변

예컨대 대여금채권의 시효소멸을 주장하기 위해서는 ⅰ) 대주가 특정시점에서 당해 권리를 행사할 수 있었던 사실(기산점), ⅱ) 그때로부터 소멸시효기간이 도과한 사실(시효기간)을 주장·증명하면 족하고, 원용권자가 상대방에게 시효원용의 의사표시를 한 사실을 증명할 필요는 없다. 다만, 시효소멸의 이익을 받을 자가 소송에 있어서 그 이익을 받겠다는 항변을 하지 않는 이상 그 의사에 반하여 재판할 수 없음은 변론주의 원칙상 당연하다(78다2157).

1. 권리를 행사할 수 있음에도 불행사할 것(기산점)

특정시점에서 당해 권리를 행사할 수 있었던 사실은 소멸시효의 기산점에 관한 사실로서 '주요사실'이므로 당사자가 주장하지 않은 때를 기산점으로 하여 소멸시효의 완성을 인정하게 되면 변론주의 원칙에 위배된다(94다35886)**(1회, 2회 선택형)**.

2. 권리불행사의 상태가 일정기간 계속될 것(시효기간)

민법 제162조 내지 제165조는 각종 채권의 소멸시효에 관하여 규정하고 있는데, 문제된 채권의 소멸시효기간에 관한 근거사실은 당사자가 주장·증명하여야 하는 것이지만, 어떤 시효기간의 적용을 받는가에 관한 당사자의 주장은 '법률상의 견해'에 불과하므로 법원은 이에 구속되지 않는다(2005다35516)**(1회 선택형)**.

Ⅱ. 권리자의 소멸시효 관련 재항변(중, 포, 남)

1. 시효중단(제168조 각호 : 청구, 압류·가압류·가처분, 승인)

시효소멸의 항변에 대하여 원고는 제168조 소정의 사유를 들어 '시효중단'의 재항변을 할 수 있다. 그리고 원고의 이러한 시효중단의 재항변에 대하여 피고는 제170조 내지 제176조에서 규정하고 있는 시효중단의 효력이 없는 경우에 관한 사실을 주장하며 재재항변을 할 수 있다. 대표적으로 의무자는 소송의 각하, 기각 또는 취하된 사실(재판상의 청구의 시효중단 효력상실사유 : 제170조 1항), 압류·가압류·가처분이 권리자의 청구에 의하여 또는 법률의 규정에 따르지 아니함으로 인하여 취소된 사실(제175조), 승인이 '관리능력'이나 '관리권한'이 없는 자에 의한 것(제177조)임을 이유로 재재항변을 할 수 있다.

2. 소멸시효의 이익포기(제184조 1항의 반대해석)

시효소멸의 항변에 대하여 원고는 채무자가 '소멸시효의 이익을 포기'하였음을 주장할 수 있다. 시효이익의 포기는 시효완성의 사실을 알면서 하는 것이어야 하는데, 判例에 의하면 예를 들어 시효완성 후에 채무를 승인한 때에는 시효완성을 사실을 알고 그 이익을 포기한 것이라고 추정할 수 있다고 하므로, 시효완성 후 채무승인한 사실을 주장하면서 시효이익 포기의 재항변을 할 경우에는 채무자가 당시 시효완성사실을 알고 있었던 사실을 별도로 증명할 필요는 없다.

3. 소멸시효의 남용(제2조 2항)

최후의 재항변사유로서 원고는 채무자의 '소멸시효완성의 남용'을 주장할 수 있다. 다만, 소멸시효의 남용은 소멸시효 제도에 대한 예외적인 제한에 그쳐야 하므로 "채권자는 그러한 사정이 있는 때부터 '시효정지'의 경우에 준해 단기간 내에 권리를 행사하여야만 채무자의 소멸시효의 항변을 저지할 수 있다"(전합2012다202819). 따라서 권리자의 소멸시효의 남용재항변에 대해 의무자는 시효정지기간(6개월)의 경과사실로써 재재항변을 할 수 있다.

Ⅰ. 제척기간 [A-169]

제척기간을 두는 이유는 일정한 권리에 대해 행사기간을 정해 그 법률관계를 조속히 확정하려는 것에 있고, 주로 형성권에서 문제가 된다. 判例는 형성권에 그 존속기간이 정해져 있지 않은 경우 10년의 제척기간에 걸린다고 하나(91다44766)**(10회 선택형)**, 그에 기한 채권적 권리(부당이득반환)는 형성권을 행사한 때로부터 따로 소멸시효가 진행된다고 한다(90다13420).

1. 제척기간의 권리행사 방법(이원설)

判例는 권리의 성질 및 법률의 규정을 종합적으로 고려하여 출소기간인 제척기간과 재판 외 행사기간인 제척기간으로 나누어 보는 견해(이원설)이다.

① **[형성권]** 채권자취소권과 같은 형성소권의 제척기간은 '제소기간'으로 경과시 '소각하'사유, 취소권(제146조)·매매예약완결권(제564조)과 같은 형성권의 제척기간은 '재판 외 행사기간'으로 경과시 '청구기각'사유가 된다.

② **[청구권]** 判例는 ㉠ 상속회복청구권(제999조), 점유보호청구권(제204조 3항, 제205조 2항·3항) **(11회 선택형)**의 제척기간은 '제소기간'(92다3083, 2001다8097), ㉡ 하자담보책임에 따른 권리의 제척기간(제582조 등)은 '재판 외 행사기간'이라고 한다(2000다15371). 그리고 하자담보책임에 따른 손해배상청구권과 관련하여 채권양도의 통지는 양도인이 채권이 양도되었다는 사실을 채무자에게 알리는 것에 그치는 행위이므로, 그것만으로 제척기간 준수에 필요한 권리의 재판외 행사에 해당한다고 할 수 없다고 한다(전합2010다28840)**(7회 선택형)**.

2. 소멸시효와의 차이점

① 소멸시효의 기산점은 '권리를 행사할 수 있을 때'부터이지만(제166조 1항), 제척기간의 기산점은 특별한 사정이 없는 한 원칙적으로 '권리가 발생한 때'이다(94다22682,22699). ② 소멸시효는 그 기산일에 '소급'하여 효력이 생기지만(제167조), 제척기간에서는 기간이 경과한 때로부터 장래에 대하여 소멸하므로 소급효가 없다. ③ 소멸시효는 '중단'될 수 있지만, 제척기간은 그렇지 않다(2000다26425). ④ 소멸시효에서는 변론주의의 원칙상 당사자의 '주장'이 있어야 법원이 판단하게 되지만, 제척기간에서는 당사자가 주장하지 않더라도 법원이 직권으로 판단하여야 한다(96다25371). ⑤ 소멸시효이익은 완성 후 '포기'할 수 있지만, 제척기간은 그렇지 않다.

3. 소멸시효와의 중첩적용 가부

判例에 따르면 하자담보책임에 기한 매수인의 손해배상청구권은 매수인이 그 사실을 안 때부터 6월의 제척기간(제582조)에 걸리는 동시에 매수인이 매매의 '목적물을 인도받은 때부터' 10년의 소멸시효(제162조 1항)에도 걸린다고 한다(2011다10266). **[13회 사례형]**

Ⅱ. 소멸시효완성의 요건

1. 의무자의 소멸시효 완성의 항변 [A-170]

권리의 소멸시효가 완성되기 위해서는 ㉠ 권리를 행사할 수 있음에도 불행사할 것(기산점), ㉡ 권리불행사의 상태가 일정기간 계속될 것(시효기간)을 요한다. 전자는 '주요사실'이므로 당사자의 주장에 구속되나, 후자의 당사자 주장은 '법률상의 견해'에 불과하므로 법원은 이에 구속되지 않는다.

2. 기산점(권리를 행사할 수 있음에도 불행사할 것) [A-172]

⑴ 권리를 행사할 수 있는 때의 의미

소멸시효는 '권리를 행사할 수 있는 때'로부터 진행한다(제166조 1항).

① **[원칙]** 이 때 '권리를 행사할 수 있는 때'란 권리를 행사하는 데 있어 '법률상의 장애'가 없음을 말한다(이행기의 미도래·정지조건의 불성취 등). 따라서 '사실상의 장애', 즉 권리자의 개인적 사정이나 권리자가 권리의 존재를 모르거나, 모르는데 과실이 없다고 하여도 이러한 사유는 시효의 진행을 막지 못한다 (2006다1381).

② **[예외]** 다만 권리자가 권리의 발생 여부를 알기 어려운 객관적 사정이 있고 권리자가 과실 없이 알지 못하는 경우에는 예외가 인정된다(2012다25432등).

⑵ 기한을 정한 채권

① '확정기한부 채권'은 그 기한이 도래한 때부터 소멸시효가 진행한다.

② '불확정기한부 채권'은 기한이 객관적으로 도래한 때이며, 채권자가 기한의 도래를 알았는지 여부, 그에 대한 과실유무는 묻지 않는다.

✒ **[비교]** '불확정기한부 채무'는 채무자가 기한이 도래함을 안 때로부터 지체책임이 있다(제387조 1항 2문)(13회 선택형).

③ 동시이행의 항변권이 붙어 있는 채권의 경우에 이행기 도래 후에 반대급부를 제공하면 언제라도 권리를 행사할 수 있으므로 이행기부터 소멸시효가 진행한다(90다9797)(**4회, 5회, 6회, 9회, 10회 선택형**), 다만 判例는 주택임대차보호법에 따른 임대차에서 임차인이 임대차 종료 후 동시이행항변권을 근거로 임차목적물을 계속 점유하고 있는 경우, 보증금반환채권에 대한 소멸시효가 진행하지 않는다고 한다(2016다244224,244231).

(3) 기한을 정하지 않은 채권

기한을 정하지 않은 채권은 그 채권 성립(발생)시부터 시효가 진행한다. 그러나 최고 후 상당한 기간이 경과한 후에 청구할 수 있는 채권(제603조 2항)은 최고를 할 수 있는 때로부터 상당기간 이 경과한 때 시효가 진행한다.

1) 채무불이행으로 인한 손해배상청구권

① **[소멸시효 기간]** 채무불이행으로 인한 손해배상채권(제394조)은 본래의 채권이 '금전채권'으로 변경된 것이므로 본래의 채권과 '동일성'을 가진다. 따라서 채무불이행으로 인한 손해배상청구권의 시효기간은 원채권의 시효기간에 따르고(2010다28031), 본래의 채권이 시효로 소멸한 때에는 손해배상채권도 함께 소멸한다(2016다45779)**(13회 선택형)**.

② **[소멸시효 기산점]** 判例는 채무불이행이 발생한 때로부터 진행하는 것으로 본다(불법행위로 인한 손해배상청구권에 관해서는 제766조에서 따로 특칙을 두고 있다). 判例는 **이행불능으로 인한 전보배상청구권의 경우** ㉠ **[이행불능시]** '이행불능시'(=채무불이행시)를 기준으로 기산점을 정한다. ㉡ **[패소확정시]** 다만, 이때 상대방에 대한 등기가 무효임에도 그로부터의 전득자가 그 부동산을 등기부시효취득한 경우, 무효를 이유로 한 상대방의 등기말소의무가 이행불능이 되는 시점은 전득자를 상대로 한(말소청구소송 또는 진정명의회복을 위한 소유권이전등기청구) 소송에서의 패소판결 확정시이며, 시효 취득시가 아니다(2005다29474)라고 한다. 같은 취지에서, "매도인 및 매수인 명의의 매매부동산에 대한 소유권이전등기의 말소의무가 원소유자의 말소등기절차이행 청구소송에서 확정되었다면 매도인의 이행불능으로 인한 손해배상액의 산정은 그 패소확정시를 기준으로 하여야 하고, 당해 등기의 말소시를 기준으로 할 것이 아니다"(80다417)**(7회 선택형)**고 판시한 判例도 있다.

2) 불법행위책임으로 인한 손해배상청구권(제766조)(Set 098.참고)

3) 부당이득반환청구권

부당이득반환청구권은 부당이득의 날로부터, ① 무효인 경우 급부시부터 부당이득반환청구권의 소멸시효가 진행한다(2004다50143)**(12회 선택형)**. ② 그러나 취소할 수 있는 경우 취소시부터 소멸시효가 진행한다(다수설). 즉 취소권 행사는 제척기간에 해당하나(제146조), 부당이득반환청구권은 소멸시효에 해당한다.

(4) 기 타

① 정지조건부 채권의 경우, 조건이 성취된 때로부터 시효가 진행한다(제147조 참조)**(9회 선택형)**. ② 한편, 부작위를 목적으로 하는 채권은 부작위 의무를 위반한 때로부터 진행한다(제166조 2항)**(12회 선택형)**.

3. 시효기간(권리불행사의 상태가 일정기간 계속될 것)   [A-173]

(1) 일반채권

보통 채권의 소멸시효기간은 10년이다(제162조 1항).

⑵ 상사채권

1) 일방적 상행위, 보조적 상행위

상행위로 생긴 채권의 소멸시효기간은 5년이다(**상법 제64조 본문**). 다만, 다른 법령에 5년보다 단기의 시효의 규정이 있는 때에는 그 규정에 의한다(**상법 제64조 단서**). 이는 당사자 일방에 대하여만 상행위에 해당하는 행위로 인한 채권에도 적용되고(2006다1381), 상인이 영업을 위하여 하는 보조적 상행위도 적용된다(2000다19922).

① **[5년]** 기부자가 상인인 경우 지방자치단체와 그 기부자 사이에 체결된 기부채납 약정은 상인이 영업을 위하여 한 '보조적 상행위'에 해당하므로, 그러한 기부채납 약정에 근거한 채권에는 5년의 상사 소멸시효기간이 적용된다(2019다272053).

② **[10년]** 근로계약상 보호의무 위반에 따른 근로자의 손해배상청구권(2018다270876), 반대로 근로자의 근로계약상의 주의의무 위반으로 인한 사용자의 손해배상청구권도 10년의 민사 소멸시효기간이 적용된다(2004다22742).

2) 부당이득반환청구권

상행위인 계약의 무효로 인한 부당이득반환청구권은 제741조의 부당이득 규정에 따라 발생한 것으로서 10년의 민사 소멸시효기간이 적용된다. 다만 부당이득반환청구권이 상행위인 계약에 기초하여 이루어진 급부 자체의 반환을 구하는 것으로서 법률관계를 상거래 관계와 같은 정도로 신속하게 해결할 필요성이 있는 경우 등에는 상법 제64조가 정하는 5년의 상사 소멸시효기간이 적용되거나 유추적용된다(전합2019다277812). 그리고 이러한 법리는 상행위인 계약의 불성립으로 인한 부당이득반환청구권에도 적용된다(2020다299122).

① **[10년]** ㉠ '상사계약의 만료에 따른 부당이득반환채권'은 상거래 관계에서와 같이 신속하게 해결할 필요성이 있는 것이 아니므로 10년의 민사소멸시효가 적용된다(2012다4633). ㉡ 그리고 위법배당에 따른 부당이득반환청구권 역시 근본적으로 상행위에 기초하여 발생한 것이라고 볼 수 없으므로 10년의 민사소멸시효에 걸린다(2020다208621)**(11회 선택형)**.

② **[5년]** 반면, 보험계약이 선량한 풍속 기타 사회질서에 반하여 무효인 경우 보험회사가 보험계약자 등을 상대로 이미 지급한 보험금의 반환을 구하는 청구권은 5년의 상사 소멸시효기간이 적용된다(전합2019다277812).

⑶ 3년의 단기소멸시효(제163조)

1) 이자·부양료·급료·사용료 그 밖의 1년 이내의 기간으로 정한 금전 또는 물건의 지급을 목적으로 한 채권(제163조 1호)

'1년 이내의 기간으로 정한 채권'이란 (월차임채권과 같은) 1년 이내의 정기로 지급되는 채권을 의미하는 것이지 변제기가 1년 이내인 채권을 말하는 것이 아니다. 따라서 이자채권이더라도 1년 이내의 정기로 지급하기로 한 것이 아니면 3년의 시효에 걸리지 않는다(96다25302). 또 1년 이내의 정기로 이자를 받기로 한 경우에도, 그 원본채무의 연체가 있는 경우의 그 지연배상금은 손해배상금이지 이자가 아니므로 본조의 적용이 없고 원본채권과 같다(88다카214)**(7회 선택형)**.

✎ **[비교판례]** 判例는 건설회사 甲의 공사인원이 공사 기간 중 乙의 객실과 식당을 사용한 데에 대한 사용료를 甲이 乙에게 '매월 말' 지급하기로 약정하였다면 이는 제164조 제1호에 정한 '숙박료 및 음식료 채권'으로 1년이지, 제163조 제1호의 3년이 아니라고 한다(2019다271012).

2) 의사 등의 치료 등에 관한 채권(제163조 2호)

의사의 진료비채권은 제163조 2호의 3년의 소멸시효에 해당하는바, 判例는 장기간 입원치료를 받는 경우 소멸시효의 진행은 퇴원시가 아니라 원칙적으로 그 개개의 진료가 종료될 때마다 각각의 당해 진료에 필요한 비용의 이행기가 도래하여 소멸시효가 진행된다고 한다(2001다52568).

3) 도급받은 자 등의 공사에 관한 채권(제163조 3호) [10회 사례형]

이는 수급인이 도급인에 대하여 갖는 공사에 관한 채권을 말하는 것으로(63다92)**(4회 선택형)**, 공사대금 채권(수급인의 보수청구권)뿐만 아니라 그 공사에 부수되는 채권, 예를 들어 수급인의 비용상환청 구권, 수급인의 제666조의 저당권설정청구권(2014다211978)**(13회 선택형)**, 도급인의 공사협력의 무(2010다56685)도 포함된다. 그러나 공동수급체 구성원들 상호 간의 정산금 채권이나(2011다 79838), 도급인이 수급인에 대해 갖는 권리(하자보수에 갈음하는 손해배상채권 등)는 이에 해당하지 않는다(2009다25111)

4) 변호사, 변리사, 공증인, 공인회계사 및 법무사의 직무에 관한 채권(제163조 5호)

이는 세무사 등 유사한 직무를 수행하는 다른 자격사의 직무에 관한 채권에 대하여 유추적용되지는 않으며, 세무사를 상법 제4조 또는 제5조 제1항이 규정하는 상인이라고 볼 수는 없으므로 세무사의 직무에 관한 채권의 소멸시효기간은 10년이다(2021다311111).

5) 생산자·상인이 판매한 생산물 및 상품의 대가(제163조 6호) [9회 사례형]

전기·도시가스요금 등이 이에 해당한다. 이러한 채권은 본래 상행위로 인한 것이어서 5년의 소멸시효가 적용되어야 하나(상법 제64조 본문), 본호의 3년의 소멸시효는 상법 제64조 단서의 '다른 법령에 이보다 단기의 시효의 규정이 있는 때'에 해당하여 본조가 우선하여 적용되는 것이다(10회 선택형)

Ⅰ. 재판상 청구(제170조)   [A-175]

1. 의 의

① 재판상 청구에 의한 시효중단의 효과는 소를 제기한 때, 즉 '소장을 법원에 제출한 때'에 발생한다 (민사소송법 제265조·제248조). 재판상의 청구가 있더라도 소의 각하·기각 또는 취하가 있으면 시효중단의 효력이 없다. 다만 그 동안 계속해서 최고한 것으로 볼 수 있기 때문에 이 경우 6개월 내에 재판상의 청구·파산절차참가·압류·가압류·가처분을 한 때에는, 시효는 최초의 재판상 청구로 인하여 중단된 것으로 본다(제170조).

② "민법 제170조의 재판상 청구가 그 소송의 각하 등으로 시효중단의 효력이 없는 경우 최고로서의 효력이 있는데, 그 최고로서의 효력이 지속되는 중 민법 제174조의 시효중단 조치를 한 경우 시효중단 효력은 당초의 소 제기시부터 계속 유지되고 있다고 보아야 한다"(2020다251403)

2. 행정소송

기본적 법률관계에 관한 확인청구는 그 법률관계로부터 생기는 개개의 권리의 행사도 포함한 것으로 볼 수 있으므로 判例는 ① 오납한 조세에 대한 부당이득반환청구권을 실현하기 위한 수단이 되는 '과세처분의 취소 또는 무효확인을 구하는 소'는 비록 행정소송일지라도 그것은 (민사상) 부당이득반환청구권에 관한 재판상 청구에 해당한다고 한다(전합91다32053). ② 그러나 국유재산법상 변상금 부과·징수권이 민사상 부당이득반환청구권과 법적 성질을 달리하는 별개의 권리인 이상 전자를 행사하였다 하더라도 후자의 소멸시효가 중단된다고 할 수 없다"(2013다3576)고 한다.

3. 응소와 시효중단

(1) 응소가 재판상 청구에 포함되는지 여부 [10회 사례형]

判例는 응소행위로서 상대방의 청구를 적극적으로 다투면서 자신의 권리를 주장하는 것은 ⅰ) 자신이 권리 위에 잠자는 자가 아님을 표명한 것이고, ⅱ) (권리불행사라는) 계속된 사실상태와 상용할 수 없는 다른 사정이 발생한 때로 보아야 할 것임을 이유로 긍정설의 입장이다(전합92다47861).[45]

(2) (채권자의) 응소가 시효중단사유가 되기 위한 요건(채, 주, 승)

채권자가 ⅰ) 채무자가 제기한 소송에서, ⅱ) 응소하여 적극적으로 권리를 주장하여, ⅲ) 승소한 경우는 제170조 1항의 '재판상 청구'에 해당하여 소멸시효가 중단된다.

① [**채무자가 제기한 소송일 것**] 물상보증인은 '책임'만 부담하고 채권자에 대하여는 아무런 '채무'도 부담하고 있지 아니하므로, 물상보증인이 제기한 소송에서 적극적으로 응소하더라도 이는 직접 채무자에 대하여 재판상 청구를 한 것으로 볼 수 없고(2003다30890), 이는 담보물의 제3취득자의 경우도 마찬가지이다(2006다33364)**(3회, 5회, 9회, 13회 선택형).** [06법행]

---

45) [**판례검토**] 제170조 1항의 재판상 청구를 소를 제기한 경우만으로 제한하여 해석할 필요성이 없으므로 응소도 시효중단사유로 봄이 타당하다. 다만 명문의 규정을 두는 것이 타당하다.

② [응소하여 적극적으로 권리를 주장할 것]

③ [승소할 것] ㉠ 권리가 존재하지 않는다는 이유로 패소한 경우에는 시효가 중단될 여지가 없다 (96다28196), ㉡ 그러나 피고의 권리주장이 소의 각하나 취하 등에 의해 전혀 판단되지 않은 경우에는 제170조 2항을 유추하여 6월내에 다른 강력한 시효중단조치를 취하면 응소시에 소급 하여 시효중단의 효력이 발생한다(2008다42416, 42423).

4. 재판상 청구의 시효중단의 (물적) 범위, 재판상 청구에 의한 시효중단의 효과

(1) 기본적 법률관계에 관한 청구와 그에 포함되는 권리

저당권이 설정되어 있더라도 저당권의 피담보채권이 시효중단되는 것은 아니다. 마찬가지로 채권자가 담보목적의 가등기를 취득한 후 그 목적토지를 인도받아 점유하더라도 담보가등기의 피담보채권의 소멸시효가 중단되는 것은 아니다(2006다12701). 다만, 근저당권설정등기청구의 소의 제기는 그 피담보채권의 재판상의 청구에 해당한다(2002다7213).

✎ **[비교판례]** 채무자가 담보가등기를 경료하고 피담보채권에 대한 (지연)이자의 지급에 갈음하여 채권자로 하여금 부동산을 사용수익할 수 있도록 한 경우라면, 채권자가 사용수익하는 동안에는 채무자가 계속하여 (지연)이자를 채권자에게 '변제'하고 있는 것으로 볼 수 있어(제168조 3호) 피담보채권의 소멸시효가 중단된다(2009다51028)**(6회, 7회 선택형). [06법행]**

(2) 원인채권과 어음(수표)금채권의 청구

① 判例에 따르면 원인채권의 지급을 확보하기 위한 방법으로 어음이 수수된 경우에 원인채권과 어음채권은 별개로서 채권자는 그 선택에 따라 권리를 행사할 수 있고, 원인채권에 기하여 청구를 한 것만으로는 어음채권 그 자체를 행사한 것으로 볼 수 없어 어음채권의 소멸시효를 중단시키지 못한다(93다59922)**(6회, 10회 선택형).**

② 그러나 채권자가 어음채권에 기하여 청구를 하는 반대의 경우에는 원인채권의 소멸시효를 중단시키는 효력이 있다고 한다(99다16378). **[2회 기록형, 3회 사례형, 06법행]**

③ 또한 "만기는 기재되어 있으나 지급지, 지급을 받을 자 등과 같은 어음요건이 백지인 약속어음의 소지인이 그 백지 부분을 보충하지 않은 상태에서 어음금을 청구하는 것은 어음상의 청구권에 관하여 잠자는 자가 아님을 객관적으로 표명한 것이고 그 청구로써 어음상의 청구권에 관한 소멸시효는 중단된다. 이 경우 백지에 대한 보충권은 그 행사에 의하여 어음상의 청구권을 완성시키는 것에 불과하여 그 보충권이 어음상의 청구권과 별개로 독립하여 시효에 의하여 소멸한다고 볼 것은 아니므로 어음상의 청구권이 시효중단에 의하여 소멸하지 않고 존속하고 있는 한 이를 행사할 수 있다"(전합2009다48312)고 한다. **[3회 사례형]**

(3) 일부청구

① 명시적 일부청구의 경우 나머지 부분에 대해서는 시효중단의 효력이 없으나(67다529), 그 취지로 보아 채권 전부에 관하여 판결을 구하는 것으로 해석되는 경우에는(묵시적 일부청구) 전부에 대해 시효중단의 효력이 발생한다(91다43695)**(12회 선택형).**

② 다만, "소장에서 청구의 대상으로 삼은 채권 중 일부만을 청구하면서 소송의 진행경과에 따라 장차 청구금액을 확장할 뜻을 표시하였더라도 그 후 채권의 특정 부분을 청구범위에서 명시적으로 제외하였다면, 그 부분에 대하여는 애초부터 소의 제기가 없었던 것과 마찬가지이므로 **재판상 청구로 인한 시효중단의 효력이 발생하지 않는다**"(2018다44114). 또한 "소장에서 청구의 대상으로 삼은 채권 중 일부만을 청구하면서 소송의 진행경과에 따라 장차 청구금액을 확장할 뜻을 표시하였으나 당해 소송이 종료될 때까지 실제로 청구금액을 확장하지 않은 경우에는 소송의 경과에 비추어 볼 때 채권 전부에 관하여 판결을 구한 것으로 볼 수 없으므로, 나머지 부분에 대하여는 재판상 청구로 인한 시효중단의 효력이 발생하지 아니한다. 그러나 '최고'에 의해 권리를 행사하고 있는 상태가 지속되고 있는 것으로 보아야 하고, 채권자는 '당해 소송이 종료된 때'부터 6월 내에 민법 제174조에서 정한 조치를 취함으로써 나머지 부분에 대한 소멸시효를 중단시킬 수 있다"(2019다223723)[46] **(10회, 13회 선택형)**. **[11회 기록형]**

(4) 채권자대위소송

① **[피대위채권]** 채권자대위권 행사의 효과는 채무자에게 귀속되는 것이므로 채권자대위소송의 제기로 인한 '피대위채권'의 소멸시효의 중단의 효과 역시 채무자에게 생긴다(2010다80930).

② **[피보전채권]** 피보전채권은 '원칙적'으로 소멸시효가 중단되지 않으나, 채권자대위권행사의 사실을 채권자가 채무자에게 통지(제405조, 소송고지)한 때 피보전채권은 '최고'로서의 효력이 발생할 수 있다. 다만 소송고지의 경우 보통의 최고와 달리 민사소송법 제265조를 유추적용하여 당사자가 소송고지서를 법원에 제출한 때에 시효중단의 효력이 발생한다. 또한 당해 소송이 계속 중인 동안은 최고에 의하여 권리를 행사하고 있는 상태가 지속되고 있는 것으로서, 제174조에 규정된 6개월의 기간은 '당해 소송(대위소송)이 종료'된 때로부터 기산하여야 한다(2014다16494).

③ **[대위채권자가 피대위채권을 양수한 경우]** 원고가 채권자대위권에 기해 청구를 하다가 당해 피대위채권 자체를 양수하여 양수금청구로 소를 변경한 사안에서, 判例는 이는 청구원인의 교환적 변경으로서 채권자대위권에 기한 구 청구는 취하된 것으로 보아야 하나, 양소의 소송물이 동일한 점, 시효중단의 효력은 특정승계인에게도 미치는 점(제169조), 원고를 '권리 위에 잠자는 자'로 볼 수 없는 점 등에 비추어 볼 때, **당초의 채권자대위소송으로 인한 시효중단의 효력이 소멸하지 않는다고 한다**(2010다17284)**(3회, 10회, 13회 선택형)**고 한다.

(5) 채권자취소소송

상대적 무효설의 입장에 따르면 채무자는 피고적격이 없다고 할 것이므로 채권자취소소송에 의하여 피보전채권에 대하여는 소멸시효가 중단되지 않는다.

---

46) **[사실관계]** 丁에 대해 각 2억 원의 집행채권을 가지고 있는 추심채권자 甲과 乙이 丁에 대해 2억 원의 채무(피압류채권)를 지고 있는 제3채무자인 丙을 상대로 추심금 청구의 소(선행소송)를 제기하면서, 각자 채권액 비율로 안분한 1억 원의 추심금만 청구하였는데, 甲의 청구는 인용되고 乙의 청구가 기각되자, 甲이 선행소송에서 기각된 나머지 피압류채권 부분(선행소송에서 乙의 청구금액에 해당하는 부분) 1억 원에 대하여 소멸시효기간 도과 후 재차 추심금 청구의 소(후행소송)를 제기한 경우, 甲이 선행소송에서 잔부 채권 1억 원까지 권리행사를 하였다고 볼 여지가 있더라도, 실제 잔부 채권을 청구하지는 않은 이상 잔부 채권까지 재판상청구로서의 시효중단 효력이 미치지 않고, 다만 선행소송 계속 중 잔부 채권에 '최고로서의 효력'이 지속될 수 있을 뿐이므로, 선행소송 종료 후 6월 내에 소멸시효를 중단시켰다는 등 특별한 사정이 없다면 잔부 채권은 후행소송의 소 제기 전에 소멸시효가 완성되었다고 보아야 한다(2020다206625).

⑥ 채무자의 재판상 청구로 인한 시효중단의 효력이 추심채권자에게 미치는지 여부 **[11회 사례형]**

判例는 "채무자가 권리주체의 지위에서 한 시효중단의 효력은 추심채권자에게 미친다. 따라서 채무자가 제3채무자를 상대로 제기한 금전채권의 이행소송이 압류 및 추심명령에 따른 '당사자적격의 상실'로 각하되었으나 당사자적격을 취득한 추심채권자가 각하판결이 확정된 날로부터 6개월 내에 제3채무자를 상대로 추심의 소를 제기한 경우, 채무자의 재판상 청구에 따른 시효중단의 효력이 추심채권자의 추심소송에서 그대로 유지된다"고 한다(2019다212945)⁴⁷⁾

⑦ 대항요건을 갖추지 못한 채권양도인 또는 채권양수인의 재판상 청구와 시효중단 **[5회 사례형]**

① 判例는 채권양도에 의하여 채권은 그 동일성을 잃지 않고 양도인으로부터 양수인에게 이전되며, 이러한 법리는 채권양도의 대항요건을 갖추지 못하였다고 하더라도 마찬가지인 점 등에서 비록 '대항요건을 갖추지 못하여' 채무자에게 대항하지 못한다고 하더라도 '채권의 양수인'이 채무자를 상대로 재판상의 청구를 하였다면 이는 소멸시효 중단사유인 재판상의 청구에 해당한다고 하며(2005다41818)**(4회, 9회, 11회 선택형)**,

② 채권양도의 '대항요건을 갖추지 못한 상태'에서 '채권양도인'이 청구소송을 제기하면 시효중단이 되는데 그 소송 중에 채무자가 채권양도의 효력을 인정하는 등의 사정으로 인하여 채권양도인의 청구가 기각된 경우 시효중단의 효력이 없어지나, 이 경우에도 채권양수인이 그로부터 6월 내에 채무자를 상대로 재판상의 청구 등을 하면 채권양도인이 최초의 재판상 청구를 한 때부터 시효가 중단된다(제169조, 제170조 2항)(2008두20109)**(3회, 9회, 13회 선택형)**고 한다.

⑧ 승계인의 소송인수(민사소송법 제82조)와 시효중단 **[9회 사례형]**

"소송목적인 권리를 양도한 원고는 법원이 소송인수 결정을 한 후 피고의 승낙을 받아 소송에서 탈퇴할 수 있는데(민사소송법 제82조 제3항, 제80조), 그 후 법원이 인수참가인의 청구의 당부에 관하여 심리한 결과 인수참가인의 청구를 기각하거나 소를 각하하는 판결을 선고하여 그 판결이 확정된 경우에는 원고가 제기한 최초의 재판상 청구로 인한 시효중단의 효력은 소멸한다. 다만 소송탈퇴는 소취하와는 그 성질이 다르며, 탈퇴 후 잔존하는 소송에서 내린 판결은 탈퇴자에 대하여도 그 효력이 미친다(민사소송법 제82조 제3항, 제80조 단서). 이에 비추어 보면 인수참가인의 소송목적 양수 효력이 부정되어 인수참가인에 대한 청구기각 또는 소각하 판결이 확정된 날부터 6개월 내에 탈퇴한 원고가 다시 탈퇴 전과 같은 재판상의 청구 등을 한 때에는, 탈퇴 전에 원고가 제기한 재판상의 청구로 인하여 발생한 시효중단의 효력은 그대로 유지된다"(2016다35789)**(12회, 13회 선택형)**

---

47) **[구체적 예]** 2020. 3. 4. 소멸시효가 완성되는 대여금채권에 대해 甲이 乙을 상대로 2020. 2. 11. 위 대여금의 지급을 구하는 소를 제기하였고, 甲의 채권자 丙은 적법하게 甲의 乙에 대한 위 대여금 채권에 관한 채권압류 및 추심명령신청을 하여, 2020. 3. 20. 乙에게 위 추심명령이 송달되었다. 丙은 甲의 乙에 대한 소송의 변론기일이 계속 진행 중인 상태에서 2020. 5. 1. 乙을 상대로 추심금 청구의 소를 제기하였다. 그 후 甲은 2020. 5. 10. 乙에 대한 위 대여금 청구의 소를 취하하였고, 乙도 같은 날 소취하에 동의하였다.

☞ 추심채무자 甲이 2020. 5. 10. 소를 '취하'하였으나 그 전에 이미 추심채권자 丙이 제3채무자 乙을 상대로 추심의 '소'를 제기하였으므로, 이는 위 判例에 따르면 제170조 2항의 6개월 내에 소를 제기한 것에 해당한다. 이에 따라 최초에 甲이 2020. 2. 11. 재판상 청구를 한 때로 소급하여 시효중단의 효과가 유지된다. 따라서 법원은 丙의 청구를 인용하여야 한다(2020년 2차 법전협 모의고사 사례형)

(9) 주채무의 소멸시효 연장이 보증인에게도 미치는지 여부 [12법무]

判例는 단기소멸시효에 해당하는 주채무가 판결로 확정되어 소멸시효가 10년으로 연장되었더라도(제165조 1항), 연대보증인의 보증채무의 소멸시효기간은 종전의 시효기간에 따른다고 한다(86다카1569)(3회, 10회 선택형). 그 근거로는 ⅰ) 판결의 확정으로 인해 소멸시효기간이 연장되는 효과는 판결의 당사자인 채권자와 주채무자사이에 발생하는 효력에 관한 것이고, ⅱ) 보증채무가 주채무에 부종한다 하더라도 양자는 별개의 채무이고, 제440조의 의미는 '보증채무의 부종성'에 기인한 것이라기보다는 '채권자보호를 위한 특별규정'으로서, 보증인에 대한 별도의 시효중단조치가 불필요함을 의미하는 것일 뿐 중단된 이후의 시효기간까지도 당연히 보증인에게 효력이 미친다는 취지는 아니기 때문이다.

✎ **[비교판례]** "보증채무는 주채무와는 별개의 독립한 채무이므로 보증채무와 주채무의 소멸시효기간은 채무의 성질에 따라 각각 별개로 정해진다"(2011다76105).

✎ **[비교판례]** 담보목적물의 제3취득자 또는 물상보증인은 채권자에게 채무자의 채무와는 별개의 독립된 채무를 부담하는 것이 아니라 단지 채무자의 채무를 변제할 책임을 부담한다. 따라서 채권에 관하여 소멸시효가 중단되거나 소멸시효기간이 제165조에 따라 연장되더라도 그 효과가 그대로 미친다(2009다39530)(2회, 9회 선택형).

✎ **[비교판례]** 채권자가 보증인을 상대로 재판상 청구를 하여 승소한 경우, 보증채무는 소멸시효가 중단되지만(제170조) 주채무의 시효는 중단되지 않는다(상대효). 이후 주채무의 소멸시효가 먼저 완성되면 보증채무 그 자체의 소멸시효가 완성되지 않았다 하더라도 '부종성'의 원칙에 따라 함께 소멸된다(2000다62476)(1회, 6회, 8회 선택형). [5회 사례형, 18법행]

Ⅱ. 최 고(제174조)

최고는 6월내에 재판상의 청구, 파산절차참가, 화해를 위한 소환, 임의출석, 압류 또는 가압류, 가처분을 하지 아니하면 시효중단의 효력이 없다(제174조). 여기에 '지급명령의 신청'이 빠진 것은 입법상의 잘못이라는 것이 통설이다. 그러나 최고 후 확정적 시효중단을 위한 보완조치에, 민법 제174조를 유추적용하여 '채무의 승인'(일부변제)이 포함된다는 것이 判例의 입장이다(2020다46663).

1. 일반적인 최고

① 최고를 여러 번 거듭하다가 재판상 청구 등을 한 경우에 ⅰ) 시효중단의 효력은 항상 최초의 최고 시에 발생하는 것이 아니라 재판상 청구 등을 한 시점을 기준으로 하여 이로부터 소급하여 6월 이내에 한 최고시에 발생하고, ⅱ) 민법 제170조의 해석상 재판상의 청구는 그 소송이 취하된 경우에는 그로부터 6월 내에 다시 재판상의 청구를 하지 않는 한 시효중단의 효력이 없고 다만 재판 외의 최고의 효력만을 갖게 된다. ⅲ) 이러한 법리는 그 소가 각하된 경우에도 마찬가지로 적용된다(2018두56435).

② 채무이행을 최고받은 채무자가 그 이행의무의 존부 등에 대하여 조사해 볼 필요가 있다는 이유로 채권자에 대해 그 이행의 유예를 구한 경우에는, 채권자가 그 회답을 받을 때까지는 최고의

효력이 계속된다고 보아야 하고, 따라서 제174조 소정의 6개월의 기간은 채권자가 채무자로부터 회답을 받은 때로부터 기산된다(94다24336)(1회 선택형).

2. 최고로서 경매신청, 압류 또는 가압류

① 채권자가 연대채무자 1인의 소유 부동산에 대하여 **경매신청을 한 경우에 이는 최고로서의 효력이 있다.** 한편 이 최고는 다른 연대채무자에게도 효력이 있으므로(제416조), 채권자가 6개월 내에 '다른 연대채무자'를 상대로 재판상 청구 등을 한 때에는 그 '다른 연대채무자'에 대한 채권의 소멸시효가 중단되지만, 이로 인하여 중단된 시효는 위 경매절차가 종료된 때가 아니라 재판이 확정된 때부터 새로 진행된다. 그리고 연대채무자 1인의 소유 부동산이 경매개시결정에 따라 압류된 경우, '다른 연대채무자'에게는 시효중단의 효력이 없다(제169조 참조)(2001다22840)(**4회, 7회, 13회 선택형**) **[12회 기록형]**

② 채권자가 채무자의 제3채무자에 대한 채권을 압류 또는 가압류한 경우 채권자의 채무자에 대한 채권은 압류에 따른 시효중단의 효력이 확정적으로 발생하나, 이와 달리 **압류의 대상인 채무자의 제3채무자에 대한 채권은 확정적 시효중단이 되는 것은 아니고** 다만 채권자가 채무자의 제3채무자에 대한 채권에 관한 압류 및 추심명령을 받아 그 결정이 제3채무자에게 송달이 되었다면 채무자의 제3채무자에 대한 채권은 '**최고'로서의 효력에 의해 시효중단이 된다**(2003다16238)(**9회, 11회, 13회 선택형**). 예를 들어 甲이 乙의 丙에 대한 채권을 압류 · 추심한 경우 甲의 乙에 대한 채권(피보전채권)은 압류명령 '신청시'에 시효중단되나(중단사유 중 제168조 2호 압류), 乙의 丙에 대한 채권(피압류채권)은 丙에게 압류 · 추심명령이 '송달된 때' 시효중단된다(중단사유 중 제174조 최고)

3. 최고로서 소송고지(제405조 참조)

判例는 "ⅰ) 소송고지의 요건이 갖추어진 경우에 그 소송고지서에 고지자가 피고지자에 대하여 채무의 이행을 청구하는 의사가 표명되어 있으면 제174조 소정의 **최고로서의 효력이 인정된다.** ⅱ) 소송고지에 의한 최고는 보통의 최고와는 달리 법원의 행위를 통하여 이루어지는 것이므로, 민사소송법 제265조를 유추적용하여 당사자가 소송고지서를 법원에 제출한 때에 시효중단의 효력이 발생한다. ⅲ) 당해 소송이 계속 중인 동안은 최고에 의하여 권리를 행사하고 있는 상태가 지속되고 있는 것으로서, 민법 제174조에 규정된 6개월의 기간은 당해 소송이 종료된 때로부터 기산하여야 한다"(즉, 소송고지서를 제출한 때가 아니라, 그 재판이 확정된 때로부터 6개월 내에 재판상 청구 등을 하면 시효중단의 효력이 유지된다)(2014다16494)고 판시하고 있다.

Ⅲ. 압류, 가압류[48) 또는 가처분(제175조, 제176조)   [A-176]

소멸시효는 (가)압류, 가처분으로 인하여 중단되는바(제168조 2호), 이러한 가압류 등은 집행되면 그 '**집행을 신청한 때**'(민사소송법 제265조 유추적용)에 소급하여 시효중단의 효력이 발생한다(2016다35451)(**9회, 10회 선택형**). **[3 · 5 · 8회 사례형, 10법행]**

1. 요 건(집, 유, 취, 리)

가압류 등으로 시효가 중단되기 위해서는 ⅰ) 가압류 등이 집행될 것, ⅱ) 유효할 것, ⅲ) 취소되지 않을 것, ⅳ) 시효이익을 받을 자에게 할 것을 요한다(제175조, 제176조).

---

48) 가압류집행절차는 ⅰ) 가압류신청(집행신청) → ⅱ) 가압류결정(집행개시) → ⅲ) 가압류착수(집행착수 또는 집행절차개시)이다.

(1) 가압류 등이 집행될 것

집행의 신청이 있었어도 채무자의 주소불명 등으로 '집행에 착수하지 못한 때'에는 시효중단의 효과가 소급적으로 소멸된다(2010다53273). **[3회 사례형]** 그리고, '집행에 착수한 이상' (압류할 물건 등이 없어서) 집행불능상태가 된 경우에도 집행을 신청한 때 시효중단의 효력은 인정된다(2001두3365). 또한 이 경우에는 '집행절차가 종료된 때'부터 시효가 새로이 진행된다(2011다10044)[그러나 실제로 집행이 된 경우는 가압류집행보전의 효력이 존속하는 동안은 시효중단의 효력이 계속된다(2000다11102 등)](**11회 선택형**). **[3회 기록형]**

(2) 가압류 등이 유효할 것

가압류 등은 유효한 것이어야 하므로, 이미 사망한 자를 피신청인으로 한 가압류신청에 따른 가압류결정(당연 무효의 가압류)은 이에 해당하지 않는다(2004다26287).

(3) 가압류 등이 취소되지 않을 것

압류, 가압류 및 가처분이 권리자의 청구에 의하여 또는 법률의 규정에 따르지 않음으로 인하여 취소된 경우에는 시효중단의 효력이 소급적으로 소멸한다(제175조).

① '권리자의 청구에 의하여 취소된 경우'라 함은 채권자에게 권리행사의 의사가 없음을 객관적으로 표명하는 행위를 말하는바 경매신청취하, 집행취소도 포함된다(2010다53273).

② '법률의 규정에 따르지 아니함으로 인하여 취소된 경우'라 함은 처음부터 적법한 권리행사가 있었다고 볼 수 없는 경우를 의미한다. 따라서 判例에 따르면 법률의 규정에 따른 적법한 가압류가 있었으나 제소기간의 도과로 인하여 가압류가 취소된 경우나(2010다88019)(**8회 선택형**), 압류가 있었으나 이후 남을 가망이 없는 경우의 경매취소를 규정한 민사집행법 제102조 2항에 따라 경매절차가 취소된 것은 제175조에 해당하는 것은 아니어서 소멸시효 중단의 효력은 소멸하지 않는다(2014다228778).

(4) 가압류 등이 시효이익을 받을 자에게 할 것

시효완성의 이익을 받을 자(채무자)가 아니라 제3자(물상보증인 또는 담보물의 제3취득자)에 대해 압류 등을 한 경우에는, 그 자(채무자)에 대하여 통지한 때에 시효중단의 효력이 발생한다(제176조).

🔖 **[비교판례]** 주채무자에 대한 시효중단은 보증인에 대하여 그 효력이 있다(제440조). 따라서 시효중단사유가 주채무자에 대한 압류·가압류 및 가처분이라고 하더라도 이를 보증인에게 통지하여야 비로소 시효중단의 효력이 발생하는 것은 아니다(2005다35554).

🔖 **[비교판례]** 채권자가 채권보전을 위하여 채무자의 제3채무자에 대한 채권을 가압류한 경우 채무자에게 그 가압류 사실이 통지되지 않더라도 채권자의 채권에 대하여 소멸시효 중단의 효력이 발생한다(2016다8589).

2. 효 과

(1) 시효중단 효과의 발생시기 및 새로운 시효진행 시기

① 압류, 가압류 또는 가처분이 '집행되면' 그 '집행을 신청한 때'에 소급하여 시효중단의 효력이 발생하고, '집행절차종료시'로부터 다시 시효가 진행된다. 만약, 집행채권의 소멸시효가 채무자

의 채권에 대한 압류로 중단된 후, 그 '피압류채권이 기본계약관계의 해지·실효 또는 소멸시효 완성 등으로 소멸'하면 시효중단사유가 종료한 것으로 보아야 하고, 집행채권의 소멸시효는 그 때부터 다시 진행한다(2016다239840)**(8회 선택형)**.

② "채무자가 아닌 제3자가 채무자의 동산을 점유하고 있는 경우, 동산에 관한 인도청구권을 가압류 하는 방법으로 가압류집행을 할 수 있고, 이 경우 가압류 효력의 발생시기는 '가압류명령이 제3자에게 송달된 때'이나, 가압류로 인한 소멸시효 중단의 효력은 '가압류 신청시'에 소급하여 발생한다"(2016다35451)**(9회 선택형)**. **[8회 사례형]**

(2) 시효중단의 효과가 지속되는 기간 [3·12회 기록형]

특히 '가압류'의 경우가 문제되는바, 判例는 ⊙ 가압류에 의한 시효중단의 효력은 가압류의 집행보전의 효력이 존속하는 동안은 '계속'(가압류등기가 말소되지 않고 남아 있는 동안)되는 것이고(계속설), ⓛ 가압류의 피보전채권에 관하여 본안의 승소판결이 확정되었다고 하더라도 가압류에 의한 시효중단의 효력이 이에 흡수되어 소멸된다고 할 수는 없다고 한다(비흡수설).[49)]

(3) 시효중단의 효과가 미치는 범위

判例는 채권자가 1개의 채권 중 일부에 대하여 (가)압류를 하였는데 채권의 일부만 소멸시효가 중단되고 나머지 부분은 이미 시효로 소멸한 경우, (가)압류의 효력이 시효로 소멸하지 않고 잔존하는 채권 부분에 계속 미친다고 한다(2014다13280).

Ⅳ. 승 인(제177조) [A-177]

1. 의의 및 요건

① 승인을 할 수 있는 자는 시효이익을 받을 채무자 또는 그 대리인이다. 따라서 '면책적 채무인수'는 시효중단사유 중 승인에 해당하나, '이행인수인'이 채권자에 대하여 채무자의 채무를 승인하더라도 시효중단 사유가 되는 채무승인의 효력은 발생하지 않는다(2015다239744)**(8회, 11회 선택형)**.

② 승인은 단지 권리의 존재를 인정하는 것에 불과한 '관념의 통지'이며, 따라서 상대방의 권리에 관한 처분의 능력이나 권한 있음을 요하지 아니한다(제177조)**(2회 선택형)**(이는 '의사표시'로서 처분행위인 시효이익의 포기사유로서의 승인과 구별).

2. 시기 및 방법

이는 소멸시효의 진행이 개시된 이후에만 가능하고, 그 이전에 승인을 하더라도 시효가 중단되지는 않는다(2001다52568)**(11회 선택형)**. 判例는 채무자가 이자를 지급하거나, 일부변제를 하고(채무전부에 관한 시효중단), 담보를 제공하는 것은 '묵시적 승인'을 한 것으로 본다(95다39854)**(11회 선택형)**.

---

49) **[판례해설]** 判例에 따르면 가압류가 되어 있는 한 그 피보전권리는 영원히 시효로 소멸되지 않는 것으로 되는데, 이는 재판상 청구로 인한 시효중단의 경우에 재판이 확정된 때로부터 새로이 시효가 진행되는 것으로 정한 것과도 균형이 맞지 않다는 점에서 부당하다는 비판이 있다(다수설).

Ⅰ. 소멸시효완성의 효과

[A-182. A-183]

1. 학설 및 판례

'소멸시효가 완성한다'(제162조 등)의 의미에 대해 ① 상대적 소멸설과 절대적 소멸설의 대립이 있으나, ② 判例는 기본적으로 절대적 소멸설의 입장인 듯하다. 다만 소멸시효의 이익을 받겠다고 항변할 수 있는 자는 권리의 소멸에 의하여 '직접 이익을 받는 자'에 한정된다고 판시하고 있는바, 이는 절대적 소멸설에 의해서는 설명이 어려운 부분이 있다. 검토하건대 권리관계의 명확성 등을 고려할 때 절대적 소멸설이 타당하다.

2. 시효완성 후 채무자의 변제 : 양설의 비교(결론에 있어 차이는 없다) [07사법]

① 상대적 소멸설은 채무자가 시효완성의 사실을 알았는지 묻지 않고 원용이 없는 동안은 채권은 소멸하지 않은 것으로 다루어지므로 유효한 채무의 변제가 된다. ② 절대적 소멸설은 ⅰ) 채무자가 시효완성의 사실을 알고 변제한 때에는 시효이익의 포기(제184조 1항) 내지는 악의의 비채변제(제742조)가 되어 그 반환을 청구하지 못한다고 한다. ⅱ) 채무자가 시효완성의 사실을 모르고 변제한 때에는 제744조의 도의관념에 적합한 비채변제에 해당하여 그 반환을 청구하지 못한다고 한다.

Ⅱ. 소멸시효완성의 범위

[A-184]

1. 시적 범위(소급효)

① 소멸시효는 그 '기산일에 소급'하여 소멸한다(제167조). 따라서 소멸시효로 채무를 면하게 되는 자는 기산일 이후의 이자 등을 지급할 의무가 없고, 채무불이행에 따른 해제의 의사표시 당시에 이미 채무불이행의 대상이 되는 본래 채권이 시효가 완성되어 소멸하였다면, 채권자는 채무불이행 시점이 본래 채권의 시효 완성 전인지 후인지를 불문하고 그 채무불이행을 이유로 한 해제권 및 이에 기한 원상회복청구권, 위약금청구권도 행사할 수 없다(2020다8432 등).

② 다만 시효로 소멸하는 채권이 그 소멸시효가 완성하기 전에 상계할 수 있었던 것이라면 채권자는 상계할 수 있다(제495조). 이는 (매도인이나 수급인의 담보책임을 기초로 한 손해배상채권의) 제척기간이 지났으나, 제척기간이 지나기 전 상대방의 채권과 상계할 수 있었던 경우에도 마찬가지이다(2018다255648)(9회, 10회, 11회 선택형).

2. 물적 범위

주된 권리의 소멸시효가 완성한 때에는 종속된 권리에 그 효력이 미친다(제183조).

① [원본채권과 이자채권(적극)] 원본채권이 시효로 소멸하면 이자채권의 시효기간이 남아 있다고 하더라도 시효로 소멸한다. 다만 判例는 하나의 금전채권의 원금 중 일부가 변제된 후 나머지 원금에 대하여 소멸시효가 완성된 경우, 소멸시효 완성의 효력은 소멸시효가 완성된 원금 부분으로부터 그 완성 전에 발생한 이자(또는 지연손해금)에는 미치나, 변제로 소멸한 원금 부분으로부터 그 변제 전

에 발생한 이자(또는 지연손해금)에는 미치지 않는다고 한다(2006다2940)(8회 선택형).

② **[본래채권과 손해배상채권(적극)]** "채무불이행으로 인한 손해배상채권은 본래의 채권이 확장된 것이거나 본래의 채권의 내용이 변경된 것이므로 본래의 채권과 동일성을 가진다. 따라서 본래의 채권이 시효로 소멸한 때에는 손해배상채권도 함께 소멸한다"(2016다45779)(13회 선택형)

③ **[피담보채권과 저당권(적극)]** 저당권에 관해서는 별도의 규정이 있어, 저당권으로 담보한 채권이 시효의 완성 기타 사유로 인하여 소멸한 때에는 저당권도 소멸한다(제369조).

✎ **[비교판례]** 判例는 공동불법행위자의 구상권은 피해자의 손해배상청구권에 종된 권리가 아니라고 하여 시효소멸을 인정하지 않았다(97다42830,[50] 96다3791[51])(4회, 6회, 7회, 9회 선택형).

3. 인적 범위

判例는 소멸시효를 주장할 수 있는 자는 권리의 소멸에 의하여 '직접 이익을 받는 자'에 한정된다고 한다(95다12446).[52]

(1) 직접수익자에 해당하는 경우

判例는 ① 채무자, ② 물상보증인(2003다30890), ③ 담보물의 제3취득자(95다12446)(5회, 7회 선택형) [9·11회 기록형], ④ 사해행위취소소송의 상대방이 된 '사해행위의 수익자'는 피보전채권의 소멸에 의해 직접 이익을 받는 자에 해당한다고 한다(2007다54849)(4회, 7회, 11회, 13회 선택형). [9회 사례형]

(2) 직접수익자에 해당하지 않는 경우

① 判例는 '채무자에 대한 일반채권자'는 자기의 채권을 보전하기 위하여 필요한 한도 내에서 채무자를 대위하여 소멸시효 주장을 할 수 있을 뿐 채권자의 지위에서 독자적으로(다른 채권자의 채무자에 대한 채권에 대해) 소멸시효의 완성을 주장할 수 없다고 한다(97다22676)(6회 선택형). 이러한 判例에 따르면 대위 원용이 허용되나, ㉠ 채무자가 시효이익을 '적극적으로' 포기한 때에는 '채무자에 대한 일반채권자'는 '다른 채권자의 채무자에 대한 채권'에 대해 소멸시효를 원용할 수 없게 된다. ㉡ 그러나 소멸시효가 완성된 채무를 피담보채무로 하는 근저당권이 실행되어 채무자 소유의 부동산이 경락되고 대금이 배당되어 채무의 '일부 변제'에 충당될 때까지 채무자가 이의를 제기하지 아니한 경우 채무자가 시효의 이익을 '묵시적으로' 포기한 것으로 볼 수 있기는 하나, 다만 이때 '채무자의 다른 채권자가 이의를 제기'하고 채무자를 대위하여 소멸시효 완성의 주장을 원용하는 경우에는 判例는 시효의 이익을 묵시적으로 포기한 것으로 볼 수 없다고 한다.

✎ **[관련판례]** 물상보증인은 피담보채권에 대한 시효의 완성을 주장할 수 있고, 물상보증인의 채권자도 물상보증인을 '대위'하여 피담보채권의 시효소멸을 주장할 수 있다(2018다38782)

---

50) **[사실관계]** 공동불법행위자 중 1인의 손해배상채무가 시효로 소멸한 후에 다른 공동불법행위자 1인이 피해자에게 자기의 부담 부분을 넘는 손해를 배상한 경우에도 구상권 행사가능

51) **[사실관계]** 공동불법행위자가 다른 공동불법행위자에 대한 구상권을 취득한 이후에 피해자의 그 다른 공동불법행위자에 대한 손해배상채권이 시효로 소멸한 경우에도 구상권 행사가능

52) **[판례검토]** 이는 상대적 소멸설의 고유한 바인 '시효원용권자의 범위'라는 시각을 버리지 못한 태도라는 비판이 있으나, 判例는 소멸시효제도를 합리적으로 제한하여 구체적 타당성을 기하려는바, 소멸시효제도를 권리소멸이라는 효과면에서만 파악하지 아니하고 이를 이해관계인들 사이의 형평을 고려한 제도로 파악하였다는 점에서 타당하다.

② '채권자대위권의 행사에서 제3채무자'는 채무자가 채권자에 대하여 가지는 항변으로 대항할 수 없을 뿐더러 시효이익을 직접 받는 자에도 해당하지 않는다는 이유로 채권자의 채권이 시효로 소멸하였다고 주장할 수 없다고 한다(97다31472)**(1회, 9회, 10회 선택형)**. 다만, 채무자가 이미 소멸시효를 원용한 경우에는 피보전채권이 소멸하게 되므로 제3채무자가 그 '효과'를 원용하여 피보전채권의 부존재를 주장하는 것은 허용된다(2007다64471). **[10회 사례형]**

③ '후순위 담보권자'는 선순위 담보권의 피담보채권이 소멸하면 담보권의 순위가 상승하고 이에 따라 피담보채권에 대한 배당액이 증가할 수 있지만, 배당액 증가에 대한 기대는 담보권의 순위 상승에 따른 반사적 이익에 지나지 않는다. 따라서 후순위 담보권자는 선순위 담보권의 피담보채권에 관한 소멸시효가 완성되었다고 주장할 수 없다(2016다232597)**(13회 선택형)**.

Ⅲ. 소멸시효이익의 포기…권리자의 재항변사유 [A-185]

1. 소멸시효이익 포기의 요건

소멸시효완성 후의 포기는 ㉠ 처분능력과 처분권한을 갖춘 자가 ㉡ 시효완성 사실을 알고, ㉢ 권리를 잃을 자에게 시효이익을 포기하는 의사표시로 할 수 있다(제184조 1항의 반대해석).

특히 ㉢ 요건과 관련하여 '시효완성 후 채무승인'이 문제되는바, 시효이익의 포기에는 '효과의사'가 필요하므로, '관념의 통지'로 효과의사가 필요하지 않는 시효중단사유로서의 승인과 다르며, 따라서 채무승인만으로 언제나 시효이익의 포기가 되는 것은 아니다. 즉, 判例에 따르면 소송에서의 상계항변은 '예비적 항변'의 성격을 갖기 때문에 상계항변이 먼저 이루어지고 그 후 소멸시효항변이 있었던 경우에는, 비록 '수동채권에 대한 채무승인'이 있었다고 하더라도 시효이익을 포기하려는 효과의사가 있었다고 단정할 수 없다고 한다(2011다56187,56194)**(6회 선택형)**.

(1) 방 식

① 判例에 따르면 소멸시효완성 후의 변제기한의 유예요청(65다2133), 채무의 승인과 같은 사유가 있는 경우 소멸시효이익의 묵시적 포기가 있다고 본다.

② 채무의 일부를 변제(채무전부 승인)한 경우도 그 '채무 전부'에 대한 시효이익을 포기한 것으로 볼 수 있다(93다14936)**(8회 선택형)**. 判例는 ㉠ "동일 당사자간에 계속적인 거래로 인하여 같은 종류를 목적으로 하는 수개의 채무 중 채무자가 어느 채무를 특정하지 않고 그 일부의 변제를 한 때에도 잔존채무에 대해 시효이익을 포기한 것으로 보지만, 그 채무가 별개로 성립되어 독립성을 갖고 있는 경우에는 일률적으로 그렇게만 해석할 수는 없다"(93다14936)고 하며 ㉡ "원금채무는 소멸시효가 완성되지 않았으나 이자채무의 소멸시효가 완성된 상태에서 채무자가 채무를 일부 변제한 경우, 원금채무를 승인하고 이자채무의 시효이익을 포기한 것으로 추정되므로, 채무자의 변제가 채무 전체를 소멸시키지 못하고 당사자가 변제에 충당할 채무를 지정하지 아니한 때에는 제479조, 제477조에 따른 법정변제충당의 순서에 따라 충당되어야 한다"(2013다12464)**(8회 선택형)**고 한다. 따라서 일부변제한 것으로는 원본에 앞서 이자에 먼저 충당하며, 이행기가 도래한 이자 중에는 이행기가 먼저 도래한 순서에 따라 충당될 것이어서(제477조 3호 참조) 결국 먼저 시효로 소멸한 이자에 우선 충당하게 될 것이다.

(2) 시효완성 사실을 알고서 포기할 것 [6회·9회 기록형]

判例는 시효완성 후에 시효이익을 포기하는 듯한 행위가 있으면 시효완성사실에 대한 악의를 추정한다.[53] 아울러 시효완성 사실을 모르고 기한유예 요청을 한 경우 시효이익의 포기는 되지 않으나, 判例에 따르면 기한유예요청을 하고 다시 시효완성을 원용하는 것은 신의칙(금반언)에 의해 인정되지 않는다고 한다(96다24101).

2. 소멸시효이익 포기의 효과

(1) 시효이익 포기의 상대효 [5회·8회 사례형, 9회 기록형]

"소멸시효 직접 이익을 받는 자의 시효원용권은 채무자의 시효원용권에 기초한 것이 아닌 독자적인 것이므로 채무자의 시효이익의 포기로써 다른 직접 수익자의 시효원용권에는 영향이 없다". 즉 포기의 효과는 상대적이어서 포기할 수 있는 자가 다수인 경우에 1인의 포기는 다른 사람에게 영향을 미치지 않는다. 따라서 주채무자의 소멸시효이익의 포기는 보증인(89다카1114)(7회 선택형), 저당부동산의 제3취득자, 연대보증인(제433조 2항)(95다12446)(2회, 6회, 7회 선택형), 부진정연대채무자(2017다865) 등에 영향을 미치지 않는다.

(2) 시효이익 포기의 상대효 제한법리

그러나 判例는 시효이익을 이미 포기한 자와의 법률관계를 통하여 비로소 시효이익을 원용할 이해관계를 형성한 자(판례사안은 피담보채권의 소멸시효가 완성된 후 채무자가 저당권을 설정한 후 이를 취득한 담보물의 제3취득자)는 이미 이루어진 시효이익 포기의 효력을 부정할 수는 없다고 한다(2015다200227)(6회 선택형).[54]

Ⅳ. 소멸시효의 남용

1. 소멸시효 남용의 요건(시효완성전 ; 불행장, 시효완성후 ; 신부)

判例는 "채무자의 소멸시효에 기한 항변권의 행사도 우리 민법의 대원칙인 신의성실의 원칙과 권리남용금지의 원칙의 지배를 받는 것이어서, i) 채무자가 시효완성 전에 채권자의 권리행사나 시효중단을 불가능 또는 현저히 곤란하게 하였거나, ii) 그러한 조치가 불필요하다고 믿게 하는 행동을 하였거나, iii) 객관적으로 채권자가 권리를 행사할 수 없는 (사실상의) 장애사유가 있었거나, iv) 또는 일단 시효완성 후에 채무자가 시효를 원용하지 아니할 것 같은 태도를 보여 권리자로 하여금 그와 같이 신뢰하게 하였거나, v) 채권자보호의 필요성이 크고, 같은 조건의 다른 채권자가 채무의 변제를 수령하는 등의 사정이 있어 채무이행의 거절을 인정함이 현저히 부당하거나 불공평하게 되

---

53) [판례해설] 이 경우에는 오히려 시효완성의 사실을 모르고 한 경우가 보통이므로, 위 判例는 경험칙에 어긋난다는 비판이 있다(다수설).

54) [사실관계] A는 1992년 B로부터 5천만 원을 차용하면서 그 담보로 A 소유 부동산에 대해 B 앞으로 제1근저당권을 설정해 주었다. 그 후 (이 채권의 소멸시효기간 10년이 지난 때인) 2004년에 A는 위 차용금채무의 이자를 3천만 원으로 확정하고, 이를 담보하기 위해 위 부동산에 대해 B 앞으로 제2근저당권을 설정해 주었다. 2013년에 C는 A로부터 위 부동산을 매수하여 소유권을 취득한 후, B를 상대로 근저당권의 피담보채권이 소멸시효로 인해 소멸하였다는 것을 이유로 제1, 제2근저당권의 말소를 청구한 것이다. 이에 대해 대법원은 A가 B 앞으로 제2근저당권을 설정해 준 것은 소멸시효의 이익을 포기한 것으로 볼 수 있는데, 이 효력은 C에게도 미쳐 C는 독자적으로 소멸시효를 주장할 수 없다고 한다.

는 등의 '특별한 사정'이 있는 경우에는 채무자가 소멸시효의 완성을 주장하는 것이 신의성실의 원칙에 반하여 권리남용으로서 허용될 수 없다"(2002다32332)(8회 선택형)고 한다.

2. 소멸시효 남용의 한계

判例는 "국가에게 국민을 보호할 의무가 있다는 사유만으로 국가가 소멸시효의 완성을 주장하는 것 자체가 신의성실의 원칙에 반하여 권리남용에 해당한다고 할 수는 없다"(98다38364등)고 한다.

3. 소멸시효 남용의 효과

최근 전원합의체 판결은 채무자가 소멸시효의 이익을 원용하지 않을 것 같은 신뢰를 부여한 사안에서(위 소멸시효 남용의 경우 중 iv) 경우), 소멸시효의 남용은 소멸시효 제도에 대한 예외적인 제한에 그쳐야 한다는 이유로 "채권자는 그러한 사정이 있는 때부터 '시효정지'의 경우에 준해 단기간 내에 권리를 행사하여야만 채무자의 소멸시효의 항변을 저지할 수 있다"(전합2012다202819)고 보았다. 그러므로 소멸시효의 항변을 저지할 수 있는 권리행사의 '상당한 기간'은 일반적으로 시효정지의 경우에 준해 '6개월'의 기간 내에 권리를 행사하여야 한다. 다만 개별 사건에서 매우 특수한 사정이 있어 그 기간을 연장하여 인정하는 것이 부득이한 경우에도, 예를 들어 불법행위로 인한 손해배상청구의 경우 그 기간은 아무리 길어도 제766조 1항이 규정한 단기소멸시효기간인 3년을 넘을 수는 없다고 하였다(전합2012다202819).

2025 해커스변호사
민법 암기장

제 2편

채권총론

Ⅰ. 보호의무의 개념

[이하 쟁점 7.]

보호의무란 채권자와 채무자가 일정한 '사회적 접촉'(또는 특별결합관계)에 들어서면 채권관계의 실현과정에서 채무자가 채권자의 생명이나 신체 또는 재산 기타 '이행이익과 무관한' 일체의 다른 법익(이른바 완전성 이익)을 침해하지 아니할 의무를 말한다.

✒ 안전배려의무와의 구별

① 안전배려의무란 '주된 급부의 실현과는 무관하게' 채무자가 제공하는 장소 또는 설비가 채권자의 신체에 접촉하게 됨에 따라 그 신체의 안전을 배려해야 한다는 특별한 '계약상의 의무'로서 신의칙상 요구되는 '부수적 의무'에 해당하므로 이에 따른 의무위반은 원칙적으로 채무불이행책임이 성립한다[1][예컨대 근로·고용계약(99다47129), 숙박계약(93다43590), 학교·체육시설 등의 운영자 또는 공연의 주최자 등에서 안전배려의무가 주로 문제된다] ② 반면 보호의무는 채무자가 '주된 급부를 실현하는 과정'에서 채권자의 신체·생명 등 다른 일체의 법익을 침해하지 말 아야 할 '일반적인 불가침의무'에 해당한다.

Ⅱ. 계약상 의무로서 보호의무 인정 여부

대법원은 '신의칙상의 부수의무'로서 계약상대방의 생명·신체·건강·재산 등을 해치는 일이 없도록 필요한 조치를 강구하여야 할 '보호의무'의 개념을 인정하고 있다. 그러나 '계약상의 의무'로서 보호의무를 인정하는지 여부는 명확하지 않다. 가령 일시사용을 위한 임대차의 숙박계약에서 숙박업자의 보호의무, 근로계약에서 사용자의 보호의무 위반 등을 이유로 채무불이행책임을 성립시킨다는 것도 있지만, 일반적으로는 보호의무 위반으로 인하여 불법행위가 성립한다는 입장으로 보인다.[2]

왜냐하면 ① 위 判例에서 언급하는 소위 '보호의무'는 '부수적 의무'의 일종인 '안전배려의무'라 고 할 것이므로 보호의무의 개념에는 포함되지 않는다고 보는 것이 타당하며, ② 判例는 계약체 결 과정에서 보호의무를 위반한 경우 불법행위로 다룬 것이 많기 때문이다(2005다49799, 2001다 53059) [10행정]

✒ 숙박업자의 투숙객에 대한 보호의무

"공중접객업인 숙박업을 경영하는 자는 고객의 안전을 배려하여야 할 '보호의무'를 부담하며 이 러한 의무는 숙박계약의 특수성을 고려한 '신의칙상의 부수의무'로서 이를 위반한 경우 불완전이 행으로 인한 채무불이행책임을 부담한다"(2000다38718,38725)(12회 선택형)

---

1) 다만, 判例는 "운동경기에 참가하는 자가 부담하는 주의의무의 내용은 안전배려의무로써 이를 위반할 시 불법행위책임을 질수 있다"(2017다203596)고 하여 불법행위책임을 인정한 경우도 있는바, 안전배려의무라는 용어가 일관된 모습을 가지고 사용되는 것은 아니다.

2) [판례검토] 불법행위와 관련하여 일반규정(제750조)을 두고 있는 우리 민법에서는 보호의무를 채무의 내용으로 보는 것은 인정실익도 적으면서 채무불이행책임과 불법행위책임의 체계를 혼란시키는 결과를 초래한다. 따라서 보호의무 배제설이 타당하다.

[비교판례] "통상의 임대차관계에 있어서 임대인의 임차인에 대한 의무는 특별한 사정이 없는 한 단순히 임차인에게 임대목적물을 제공하여 임차인으로 하여금 이를 사용·수익하게 함에 그치는 것이고, 더 나아가 임차인의 안전을 배려하여 주거나 도난을 방지하는 등의 보호의무까지 부담한다고 볼 수 없다"(99다10004).

✒ 여행업자의 여행객에 대한 보호의무

"여행업자는 기획여행계약의 상대방인 여행자에 대하여 '기획여행계약상의 부수의무'로서, 여행자의 생명·신체·재산 등의 안전을 확보하기 위하여, 여행목적지·여행일정·여행행정·여행서비스기관의 선택 등에 관하여 미리 충분히 조사·검토하여 전문업자로서의 합리적인 판단을 하고, 또한 그 계약 내용의 실시에 관하여 조우할지 모르는 위험을 미리 제거할 수단을 강구하거나 또는 여행자에게 그 뜻을 고지하여 여행자 스스로 그 위험을 수용할지 여부에 관하여 선택의 기회를 주는 등의 합리적 조치를 취할 '신의칙상의 주의의무'를 진다"(98다25061)**(12회 선택형)**

Ⅲ. 논의대상

1. 불완전이행

계약의 이행단계에서 보호의무를 위반한 경우(예컨대 판매한 가구를 집안에 들여놓다가 매수인의 다른 가구를 훼손한 경우) 불완전이행책임으로 다루어야 할지 불법행위책임으로 다루어야 할지 문제된다(제390조 vs 제750조). 判例에 따르면 계약을 둘러싼 법률관계에서도 '자기책임의 원칙'상 일방 당사자가 상대방 당사자에게 손실이 발생하지 아니하도록 하는 등 상대방 당사자의 이익을 보호하거나 배려할 일반적인 의무를 원칙적으로 부담하는 것은 아니라고 한다(전합2010다92438)[3]**(12회 선택형)**. 따라서 카지노사업자인 乙회사 직원이 카지노사업자의 영업제한규정 중 1회 베팅한도를 제한하는 규정을 위반하였더라도, 1회 베팅한도를 초과하여 카지노를 이용한 甲에 대한 보호의무를 위반하였다고 볼 수 없어 사용자책임(제756조)을 지지 않는다고 한다.

2. 계약체결상 과실책임

계약체결을 위한 준비단계에서 상대방의 신체·재산에 손해를 준 경우(예컨대 바나나 껍질 사건) 계약체결상의 과실책임으로 다루어야 할지 불법행위책임으로 다루어야 할지 문제된다(제535조 유추적용 vs 제750조 : 계약체결상의 과실책임의 법적 성질론 set 067.참고)

---

[3] "카지노사업자가 카지노 운영과 관련하여 공익상 포괄적인 영업 규제를 받고 있더라도 이를 근거로 함부로 카지노이용자의 이익을 위한 카지노사업자의 보호의무 내지 배려의무를 인정할 것은 아니다"

I. 특정물인도채무자의 선관의무 [B-4]

1. 의 의

특정물채권의 채무자는 '특정물인도채무가 성립한 때'부터 '특정물을 현실로 인도할 때'까지 선량한 관리자의 주의로 '보존'(보관에 한하는 것은 아니다)하여야 한다(제374조). 이는 독자적인 성격을 갖는 의무는 아니고, 특정물 인도의무가 '이행불능'이 되거나 '불완전하게 이행'된 경우에 그에 관한 채무자의 과실(추상적 경과실)을 판단하는 기준이 된다.

2. 의무부담의 존속기간 및 증명책임

여기서 '목적물을 인도하기까지'의 의미는 '이행기'까지가 아니라 채무자가 '실제로' 물건을 인도할 때까지를 뜻한다(통설). 그러나 이행기가 지난 후에는 이행지체로 채무자의 책임이 가중되거나(제392조) 채권자지체로 채무자의 책임이 감경되므로(제401조), 이행기 이후 실제로 인도할 때까지의 사이에 채무자가 선관주의의무를 부담하는 것은 이행지체나 채권자지체가 성립하지 않는 경우로서, i) 이행기에 이행하지 않은 것이 불가항력에 기한 경우이거나(제390조 단서) ii) 채무자에게 유치권이나 동시이행의 항변권과 같이 이행의 지연을 정당화하는 사유가 존재하는 경우에 국한된다. 그리고 이러한 선관주의의무를 다하였는지의 증명책임은 채무자가 부담한다(91다22605,22612).

II. 종류채권의 특정

1. 종류채권의 개념 및 구별기준 [B-6]

'종류채권'이란 일정한 종류에 속하는 물건의 일정량의 인도를 목적으로 하는 (불특정물)채권을 말한다. 종류물인지 여부(개성의 중시 여부)는 거래의 일반관념에 의하여 객관적으로 정해지는 것이 아니라, 당사자의 의사를 표준으로 하여 정하여 진다. 判例는 특정회사의 주식을 명의신탁한 경우, 주식은 주주가 출자자로서 회사에 대하여 가지는 지분으로서 동일 회사의 동일 종류 주식 상호간에는 그 개성이 중요하지 아니하므로 명의신탁해지에 따른 반환채무는 종류채무라고 보았다(2014다37040).

2. 특정의 방법 [B-7]

⑴ 채무자가 '이행에 필요한 행위를 완료' 함으로써 행하는 특정(제375조 2항)

채무의 원칙적인 형태는 '지참채무'인바(제467조 2항), 지참채무는 채권자의 주소에서 현실의 제공을 한 때(제460조 본문), 즉 목적물이 채권자의 주소에 도달하고 채권자가 언제든지 수령할 수 있는 상태에 놓여진 때에 특정된다. 다만 채권자가 미리 수령을 거절한 때에는 구두제공과 함께 목적물을 분리·지정한 때 특정된다(제460조 단서 참고).

(2) 지정권자에 의한 특정(제375조 2항)

지정권자가 지정권을 행사하지 않는 경우에는 선택채권(제381조)의 경우와는 달리 채무자가 이행에 필요한 행위를 완료하였을 때 특정이 된다(통설). 다만 判例는 제한종류채권(재고채권)에 있어서 채무자가 이행에 필요한 행위를 하지 않거나 지정권자로 된 채무자가 이행할 물건을 지정하지 않은 경우에는 제381조를 준용하여 지정권이 채권자에게 이전한다고 한다(2000다24856).

3. 특정의 효과(급, 선, 대) [4회 사례형]   [B-8]

(1) 급부(물건)위험 이전 여부

목적물의 특정으로 급부(물건)의 위험이 채권자에게 이전한다. 따라서 특정된 물건이 그 후 어떤 사정으로 滅失한 경우에는, 채무자는 다른 종류물로 다시 이행하여야 할 의무(조달의무)를 지지는 않으며 그 인도의무를 면한다(6회 선택형). 다만 물건의 멸실에 대하여 채무자에게 책임이 있는 경우(제374조), 그가 손해배상책임을 질 수는 있지만 이는 급부위험과 별개의 문제이다.

(2) 선관주의의무

특정물채권의 채무자는 특정물을 인도할 때까지 선량한 관리자의 주의로 보존하여야 한다(제374조). 물론 이러한 선관주의 의무는 가중되는 경우(제392조)도 있고, 경감되는 경우(제401조)도 있다.

(3) 대가위험 이전 여부

특정이 되어도 대가위험은 여전히 채무자에게 남아 있다(제537조). 다만, 특정 후에 채권자 지체가 발생하면 대가의 위험은 채무자로부터 채권자에게 이전되므로(제538조) 특정은 대가위험을 이전시키기 위한 전제조건이 된다.

※ 쌍무계약에서 채무자가 채무를 변제제공(제460조)하였으나 채권자가 현실수령하지 않은 상태의 법률효과 ★★★

Ⅰ. 채무자측 효과

종류채권의 특정 관련(제375조 2항), 이행지체 책임 면제(제461조), 변제공탁에 따른 채무소멸(제487조).

Ⅱ. 채권자측 효과

채권자지체 발생(제400조),[4] 동시이행항변권 소멸에 따라 자신의 채무에 대한 이행지체 발생

---

4) 다만 判例는 채권자가 미리 수령을 확고하게 거절한 경우에는 채무자는 구두제공조차 하지 않더라도 채무불이행책임을 면하나(94다16083), 대가위험을 상대방에게 이전시키기 위해서는(제538조 1항 후문) 채무자의 변제제공(현실제공이나 구두제공)이 필요하다고 한다(2001다79013).

※ **종류채권의 특정** [채무자(매도인)가 변제제공을 하였으나 채권자(매수인) 수령지체 중 채무자의 경과실로 목적물을 멸실한 경우] (급, 선, 대) [4회 사례형]

> **Ⅰ. 매도인의 목적물인도채무**(소극)
>
> ① 채무의 성질 확정(종류채권인지 특정물채권인지 여부) ⇒ ② 종류채권이라면 종류채권의 특정 시기와 방법(제375조 2항 해석론) ⇒ ③ 특정물 채권으로 변경에 따른 목적물인도청구권의 존부[급부(물건)위험 이전]
>
> **Ⅱ. 매도인의 채무불이행책임의 성부**(소극)
>
> 선관주의의무 위반 여부 확정[제374조, 제392조(이행지체), 제401조(채권자지체)]
>
> **Ⅲ. 매수인의 대금지급의무**(적극)
>
> 대가 위험부담의 문제(특히 제538조 1항 2문 해석론)

Set 034 　금전채권(제598조, 제394조, 제397조) ★★★

Ⅰ. 금전채무 불이행에 관한 특칙   [B-10]

금전채무불이행의 손해배상액은 법정이율에 의한다. 그러나 법령의 제한에 위반하지 아니한 약정이율이 있으면 그 이율에 의한다(제397조 1항)(효과에 관한 특칙)(13회 선택형). 전항의 손해배상에 관하여는 채권자는 손해의 증명을 요하지 아니하고 채무자는 과실 없음을 항변하지 못한다(제397조 2항)(요건에 관한 특칙).

Ⅱ. 지연이자 판단기준

1. 지연이자 약정이 있는 경우

약정이율이 채무불이행시의 지연배상금 산정의 기준으로 적용되는 것은 별도의 약정이 없는 때에 한하므로, 당사자간에 금전채무불이행에 대비하여 손해배상액 산정을 위한 이율(지연손해금률) 등을 정한 때에는 그러한 약정에 따르며(제398조의 손해배상액의 예정등), '약정이율'(약정이자)에 의할 것이 아니다. 따라서 이러한 지연손해금 약정이 법정이율보다 낮더라도 약정에 따른 지연손해금률이 적용된다(2011다50509).

2. 지연이자 약정은 없고, 법정이율보다 높은 약정이자가 있는 경우 [3회 사례형]

금전채무에 대해서 약정이율(약정이자)을 정한 것이 있는 때에는 그 약정이율이 법령의 제한에 위반되지 않는 한 채무불이행시에 지연배상금 산정의 기준이 된다(제397조 1항 단서). 즉, "소비대차에서 '변제기 후의 이자약정이 없는 경우' 특별한 의사표시가 없는 한 변제기가 지난 후에도 당초의 '약정이자'를 지급하기로 한 것으로 보는 것이 '당사자의 의사'이므로"(80다2649), 변제기가 경과하여 채무불이행이 성립한 이후에는 약정이자의 이율은 지연배상금(지연이자) 산정을 위한 이율로 적용된다.

✎ **[주의]** 금전채무불이행에 의한 손해배상액은 원칙적으로 법정이율에 의해 산정되는 데서 이를 '지연이자'라고 일컫는데, 그 성질은 이행기 이후에 금전채권이 변제될 때까지의 그 지연기간 동안의 손해배상이며, 원본에 대한 이행기까지의 사용대가인 '(약정)이자'와는 다르다 (99다38637 참고).

3. 법정이율보다 낮은 약정이자만 있거나, 이자약정이 전혀 없는 경우

금전채무불이행에 관한 당사자 사이에 별도의 약정(지연손해금률)이 없는 경우 최소한 법정이율은 지급받도록 하는 것이 본조의 입법 취지이므로 判例는 '약정이율'이 법정이율보다 낮은 경우에는 '지연손해금'은 약정이율이 아니라 법정이율에 의하여 정해야 한다고 명백히 밝히고 있다(2009다85342)(**8회 선택형**). 이러한 법리는 계약해제시 반환할 금전에 가산할 이자(제548조 2항)에 관하여도 적용된다고 한다(2011다50509)(**2회 선택형**).

또한 判例는 "당사자 일방이 금전소비대차가 있음을 주장하면서 약정이율에 따른 이자의 지급을 구하는 경우, 대여금채권의 변제기 이후의 기간에 대해서는 약정이율에 따른 지연손해금을 구하는 것으로 보아야 하고, 여기에는 약정이율이 인정되지 않는다고 하더라도(법정이율보다 낮은 약정이율이 있는 경우) 법정이율에 의한 지연손해금을 구하는 취지가 포함되어 있다고 볼 수 있다"(2017다22407)고 한다.

4. 소송촉진 등에 관한 특례법

채권자가 금전채무의 이행을 구하는 '소'를 제기하여 그 전부 또는 일부의 이행을 명하는 판결을 선고할 경우, 금전채무이행으로 인한 손해배상액 산정의 기준이 되는 법정이율은 그 금전채무의 이행을 구하는 '소장이 채무자에게 송달된 다음 날'로부터 '연 12%'로 규정하고 있다 (2019.6.1.부터 시행)

① **[이혼으로 인한 재산분할로서 금전채무**(소극)**]** "이혼으로 인한 재산분할청구권(제839조의2·제843조)은 이혼이 성립한 때에 이혼을 한당사자의 일방이 다른 일방에 대하여 재산분할을 청구할 수 있는 권리로서 협의 또는 심판에 의하여 비로소 그 구체적 내용이 정해지게 되므로, 당사자가 이혼이 성립하기 전에 이혼소송과 병합하여 재산분할의 청구를 하고 법원이 이혼과 동시에 재산분할로서 금전의 지급을 명하는 판결을 하는 경우, 그 금전채무에 관하여는 그 판결이 확정된 다음날부터 이행지체책임(연 5%의 법정이율)을 지게 되고, 이러한 소는 장래의 이행을 청구하는 소에 해당하여 소송촉진 등에 관한 특례법 제3조 1항 단서에 의해 동법 소정의 법정이율은 적용되지 않는다"(2012므1656)(**9회 선택형**).

② **[사해행위 취소에 따른 가액배상채무**(소극)**]** 이러한 '가액배상채무'는 그 전제가 되는 사해행위 취소라는 형성판결이 확정될 때 비로소 발생하므로 판결확정 전에는 지체책임이 발생하지 않고, 따라서 판결이 확정된 다음날부터 이행지체 책임을 지게 되고, 동법은 적용되지 않고 민법의 법정이율이 적용된다(2007다61618)(**13회 선택형**).

Ⅰ. 기본적 이자채권과 지분적 이자채권 [B-12]

1. 의의

기본적 이자채권이란 추상적 이율에 의한 이자채권을 말하고(발생할 이자채권), 지분적 이자채권이란 기본적인 이자채권에 기해 매기마다 발생된, 일정액의 이자를 청구할 수 있는 권리를 말한다(이미 발생한 이자채권).

2. 차이점

① 기본적 이자채권은 그 발생·소멸·처분에서 원본채권과 운명을 같이한다(부종성, 수반성 등).

② 지분적 이자채권이미 발생한 이자채권은 원본채권과 분리하여 양도할 수 있고, 원본채권과는 별도로 변제할 수 있으며, 또 (1년 이내의 기간으로 정한) 이자채권은 따로 3년의 시효(제163조 1호)에 걸리는 등 강한 독립성이 있다. 원본채권이 양도되더라도 이미 변제기에 도달한 지분적 이자채권이 당연히 같이 양도되는 것은 아니다(88다카12803).

Ⅱ. 이자제한법(07년 신규제정, 개정법 21.7.7.시행) [B-13]

1. 이자의 최고한도

① 금전대차에 관한 계약상의 최고이자율은 연25%를 초과하지 아니하는 범위 안에서 대통령령으로 정하는데(제2조 1항), 그에 따라 연20%를 최고이자율로 정하였다(개정 시행령 21.7.7.시행). 이 최고한도를 초과하는 부분은 무효로 한다(제2조 3항). 아울러 이자에 대하여 다시 이자를 지급하기로 하는 '복리약정'도 제2조 1항에서 정한 최고이자율을 초과하는 부분에 해당하는 금액에 대하여는 무효로 한다(제5조)**(12회 선택형)**. 다만 부칙 제2조에서 개정법 시행 후 최초로 계약을 체결하거나 갱신하는 분부터 적용한다는 규정을 두었다. **[2회 기록형]**

따라서 이러한 제한초과의 이자를 자동채권으로 하여 상계를 하더라도 그 효력이 없고(63다429), 그 초과이자를 기초로 하여 준소비대차계약 또는 경개계약을 체결하더라도 그 효력이 없다(2014다223506).

② 채무자가 최고이자율을 초과하는 이자를 임의로 지급한 경우에는 초과 지급된 이자 상당 금액은 원본에 충당하고, 원본이 소멸한 때에는 그 반환을 청구할 수 있다(제2조 4항). 이와 같이 충당하여 원본이 소멸하고도 남아 있는 초과 지급액은 이자제한법 위반 행위로 인한 손해라고 볼 수 있다. 부당이득반환청구권과 불법행위로 인한 손해배상청구권은 서로 별개의 청구권으로서, 제한 초과이자에 대하여 부당이득반환청구권이 있다고 해서 그것만으로 불법행위의 성립이 방해되지 않는다(2020다230239)**(12회, 13회 선택형)**.

2. 이자의 사전공제(선이자)

이자를 사전 공제한 경우에는, 그 공제액이 채무자가 실제 수령한 금액을 원본으로 하여 최고이자율에 따라 계산한 금액을 초과하는 때에는, 그 초과부분은 원본에 충당한 것으로 본다(제3조)**(12회 선택형)**.

✎ **[구체적 예]** A는 2021. 8. 1. 甲으로부터 사업자금 1억 원을 이자는 월 5%, 변제기는 6개월 후로 정하여 차용하고 6개월분 선이자 3천만 원을 공제한 7천만 원을 수령하였다. 2021. 8. 1.자 소비대차에서 정한 변제기에 甲이 받을 수 있는 금액은 얼마인가? **(22년 10월 법전협 사례형)** ☞ 수령 원금 7,000만 원에 대한 대여일 2021.8.1.부터 변제기까지 6개월간 이자제한법상 제한 최고이자율 연 20%에 따른 적법한 이자는 7백만 원(=7천만 원×0.2×1/2)이고, 선이자 3,000만 원 중 이를 초과한 2,300만 원은 약정 원본 1억 원에 충당된다. 따라서 7,700만 원이 변제기의 대여원금이다.

3. 적용범위

① 대차원금이 10만원 미만인 대차의 이자에 관하여는 이자의 최고한도를 적용하지 않는다(제2조 5항).

② "이자제한법의 최고이자율 제한에 관한 규정은 금전대차에 관한 계약상의 이자에 관하여 적용될 뿐, 계약을 위반한 사람을 제재하고 계약의 이행을 간접적으로 강제하기 위하여 정한 위약벌의 경우에는 적용될 수 없다"(2016다259769)(9회, 12회 선택형).

Set 036 선택채권 ★

I. 의 의

[B-14]

1. 선택채권과 종류채권의 구별

선택채권은 그 급부가 서로 다른 개성을 가지고 있고 또 선택권자가 선택권을 행사한 때에 채권의 목적으로 확정되는 점에서, 종류에 속하는 물건이 모두 같은 가치를 가지고 그 범위가 개별적으로 예정되어 있지 않으며 특정의 방법을 달리 하는 종류채권과는 다르다.

2. 급부불능에 의한 선택채권의 특정

선택권을 행사하기 전에 불능(원시적·후발적불능)이 된 경우,[5] 원칙적으로 목적물은 잔존급부로 특정되며(제385조 1항), 다만 예외적으로 후발적 불능의 경우로서 선택권 없는 자의 과실로 불능이 된 때에는 잔존급부로 특정되지 않는다(제385조 2항).

따라서 ① **채권자가 선택권자인 경우** 그는 채무자의 과실로 불능으로 된 급부를 선택하여 채무자에게 책임 있는 이행불능을 이유로 손해배상을 청구할 수 있고, ② **채무자가 선택권자인 경우** 그는 채권자의 과실로 불능으로 된 급부를 선택하여 채무자에게 책임 없는 이행불능을 이유로 채무를 면할 수 있다(제538조). 이 경우 불능이 아닌 급부를 선택하는 것도 가능함은 물론이다. 그러나 급부불능에 의해 잔존급부로 특정되는 경우에는 소급효가 없으며, 이 점은 선택권 행사에 의한 특정과 다르다(제386조 참조).

---

5) 선택권을 행사한 후에 그 선택된 급부가 후발적으로 불능이 되면 잔존급부로 특정되는 것은 아니다. 이 경우는 이행불능의 문제로 된다.

Ⅱ. 선택의 의사표시를 상대방의 동의 없이 철회할 수 있는 경우 [판례연구 B-03]

선택의 의사표시는 상대방의 동의가 없으면 원칙적으로 철회하지 못하나(제382조 2항), 判例는 "선택권자가 선택의 의사표시를 한 뒤라도 상대방의 방해행위 등으로 선택의 목적을 달성할 수 없는 경우와 같이 특별한 사정이 있으면 상대방의 동의 없이도 그 의사표시를 철회하고 새로운 선택을 할 수 있다"(70다877)고 한다.

Set 037 　이행보조자의 고의·과실(제391조) ★★

※ 이행보조자가 채무를 이행하지 않은 경우의 논리(사례)구조

① 제3자의 지위 확정(이행보조자인지 여부 검토 : 특히 수급인과 택배회사인 경우 문제) ⇒ ② 채무자 책임(채불, 불책) ⇒ ③ 이행보조자 책임[ⅰ) 채권자에 대한 책임(불책, 채무자와 부진정연대채무), ⅱ) 채무자에 대한 책임(채불, 구상책임)]

Ⅰ. 이행보조자 [4회 사례형, 7회 사례형] [B-22]

채무자의 법정대리인이 채무자를 위하여 이행하거나 채무자가 타인을 사용하여 이행하는 경우에는 법정대리인 또는 피용자의 고의나 과실은 채무자의 고의나 과실로 본다(제391조).

1. 법정대리인

2. 피용자

여기서 '피용자'라 함은 ㉠ 채무자의 의사관여 아래서 ㉡ 채무자가 하여야 할 이행행위에 속하는 활동[6]을 하는 사람을 말하고, ㉢ 반드시 채무자의 지시·감독을 받는 관계에 있어야 하는 것은 아니므로, 채무자에 대하여 종속적인가 독립적인 지위에 있는가는 문제되지 않는다(98다51077)(6회 선택형).[7]

🖋 "임대인이 임차인과의 임대차계약상의 약정에 따라 제3자에게 도급을 주어 임대차목적 시설물을 수선한 경우에는 그 수급인도 임대인에 대하여 종속적인지 여부를 불문하고 이행보조자로서의 피용자이고, 이러한 수급인이 시설물 수선 공사 등을 하던 중 수급인의 과실로 인하여 화재가 발생한 경우에는 임대인은 민법 제391조에 따라 위 화재발생에 귀책사유가 있다 할 것이어서 임차인에 대한 채무불이행상의 손해배상책임이 있다"(2001다44338)(6회 선택형). [15행정]

"또한 이행보조자가 채무자와 계약 등의 법률관계가 있어야 하는 것이 아니다. 제3자가 단순히 호의(好意)로 행위를 한 경우에도 그것이 채무자의 용인 아래 이루어지는 것이면 제3자는 이행보조자에 해당한다. 이행보조자의 활동이 일시적인지 계속적인지도 문제되지 않는다"(2017다275447).

---

6) **[관련판례]** 判例는 이행보조자의 행위가 채무자의 이행의무와 객관적·외형적 관련성을 가지고 있어야 한다고 하여 사용자 책임에서의 외형이론을 적용하려는 태도를 보인다(2005다69458). 그러나 보조자의 행위가 단순히 '이러한 행위의 기회에 즈음하여' 범하여진 것에 불과하다면 채무자는 채무불이행책임은 지지 않는다(지붕수리 보조자가 나오면서 시계를 훔친 경우).

7) **[판례검토]** 비록 채무자가 지시 또는 감독 등을 할 수 없는 경우에도 채무자가 자신의 의사로 그러한 자를 통해 채무를 이행한 이상 그러한 자의 행위에 대해 책임을 지는 것이 '공평의 이념'에 부합한다.

✎ **[비교]** 그러나 사용자책임이 성립하려면 사용자와 불법행위자 사이에 사용관계, 즉 사용자가 '피용자'를 실질적으로 지휘·감독하는 관계에 있어야 한다(98다62671) **[13행정]**

Ⅱ. 이행보조자의 이행보조자(간접적 이행보조자, 복이행보조자)

判例에 따르면 복이행보조자(간접적 이행보조자)의 경우에도 채무자가 이를 승낙하였거나 적어도 묵시적으로 동의한 경우에는 채무자의 복이행보조자의 고의·과실에 관하여 제391조에 의하여 책임을 부담한다고 한다(2011다1330) **[15행정, 13회 사례형]**

Set 038 **이행지체** ★★★

Ⅰ. 이행지체의 요건(이, 가, 귀, 위)

이행지체가 성립하기 위해서는 ㉠ 채무가 이행기에 있고, ㉡ 그 이행이 가능함에도 불구하고 이행을 지체할 것, ㉢ 채무자의 귀책사유가 있을 것, ㉣ 위법할 것을 요한다.

1. 이행기의 도래(제387조)

✎ **각종 권리에서 기산점**

		소멸시효 기산점	이행기	이행지체 기산점
확정기한부 채무		기한이 도래한 **당일**	기한이 도래한 **당일**	기한이 도래한 **다음날** (제387조 1항 1문)
불확정기한부 채무		기한으로 정한 사실이 발생한 때 또는 발생하지 아니하는 것으로 확정된 때	기한으로 정한 사실이 발생한 때 또는 발생하지 아니하는 것으로 확정된 때	채무자가 기한이 **도래함을 안 다음날**(제387조 1항 2문)
기한의 정함이 없는 채무	원칙	채권성립 **당일**	채권성립 **당일**	이행청구를 받은 **다음날**(제387조 2항)
	불법행위 책임	손해 및 가해자를 안 날(3년), 불법행위를 한 날(10년)(제766조)	불법행위성립 **당일**	불법행위성립 **당일**
	기한없는 소비대차	최고를 할 수 있는 때(계약성립일)로부터 **상당기간이 경과한 때**	최고 후 **상당기간이 경과한** 때(제603조 2항)	최고 후 **상당기간이 경과한** 한 다음날

(1) 확정기한부 채무

① 채무이행의 확정한 기한이 있는 경우에는 채무자는 그 기한이 도래한 때로부터 지체책임이 있다(제387조 1항 1문). 기한이 도래한 때란 기한이 도래한 다음날을 의미한다(88다3253). ② 쌍무계약에 의한 채무의 이행에서는 당사자간에 동시이행의 항변권이 인정되므로(제536조), 상대방으로부터 이행의 제공을 받으면서 자기의 채무를 이행하지 않는 경우에 이행지체가 된다. 한

편, 당사자 쌍방이 모두 변제의 제공을 하지 않고서 이행기를 경과한 때에는, 그 이후 쌍방의 채무는 기한의 정함이 없는 채무로서 동시이행의 관계에 있게 되며, 당사자 중 일방이 자기의 채무이행을 제공하고 상대방에 대하여 그 채무의 이행을 최고함으로써 비로소 상대방은 이행지체에 놓이게 된다(80다1037).

✎ [비교] 동시이행관계에 있더라도 이행지체가 발생하는 경우

判例는 채무이행을 확보하기 위해 어음을 교부한 경우 원인채무의 이행과 어음의 반환은 동시이행관계이나(2009다69692)(8회 선택형). 어음을 반환하지 않는 것은 원인채무의 지급을 거절할 수 있는 사유일 뿐이므로 원인채무의 이행기를 도과하면 원칙적으로 이행지체책임을 진다고 한다(98다47542,47559)(5회 선택형). 단, 어음반환과 동시이행을 주장하는 경우에는 원인채무의 이행지체가 정당화될 수 있다(93다11203,11210)(8회 선택형).

즉, 判例는 원인채무의 변제와 어음이나 수표의 반환에 대해 동시이행관계를 인정하면서도 '당연효'를 인정하지 않고, 채무자가 동시이행의 항변권을 행사하여 원인채무의 지급을 거절하는 경우에만 지체책임을 면한다고 본다.

(2) 불확정기한부 채무

① 채무이행에 '불확정한 기한'이 있는 경우에는 채무자는 기한이 도래함을 안 때로부터(구체적으로는 그 다음날부터) 지체책임이 있다(제387조 1항 2문)(8회 선택형). 채권자의 최고가 있으면 채무자가 기한의 도래를 알지 못하더라도 그 최고를 받은 때로부터(구체적으로는 그 다음날부터) 지체책임이 있다. ② 한편, 判例는 당사자가 불확정한 사실이 발생한 때를 이행기한으로 정한 경우, 그 사실이 발생한 때는 물론 그 사실의 발생이 불가능하게 된 때에도 이행기한이 도래한 것으로 본다(2001다41766)(2회, 7회, 10회, 13회 선택형).

(3) 기한의 정함이 없는 채무

① 채무이행의 기한이 없는 경우에는 채무자는 이행청구를 받은 때로부터(구체적으로는 그 다음날부터) 지체책임이 있다(제387조 2항). 다만 반환시기의 약정이 없는 소비대차에서는, 대주는 상당한 기간을 정하여 반환을 최고하여야 한다(제603조 2항). 따라서 그 상당기간이 경과한 때부터 이행지체가 된다. [7회 기록형]

② 判例는 타인의 토지를 점유함으로 인한 부당이득반환채무는 이행의 기한이 없는 채무로서 이행청구를 받은 때로부터 지체책임이 있다고 한다(2007다8914). ③ 그러나 '불법행위로 인한 손해배상채무'는 피해자가 입은 손해를 남김없이 배상케 하자는 원상회복의 이념에 비추어 그 성립과 동시에(그 당일부터) 또 채권자의 청구 없이도 당연히 이행지체가 된다고 한다(74다1393)(2회 선택형). ④ 지명채권이 양도된 경우 채무자에 대한 대항요건이 갖추어질 때까지 채권양수인은 채무자에게 대항할 수 없으므로, 이행기의 정함이 없는 채권을 양수한 채권양수인이 채무자를 상대로 그 이행을 구하는 소를 제기하고 소송 계속 중 채무자에 대한 채권양도통지가 이루어진 경우에는 채무자는 **채권양도통지가 도달된 다음 날부터**(이행의 소를 제기한 때가 아님) 이행지체의 책임을 진다(2012다29557)(5회, 7회, 10회, 11회 선택형). ⑤ 추심명령은 압류채권자에게 채무자의 제3채무자에 대한 채권을 추심할 권능을 수여함에 그치고, 제3채무자로 하여금 압류채권자에게 압류된 채권액 상당을 지급할 것을 명하거나 그 지급 기한을 정하는 것이 아니므로, 제3채무자가

압류채권자에게 압류된 채권액 상당에 관하여 지체책임을 지는 것은 집행법원으로부터 추심명령을 송달받은 때부터가 아니라 추심명령이 발령된 후 압류채권자로부터 추심금 청구를 받은 다음날부터라고 하여야 한다(2010다47117)(**9회 선택형**).

2. 위법성

① 이행기에 불이행을 정당화하는 사유, 즉 **동시이행의 항변권, 유치권**이 있다면 이행지체로 되지 않는다. ② 한편, 채무의 이행을 금지하는 보전처분, 즉 채권이 **가압류**(전합93다951)(**2회, 5회 선택형) [08행정]** 또는 가처분(2009다22778)된 경우에도 이행기가 도래하면 채무자는 이행하여야 하고, 그렇지 않으면 이행지체의 책임을 진다.[8]

Ⅱ. 이행지체의 효과(강, 가, 손, 해)   [B-26]

이행지체의 효과로는 ㉠ 강제이행청구권(제389조), ㉡ 손해배상청구권(지연배상, 전보배상), ㉢ 책임의 가중(제392조), ㉣ 계약해제권(제544조) 등이 발생한다.

Set 039　동시이행항변권 ★★★

1. 동시이행항변권이 성립하기 위한 요건(동대, 변, 이)   [B8-2]

ⅰ) 동일한 쌍무계약에 의한 대가적 채무가 존재할 것, ⅱ) 적어도 상대의 채무가 변제기에 있을 것, ⅲ) 상대방이 이행 또는 이행의 제공을 하고 있지 않을 것이 필요하다(제536조).

1. 동일한 쌍무계약에 의한 대가적 채무의 존재

⑴ 동일한 계약상의 의무

① 동시이행은 원칙적으로 동일한 쌍무계약에서 발생한 의무에서 인정되고, 본래의 계약상의 의무가 아니라 별도의 특약에 의한 의무는 원칙적으로 동시이행이 아니다. 가령 "공사도급계약상 도급인의 지체상금채권과 수급인의 공사대금채권은 특별한 사정이 없는 한 동시이행의 관계에 있다고 할 수 없다"(2013다81224,81231).

② 서로 이행의 상대방을 달리하는 경우에는 동시이행의 항변권은 인정되지 않는다. 가령, "근저당권실행을 위한 경매가 무효로 되어 채권자(=근저당권자)가 채무자를 대위하여 낙찰자에 대한 소유권이전등기 말소청구권을 행사하는 경우, 낙찰자가 부담하는 소유권이전등기말소의무는 채무자에 대한

---

8) "채권의 가압류는 제3채무자에 대하여 채무자에게 지급하는 것을 금지하는 데 그칠 뿐 채무 그 자체를 면하게 하는 것이 아니고, 가압류가 있다 하여도 그 채권의 이행기가 도래한 때에는 제3채무자는 그 지체책임을 면할 수 없다고 보아야 할 것이다. 이 경우 가압류에 불구하고 제3채무자가 채무자에게 변제를 한 때에는 나중에 채권자에게 이중으로 변제하여야 할 위험을 부담하게 되므로 제3채무자로서는 민법 제487조의 규정에 의하여 공탁을 함으로써 이중변제의 위험에서 벗어나고 이행지체의 책임도 면할 수 있다고 보아야 할 것이다(현재는 제3채무자의 구제수단으로 민사집행법 제248조 1항 및 제291조 규정에 따른 집행공탁제도가 있다 : 저자주). 제3채무자가 이와 같이 채권의 가압류를 이유로 변제공탁을 한 때에는 그 가압류의 효력은 채무자의 공탁금출급청구권에 대하여 존속한다고 할 것이므로 그로 인하여 가압류 채권자에게 어떤 불이익이 있다고도 할 수 없다"(전합93다951)

것인 반면, 낙찰자의 배당금 반환청구권은 실제 배당금을 수령한 채권자에 대한 채권이므로, 양자는 동시이행의 관계에 있지 않다"(2006다24049)(13회 선택형).

(2) 대가적인 의미가 있을 것(상환성)

동시이행의 관계에 서는 것은 '주된 채무 상호간'이다.

① 判例는 '원칙적'으로 부동산의 매매에서 '매도인의 소유권이전등기의무 및 인도의무'와 '매수인의 잔대금 지급의무'는 동시이행의 관계에 있는 것이라고 한다(91다6368).

② 근저당권이 설정되어 있는 부동산 매매계약의 경우 매도인의 소유권이전의무 외에 근저당권말소의무도 매수인의 대금지급와 동시이행관계에 있는데(91다23103)[9](8회 선택형) [8회 기록형], 이 경우 매수인은 근저당권설정등기가 말소되지 않았음을 이유로 매매대금 전액의 지급을 거절할 수 있는 것은 아니고, 매수인이 근저당권의 피담보채무액을 확인하여 이를 알고 있는 경우에는 확인된 피담보채무액, 그렇지 않은 경우에는 근저당권의 채권최고액에 상당하는 금액에 한하여 그 지급을 거절할 수 있다(96다6554).

(3) 동일성의 유지

① 동시이행관계는 쌍무계약의 당사자 사이에 한하여 인정되는 것은 아니며, 채권이 양도되거나 채무가 인수되더라도 동일성이 인정되는 한 동시이행관계는 존속한다. 마찬가지로 '전부명령'에 의해 (임차보증금반환청구)채권이 타인에게 이전된 때에도 동시이행관계는 유지되며(89다카4298), 채권이 '압류'된 때에도 마찬가지이다(2000다73490).

② 한 쪽의 채무가 급부불능으로 인해 소멸하면 동시이행의 항변권도 소멸한다. 그러나 채무자의 귀책사유로 인해 이행불능이 된 때에는 그 채무는 손해배상채무로 바뀌지만 그 동일성은 유지되므로 동시이행의 항변권도 존속한다(97다30066)(9회 선택형).

※ 비쌍무계약에서의 동시이행항변권(동시이행관계의 확장)   [B8-3]

判例는 고유의 대가관계에 있는 쌍무계약상의 채무가 아니더라도 '이행상 견련관계'를 인정하여야 할 사정이 있는 경우에는 동시이행의 항변권을 넓게 인정한다. 다만 적어도 양 채무가 '동일한 법률요건'으로부터 발생될 것을 요한다.

(1) 명문규정에 의해 인정되는 경우

① 전세권이 소멸한 때에 전세권자의 목적물인도 및 전세권설정등기말소의무와 전세권설정자의 전세금반환의무(제317조)(1회 선택형), 이와 관련하여 判例는 "전세권자가 그 목적물을 인도하였다고 하더라도 전세권설정등기의 말소등기에 필요한 서류를 교부하거나 그 이행의 제공을 하지 아니하는 이상, 전세권설정자는 전세금의 반환을 거부할 수 있고, 이 경우 다른 특별한 사정이 없는 한 그가 전세금에 대한 이자 상당액의 이득을 법률상 원인 없이 얻는다고 볼 수 없다"(2001다62091)(8회 선택형)고 한다. ② 계약해제에 따른 쌍방의 원상회복(제549조), 다만 그 효과와 관련하여 判例는 "제548조 2항은 원상회복의 범위에 속하는 것이며 일종의 부당이득반환의 성질을 가지

---

9) [비교판례] 저당권설정이 된 경우 채무변제가 선이행의무이며, 채무변제와 저당권등기말소는 동시이행관계가 아니다(65다2431). 동일한 취지에서 주택임대차보호법 제3조의3에 따른 임차권등기명령에 의한 임차권등기의 말소의무와 임대차보증금의 반환의무 동시이행관계가 아니라 보증금반환이 선이행의무라는 것이 判例이다(2005다4529)(2회,4회,8회 선택형).

는 것이고 반환의무의 이행지체로 인한 것이 아니므로, 매매계약이 해제된 경우 매도인이 반환하여야 할 매매대금은 '그 받은 날'(해제된 날이 아님)로부터 연 5푼의 비율에 의한 법정이자를 부가하여 지급하여야 한다"고 한다(2000다9123)**(6회, 9회, 11회 선택형)**. ③ 도급에서 완성된 목적물에 하자가 있는 경우에 '담보책임에 따른' 손해배상 할 수급인의 의무와 도급인의 보수지급의무 사이(제667조 3항)

(2) 해석상 인정되는 경우

判例는 ① 계약이 무효 또는 취소된 경우에 당사자 상호간의 반환의무(95다54693), ② 계약해제 시 원상회복의무 뿐만 아니라 손해배상의무 사이(제549조, 제551조 참조)(91다29972)**(8회 선택형)**, ③ 선의 매도인의 담보책임으로 해제권이 적용되는 경우 매도인의 손해배상의무와 매수인의 목적물 및 그 사용이익 반환의무 사이(제571조 1항, 제583조 참조)(92다25946)**(7회 선택형)**, ④ 임대차계약이 만료된 경우에 임차인이 임차물을 인도할 의무와 임대인이 보증금 중 연체차임 등 당해 임대차에 관하여 위 '인도시'(임대차 종료시까지가 아님)까지 생긴 모든 채무를 청산한 나머지를 반환할 의무 사이(전합77다12412) **[2회·4회·8회 기록형, 08법무]**, ⑤ 도급에서 '하자확대손해'로 인한 수급인의 도급인에 대한 '채무불이행에 따른' 손해배상의무와 도급인의 수급인에 대한 공사대금지급의무 사이(제667조 3항 참조, 2004다37676)**(8회, 13회 선택형) [09입법]**

✎ [비교판례] ② 계약해제에 따른 원상회복의무 관련 동시이행관계를 부정한 판례

"매매계약을 체결한 후 매수인 앞으로 소유권이전등기를 마치기 전에 매수인으로부터 다시 매수한 제3자의 처분금지가처분신청으로 매매목적부동산에 관하여 가처분등기가 이루어진 상태에서 매도인과 매수인 사이의 매매계약이 해제된 경우, 제3자가 한 가처분을 매도인의 매수인에 대한 소유권이전등기의무의 일부이행으로 평가할 수 없어 그 가처분등기를 말소하는 것이 매매계약 해제에 따른 매수인의 원상회복의무에 포함된다고 보기도 어려우므로, 가처분등기의 말소와 매도인의 대금반환의무는 동시이행의 관계에 있지 않다"(2009다18526)**(3회, 10회 선택형)**

2. 적어도 상대방의 채무가 변제기에 있을 것

(1) 불안의 항변권

"매매계약을 맺은 후에야 등기부상 매매목적물이 매도인의 소유가 아닌 것이 발견되었다면 매수인은 경우에 따라서는 제588조에 의하여 중도금의 지급을 거절할 수 있고 그렇지 않다고 하더라도 계약에 있어서의 형평의 원칙이나 신의성실의 원칙에 비추어 선행의무에 해당하는 중도금지급의무라 하더라도 그 지급을 거절할 수 있다"(73다1632)[대금거절의 항변권(제588조)과 불안의 항변권(제536조 2항)의 경합 인정]

(2) 선이행의무의 이행지체 중 상대방 채무의 변제기가 도래한 경우 [3회 사례형]

동시이행 항변권의 성립 여부는 이행청구가 행하여진 때를 표준으로 하면 족하므로, "매수인이 선이행하여야 할 중도금 지급을 하지 아니한 채 잔대금지급기일을 경과한 경우에는 매수인의 ⅰ) 중도금 및 ⅱ) 이에 대한 지급일 다음날부터 잔대금지급일까지의 지연손해금과 ⅲ) 잔대금의 지급채무는 매도인의 소유권이전등기의무와 '특별한 사정'이 없는 한 동시이행관계에 있다"(90다19930)**(1회, 3회 선택형)**.

3. 상대방이 이행 또는 이행의 제공을 하고 있지 않을 것 … 동시이행 항변에 대한 재항변

(1) 수령지체자가 동시이행의 항변권을 행사할 수 있는지 여부

判例는 ① 한 번의 수령지체를 이유로 그 항변권을 상실시켜 버리면, 그 후 그 일방이 무자력이 된 경우에 상대방은 반대급부를 받지 못하면서도 자신의 채무만을 이행하여야 하는 점에서 공평에 반하기 때문에 判例는 동시이행의 항변권을 소멸시키려면 이행의 제공이 계속되어야 한다는 계속적 이행제공설의 입장이다(92다56490). ② 다만 이행제공의 정도와 관련해서는 이행의 제공을 엄격하게 요구하면, 불성실한 상대 당사자에게 구실을 줄 수도 있기 때문에 그 요건을 완화하는 바, 소유권이전등기에 필요한 서류 등을 이행장소에 '준비'하여 두고 수령하여 갈 것을 최고(구두제공)하면 된다고 한다(2001다6053).

(2) 동시이행의 항변권과 지체책임

判例는 "과거에 이행의 제공이 있었다는 사실만으로 상대방이 가지는 동시이행의 항변권이 소멸하는 것은 아니므로, 일시적으로 당사자 일방의 의무의 이행 제공이 있었으나 곧 그 이행의 제공이 중지되어 더 이상 그 제공이 계속되지 아니하는 기간 동안에는 상대방의 의무가 이행지체 상태에 빠졌다고 할 수는 없다"(94다26646)고 하여 **계속적 이행제공설**의 입장이다**(2회, 7회 선택형)**. 다만 상당한 시간 간격을 두고 구두제공시 계속제공이 있었다고 본다.

(3) 해제권 행사요건으로서 상당한 기간 내에 이행제공 정도

동시이행관계에 있는 계약을 '이행지체'를 이유로 해제하기 위해서는 이행의 제공을 하여 상대방을 이행지체에 빠뜨린 후[(이 경우는 한 번의 이행제공으로 족하나, "상대방의 행위를 필요로 할 때에는 언제든지 현실로 이행을 할 수 있는 준비를 완료하고 그 뜻을 상대방에게 통지하여 그 수령을 최고하여야만 상대방으로 하여금 이행지체에 빠지게 할 수 있고, 단순히 이행의 준비태세를 갖추고 있는 것만으로는 부족하다"(85다카2197 등)], 상당기간이 경과하여야 하는데(제544조), 그 상당기간이 경과할 때까지 이행의 제공을 계속해야 하는지 문제된다. 이에 대해 判例는 "쌍무계약의 일방당사자가 **이행기에 한 번 이행제공을 하여서 상대방을 이행지체에 빠지게 한 경우**, 신의칙상 이행을 최고하는 일방당사자로서는 그 채무이행의 제공을 계속할 필요는 없다 하더라도 상대방이 최고기간 내에 이행 또는 이행제공을 하면 계약해제권은 소멸되므로 상대방의 이행을 수령하고 자신의 채무를 이행할 수 있는 정도의 준비가 되어 있으면 된다"(81다카1283,1284)고 한다.[10] **[13법행]**

Ⅱ. 동시이행항변권의 효과
[B8-4]

1. 존재의 효과(존재효, 당연효)

(1) 이행지체 저지효

동시이행의 항변권을 가지는 채무자는 자신의 채무를 이행하지 않는 것이 정당한 것으로 인정되기 때문에, 비록 이행기에 이행을 하지 않더라도 이행지체가 되지 않는다(제390조 단서). 이행지체책임의 면책의 효력은 그 항변권을 행사·원용하지 않아도 발생한다(2010다47438)**(11회 선택형)**.

---

10) **[판례검토]** 계약의 목적을 달성하기 위한 기회를 부여한다는 최고제도의 취지상 채권자는 최고기간 동안 채무자의 이행을 수령하고 자신의 반대채무를 이행할 수 있는 정도의 준비만 하고 있으면 충분하다.

(2) 상계금지효

① **[원칙]** 동시이행의 항변권이 붙어 있는 채권은 이를 '자동채권'으로 하여 상계하지 못한다. 이를 허용하면 상대방은 이유 없이 동시이행의 항변권을 잃기 때문이다(2002다25242)**(1회 선택형)**.

② **[예외]** 다만 자동채권과 수동채권이 서로 동시이행관계에 있는 경우에는 '양 채무를 현실적으로 이행하여야 할 필요성이 없는 한' 동시이행의 항변권이 붙어 있는 채권을 자동채권으로 하는 상계도 허용된다(2004다54633). **[08행정]** 상계를 허용함으로써 오히려 당사자 사이의 채무 변제를 용이하게 처리할 수 있기 때문이다. 그래서 금전채무 상호 간에 동시이행관계가 있는 경우에는 일반적으로 상계가 허용되며, 判例는 도급인이 손해배상청구권을 자동채권으로 하고 그와 동시이행관계에 있는 수급인의 공사대금채권(제667조 3항)을 수동채권으로 하여 상계할 수 있음을 전제로 한다(96다7250, 7267).

2. 행사의 효과

(1) 이행거절 권능 : 변론주의와 관련

동시이행의 항변권은 상대방의 채무이행이 있기까지 자신의 채무이행을 거절할 수 있는 권리로서, 이행거절 권능이 주어지는데 그 중심적 효력이 있다. 다만 항변권이기 때문에, 이를 주장하는 때에 한해 그 효력이 발생한다. 즉 주장이 없는 경우에는 상대방의 청구권은 그대로 효력을 발생하며(비록 상대방이 채무의 이행을 제공하지 않더라도), **법원도 주장이 없는 한 항변권의 존재를 고려할 필요 없이 상대방의 청구를 인용하여야**(단순이행판결)한다(90다카25222)**(3회 선택형)**.

(2) 소송상의 효력 : 처분권주의와 관련

동시이행의 항변권은 상대방의 청구를 전적으로 부인하는 것이 아니라, 상대방이 이행을 제공할 때까지 이행을 거절할 수 있는 것에 지나지 않기 때문에, 피고는 원고의 이행과 상환으로 이행하여야 한다고 판결(일부승소판결 : 상환급부판결)하여야 한다. 이 판결에 기하여 강제집행을 함에 있어서 원고의 반대급부 이행은 **집행문 부여의 요건이 아니라 집행개시의 요건이다**(민사집행법 제41조).

3. 기타의 효과

(1) 권리행사의 적법

동시이행의 항변권에 기한 점유는 적법점유로 된다. 그러나 동시이행 관계인 경우에도 부당이득은 성립할 수 있다. 왜냐하면 유치권, 동시이행항변권에 따른 인도거절권능은 '점유'를 정당화시켜줄 뿐 점유에 따른 '사용이익의 보유'를 정당화시켜주지는 않으므로 점유·사용에 따른 부당이득은 성립하기 때문이다. 다만, 이러한 경우에도 실질적인 이득이 있어야 부당이득반환의무를 진다(98다15545). 그리고 **동시이행관계에 있더라도 원칙적으로 소멸시효는 진행한다**(90다9797)**(4회, 5회, 6회 선택형)**.

(2) 동시이행 항변권과 권리남용

동시이행의 항변권을 주로 '자기 채무의 이행을 회피하기 위한 수단'으로 이용하는 경우 그러한 항변권의 행사는 권리남용으로 될 수 있다(2001다9304, 99다34697).

Ⅰ. 이행불능의 요건(후불, 귀, 위)　　　　　　　　　　　　　　　　　　　　　[B-29]

이행불능책임이 성립하기 위해서는 ⅰ) 채권관계 성립 이후에 이행이 불능으로 되었을 것, ⅱ) 채무자의 귀책사유가 있을 것, ⅲ) 위법할 것을 요한다.

✎ 후발적 불능

判例는 "채무의 이행이 불능이라는 것은 단순히 절대적·물리적으로 불능인 경우가 아니라 사회생활에 있어서의 **경험법칙 또는 거래상의 관념**에 비추어 볼 때 채권자가 채무자의 이행의 실현을 기대할 수 없는 경우를 말한다"(2000다22850)**(12회 선택형)**고 하며, "매매나 증여의 대상인 권리가 타인에게 귀속되어 있다는 이유만으로 채무자의 계약에 따른 이행이 불능이라고 할 수 없다고 하면서, 특히 채권자가 굳이 채무의 본래 내용대로의 이행을 구하고 있는 경우에는 쉽사리 채무의 이행이 불능으로 되었다고 보아서는 아니된다"(2016다200729)**(12회 선택형)**고 한다.

⑴ 부동산의 이중양도

① 매매목적물에 관하여 이중으로 제3자와 매매계약을 체결하였다는 사실만 가지고는 매매계약이 법률상 이행불능이라고 할 수 없으나(94다32207)**(12회 선택형)**, 부동산을 이중매도하고 매도인이 그 중 1인에게 먼저 소유권명의를 이전하여 준 경우에는 유효한 명의신탁관계처럼 소유권의 회복이 가능하여 다른 1인에게 이전등기해 줄 수 있는 특별한 사정이 없는 한(2009다99129), 다른 1인에 대한 소유권이전등기의무는 이행불능상태에 있다(65다947). ② 그러나 소유권이전등기의무자가 그 부동산에 제3자 명의로 가등기를 마쳐 주었다 하여도, 가등기는 본등기의 순위보전의 효력을 가지는 것에 불과하고 또한 그 소유권이전등기의무자의 처분권한이 상실되는 것도 아니므로, 그 가등기만으로는 소유권이전등기의무가 이행불능된다고 할 수 없다(93다12268). 단, 가등기에 기한 본등기가 경료되면 이행불능으로 된다.

⑵ 가압류·처분금지가처분

매매계약 성립 후 매도인의 채권자가 목적물을 '가압류·처분금지가처분'을 하였더라도, 매도인이 말소하여 완전한 소유권을 이전할 수 있다면, 매도인의 소유권이전의무가 이행불능이 되었다고 할 수 없다. 단, 매도인이 '무자력'인 경우에는 이행불능이 될 수 있다(2000다47361)**(9회, 12회 선택형)**.

Ⅱ. 효 과(손, 해, 대)　　　　　　　　　　　　　　　　　　　　　　　　　　[B-30]

이행불능의 효과로는 ⅰ) 손해배상청구권(전보배상), ⅱ) 계약해제권(제546조), ⅲ) 대상청구권 등이 발생한다.

1. 손해배상청구권(전보배상)

⑴ 일부불능

일부불능의 경우에는 '목적의 달성'이 가능하면 잔존가능급부의 청구와 더불어 불능급부에 대한 손해배상을 함께 청구할 수 있고, 목적달성이 불가능하다면 전부가 불능이다(95다5929)**(2회 선택형)**.

(2) 물권적 청구권의 이행불능으로 인한 전보배상청구가 인정되는지 여부

判例는 "채무불이행을 이유로 하는 손해배상청구권은 계약 또는 법률에 기하여 이미 성립하여 있는 채권관계에서 본래의 **채권이 동일성을 유지**하면서 그 내용이 확장되거나 변경된 것으로서 발생한다. 그러나 물권적 청구권은 그 권리자인 소유자가 소유권을 상실하면 이제 그 **발생의 기반이 아예 없게 되어** 더 이상 그 존재 자체가 인정되지 아니하는 것이므로" 물권적 청구권의 이행불능으로 인한 전보배상청구권이 인정될 수 없다고 한다(전합2010다28604)**(7회, 9회 선택형)**[11][12]

2. 계약해제권

이행불능의 경우에는 계약을 해제하기 위해 '**최고**'할 필요가 없고(제546조), 동시이행관계에 있다고 하더라도 '이행의 제공'을 할 필요도 없다(2000다22850).

3. 손해배상자의 대위

채권자가 그 채권의 목적인 물건 또는 권리의 '**가액전부**'를 손해배상으로 받은 때에는 채무자는 그 물건 또는 권리에 관하여 당연히 채권자를 대위한다(제399조)**(4회 선택형)**.

Set 041　대상청구권 ★★★

🖋 대상청구권이 핵심쟁점인 경우 기본적으로 검토해야 할 쟁점은 ① 인정여부, ② 인정요건, ③ 행사방법, ④ 행사범위, ⑤ 제537조와의 관계(또는 제390조와의 관계)

I. 의 의　　　　　　　　　　　　　　　　　　　　　　　　　　　　　　　[B9-1]

'대상청구권'이란 i) 급부가 후발적으로 불능이 된 경우, ii) 그 급부불능을 발생케 한 것과 동일한 원인에 의하여, iii) 채무자가 이행의 목적물에 갈음하는 이익(代償)을 취득한 경우에, 채권자가 채무자에게 그 이익을 청구할 수 있는 권리이다.

II. 대상청구권의 인정 여부　　　　　　　　　　　　　　　　　　　　　　[B9-2]

① 判例는 '토지매매계약' 성립 후 그 토지가 '강제수용'됨으로써 채무자의 소유권이전의무가 이행불능이 된 사안에서 "우리 민법은 이행불능의 효과로서 채권자의 전보배상청구권과 계약해제권 외에 별도로 대상청구권을 규정하고 있지 않으나 **해석상 이를 부정할 이유가 없다**"(92다4581)**(12회 선택형)**고 하여 대상청구권을 정면에서 긍정하였다(채권관계의 延長效).

---

11) **[비교판례]** 당해 전합2010다28604판결은 "피고가 원고를 '강박'하여 부동산에 관한 소유권이전등기를 마친 다음 타인에게 매도하여 소유권이전등기를 경료하여 준 경우, 원고가 등기명의인을 상대로 제기한 소유권이전등기 말소청구소송 또는 진정명의회복을 위한 소유권이전등기청구소송이 패소확정되면 그 때에 피고의 목적 부동산에 대한 소유권이전등기 말소등기 의무는 이행불능 상태에 이르고, 위 등기 말소청구소송 등에서 등기명의인의 등기부 취득시효가 인용된 결과 원고가 패소하였다고 하더라도 등기부 취득시효 완성 당시에 이행불능 상태에 이른다고 볼 것은 아니다"(2005다29474)라는 판결은 변경하지 않았는데, **[판례해설]** 그 이유는 사안에서 원고가 피고에 대하여 갖는 소유권이전등기 말소청구권은 채권적 청구권(부당이득반환청구권)과 물권적 청구권(소유권에 기한 방해배제청구권)의 성질을 함께 갖고 있기 때문인 것으로 보인다.

12) **[판례검토]** 채무의 이행불능을 이유로 하는 손해배상채무(제390조) 등의 채무불이행책임은 물권적 청구권의 성질에 반하므로, 判例의 태도는 타당하다.

② 다만 최근에 判例는 '취득시효'가 완성된 토지가 '협의수용'됨으로써 취득시효 완성을 원인으로 하는 소유권이전등기의무가 이행불능이 된 경우에, 대상청구권을 행사하기 위한 요건으로 "수용으로 인한 불능 전에 시효완성으로 인한 권리주장 또는 등기청구권의 행사가 있었어야 한다"(94다43825)고 하여 제한적인 해석을 하고 있다.[13]

Ⅲ. 요 건(급, 후, 대, 반)   [B9-3]

대상청구권이 성립하기 위해서는 ㉠ 물건·권리의 급부를 목적으로 하는 채권일 것, ㉡ 급부의 후발적 불능이 있을 것, ㉢ 이행의 목적물에 갈음하는 이익(代償)을 취득할 것(인과관계) 등의 요건이 필요하다. ㉣ 아울러 判例에 따르면 쌍무계약의 경우에는 채권자의 상대방(채무자)에 대한 반대급부 이행가능성이 있어야 한다고 한다.[14]

Ⅳ. 효 과   [B9-4]

1. 채권적 청구권(행사방법)

대상청구권은 채권적인 청구권이다. 따라서 대상청구권의 요건이 갖추어졌다고 하여 대체이익이 직접 이전되지는 않는다. 결국 대상청구권의 행사는 ① 채권자가 채무자에 대하여 그가 지급받은 손해배상금의 반환을 구하거나, ② 채무자로부터 손해배상청구권을 양도받아 손해배상금을 지급받는 식으로 행사하여야 한다. 대상청구권은 채무자의 이행이 불능한 시점부터 10년의 소멸시효에 걸린다(99다23901)(2회 선택형). 그리고 判例는 "대상청구권의 행사로서 그 토지의 소유자가 토지의 대가로서 지급받은 수용보상금의 반환을 청구할 수 있다고 하더라도, 시효취득자가 직접 토지의 소유자를 상대로 공탁된 토지수용보상금의 수령권자가 자신이라는 '확인'을 구할 수는 없다"(95다2074)고 한다(13회 선택형).

2. 대상청구권의 행사범위가 채권자 손해의 한도로 제한되는지 여부(행사범위)

최근 대법원은 매매의 목적물이 화재로 소실됨에 따른 화재보험금[15]에 대해 매수인의 대상청구권을 인정하면서 화재보험금 전부에 대해 대상청구권을 행사할 수 있는 것이지 매매대금 상당액의 한도 내로 그 범위가 제한된다고 할 수 없다고 판시하여 무제한설에 가까운 입장(매수인의 손해는 화재로 소실될 당시의 목적물의 시가상당액이다)을 밝혔다(2013다7769)(9회, 12회 선택형).

---

13) [판례검토] 당해 判例는 손해배상청구권의 성립요건(귀책사유 필요)과 대상청구권(귀책사유 불필요)의 성립요건을 혼동한 것이라는 비판이 있으나, 시효완성사실에 대해 선의·무과실인 소유자의 처분을 적법하다고 판단하는 한, 특별한 사정이 없다면 적법한 행위로 빚어진 결과를 시정할 필요성이 없다는 점에서 判例의 태도가 타당하다.

14) [사실관계] A와 B는 A소유 임야와 B소유 대지에 대해 '교환계약'을 맺었는데, 그 후 한국토지개발공사가 (구) '공공용지의 취득 및 손실보상에 관한 특례법'에 의해 A의 임야를 협의매수하고 보상금으로 1억원, 또 B의 대지를 협의매수하고 보상금으로 1억 6,000만원을 각 지급하였다. 이에 A가 B를 상대로 대상청구권을 행사하면서 위 보상금의 차액인 6,000만원의 반환을 청구한 사안에서 判例는 '반대급부의 이행가능성이 없다'는 이유로 대상청구권을 행사할 수 없다고 한다.

15) [학설] 보험계약이라는 별도의 행위로 인하여 발생한 것이므로 대상이라고 할 수 없다는 견해도 있으나, 보험금청구권은 보험계약과 아울러 보험사고가 있어야 발생하는 것이므로, 이행불능과의 사이에 인과관계를 부정할 수 없다.

3. 명문의 규정과의 관계

(1) 손해배상청구권과의 관계

이행불능이 채무자의 '책임 있는' 사유로 인한 경우에 채권자는 대상청구권과 손해배상청구권을 모두 가지게 된다. 그러나 어느 하나를 선택함으로써 당연히 타방의 권리가 소멸하는 것은 아니고 선택한 권리가 다 만족될 때까지는 소멸하지 않는다.

(2) **채권자의 반대급부**(위험부담과의 관계)

대상청구권은 채권자의 권리이지 의무가 아니므로, 쌍무계약에 기한 채무가 채무자에게 '책임 없는' 사유로 소멸한 경우에, 채권자는 제537조에 의하여 자신의 채무를 면할 수도 있고, 대상청구권을 행사할 수도 있다. 다만 이 경우 채권자가 대상청구권을 행사한 경우에는 채권자는 그 한도에서 자신의 반대급부를 이행하여야 한다**(2회 선택형).**

Set 042 | 이행거절 ★★★

※ 이행거절, 채권자지체 논리(사례)구조

✎ 쌍무계약에서는 채무자의 지위가 동시에 채권자의 지위이기 때문에 채권자 지체 책임과 채무자의 채무불이행 책임은 동전의 양면과 같다. 또한 쌍무계약에서는 이행상의 견련성의 문제인 동시이행항변권과 존속상의 견련성의 문제인 위험부담이 문제된다.

> 甲은 X토지 소유자 乙과 X토지를 매수하기로 하는 계약을 체결하고 계약금을 지급한 후, 보름 후 중도금을 지급하고 1달 후 잔대금과 상환으로 소유권이전등기에 필요한 제반서류를 넘겨받기로 약정하였다. 그런데 乙은 아무런 이유없이 중도금의 수령을 여러차례 거절하였다. 매수인 甲의 구제수단은?

Ⅰ. 채권자(乙)의 채권자 지체 성립여부 측면

① 채무자(甲)의 변제제공 여부(제460조) ⇒ ② 변제제공의 효과(제461조, 변제공탁(제487조), 채권자지체 : 특히 채권자지체 성부) ⇒ ③ 채권자(乙)지체에 따른 효과(제401조 내지 제403조, 계약해제권 인정 여부)

Ⅱ. 채무자(乙)의 이행기(잔금지급 기일) 前 이행거절 성립여부 측면

① 채무불이행의 유형으로서 이행거절의 독자성 인정 여부(신의칙) ⇒ ② 채무자(乙)의 행위가 이행거절로 인정될 수 있는지 여부 검토(진지하고 종국적인 거절의 의사가 있는지 여부) ⇒ ③ 이행거절의 효과(강제이행청구권, 전보배상청구권, 계약해제권)

Ⅰ. 서 설

[B-31]

이행거절이란 채무자가 채무의 '이행이 가능'함에도 이를 행할 의사가 없음을 채권자에 대하여 진지하고 종국적으로 표시하여 객관적으로 보아 채권자로 하여금 채무자의 임의의 이행을 더 이상 기대할 수 없게 하는 상태를 말한다. 判例는 이행기전의 이행거절을 채무불이행의 독립된 유형으로 직접적으로 선언하고 있지는 않으나, "채무자가 채무를 이행하지 아니할 의사를 명백히 표시한 경우에 채권자는 신의성실의 원칙상 이행기 전이라도 이행의 최고 없이 채무자의 이행거절을 이유로 ⅰ) 계약을 해제하거나, ⅱ) 채무자를 상대로 손해배상을 청구할 수 있다"(2005다63337)고 판시하는 등 이행거절의 개념 자체는 인정하고는 있다.[16]

Ⅱ. 이행거절의 요건(이, 거, 귀, 위)

[B-33]

이행거절이 성립하기 위해서는 ㉠ 이행이 가능할 것, ㉡ 진지하고 종국적인 이행거절의 의사일 것, ㉢ 채무자의 귀책성이 있을 것, ㉣ 이행거절이 위법할 것을 요한다.

1. 판례가 이행거절로 인정한 경우

① 채무자가 근거 없이 계약의 불성립이나 무효 등을 주장하는 경우(76다2218). ② 채무자가 오히려 채권자가 계약을 위반하였다고 근거 없이 주장하거나, 나아가 이를 이유로 계약을 해제하는 등의 조치에 나아가는 경우(89다카29). ③ 채권자가 제공하는 반대채무의 이행을 계속적으로 수령하지 않는 경우(영구적 불수령 = 수령지체)(81다633등)(2회, 7회 선택형)등을 들 수 있다.

2. 판례가 이행거절로 인정하지 않은 경우

특히 '묵시적 이행거절의사'를 인정하기 위해서는 그 거절의사가 정황상 분명하게 인정되어야 하므로 判例는 ① 매수인이 수차 매매잔대금 지급의 연기를 요청하였다는 것만으로 채무를 이행하지 아니할 의사를 명백히 한 것으로 볼 수는 없고(90다카23882), ② 피고가 임대차계약상 특약사항으로 정한 난방공사 방식에 관해 다른 제안을 했었던 원고에게 원래 특약사항대로 이행할 의사가 있는지 묻는 문자를 보낸 후 그에 대한 답변이 없자 당일 곧바로 특약사항의 이행거절을 이유로 계약 해제통보를 한 사안에서, 피고가 이행거절의 의사를 표시했다고 볼 수 없다고 보았다(2018다214210).

Ⅲ. 이행거절의 효과(강, 전, 해)

[B-33]

이행거절의 효과로는 ㉠ 계약해제권(신의칙), ㉡ 전보배상청구권(2004다53173)(7회 선택형), ㉢ 강제이행청구권이 발생한다.

1. 전보배상청구권

'이행기 전'이라도 '이행의 최고를 할 필요 없이' 바로 전보배상을 청구할 수 있고(2004다53173), 이행거절 당시의 급부목적물의 시가를 표준으로 한다(2005다63337)(6회 선택형)

---

16) **[판례검토]** 민법은 채무불이행에 대한 일반조항(제390조)을 두고 있다는 점과 이행거절은 다른 채무불이행의 유형과는 요건과 효과가 구별된다는 점 등에서 독자적인 채무불이행의 유형으로 인정할 실익이 있다.

2. 계약해제권

① '이행기 전 이행거절'의 경우 이행기의 도래여부와 관계없이 '신의칙상 최고 없이도' 계약을 해제할 수 있으며(2004다53173)(**7회 선택형**)('제544조 본문'과 구별), ② '이행기 후 이행거절'의 경우, '신의칙상 자기 채무의 이행제공이나 최고 없이도' 계약을 해제할 수 있다(2010 다77385). 즉, 쌍무계약에 있어 상대방의 동시이행의 항변권을 깨뜨리기 위해 자기 채무의 이행제공을 할 필요가 없다(93다11821 참고)('제544조 단서'와 구별) [**6회 기록형**]

Ⅳ. 이행거절과 채권자지체   [B-34]

1. 문제점

쌍무계약에서 채권자의 자기 채무에 대한 이행거절은 동시에 채무자의 채무에 대한 영구적 불수령(채권자 지체)을 의미할 수도 있다. 그런데 이런 경우 변제제공의 효과(지체책임 면책, 공탁, 동시이행의 항변 저지 등)가 발생하기 위해서는 채무자의 구두제공조차 필요하지 않은데(대판 1995.4.28. 94다16083), 채권자지체의 성립에서도 마찬가지인가 하는 점이 문제된다. 즉 진지하고 종국적인 수령거절이 있으면 제400조의 '이행의 제공'으로도 볼 수 있지 않는지 문제된다(만약 이를 인정한다면 제538조 1항 2문이 적용될 수 있다).

2. 판 례

判例는 채권자가 미리 수령을 확고하게 거절한 경우에는 채무자는 구두제공조차 하지 않더라도 채무불이행책임을 면하나(제460조·제461조), 대가위험을 상대방에게 이전시키기 위해서는(제538조 1항 2문) 채무자의 변제제공(현실제공이나 구두제공)이 필요하다고 한다(2001다79013)(**6회 선택형**).[17)]

Set 043 | 불완전이행 ★

Ⅰ. 불완전이행의 요건(이, 불, 귀, 위)   [B-37]

불완전이행이 성립하기 위해서는 ⅰ) 이행행위의 존재, ⅱ) 이행행위가 불완전할 것, ⅲ) 채무자의 귀책사유가 있을 것, ⅳ) 위법할 것을 요한다. [**13회 사례형**]

Ⅱ. 불완전이행의 효과   [B-38]

① 완전이행 또는 추완이 가능한 경우 ⅰ) 완전이행청구권 또는 추완청구권, ⅱ) 손해배상청구권, ⅲ) 계약해제권(제544조 유추적용)이 인정되고, ② 완전이행이나 추완이 불가능하거나 채권자에게 이익이 없는 경우 ⅰ) 손해배상청구권, ⅱ) 계약해제권(제546조 유추적용)이 인정된다.

---

17) [**판례검토**] 만일 이행제공을 하지 않더라도 대가위험이 이전된다고 해석하면, 대가위험의 이전이라는 매우 중대한 효과가 '채권자가 변제를 받지 아니할 의사가 확고한 경우'라는 불명확한 요건에 좌우되게 되어 법적 안정성을 해칠 우려가 있다. 또한, 제460조의 변제제공은 이행지체책임을 면하게 하는 것임에 반해, 채권자지체는 채권자에게 일정한 불이익을 부과하는 것이므로 양자의 처리를 동일하게 할 필요가 없다. 따라서 判例의 입장은 타당하다.

Ⅰ. 손해의 종류

[B-40]

1. 재산적 손해, 비재산적 손해

① 判例는 '채무불이행'으로 인한 비재산적 손해의 배상은 원칙적으로 특별손해(제393조 2항)로 보고 있으나(95다12798등)**(12회 선택형)**, 진료계약상 채무불이행책임에서 정신적 손해는 통상손해라고 한다(2016다244491). ② 判例는 채무불이행으로 인한 유족의 위자료청구권 인정 여부에 대해서는 계약의 당사자가 아니라는 이유로 제752조의 유추적용을 부정한다(2000다38718)[18]

🖋 **[관련판례]** "건물신축 도급계약에서 수급인이 신축한 건물에 하자가 있어 도급인이 받은 정신적 고통은 하자가 보수되거나 이에 갈음하여 손해배상이 이루어짐으로써 회복되는 것이 보통이고, 이것만으로는 회복될 수 없는 정신적 고통을 입었다는 특별한 사정이 있고 수급인이 이에 대한 예견가능성이 있는 때에 한해 위자료를 인정할 수 있다"(95다12798)**(12회 선택형).**

2. 이행이익, 신뢰이익

(1) 이행이익

채무자가 채무를 이행하였더라면 채권자가 얻었을 이익을 이행이익이라고 하는데, ① 채무불이행 책임에서 지연배상 또는 전보배상, ② 타인권리의 매매로 인한 담보책임과 종류매매에 관한 하자담보책임이 '이행이익손해'의 배상에 속한다. 주의할 것은 채무가 제대로 이행되었더라도 어차피 지출하였을 '비용'(예컨대 계약비용, 이행준비비용 등)은 이행이익에 포함되지 않는다.

(2) 신뢰이익

① '계약의 유효를 믿음'으로 인하여 입게 된 손해(제535조), ② '계약의 이행을 믿고' 지출한 비용(제551조), ③ '계약의 체결을 믿음'으로 인하여 입게 된 손해(계약교섭의 부당파기), ④ '목적물에 하자가 없다고 믿음'으로 인하여 입게 된 손해(하자담보책임 제580조)는 '신뢰이익손해'의 배상에 속한다.

Ⅱ. 손해배상의 방법과 범위

[B-41, B-42]

1. 손해배상의 방법 [08 · 11 · 13사법, 07행정]

우리 민법은 다른 의사표시가 없으면 손해는 금전으로 배상한다고 하여 '금전배상'을 원칙으로 한다(제394조, 제763조). 따라서 判例는 "법률에 다른 규정(제764조 등)이 있거나 당사자가 다른 의사표시를 하는 등 특별한 사정이 없는 이상 불법행위자에 대하여 원상회복청구는 할 수 없다"(96다10638)고 한다.

---

18) "숙박업자가 숙박계약상의 고객 보호의무를 다하지 못하여 투숙객이 사망한 경우, 숙박계약의 당사자가 아닌 그 투숙객의 근친자가 그 사고로 인하여 정신적 고통을 받았다 하더라도 숙박업자의 그 망인에 대한 숙박계약상의 채무불이행을 이유로 위자료를 청구할 수는 없다"

2. 손해배상의 범위

(1) 통상손해

타인 소유의 토지를 법률상 권원 없이 점유한 때에는 점유토지의 임료 상당액(93다51539)[이 때 손해의 유무는 가해자의 점유 여부가 아니라 사용권능의 침해여부에 있다(2011다74949)], 임차인이 임차물을 멸실한 때에는 그 임차물의 시가, 매도인의 이행이 불가능하게 된 경우에 이행불능 당시의 시가 상당액(지연이자 상당액을 포함하며 이중매매로 인한 이행불능의 경우와 같이 이미 매수인이 매매대금을 지급하였다면 이행불능 당시의 시가 상당액에서 매매대금을 공제한 금액)**(12회 선택형)**, 임차물반환채무의 이행지체의 경우에는 지연된 기간 동안의 차임, 금전채무의 이행지체에서는 지연된 기간 동안의 이자에 상당하는 금액(2005다75897)**(1회 선택형)**이 각각 통상손해에 해당한다.

(2) 특별손해

제393조 2항의 '특별한 사정으로 인한 손해'는 당사자들의 개별적, 구체적 사정에 따른 손해를 말하며(2018다286550)**(12회 선택형)**, 특별한 사정으로 인한 손해는 채무자가 그 사정을 알았거나 알 수 있었을 때에 한하여 배상의 책임이 있다(제393조 2항).

이 때 예견가능성의 대상은 손해의 원인이 된 '특별한 사정'이지 '손해' 자체는 아니며, 이러한 사정에 대한 예견가능성의 판단시기에 대해 判例는 계약체결시에는 채무자가 특별사정의 존재를 몰랐다고 하더라도 '채무불이행시'까지 알았거나 알 수 있었으면 된다고 한다(84다카1532).

✎ 위법행위(주로 불법행위)에 따른 물건의 멸실·훼손에 따른 손해   [판례연구 B-05]

(1) 수리비 혹은 교환가치의 감소액(적극손해 관련)

위법행위로 인하여 물건이 '훼손'되었을 때

① 수리가 가능한 경우에는 '수리비'가 통상의 손해이나, '수리비가 과다하여 목적물의 시가를 상회'한다면 형평의 원칙상 그 손해액은 멸실에 준하여 그 목적물의 교환가치 범위 내로 제한된다(94다3964).

② 수리가 불가능한 경우에는 '교환가치의 감소액'이 통상손해이고, 수리를 한 후에도 일부 수리가 불가능한 부분이 남아있는 경우에는 '수리비 외에 수리불능으로 인한 교환가치의 감소액'도 통상의 손해에 해당한다(2016다248806). 수리가 불가능할만큼 물건이 '멸실'된 경우에는 그 당시의 시가 상당액, 즉 교환가치가 통상손해에 해당한다.

(2) 휴업손해(소극손해 관련)

물건멸실의 경우 시가 상당, 즉 교환가치가 통상손해에 해당하는데, 그로 인한 사용이익(휴업손해)의 상실도 통상손해에 해당하는지 문제된다.

목적물의 멸실에 의한 교환가치 상실에 따른 손해는 '적극손해'인데, 휴업손해는 장래 얻을 수 있었던 수익의 상실로서 '소극손해'에 해당하므로 양자는 별개의 손해로 보는 것이 타당하므로, 대법원은 전원합의체판결로써 멸실과 훼손의 경우 모두 교환가치와는 별도로 휴업손해를 배상하여야 하는 것으로 견해를 바꾸었다.

① 즉, 수리가 가능할 만큼 물건이 '일부 훼손'된 경우에 그 수선에 소요되는 기간 중 소유자가 사용을 하지 못함에 따라 입은 손해는 통상의 손해에 해당한다고 하며(72다1820), 다만 수리비가 과다하여 목적물의 시가를 상회한다면 형평의 원칙상 그 손해액은 멸실에 준하여 그 목적물의 교환가치 범위 내로 제한되어야 한다고 본다(94다3964)**(11회, 12회 선택형)**.

② "**(불법행위로) 영업용 물건이 '멸실'된 경우**, 이를 대체할 다른 물건을 마련하기 위하여 필요한 합리적인 기간 동안 그 물건을 이용하여 영업을 계속하였더라면 얻을 수 있었던 이익, 즉 휴업손해는 그에 대한 증명이 가능한 한 통상의 손해로서 그 교환가치와는 별도로 배상하여야 하고, 이는 영업용 물건이 일부 손괴된 경우, 수리를 위하여 필요한 합리적인 기간 동안의 휴업손해와 마찬가지라고 보아야 할 것"이라고 하였다(전합2001다82507)**(12회 선택형)**

🔖 "임대인의 귀책사유에 의하여 임대인으로서의 의무가 이행불능이 되어 임대차계약이 종료된 경우, 임차인으로서는 임대인에 대하여 그 임대차보증금 반환청구권을 행사할 수 있고 그 이후의 차임지급의무를 면하는 한편, 그 임대차 목적물을 대신할 다른 목적물을 마련하기 위하여 합리적으로 필요한 기간 동안 그 목적물을 이용하여 영업을 계속하였더라면 얻을 수 있었던 이익, 즉 휴업손해를 그에 대한 증명이 가능한 한 통상의 손해로서 배상을 받을 수 있을 뿐이며, 그 목적물의 임대차기간 만료시까지 그 목적물을 사용·수익할 수 없음으로 인한 일실수입 손해는 이를 별도의 손해로서 그 배상을 청구할 수 없다"(2005다16591,16607).

3. 손해배상액 산정의 기준시점(전보배상의 경우만 문제)[19]

判例에 따르면 ① '이행지체'에 의한 전보배상(제395조)에 있어서의 손해액 산정은 본래의 의무 이행을 최고한 후 상당한 기간이 경과한 당시의 시가를 표준으로 하고,[20] ② '이행불능'으로 인한 전보배상액은 이행불능 당시의 시가 상당액을 표준으로 하며, ③ '이행거절'로 인한 채무불이행에서의 손해액 산정은, 채무자가 이행거절의 의사를 명백히 표시하여 최고 없이 계약의 해제나 손해배상을 청구할 수 있는 경우에는 이행거절 당시의 급부목적물의 시가를 표준으로 해야 한다(2005다63337)**(6회 선택형)**고 한다.

---

19) 책임원인발생시와 사실심변론종결시 사이에 가격변동이 있는 경우 논의의 실익이 있다.
20) 사실심변론종결 당시의 시가를 표준으로 하여야 한다는 判例도 있다(68다1726).

※ 손해배상액의 예정 논리구조(특히 채무액에 대한 손해배상액 예정 총액이 30%이상인 경우)

Ⅰ. 계약위반 여부 확정

Ⅱ. 특약내용의 확정

1. 손해배상액 예정과 위약벌의 구별

2. 손해배상액 예정으로서의 계약금

3. 손해배상액 예정의 추정(제398조 4항)

Ⅲ. 면책사유 여하

1. 손해배상액 예정의 유효여부

(1) 제103조·제104조 위반 여부

(2) 일방적 손해배상액 예정이 가능한지

2. 예정배상액 청구의 행사요건

(1) 손해발생 요부

(2) 채무자의 귀책사유 요부

Ⅳ. 감액사유 여하

1. 제398조 2항에 의한 감액 여부[계약자유의 원칙과 예외로서의 배상액 감액 인정여부]

2. 제396조에 의한 감액 여부

Ⅰ. 서 설　　　　　　　　　　　　　　　　　　　　　　　　　　　　　　　　[B10-1]

① 손해배상액의 예정이란 채무불이행의 경우에 채무자가 지급하여야 할 손해배상액을 당사자 사이의 계약으로 '미리' 정하여 두는 것을 말한다(제398조 1항). 이는 채무불이행을 정지조건으로 하는 '조건부계약'이며 기본채권관계에 '종된 계약'이다(2회 선택형).

② 그러나 손해배상액의 예정은 이행의 청구나 계약의 해제에 영향을 미치지 않는다(제398조 3항)(7회 선택형). 따라서 제398조 1항 및 3항의 취지상 채무불이행을 이유로 계약을 해제하더라도 손해배상액의 예정은 실효되지 않고 전보배상에 관하여 손해배상액의 예정에 따라 그 배상액을 정해야 한다(2019다292736)(12회 선택형).

Ⅱ. 요 건　　　　　　　　　　　　　　　　　　　　　　　　　　　　　　　　[B10-2]

1. 손해배상액 예정의 성립요건(유효요건)

㉠ 채권이 존재할 것, ㉡ 채무불이행 발생 전에 체결할 것, ㉢ 선량한 풍속 기타 사회질서에 반하지 않을 것, ㉣ 배상액예정의 방법은 금전 이외의 것으로도 가능하다(제398조 5항)(4회 선택형). 判例는 금전채무에 관하여 이행지체에 대비한 지연손해금 비율을 약정한 경우(99다38637)(10회,11회 선택형)에 손해배상액을 예정한 것으로 본다.

2. 손해배상액 예정의 청구요건

(1) 채무불이행이 있을 것(적극)

채권자가 배상액 예정의 대상이 되는 채무불이행 사실을 주장·증명해야 한다.

(2) 손해발생의 요부(소극)

判例는 채무불이행으로 인한 손해배상액의 예정이 있는 경우에는 채권자는 채무불이행 사실만 증명하면 손해의 발생 및 그 액을 증명하지 아니하고 예정배상액을 청구할 수 있다고 한다(2000다50350)(1회, 7회 선택형).

(3) 채무자의 귀책사유의 요부(적극)

判例는 "채무자는 채권자와 채무불이행에 있어 채무자의 귀책사유를 묻지 아니한다는 약정을 하지 아니한 이상 자신의 귀책사유가 없음을 주장 · 입증함으로써 예정배상액의 지급책임을 면할 수 있다"(2006다9408)(1회, 2회, 7회, 9회 선택형)고 한다.[21] 단, 금전채무 불이행의 경우에는 제397조에 따라 귀책사유의 유무가 문제되지 않는다.

✎ 종래 判例도 손해배상액의 예정으로서의 성격을 갖는 건축도급계약에서의 지체상금의 지급의무와 관련하여 "수급인에게 책임질 수 없는 사유로 인하여 공사가 지연될 경우에는 그 기간만큼 공제되어야 한다"(88다카6273)(3회 선택형)고 하거나 "천재지변이나 이에 준하는 경제사정의 급격한 변동 등 불가항력으로 인하여 목적물의 준공이 지연된 경우에는 수급인은 지체상금을 지급할 의무가 없다"(2001다1386)고 판시한바 있다. 다만 2001다1386판결에서는 IMF 사태 및 그로 인한 건축자재 수급의 차질이라는 사정을 위와 같은 불가항력적인 면책사유로 파악하지는 않았다.

Ⅲ. 효 과
[B10-3.이하]

1. 예정액의 청구

判例는 ① 채권자는 실제로 발생한 손해액이 예정액보다 많다는 것을 입증하더라도 그의 증액을 청구하지 못하고, 채무자는 채권자의 실제손해가 예정액보다 적다는 것을 입증하더라도 감액을 요구하지 못한다(2008다46906)(9회 선택형). ② 특약이 없는 한 예정배상액에는 통상손해와 특별손해가 포함되는 것으로 보나(86다카2375)(1회, 7회 선택형), ③ 손해배상액의 예정이 있는 경우 '과실상계'는 부정한다(2014다200763)(1회, 2회, 9회 선택형).[22]

2. 배상액의 증감

(1) 예정배상액의 감액

① 손해배상의 예정액이 부당히 과다한 경우에는 법원은 '직권으로' 적당히 감액할 수 있는바(제398조 2항)(8회 선택형), 여기서 '부당히 과다한 경우'라 함은 ⅰ) 채권자와 채무자의 각 지위, ⅱ) 계약의 목적 및 내용, ⅲ) 손해배상액을 예정한 동기, ⅳ) 채무액에 대한 예정액의 비율, ⅴ) 예상손해액의 크기, ⅵ) 그 당시의 거래관행 등 모든 사정을 참작하여 일반 사회관념에 비추어 그 예정액의 지급이 '경제적 약자의 지위'에 있는 채무자에게 부당한 압박을 가하여 공정성을 잃는 결과를 초래한다고 인정되는 경우를 뜻하는 것으로 보아야 한다(99다57126). ② 판단기준시기에 관해 判例는 '사실심의 변론종결 당시'를 기준으로 한다(2000다35771)(1회 선택형). ③ 판단의 대상은 배상

---

21) **[판례검토]** 당사자의 의사는 '손해의 발생 및 그 액수'에 관하여만 다툼을 피하려고 한다고 보는 것이 합리적이고, '과실책임주의'의 원칙상 귀책사유가 필요하다는 判例의 태도는 타당하다(필요설).

22) **[판례해설]** 그러나 채권자가 자기의 책임을 타인에게 전가할 수는 없는 것이고, 법원에 의한 감액을 인정하는 취지에 비추어 과실상계를 적용해야 한다는 비판이 있다(다수설).

비율 자체를 말하는 것이 아니라 비율에 따라 계산한 '예정배상액의 총액'을 의미하며, 손해배상액의 예정이 대상채무를 달리한다면 별도로 판단할 것이다(99다38637)**(7회 선택형)**

(2) 재량감액의 효과

손해배상액의 예정에 관한 약정 중 감액에 해당하는 부분은 처음부터 무효라고 할 것이다(2002다73852)**(2회 선택형)**. 따라서 이미 급부한 부분은 반환청구가 가능하다.

3. 계약금 · 위약벌 [11사법]

(1) 계약금

'위약시 계약금 교부자는 그것을 몰수당하고 교부받은 자는 그 배액을 상환한다'는 등의 계약금과 관련한 위약특약이 있는 경우, 判例는 "그 계약금은 제565조가 규정하는 해약금으로서의 성질과 아울러 제398조 1항의 손해배상액의 예정의 성질도 가진다"고 하였다(71다473)**(3회 선택형)**.

(2) 위약벌

① '위약벌'은 당사자 사이에 의무이행을 확보하기 위하여 의무부담자에게 압력을 가하기 위한 수단으로 약정되는 '사적제제'로서 배상액의 예정에 관한 규정이 적용되지 않고, 따라서 법원이 감액하지도 못한다(2000다56973)**(2회, 9회 선택형)**. 다만, 그 의무의 강제에 의하여 얻어지는 채권자의 이익에 비해 약정된 벌이 과도하게 무거울 때에는 그 일부 또는 전부가 공서양속에 반하여 무효로 된다(2014다14511 : 계약이행의 대가인 58억 원의 3배 가까이 되는 146억 원을 위약벌로 정한 사안에서 제103조 위반으로 무효라고 판단한 사안). ② 참고로 判例 중에는 "위약금이 손해배상액의 예정과 위약벌의 성질을 함께 가지는 것으로 볼 수 있는 경우, 특별한 사정이 없는 한 제398조 제2항에 따라 위약금 전체 금액을 기준으로 감액을 할 수 있다"(2016다257978)고 판시한 내용도 있다. ③ 손해배상액의 예정과 위약벌의 구별은 '당사자의 의사해석'의 문제이나, 민법은 위약금의 약정을 손해배상액의 예정으로 추정한다(제398조 4항)**(7회 선택형)**.

4. 적용범위

(1) 불법행위에 대해서도 손해배상액의 예정이 가능한지 여부

① **[원칙적 불포함]** 계약 당시 당사자 사이에 손해배상액을 예정하는 내용의 약정이 있는 경우에는 그것은 채무불이행으로 인한 손해액에 관한 것이고 이를 그 계약과 관련된 불법행위상의 손해까지 예정한 것이라고는 볼 수 없다(98다48033)**(6회 선택형)**. ② **[예외적 포함]** 다만, 계약과 관련하여 손해배상액을 예정한 채무불이행과 별도의 행위를 원인으로 손해가 발생하여 불법행위 또는 부당이득이 성립한 경우 그 손해는 예정액에서 제외되지만, 계약 당시 채무불이행으로 인한 손해로 예정한 것이라면 손해를 발생시킨 원인행위의 법적 성격과 상관없이 그 손해는 예정액에 포함되므로 예정액과 별도로 배상 또는 반환을 청구할 수 없다(2016다274270).

(2) 일방적 손해배상액 예정이 가능한지 여부 [11사법]

일방적 손해배상액 예정도 유효하나, 당사자의 의사에 비추어 타방의 채무불이행의 경우 이를 유추적용할 수는 없다(95다11429).

Ⅰ. 채권자지체의 본질 [8회 기록형]   [B-47]

채권자가 이행을 받을 수 없거나 받지 아니한 때에는 이행의 제공 있는 때로부터 지체책임이 있다(제400조). 이러한 채권자지체의 법적 성질과 관련하여 ① 채권자의 협력의무를 '채무'로 평가하는 **채무불이행책임설**이 있으나, ② 채권의 행사는 채권자의 권리이지 의무라고 볼 수 없다는 점에서 **법정책임설**이 타당한바, 이에 따르면 요건으로 채권자의 귀책사유가 필요치 않고, 그 효과로는 제401조 내지 제403조와 제538조의 효과만이 인정된다.

최근 대법원은 "채권자지체가 성립하는 경우 그 효과로서 원칙적으로 채권자에게 민법 규정에 따른 일정한 책임이 인정되는 것 외에, 채무자가 채권자에 대하여 일반적인 채무불이행책임과 마찬가지로 손해배상이나 계약 해제를 주장할 수는 없다"(2019다293036)고 하여 법정책임설과 동일한 입장을 취한바 있다. 물론 "채권자에게 계약상 의무로서 수령의무나 협력의무가 인정되는 경우, 그 수령의무나 협력의무가 이행되지 않으면 계약 목적을 달성할 수 없거나 채무자에게 계약의 유지를 더 이상 기대할 수 없다고 볼 수 있는 때에는 채무자는 수령의무나 협력의무 위반을 이유로 계약을 해제할 수 있다"(2019다293036)**(12회 선택형)**고 하였으나, 이는 채권자지체의 법적 성질과는 무관하다.

🔨 등기인수청구권

判例에 따르면 "등기의무자가 등기가 자기 명의로 있음으로 인하여 사회생활상 또는 법상 불이익을 입을 우려가 있는 경우에는 소의 방법으로 등기권리자를 상대로 등기를 인수받아 갈 것을 구하고 그 판결을 받아 등기를 강제로 실현할 수 있다"(2000다60708)고 하는바,[23] 신의칙상 채권자에게 수취의무가 인정된다고 판시한 내용이다.

Ⅲ. 요건과 효과   [B-48, B-48]

1. 요 건(수협, 이, 거불 ; 법정책임설)

채권자지체는 ⅰ) 채무의 이행에 채권자의 수령 또는 협력이 필요할 것, ⅱ) 채무의 내용에 좇은 이행의 제공이 있을 것, ⅲ) 채권자의 수령거절 또는 수령불능이 있을 것(제400조)을 요한다.

2. 효 과

(1) **변제제공의 효과**(채권자지체의 소극적 효과)

① 변제의 제공은 그때로부터 채무불이행(이행지체)의 '책임'을 면하게 한다(제461조). 그러나 채권자가 급부를 수령하지 않는 한 본래의 채무는 그대로 존속한다.

② 다만 '금전 또는 물건의 인도채무'에 한해서는 '변제공탁'을 함으로써 '채무' 자체를 면하는 방법이 마련되어 있다(제487조).

---

23) **[판례검토]** 통상의 채권채무 관계에서는 채권자가 수령을 지체하는 경우 채무자는 변제공탁(제487조) 등에 의한 방법으로 채무부담에서 벗어날 수 있으나, 등기에 관한 채권채무 관계에 있어서는 이러한 방법을 사용할 수 없으므로 판결을 통해 등기를 강제로 실현할 수 있다는 점에 등기인수청구권의 실익이 있다.

③ 쌍무계약의 경우 채무자가 이행의 제공을 하면 **채권자는 반대채무의 이행지체에 빠진다**(동시이행항
변권의 소멸 : 단, 계속적 이행제공설).

(2) 채권자지체책임(채권자지체의 적극적 효과)

① 채권자지체 중에는 채무자는 고의 또는 중대한 과실이 없으면 불이행으로 인한 모든 책임이
없다(제401조)(선관주의의무의 경감)**(4회 선택형).**

② 이자 있는 채권의 채무자는 이자를 지급할 필요가 없다(제402조)**(4회 선택형).** 또한 채권자지체
로 인하여 급부할 목적물의 보관비용이나 변제비용이 증가된 경우에, 그 증가액을 채권자가
부담한다(제403조)(이자의 정지 및 증가비용의 부담).

③ 쌍무계약에서 채권자지체 중에 당사자 쌍방에게 책임 없는 사유로 채무자의 급부가 불능으로
된 경우에, 채무자의 급부의무는 소멸하지만 채권자의 반대급부의무는 소멸하지 않는다(제538
조 1항 2문)**(6회 선택형).** 즉 채권자지체의 성립과 동시에 대가위험은 채권자에게 이전한다. 다
만 判例에 의하면 채권자의 영구적 불수령(이행거절)의 경우에 그것만으로 곧바로 대가위험이 이
전되지 않고, 채무자의 변제제공이 있어야만 비로소 대가위험이 이전된다고 한다(2001다79013)
(쌍무계약에 있어서 대가위험의 이전). **[4회 사례형]**

④ 채무불이행책임설에서는 채권자지체의 효과로서 계약해제권 및 손해배상청구권을 긍정하나,
법정책임설에서는 부정하는바, 최근 判例는 부정하는 입장을 명확히 하였다(2019다293036).

※ 채권자대위권에 관한 사례 쟁점구조

Ⅰ. 요건 충족 여부

1. 법적성질(제3자 법정소송담당)

2. 채권자대위권의 요건(원고의 주장 : 보, 필, 불, 대)

(1) 피보전채권의 존재…당사자적격 요소(흠결시 소각하)

1) 피보전채권의 존재

2) 피보전채권의 이행기 도래(예외 : 법원의 허가, 보존행위)

(2) 채권보전의 필요성…당사자적격 요소(흠결시 소각하)

1) 금전채권인 경우

① 원칙(무자력 필요)

② 예외(무자력 불요)

　㉠ 피보전채권과 피대위권리가 밀접하게 관련되어 있고, ㉡ 채권자대위권을 행사하지 않으면 피보전채권을 유효·적절하게 행사할 수 없는 경우

2) 특정채권인 경우

　① 피보전채권이 등기청구권인 경우, ② 피보전채권이 인도청구권인 경우, ③ 피보전채권이 물권적 청구권인 경우

(3) 채무자의 권리불행사…당사자적격 요소(흠결시 소각하)

(4) 피대위권리의 존재…소송물(흠결시 청구기각)

　① 채무자의 행사상 일신전속권, ② 압류하지 못하는 권리는 채권자대위권의 목적으로 될 수 없음

Ⅱ. 채권자대위권의 행사

1. 행사의 방법…제3자 소송담당 중 법정소송담당

(1) 원 칙(채권자의 이름으로 채무자에게 이행청구)

(2) 예 외(채권자에게 직접청구 가능한 경우)

　① 동산인도 청구나 금전지급 청구와 같이 수령을 요하는 경우, ② 등기말소청구와 같이 이행의 상대방이 별다른 의미를 갖지 못하는 경우, ③ 불법점유자에게 부동산 인도를 대위청구하는 경우

2. 행사의 범위(피보전채권의 범위내)

3. 대위권 행사의 통지(제405조)

(1) 채무자의 처분권의 제한

　채권 자체나 채권발생의 기초가 되는 법률관계에 대한 처분행위(합의해제) 금지

(2) 제3채무자의 채권자에 대한 항변권

1) 피보전채권

ㄱ 원칙적으로 불가능하나, ㄴ 피보전권리의 무효, 변제 등의 사유는 가능

2) 피대위채권

ㄱ 원칙적으로 가능하나, ㄴ 대위권 행사 통지 후 채무자의 처분으로 인하여 생긴 피대위권리에 대한 항변 사유는 불가능

Ⅲ. 채권자대위권 행사의 효과

1. 효과의 귀속주체(채무자)

2. 소멸시효의 중단

원칙적으로 피대위채권이 중단되나, 예외적으로 피보전채권에 대한 최고(소송고지)로서의 효력은 인정

3. 법정위임관계(제681조, 제688조 참조)

4. 대위소송과 중복된 소제기 금지

5. 대위소송에 의한 판결의 효력

채무자가 어떠한 사유로든 채권자대위소송이 제기된 사실을 안 경우 기판력 발생

Ⅰ. 법적성질 [B-53]

'채권자대위권'이란 채권자가 자기의 채권을 보전(保全)하기 위하여 채권자의 이름으로 채무자가 제3채무자에 대해 가지는 권리를 대신 행사할 수 있는 권리를 말한다(제404조). 특히 채권자대위소송은 민법이 권리주체인 채무자와 병행하여 채권자에게 소송수행권을 부여한 결과 채무자를 대위하여 소송수행권을 가지는 '제3자 법정소송담당'(병행형)의 한 예로 본다(통설, 判例). 이 견해에 의하면 소송물은 채무자의 권리(피대위권리)의 존부가 된다.

Ⅱ. 요 건(보, 필, 불, 대) [B-54]

채권자대위권의 요건으로는 ㄱ 피보전채권의 존재, ㄴ 채권보전의 필요성, ㄷ 채무자의 권리불행사, ㄹ 피대위권리의 존재를 요구한다(제404조). 법정소송담당설에 의할 경우 ㄱ, ㄴ, ㄷ은 당사자적격에 관계되는 소송요건사실로서 흠결시에는 부적법 각하, ㄹ의 흠결의 경우는 본안판단으로서 청구기각판결을 하여야 한다고 한다.

1. 피보전채권의 존재…당사자적격 요소(흠결시 소각하)

(1) 피보전채권의 존재

① 채권의 종류는 묻지 않으며, 금전채권 뿐만 아니라 특정채권도 인정되며, 채권적 청구권 뿐만 아니라 判例에 따르면 물권적 청구권도 포함된다(2006다82700, 82717)(11회 선택형).

② 피대위채권보다 먼저 성립되어 있을 필요도 없다. 그러나 피보전채권은 그 범위 및 내용 등이 구체적으로 정해져야 한다. 예컨대 "이혼으로 인한 재산분할청구권은 협의 또는 심판에 의하여 그 구체적 내용이 형성되기까지는 그 범위 및 내용이 불명확·불확정하기 때문에 구체적으로 권리가 발생하였다고 할 수 없으므로 이를 보전하기 위하여 채권자대위권을 행사할 수 없다"(98다58016)(5회, 7회 선택형). 그러나 채권자취소권은 입법적으로 가능하게 되었다(제839조의3).

③ 피보전채권은 '제3채무자'에게 대항할 수 있는 것이어야 하는 것은 아니지만(7회 선택형), '채무자'에게 대항할 수 없는 채권자는 채무자의 권리를 대위행사할 수 없다. 예를 들어 "임대인의 동의 없는 임차권의 양도에서 양수인은 임대인에 대해 대항할 수 없으므로(제629조 1항), 임차권의 양수인(채권자)은 임대인(채무자)의 권한을 대위행사할 수 없다"(84다카188).

⑵ 피보전채권의 이행기 도래

채무자의 기한의 이익의 보호를 위해 원칙적으로 피보전채권의 이행기 도래가 요건이다. 그러나 채권의 이행기 전이라도 ① '법원의 허가'가 있거나(재판상 대위 : 제404조 2항 본문), ② 시효중단(채무자의 채권이 시효로 소멸하려 할 때)·보존등기와 같은 '보존행위'(제404조 2항 단서)의 경우에는 대위권을 행사할 수 있다.

⑶ 채권자가 채무자를 상대로 한 '피보전채권'에 관한 소송에서 판결이 확정된 경우

1) 피보전채권에 관한 소송에서 '승소판결 확정'후 대위소송을 제기한 경우

① [원칙] 만약 채권자가 먼저 채무자를 상대로 제기한 소송에서 '승소'한 후 제3채무자를 상대로 대위소송을 제기하였다면 제3채무자는 그 청구권의 존재를 다툴 수 없다 (2006다82700)(8회 선택형). ② [예외] 그러나 判例는 "채권자가 채무자에게 가지는 청구권(피보전채권)의 취득이 강행법규에 위반되어 무효라고 볼 수 있는 경우 등에는 확정판결에도 불구하고 채권자대위소송의 제3채무자와의 관계에서는 피보전권리가 존재하지 아니한다"(2014다74919)(9회 선택형)고 한다.

2) 피보전채권에 관한 소송에서 '패소판결 확정'후 대위소송을 제기한 경우 [4회 사례형]

判例는 "채권자가 채무자를 상대로 소유권이전등기절차이행의 소를 제기하여 패소의 확정판결을 받게 되면 채권자는 채무자의 제3자에 대한 권리를 행사하는 채권자대위소송에서 그 확정판결의 기판력으로 말미암아 더 이상 채무자에 대하여 동일한 청구원인으로 소유권이전등기청구를 할 수 없으므로 그러한 권리를 보전하기 위한 채권자대위소송은 그 요건을 갖추지 못하여 부적법하다"(2002다64148)고 하였다(4회, 5회 선택형).

2. 채권 보전의 필요성 … 당사자적격 요소(흠결시 소각하)

⑴ 피보전채권이 금전채권인 경우

원칙적으로 채무자가 무자력이어야 한다(사실심변론종결시를 기준). 그러나 ㉠ 피보전채권과 피대위권리가 밀접하게 관련되어 있어서 ㉡ 채권자대위권을 행사하지 않으면 피보전채권을 유효적절하게 행사할 수 없는 경우에는 무자력을 요하지 않는다.

① [임대차보증금반환채권의 양도] 判例는 임차보증금반환채권의 양수인이 임대인의 임차인에 대한 임차목적물 인도청구권을 대위행사하는 경우 "채권자가 자기 채권을 보전하기 위하여 채무자의 권리를 행사하려면 채무자의 무자력을 요건으로 하는 것이 통상이지만 이 사건의 경우와 같이 채권자가 양수한 임차보증금의 이행을 청구하기 위하여 임차인의 가옥명도가 선이행되어야 할 필요가 있어서 그 명도를 구하는 경우에는 그 채권의 보전과 채무자인 임대인의 자력 유무는 관계가 없는 일이므로 무자력을 요건으로 한다고 할 수 없다"(88다카4253)고 한다. [1회 사례형, 4회 기록형, 08법행]

② [수임인의 대변제청구권] 判例에 따르면 수임인이 가지는 민법 제688조 2항 소정의 대변제청구권은 통상의 금전채권과는 다른 목적을 갖는 것이므로, 수임인이 이 대변제청구권을 보전하기

위하여 채무자인 위임인의 채권을 대위 행사하는 경우에는 채무자의 무자력을 요건으로 하지 않는다고 한다(2001다52506)**(3회, 7회 선택형)**.

③ **[명의신탁 해지로 인한 소유권이전등기청구권의 이행불능을 원인으로 하는 손해배상청구권]** 判例에 따르면 B가 A로부터 받은 부동산을 C의 강박에 의하여 C에게 증여하고 소유권이전등기를 마쳐준 뒤 C가 다시 선의의 D에게 이를 매도하고 소유권이전등기를 마쳐주자, A가 B에 대한 손해배상청구권(명의신탁 해지로 인한 소유권이전등기청구권의 이행불능을 원인)을 보전하기 위하여 B의 C에 대한 손해배상청구권(강박 취소로 인한 소유권이전등기말소등기청구권의 이행불능을 원인)을 대위행사한 사안에서 B의 무자력은 요구되지 않는다고 한다(2005다39013)**(7회 선택형)**.

✎ 判例는 공유물분할청구권도 채권자대위권의 목적이 될 수 있으나, '금전채권자'가 채무자의 '부동산에 관한' 공유물분할청구권을 대위행사하는 것은 책임재산의 보전과 직접적인 관련이 없어 보전의 필요성을 인정할 수 없다고 한다(전합2018다879)**(11회 선택형)**.
    [사실관계] 채무초과인 채무자의 책임재산으로 아파트의 공유지분이 있으나, 공유지분에 대한 강제집행이 근저당권 등 선순위 권리로 인하여 곤란하게 되자(민사집행법 제102조, 제368조 1항), 금전채권자인 원고가 채무자를 대위하여 아파트에 관한 공유물분할을 청구한 사안

(2) **피보전채권이 특정채권인 경우** **[2회 · 3회 · 4회 · 5회 · 7회 · 8회 기록형, 13법행]**

이 경우 채무자의 무자력은 요구되지 않는다. 대표적으로 判例는 ① 채권이 '**등기청구권**'인 경우 (㉠ 중간생략등기에서 '3자 합의설'에 따른 합의가 없을 때 최후매수인의 구제수단, ㉡ 점유취득시효 완성 後 목적물을 양수받은 자의 구제수단, ㉢ 무효인 이중매매에서 제1매수인의 구제수단), ② 채권이 '**인도청구권**'인 경우 이를 인정하고 있으나(예컨대 임차목적물을 불법점유하는 자에 대한 임차인의 구제수단), ③ 判例는 피보전채권이 물권적 청구권인 경우에도 이를 인정하고 있다. 즉, 토지소유권에 근거하여 그 토지상 건물의 임차인들을 상대로 건물에서의 '**퇴거**'를 청구할 수 있었더라도, 퇴거청구와 건물의 임대인을 대위하여 임차인들에게 임대차계약의 해지를 통고하고 '**건물의 인도**'를 구하는 청구는 그 요건과 효과를 달리하는 것이므로, 위와 같은 퇴거청구를 할 수 있었다는 사정이 채권보전의 필요성을 부정할 사유가 될 수 없다고 하였다(2006다82700)**(11회 선택형)**.[24]

3. 채무자의 권리불행사…당사자적격 요소(흠결시 소각하)

채무자가 권리를 행사하는 이상 그 방법이나 결과를 묻지 않고 채권자대위는 허용되지 않는다. 따라서 설사 채무자가 부적당한 소송으로 패소한 때에도 채권자의 대위권은 인정되지 않는다(92다32876)**(1회 선택형)**.

4. 피대위권리의 존재…소송물(흠결시 청구기각)

(1) **채권자대위권의 목적으로 되는 권리**

① 임대인의 임대차계약 해지권(2006다82700), 조합원의 탈퇴권(2005마1130)도 채권자대위권의 목적이 될 수 있다. ② 채무자가 제3채무자에 대해 채권자대위권 · 채권자취소권을 가지는 경우

---

24) **[판례해설]** 물권은 지배권으로서 그 침해가 있으면 제3자에 대해 직접 물권적 청구권을 행사하면 되므로 判例의 태도는 문제점이 있다는 비판이 있다.

[1회 사례형, 7회 기록형], 그 채무자의 채권자도 이들 권리를 대위행사할 수 있다(2000다73049)**(5회, 7회, 13회 선택형)**.[25]

(2) 채권자대위권의 목적으로 되지 않는 권리

判例는 ① 후견인의 행위를 취소할 수 있는 권리(제950조 3항)(94다35985), ② 유류분반환청구권 (2009다93992)**(4회 선택형)**, ③ 이혼으로 인한 재산분할청구권(2022스613)은 그 행사 여부가 청구인의 인격적 이익을 위하여 그의 자유로운 의사결정에 전적으로 맡겨진 권리로서 행사상의 일신전속성을 가지므로, 채권자대위권의 목적이 될 수 없다고 한다.

④ 그러나 상속인의 한정승인 또는 상속포기가 없는 동안(승인·포기의 기간 내)에 채권자가 상속등기 신청행위는 대위행사할 수 있다고 한다(63마54). ⑤ 소송상 권리(각종 소의 제기, 강제집행신청, 청구이의의 소, 가압류·가처분명령의 취소신청 등)는 원칙적으로 대위행사 할 수 있으나, 개별적 소송행위에 대한 권리(공격방어방법의 제출, 상소제기, 재심의 소제기, 집행방법 또는 가압류결정에 대한 이의신청 등)는 대위행사할 수 없다(2012다75239).

Ⅲ. 채권자대위권의 행사

[B-55]

1. 행사의 방법 … 제3자 소송담당 중 법정소송담당

(1) 원 칙

채권자대위권은 채권자가 '자기의 이름으로' 채무자의 권리를 대위행사하는 것이므로, 그 내용은 제3채무자에 대해 채무자에게 일정한 급부행위를 하라고 청구하는 것이 원칙이다(66다1149).

(2) 예 외

① 피대위채권이 '금전채권'인 경우 직접 대위채권자에게 이행할 것을 청구할 수도 있다(2004다70024). 이 경우 채권자가 수령한 것은 채무자에게 인도하여야 하지만(위임에 준하는 법정채권관계), 그것이 채권자의 채무자에 대한 채권과 상계를 함으로써 '사실상 우선변제'를 받을 수 있다.

② 피대위채권이 '등기청구권'인 경우 중 ㉠ 채무자의 '이전등기청구권'을 대위행사하는 경우에는 채무자 앞으로의 이행만을 청구할 수 있으나(66다8892), ㉡ '등기말소청구권'을 대위행사하는 경우와 같이 이행의 상대방이 별다른 의미를 갖지 못하는 경우에는 채권자에게 이행할 것을 청구할 수도 있다(4294민상195 등)**(1회 선택형)**.

③ 한편 피대위채권이 '인도청구권'인 경우 중 ㉠ '피보전채권이 특정채권'인 경우에는 대위권을 행사하는 채권자로 하여금 목적부동산에 대한 점유의 취득(회복)하게 하려는 데 목적이 있으므로 직접 채권자에게 인도하도록 하여도 무방하다(79다1928).[26] ㉡ 반면에 '피보전채권이 금전채권'인

---

25) "채권자가 채무자의 채권자취소권을 대위행사하는 경우, 제소기간은 대위의 목적으로 되는 권리의 채권자인 채무자를 기준으로 하여 그 준수 여부를 가려야 할 것이고(즉 대위권을 행사하는 채권자를 기준으로 할 것이 아니다), 따라서 채무자가 취소원인을 안 날로부터 1년, 법률행위가 있은 날로부터 5년 내라면 채권자는 채권자대위권의 행사로서 채권자취소의 소를 제기할 수 있다."

26) "원고가 미등기 건물을 매수하였으나 소유권이전등기를 하지 못한 경우에는 위 건물의 소유권을 원시취득한 매도인을 대위하여 불법점유자에 대하여 인도청구를 할 수 있고 이때 원고는 불법점유자에 대하여 직접 자기에게 인도할 것을 청구할 수도 있다."

경우에는 금전채권의 실현에 장애가 되는 상태를 제거하는 것이 목적이므로 채무자에게 인도할 것을 청구하여야 한다(88다카4253,4260).[27] [1회 사례형, 08법행]

2. 행사의 범위

"A 소유의 부동산을 시효취득한 B의 공동상속인이 A에 대한 소유권이전등기청구권을 보전하기 위해 A의 C에 대한 소유권이전등기말소청구권을 대위행사하는 경우, 그 공동상속인은 자신의 지분 범위 내에서만 대위행사할 수 있고, 그 지분을 초과하는 부분에 대해서는 채무자를 대위할 보전의 필요성이 없다"(2013다25217)(9회, 11회 선택형). [4회 기록형]

3. 대위권 행사의 통지

(1) 채무자의 처분권의 제한 [13법행]

채권자가 보존행위 이외의 권리를 행사한 때에는 채무자에게 이를 통지하여야 하고(제405조 1항), 채무자가 그 통지를 받은 후에는 그 권리를 '처분'하여도 채권자에게 대항하지 못한다(제405조 2항). 그리고 통지는 없었지만 채무자가 대위권행사 사실을 안 때에도 통지가 있었던 때와 마찬가지의 효과가 발생한다(2000다27343)(3회 선택형).

1) 금지되는 처분행위

判例에 따르면 ① 금지되는 처분행위에는 '채권 자체'에 대한 처분행위뿐만 아니라[예컨대 채무자의 제3자에 대한 권리를 소멸시키는 행위(73다1086), 시효이익의 포기(2010다58377)] ② '채권 발생의 기초가 되는 법률관계에 대한 처분행위'[예컨대 채권발생원이 된 기본계약의 합의해제(95다54167)]도 포함된다. [16법행]

✎ 채권자대위권 행사와 채권압류 및 전부명령의 경합 [9회 사례형]

判例에 따르면 甲은 乙에 대해 금전채권이 있고 乙은 丙에 대해 금전채권이 있는데, 甲이 丙을 상대로 채권자대위소송을 제기하여, 제1심 법원으로부터 '丙은 피대위채권을 甲에게 지급하라'는 판결이 선고되었고, 乙은 이 법원에 증인으로 출석하여 甲이 채권자대위권을 행사한 사실을 알고 있었다. 이러한 상태에서, 乙의 채권자A가 위 피대위채권, 즉 乙이 丙에게 갖는 채권에 대해 채권압류 및 전부명령을 받았는데, 判例는 각주 ㉠㉡의 이유를 들어 '압류는 유효하나, 전부명령'은 무효'라고 판단하였다(13회 선택형). 그러나 甲의 채권자B가 甲이 丙으로부터 지급받을 피대위채권에 대해 채권압류 및 전부명령을 받았는데, 判例는 각주 ㉢의 이유를 들어 '압류 및 전부명령' 모두 무효라고 보았다(2015다236547).[28] (8회, 13회 선택형)

---

27) "임대차보증금채권을 양수한 채권자가 그 이행을 임대인에게 청구하기 위해서는 임차인의 건물 인도가 선이행되어야 할 필요가 있는데, 임대인이 임차인에 대하여 인도 청구를 해태하고 있다면, 양수 채권자인 원고로서는 임대인을 대위하여 임차인으로 하여금 '임대인'에게 그 건물을 인도할 것을 청구할 수 있다."

28) [판시내용] 判例에 따르면 ㉠ <u>채권자대위소송에서 제3채무자로 하여금 직접 대위채권자에게 금전의 지급을 명하는 판결이 확정된 경우에도</u>, 대위채권자는 채무자를 대위하여 피대위채권에 대한 변제를 수령하게 될 뿐 자신의 채권에 대한 변제로서 수령하게 되는 것이 아니므로 피대위채권이 변제 등으로 소멸하기 전에 '<u>채무자의 다른 채권자</u>'가 피대위채권을 '압류·가압류'할 수 있다. ㉡ 그러나 대위채권자가 채무자에게 대위권 행사사실을 통지하거나 채무자가 이를 알게 된 후에 '채무자의 다른 채권자'가 피대위채권을 '전부명령'을 받을 수 있다고 한다면 전부명령을 받은 '채무자의 다른 채권자'가 대위채권자를 배제하고 전속적인 만족을 얻는 결과가 되어, 채권자대위권의 실질적 효과를 확보하고자 하는 민법 제405조 제2항의 취지에 반하게 된다. 따라서 이러한 상태에서의 '<u>전부명령'은 무효</u>이다(즉, '채무자의 다른 채권자'의 전부명령은 무효이나 압류는 유효하다). ㉢ 한편 대위채권자의 제3채무자에 대한 추심권능 내지 변제수령권능은 그 자체로서 독립적으로 처분하여 환가

2) 금지되는 처분행위가 아닌 경우

判例에 따르면 ① 통지 등이 있는 경우에는 처분행위가 금지될 뿐 관리·보존행위까지 금지되는 것은 아니므로 통지 후에도 제3채무자의 '변제'가 금지되는 것은 아니다(90다9407)(1회, 3회 선택형). ② 그리고 '법정해제'는 채무자의 객관적 채무불이행에 대한 제3채무자의 정당한 법적 대응인 점 등을 고려할 때 채무를 불이행함으로써 제3채무자로 하여금 채권의 발생원인이 된 기본계약을 해제하게 하도록 한 경우도 제405조 2항에서 말하는 '처분'에 해당한다고 할 수 없다고 한다(전합2011다87235)(4회, 6회, 7회, 8회, 10회 선택형).

(2) 제3채무자의 채권자에 대한 항변권

1) 피보전채권(원칙적 불가, 예외적 가능) : 본안 전 항변(각하)

제3채무자가 채권자의 채무자에 대한 권리(피보전권리)의 발생원인이 된 법률행위가 무효라거나 변제 등으로 소멸하였다는 등의 사실 외에는(2013다55300), 원칙적으로 채무자가 채권자에게 주장할 수 있는 사유(소멸시효의 완성의 주장, 취소권, 해제권 등 그 권리의 행사가 채무자의 의사에 달려있는 항변)를 주장할 수는 없다(2001다10151)(1회, 3회, 7회, 10회, 13회 선택형).

2) 피대위채권(원칙적 가능, 예외적 불가) : 본안의 항변(기각)

원칙적으로 채권자는 채무자의 권리를 행사하는 것이므로 대위권 행사의 통지가 있기 전에 제3채무자는 채무자에 대하여 가지는 모든 항변(피대위권리에 대한 항변)으로 채권자에게 대항할 수 있다(2009다4787)(6회 선택형). 그러나 제405조에 따른 통지 후에는 채무자의 '처분권'이 제한되므로, 통지 후에 채무자가 한 피대위권리에 관한 처분행위에 기하여 제3채무자가 취득한 항변사유로는 채권자에게 대항할 수 없다.

🔑 **채권자와 제3채무자 사이의 독자적인 사정에 기한 사유**(피보전채권의 범위)

채권자가 무효인 소유권이전등기청구권 가등기의 유용 합의에 따라 부동산 소유자인 채무자로부터 그 가등기 이전의 부기등기를 마친 제3채무자를 상대로 채무자를 대위하여 가등기의 말소를 구한 사안에서, 判例는 "채권자는 제3채무자에 대하여 채무자가 주장할 수 있는 범위 내에서 주장할 수 있을 뿐, 자기와 제3채무자 사이의 독자적인 사정에 기한 사유를 주장할 수는 없다"(2009다4787)(4회, 7회, 8회 선택형)고 하여 채권자가 그 부기등기 전에 부동산을 가압류한 사실을 주장하는 것은 채무자가 아닌 채권자 자신이 제3채무자에 대하여 가지는 사유에 관한 것이어서 허용되지 않는다고 하였다. [10회 사례형, 15법행, 16법무]

🔑 **채권자의 통지 후 채무자의 처분제한과 제3채무자의 항변권**

예를 들어 어느 부동산이 丙→乙→甲으로 차례로 매도되었는데(등기는 아직 丙에게 있다), 甲이 乙을 대위하여 丙소유의 부동산에 관하여 처분금지가처분을 하였다.

① 乙에게 그 사실이 통지된 이후에 乙과 丙이 위 매매를 합의해제하였다. 그 후 甲이 乙을 대위하여 丙에게 위 부동산에 관한 소유권이전등기를 청구하는 경우 判例는 제405조 2항에 의하여 丙은 乙과의 위 매매가 합의해제되었다는 항변을 할 수 없다고 한다(95다54167)(1회, 3회,

---

할 수 있는 것이 아니어서 압류할 수 없는 성질의 것이므로 '대위채권자의 채권자'가 '대위채권자가 제3채무자로부터 채권자대위소송 판결에 따라 지급받을 채권'에 대하여 받은 '압류 및 전부명령' 모두 무효이다.

6회, 11회 선택형) [16법행]

② 만일 위 사례에서 乙에게 그 사실이 통지된 이후에 乙이 이행을 지체하여 丙과 乙과의 매매계약을 적법하게 해제한 경우에도 종래 判例는 제405조 2항에 의하여 丙은 甲에게 乙과의 위 매매가 해제되었다는 항변을 할 수 없다고 하였으나(2000다27343). [13법행] 최근 전원합의체 판결로 위 판결을 변경하여 丙은 甲에게 乙과의 위 매매가 해제되었다는 항변을 할 수 있다고 한다(전합2011다87235[29])(4회, 6회, 7회 선택형). 주의할 것은 위 경우 甲은 어느 경우라도 제548조 1항 단서에 의해 보호되지는 않는다는 점이다(95다49882).[30]

③ 한편 위 사례에서 乙에게 그 사실이 통지된 이후에 丙이 乙에게 위 부동산에 관한 소유권이전등기를 마쳐주었다면, 제405조 2항에서 금지하는 '처분'에 '변제의 수령'은 포함되지 않기 때문에 이는 유효하다고 한다(90다9407).

IV. 채권자대위권 행사의 효과

[B-56]

1. 효과의 귀속주체

채권자대위권은 채권자가 채무자의 권리를 행사하는 것이므로, 그 행사의 효과는 직접 '채무자'에게 귀속하고 총채권자를 위한 공동담보가 된다.

2. 법정위임관계

채권자와 채무자 사이에는 일종의 '법정위임관계'가 성립한다. 따라서 채권자가 대위권을 행사하는 과정에서 비용을 지출한 때에는 제688조(수임인의 비용상환청구권)를 유추적용하여 그 상환을 구할 수 있다(96그8)(5회 선택형). 그리고 "채권자에 의한 채무자 권리의 대위행사의 직접적인 내용이 제3자의 법적 지위를 보전·유지하는 것이 되는 경우에는, 채권자는 자신의 채무자가 아닌 제3자에 대하여도 '사무관리'에 기하여 비용의 상환을 청구할 수 있다"[2013다30882 ; 채권자가 자신의 채권을 보전하기 위하여 채무자가 다른 상속인과 공동으로 상속받은 부동산에 관하여 공동상속등기를 대위신청하여 등기가 행하여진 경우, 채권자가 채무자가 아닌 제3자(다른 공동상속인)에 대하여 사무관리에 기하여 등기에 소요된 비용의 상환을 청구할 수 있다고 본 사례](6회 선택형).

---

29) "법정해제는 채무자의 객관적 채무불이행에 대한 제3채무자의 정당한 법적 대응인 점 등을 고려할 때 채무자가 자신의 채무불이행을 이유로 매매계약이 해제되도록 한 것을 두고 민법 제405조 제2항에서 말하는 '처분'에 해당한다고 할 수 없다. 다만 형식적으로는 채무자의 채무불이행을 이유로 한 계약해제인 것처럼 보이지만 실질적으로는 채무자와 제3채무자 사이의 합의에 따라 계약을 해제한 것으로 볼 수 있거나, 채무자와 제3채무자가 단지 대위채권자에게 대항할 수 있도록 채무자의 채무불이행을 이유로 하는 계약해제인 것처럼 외관을 갖춘 것이라는 등의 특별한 사정이 있는 경우에는 채무자가 피대위채권을 처분한 것으로 보아 제3채무자는 계약해제로써 대위권을 행사하는 채권자에게 대항할 수 없다."

30) 제548조 1항 단서의 제3자의 범위와 관련하여 判例는 "그 해제된 계약으로부터 생긴 법률효과를 기초로 하여 '해제 전'에 새로운 이해관계를 가졌을 뿐 아니라 등기·인도 등으로 완전한 권리를 취득한 자"를 말한다고 한다.
   [비교판례] 매수인이 소유권이전등기를 받은 후 매수인의 금전채권자가 그 부동산을 가압류하거나 압류한 경우에는 계약이 해제되더라도 채권자는 보호받는 제3자에 해당한다고 한다(99다40937).

※ **채권자취소의 소를 제기한 경우 전형적 목차구조** [2회·3회·4회 사례형]

I. **적법요건 충족 여부**(피, 제, 대)…흠결시 소각하

① '상대적 무효설'에 따르면 악의인 수익자 혹은 전득자만이 피고가 되며(피고적격), 채무자는 피고적격이 없다. ② 채권자가 취소원인을 안 날로부터 1년, 법률행위 있은 날로부터 5년 내에 제기하여야 하고(제406조 2항 : 제소기간). ③ 채무자와 수익자 사이의 법률행위만이 취소의 대상이 된다(대상적격).

II. **본안요건**(채권자취소권 발생여부 ; 보, 사, 사)…흠결시 청구기각

채권자취소권의 요건으로서 ① 객관적 요건으로는 ⅰ) (금전)채권이 사해행위 이전에 발생하여야 하고(피보전채권), ⅱ) 채권자를 해하는 재산권을 목적으로 하는 법률행위가 있어야 하며(사해행위), ② 주관적 요건으로는 채무자 및 수익자(또는 전득자)의 사해의사가 있어야 한다(제406조).

III. **취소권행사의 효과**

1. **원상회복의 방법**

원칙적으로 원물반환, 예외적 가액반환(① 원물반환이 불가능하거나, ② 현저히 곤란한 경우)

(1) 저당권부 부동산이 사해행위로 양도된 후 수익자의 변제에 의하여 저당권이 소멸한 경우 (가액반환)

(2) 선의의 전득자가 저당권을 취득한 경우(원물반환과 가액반환 선택적 행사가능)

2. **취소의 범위**

원칙적으로 사해행위당시 채권자의 채권액, 예외적 전부취소가능(① 다른 채권자가 배당요구를 할 것이 명백한 사정이 있는 경우, ② 목적물이 불가분인 경우)

I. 서 설

[B-57]

1. 법적 성질

'채권자취소권'이란 채무자가 채권자를 해함을 알면서 자기의 일반 재산을 감소시키는 법률행위(사해행위)를 한 경우에, 채권자가 그 법률행위를 '취소'하고(형성의 소) 재산을 '원상회복'하는 것(이행의 소)을 내용으로 하는 실체법상의 권리를 말한다(제406조 1항).

2. 취소의 효과

채권자취소권의 행사는 '거래안전'의 영향이 크므로 취소권 행사의 효과는 수익자나 전득자로부터 일탈재산의 반환을 청구하는데 필요한 범위에서만, 즉 채권자와 그들에 대한 상대적 관계에서만 발생한다고 보는 **상대적무효설**이 判例의 견해로 타당하다. 이 견해에 따르면 악의인 수익자 혹은 전득자만이 피고가 되며, 채무자는 피고적격이 없다.

Ⅱ. 적법요건(피, 제, 대)…흠결시 소각하

채권자취소권의 적법요건으로 ⅰ) 피고적격, ⅱ) 제소기간, ⅲ) 대상적격을 갖출 것이 요구된다.

1. 피고적격

악의인 수익자 혹은 전득자만이 피고가 되며, 채무자는 피고적격이 없다(상대적 무효설).

2. 제소기간 … 채권자취소권의 소멸

(1) 제406조 2항의 '취소원인을 안 날'

① **[의미]** 단순히 채무자의 법률행위가 있었다는 사실을 아는 것만으로는 부족하고 그 법률행위가 채권자를 해하는 행위라는 것, 즉 그에 의하여 채권의 공동담보에 부족이 생기거나 이미 부족 상태에 있는 공동담보가 한층 더 부족하게 되어 채권을 완전하게 만족시킬 수 없게 된다는 것 까지 알아야 하며, 나아가 '채무자'에게 사해의 의사가 있었다는 사실까지 알 것을 요한다(2003다19435). **[2·3회 사례형]**

만약 "사해행위가 있은 후 채권자가 취소원인을 알면서 피보전채권을 양도하고 양수인이 그 채권을 보전하기 위하여 채권자취소권을 행사하는 경우에는, 채권의 양도인이 취소원인을 안 날을 **기준으로 제척기간 도과 여부를 판단하여야 한다**"(2016다272311)(판시내용에 따르면 양도인이 취소원인을 모른 경우에는 제척기간 도과여부는 양수인을 기준으로 판단된다는 취지로 이해될 여지가 있다)**(13회 선택형)**.

② **[추정]** 구체적으로는 채무자가 유일한 재산인 부동산을 매도한 경우 그러한 사실을 채권자가 알게 된 때에 채권자가 채무자에게 당해 부동산 외에는 별다른 재산이 없다는 사실을 알고 있 었다면 그 때 채권자는 채무자가 채권자를 해함을 알면서 사해행위를 한 사실을 알게 되었다고 보아야 한다(99다2515).

③ **[전득자의 사해의사]** '전득자'를 상대로 채권자취소권을 행사하는 경우에는 수익자의 선·악에 상 관없이 전득자가 전득행위 당시 채무자와 수익자 사이의 법률행위의 사해성을 인식하였는지 여부만이 문제가 될 뿐이지, 수익자와 전득자 사이의 전득행위가 다시 채권자를 해하는 행위로 서 사해행위의 요건을 갖추어야 하는 것은 아니다(2010다87672)**(8회,11회 선택형)**.

(2) 사해행위 취소의 소와 원상회복청구의 소

① **[피고가 동일한 경우]** 채권자는 사해행위의 취소만을 먼저 청구한 다음 원상회복을 나중에 청구 할 수도 있으며, 이 경우 사해행위의 취소가 제406조 2항 소정의 기간 안에 제기되었다면 원상 회복의 청구는 그 기간이 지난 뒤에도 할 수 있다(2001다14108)**(5회, 8회 선택형)**.

② **[피고가 다른 경우]** 그러나 '수익자'를 상대로 사해행위 취소의 소를 제기한 다음 기간이 지난 뒤 에 '전득자'에 대하여 원상회복을 구하는 소를 추가한 경우에는, 수익자에 대한 소와 전득자에 대한 소는 별개이기 때문에 채권자는 기간 내에 전득자를 상대로 사해행위 취소를 구하는 소를 제기하였어야 한다(2004다17535)[31]**(3회 선택형) [3·11회 사례형]** 이는 기존 전득자 명의의 등기가

---

31) **[구체적 예]** 금전채권자 甲은 2012. 12. 1. 채무자 乙의 X아파트 증여행위가 사해행위임을 알게 된 후 1년 안에 수익자 丙을 상대로 채권자취소 및 원상회복 소송을 제기하여 승소판결이 확정되었으나, 수익자 丙이 위 소송의 변론종결 전인 2012. 12. 10. 악의의 戊에게 X아파트를 매도하고 소유권이전등기를 경료해 주었다(戊는 민사소송법 제218조 1항의 '변론종결 후 승계인'이 아니므로 丙에 대한 채권자취소송의 기판력이 미치지 않는다). 이에 甲은 2013. 12. 9. 戊를 상대로 다시

말소된 후 다시 새로운 전득자 명의의 등기가 경료되어 새로운 전득자에 대한 관계에서 채무자와 수익자 사이의 사해행위를 취소하는 청구를 하는 경우에도 마찬가지이다(2012다204013).

(3) 구체적인 경우

① **[사해행위인 매매예약**(제564조)**을 원인으로 가등기가 마쳐진 뒤 본계약인 매매계약**(제568조)**을 원인으로 가등기에 기한 본등기가 마쳐진 경우]** "가등기의 등기원인인 법률행위와 본등기의 등기원인인 법률행위가 명백히 다른 것이 아닌 한, 가등기 및 본등기의 원인행위에 대한 사해행위 취소 등 청구의 제척기간의 기산일은 가등기의 원인행위(매매계약이 아닌 매매예약)가 사해행위임을 안 때이다"(2004다24960)[즉, 사안에서 사해행위 요건의 구비여부는 가등기의 원인인 매매예약당시를 기준으로 판단하여야 한다(2013다1518)]**(4회, 8회 선택형). [11회 사례형]**

② **[친족간의 부양료청구권의 침해를 이유로 채권자취소권을 행사하는 경우]** "제척기간은 부양료청구권이 구체적인 권리로서 성립한 시기가 아니라 제406조 2항이 정한 '취소원인을 안 날' 또는 '법률행위가 있은 날'로부터 진행한다(2013다79870)**(10회 선택형).**

③ **[법인의 대표자가 법인에 대해 불법행위를 한 경우]** "법인과 그 대표자의 이익은 상반되므로, 제406조 2항이 정한 '취소원인을 안 날'을 판단함에 있어서는, 불법행위를 한 법인의 대표자를 기준으로 해서는 안 되고, 법인의 이익을 정당하게 보전할 다른 대표자나 임원을 기준으로 해서 이들이 취소원인을 안 날을 기산점으로 삼아야 한다"(2013다50435).

3. 대상적격

취소의 대상은 채무자와 수익자 사이의 법률행위이지 수익자와 전득자의 법률행위가 아니다(2004다21923).

III. 본안요건(보, 사, 사)…흠결시 청구기각   [B-58]

채권자취소권의 요건으로서 ① 객관적 요건으로는 ⅰ) (금전)채권이 사해행위 이전에 발생하여야 하고(피보전채권), ⅱ) 채권자를 해하는 재산권을 목적으로 하는 법률행위가 있어야 하며(사해행위), ② 주관적 요건으로는 채무자 및 수익자(또는 전득자)의 사해의사가 있어야 한다(제406조).

1. 피보전채권…본안요건(흠결시 청구기각)

(1) 금전채권

채권자취소권은 책임재산을 보전하기 위한 것이고 그 행사의 효과는 '모든 채권자의 이익을 위하여' 효력이 있으므로(제407조), 채권자취소권의 피보전채권은 원칙적으로 금전채권이어야 한다. 다만 "채권자취소권 행사는 채무 이행을 구하는 것이 아니라 총채권자를 위하여 채무자의 자력 감소를 방지하고, 일탈된 채무자의 책임재산을 회수하여 채권의 실효성을 확보하는 데 목적이 있으므로, 피보전채권이 사해행위 이전에 성립되어 있는 이상 그 액수나 범위가 구체적으로 확정되지 않은 경우라고 하더라도 채권자취소권의 피보전채권이 된다"(2016다1045)**(12회 선택형).**

乙과 丙 사이의 증여계약을 취소하고 戊 명의 등기의 말소를 구하는 소를 제기하였다면, 이는 제소기간 1년의 도과로 甲의 소는 '각하'될 것이다(3회 선택형).

⑵ 특정채권

예컨대 A가 B와 매매계약을 체결한 후에 C에게 다시 매매하고 소유권을 이전하여 준 경우, B가 A에 대해 가지는 '소유권이전등기청구권(특정채권)을 보전하기 위하여' 채권자취소권을 행사할 수 있는지 문제되는바, 判例는 "채권자취소권을 특정물에 대한 소유권이전등기청구권을 보전하기 위하여 행사하는 것은 허용되지 않으므로(제407조), 부동산의 제1양수인은 자신의 '소유권이전등기청구권' 보전을 위하여 양도인과 제3자 사이에서 이루어진 이중양도행위에 대하여 채권자취소권을 행사할 수 없다"(98다56690)(1회, 4회, 5회, 8회 선택형)고 한다. [10법무]

⑶ 피보전채권에 담보가 설정되어 있는 경우

① **[인적 담보]** 인적담보로부터는 우선변제를 받는다는 보장이 없기 때문에 채권자는 인적담보가 있는지에 관계없이 채권의 전액에 대하여 채권자취소권을 행사할 수 있다.

② **[물적 담보]** 채권자취소권에 의하여 보호될 수 있는 채권은 '책임재산의 감소로 피해를 입을 수 있는 일반채권'이어야 한다. 따라서 만약 피보전채권을 위해 담보권이 설정되어 있다면, 담보제공자가 누구인가를 불문하고 '그 담보물로부터 우선변제받을 금액'을 공제한 나머지 채권액에 대하여만 채권자취소권이 인정된다. 이에 대한 증명책임은 '채권자'에게 있고, 이때 우선변제받을 금액은 처분행위(사해행위) 당시의 담보목적물의 시가를 기준(사후에 환가된 가액을 기준으로 하는 것이 아님)으로 산정하는 것이 옳다(2013다60661)(12회 선택형). 또한 취소채권자가 '담보물로부터 우선변제받을 금액'은 사해행위 당시를 기준으로 담보물의 가액에서 취소채권자에 앞서는 선순위 담보물권자가 변제받을 금액을 먼저 공제한 다음 산정하여야 한다(2016다263355).

⑷ 피보전채권의 성립시기

피보전채권의 성립시기와 관련하여 채권자 취소권에 의하여 보호될 수 있는 채권은 원칙적으로 사해행위라고 볼 수 있는 행위가 행하여지기 전에 발생한 것임을 요하나, i) 사해행위 당시에 이미 채권 성립에 기초가 되는 법률관계가 발생되어 있고, ii) 가까운 장래에 그 법률관계에 기하여 채권이 성립되리라는 점에 대한 고도의 개연성이 있으며, iii) 실제로 가까운 장래에 그 개연성이 현실화되어 채권이 성립된 경우에는 그 채권도 채권자취소권의 피보전채권이 될 수 있다(99다29916)(기, 고, 현).

1) 고도의 개연성

A가 B와 매매계약을 체결한 후에 C에게 다시 매매하고 소유권을 이전하여 준 경우, B의 A에 대한 '소유권이전채무의 이행불능에 따라 B가 A에 대해 가지는 손해배상청구권(금전채권)을 보전하기 위하여' B가 A와 C 사이의 매매계약을 사해행위를 이유로 취소할 수 있는지 문제되는바, 判例는 "사해행위라고 주장하는 부동산에 관한 매매 당시 아직 위 손해배상채권이 발생하지 아니하였고, 그 채권 성립에 관한 고도의 개연성 또한 없어 원고는 피고에 대한 '손해배상채권'을 피보전채권으로 하여 채권자취소권을 행사할 수 없다(98다56690)(12회 선택형)고 한다.

2) 채권성립의 기초가 되는 법률관계

① **[구상보증인의 사해행위 후에 발생한 보증인의 구상보증채권(긍정)]** 判例는 ㉠ 변제기가 도래하면 수탁보증인에게는 사전구상권이 발생하므로(제442조 1항 4호) 주채무자가 변제기 도래 후에 사해행위를 한 경우 수탁보증인은 '사전구상권을 피보전채권'으로 채권자취소권을 행사할 수 있을 뿐만

아니라, ⓛ 변제기가 도래한 후에 보증인이 보증채무를 이행하여 사후구상권이 발생하기 전에 (제441조, 제444조) 주채무자가 사해행위를 한 경우에도 이미 '채권성립의 기초가 되는 법률관계(보증계약)'가 발생되어 있고 다른 요건도 충족하므로 '사후구상권을 피보전채권'으로 채권자취소권을 행사할 수도 있다고 본다(95다27905).

② **[채무자의 사해행위 후에 발생한 신용카드회사의 신용카드대금채권(부정)]** 判例는 채무자가 채권자와 신용카드가입계약을 체결하고 신용카드를 발급받았으나 자신의 유일한 부동산을 매도한 후에 비로소 신용카드를 사용하기 시작하여 신용카드대금을 연체하게 된 사안에서는, 신용카드를 사용함으로써 비로소 채권이 성립하는 것이므로, 단순히 신용카드가입계약만으로 '채권성립의 기초가 되는 법률관계'에 해당하는 것으로는 보지 않았다. 그래서 위 신용카드대금채권은 사해행위 이후에 발생한 채권에 불과하여 사해행위의 피보전채권이 될 수 없다고 하였다(2004다40955)**(2회 선택형)**.

③ "여기에서의 '채권성립의 기초가 되는 법률관계'는 당사자 사이의 약정에 의한 법률관계에 한정되는 것이 아니고, 채권성립의 개연성이 있는 준법률관계나 사실관계 등을 널리 포함하는 것으로 보아야 할 것이며, 따라서 당사자 사이에 채권 발생을 목적으로 하는 계약의 교섭이 상당히 진행되어 그 계약체결의 개연성이 고도로 높아진 단계도 여기에 포함되는 것으로 보아야 한다"(2002다42957).

2. 사해행위의 존재 ··· 본안요건(흠결시 청구기각)

(1) '채무자'의 행위

전득자가 존재하는 경우 수익자와 전득자 사이의 법률행위는 사해행위취소의 대상이 되지 않는다(2004다21923)**(4회, 8회 선택형)**. **[11회 사례형]** 한편 判例는 '양자간 명의신탁'에서, 신탁부동산에 관하여 채무자인 신탁자가 '실질적 당사자'(신탁자가 직접 자신의 명의 또는 수탁자의 명의로 제3자와 매매계약을 체결하는 등)가 되어 법률행위를 하는 경우 이러한 신탁자의 법률행위가 사해행위에 해당할 수 있다고 보고, 이 경우 사해행위의 대상은 '신탁자'와 제3자 사이의 법률행위가 될 것이고, 원상회복은 제3자가 '수탁자'에게 말소등기절차를 이행하는 방법에 의할 것이라고 한다(2011다107382) **[8회 사례형]**

(2) '재산권'을 목적으로 한 행위

가족법상의 행위에 관해서 判例의 태도는 아래와 같다.

① **[원칙적 부정, 제한적 긍정]** 제839조의2 이혼에 따른 재산분할은 혼인 중 쌍방의 협력으로 형성된 공동재산의 청산이라는 성격에 상대방에 대한 부양적 성격이 가미된 제도(청산 및 부양설)임에 비추어 상당한 정도를 벗어나는 것이라고 인정될 특별한 사정이 없는 한 사해행위로서 취소되지 않는다고 하며(2000다25569)**(4회 선택형)**, '협의 또는 심판에 의하여 구체화되지 않은 재산분할청구권'은 채무자의 책임재산에 해당하지 아니하고, 이를 포기하는 행위 또한 채권자취소권의 대상이 될 수 없다고 한다(2013다7936)**(4회, 11회 선택형)**.

② **[원칙적 긍정, 예외적 제한]** 제1012조 이하 상속재산의 분할협의를 하면서 상속재산에 관한 권리포기는 성질상 재산권을 목적으로 하는 법률행위이므로 구체적 상속분에 미달하는 과소한 부분에 한하여 사해행위가 된다고 하였다(2000다51797)**(5회, 8회 선택형)**.

③ **[부정]** 제1041조 이하 '상속의 포기'는 '인적 결단'으로서의 성질을 가지는 것이고 상속인으로서의 지위 자체를 소멸하게 하는 행위로서 순전한 재산법적 행위와 같이 볼 것이 아니어서 사해행위취소의 대상이 되지 못한다고 한다(2011다29307)**(9회, 10회 선택형) [11입법]**

④ **[부정]** 채무자의 유증 포기가 직접적으로 채무자의 일반재산을 감소시켜 채무자의 재산을 유증 이전의 상태보다 악화시킨다고 볼 수도 없으므로 제1074조 '유증의 포기'는 사해행위 취소의 대상이 되지 않는다고 한다(2018다260855)**(9회 선택형)**.

(3) 채권자를 해하는 법률행위(사해행위)일 것

1) '법률행위'일 것

① 계약뿐만 아니라 단독행위(소멸시효이익의 포기 ; 2012마712), **채권행위**(영업양도계약도 채권자취소권 행사의 대상이 될 수 있다 ; 2013다84162) 뿐만 아니라 **물권행위**도 포함된다(74다1700). 최근에는 건축 중인 건물 외에 별다른 재산이 없는 채무자가 수익자에게 책임재산인 해당 건물을 양도하기 위해 수익자 앞으로 '건축주명의를 변경해주기로 약정'이나(2016다279206), 무자력 상태의 채무자가 '**소송절차**'를 통해 수익자에게 자신의 책임재산을 이전하는 행위(2016다204783 : 이 때 사해행위취소로 인한 원상회복은 채무자와 수익자 사이의 위 '확정판결의 기판력'에 저촉되지 않는다)**(7회, 11회 선택형)**도 사해행위가 될 수 있다고 한다.

② 아울러 **관념의 통지**(채권양도의 통지, 시효중단 사유인 채무의 승인)나 의사의 통지(이행의 최고)**와 같은 준법률행위**도 취소의 대상이 될 수 있다. 다만 채권양도의 통지를 취소하는 경우 그 외에 채권양도행위 자체를 취소하여야 채권자취소권의 목적이 달성될 것이다. 이 때 채권양도행위가 사해행위에 해당하지 않는 경우에 양도통지가 따로 채권자취소권 행사의 대상이 될 수는 없다(2011다 32785,32792).

2) '사해행위'의 일반적인 판단기준 [15법행]

채권자를 해한다 함은 채무자의 재산행위로 그의 일반재산이 감소하여 '채권의 공동담보에 부족'이 생기게 되는 것, 즉 채무초과상태에 이르거나 이미 이른 채무초과상태가 심화되어야 한다 **(채무자의 무자력)**. 채무자의 법률행위가 사해행위가 되는지는 **처분행위 당시를 기준으로** 판단하여야 한다. 다만, 이는 사실심변론종결시까지 유지되어야 한다(2007다54849)**(5회, 11회, 13회 선택형)** 判例에 따르면 ㉠ 가등기에 기하여 본등기가 경료된 경우 가등기의 원인인 법률행위와 본등기의 원인인 법률행위가 '명백히 다른 것이 아닌 한'[32] 사해행위 요건의 구비 여부는 가등기의 원인된 법률행위 당시를 기준으로 하여 판단하여야 한다(2000다73377)**(5회 선택형). [15법행]** ㉡ 또한 재산처분행위가 정지조건부인 경우라 하더라도 사해행위 판단의 기준시점은 '조건성취시'가 아닌 정지조건부 처분행위시이다(2013다8564).

---

32) **[비교판례]** 가등기와 본등기의 원인인 법률행위가 '다르다면' 사해행위 요건의 구비 여부는 본등기의 원인인 법률행위를 기준으로 판단해야 하고 제척기간의 기산일도 본등기의 원인인 법률행위가 사해행위임을 안 때라고 보아야 한다(2019다 266409). 예컨대 乙의 채무자인 甲이 자신의 유일한 재산인 X부동산에 관해 丙과 2004. 8. 30. 매매예약을 체결하고 소유권이 전등기청구권 보전을 위한 가등기를 했으나 2014. 9. 30 丁과 새로운 매매계약을 체결하면서 종전 가등기를 유용하기로 합의하고 가등기에 기해 본등기를 했다면, 사해행위 요건과 제척기간은 甲과 丙의 종전 매매예약이 아니라 甲과 丁의 새로운 매매계약을 기준으로 판단하여야 한다.

가) 상당한 대가를 받고 유일한 재산을 매각하는 행위(원칙적 적극) [2·8회 사례형, 3·8·13회 기록형]

"채무자가 유일한 재산인 부동산을 매각하여 소비하기 쉬운 금전으로 바꾸는 행위는 원칙적으로 사해행위가 되지만, ⅰ) 부동산의 매각 목적이 채무의 변제 또는 변제자력을 얻기 위한 것이고, ⅱ) 대금이 부당한 염가가 아니며, ⅲ) 실제 이를 채권자에 대한 변제에 사용하거나 변제자력을 유지하고 있는 경우에는, ⅳ) 채무자가 일부 채권자와 통모하여 다른 채권자를 해할 의사를 가지고 변제를 하는 등의 특별한 사정이 없는 한, 사해행위에 해당한다고 볼 수 없다"(2013다83992)

나) 채무 초과 상태에 있는 채무자가 채권자 중 1인에게 '변제'한 행위(원칙적 소극)

채무자가 일부의 채권자와 '통모'하여 다른 채권자를 해할 의사를 가지고 변제를 한 경우를 제외하고는 원칙적으로 사해행위가 되는 것은 아니다(2000다66034).

다) 채무초과 상태에 있는 채무자가 채권자 중 1인에게 대물변제[33]한 경우(원칙적 적극)

① 채무초과의 상태에 있는 채무자가 적극재산을 특정채권자에게 대물변제조로 양도하는 행위는 원칙적으로 다른 채권자들에 대한 관계에서 사해행위가 될 수 있다(2007다2718). 위와 같이 대물변제나 담보조로 제공된 재산이 채무자의 유일한 재산이 아니라거나 그 가치가 채권액에 미달한다고 하여도 마찬가지이다(2018다295103). ② 그러나 우선변제권 있는 채권자에 대한 대물변제는 그렇지 않다(2006다33357)(2회 선택형) [12회 기록형, 10법행, 08법무]

라) 채무초과 상태에 있는 채무자가 채권자 중 1인에게 '물적 담보를 제공'(원칙적 적극)

① [일반론] "채무자가 물상보증인이 되는 행위는 부동산의 담보가치만큼 채무자의 일반 채권자들을 위한 책임재산에 감소를 가져오는 것이므로, 물상담보로 제공된 부동산의 가액에서 다른 채권자가 가지는 피담보채권액을 채권최고액의 범위 내에서 공제한 잔액만을 채무자의 적극재산으로 평가하여야 하고, 그로 인하여 채무자의 책임재산이 부족하게 되거나 상태가 심화되었다면 사해행위가 성립한다"(2014다237192). 그러나 제3자로부터 자금을 차용하여 부동산을 매수하고 해당 부동산을 차용금채무에 대한 담보로 제공 경우와 같이 기존 채권자들의 공동담보가 감소되었다고 볼 수 없는 경우에는 담보제공행위를 사해행위라고 할 수 없다(2017다237186).

② [사업을 계속 추진하기 위해 부득이 특정채권자에게 담보를 제공하고 '신규자금을 추가로 융통'한 경우(소극)] 자금을 융통하기 위하여 부득이 부동산을 특정 채권자에게 담보로 제공하고 그로부터 신규자금을 추가로 융통받았다면 채무자의 담보권 설정행위는 사해행위에 해당하지 않으며, 다만 사업의 계속 추진과는 관계가 없는 기존 채무를 아울러 피담보채무 범위에 포함시켰다면, 그 부분에 한하여 사해행위에 해당할 여지는 있다(2000다25842).

③ [제3자로부터 자금을 차용하여 부동산을 매수하고 해당 부동산을 차용금채무에 대한 담보로 제공 경우(소극)] 이는 기존 채권자들의 공동담보가 감소되었다고 볼 수 없으므로, 채무자의 담보제공행위가 사해행위라고 볼 수 없다(2018다272261).

④ [채무자가 채무초과 상태에서 유일한 재산인 주택에 대하여 주택임대차보호법 제8조 소정의 '임차권을 설정'해 준 행위(적극 : 2003다50771)]

---

33) [판례해설] 判例에 따르면 변제는 원칙적으로 사해행위가 부정되며, 예외적으로 특정채권자와 통모하여 변제한 경우 사해행위성을 인정하고 있는바, '사실행위인 변제'와 달리 대물변제는 채무자와 특정채권자와의 '계약'이므로 통모하여 변제한 것과 마찬가지로 볼 수 있기 때문이다.

⑤ [채무자가 일반채권자들을 위한 공동담보가 부족한 상태에서 책임재산의 주요부분을 구성하는 부동산에 관하여 제3자에게 우선변제권이 있는 '전세권을 설정'해 준 행위(적극 : 2007다21245)]

⑥ [수급인의 저당권설정청구권(제666조)행사에 따라 도급인이 저당권을 설정하는 행위(원칙적 소극)]
"수급인의 지위가 목적물에 대하여 유치권을 행사하는 지위보다 더 강화되는 것은 아니어서 도급인의 일반 채권자들에게 부당하게 불리해지는 것도 아닌 점 등에 비추어, 신축건물의 도급인이 제666조가 정한 수급인의 저당권설정청구권의 행사에 따라 공사대금채무의 담보로 그 건물에 저당권을 설정하는 행위는 사해행위에 해당하지 아니한다"(2007다78616,78623)(5회, 11회 선택형). [17행정] 이는 신축건물의 수급인으로부터 공사대금채권을 양수받은 자의 저당권설정청구에 따라 도급 인이 신축건물에 저당권을 설정하는 경우에도 마찬가지이다(2015다19827)(9회 선택형).

⑦ [채권자가 먼저 가압류한 목적물에 대한 채무자의 저당권설정행위]

㉠ 채권자의 가압류등기 후 '채무자' 자신이 부담하는 채무를 위해 근저당권설정등기가 마쳐진 경 우 "부동산에 대하여 가압류등기가 먼저 되고 나서 근저당권설정등기가 마쳐진 경우에 경매절차의 배당 관계에서 근저당권자는 선순위 가압류채권자에 대하여는 우선변제권을 주장할 수 없으므로 그 가압류채권자는 근저당권자와 일반 채권자의 자격에서 평등배당을 받을 수 있고(8회 선택형), 따라서 가압류채권자는 채무자의 근저당권설정행위로 인하여 아무런 불이익을 입지 않으므로 채권자취소권을 행사할 수 없다. 그러나 채권자의 실제 채권액이 가압류 채권금액보다 많은 경우 그 초과하 는 부분에 관하여는 가압류의 효력이 미치지 아니하여 그 범위 내에서는 채무자의 처분행위가 채권자들의 공동담보를 감소시키는 사해행위가 되므로 그 부분 채권을 피보전채권으로 삼아 채권자취소권을 행사할 수 있다"(2007다77446).

㉡ 그러나 채권자의 가압류등기 후 '제3자'가 부담하는 채무를 위해 근저당권설정등기가 마쳐진 경 우에는 "일반채권자들이 만족을 얻는 물적 기초가 되는 책임재산이 새로이 감소되므로 가압류 채권자라고 하여도 채무자의 물상보증으로 인한 근저당권 설정행위에 대하여 채권자취소권을 행사할 수 있다"(2009다90047).

마) '이미' 담보물권이 설정되어 있는 재산의 처분행위

① 사해행위의 범위

㉠ "채무자가 양도한 목적물에 담보권이 설정되어 있는 경우라면 그 목적물 중에서 일반채권자들 의 공동담보에 제공되는 책임재산은 피담보채권액을 공제한 나머지 부분만이라 할 것이고, 그 피담보채 권이 목적물의 가격을 초과하고 있는 때에는 당해 목적물의 양도는 사해행위에 해당한다고 할 수 없는바, 여기서 피담보채권액이라 함은 근저당권의 경우에 채권최고액이 아니라 실제로 이 미 발생하여 있는 채권금액이다"(2000다42618)(1회, 3회, 11회 선택형). [2·8·11회 사례형]

㉡ 참고로 건물의 공유자가 공동으로 건물을 임대한 경우 임차보증금 반환채무는 성질상 '불가분채 무'이고, 상가건물의 공유자 중 1인인 채무자가 처분한 지분 중 일반채권자들의 공동담보에 제 공되는 책임재산은 우선변제권이 있는 임차보증금 반환채권 '전액'을 공제한 나머지 부분이다(2017다 205073).

✒️ **[비교판례]** ㉠ **[선행하는 가압류등기가 있는 경우](피보전채권액 비공제)** 사해행위 당시 부동산이 가압류되어 있다는 사정은 '채권자 평등의 원칙'상 채권자의 공동담보로서 그 부동산의 가치에 아무런 영향을 미치지 아니하므로, 가압류가 된 여부나 그 청구채권액의 다과에 관계없이 그 부동산 전부에 대하여 사해행위가 성립한다(2002다37474). **[11회 사례형, 16법무]**
㉡ **[사해행위 이후 우선변제권이 있는 채권이 있는 경우](우선변제권이 있는 채권 비공제)** 부동산에 관한 사해행위 이후에 비로소 채무자가 부동산을 임대한 경우에는 그 임차보증금을 가액반환의 범위에서 공제할 이유가 없고(2018다215756)**(9회 선택형)**, 채무자가 부동산을 사해행위로서 양도한 후 양수인이 선의의 제3자에게 저당권을 설정한 경우 부동산 가액 전부에 관하여 사해행위가 성립한다(2003다40286). **[2회 사례형, 3회 기록형]**

② 선순위담보권 설정이 사해행위인 경우

'선순위담보권'이 존재하는 상태에서 '후순위담보권 설정'행위를 하는 경우, 선순위담보권설정 자체가 사해행위로 되어 취소의 대상이 되는 때에는 그 후순위담보권 설정행위가 사해행위인지 판단함에 있어서는 선순위담보권의 피담보채권액을 담보물의 가액에서 공제할 것이 아니다(2007다23081). 같은 법리로 '선순위담보권'이 존재하는 상태에서 '제3자에게 양도'행위를 하는 경우 그 선순위담보권을 설정한 원인행위가 사해행위로 인정될 경우에는 그 담보권의 피담보채무는 '후행 양도행위'가 사해행위에 해당하는지 여부를 판단함에 있어 공제대상인 피담보채무 금액에 포함되어서는 아니된다(2011다75232).

✒️ **[비교판례]** "선행 저당권설정행위 등이 사해행위 취소소송으로 인용판결이 선고되었다고 하더라도 '상대적 효력설'에 따라 해당 부동산의 소유권을 이전받은 자에게 미치지 아니하므로, 저당권이 설정되어 있는 부동산이 사해행위로 양도된 경우 부동산의 가액에서 저당권의 피담보채무액을 공제한 잔액의 한도에서 그 양도행위를 사해행위로 취소하고 가액의 배상을 구할 수 있다는 법리는 저당권설정행위 등이 사해행위로 인정되어 취소된 때에도 마찬가지로 적용된다"(2018다214319).[34]

③ 공동저당의 경우

㉠ 判例는 "공동저당권이 설정되어 있는 수 개의 부동산 중 일부가 양도된 경우에 있어서의 그 피담보채권액은 특별한 사정이 없는 한 민법 '제368조의 규정 취지'에 비추어 공동저당권의 목적으로 된 각 부동산의 가액에 비례하여 공동저당권의 피담보채권액을 안분한 금액이라고 보아야 한다"(2003다39989) **[08법무]** 고 한다.

---

34) **[사실관계]** 채무자 甲소유의 X부동산에 관하여 乙명의의 근저당권이 설정되어 있었는데, 피고 丙이 甲으로부터 재산분할협의를 원인으로(사해행위) X부동산의 소유권을 취득한 다음 이를 丁에게 매도하였고, 이러한 매도과정에서 변제를 이유로 乙명의의 근저당권이 말소되었다. 그런데 이미 '甲의 다른 채권자 B'가 乙명의의 저당권설정행위가 사해행위에 해당한다고 주장하여 그 취소 및 가액배상을 청구하여 승소판결을 받았지만(判例에 따르면 저당권설정행위가 사해행위에 해당하는 경우 변제 등으로 저당권등기가 말소되더라도 그 취소 및 가액배상을 구할 수 있다) 위 승소판결의 효력은 '상대적'이므로 '甲의 채권자 A'가 채무자 甲과 피고 丙 사이의 재산분할협의를 사해행위로 삼아 그 취소를 구하는 이 사건에서는 乙의 저당권이 존재하는 것으로 보고 부동산 가액에서 그 저당권의 피담보채무액을 공제한 잔액의 한도에서 재산분할협의를 취소하고 가액배상을 명해야 한다고 본 것이다. 그러나 만약 사안에서 A가 乙명의의 저당권설정행위가 사해행위라고 주장하고 그것이 받아들여진다면 A가 甲과 丙 사이의 재산분할협의가 사해행위임을 이유로 취소할 때 乙명의의 피담보채무액을 공제해서는 안된다는 것이 2011다75232의 입장이다.

ⓛ 그러나 判例는 "사해행위의 목적 부동산 전부가 하나의 계약으로 동일인에게 일괄 양도된 경우에는 사해행위로 되는 매매계약이 공동저당 부동산의 일부를 목적으로 할 때처럼 그 부동산 가액에서 공제하여야 할 피담보채권액의 산정이 문제되지 아니하므로 특별한 사정이 없는 한 그 취소에 따른 배상액의 산정은 목적 부동산 전체의 가액에서 공동저당권의 피담보채권 총액을 공제하는 방식으로 함이 그 취소 채권자의 의사에도 부합하는 상당한 방법이라 할 것이다"(2004다67806)라고 한다.

ⓒ 그리고 **공동저당 부동산 중 일부가 채무자 아닌 제3자 소유인 경우** 判例는 "제3자[물상보증인(전합2012다5643) 또는 제3취득자(2008다25671)]가 '변제자대위' 등에 의하여 채무자 소유의 부동산에 대하여 저당권을 행사할 수 있는 지위에 있는 경우라면 채무자 소유의 부동산에 관한 피담보채권액은 공동저당권의 피담보채권액 전액으로 보아야 한다"고 한다(저당목적인 공유지분의 일부가 제3자 소유인 경우에도 동일한 법리)**(13회 선택형)**.

바)-1 매도인이 선의인 계약명의신탁에서 명의수탁자 명의로 소유권이전등기가 마친 경우

① **[명의수탁자가 위 부동산을 명의신탁자 또는 그가 지정하는 자에게 양도하는 행위가 '수탁자'의 일반채권자들을 해하는 사해행위가 되는지 여부**(적극)] "명의수탁자가 취득한 부동산은 채무인인 명의수탁자의 일반 채권자들의 공동담보에 제공되는 책임재산이 되고, 명의신탁자는 명의수탁자에 대한 관계에서 금전채권자(부당이득반환채권) 중 한 명에 지나지 않으므로, 명의수탁자의 재산이 채무의 전부를 변제하기에 부족한 경우 명의수탁자가 위 부동산을 명의신탁자 또는 그가 지정하는 자에게 양도하는 행위는 특별한 사정이 없는 한 '명의수탁자'의 다른 채권자의 이익을 해하는 것으로서 다른 채권자들에 대한 관계에서 사해행위가 된다"(2007다74874)(1회, 9회 선택형). **[15법무]**

② **[명의신탁자가 실질적인 당사자가 되어 위 부동산을 제3자에게 처분한 행위가 '신탁자'의 일반채권자들을 해하는 사해행위가 되는지 여부**(소극)] "신탁자가 수탁자에 대하여 부당이득반환채권만을 가지는 경우에는 그 부동산은 신탁자의 일반채권자들의 공동담보에 제공되는 책임재산이라고 볼 수 없고, 신탁자가 위 부동산에 관하여 제3자와 매매계약을 체결하는 등 신탁자가 실질적인 당사자가 되어 처분행위를 하고 소유권이전등기를 마쳐주었다고 하더라도 신탁자의 일반채권자들을 해하는 사해행위라고 할 수 없다"(2011다89903)(13회 선택형). **[09 · 15법무, 13입법]**

바)-2 유효인 양자간 명의신탁

"유효한 명의신탁관계가 종료된 경우 신탁자의 수탁자에 대한 소유권이전등기청구권은 신탁자의 일반채권자들에게 공동담보로 제공되는 책임재산이 된다. 그런데 신탁자가 유효한 명의신탁약정을 해지함을 전제로 신탁된 부동산을 제3자에게 직접 처분하면서 수탁자 및 제3자와의 합의 아래 중간등기를 생략하고 수탁자에게서 곧바로 제3자 앞으로 소유권이전등기를 마쳐 준 경우 이로 인하여 신탁자의 책임재산인 수탁자에 대한 소유권이전등기청구권이 소멸하게 되므로, 이로써 신탁자의 소극재산이 적극재산을 초과하게 되거나 채무초과상태가 더 나빠지게 되고 신탁자도 그러한 사실을 인식하고 있었다면 이러한 신탁자의 법률행위는 신탁자의 일반채권자들을 해하는 행위로서 사해행위에 해당한다"(2015다56086)(13회 선택형).

✎ **[비교판례]** 그러나 ㉠ 부동산의 유효한 명의수탁자가 신탁계약에 기한 반환의무의 이행으로서 신탁부동산의 소유권을 이전하는 행위는 기존채무의 이행으로서 사해행위를 구성하지 아니한다(2006다79704). 그리고 ㉡ 부동산에 관하여 부동산 실권리자 명의등기에 관한 법률 제4조 제2항 본문이 적용되어 명의수탁자인 채무자 명의의 소유권이전등기가 무효인 경우에는 그 부동산은 채무자의 소유가 아니기 때문에 이를 채무자의 일반 채권자들의 공동담보에 공하여지는 책임재산이라고 볼 수 없고, 따라서 이에 대한 처분행위는 사해행위라고 볼 수 없다(99다55069).

바)-3 무효인 중간생략 명의신탁 [4회 사례형]

채무자가 채무초과상태에서 매수한 부동산의 등기명의를 아들에게 신탁하고 이에 따라 소유권이전등기를 마친 사안에서, 判例는 "위 (중간생략형)명의신탁약정은 공동담보인 금전을 출연하여 그 대가(부동산)을 매수하고도 그의 공동담보재산으로 편입시키지 않은 것이 되어 사해행위에 해당하고, 채권자가 수익자 및 전득자를 상대로 소유권이전등기의 말소를 구하고 매도인을 상대로 채무자를 대위하여 소유권이전등기절차의 이행을 구할 수 있다"(2002다69358)고 판시하였다.

사) 채권양도 또는 채권양도의 '통지' [10회 사례형]

① 채무자의 수익자에 대한 채권양도가 사해행위로 취소되는 경우, 수익자가 제3채무자에게서 아직 채권을 추심하지 아니한 때에는, 채권자는 사해행위취소에 따른 원상회복으로서 수익자가 제3채무자에게 채권양도가 취소되었다는 취지의 통지를 하도록 청구할 수 있다. 그러나 이러한 통지가 이루어지더라도, '상대적 효력설'에 따라 채권자와 수익자의 관계에서 채권이 채무자의 책임재산으로 취급될 뿐, 채무자가 직접 채권을 취득하여 권리자로 되는 것은 아니므로, **채권자는 채무자를 대위하여 제3채무자에게 채권에 관한 지급을 청구할 수 없다**(피대위채권 부존재)(2012다2743)(8회 선택형).[35]

② "압류 및 추심명령 당시 피압류채권이 이미 대항요건을 갖추어 양도되어 그 명령이 효력이 없는 것이 되었다면, 그 후의 사해행위취소소송에서 채권양도계약이 취소되어 채권이 원채권자에게 복귀하였다고 하더라도 이미 무효로 된 압류 및 추심명령이 다시 유효로 되는 것은 아니다"(2019다235702). **[13회 기록형]**

3. 사해행위에 해당하는 범위 [13회 기록형]

① 채무자의 재산상의 법률행위가 전체로서 사해행위가 되는 경우, 즉 목적물 전체가 채무자의 책임재산인 경우에는 법률행위 전체가, ② **법률행위 중 일부가 사해행위에 해당하는 경우**, 즉 목적물 일부가 채무자의 책임재산에 속하지 않는 경우에는 그 부분에 한하여 사해행위로 취소할 수 있다. 예를 들어 ⅰ) 이혼에 따른 재산분할약정이 상당성을 초과한 경우에는 재산분할로서 상당한 범위를 넘는 부분에 관하여만 사해행위가 성립하고(2000다25569), ⅱ) 다른 사람의 저당권이 설정되어 있는 부동산이 사해행위로 양도된 경우 그 저당권에 의하여 우선변제권이 확보된 부분을 제외한 나머지 부분에 관하여만 사해행위가 성립하므로(2000다42618)(1회, 3회, 12회 선택형) [2회 사례형] 그 범위 내에서만 취소할 수 있다.

---

35) **[구체적 예]** 예를 들어 채무자 甲이 乙에 대한 채권을 丙에게 양도하고 채권양도의 통지를 한 경우, 甲의 금전채권자 A에 의해 위 채권양도가 사해행위로서 적법하게 취소되더라도, '채권자 취소권의 상대효'로 인해 피대위권리가 없으므로 A는 乙을 상대로 甲을 대위하여 채무의 이행을 청구할 수 없다(2017년 3차 법전협 모의고사 사례형).

4. 사해의사 [3 · 8 · 12회 기록형]

'사해의사'는 적극적인 의욕이 아니라 소극적인 인식으로써 충분하다. 즉, 특정의 채권자를 해하게 된다는 것을 인식할 필요는 없으며, 공동담보에 부족이 생긴다는 것에 관하여 인식하면 족하다(97다57320). 이에 대한 입증책임은 채권자에게 있으나, 채무자의 사해의사가 증명된 이상 수익자 · 전득자의 악의는 일응 추정을 받는다(68다2022)(1회, 2회, 5회, 11회 선택형)

Ⅳ. 채권자취소권의 행사

[B-59]

채권자취소권은 채권자가 수익자 또는 전득자를 피고로 하여 자기의 이름으로 '소로써'만 행사할 수 있다(제406조). 즉, '소송상의 공격방어방법'으로 주장할 수 없다(92다11008).

1. 수익자와 전득자의 주관적 사정에 따른 채권자취소권 행사방법

(1) 수익자와 전득자가 모두 악의인 경우

수익자를 상대방으로 하여 가액반환을 청구할 수도 있고, 전득자를 상대방으로 하여 원물반환을 청구할 수도 있다. 이 때 진정(등기)명의회복을 원인으로 하는 이전등기가 허용된다(99다53704)(8회 선택형).

(2) 수익자가 악의이고 전득자가 선의인 경우 [3회 기록형]

① 전득자가 소유권을 취득한 경우에는 수익자를 상대로 가액반환을 청구할 수밖에 없다. ② 부동산의 소유권이 악의의 수익자에게 이전된 후 선의의 전득자가 '저당권'을 취득한 경우에도 채권자는 수익자를 상대로 가액반환을 청구하는 것이 원칙이다. 그러나 채권자가 스스로 위험이나 불이익을 감수하면서 원물반환을 구하는 것까지 허용되지 아니하는 것으로 볼 것은 아니고, 그 경우 채권자는 원상회복 방법으로 가액배상 대신 수익자 명의의 등기의 말소를 구하거나(그러나 부동산등기법 제57조 1항에 의해 등기상 이해관계를 가지는 전득자의 승낙을 얻지 못하면 등기를 말소할 수 없다). 수익자를 상대로 채무자 앞으로 직접 소유권이전등기절차를 이행할 것을 구할 수 있다(2000다57139)(1회, 6회, 10회, 13회 선택형).[36]

(3) 수익자가 선의이고 전득자가 악의인 경우

채권자는 전득자를 상대방으로 하여 원상회복으로서 채무자에게 직접 이전등기절차를 이행할 것을 청구할 수 있다.

2. 취소의 범위

(1) 원 칙

취소의 범위는 취소권을 행사하는 채권자의 채권액을 표준으로 한다. 그 채권액은 사해행위 당시를 표준으로 한다. 다만 지연손해금 및 법정이자는 원본채권의 당연한 확장으로서 채권성립일부터 사실심 변론종결일까지 발생한 것도 피보전채권액에 포함된다(2003다19572)(12회 선택형).

---

36) 수익자가 가액반환의무를 이행할 자력이 없거나, 저당권의 피담보채권액이 소액인 경우에는 이전등기 형식의 원물반환을 구하는 것이 훨씬 효과적일 것이다.

(2) 예 외

그러나 ㉠ 다른 채권자가 배당요구를 할 것이 명백하거나, ㉡ 목적물이 불가분인 경우에는 그의 채권액을 넘어서도 취소를 구할 수 있다. 그러나 위 예외들은 사실상 원물반환의 경우에만 해당된다. 왜냐하면 가액반환을 하는 경우 채권자가 지급받은 가액배상금에 대해 다른 채권자들이 배당요구를 할 수 없으므로(현행법상 위 지급받은 가액배상금을 분배하는 방법이나 절차 등에 관한 아무런 규정이 없다), 이때에는 취소채권자는 자신의 채권액을 초과하여 가액배상을 구할 수 없기 때문이다(2006다1442).

3. 원상회복의 방법

(1) 원 칙

원상회복은 원칙적으로 그 '목적물의 반환'(원물반환)을 청구하여야 한다.

① **[사해행위 취소로 인한 원상회복으로 소유권이전등기의 말소를 명하는 판결을 받았으나 말소등기를 마치지 않은 경우]** 이 경우 "채권자취소권의 상대적 효력에 따라 소송 당사자가 아닌 다른 채권자는 채무자를 대위하여 말소등기를 신청할 수 없으나, '민법 제407조 등의 취지'에 비추어 다른 채권자가 사해행위취소판결에 따라 사해행위가 취소되었다는 사정을 들어 수익자를 상대로 다시 소유권이전등기의 말소를 청구하면 수익자는 말소등기를 해 줄 수밖에 없다. 따라서 결국 소송 당사자가 아닌 다른 채권자가 위 판결에 따라 채무자를 대위하여 마친 말소등기는 실체관계에 부합하는 등기로서 유효하다"(2013다84995)(8회, 11회 선택형).

② **[사해행위 취소로 그 등기명의를 회복한 부동산을 '채무자'가 제3자에게 처분한 경우]** "이는 '무권리자의 처분행위'에 해당하므로 제3자에게 마쳐진 등기는 원인무효로서 '취소채권자나 제407조에 따라 사해행위 취소와 원상회복의 효력을 받는 채권자'는 강제집행을 위하여 그 등기의 말소를 청구할 수 있다"(2015다217980)(7회 선택형). [8회 사례형]

③ **[사해행위 취소로 인한 원상회복으로 부동산을 반환하는 경우 그 사용이익의 반환여부]** "채무자의 책임 재산은 당해 부동산뿐이므로 원상회복으로서 당해 부동산을 반환하는 이외 그 사용이익이나 임료상당액을 반환해야 하는 것은 아니다"(2007다69162).

(2) 예 외 [12사법, 08법무]

1) 가액반환을 하여야 하는 경우

ⅰ) 원물반환이 불가능하거나, ⅱ) 현저히 곤란한 경우에는 예외적으로 원물반환에 갈음하여 가액반환이 허용된다.

가) 저당권부 부동산이 사해행위로 양도된 후 수익자의 변제에 의하여 저당권이 소멸한 경우

① **[전부 변제된 경우]** 이 경우 "사해행위를 취소하여 그 부동산의 자체의 회복을 명하는 것은 당초 일반채권자들의 공동담보로 되어 있지 아니하던 부분까지 회복을 명하는 것이 되어 공평에 반하는 결과가 되므로, 그 부동산의 가액에서 저당권의 피담보채무액을 공제한 잔액의 한도에서 사해행위를 취소하고 그 가액의 배상을 구할 수 있을 뿐이다"(98다41490)(12회 선택형). [2·11회 사례형]
이때 사해행위시와 사실심변론종결시 피담보채무액의 변동이 있는 경우 공제되어야 할 피담보채무액의 산정과 관련하여 判例는 사해행위 이후에 피담보채권액이 늘었으면 '채권최고액의

한도 내에서' 이를 모두 공제하여야 하고, 피담보채권액이 줄었으면 '사해행위 당시의 피담보채권액'을 공제해야 한다고 한다(2003다60891)**(12회, 13회 선택형)**.

🖊 **[관련판례]** 이러한 법리는 ⅰ) 주택임대차보호법이 정한 대항요건 및 확정일자를 갖춘 (소액)임차인이 있는 부동산에 관하여 사해행위가 이루어진 후 수익자가 우선변제권 있는 임대차보증금 반환채무를 이행한 경우(2012다107198 등) **[13회 기록형]**, ⅱ) 유치권이 설정되어 있는 부동산이 사해행위로 양도된 후 수익자의 변제에 의하여 유치권이 소멸한 경우(2013다1105)에도 동일하게 적용된다.

② **[일부 변제된 경우]** "사해행위의 목적인 부동산에 수개의 저당권이 설정되어 있다가 사해행위 후 그 중 일부 저당권만이 말소된 경우에도 사해행위의 취소에 따른 원상회복은 가액배상의 방법에 의할 수밖에 없고, 그 경우 배상가액은 사해행위 취소시인 사실심 변론종결시를 기준으로 하여 그 부동산의 가액에서 말소된 저당권의 피담보채권액과 말소되지 아니한 저당권의 피담보채권액을 모두 공제하여 산정하여야 한다"(97다6711). **[3회 기록형]**

나) 저당권부 채권이 사해행위로 양도된 후 사해행위가 채권자에 의하여 취소되기 전에 이미 수익자가 배당금을 현실로 지급받은 경우

채권자는 원상회복방법으로 수익자(전득자)를 상대로 배당 또는 변제로 수령한 금원 중 자신의 채권액 상당의 지급을 가액배상의 방법으로 청구할 수 있다 할 것이나, 채권에 대한 압류가 경합하여 제3채무자가 금전채권을 집행공탁한 경우 가액배상이 아니라 공탁금출급청구권을 채권자에게 양도하는 방법으로 하여야 한다(2004다9398)**(4회 선택형)**.

다) 저당권을 설정하는 행위가 사해행위인 경우, 그 저당권이 실행되어 매각된 경우

근저당권설정계약을 사해행위로서 취소한 경우, 원상회복의 방법은 ⅰ) 근저당권설정등기가 말소되지 않고 있는 때에는 근저당권설정등기말소라는 방법으로, ⅱ) 근저당권 실행으로 근저당권설정등기가 말소되었으나 수익자인 근저당권자가 배당금을 수령하지 못한 때에는 배당금지급청구권의 양도라는 방법으로, ⅲ) 수익자인 근저당권자가 배당금을 수령한 경우에는 수령한 배당금의 지급을 구하는 '가액배상의 방법'을 취한다(아래판결 참고).

① "채무자와 수익자 사이의 근저당권설정계약이 사해행위인 이상 그로 인한 근저당권설정등기가 경락으로 인하여 말소되었다고 하더라도 수익자로 하여금 근저당권자로서의 배당을 받도록 하는 것은 민법 제406조 제1항의 취지에 반하므로, 수익자에게 그와 같은 부당한 이득을 보유시키지 않기 위하여 그 근저당권설정등기로 인하여 해를 입게 되는 채권자는 근저당권설정계약의 취소를 구할 이익이 있다"(97다8687)**(8회 선택형)**.

② 이 경우 判例는 "근저당권설정계약을 사해행위로서 취소하는 경우 경매절차가 진행되어 타인이 소유권을 취득하고 근저당권설정등기가 말소되었다면 원물반환이 불가능하므로 가액배상의 방법으로 원상회복을 명할 것인바, 이미 배당이 종료되어 수익자가 배당금을 수령한 경우에는 수익자로 하여금 배당금을 반환하도록 명하여야한다"(2010다90708)(아래 비교판례와 비교)고 한다.

🖊 **[비교판례]** 원물반환으로 근저당권설정등기의 말소를 명하는 판결(원물반환)확정 후 해당 부동산이 관련 경매사건에서 담보권 실행을 위한 경매절차를 통하여 수익자가 배당금을 수령한 경우, 즉 수익자의 근저당권설정등기 말소등기절차의무가 이행불능된 경우 判例는 **취소채권**

자는 '대상청구권' 행사로서 수익자가 말소될 근저당권설정등기에 기한 근저당권자로서 지급받은 배당금의 반환을 청구할 수 있다(2010다71431)고 한다(10회, 13회 선택형).[37]

라) 사해행위인 매매예약에 기하여 수익자 앞으로 가등기를 마친 후 전득자 앞으로 가등기 이전의 부기등기를 마치고 가등기에 기한 본등기까지 마친 경우

이 경우 "채권자는 수익자를 상대로 사해행위인 매매예약의 취소를 청구할 수 있고, 부기등기의 결과 가등기 및 본등기에 대한 말소청구소송에서 수익자의 피고적격이 부정되더라도, 위 부기등기는 사해행위인 매매예약에 기초한 수익자의 권리의 이전을 나타내는 것으로서 부기등기에 의하여 수익자로서의 지위가 소멸하지는 아니하므로 수익자는 부기등기로 인한 가등기말소의무의 불능에 대한 원상회복으로서 가액배상을 할 의무를 진다"(가등기에 의한 권리의 양도인(수익자)은 가등기말소등기청구소송의 상대방이 될 수 없고 본등기의 명의인도 아니므로 가액배상의무를 부담하지 않는다는 종전판결을 변경)(전합2012다952)(7회, 11회 선택형). 그러나 부기등기가 없는 사안에서는 수익자에게 가등기 및 본등기에 대한 말소청구소송의 피고적격이 인정되므로 가액배상이 이루어져야 하는 것이 아니다(2003다19435). [8회 기록형]

마) 선의의 전득자가 저당권을 취득한 경우 : 원물반환과 가액반환의 선택

이 경우 "채권자는 수익자를 상대로 원물반환 대신 그 가액 상당의 배상을 구할 수도 있다고 할 것이나, 채권자가 스스로 위험이나 불이익을 감수하면서 원물반환을 구하는 것까지 허용되지 아니하는 것으로 볼 것은 아니고, 그 경우 채권자는 원상회복 방법으로 가액배상 대신 수익자 명의의 등기의 말소를 구하거나 수익자를 상대로 채무자 앞으로 직접 소유권이전등기절차를 이행할 것을 구할 수 있다"(2000다57139)(1회, 6회, 13회 선택형). [3회 기록형]

2) 가액반환을 판단하는 기준과 범위

① 가액상환에서 가액은 '사해행위가 성립하는 범위 내'에서 '사실심변론종결시'(사해행위시가 아님)를 기준으로 하여 산정된다(2001다33734)(6회,12회 선택형). [11회 사례형] 가액배상은 ㉠ 채권자의 피보전채권액(사해행위 당시를 기준으로 하되 사실심변론종결시까지의 이자나 지연손해금은 포함)과 ㉡ 목적물의 공동담보가액(책임재산 = 사해행위의 범위) 중 적은 금액을 한도로 이루어진다.[38]

② 그리고 가액반환을 하는 경우 채권자가 지급받은 가액배상금에 대해 다른 채권자들이 배당요구를 할 수 없으므로(현행법상 위 지급받은 가액배상금을 분배하는 방법이나 절차 등에 관한 아무런 규정이 없다), 취소채권자는 자신의 채권액을 초과하여 가액배상을 구할 수 없다(2006다1442)(3회, 7회 선택형)

---

37) **[판례해설]** 위 2010다90708의 경우 수익자가 배당금을 수령한 이후 취소채권자에게 가액배상을 명하는 판결이 확정된 사례이다. 이 경우 부당이득반환을 원인으로 수익자에게 배당금반환을 명하는 판결을 선고하면 된다. 반면, 비교판례의 경우는 원물반환을 명하는 판결 확정 후 경매가 진행되어 수익자가 배당금을 수령한 사례이다. 이 경우 취소채권자에게 부당이득반환의 법리가 적용된다는 보장이 없다. 또한, 다시 가액반환을 청구하는 소를 제기하는 것도 권리보호이익이 없어 허용되지 않는다(2004다54978). 대신 비교판례는 취소채권자가 수익자에게 대상청구권을 행사하는 것은 가능하다고 판시하였다.

38) 사해행위의 취소와 원상회복이 병합하여 청구되는 일반적인 경우 실무는 사해행위의 취소범위에 앞서 원상회복방법에 관하여 살펴 본 다음 사해행위취소범위와 가액배상의 범위를 동일한 기준 하에 한꺼번에 판단함으로써 사해행위취소범위와 가액배상 범위를 일치시키고 있다(사법연수원, 요건사실론(2022년), p.136).

[가액반환 청구취지 기재례] "1. 피고와 소외 채무자 사이에 별지 목록 기재 부동산에 관하여 2020. 5. 15. 체결된 매매계약을 100,000,000원의 한도 내에서 취소한다. 2. 피고는 원고에게 100,000,000원 및 이에 대한 이 판결 확정일 다음날부터 다 갚는 날까지 연 5%의 비율로 계산한 돈을 지급하라"

3) 가액반환을 행사하는 방법

① **[직접청구가부]** 사해행위취소로 가액반환을 하는 경우 취소채권자는 직접 자기에게 가액배상금을 지급할 것을 청구할 수 있다(97다58316). 실무상 취소채권자가 가액반환을 구하는 경우에는 예외 없이 직접 자기에게 지급할 것을 청구하고 있다. 이 때 상대방이 돈을 채무자에게 주었다고 하더라도 그 금액 상당을 가액반환의 범위에서 공제할 것은 아니다(2012다211)

② **[상계가부]** 취소채권자는 가액을 반환받은 다음 이를 채무자에게 반환하여야 하나, 한편 채무자에 대하여 채권을 가지고 있으므로 상계적상에 있는 한 상계할 수 있다. 이로써 취소채권자는 사실상 우선변제를 받을 수 있다.

V. 행사의 효과(상대적 무효설에 따를 때)   [B-60]

1. 채무자에 대한 효과

취소채권자의 사해행위취소 및 원상회복청구에 의하여 채무자에게로 회복된 재산은 취소채권자 및 다른 채권자에 대한 관계에서 채무자의 책임재산으로 취급될 뿐 채무자가 직접 그 재산에 대하여 어떤 권리를 취득하는 것은 아니다(2010후1435 등). **[13회 기록형]** 회복된 재산으로부터 채권자가 만족을 받고 남은 잉여는 채무자에게 반환되는 것이 아니라 사해행위취소청구를 받아 그 재산을 반환하였던 상대방에게 반환하여야 한다.

2. 채권자에 대한 효과

취소채권자는 우선변제를 받지 못하고 강제집행절차에서 평등분배를 받게 된다(2005다14595)**(1회 선택형)**(제407조 참조). 다만 앞서 검토한 바와 같이 가액반환의 경우 사실상 우선변제를 받을 수 있는 방법이 있다.

3. 수익자·전득자에 대한 효과

(1) 일반적인 경우

채권자가 강제집행을 하여 만족을 얻은 부분에 대해 수익자(전득자)는 채무자에 대해 '부당이득반환'을 청구할 수 있다. 그러나 이와 같은 부당이득반환채권은 사해행위 이후에 발생한 채권이므로 수익자 등은 제407조의 채권자에 해당하지 않는다. 따라서 원상회복된 채무자의 재산에 대한 강제집행절차에서 배당을 요구할 권리가 없다(2012다14975)**(8회 선택형)**.

(2) 수익자도 채권자 중 1인인 경우(예컨대 채권자 중 1인에 대한 근저당권 설정, 대물변제)

① **[배당요구권]** 그러나 수익자도 채권자 중 1인인 경우(예컨대 채권자 중 1인에 대한 근저당권 설정, 대물변제) 다른 채권자와 함께 제407조의 채권자에 해당한다. 따라서 원상회복된 채무자의 재산에 대한 강제집행절차에서 배당을 요구할 권리가 있다(2003다15907).

② **[상계권]** 그러나 채권자의 가액반환 청구에 대하여 수익자는 채무자에 대한 원래의 채권 또는 장차 안분배당받을 채권으로 상계할 수 없다(99다63183 등)**(12회, 13회 선택형)**. 상계를 허용하면 오히려 수익자가 사실상 우선변제받는 결과가 발생하여 '채권자취소권의 취지'에 부합하지 않기 때문이다. 하지만 수익자가 채권자취소권을 행사하는 '채권자에 대해 가지는 별개의 다른 채권'을

집행하기 위하여 그에 대한 집행권원을 가지고 채권자의 수익자에 대한 가액배상채권을 압류하고 전부명령을 받는 것은 허용된다. 나아가 상계가 금지되는 채권이라고 하더라도 압류금지 채권에 해당하지 않는 한 강제집행에 의한 전부명령의 대상이 될 수 있다(2017마499)**(12회, 13회 선택형)**.

Set 049 제3자에 의한 채권침해 ★★

※ 제3자의 채권침해 논리(사례) 구조[39]

Ⅰ. 제3자에 의한 채권침해가 있었는지 여부 확정

① 채권의 귀속자체를 침해하거나(채권의 준점유자로서 변제를 받아 진정한 채권자의 권리를 소멸시킨 경우), ② 채권의 목적인 급부를 침해하거나(특정물의 인도를 목적으로 하는 채권에 있어서 제3자가 목적물을 멸실케 한 경우), ③ 책임재산을 감소시킨 경우(제3자가 채무자와 공모하여 채무자의 책임재산을 빼돌린 경우)와 같이 채권의 '실질적 가치'를 침해하는 경우

Ⅱ. 제3자의 채권침해에 대한 구제수단

① 제750조의 성립요건과 관련하여 고의 및 위법성 충족 여부 검토, ② 채권에 기한 방해배제청구권의 인정 여부 검토

Ⅰ. 불법행위책임

[B-64a]

"제3자의 채권침해가 언제나 불법행위가 되는 것은 아니고, 채권침해의 태양에 따라 그 성립여부를 구체적으로 검토하여야 한다"(99다38699). 특히 고의·과실과 위법성이 문제된다.

1. 귀속침해

절대권 침해와 다를 바 없으므로 곧바로 위법성이 인정된다.

2. 급부침해

(1) 독립한 경제주체 간의 경쟁적 계약관계(공, 기, 해)

判例는 "독립한 경제주체 간의 경쟁적 계약관계에 있어서는 단순히 제3자가 채무자와 채권자 간의 계약내용을 알면서 채무자와 채권자 간에 체결된 계약에 위반되는 내용의 계약을 체결한 것만으로는 제3자의 고의·과실 및 위법성을 인정하기에 부족하고, ⅰ) 제3자가 채무자와 적극 공모하였다거나 또는 ⅱ) 제3자가 기망·협박 등 사회상규에 반하는 수단을 사용하거나 ⅲ) 채권자를 해할 의사로 채무자와 계약을 체결하였다는 등의 특별한 사정이 있는 경우에 한하여 제3자의 고의·과실 및 위법성을 인정하여야 한다"(99다38699)고 한다.

---

39) 논리(사례)구조는 민총 '이중매매' 및 채총 '대상청구권'에서 검토하였다.

(2) **특정물채권에서 제3자가 목적물을 멸실·훼손케 한 경우**

제3자가 채권의 존재를 '알면서 고의로' 목적물을 멸실·훼손케 한 경우에 한하여 채권 침해의 위법성을 인정하는 것이 타당하다.

3. 제3자가 채무자와 공모하여 책임재산을 감소시킨 경우

判例는 "그 제3자의 행위가 채권자에 대하여 불법행위를 구성한다고 하기 위하여는 단순히 채무자 재산의 감소행위에 관여하였다는 것만으로는 부족하고 제3자가 채무자에 대한 채권자의 존재 및 그 채권의 침해사실을 알면서 채무자와 적극 공모하였다거나 채권행사를 방해할 의도로 사회상규에 반하는 부정한 수단을 사용하였다는 등 채권침해의 고의·과실 및 위법성이 인정되는 경우라야만 할 것"(2005다25021)이라고 한다.

아울러 "제3자가 채무자의 재산을 은닉하는 방법으로 채권자의 채권을 침해하는 불법행위를 한 경우, 그 손해는 '불법행위 시를 기준'으로 제3자의 채권침해가 없었다면 채권자가 채무자로부터 회수할 수 있었던 채권 금액 상당이다"라고 한다(2017다229338).[40]

Ⅱ. 채권에 기한 방해배제청구권 : 제214조 유추적용 [B-64b]

① 判例는 채권자가 침해자에 대하여 직접 토지의 인도를 구한 경우(80다1362)와 침해한 시설의 철거 등을 구한 경우(99다38699), 그 권리가 채권적 권리에 불과하여 대세적인 효력이 없다는 이유로 이들 청구를 부정하였다.

② 그러나 '임차권이 대항력을 갖춘 경우'에 임차권에 기한 방해배제청구권을 인정하고(99다67079), '상가분양에서 업종제한을 한 경우'와 같이 채권계약에 따른 권리라도 그것이 특별히 독점적 이익을 보장하기 위한 것인 때에는 일정한 요건 하에 독점적 이익을 침해하는 (계약의 당사자 아닌) 제3자에게 그 행위의 중지를 청구할 수 있는 효력(예컨대 영업금지가처분)을 인정한다(2006마164, 165)(**2회 선택형**).

✎ 제3자에 의한 부동산임차권 침해의 경우의 임차인 구제방법

제3자에 의한 부동산임차권 침해의 경우와 같이 '계속적'인 채권침해 행위로 인해 금전배상의 방법에 한계가 있는 경우 判例는 '대항력을 갖춘 임차권' 등에 경우에 한해 방해배제청구권 등을 인정하고 있다(제214조의 유추적용).

① **[점유보호청구권]** 임차인이 부동산을 점유하고 있는 경우에 인정된다(제204조, 제205조).

② **[채권자대위권]** 임차인은 소유자인 임대인이 갖는 물권적 청구권(제213조·제214조, 제207조·제205조)을 대위행사 할 수 있다.

③ **[부동산임차권에 기한 방해배제청구권]** 부동산임차권이 대항력을 갖춘 경우에 한하여 인정된다.

---

40) **[사실관계]** 제3자 甲이 丙에 대해 채무를 지고 있는 乙에게 자신 명의의 계좌를 제공하여 乙로 하여금 자금을 입금하도록 함으로써 책임재산을 감소케 한 행위는 丙의 채권을 침해하는 불법행위에 해당하고, 이때 손해배상액은 불법행위 당시를 기준으로 산정해야 하며, 불법행위 성립 이후에 발생한 乙의 파산선고 등의 사정은 손해배상액 산정에 영향을 미치지 못한다.

Ⅰ. 이중매매의 유효성

부동산 이중매매는 '계약자유(자유경쟁)의 원칙'에 비추어 유효함이 원칙이다(75다1780). 그러나 제2매수인이 매도인의 '배임행위에 적극 가담(권유)'한 경우에는 '정의관념'에 반하므로 반사회질서 행위로서 무효이다(93다55289).

Ⅱ. 무효인 이중매매인 경우 제1매수인의 제2매수인에 대한 구제수단

1. 제1매수인의 제2매수인에 대한 채권자취소권 행사가부

소유권이전등기청구권과 같은 특정채권을 보전하기 위하여는 채권자취소권은 행사될 수 없으며(제406조, 98다56690)(1회, 4회, 5회, 8회 선택형), 제1매수인이 매도인에게 가지는 손해배상청구권도 매도인이 이중양도하면서 그 이후에 비로소 발생한 것으로 보아야 함으로 채권자취소권은 행사할 수 없다(98다56690).

2. 제1매수인의 제2매수인에 대한 채권자대위권 행사가부

① 반사회적인 이중매매의 경우에 제1매수인은 매도인을 대위하여 제2매수인에 대해 등기의 말소를 청구할 수 있다(83다카57)(1회 선택형)고 한다. 다만 判例는 구체적인 논거는 제시하지 않았다. **[비교판례]** 그러나 判例는 최근 명의신탁과 관련하여 명의수탁자의 매도행위가 반사회질서 위반으로 무효로 된 경우, 매도인인 명의수탁자의 불법성이 매수인의 불법성보다 크다고 하여 매수인의 매매대금반환청구를 인용함으로써 최초로 '**불법성 비교론**'을 받아들인바 있다(93다12947).

② 그러나 제2매수인이 승소의 확정판결을 얻어 소유권이전등기를 경료받은 경우 제1매수인이 매도인을 대위하여 말소 청구를 하는 것은 '기판력'에 저촉되어 허용되지 않는다(74다2229).

3. 제1매수인의 제2매수인에 대한 불법행위책임 행사가부

(1) 제750조의 요건 충족 여부

"단순히 채무자 재산의 감소행위에 관여하였다는 것만으로는 부족하고 제3자가 채무자에 대한 채권자의 존재 및 그 채권의 침해사실을 알면서 채무자와 적극 공모하였다거나 채권행사를 방해할 의도로 사회상규에 반하는 부정한 수단을 사용하였다는 등 채권침해의 고의·과실 및 위법성이 인정되는 경우라야만 할 것이다"(99다38699).

(2) 제750조의 효과(원상회복청구 가부)

"제763조에 의하여 불법행위에 준용되는 제394조가 금전배상의 원칙을 규정하고 있으므로, 법률에 다른 규정이 있거나 당사자가 다른 의사표시를 하는 등 특별한 사정이 없는 이상 불법행위자에 대하여 원상회복청구는 할 수 없다"(96다10638).

※ 이중매매가 유효한 경우의 법률관계(제2매수인이 선의 또는 단순악의인 경우)

Ⅰ. 제2매수인과의 매매계약의 유효 여부 및 소유권자의 확정

1. 제2매수인과의 매매계약의 유효 여부(형식주의 원칙과 자유경쟁의 원리)

2. 소유권자의 확정(등기를 갖춘 제2매수인)

Ⅱ. 제1매수인의 구제수단

1. 채무자(매도인)에 대한 구제수단 ★

(1) 약정해제권 인정 여부(제565조)

(2) 채무불이행(이행불능)책임

 1) 이행불능에 따른 전보배상청구권(제390조)

 2) 계약해제권(제546조)

(3) 대상청구권

(4) 불법행위책임(제750조)

2. 제2매수인에 대한 구제수단

(1) 채권자대위권 행사 가부(제404조)

(2) 채권자취소권 행사 가부(제406조)

 1) 소유권이전등기청구권의 보전을 위한 채권자취소권 행사 가부

 2) 채무불이행에 대한 손해배상청구권의 보전을 위한 채권자취소권 행사 가부

(3) 제3자의 채권침해를 이유로 한 불법행위책임과 그 효과로서 원상회복청구권 인정여부(제750조, 제 763조, 제394조)

※ 이중매매가 무효인 경우의 법률관계(제2매수인이 매도인의 배임행위에 적극 가담한 경우)

Ⅰ. 제1매수인이 부동산의 소유권을 취득할 수 있는 방법

1. 제2매수인과의 매매계약의 무효 여부

2. 채권자대위권 행사 가부(제404조)

(1) 채권자대위권의 행사요건(보, 필, 불, 대)

(2) 피대위권리의 존재 여부(제746조와의 관계)

3. 채권자취소권 행사 가부(제406조)

(1) 채권자취소권의 행사요건(보, 사, 사)

(2) 무효인 제2매매가 채권자취소권의 대상이 되는지 여부

(3) 상당한 가격에 의한 부동산 매각행위와 사해행위의 성부

(4) 제1매수인의 피보전채권의 성립 여부

 1) 소유권이전등기청구권의 보전을 위한 채권자취소권 행사 가부

 2) 채무불이행에 대한 손해배상청구권의 보전을 위한 채권자취소권 행사 가부

4. 제3자의 채권침해를 이유로 한 불법행위책임과 효과로서 원상회복청구권 인정여부(제750조, 제763조, 제394조)

 1) 제3자의 채권침해에 해당하는지 여부

 2) 불법행위책임 성립 여부(공, 기, 해)(제750조)

 3) 손해배상으로 원상회복을 구할 수 있는지 여부(제763조, 제394조)

Ⅱ. 전득자 보호방안

1. 부동산 소유권 취득방안

(1) 제108조 제2항 유추적용론[41]

(2) 부동산 취득시효 완성여부(제245조)

2. 제2매수인에 대한 구제수단

(1) 타인권리매매로 인한 담보책임(제570조)

(2) 채무불이행(이행불능) 책임

 1) 이행불능에 따른 전보배상책임(제390조)

 2) 계약해제권(제546조)

(3) 불법행위로 인한 손해배상청구(제750조)

(4) 사기를 이유로 한 취소권(제110조)

(5) 착오를 이유로 한 취소권(제109조)

---

41) 判例에 따르면 제103조 위반으로 무효가 되면 이는 '절대적 무효'이므로 그 무효인 당사자로부터 목적물을 전득한 제3자도 보호받지 못한다고 한다(2007다82875). 다만 취득시효 등을 통해 예외적으로 소유권을 취득할 수 있다(통설).

Ⅰ. 분할채무관계가 성립하는 경우 [B-65]

① 判例는 공동불법행위자 사이의 관계에서는, "공동불법행위자 중 1인에 대하여 구상의무를 부담하는 다른 공동불법행위자가 수인인 경우에는 특별한 사정이 없는 이상 그들의 구상권자에 대한 채무는 이를 부진정연대채무로 보아야 할 근거는 없으며, 오히려 다수당사자 사이의 분할채무의 원칙이 적용되어 각자의 부담부분에 따른 분할채무로 봄이 상당하다"고 한다(2002다15917)(5회, 9회, 12회 선택형) [14행정]

② 상속인이 수인인 때에는 상속재산은 그 '공유'로 한다(제1006조). 이와 관련하여 判例는 "금전채무와 같이 급부의 내용이 가분인 채무가 공동상속된 경우, 이는 상속개시와 동시에 당연히 법정상속분에 따라 공동상속인에게 귀속하는 것이므로 상속재산 분할의 대상이 될 여지가 없다"고 한다(97다8809)(3회, 5회, 8회 선택형) [11회 사례형, 13사법, 8회 기록형]

Ⅱ. 불가분채무관계가 성립하는 경우 [B-67]

"다수당사자의 채권관계는 원칙적으로 분할채권관계이고(제408조 참조), 채권의 성질상 또는 당사자의 약정에 기하여 특히 불가분으로 하는 경우에 한하여 불가분채권관계로 된다"(90다13628)

① 判例에 따르면 건물을 공유자가 공동으로 건물을 임대하고 보증금을 수령한 경우 그 임대는 각자 공유지분을 임대한 것이 아니고 임대목적물을 다수의 당사자로서 공동으로 임대한 것이고 그 보증금반환채무는 성질상 불가분채무에 해당된다고 한다(98다43137). 따라서 '임대인 지위를 공동상속'한 상속인들이 임차인에 대하여 부담하는 임차보증금 반환채무의 성질 역시 비록 금전채무의 공동상속이지만 불가분채무에 해당한다고 한다(2015다59801).

② 또한 수인이 공동으로 법률상 원인 없이 타인의 재산을 사용한 경우의 부당이득반환채무는 불가분적 이득의 상환으로서 불가분채무이며 불가분채무는 각 채무자가 채무 전부를 이행할 의무가 있으며, 1인의 채무이행으로 다른 채무자도 그 의무를 면하게 된다고 하였다(2000다13948)(5회, 8회, 9회 선택형).

✎ 불가분채무의 대내적 효력 [B-69]

"연대채무자가 변제 기타 자기의 출재로 공동면책을 얻은 때 다른 연대채무자의 부담부분에 대하여 구상권을 행사할 수 있고 이때 부담부분은 균등한 것으로 추정된다(제425조 1항, 제424조)(11회 선택형). 그러나 연대채무자 사이에 부담부분에 관한 특약이 있거나 특약이 없더라도 채무의 부담과 관련하여 각 채무자의 수익비율이 다르다면 그 특약 또는 비율에 따라 부담부분이 결정된다(2013다49404,49411 참조). 이러한 법리는 민법 제411조에 따라 연대채무자의 부담부분과 구상권에 관한 규정이 준용되는 불가분채무자가 변제 기타 자기의 출재로 공동면책을 얻은 때 다른 불가분채무자를 상대로 구상권을 행사하는 경우에도 마찬가지로 적용된다. 불가분채무자 사이에 부담부분에 관한 특약이 있거나 특약이 없더라도 채무자의 수익비율이 다르다면 그 특약 또는 비율에 따라 부담부분이 결정된다. 따라서 불가분채무자가 변제 등으로 공동면책을 얻은 때 다른 채무자의 부담부분에 대하여 구상할 수 있다"(2020다208195).

Ⅲ. 불가분채권관계가 성립하는 경우 [B-67]

"임차목적물을 사용, 수익할 수 있는 권리 등 임대차계약에 있어서 임차인의 지위는 성질상 불가분인 점, 공동임대인의 보증금 반환의무는 성질상 불가분채무이므로 공동임차인의 임차보증금 반환채권도 불가분채권으로 봄이 상당하다"(2021다264253)

✒ 불가분채권의 1인에게 생긴 사유의 효력 [B-68]

청구와 이행에 따른 효과 이외의 사유는 다른 채권자에게 그 효력이 없다(제410조 1항 후문). 따라서 예컨대, 공동임차인 중 1인에 대한 채권자가 임대차보증금반환채권 일부에 대하여 압류 및 전부명령을 받은 경우 그 압류 및 전부명령의 효력은 나머지 공동임차인들에게 미치지 않는다 (2021다264253). 다만 경개나 면제가 있는 경우에 채무전부의 이행을 받은 다른 채권자는 그 1인이 권리를 잃지 아니하였으면 그에게 분급할 이익을 채무자에게 상환하여야 한다(제410조 2항)(9회 선택형).

Set 052 연대채무 ★★

Ⅰ. 의의 및 법적성질 [B-70]

수인의 채무자가 채무 전부를 각자 이행할 의무가 있고 채무자 1인의 이행으로 다른 채무자도 그 의무를 면하게 되는 때에는 그 채무는 '연대채무'로 한다(제413조). '연대채무'는 채무자의 수만큼 복수의 채무가 존재하는 것으로 본다(복수성). 또한 연대채무는 채무자간에 연대관계가 존재하지만 각자의 채무는 독립되어있다(독립성). 따라서 어느 연대채무자에 대한 법률행위의 무효나 취소의 원인은 다른 연대채무자의 채무에 영향을 미치지 아니한다(제415조)(9회 선택형).

Ⅱ. 1인에게 생긴 사유의 효력(절대적 효력이 있는 경우) [B-72]

1. 일체형

채권에 만족을 주는 사유인 변제, 대물변제, 공탁(제413조), 상계(제418조 1항)(11회 선택형), 변제제공 및 이에 따른 수령지체의 효과(제413조, 제422조), 이행청구(제416조) 및 이에 따른 이행지체 및 소멸시효 중단의 효력(11회 선택형) [9회 기록형], 경개(제417조)

따라서 ① 어느 연대채무자가 '채무를 승인'함으로써 그에 대한 시효가 중단되었더라도 그로 인하여 다른 연대채무자에게도 시효중단의 효력이 발생하는 것은 아니다(2018다234177)(10회 선택형). ② 채권자가 연대채무자 1인의 소유 부동산에 대하여 경매신청을 한 경우에 이는 최고로서의 효력이 있다(2001다22840)(민총 소멸시효 참고)(4회, 7회 선택형).

2. 부담부분형(당해 채무자의 부담부분에 한하여 절대적 효력)(면, 상, 혼, 소)

면제(제419조)(8회 선택형), 혼동(제420조), 소멸시효의 완성(제421조), 다른 연대채무자에 의한 상계(제418조 2항 ; 반대채권을 가진 연대채무자가 상계를 하지 않는 때에는 다른 연대채무자가 그의 부담부분 한도에서 상계할 수 있다)(11회 선택형).

3. 연대채무자 중 1인에 대한 채무 일부면제의 효력 [10회 기록형]

이와 관련하여 判例는 ⊙ 연대채무자 중 1인이 채무 일부를 면제받는 경우에 그 연대채무자가 지급해야 할 잔존 채무액이 부담부분을 초과하는 경우에는 그 연대채무자의 부담부분이 감소한 것은 아니므로 다른 연대채무자의 채무에도 영향을 주지 않아 다른 연대채무자는 채무 전액을 부담하나, ⓛ 반대로 일부 면제에 의한 피면제자의 잔존 채무액이 부담부분보다 적은 경우에는 차액(부담부분 - 잔존 채무액)만큼 피면제자의 부담부분이 감소하였으므로, 차액의 범위에서 면제의 절대적 효력이 발생하여 다른 연대채무자의 채무도 차액만큼 감소한다고 한다(2019다216435)[42](13회 선택형)

Ⅲ. 대내적 효력 [B-72]

1. 구상권의 성립요건

① 어느 연대채무자가 ⅰ) 변제 기타 자기의 출재로 ⅱ) 공동면책이 된 때에는 ⅲ) 다른 연대채무자의 부담부분에 대하여 구상권을 행사할 수 있다(제425조 1항). 자기의 출재는 자신의 부담부분 이상일 필요는 없고(통설)(11회 선택형), 부담부분은 먼저 당사자의 특약 또는 연대채무를 부담함으로써 얻는 이익의 비율에 의하되(2012다97420)(7회 선택형), 이러한 기준을 통하여도 부담부분이 결정되지 않는 경우에는 균등한 것으로 추정한다(제424조)(11회 선택형).

② 여기서 '부담부분'이란 연대채무자가 그 내부관계에서 출재를 분담하기로 한 비율을 말한다. 그 결과 "변제 기타 자기의 출재로 일부 공동면책되게 한 연대채무자는 역시 변제 기타 자기의 출재로 일부 공동면책되게 한 다른 연대채무자를 상대로 하여서도 자신의 공동면책액 중 다른 연대채무자의 분담비율에 해당하는 금액이 다른 연대채무자의 공동면책액 중 자신의 분담비율에 해당하는 금액을 초과한다면 그 범위에서 여전히 구상권을 행사할 수 있다"(2013다46023)(7회 선택형).[43]

2. 구상권의 범위

구상권은 출재액과 공동면책액 중 적은 쪽을 기준으로 하며, 면책된 날 이후의 법정이자 및 피할 수 없는 비용 기타의 손해배상을 포함한다(제425조 2항).

3. 구상권의 제한(제426조)

사후통지를 게을리 하고 있는 상태에서 사전통지 없이 면책행위를 한 경우 이에 관한 명시적인 判例는 없다. 다만, 判例는 보증채무에 있어서 이와 동일한 법리가 적용될 수 있는 경우(즉 주채무자가 사후통지를 하지 않은 동안에 보증인이 사전통지를 하지 않고 변제한 경우)에 대하여 일반원칙에 따라 먼저 이루어진 변제가 유효하다고 한다(95다46265).

---

42) [구체적 예] 예컨대 乙, 丙이 甲에 대하여 1,000만 원의 연대채무를 부담하고 있는데(부담부분은 균등), 乙로부터 300만 원을 지급받은 甲이 나머지 700만 원을 면제한 경우, 判例에 따르면, 일부면제 후 잔존 채무와 피면제자의 부담부분을 비교하여 후자가 전자를 초과하는 경우에만 그 차액만큼 절대효가 발생(즉, 피면제자의 부담부분이 감소하고, 그만큼 다른 연대채무자의 채무이 감소)한다는 입장이다. 즉, 700만 원의 일부면제 후의 잔액(300만 원)이 乙의 부담부분(500만 원)보다 작기 때문에 그 차액(200만 원)만큼 乙의 부담부분이 감소하고(결국 乙의 부담부분 300만 원), 丙도 200만 원만큼 공동면책된다. 결국 丙은 잔존 채무 500만 원[=1,000만 원 - 200만 원(절대효) - 300만 원(乙의 변제금액)]을 甲에게 이행하여야 한다.

43) [구체적 예] 예컨대 A·B·C가 D에 대하여 300만 원의 연대채무를 부담하고 그들의 부담부분이 균등한 경우에 A가 D에게 60만 원을 변제하였다면 A는 B와 C에게 20만 원씩 구상할 수 있는데, B도 30만 원을 변제하였으면 A는 B에게 10만 원[20만 원 - 10만 원(= 30만 원×1/3)]을 구상할 수 있다.

Ⅰ. 부진정연대채무의 발생원인 [B-74]

'동일한 사실관계'에 기한 손해에 대해 수인이 각각의 입장에서 전보해야 할 의무를 부담하는 경우 부진정연대채무관계에 있다(2004다55230).

Ⅱ. 1인에게 생긴 사유의 효력(절대적 효력이 있는 경우) [B-75b]

연대채무에서 절대적 효력이 있는 것, 즉 면제(제419조 참조, 2005다19378)(2회, 5회, 8회 선택형) [11법무, 14행정, 09입법] · 소멸시효의 완성(제421조 참조, 2010다52225)(2회, 4회, 11회 선택형) · 소멸시효의 중단(2010다91866)(9회, 11회 선택형) 등은 부진정연대채무에서는 상대적 효력이 있을 뿐이다. 광범위한 절대적 효력이 인정되는 연대채무와 달리 채권을 만족시키는 사유인 변제, 대물변제, 공탁에 있어서만 절대적 효력이 인정된다. 다만, 상계에 관하여는 견해의 대립이 있다.

1. 상 계 [11법무, 16행정]

종래 判例의 기본적 입장은 상계의 상대적 효력만 인정하였으나, 전원합의체 판결을 통해 "부진정연대채무자 중 1인이 자신의 채권자에 대한 반대채권으로 상계를 한 경우에도 채권은 변제, 대물변제, 또는 공탁이 행하여진 경우와 동일하게 현실적으로 만족을 얻어 그 목적을 달성하는 것이므로, 그 상계로 인한 채무소멸의 효력은 소멸한 채무 전액에 관하여 다른 부진정연대채무자에 대하여도 미친다고 보아야 한다"(전합2008다97218)(1회, 2회, 4회, 5회, 7회, 11회 선택형)고 하여 상계의 절대적 효력을 인정하였다.

[판례해설] 부진정연대채무가 인정되는 취지 등에 비추어 채권자(주로 불법행위 피해자)의 보호를 위해서 상계의 상대적 효력만을 인정해야 한다는 견해도 타당한 측면이 있다. 그러나 상계는 채권의 만족을 가져오는 사유이므로 절대적 효력설 및 최근 判例의 태도가 타당하다(제418조 1항의 유추적용). 그리고 부진정연대채무자 사이에는 고유한 의미의 부담부분이 존재하지 않으므로 이를 전제로 한 제418조 2항은 유추적용되지 않는다(93다21521).

2. 부진정연대채무자의 일부변제

(1) 불법행위자들의 손해배상 채무액이 동일한 경우

불법행위자 1인이 그 손해액의 일부를 변제하면 절대적 효력으로 인하여 다른 불법행위자의 채무도 변제금 전액에 해당하는 부분이 소멸한다.

(2) 불법행위자의 피해자에 대한 과실비율이 달라 손해액의 범위가 달라지는 경우[44]

---

44) [관련판례] ① 통상 공동불법행위의 경우 과실상계를 함에 있어서는 피해자에 대한 공동불법행위자 전원의 과실과 피해자의 공동불법행위자 전원에 대한 과실을 '전체적'으로 평가하여야 하고 공동불법행위자간의 과실의 경중이나 구상권 행사의 가능 여부 등은 고려할 여지가 없다(90다14423). ② 그러나 이에 대한 예외로서 "피해자의 부주의를 이용하여 고의로 불법행위를 저지른 자가 바로 그 피해자의 부주의를 이유로 자신의 책임을 감하여 달라고 주장하는 것은 허용될 수 없으나, 이는 그러한 사유가 있는 자에게 과실상계의 주장을 허용하는 것이 신의칙에 반하기 때문이므로, 불법행위자 중의 일부에게 그러한 사유가 있다고 하여 그러한 사유가 없는 다른 불법행위자까지도 과실상계의 주장을 할 수 없다고 해석할 것은 아니다"(2005다32999)(1회, 3회, 6회, 8회 선택형) [10입법]

① 적은 손해액을 배상할 의무가 있는 자가 손해액의 일부를 변제한 경우에는 많은 손해액을 배상할 의무 있는 자의 채무가 그 변제금 전액에 해당하는 부분이 소멸한다.

② 많은 손해액을 배상할 의무가 있는 자가 손해액의 일부를 변제한 경우, ㉠ 종래 判例는 ⅰ) 사용자 및 피용자의 부진정연대책임에는 '과실비율설'(공동부담부분은 변제액 중 채무자의 과실비율에 상응하는 만큼 소멸한다는 견해)에 따라 판단하고 ⅱ) 계약책임자(손해배상책임이 아닌 채무 그 자체)및 불법행위자의 부진정연대책임에는 '외측설'에 따라 판단하였으나, ㉡ 최근 전원합의체 판결을 통해 '외측설'(단독부담부분이 먼저 소멸하고 변제액 중 남은 부분이 있는 경우 그만큼 공동부담부분도 소멸한다는 견해)로 입장을 통일하였다. 즉, "금액이 다른 채무가 서로 부진정연대 관계에 있을 때 다액채무자가 일부 변제를 하는 경우 변제로 인하여 먼저 소멸하는 부분은 당사자의 의사와 채무 전액의 지급을 확실히 확보하려는 부진정연대채무 제도의 취지에 비추어 볼 때 다액채무자가 단독으로 채무를 부담하는 부분으로 보아야 한다. 이러한 법리는 사용자의 손해배상액이 피해자의 과실을 참작하여 과실상계를 한 결과 타인에게 직접 손해를 가한 피용자 자신의 손해배상액과 달라졌는데 다액채무자인 피용자가 손해배상액의 일부를 변제한 경우에 적용되고, 공동불법행위자들의 피해자에 대한 과실비율이 달라 손해배상액이 달라졌는데 다액채무자인 공동불법행위자가 손해배상액의 일부를 변제한 경우에도 적용된다"(2012다74236)(8회 선택형)고 하였다.

참고로 '일부청구와 과실상계'의 경우도 判例는 외측설의 입장이다(Set 098.참고).

🔖 구체적 예

피해자 A에게 피용자 甲은 1억 원의 채무를 부담하고, 사용자 乙은 A에 대한 관계에서는 A가 20%의 과실이 있어서(乙은 80% 과실) 과실상계를 한 결과 8,000만 원의 채무만을 부담하는 경우를 예로 들어보자.

① [소액의 채무자가 변제한 경우] 乙이 A에게 5,000만 원을 변제하면 전액에 대해서 甲에게 효력을 미치므로 甲은 5,000만 원, 乙은 3,000만 원의 채무를 부담하게 된다.

② [다액의 채무자가 변제한 경우] 이에 반하여 甲이 A에게 5,000만 원의 채무를 변제한 때에는 ㉠ 과거 과실비율설에 따르면 乙에 대해서는 과실부담부분만큼 그 효력이 미치므로 5,000만 원 중에서 80%인 4,000만 원에 대해서만 채무가 소멸하게 된다. 따라서 A에게 甲은 5,000만 원, 乙은 4,000만 원을 부담하게 된다. ㉡ 그러나 바뀐 외측설에 따르면 甲이 단독으로 부담하는 부분 (2,000만 원)이 우선 소멸하고, 변제액 중 남은 3,000만 원 만이 乙의 채무를 소멸시키는 효과가 있다고 한다. 따라서 A에게 甲은 5,000만 원, 乙은 5,000만 원을 부담하게 된다. 결국 피해자A의 입장에서는 과실비율설보다 외측설이 더 유리하다.

Ⅲ. 대내적 효력
[B-75c]

1. 구상권의 인정여부

① 判例는 공동불법행위자간의 경우에만 형평의 관점에서 그 '과실의 비율'에 따른 부담부분이 있는 것으로 보아 구상을 인정해 왔다(96다50896). 그런데 최근에는 부진정연대채무 일반의 경우 구상권을 인정하는 태도를 보이고 있다(2005다19378 등) [11법무, 09입법]

② "어느 부진정연대채무자를 위하여 보증인이 된 자가 채무를 이행한 경우에는 다른 부진정연대채무자에 대하여도 직접 구상권을 취득하게 되고, 그와 같은 구상권을 확보하기 위하여 채권자를 대위하여 채권자의 다른 부진정연대채무자에 대한 채권 및 그 담보에 관한 권리를 구상권의 범위 내에서 행사할 수 있다"(2009다85861)(4회, 12회 선택형)[45]고 한다.

2. 구상권의 제한

判例가 "일정한 경우에는 손해의 공평한 분담이라는 견지에서 신의칙상 상당하다고 인정되는 한도 내에서만 구상권을 행사하도록 제한할 수도 있다"(2000다33607)라고 판시함으로써 제756조와 관련한 사용자의 피용자에 대한 구상권제한에 관한 논의를 일반화하고 있어 주목된다.

3. 구상권의 행사요건

① 연대채무와는 달리 자기 부담부분을 넘은(초과) 면책행위를 해야 구상권을 행사할 수 있다고 한다(96다50896)(1회, 5회 선택형) [11법무]

② 또한 부진정연대채무에는 제426조가 유추적용되지 않는다고 보아, 구상요건으로서 채무자 상호간에 공동면책에 대한 사전·사후의 통지의무가 없다고 보았다(98다5777) [09입법] 따라서 언제나 먼저 변제한 것이 유효하다.

4. 구상권의 행사범위

예를 들어 甲과 乙이 과실에 의한 공동불법행위로 丙에게 손해를 가하였는데, 丙이 입은 손해액은 3,000만 원이다. 그리고 甲과 乙의 부담부분의 비율은 2:1이고, 甲과 乙에 대한 丙의 과실비율은 20%이며, 丁은 甲의 사용자로서 사용자책임을 부담한다. 그렇다면 사안은 과실에 의한 공동불법행위(제760조 제1항)로서 채권자 丙의 과실비율이 20%이므로 과실상계 규정(제396조)에 따라 甲, 乙, 丁은 총 2,400만 원의 손해배상채무에 대해 부진정연대채무관계에 있다. 이 때 내부적 부담부분은 가해자인 甲과 乙의 과실비율에 따라 각 1,600만 원(2,400×2/3), 800만 원(2,400×1/3)이고, 丁은 甲의 사용자이므로 피용자 甲과 동일하게 1,600만 원이다. 따라서 만약 丁이 피해자 丙에게 손해배상액 전액인 2,400만 원을 변제하였다면 丁은 다른 부진정연대채무자 乙에 대하여 乙의 부담부분인 800만 원에 대해 구상권을 행사할 수 있으나, 丁의 부담부분(1,600만 원)에 미달한 1,200만 원을 변제한 경우에는 다른 부진정연대채무자에게 구상권을 행사할 수 없다(96다50896 ; 전합91다33070 참고)(1회, 4회 선택형). [6회 사례형]

✎ "피용자와 제3자가 공동불법행위로 피해자에게 손해를 가하여 그 손해배상채무를 부담하는 경우에 피용자와 제3자는 공동불법행위자로서 서로 부진정연대관계에 있고, 한편 사용자의 손해배상책임은 피용자의 배상책임에 대한 '대체적 책임'이어서 사용자도 제3자와 부진정연대관계에 있

---

45) **[구체적 예]** 예를 들어 甲, 乙, 丙이 공동의 불법행위로 丁에게 9,000만 원의 부진정연대채무를 부담하고 있고 과실비율이 균등한 경우, 만약 甲의 보증인 戊가 6,000만 원을 丁에게 변제하였다면 戊는 甲의 부담부분인 3,000만 원을 넘는 3,000만 원에 대해서 乙과 丙에 대해 각 1,500만 원의 구상권(분할채권)을 취득한다**(12회 선택형)**. 判例에 따르면 연대채무와는 달리 자기 부담부분을 넘은(초과) 면책행위를 해야 다른 부진정연대채무자에게 구상권을 행사할 수 있고(96다50896), 아울러 공동불법행위자 중 1인에 대하여 구상의무를 부담하는 다른 공동불법행위자가 수인인 경우에는 특별한 사정이 없는 이상 그들의 구상권자에 대한 채무는 각자의 부담 부분에 따른 '분할채무'로 보기 때문이다(2002다15917).

다고 보아야 하므로, 사용자가 피용자와 제3자의 책임비율에 의하여 정해진 피용자의 부담부분을 초과하여 피해자에게 손해를 배상한 경우에는 사용자는 제3자에 대하여도 구상권을 행사할 수 있으며, 그 구상의 범위는 제3자의 부담부분에 국한된다고 보는 것이 타당하다"(전합91다33070).

5. 수인의 구상의무자간 상호관계

① **[원칙적 분할채무]** 공동불법행위자 중 1인에 대하여 구상의무를 부담하는 다른 공동불법행위자가 수인인 경우에는 특별한 사정이 없는 이상 그들의 구상권자에 대한 채무는 각자의 부담 부분에 따른 '분할채무'로 본다(2002다15917)**(5회, 9회, 11회, 12회 선택형). [14행정]** 따라서 각자의 내부적 부담부분의 범위 내에서만 구상의무를 부담한다.

② **[예외적 부진정연대채무]** 그러나 구상권자인 공동불법행위자측에 과실이 없는 경우(운전자에게 과실이 없는 경우에도 자배법상 운행자책임이 성립할 수 있다), 즉 내부적인 부담 부분이 전혀 없는 경우에는 이와 달리 그에 대한 수인의 구상의무 사이의 관계를 '부진정연대관계'로 봄이 상당하다고 한다(2003다24147)**(2회, 6회, 7회, 8회, 11회, 13회 선택형).**

Set 054 보증채무 ★★★

I. 법적성질(동, 부, 독, 보)   [B-76]

1. 독립성

보증채무는 채권자와 보증인 사이의 보증계약에 의하여 성립하며, 주채무와는 별개의 독립한 채무이다. 따라서 소멸시효기간은 따로 결정되며, 보증채무에 관해 따로 위약금 기타 손해배상액을 예정할 수 있고(제429조 2항)**(7회 선택형)**, 보증채무 자체의 이행지체로 인한 지연손해금은 보증한도액과는 별도로 부담하며 주채무에 관하여 약정된 연체이율이 당연히 여기에 적용되는 것은 아니다(2001다29803)**(3회, 4회, 9회, 13회 선택형). [2회 기록형]**

2. 내용의 동일성

보증인이 보증채무를 이행함에 따라 주채무자가 보증인에 대하여 부담하게 될 구상금채무를 연대보증하는 경우, 연대보증인은 특별한 사정이 없으면 주채무자와 같은 내용의 채무를 부담한다(2012다6769)**(9회 선택형).**

3. 부종성

(1) 성립 및 존속상의 부종성

보증채무의 성립 및 소멸은 주채무와 그 운명을 같이한다. 따라서 주채무가 무효·취소에 의하여 소멸된 때에는 보증채무도 소멸한다(2004다20265). **[5회 기록형]** 다만 종래 민법은 취소의 원인(예컨대 제한능력)이 있는 채무를 보증한 자가 보증계약 당시 그 원인의 존재를 알았던 경우에, 취소가 있으면 주채무와 동일한 내용의 독립채무를 부담한 것으로 보았다(제436조). 그러나 당해 제436조는 개정민법(2016.2.4.시행)에 의해 삭제되었다(7회 선택형).

(2) 내용상의 부종성(제430조, 제433조, 제434조, 제435조)

(3) 이전상의 부종성(수반성)

주채무자에 대한 채권이 이전하면 보증인에 대한 채권도 당연히 함께 이전한다. 이 경우 주채무자에 대해 채권양도의 대항요건(제450조)을 갖추면 보증인에 대하여도 그 효력이 미친다(75다1100)(3회, 4회, 8회 선택형). [12회 기록형, 12법무]

4. 보충성

보증인의 최고·검색의 항변권(제437조)은 보충성에 기인한다.

Ⅱ. 보증채무의 성립   [B-77]

1. 보증의 방식

개정민법(2016.2.4.시행)은 보증계약이 보증인의 명시적인 의사에 의해서만 성립하는 것으로 정하였다(8회 선택형). 즉, ① 보증은 그 의사가 보증인의 기명날인 또는 서명이 있는 서면으로 표시되어야 효력이 발생한다. 다만 '보증인의 기명날인'은 타인이 이를 '대행'하는 방법으로 하여도 무방하다(2018다282473)(9회, 10회 선택형). 또한, 보증의 의사가 전자적 형태로 표시된 경우에는 효력이 없다. ② 보증채무를 보증인에게 불리하게 변경하는 경우에도 동일한 방식을 취하여야 한다. ③ 위와 같은 방식을 취하지 않은 것은 무효이다. 그러나 보증인이 보증채무를 이행한 경우에는 그 한도에서 제1항과 제2항에 따른 방식의 하자를 이유로 보증의 무효를 주장할 수 없다(이상 제428조의2).

2. 채권자의 정보제공의무와 통지의무 등

종래 判例는 채권자가 보증인에게 채무자의 신용상태를 고지하여야 할 신의칙상의 의무는 인정되지 않았으나(99다68652), 개정민법(2016.2.4.시행)은 이를 인정하고 있다.

① '채권자는 보증계약을 체결할 때' 보증계약의 체결 여부 또는 그 내용에 영향을 미칠 수 있는 주채무자의 채무 관련 신용정보를 보유하고 있거나 알고 있는 경우에는 보증인에게 그 정보를 알려야 한다. 보증계약을 갱신할 때에도 또한 같다.

② '채권자는 보증계약을 체결한 후에' 다음 각 호의 어느 하나에 해당하는 사유가 있는 경우에는 지체 없이 보증인에게 그 사실을 알려야 한다.
1. 주채무자가 원본, 이자, 위약금, 손해배상 또는 그 밖에 주채무에 종속한 채무를 3개월 이상 이행하지 아니하는 경우 2. 주채무자가 이행기에 이행할 수 없음을 미리 안 경우 3. 주채무자의 채무 관련 신용정보에 중대한 변화가 생겼음을 알게 된 경우

③ 채권자는 보증인의 청구가 있으면 주채무의 내용 및 그 이행 여부를 알려야 한다.

④ 채권자가 제1항부터 제3항까지의 규정에 따른 의무를 위반하여 보증인에게 손해를 입힌 경우에는 법원은 그 내용과 정도 등을 고려하여 보증채무를 '감경'하거나 '면제'할 수 있다(이상 제436조의2).

Ⅲ. 보증채무의 내용

1. 목적 및 형태상의 부종성

(1) 주채무의 변제기 연장 [2회 사례형]

① 判例는 보증계약체결 후 채권자가 보증인의 승낙 없이 주채무자에게 '변제기를 연장'해 준 경우에 그것이 반드시 보증인의 책임을 가중하는 것은 아니므로 '원칙적'으로 보증인에게도 그 효력이 미치며(95다49141)(6회, 10회 선택형), 따라서 '채무가 특정되어 있는 확정채무'에 대한 물상보증인이나 연대보증인은 그 채무의 이행기가 연장되고 그가 거기에 동의한 바 없더라도 물상보증인으로서의 책임이나 연대보증인으로서의 채무에 영향을 받지 않는다고 한다(2002다14853)(2회 선택형).

> 🔖 [비교] 그러나, 주채무의 변제기 연장으로 보증채무의 책임이 가중되는 경우라면 보증인은 책임이 없다. 예를 들어 ㉠ 사전구상권을 행사하는 경우에 있어서만큼은 변제기의 연장이 보증인에게 불리하므로 성립 당시에 정해진 변제기가 경과하면 주채무자는 보증인의 사전구상권 행사에 대항할 수 없으며(제442조 2항), ㉡ 수탁보증인이 본래의 변제기가 도래한 후 과실 없이 변제 기타의 출재로 주채무를 소멸하게 한 후 이를 주채무자에게 통지하였다면, 제445조 1항에 의하여 주채무자는 위 통지를 받은 후 채권자와 사이에 이루어진 변제기 연장에 관한 합의로서 사후구상권을 행사하는 수탁보증인에게 대항할 수 없다(2006다22715).

② 그렇지만 당사자 사이에 '보증인의 동의'를 얻어 피보증채무의 이행기가 연장된 경우에 한하여 피보증채무를 계속하여 보증하겠다는 취지의 특별한 약정이 있다면 그 약정에 따라야 한다(2005다9326 등). 그리고 '보증기간을 정한 경우'에는 주채무의 변제기가 연장되더라도 보증기간이 연장되는 것은 아니다(2004다16976).

(2) 임대차보증금반환채무의 보증

"보증인이 임대인의 임대차보증금반환채무를 보증한 후에 임대인과 임차인 간에 임대차계약과 관계없는 다른 채권으로써 연체차임을 상계하기로 약정하는 것은 보증인에게 불리한 것으로서(연체차임은 보증금에서 공제되어야 할 것이고 그에 따라 보증채무의 범위는 줄어들 것이므로), 보증인에 대하여는 효력을 주장할 수 없다"(98다22918).

2. 보증채무의 범위

계약해제로 인한 원상회복의무 및 손해배상의무에 관해서도 보증채무를 부담하는지 여부와 관련하여 보증인의 통상적인 의사는 이들 의무에 관하여도 보증책임을 부담하겠다는 취지이므로 해제의 효과에 관한 어느 학설에 의하더라도 이들 채무도 보증채무의 범위에 포함된다(71다1474).

Ⅳ. 보증채무의 효력

1. 대외적 효력

(1) 보증인의 주채무자 항변권의 행사 [3회 사례형, 5회 기록형]

보증인은 주채무자의 항변(예컨대 주채무의 부존재, 소멸, 소멸시효의 완성)으로 채권자에게 대항할 수 있다. 그리고 주채무자의 항변포기는 보증인에게 효력이 없다(제433조).

문제는 보증인이 자신의 보증채무에 관하여 시효의 이익을 포기하고 나서 주채무의 시효소멸을 이유로 보증채무의 소멸을 주장할 수 있는가 하는 점이다. 이에 관해 判例는 "주채무의 시효소멸에도 불구하고 보증채무를 이행하겠다는 의사를 표시한 경우 등과 같이 '부종성'을 부정하여야 할 다른 특별한 사정이 없는 한 보증인은 여전히 주채무의 시효소멸을 이유로 보증채무의 소멸을 주장할 수 있다고 보아야 한다"(2010다51192)고 한다(부종성 〉 금반언)[46] **(8회, 10회 선택형)** 다만 "특별한 사정을 인정하여 보증채무의 본질적인 속성에 해당하는 부종성을 부정하려면 보증인이 주채무의 시효소멸에도 불구하고 보증채무를 이행하겠다는 의사를 표시하거나 채권자와 그러한 내용의 약정을 하였어야 하고, 단지 보증인이 주채무의 시효소멸에 원인을 제공하였다는 것만으로는 보증채무의 부종성을 부정할 수 없다"(2016다211620)고 한다.

⑵ 보증인의 주채무자 상계권의 행사

보증인은 주채무자의 채권에 의한 상계로 채권자에게 대항할 수 있다(제434조)**(1회, 5회 선택형).** 반대로 '채권자가 주채무자에 대하여 상계적상에 있는 자동채권'을 상계하지 않았다고 하여 이를 이유로 보증채무자가 보증한 채무의 이행을 거부할 수 없으며, 나아가 보증채무자의 책임이 면책되는 것도 아니다(2015다209347).

2. 주채무자 또는 보증인에게 생긴 사유의 효력

① 주채무자에게 생긴 사유는 보증채무의 부종성으로 인해 원칙적으로 모두 보증인에게 그 효력이 미친다(절대적 효력). 다만, 주채무자에 대한 시효의 중단은 보증인에 대하여 그 효력이 있는데(제440조)**(11회 선택형),** 判例에 따르면 이는 '보증채무의 부종성' 때문이 아니라 주채무와 별도로 보증채무가 시효로 소멸하는 것을 막아 '채권자를 보호'하기 위한 것이라고 한다. 따라서 그 시효중단사유가 압류, 가압류 및 가처분이라고 하더라도 이를 보증인에게 통지하여야 시효중단의 효력이 발생하는 것은 아니다(제176조 참조)(2005다35554, 35561)**(8회, 10회 선택형).**

② 반면, 보증인에게 생긴 사유는 주채무자에게 그 효력이 없다(상대적 효력). 예컨대 "보증인에 대해 시효중단사유가 있더라도 주채무의 소멸시효가 중단되지는 않는다. 이 경우 주채무가 소멸시효 완성으로 소멸된 경우에는, 보증채무 자체의 시효중단에 불구하고 보증채무는 부종성에 따라 당연히 소멸한다"(2000다62476)**(1회, 6회, 8회 선택형) [5회 사례형, 12법무]** 다만 변제(대물변제·공탁·상계)처럼 채권을 만족시키는 사유는 주채무자에게도 그 효력이 미친다(절대적 효력).

3. 대내적 효력

⑴ 수탁보증인의 사후구상권(제441조)   [B12-1]

주채무자가 사후통지(제446조)를 하지 아니하고 보증인이 사전통지(제445조 1항)를 하지 않은 경우 判例는 "이중변제의 기본 원칙으로 돌아가 먼저 이루어진 주채무자의 면책행위가 유효하고 나중에 이루어진 보증인의 면책행위는 무효로 보아야 한다"(95다46265)**(3회, 6회 선택형)**고 한다. 따라서 보

---

46) **[판례평석]** ① 원용을 허용한다면 금반언에 반하므로, 보증인의 보증채무에 관한 시효이익의 포기에는 원칙적으로 주채무에 관한 시효이익의 포기가 포함된다는 견해와 ② 주채무가 소멸하였음에도 보증인이 이를 주장하지 못한다고 하는 것은 '보증채무의 부종성'의 성질에 반하므로 判例의 입장이 타당하다는 견해가 있다.

증인은 주채무자에게 구상권을 행사하지 못하고, 이중으로 변제를 받은 채권자를 상대로 부당이득의 반환을 청구할 수 있을 뿐이다(제748조 2항).

🔖 **[비교]** 보증인이 먼저 변제를 하고 그 통지를 하지 않은 상태에서 주채무자가 나중에 선의로 이중의 면책행위를 한 때에는 (주채무자에게는 사전통지의무가 없으므로) 제445조 2항에 의해 주채무자의 면책이 유효한 것으로 된다.

(2) 수탁보증인의 사전구상권(제442조)   [B12-2]

1) 발생사유 및 사전구상의 범위

사후구상이 원칙이지만, 예외적으로 주채무의 이행기가 도래한 경우에 수탁보증인이 미리, 즉 사전(변제 기타 출재 전)에 구상할 수 있다(제442조 1항 4호). 이때 구상권의 범위는 면책에 필요한 비용 그 자체인 '구상 당시까지의 채무전액'이지, '면책비용에 대한 법정이자'나 주채무인 원금에 대한 장래 도래할 이행기까지의 이자, 수탁보증인이 아직 지출하지 아니한 금원에 대한 지연손해금은 사전구상권의 범위에 포함될 수 없다(2004다66834,66841등)[47] **(7회, 12회 선택형)**.

2) 사전구상권에 대한 주채무자의 보호방안 [12회 사례형]

가) 면책·담보제공청구권(제443조 전단), 공탁 등에 의한 사전구상의무의 면책(제443조 후단)

사전구상에 응한 주채무자는 자기를 면책하게 하거나 자기에게 담보를 제공할 것을 보증인에게 청구(담보제공청구권)할 수 있고, 아니면 배상할 금액을 공탁하거나 '담보를 제공'하거나 보증인을 면책하게 함으로써 사전구상의무를 면할 수 있다(제443조).

나) 상계의 제한 등

① **[원칙]** 수탁보증인이 주채무자에 대하여 가지는 제442조의 사전구상권에는 제443조의 담보제공청구권이 항변권으로 부착되어 있는 만큼 이를 자동채권으로 하는 상계는 원칙적으로 허용될 수 없다(2017다274703). 예를 들어 주채무자(회사)가 보증인(은행)에게 예금의 반환을 청구하는 경우 수탁보증인은 주채무자에 대한 사전구상권(제442조)으로 주채무자의 보증인에 대한 예금채권과 상계할 수 없다. 만일 상계를 허용한다면 주채무자의 위와 같은 항변권 행사의 기회를 박탈하는 결과가 되기 때문이다(2001다55222, 55239). 따라서 사전구상권을 수동채권으로 한 상계는 가능하다.

② **[예외]** 다만 제443조는 임의규정으로서 주채무자가 사전에 담보제공청구권의 항변권을 포기한 경우에는 보증인은 사전구상권을 자동채권으로 하여 주채무자에 대한 채무와 상계할 수 있으며(2001다81245)**(8회, 10회, 13회 선택형)**, 채권압류명령을 받은 제3채무자이자 보증채무자인 사람이 압류 이후 보증채무를 변제함으로써 담보제공청구의 항변권을 소멸시킨 다음, 압류채무자에 대하여 압류 이전에 취득한 사전구상권으로 일정한 요건(제498조 참조)[48]하에 피압류채권과

---

47) **[구체적 예]** 예를 들어 주채무자인 甲의 부탁을 받은 乙은 채권자 丙에 대해 주채무금액 5,000만 원에 관한 보증을 한 후 주채무의 변제기한인 2022. 8. 31.이 도래하고 甲이 변제를 하지 않아 2022. 9. 30.자로 약정이자 1,000만 원, 지연손해금 50만 원이 발생하게 되면 乙은 甲에게 원금 5,000만 원과 구상당시인 2022. 9. 30.까지의 약정이자 1,000만 원 및 지연손해금 50만 원을 합한 6,050만 원의 사전구상금액을 청구할 수 있다**(12회 선택형)**.

48) "제3채무자가 압류채무자에 대한 사전구상권을 가지고 있는 경우에 상계로써 압류채권자에게 대항하기 위해서는, ⓐ 압류의 효력 발생 당시 사전구상권에 부착된 담보제공청구의 항변권이 소멸하여 사전구상권과 피압류채권이 상계적상에 있거나,

상계할 수 있다(2017다274703).

3) 사전구상권과 사후구상권의 관계

사전구상권과 사후구상권은 '**별개의 독립된 권리**'이다. 따라서 사후구상권의 소멸시효는 사전구상권이 발생하였는지 여부에 관계없이 사후구상권 그 자체가 발생하여 이를 행사할 수 있는 때로부터 진행하고(91다37553), 사전구상권은 사후구상권이 발생한 후에도 그와 함께 병존한다(2017다274703).

(3) 물상보증인의 구상권

1) 사후구상권

① **[인정여부]** 물상보증인이 변제 등을 하거나 채권자가 물상보증인 소유의 담보물에 권리를 실행하여 만족을 얻는 경우 물상보증인은 '**주채무자**'에 대해서 구상권을 갖는다(제370조, 제341조, 제441조 내지 제444조). 그러나 물상보증인이 '**면책적 채무인수**'를 하였다는 것만으로는 '채무가 변제'된 경우라고 볼 수 없어 기존 채무자에 대하여 구상권 등의 권리를 가진다고 할 수 없다(2017다274703).

② **[인정범위(담보권의 실행으로 인하여 담보물의 소유권을 잃은 경우)]** 判例는 매수인이 매각대금을 다 낸 때의 부동산 시가를 기준으로 하여야 하고, 매각대금을 기준으로 할 것이 아니다(2017다283028)라고 판시하고 있다(제341조, 제441조 2항, 제425조 2항).

> 🔎 **물상보증인으로부터 목적부동산을 취득한 제3취득자의 구상권**[49] **[3회 사례형]**
>
> ㉠ 제3취득자가 담보부동산에 설정된 근저당권의 피담보채무의 이행을 인수한 경우, 그것은 결국 자기의 채무를 변제하는 것이 되어 채무자에 대한 구상권이 발생하지 않을 뿐 아니라, 담보권이 실행된 경우에도 제3취득자가 아닌 '원래의 물상보증인'이 채무자에 대해 구상권을 가진다(97다1556). ㉡ 제3취득자가 피담보채무를 공제하지 않고 매매대금 전부를 지급한 경우에는, 그 후 담보권실행으로 목적물의 소유권을 잃은 때에는 제3취득자는 물상보증인과 유사한 지위에 있으므로, 이러한 제3취득자에게도 물상보증인의 구상권에 관한 규정이 유추적용된다(2012다49285)**(12회 선택형)**.

2) 사전구상권

判例는 물상보증인은 담보물로써 물적 유한책임만을 부담할 뿐 채권자에 대하여 채무를 부담하는 것이 아니므로 사전구상권을 행사할 수 없다(2009다19802)고 한다(제341조 참조).

㉡ 압류 당시 여전히 사전구상권에 담보제공청구의 항변권이 부착되어 있는 경우에는 제3채무자의 면책행위 등으로 인해 위 항변권을 소멸시켜 사전구상권을 통한 상계가 가능하게 된 때가 피압류채권의 변제기보다 먼저 도래하여야 한다"

49) **[비교 : 채무자로부터 목적부동산을 취득한 제3취득자의 구상권]** 채무자로부터 저당목적물을 취득할 때에 채무인수(이행인수)를 하지 않은 경우에는, 제3취득자의 변제가 채무자의 부탁을 받은 때에는 제688조 규정에 따라, 채무자의 부탁을 받지 않은 때에는 제576조 2항 규정에 따라 각각 구상권을 취득한다.

Set 055　연대보증 ★★

Ⅰ. 특 징 [B-80]

① 연대보증에는 보충성이 인정되지 않으므로 연대보증인은 최고·검색의 항변권을 갖지 못한다(제437조 단서)(**6회 선택형**), ② 연대보증인이 수인 있는 경우에도 공동보증에서의 분별의 이익을 갖지 못하고, 각자 주채무 전액을 지급하여야 한다(제448조 2항 참조). ③ 그러나 연대보증은 본질이 보증이므로 주채무에 부종한다.

Ⅱ. 효 력 [B-82]

1. 주채무자 또는 연대보증인에 관하여 생긴 사유의 효력

주채무자에 관하여 생긴 사유의 효력은 부종성의 결과 주채무자에 관하여 생긴 사유는 모두 연대보증인에게 효력이 미친다. 그러나 연대보증인에 관하여 생긴 사유의 효력은 변제, 대물변제, 경개, 상계 등 채권의 목적을 달성하는 사유를 제외하고는 주채무자에 대하여 효력이 없다.

2. 대내적 효력

⑴ 주채무자에 대한 구상

보통의 보증의 경우와 동일하므로 제441조 이하에 의한다.

⑵ 연대보증인 상호 간의 구상권 행사 [10·12사법]

연대보증인 가운데 한 사람이 '자기의 부담부분을 초과'하여 변제하였을 때에는 다른 연대보증인에 대하여 구상을 할 수 있는데(제448조 2항), 다만 다른 연대보증인 가운데 이미 자기의 부담부분을 변제한 사람에 대하여는 구상을 할 수 없으므로 그를 제외하고 아직 자기의 부담부분을 변제하지 아니한 사람에 대하여만 구상권을 행사하여야 한다(93다4656)(**12회 선택형**).

> ✎ **[구체적 예]** 예를 들어 甲은 주채무자, 戊는 채권자인 상황에서 乙, 丙, 丁이 戊에 대해 주채무금액 9,000만 원에 관한 연대보증을 하였고 그 비율이 균등한 경우, 丙이 3,000만 원을 戊에게 변제한 후 丁이 6,000만 원을 戊에게 변제하였다면 丙은 자기부담부분인 3,000만 원을 변제했으므로 乙과 丁에게 구상권을 행사할 수 없고, 丁은 자신의 부담부분을 넘는 3,000만 원에 대해 아직 자기의 부담부분을 변제하지 아니한 乙에 대해서만 3,0000만 원을 구상할 수 있다(**12회 선택형**).

⑶ 주채무자의 구상채무와 다른 연대보증인들의 구상채무의 관계

判例는 "주채무자의 구상금 일부 변제는 특별한 사정이 없는 한 대위변제를 한 연대보증인의 부담 부분에 상응하는 주채무자의 구상채무를 먼저 감소시키고 이 부분 구상채무가 전부 소멸되기 전까지는 다른 연대보증인들이 부담하는 구상채무의 범위에는 아무런 영향을 미치지않는다고 보아야 한다. 그러나 주채무자의 구상금 일부 변제 금액이 대위변제를 한 연대보증인의 부담 부분을 넘는 경우에는 그 넘는 변제 금액은 주채무자의 구상채무를 감소시킴과 동시에 다른 연대보증인들의 구상채무도 각자의 부담비율에 상응하여 감소시킨다"(2009다46873)고 한다.

✎ **[구체적 예]** 예를 들어 주채무 600만 원, 연대보증인 甲, 乙, 丙(내부적 부담부분 각 200만 원)인 상태에서 甲이 주채무 600만 원을 전액 대위변제하면 甲은 주채무자에 대하여는 600만 원의, 다른 연대보증인들인 乙, 丙에 대하여는 각 200만 원의 구상금채권을 갖게 되는데, 이러한 상황에서 甲이 주채무자에게 400만 원을 변제받았다면 주채무자가 변제한 400만 원은 甲의 부담부분(200만 원)에 상응하는 주채무자의 구상채무 부분에 먼저 충당되고, 나머지 200만 원이 다른 연대보증인들인 乙, 丙이 각 부담하는 구상채무에 상응하는 주채무자의 구상채무 부분에 분담비율에 따라 충당되므로, 乙, 丙이 부담하는 구상채무는 각 100만 원씩 소멸하게 된다. 따라서 甲은 乙, 丙에게 각 100만 원(200만 원 - 100만 원)의 구상금채권을 갖는다.

(4) 일부보증의 경우

判例는 "연대보증인이 주채무자의 채무 중 일정 범위에 대하여 보증을 한 경우에 주채무자가 일부변제를 하면, 특별한 사정이 없는 한 일부변제금은 주채무자의 채무 전부를 대상으로 변제충당의 일반원칙에 따라 충당되고, 연대보증인은 변제충당 후 남은 주채무자의 채무 중 보증한 범위 내의 것에 대하여 보증책임을 부담한다"(2016다2840)고 한다.

Set 056 　계속적 보증 ★★

※ 계속적 보증에 있어서 보증인 보호의 논리(사례)구조

> **Ⅰ. 보증계약의 유형 확정 및 계속적 보증 계약의 유효성 검토**
> 보증채무의 성립상 부종성(제428조 2항)과 관련하여 포괄근보증 계약의 유효성 여부가 문제(개정민법 제428조의 3)
>
> **Ⅱ. 계속적 보증인의 보호 방법**
> ① 민법상 보호수단 검토(보증채무의 부종성 또는 보충성이 반영된 규정) ⇒ ② 원칙으로서의 계약의 구속력과 예외로서 判例상 인정되는 ⅰ) 해지권 인정, ⅱ) 책임제한, ⅲ) 상속성 제한

Ⅰ. 서 설

[B-83]

1. 개 념

'계속적 보증'이란, 계속적 계약관계로부터 발생하는 현재와 장래의 불특정한 채무에 관한 보증을 말한다. 이 중에서 주채무의 채무발생원인 혹은 보증기간이나 보증한도액이 확정되지 않은 경우를 '포괄근보증'(또는 좁은 의미의 계속적 보증)이라 한다.

2. 계속적 보증의 유효성

과거 判例는 장래의 채무에 대한 보증에 있어서 그 한도액의 정함이 없다 하여 그 계약이 당연히 무효로 되거나 공서양속에 위반된다고 할 수는 없다고 하였으나(86다2033), 개정민법(2016.2.4.시

행)에 따르면 보증은 불확정한 다수의 채무에 대해서도 할 수 있다고 하며, 이 경우 보증하는 '채무의 최고액을 서면으로 특정'하여야 한다고 한다. 다만 채무의 최고액을 제428조의2 제1항에 따른 서면으로 특정하지 아니한 보증계약은 효력이 없다고 규정하고 있다(제428조의 3).

Ⅱ. 계속적 보증인의 보호 방법

1. 보증인의 해지권 [B-84]

(1) 해지권을 인정한 경우

判例는 회사의 임원이나 직원의 지위에 있기 때문에 회사의 요구로 '부득이' 회사와 제3자 사이의 계속적 거래로 인한 회사의 채무에 대하여 보증인이 된 자가 그 후 회사로부터 퇴사하여 임원이나 직원의 지위를 떠난 때에는 '보증계약 성립 당시의 사정에 현저한 변경'이 생긴 경우에 해당하므로 사정변경을 이유로 보증계약을 해지할 수 있다고 한다(89다카1381).

(2) 해지권을 부정한 경우

判例는 ① 회사의 이사로 재직하면서 보증 당시 그 '채무가 특정되어 있는 확정채무'에 대하여 보증을 한 후 이사직을 사임한 경우에는 보증계약을 해지할 수 없다고 하며(94다46008) **[2회 사례형]**, ② 단순한 고용직 이사가 아니라 회사의 대주주로서 이사로 취임한 자가 이사직을 사임함과 동시에 다시 감사로 취임하여 재직하면서 주주의 지위는 계속 보유한 경우에도 사정변경을 이유로 보증계약을 해지할 수 없다고 한다(94다37073).

2. 보증책임의 한도액 제한 [B-85]

(1) 보증한도액의 의미

보증한도액을 정한 한정근보증의 경우 보증한도의 범위 안에서 확정된 주채무 및 그 이자, 위약금, 손해배상 기타 주채무에 종속한 채무를 모두 포함하며(94다40444)**(3회 선택형)**, 다만 보증채무는 주채무와는 별개의 채무이기 때문에 보증채무 자체의 이행지체로 인한 지연손해금은 보증한도액과는 별도로 부담하고, 주채무에 관하여 약정된 연체이율이 당연히 여기에 적용되는 것은 아니다(99다12123)**(10회 선택형)**.

(2) 신의칙에 반하는 경우의 책임제한

1) 계속적 보증의 경우(예상, 알, 통, 규모)

判例는 계속적 보증계약에서 보증인은 변제기에 있는 주채무 전액에 대하여 책임을 지는 것이 '원칙'이고, 다만 ⅰ) 보증인이 부담할 주채무의 액수가 보증인이 보증 당시 예상했던 범위를 훨씬 상회하고, ⅱ) 채권자가 주채무자의 자산상태가 현저히 악화된 사실을 익히 알면서도(중대한 과실로 알지 못한 경우도 같다), ⅲ) 이를 모르는 보증인에게 아무런 통보 없이, ⅳ) 고의로 거래규모를 확대하여 주채무가 과다 발생하는 등 신의칙에 반하는 사정이 인정되는 경우에 보증인의 책임을 합리적 범위 내로 제한할 수 있다고 한다(94다42129).

2) 특정채무를 보증하는 일반보증의 경우

判例는 극히 예외적으로 인정하여야 한다고 한다(2003다45410).

(3) 이사직을 사임한 보증인의 책임한도가 재직 중에 생긴 채무의 한도로 한정되는 경우

判例는 ⅰ) 그가 이사의 지위 때문에 '부득이' 연대보증을 하게 되었고, ⅱ) 또 회사의 거래상대방이 거래할 때마다 그 거래당시에 회사에 재직하고 있던 이사 등의 연대보증을 '새로이' 받아오는 등의 '특별한 사정'이 없는 한, 이사직을 그만둔 다음이나 그 해지의 의사표시가 있기 전에 이미 대출된 금원에 대해서는 보증책임을 면할 수 없다고 한다(95다17533).

(4) 물상보증이 병존한 경우의 보증인의 책임제한

判例는 동일한 사람이 동일 채권의 담보를 위하여 연대보증계약과 근저당권설정계약을 체결한 경우라 하더라도, **연대보증책임의 범위가 근저당권의 채권최고액의 범위 내로 제한되기 위하여는 이를 인정할 만한 특별한 사정**(예컨대 양자가 동일한 채무를 담보하기 위한 것이고 보증계약과 물상보증계약을 동시에 함께 체결하는 등의 사정이 있는 경우)**의 존재가 입증되어야** 한다(93다17980 등)고 한다.

3. 상속의 제한 [B-86]

判例는 보증한도를 정한 경우에는 상속인이 보증인의 지위를 승계하지만, 보증기간과 보증한도를 정하지 않은 때에는 상속인이 보증인의 지위를 승계하지 않고, 다만 사망 당시 발생된 보증채무만이 상속된다고 한다(2000다47187).

※ 양수채권 청구소송 논리(사례)구조

1. 청구원인

양수금청구의 요건사실은 ⅰ) 양수채권의 발생원인사실(甲이 피고에게 돈을 대여해 준 사실), ⅱ) ⅰ)의 채권의 취득원인사실(채권양도계약 ; 甲이 원고에게 대여금채권을 양도한 사실), ⅲ) 채무자에 대한 대항요건(甲이 피고에게 양도통지를 하였거나 피고가 승낙한 사실)이다. 즉 양도인의 채무자에 대한 채권양도사실 또는 채무자의 승낙 사실은 양수인에게 증명책임이 있다.

2. 예상되는 항변

(1) 채무자가 양수인에게 항변

1) 제449조 1항 단서 또는 제449조 2항

특히 양도금지특약에 대해 양수인에게 악의 또는 중과실 있음을 채무자가 주장, 증명해야

2) 제451조 2항

판례상 양도인에 대한 대항사유(해제, 동시이행의 항변권, 상계적상)가 통지 이후에 발생했지만 통지 전에 기초되는 법률관계가 성립된 경우도 포함된다.

(2) 양수인이 채무자에게 재항변

제451조 1항에 따른 채무자의 이의를 보류하지 않은 승낙

(3) 채무자가 양수인에게 재재항변

제451조 1항의 채무자가 양도인에게 대항할 수 있는 사유에 대해 양수인에게 악의 또는 중과실 있음을 채무자가 주장, 증명해야 한다.

※ 양도인이 채무자에게 채권행사시 채무자의 양도인에 대한 항변(제452조 1항)

제452조의 '양도가 무효'인 사유에는 취소, 해제도 포함된다.

Ⅰ. 법적성질

[B-88]

채권양도란 ⅰ) 채권의 '동일성'을 유지하면서 ⅱ) 채권자가 '법률행위'에 의하여 ⅲ) '채권'을 새로운 채권자에게 이전하는 종래의 채권자(양도인)와 새로운 채권자(양수인)의 계약을 말한다.

1. 채권의 동일성 유지

① 채권양도는 채권의 '동일성'이 유지되므로 그 채권에 종된 권리(변제기 미도래의 이자채권, 위약금채권, 보증채권, 동시이행항변권 등)도 당연히(양도행위 없이) 이전된다. 다만, 채권양도는 '계약인수(채권자의 지위양도)'와는 구별되므로 채권자의 지위에 기하여 인정되는 취소권·해제권 등은 채권양도가 있더라도 여전히 '양도인'이 행사할 수 있다.

② **[보증채무]** 또한 보증채무는 주채무에 대한 부종성 또는 수반성이 있어서 주채무자에 대한 채권이 이전되면 당사자 사이에 별도의 특약이 없는 한 보증인에 대한 채권도 함께 이전하고(그러나 이미 변제기가 도래한 지분적 이자채권과 같이 이미 독립성을 취득한 권리는 다른 의사표시가 없는 한 양수인에게 이전되지 않는다), 이 경우 채권양도의 대항요건도 주채권의 이전에 관하여 구비하면 족하고, 별도로 보증채권에 관하여 대항요건을 갖출 필요는 없다(2002다21509)(3회,4회,8회,13회 선택형). **[12회 기록형]**

③ **[담보물권]** 그러나 그 채권에 담보물권이 있는 경우에는 채권의 양도 외에 그 담보물권의 이전에 필요한 요건(유치권과 질권의 경우 점유의 이전, 저당권의 경우 등기)을 따로 갖추어야 한다.

2. 처분행위

지명채권의 양도란 채권의 귀속주체가 법률행위에 의하여 변경되는 것으로서 이른바 '준물권행위 내지 처분행위'의 성질을 가지므로(2010다100711 참조), 그것이 유효하기 위하여는 양도인이 그 채권을 처분할 수 있는 권한을 가지고 있어야 한다. 처분권한 없는 자가 지명채권을 양도한 경우 채권양도로서 효력을 가질 수 없으므로 양수인은 그 채권을 취득하지 못한다(아래 2015다46119판결).

🔖 **[무권리자의 처분행위]** "양도인이 지명채권을 제1양수인에게 1차로 양도한 다음(담보목적의 경우도 신탁적 양도설에 따라 마찬가지) 제1양수인이 확정일자 있는 증서에 의한 대항요건을 갖추었다면 채권이 제1양수인에게 이전하고 양도인은 채권에 대한 처분권한을 상실하므로, 그 후 양도인이 동일한 채권을 제2양수인에게 양도하였더라도 제2양수인은 채권을 취득할 수 없다. 또한 제2차 양도계약 후 양도인과 제1양수인이 제1차 양도계약을 합의해지한 다음 제1양수인이 그 사실을 채무자에게 통지함으로써 채권이 다시 양도인에게 귀속하게 되었더라도 양도인이 처분권한 없이 한 제2차 양도계약이 채권양도로서 유효하게 될 수는 없으므로, 그로 인하여 제2양수인이 당연히 채권을 취득하게 된다고 볼 수는 없다"(2015다46119) **(11회, 13회 선택형). [8회 기록형]**

3. 원인행위(의무부담행위, 채권행위)와의 관계

"㉠ **[독자성]** 처분행위(준물권행위)로서의 '채권양도계약'과 채권양도의 의무를 발생시키는 것을 내용으로 하는 '양도의무계약'은 실제거래에서는 한꺼번에 일체로 행하여지는 경우가 적지 않으나, 그 법적 파악에 있어서는 구별되어야 하는 별개의 독립한 행위이다. ㉡ 그러므로 양도의무계약에 관한 민법상의 임의규정은 채권양도계약에는 적용되지 않는다. 즉 채권양도계약에 위임의 규정을 바로 적용하여 그에 의해 채권양도계약을 해지할 수는 없다. ㉢ **[유인성]** 원인행위인 위임을 해지한 경우, (그것은 채권양도계약에도 효력을 미쳐) **채권은 양도인에게 복귀한다.**[50] 이 경우 양수인은 위임계약의 해지로 인하여 양도인에 대하여 부담하는 원상회복의무(이는 계약의 효력불발생에서의 원상회복의무 일반과 마찬가지로 부당이득반환의무의 성질을 가진다)의 한 내용으로 채무자에게 이를 통지할 의무를 부담한다"(2010다100711)(2회 선택형).

---

50) 주의할 점은 채권양도의 유인성은 채권양도계약을 중심으로 하여 그 당사자(양도인과 양수인) 사이에서 발생하는 문제라는 점이다. 즉 양수인과 채무자와의 관계에서는 그 직접적인 적용이 없다. 채권은 그 동일성을 유지하면서 양수인에게 이전하는 것이므로, 채무자는 양도인(채권자)에 대해 가지는 그 채권에 관한 항변사유로써 양수인에게 대항할 수 있을 뿐이다(제451조 참조).

Ⅱ. 지명채권의 양도성

1. 채권의 성질이 양도를 허용하지 않는 경우(제449조 1항 단서)

(1) 장래채권의 양도

① 장래채권의 양도란 장래채권을 현재 확정적으로 양도하는 것을 말한다. 判例는 "장래의 채권도 양도 당시 ㉠ 기본적 채권관계가 어느 정도 확정되어 있어 그 권리의 '특정'이 가능하고, ㉡ 가까운 장래에 발생할 것임이 상당한 정도 '기대'되는 경우에는 이를 양도할 수 있다"(95다7932)고 한다. **[1회 사례형]** 다만 "채권양도에 있어서 양도채권이 사회통념상 다른 채권과 구별하여 그 동일성을 인식할 수 있을 정도로 되어 있다면 그 채권은 특정된 것으로 보아야 하고 양도채권의 종류나 금액 등이 구체적으로 적시되어 있어야 하는 것은 아니다"(96다5110)라고 한다. 따라서 임대차보증금반환채권은 임대차계약의 종료 전에 양도가능하다.

② 참고로 이러한 법리는 장래의 채권에 대한 채권압류 및 전부명령이 유효하기 위한 요건으로도 통용되고 있다(2002다7527). 즉, 판례는 장래 채권의 압류·전부 문제와 장래 채권의 양도 문제를 동일선상에서 이해하고 있다.

(2) 전세금반환채권의 분리양도 가능성(물권법 전세권 Set 128.참고)

(3) 매매에 기한 소유권이전등기청구권(물권법 중간생략등기 Set 109.참고)

2. 당사자가 양도금지특약을 한 경우(제449조 2항 본문)

(1) 제449조 2항 단서의 선의의 제3자의 범위…항변

① 判例는 선의의 양수인이 보호받기 위해서는 선의이며, 중과실이 없어야 한다고 하며, 양수인의 악의 또는 중과실에 대한 증명책임은 채무자가 부담한다고 한다(99다8834 ; 전합2016다24284 참조)(**3회, 5회, 8회, 10회, 11회, 12회 선택형**). 그리고 채권증서에 양도금지의 기재가 있는 경우에 그것만으로는 양수인의 악의나 중과실을 추단할 수 없다고 한다(99다67482).

② 악의의 양수인으로부터 다시 선의로 양수한 전득자도 위 조항에서의 선의의 제3자에 해당한다. **[12회 기록형]** 또한 이러한 선의의 양수인으로부터 다시 채권을 양수한 전득자는 선의·악의를 불문하고 채권을 유효하게 취득한다(엄폐물의 법칙)(2012다118020)(**5회, 9회, 10회, 13회 선택형**).

(2) 양도금지특약에 위반된 양도에 대하여 채무자가 사후에 승낙한 경우(무효행위의 추인)

양도금지특약에 위반된 채권의 양도는 원래 무효이지만 채무자의 승낙으로 추인으로 되므로 '장래에 향하여' 채권양도의 효력이 발생한다(제139조)(99다52817). 채무자가 사전에 동의한 경우에 채권양도가 유효함은 물론이다. 判例는 '집합채권'의 양도가 양도금지특약을 위반하여 무효인 경우 채무자가 '일부 개별채권을 특정'하여 추인할 수 있다고 한다고 한다(2009다47685).

(3) 양도금지특약이 있는 채권을 압류할 수 있는지 여부(적극) [09사법]

양도금지특약이 있는 채권이라도 개인의 의사표시로써 압류금지재산을 만들어내는 것은 채권자를 해하는 것이 되어 부당하기 때문에, '악의'의 채권자라도 압류 및 전부명령에 의해 채권을 취득할 수 있다(2001다3771)(**7회, 8회, 10회, 11회 선택형**).

Ⅲ. 지명채권양도의 대항요건 [B-90]

민법은 채권의 처분행위에 대해서는 물권의 처분행위와 달리 '대항요건주의'를 취하고 있는바, "채권양도는 처분행위로서 양도계약만으로써 채권 자체가 동일성을 유지하면서 양도인으로부터 양수인에게 바로 이전하지만"(97도666), 이를 채무자 또는 제3자에게 '대항'하기 위해서는 통지 또는 승낙을 요구한다(제450조).

1. 제450조의 규정의 취지 및 성격

① 채무자에 대한 대항요건으로 통지, 승낙을 요구하는 취지(제450조 1항)는 채무자의 이중변제를 막기 위한 양수인의 '채권행사의 요건'에 관한 것이고, ② 제3자에 대한 대항요건으로 확정일자를 추가적으로 요구(제450조 2항)하는 취지는 예컨대 채권의 이중양도에서 누구를 채권자로 할 것인지를 정하는 '채권귀속의 기준'에 관한 것이다. 즉 채권의 이중양도의 경우 채권자와 채무자가 통모하여 채권양도의 일자를 소급함으로써 제3자의 권리를 해하는 것을 방지하려는데 그 취지가 있다. 따라서 전자의 경우는 채무자의 이익을 보호하는 데에 목적이 있으므로 임의규정으로서 채권자와의 특약으로 대항요건이 필요 없는 것으로 정할 수 있으나(86다카908), 후자는 채권의 귀속을 정하는 것으로서 강행규정에 속한다.

2. 채무자에 대한 대항요건인 통지 [B13-1]

(1) 통지의 당사자

통지는 '양도인'이 채무자에 대해 해야 하고, 양수인에 의한 통지는 그 효력이 생기지 않는다. 따라서 양수인은 양도인을 '대위'하여도 통지하지 못하나(제404조 참조), 양도인으로부터 통지의 대리권을 수여받아 양수인이 대리행위로서 통지하는 것은 무방하다.

이와 관련하여 대법원은 양수인이 양도인으로부터 위임을 받아 양도인의 대리인임을 표시하지 아니하고 양수인 자기 명의로 양도통지를 하였으나, ⅰ) 채권양도통지서 자체에 양수받은 채권의 내용이 기재되어 있고, ⅱ) 채권양도양수계약서가 위 통지서에 별도의 문서로 첨부되어 있으며, ⅲ) 채무자로서는 양수인에게 채권양도통지 권한이 위임되었는지 여부를 용이하게 알 수 있었다는 사정 등을 종합하여 제115조 단서에 의한 묵시적 현명이 있었다고 보아 "채권양수인 명의의 채권양도 통지가 유효하다"고 하였다(2003다43490).

(2) 통지의 효과(제451조 2항)

① 채무자는 그 '통지를 받은 때까지' 양도인에 대하여 생긴 사유로써 양수인에게 대항할 수 있다(제451조 2항). 다만, 대항사유(해제, 동시이행의 항변권, 상계적상 등) 자체는 통지 뒤에 생겼더라도 그 '사유 발생의 기초가 되는 법률관계'가 통지 전에 이미 존재하였다면 이는 '계약 자체에 처음부터 내재하는 고유한 위험'이라고 볼 수 있으므로 그 대항사유로써 양수인에게 대항할 수 있다.

② 그러나 통지를 받은 후부터는 양수인만이 채권자로 되므로, '통지 이후'에 양도인에 대하여 생긴 사유로는 양수인에게 대항하지 못한다. 그래서 임차보증금반환채권의 양도 통지 후 임대차계약의 갱신이나 연장에 관한 합의는 양수인에게 그 효력이 없다(88다카4253)(4회, 8회 선택형) 왜냐하면 임대차계약의 합의갱신 등은 채권양도 통지 후에 발생한 '새로운' 계약이라고 볼 수 있으므로, 계약 자체에 처음부터 내재하는 고유한 위험이라고 볼 수 없기 때문이다. [1회 사례형, 4회 기록형]

176 해커스변호사 law.Hackers.com

1) 대금채권이 양도되어 양도통지를 받은 후에 채권양도의 기초가 되는 계약(매매계약)이 채권양도인의 채무불이행으로 해제된 경우

㉠ 채권의 양수인은 제548조 1항 단서의 제3자가 아니므로 채무자는 해제로서 양수인에게 대항할 수 있다. ㉡ 계약이 일방의 채무불이행으로 해제될 수 있다는 것은 계약 자체에 내재하는 고유한 위험이고, 그 해제권 발생의 기초가 되는 매매계약은 통지 전에 이미 성립하였기 때문에 이는 제451조 2항의 양도통지를 받기 전에 생긴 사유에 해당한다. 따라서 채무자는 해제로써 양수인에게 대항할 수 있다(2000다22850)**(1회, 6회 선택형)**.

2) 임차보증금반환채권이 양도되어 양도통지를 받은 후 임대차가 종료한 경우 **[1회 사례형]**

이 경우 임대인(채무자)은 양수인의 임차보증금반환청구에 대하여 목적물반환과 동시이행의 항변으로 대항할 수 있는데(제451조 2항), 이 때 동시이행항변권 자체는 임대차가 종료한 때 즉 위 채권양도 통지 뒤에 생긴 것이지만, 그 발생의 기초가 되는 법률관계인 임대차계약은 통지 전에 이미 존재하고 있었기 때문에 위와 같이 대항할 수 있는 것이다.

3) 통지이후 채무자의 자동채권의 변제기가 도래하는 경우 상계로 양수인에게 대항할 수 있는지

① 判例는 비록 양도통지에 관한 것이 아니라, 채무자의 승낙이 있는 경우에 관한 것이기는 하지만 "이의를 보류하지 아니하고 승낙을 하였더라도 양수인이 악의 또는 중과실의 경우에 해당하는 한, 채무자의 승낙 당시까지 양도인에 대하여 생긴 사유로써 양수인에게 대항할 수 있다고 할 것인데, 승낙 당시 이미 상계를 할 수 있는 원인이 있었던 경우에는 아직 상계적상에 있지 아니하였다 하더라도 그 후에 상계적상이 생기면 채무자는 양수인에 대하여 상계로 대항할 수 있다"(99다18039)**[1회, 4회 사례형]** 고 판시하고 있는데, 判例사안은 자동채권의 변제기가 수동채권의 변제기보다 앞선 사안이어서 정확히 어떠한 입장인지는 분명하지 않다.[51]

② 한편, 양도통지가 있은 후에 채무자가 반대채권을 취득하였다면, 양수인에 대하여 상계를 가지고 대항할 수 없음은 당연하다(83다카2288). **[1회 사례형]**

③ 주의할 것은 채무자의 채권양도인에 대한 자동채권이 발생하는 기초가 되는 원인이 양도 전에 이미 성립하여 존재하고 자동채권이 수동채권인 양도채권과 동시이행의 관계에 있는 경우에는, 예외적으로 '양도통지가 채무자에게 도달하여 채권양도의 대항요건이 갖추어진 후에 자동채권이 발생하였다고 하더라도' 채무자는 동시이행의 항변권을 주장할 수 있고, 따라서 그 채권에 의한 상계로 양수인에게 대항할 수 있다(2014다80945).

4) 보증금반환채권이 양도된 경우 양도 통지 후에 생긴 임차인의 채무도 공제 대상에 포함되는지 여부

임대차보증금반환채권의 양수인은 그 채권이 불확정한 채권이라는 사정을 감수하고 양수받은 것이라는 점(임차인의 채무는 보증금에서 공제되는 것이 처음부터 예정되어 있다)에서 비록 양도 통지 후에 생긴 임차인의 채무라 하더라도 임차보증금에서 공제할 수 있다(87다카1315)[52]

---

51) **[판례검토]** 채무자의 보호를 위하여 반대채권으로 상계할 수 있지만, 양수인으로서는 예기치 못한 상계항변으로 인하여 채권을 잃게 될 위험이 있으므로 상계의 항변은 제한적으로 허용되어야 한다. 그렇다면 반대채권(자동채권)의 변제기가 양도채권(수동채권)의 변제기보다 나중에 도래하는 경우에는 채무자의 상계항변이 허용되지 않는다고 할 것이다(제한설).

52) 임차보증금이 전부명령에 의해 타인에게 이전된 때에도 임차인의 임대차상의 채무가 공제된다. 임차인의 채무는 보증금에서 공제되는 것이 처음부터 예정되어 있었기 때문이다(87다카1315). 마찬가지로 차임채권에 관하여 압류 및 추심명령이 있는 경우에도 임대차종료시까지 추심되지 않은 차임은 보증금에서 당연히 공제된다(2004다56554).

(3) 채권양도의 통지 후 채권양도가 무효·취소·해제·합의 해제된 경우

1) 채권양도가 처음부터 무효인 경우

가) 채권양수인이 채무자에게 이행을 청구하는 경우

채권양도가 처음부터 무효인 경우에는 채권양도인이 채무자에 대한 관계에서 여전히 채권자이다(제450조의 대항요건은 적용되지 않는다). 따라서 채권양도인이 채권양수인의 동의를 얻어 철회(제452조 2항)하기 전에도 채무자는 채권양도의 무효를 이유로 채권양수인의 청구를 거절할 수 있다.

나) 채무자가 채권양수인에게 이미 이행한 경우

① '선의'인 채무자는 양수인에게 대항할 수 있는 사유로 양도인에게 대항할 수 있다(제452조 1항). 따라서 채무자가 채권양도의 무효를 모르고 양수인에게 이행하였다면, 이로써 양도인에게 대항할 수 있다. ② 이와 별도로 채권양도의 무효에 관하여 선의의 제3자 보호규정이 있는 경우(제108조 2항 등)에는 채무자가 채권양수인에게 이행함으로써 '채무의 변제'라는 실질적으로 새로운 이해관계를 맺은 제3자로 평가될 수 있으므로 그 규정에 의하여 보호받을 수도 있다. ③ 그 외에 채권의 준점유자에 대한 변제(제470조)를 통해서도 보호받을 가능성이 있다.

2) 채권양도가 사후적으로 취소·해제·합의해제된 경우

가) 채권양수인이 채무자에게 이행을 청구하는 경우

判例는 지명채권의 양도통지를 한 후 양도계약이 '해제'된 경우, 채권양도인이 해제를 이유로 원래의 채무자에 대하여 양도채권으로 대항하려면, ⅰ) 채권양도인이 채권양수인의 동의를 받아 양도통지를 철회하거나(제452조 2항)(78다468) ⅱ) 채권양수인이 채무자에게 위와 같은 해제 사실을 통지하여야 한다고 한다(93다17379)**(2회, 4회, 6회 선택형)**.

> ✎ **[채권질권설정계약의 해지]** 判例(제349조의 2항에 의하여 지명채권을 목적으로 한 질권설정의 경우에도 제451조가 준용된 사안)에 따르면 "양수인(채권질권자)이 채무자(제3채무자)에게 채권양도계약의 해지 사실을 통지하였다면 설사 아직 해지가 되지 아니하였다고 하더라도, 선의인 채무자(제3채무자)는 해지 통지 수령 후 양도인(채권설정자)에게 대항할 수 있는 사유로 양수인(채권질권자)에게 대항할 수 있고, 위와 같은 해지 통지가 있었다면 그 해지 사실은 추정되며, 해지 통지를 믿은 채무자(제3채무자)의 선의 또한 추정된다고 볼 것이어서 채무자(제3채무자)가 악의라는 점은 그 선의를 다투는 양수인(채권질권자)이 증명할 책임이 있다"고 한다(2013다76192)**(8회 선택형)**.

나) 채무자가 채권양수인에게 이미 이행한 경우

① **[제452조 1항의 적용 여부]** 해제(취소)에 의하여 불측의 손해를 입을 수 있는 채무자를 보호할 필요성이 있으므로 제452조 1항이 유추적용된다(2011다17953).

② **[제470조 적용 여부]** 判例는 비록 채권양도가 아니라 전부명령에 관한 것이지만, 채권압류 및 전부명령이 '무효'인 경우 채무자가 전부채권자에 대한 변제에 관하여 채권의 준점유자에 대한 변제로 본다(94다59868 ; 판례 사안은 취소, 해제된 경우가 아닌 무효인 경우이다)[53] **(9회 선택형) [7회 기록형]**

---

53) 채권양도가 취소(해제)된 경우 제450조의 대항요건이 필요하다는 통설적 견해에 따른다면 채권양수인에 의한 취소(해제) 통지가 이루어지기 전에는 채무자와의 관계에서는 양수인이 채권자로 다루어지므로, 채무자가 양수인에게 변제한 것은 채

3. 채무자에 대한 대항요건인 승낙

(1) 법적성질

승낙은 채권양도의 사실을 알고 있음을 알리는 '관념의 통지'에 불과하므로 대리인에 의하여도 할 수 있고(2011다83110)**(7회 선택형)**, 통지에서와 달리 채무자가 양수인 또는 양도인 어느 쪽에 대해 하더라도 무방하고(85다카1529)**(6회 선택형)**, 이의를 유보할 수 있을 뿐만 아니라 조건을 붙여서 할 수도 있다(2011다8614 등). 그러나 채권양도를 승낙한 채무자가 양수인에게 채권의 성립이나 소멸에 영향을 주는 사정에 관하여 고지할 신의칙상 주의의무를 부담하는 것은 아니다 (2014다49241 : 따라서 채무자는 양수인에게 불법행위책임을 부담하지 않는다).

(2) 이의를 보류하지 않은 승낙의 경우 [1회 사례형, 09사법, 07법무]

1) 의의 및 취지

채무자가 이의를 보류하지 않은 승낙을 한 경우에는 채무자는 양도인에게 대항할 수 있는 사유로 양수인에게 대항할 수 없다(제451조 1항 본문). 이는 '채무자의 승낙에 공신력'을 주어 양수인의 신뢰를 보호하고 채권양도의 안전을 보장하기 위한 것이다. 따라서 判例는 양수인이 악의 또는 중과실이 아니어야 보호받는다고 한다**(13회 선택형)**.

2) 배제되는 항변사유의 내용

① 여기서 '양도인에게 대항할 수 있는 사유'란 채권의 성립·존속·행사를 저지·배척하는 사유는 물론, 변제 등에 의한 채무소멸의 사유, 나아가 불법목적에 의하여 발생된 채권의 항변사유(제103조 위반으로 무효라는 항변)[54]도 포함한다.

② 그러나 '채권의 귀속'(채권이 이미 타인에게 양도되었다는 사실)은 이에 포함되지 아니한다. 따라서 채권이 이중으로 양도된 경우는 채무자가 이의를 보류하지 아니하고 승낙하더라도 그들 사이의 우열은 제450조 2항에 따라 확정일자있는 통지·승낙이 우선하며, 이는 채무자에게도 그 효력이 미친다(93다35551).

3) 항변을 할 수 없는 자의 범위

항변절단의 효과는 채무자와 양수인 사이에서만 발생하고, 제3자(보증인, 물상보증인, 담보물의 제3취득자 등)의 권리에는 아무런 영향을 미치지 않는다.

이와 관련하여 **저당권부 채권양도**에서 피담보채권의 부존재 또는 변제에 의하여 저당권이 부존재하였거나 소멸하였던 경우에, 채권양도에 대하여 **채무자가 이의를 유보하지 않은 채 승낙**하면 채권양도에 관하여는 공신력이 인정되는 반면(제451조 1항), 부동산등기에 관하여는 공신력이 인정되지 않는다. 이런 경우 무효인 저당권이 당연히 부활하여 양수인에게 이전되는가 하는 것이 문제되는바, 만약 저당권의 부활을 인정한다면 무효인 저당권이전등기에 공신력을 인정하는 결과로 되어 부당하므로, 채무자의 이의 없는 승낙에 의하여 저당권이 부활하지 않으며, 양수인은 저당권 없는 채권을 취득한다(통설).

권의 준점유자에 대한 변제가 아니라 적법한 변제수령권자에 대한 변제가 아니냐는 문제점이 있다.

54) 위조지폐 제조를 원인으로 한 채권의 효력이 무효인 때라 하더라도 채무자가 이의를 보류하지 아니하고 그 양도에 대해 승낙한 때에는 그 무효를 주장하지 못한다(4294민상1296) **[14행정]**

4. 제3자에 대한 대항요건인 확정일자

지명채권 양도의 통지나 승낙은 확정일자 있는 증서에 의하지 아니하면 채무자 이외의 제3자에게 대항하지 못한다(제450조 2항). 양수인은 제3자에 대한 대항요건을 구비하기 위해 채권자(양도인)에게 채권양도통지절차의 이행을 청구할 수 있다(2017다243143).[55]

(1) 제450조의 '제3자'

① **[긍정]** '제3자'는 그 채권에 관하여 양수인의 지위와 양립할 수 없는 법률상의 지위를 취득한 자를 말한다. 예컨대 채권의 이중양수인, 채권의 질권자, 채권을 압류 또는 가압류한 양도인의 채권자, 채권의 양도인이 파산한 경우의 파산채권자 등이 이에 해당한다.

② **[부정]** 그러나 ㉠ 채권양도에 의해 간접적으로 영향을 받는데 지나지 않는 '채무자의 채권자'는 제3자에 해당하지 않으며, 이들에 대해서는 확정일자 있는 증서에 의하지 않더라도 대항할 수 있다. 判例도 "선순위의 근저당권부채권을 양수한 채권자보다 후순위의 근저당권자(채무자의 채권자)는 채권양도의 대항요건을 갖추지 아니한 경우 대항할 수 없는 제3자에 포함되지 않는다"고 한다(2004다29279)(6회, 10회, 11회 선택형). 따라서 선순위의 근저당권부 채권의 양수인이 근저당권 이전의 부기등기를 마쳤다면, 채권양도의 대항요건을 갖추지 아니하였더라도, 후순위 근저당권자에게 채권양도로 대항할 수 있다(즉, 저당목적물의 배당순위에서 선순위의 근저당권부 채권의 양수인이 후순위저당권자에 앞선다). ㉡ 또한 지명채권 '양수인이 양도되는 채권의 채무자'여서 양도된 채권이 제507조 본문에 따라 혼동에 의하여 소멸한 경우에는 후에 채권에 관한 압류 또는 가압류결정이 제3채무자에게 송달되더라도 채권압류 또는 가압류결정은 존재하지 아니하는 채권에 대한 것으로서 무효이고, 압류 또는 가압류채권자는 제450조 2항에서 정한 제3자에 해당하지 아니한다(2019다272855)(13회 선택형).

(2) 제450조 2항의 '확정일자'

제450조 2항의 '확정일자'란 증서에 대하여 그 작성한 일자에 관한 완전한 증거가 될 수 있는 것으로 법률상 인정되는 일자를 말하는 것이다(민법부칙 제3조 참조). 공정증서가 대표적인 예이고, 실제로는 내용증명우편이 널리 활용된다.

(3) 제450조 2항의 '대항하지 못한다'

제450조 2항의 '대항하지 못한다'는 것은 채권이 존재하고 그 채권 위에 양립할 수 없는 권리가 존재하는 경우를 전제로 하는 것이다. 따라서 채무자가 이미 양수인에게 변제한 후에는(단순한 통지의 경우에도), 제2양수인이 확정일자 있는 증서에 의한 통지를 이유로 그 변제를 청구하더라도 대항력의 문제는 발생할 여지가 없고, 이미 한 변제는 유효하다(2003다37426). 따라서 임대차보증금반환채권에 대한 가압류명령 前에 적법하게 변제된 경우 가압류명령의 효력은 없다(2014다52933)(3회 선택형).

---

55) **[청구취지 기재례]** "피고는 소외 윤동환(주소 : 서울 서초구 명달로 4길 30 102동 1203호)에게, 별지 목록 기재 채권을 2023. 7. 25. 원고에게 양도하였다는 취지의 통지를 하라"

☞ 만약 양도인이 채권양도의 의사표시조차 하지 아니하는 때에는 "피고는 별지 목록 기재 채권에 관하여, 원고에게 채권양도의 의사표시를 하고, 소외 윤동환에게 그 취지의 통지를 하라"는 청구를 하여야 한다.

5. 동일한 채권에 대해 양립할 수 없는 법률상의 지위를 취득한 자 상호 간의 우열의 기준(이중양도의 경우를 중심으로 검토)

(1) 제1양도, 제2양도 중 하나만이 확정일자 있는 증서에 의한 대항력을 갖춘 경우

확정일자 있는 통지·승낙을 갖춘 양수인만이 채무자 및 다른 이중 양수인과의 관계에서 채권자이다. 따라서 확정일자 있는 증서에 의한 통지가 그 일자 및 도달시기에 있어서 단순통지된 양도보다 늦은 경우도 마찬가지이다(71다2697). **[13사법]**

(2) 제1양도, 제2양도 모두 단순한 대항요건만 갖춘 경우

判例는 먼저 대항요건을 갖춘자가 우선한다고 본다(71다2048).

(3) 제1양수인, 제2양수인 모두 확정일자 있는 증서에 의한 대항력을 갖춘 경우 [1·3·8회 사례형]

1) 이중양도의 우열기준

判例는 채권이 이중으로 양도된 경우의 양수인 상호간의 우열은 채권양도에 대한 채무자의 인식, 즉 확정일자 있는 양도통지가 채무자에게 도달한 일시 또는 확정일자 있는 승낙일시의 선후에 의하여 결정하여야 한다고 판시함으로써 '도달시'를 기준으로 우열을 결정한다(**9회 선택형**).[56] 동일한 취지로 判例는 채권이 양도되고 대항력(확정일자)을 구비한 상태에서 그 양도된 채권을 양도인의 채권자들이 압류, 추심명령을 하게 되면 이미 채권은 양수인에게 이전되었으므로(피압류채권은 이미 존재하지 않는 것과 같다) 이러한 압류, 추심은 무효라고 한다(2010다57213,57220)(**1회, 12회 선택형**).

2) 확정일자 있는 통지가 동시에 도달한 경우의 법률관계(도달시설에 의할 경우)

확정일자설을 취한다면 확정일자가 동일한 경우에 마찬가지의 문제가 생긴다.

가) 동시도달

두 개의 통지가 같은 날짜에 도달한 경우에는 동시도달로 추정된다(전합93다24223)(**6회, 9회 선택형**)

나) 각 양수인과 채무자 간의 법률관계(각 양수인의 채무자에 대한 채권청구의 가부)

判例는 "제1·2 양수인 모두 채무자에 대해 완전한 대항력을 갖추었으므로 양수인 각자는 채무자에게 각 채권 전액에 대해 이행청구를 하고 변제를 받을 수 있다"고 하여 **전액청구**를 긍정하였다. **[판례해설]** 전액청구가 가능한바, 동순위 양수인 상호간에 주관적 공동관계가 존재하지 않아 '부진정연대채권관계'이기 때문이다. 한편 다른 채권자가 그 송달의 선후에 관하여 다시 문제를 제기하는 경우에는 제3채무자는 이중지급의 위험이 있을 수 있으므로, 동시송달된 경우에도 제3채무자는 송달의 선후가 불명한 경우에 준하여 채권자를 알 수 없다는 이유로 '**변제공탁**'(제487조 2문)을 할 수 있다고 한다(**9회, 13회 선택형**).

---

56) **[판례검토]** 제450조 1항이 원칙규정이고 2항은 1항의 실효성을 살리기 위한 부수적 규정이라는 점을 고려할 때 채무자의 인식, 즉 확정일자 있는 통지가 도달한 일자에 중점을 두는 것이 본조의 취지에 합당한 해석이라고 보여 진다.

다) 양수인 간의 법률관계(전액청구설에 의하는 경우 양수인 간의 내부적인 정산의무의 유무)

判例는 "확정일자 있는 통지가 동시에 도달한 경우에 양수채권액과 가압류 또는 압류된 채권액의 합계액이 제3채무자에 대한 채권액을 '초과'할 때에는, 그들 상호 간에는 법률상의 지위가 대등하므로 '공평의 원칙'상 각 채권액에 안분하여 이를 내부적으로 다시 정산할 의무가 있다"고 하여 양수채권액 안분설의 입장이다(7회 선택형).

6. 제3자에 의해 가압류된 채권이 양도된 경우

⑴ 양도가능성

"⑤ 가압류된 채권도 이를 양도하는 데 아무런 제한이 없다 할 것이나, 다만 가압류된 채권을 양수받은 양수인은 그러한 가압류에 의하여 권리가 제한된 상태의 채권을 양수받는다고 보아야 할 것이고, 이는 채권을 양도받았으나 확정일자 있는 양도통지나 승낙에 의한 대항요건을 갖추지 아니하는 사이에 양도된 채권이 가압류된 경우에도 동일하다. ⑥ 또한 채권가압류의 처분금지의 효력은 본안소송에서 가압류채권자가 승소하여 채무명의를 얻는 등으로 피보전권리의 존재가 확정되는 것을 조건으로 하여 발생하는 것이므로 채권가압류결정의 채권자가 본안소송에서 승소하는 등으로 채무명의를 취득하는 경우에는 가압류에 의하여 권리가 제한된 상태의 채권을 양수받는 양수인에 대한 채권양도는 무효가 된다"(2001다59033)(12회 선택형).

✎ [비교 : 확정일자 있는 채권양도 후 가압류] "채무자가 압류 또는 가압류의 대상인 채권을 양도하고 확정일자 있는 통지 등에 의한 채권양도의 대항요건을 갖추었다면, 그 후 채무자의 다른 채권자가 양도된 채권에 대하여 압류 또는 가압류를 하더라도 압류 또는 가압류 당시에 피압류채권은 이미 존재하지 않는 것과 같아 압류 또는 가압류로서의 효력이 없다"(2017다256378). "이는 사해행위취소소송에서 위 채권양도계약이 취소되어 채권이 원채권자에게 복귀한 경우에도, '상대적 무효설'에 따라 무효인 위 채권압류명령 등이 다시 유효로 되지는 않는다"(2022다247521)

⑵ 가압류 상태에서 양수인의 이행청구 가부 [1회 기록형]

"채권에 대한 가압류가 있더라도 이는 채무자가 제3채무자로부터 현실로 급부를 추심하는 것만을 금지하는 것일 뿐 채무자는 제3채무자를 상대로 그 이행을 구하는 소송을 제기할 수 있다"(2001다59033)(12회 선택형).

⑶ 제3자가 집행권원을 얻어 가압류에 기한 압류·전부명령을 받은 경우

금전채권이 가압류된 후 그 채권의 양도가 이루어지고 채권양수인이 양수금 이행청구를 하였는데 위 가압류를 본압류로 전이하는 채권압류 및 전부명령이 있고 피고가 이를 항변으로 삼게 되면 위 양수금 청구는 이유 없어 '기각'된다.

⑷ 제3자가 집행권원을 얻어 가압류에 기한 압류·추심명령을 받은 경우

채권에 대한 압류·추심명령이 있으면 제3채무자에 대한 이행의 소는 추심채권자만이 제기할 수 있고 채무자는 피압류채권에 대한 이행의 소를 제기할 당사자적격을 상실하므로, 금전채권이 가압류된 후 그 채권의 양도가 이루어지고 채권양수인이 양수금 이행청구를 하였는데 위

가압류를 본압류로 전이하는 채권압류 및 추심명령이 있게 되면 위 양수금 청구의 소는 당사자적격의 흠결로 부적법 '각하'된다(99다23888).

7. 담보목적의 채권양도(채권의 양도담보) [13회 사례형]

判例는 "금전채무와 관련하여 채권이 양도된 경우 이는 채무변제를 위한 담보 또는 변제의 방법으로 양도되는 것으로 추정할 것이지 채무변제에 갈음한 것으로 볼 것은 아니어서, 채권양도만 있으면 바로 원래의 채권이 소멸한다고 볼 수는 없다"(95다13371)**(5회 선택형)**고 하며, "채권양도가 다른 채무의 담보조로 이루어졌으며 또한 그 채무가 변제되었다고 하더라도, 이는 채권양도인과 양수인 간의 문제일 뿐이고, 양도채권의 채무자는 채권양도·양수인 간의 채무소멸 여하에 관계없이 양도된 채무를 양수인에게 변제하여야 하는 것이므로, 설령 그 피담보채무가 변제로 소멸되었다고 하더라도 양도채권의 채무자로서는 이를 이유로 채권양수인의 양수금청구를 거절할 수 없다"(99다23093)[57]**(9회, 11회 선택형)**고 하였다.

✎ **[비교판례]** "채무자가 채권자에게 채무변제에 '갈음하여' 다른 채권을 양도하기로 한 경우에는 채권양도의 요건을 갖추어 대체급부가 이루어짐으로써 원래의 채무는 소멸하는 것이고 그 양수한 채권의 변제까지 이루어져야만 원래의 채무가 소멸한다고 할 것은 아니다. 이 경우 대체급부로서 채권을 양도한 양도인은 양도 당시 양도대상인 채권의 존재에 대해서는 담보책임을 지지만 당사자 사이에 별도의 약정이 없는 한 그 채무자의 변제자력까지 담보하는 것은 아니다"(제579조 참조 ; 2012다40998).

---

57) 민법은 채무자가 양도인에 대한 항변사유로써 양수인에게 대항할 수 있다고는 정하지만(제451조 2항), 양도인이 양수인에 대해 가지는 항변사유를 채무자가 원용할 수 있는 것으로는 정하고 있지 않다.

Ⅰ. 채무인수의 독자성과 무인성 [8회 사례형]   [B-92]

丙이 乙로부터 기계를 1억 원에 매수하는 매매계약을 체결하면서 乙이 甲에게 부담하는 1억 원의 대여금채무를 甲의 (묵시적)승낙을 받아 면책적으로 인수한 경우, 채무인수인 丙은 전채무자 乙에게 가진 동시이행의 항변권(원인된 법률관계에 따른 항변)으로 채권자 甲에게 대항할 수 없다 (채무인수의 무인성). 그러나 주의할 것은 전채무자 乙이 채권자 甲에게 대항할 수 있는 사유로는 채무인수인 丙이 甲에게 대항할 수 있다는 점이다(제458조)(채무인수의 동일성).

Ⅱ. 면책적 채무인수   [B-93]

1. 면책적 채무인수와 병존적 채무인수의 구별

이는 당사자 의사해석의 문제이나, 명확하지 않은 경우에는 채권자 보호를 위해 원칙적으로 병존적인 것으로 해석해야 한다(87다카3104).

2. 채무자와 인수인 사이의 채무인수계약

채무자와 인수인 사이의 채무인수계약의 경우에는 '채권자의 승낙'이 있어야 효력이 발생하는데(제454조), 채권자가 직접 채무인수인에 대하여 인수채무금의 지급을 청구하였다면 그 지급청구로써 묵시적으로 채무인수를 승낙한 것으로 보아야 한다(88다카29962). **[8회 사례형]** 그리고 만약 채권자가 승낙을 거절하면 인수인은 채무자에 대하여 채권자에게 변제할 의무를 부담하는 것으로 봄이 상당할 것이다(이행인수). 아울러 채권자가 승낙을 거절하면 그 이후에는 채권자가 다시 승낙하여도 채무인수로서의 효력이 생기지 않는다(98다33765)(6회, 7회, 10회 선택형).

3. 항변권과 담보의 이전·시효중단과 시효기간

① 종된 권리나 항변권은 채무인수인에게도 여전히 인정된다. 따라서 인수인은 '전채무자의 대항할 수 있는 사유'로 채권자에게 대항할 수 있다(제458조)(7회 선택형).

② 그러나 전채무자의 채무에 대한 보증이나 '제3자'가 제공한 담보는 채무인수로 인하여 소멸한다. 다만, 보증인이나 제3자가 채무인수에 '동의'한 경우에는 그러하지 아니하다(제459조)(2회 선택형).[58] 한편, 채무자가 제공한 담보는 인수계약이 채권자와 인수인 사이에 체결된 경우에만 담보가 소멸하고, 그 밖의 경우에는 채무자인 담보제공자가 채무인수에 동의한 것으로 보아 담보는 존속한다(제459조 단서 유추적용)(2회 선택형).

③ '면책적 채무인수'는 시효중단사유 중 승인에 해당하고(제168조 3호)['이행인수인'의 채무승인은 소멸시효 중단사유인 승인에 해당하지 않는다(2015다239744)](8회, 11회 선택형), 인수채무의 소멸시효기간은 기존의 채무의 소멸시효기간과 동일하다(99다12376).

---

58) **[관련판례]** 대법원은 A는 D 은행으로부터 그 소유의 이 사건 상가를 담보로 대출을 받고, B는 위 대출원리금을 연대보증하였는데, 상가에 대한 임의경매 절차에서 C가 낙찰을 받으면서, 매매대금 지급을 갈음해서 D 은행의 승낙을 얻어 A의 D 은행에 대한 대출금 채무를 배당받을 채권액 범위에서 인수한 경우, 이는 '면책적 채무인수'에 해당하므로, A의 D 은행에 대한 위 대출금 채무 중 배당액 부분은 소멸하고, 연대보증인 B가 채무인수에 동의하였다고 볼 수 없어 연대보증채무 중 배당액 부분도 함께 소멸하였다고 판단하였다(2017다241901).

Ⅲ. 병존적 채무인수 [B-94]

1. 채무인수계약의 당사자

채무자와 인수인 사이의 인수계약으로도 가능하며, 이 경우 제3자를 위한 계약이 된다. 따라서 채권자의 수익의 의사표시를 필요로 한다(제539조 2항). 이 경우 **채권자의 수익의 의사표시는 그 계약의 '성립요건이나 효력발생요건이 아니라 채권자가 인수인에 대하여 채권을 취득하기 위한 요건이다(2011다 56033)(11회 선택형)**. 채권자와 인수인 사이의 계약으로 하는 경우 채무자의 채무에 대한 담보로서의 기능을 한다는 점에서 채무자의 의사에 반하여도 인수가 가능하다(87다카1836)(6회, 12회 선택형).

2. 채무자의 채무와 인수인의 채무와의 관계 [9회 기록형]

判例는 "채무자와 인수인은 원칙적으로 주관적 공동관계가 있는 연대채무관계에 있고, 인수인이 채무자의 부탁을 받지 아니하여 주관적 공동관계가 없는 경우에는 부진정연대관계에 있는 것으로 보아야 한다"(2009다32409)(6회, 7회, 11회, 13회 선택형)고 한다.

Ⅳ. 이행인수 [B-95]

1. 병존적 채무인수와 이행인수의 구별

인수계약의 당사자인 채무자와 인수인에게 채권자로 하여금 직접 인수인에 대한 채권을 취득케 하고자 할 의사가 있었다면 이는 제3자를 위한 계약으로서 병존적 채무인수가 될 것이나, 그렇지 않은 때에는 이행인수로 될 뿐이다(97다28698)(12회 선택형).

2. 채권자와 인수인 사이의 관계 [15법무]

인수인은 채무자와의 관계에서 이행의무를 부담하며 채권자에게 직접 채무를 부담하지는 않는다. 따라서 채권자도 인수인에게 이행을 청구할 권리는 없다. 다만 채무자의 인수인에 대한 청구권은 그 성질상 재산권의 일종으로서 일신전속적 권리는 아니므로, **채권자는 '채권자대위권'에 의하여 채무자의 인수인에 대한 청구권을 대위행사할 수는 있다(2008다75072)(6회, 8회, 9회 선택형)**. 그리고 이행인수에 의해서는 채권자가 인수인에게 새로운 이해관계를 취득하는 것이 아니므로 예를 들어 이행인수계약이 사기를 이유로 취소되는 경우 채권자는 선의의 제3자로 보호받을 수는 없다(2004다54756).

3. 부동산의 매수인이 매매대금의 지급에 갈음하여 그 부동산에 대한 매도인의 채무를 인수한 경우의 법률관계 ★★★

(1) 면책적 채무인수인지 이행인수인지 여부

부동산의 매수인이 매매목적물에 관한 채무(피담보채무, 대항력이 없는 임대차에서 임대보증금반환채무 등)를 인수하는 한편 그 채무액을 매매대금에서 공제하기로 약정한 경우, 그 인수는 특별한 사정이 없는 한 매도인을 면책시키는 채무인수가 아니라 이행인수로 보아야 하고, 면책적 채무인수로 보기 위하여는 이에 대한 채권자의 승낙이 있어야 한다(94다58599)(4회, 10회 선택형).

✎ **[관련판례]** 判例에 따르면 "주택의 임차인이 제3자에 대한 대항력을 갖추기 전에 임차주택의 소유권이 양도된 경우 양수인은 임대차보증금 반환채무를 면책적으로 채무인수하였다고 볼 수 없고 이행인수한 것이라고 보아야 하며, 면책적 채무인수로 보기 위해서는 이에 대한 채권자, 즉 임차인의 승낙이 있어야 한다. 이 때 승낙은 묵시적으로도 가능하나**(10회 선택형)**, '임차인이 경매절차에서 임차보증금을 회수할 가능성이 없는 이상, 임차인의 배당요구만으로 묵시적 승낙의 의사표시를 한 것으로 볼 수는 없다'"고 한다(2012다84370)**(6회 선택형)**.

(2) 매수인의 의무

특별한 사정이 없는 한 매수인은 인수한 채무를 현실적으로 변제할 의무는 없고, 매매대금에서 그 채무액을 공제한 나머지를 지급함으로써 잔금지급의무를 다한 것으로 보아야 한다(2000다18578)**(4회, 8회 선택형)**.

(3) 매수인이 인수채무를 이행한 경우의 효과

매수인은 이행인수 약정에 따라 매도인의 채권자에게 이행한 것이므로 매도인에게 구상할 수 없고, 따라서 변제자대위도 일어나지 않는다.

(4) 매수인이 인수채무를 불이행한 경우의 효과

1) 매도인의 해제 가부 [15법무]

① 判例에 따르면 매수인은 매매대금에서 인수채무액을 공제한 나머지를 지급함으로써 잔금지급의무를 다한 것으로 보아야 하므로, 매수인이 인수채무를 변제하지 않았다고 하여도 매도인이 계약을 해제할 수는 없다(93다19108). 이는 인수한 피담보채무의 이자를 지급하지 아니한 경우에도 같다(98다25184)**(4회 선택형)**. 다만 "매수인이 인수채무를 이행하지 아니함으로써 **매매대금의 일부를 지급하지 아니한 것과 동일하다고 평가할 수 있는 '특별한 사유'가 있을 때에 한하여** 매도인의 계약해제권이 발생한다"(92다23193).

② '특별한 사유'란 "매수인이 인수채무를 이행하지 않음에 따라 ⅰ) 매매목적물인 부동산에 설정된 담보권의 실행으로 임의경매절차가 개시되었다거나 개시될 염려가 있고, ⅱ) 또한 매도인 측이 이를 막기 위하여 부득이 피담보채무를 **변제할 필요성**이 있는 경우"라고 한다(98다25184). 다만 구체적 사안에서 대체로 判例는 '매도인이 자기의 出捐으로 매수인이 인수한 채무를 대신 **변제한 경우**'에만 계약해제권의 발생을 인정하는 입장을 취하고 있다.

③ 이 경우 해제권은 매수인의 대금채무 지체를 이유로 한 해제권의 성격을 갖기 때문에 제544조의 요건이 충족되어야 한다. 따라서 매도인은 자기의 반대채무(소유권이전등기의무 등)의 이행 또는 이행제공을 하여야 한다(92다23193).

2) 매도인의 손해배상청구권

이행인수계약의 불이행으로 인한 손해배상의 범위는 원칙적으로 채무자가 채무의 내용에 따른 이행을 하지 않음으로써 생긴 통상의 손해를 한도로 한다. 매수인이 인수하기로 한 근저당권의 피담보채무를 변제하지 않아 원리금이 늘어났다면 그 원리금이 매수인의 이행인수계약 불이행으로 인한 통상의 손해액이 된다(2020다294516).

3) 매도인이 인수채무를 변제한 경우 : 동시이행관계

"부동산매매계약과 함께 이행인수계약이 이루어진 경우, 매수인이 인수한 채무는 매매대금지급채무에 갈음한 것으로서 매도인이 매수인의 인수채무불이행으로 말미암아 또는 임의로 인수채무를 대신 변제하였다면, 그로 인한 손해배상채무 또는 구상채무는 인수채무의 변형으로서 매매대금지급채무에 갈음한 것의 변형이므로 매수인의 손해배상채무 또는 구상채무와 매도인의 소유권이전등기의무는 대가적 의미가 있어 이행상 견련관계에 있으므로, 양자는 동시이행의 관계에 있다"(2004다13083)(4회, 5회 선택형).

4) 저당권실행의 경매로 '매수인'이 소유권을 상실한 경우 : 제576조의 담보책임(소극)

담보책임 규정은 임의규정이므로 면제나 포기의 약정이 가능한바, "매도인과 매수인 사이에 '채무인수' 또는 '이행인수'에 관한 약정이 있으면 담보책임의 면제나 포기의 약정으로 해석되므로 매수인이 매매목적물에 관한 근저당권의 피담보채무 중 일부만을 인수한 경우 매도인으로서는 자신이 부담하는 피담보채무를 모두 이행한 이상 매수인이 인수한 부분을 이행하지 않음으로써 근저당권이 실행되어 매수인이 취득한 소유권을 잃게 되더라도 제576조 소정의 담보책임을 부담하게 되는 것은 아니다"(2002다11151).

5) 저당권실행의 경매로 '매도인'이 소유권을 상실한 경우 : 대가위험부담(제538조 1항 1문)

"매수인이 매매목적물에 관한 근저당권의 피담보채무에 관하여 그 이행을 인수한 경우, 채권자에 대한 관계에서는 매도인이 여전히 채무를 부담한다고 하더라도, 매도인과 매수인 사이에서는 매수인에게 위 피담보채무를 변제할 책임이 있다고 할 것이므로, 매수인이 그 변제를 게을리하여 근저당권이 실행됨으로써 매도인이 매매목적물에 관한 소유권을 상실하였다면, 특별한 사정이 없는 한, 이는 매수인에게 책임 있는 사유로 인하여 소유권이전등기의무가 이행불능으로 된 경우에 해당하고, 거기에 매도인의 과실이 있다고 할 수는 없다"(2009다5193).[59]

V. 계약인수

[B-96]

계약인수가 적법하게 이루어지면, 원래의 계약당사자는 계약관계에서 탈퇴하고 인수인이 계약당사자의 지위를 가지며, 계약인수 후에는 특별한 사정이 없는 한 잔류당사자와 양도인 사이에는 계약관계가 존재하지 않으며 그에 따른 채권·채무관계도 소멸한다(2007다31990).

1. 이미 발생한 채무의 승계

① 이미 발생한 채무의 승계에 관하여 判例는 "제3자는 양도인의 계약상 지위를 승계함으로써 종래 계약에서 이미 발생한 채권·채무도 모두 이전받게 된다"(전합2007다63089)고 한다.[60]

---

59) 따라서 이때에는 채무자위험부담에 대한 예외로서 채권자(매수인)가 위험을 부담하게 되어 매도인은 소유권이전의무를 면하고 매수인에 대해 인수채무액을 제외한 나머지 매매대금을 청구할 수 있게 된다(제538조 1항 1문). 다만 그 경매절차에서 저당권자 기타 채권자들이 배당하고 남은 금액을 매도인이 소유자로서 배당을 받아 이익을 얻은 때에는 이를 매수인에게 반환하거나 매수인의 매매대금채무액에서 공제하여야 할 것이다(제538조 2항).

60) [판례검토] 일반적으로는 判例의 태도가 타당하나, 특히 계속적 계약관계에서 계약인수 이전에 이미 발생하였으나 탈퇴 당사자가 이행하지 않고 있는 채무(가령, 미이행된 임료채무) 및 그로 인한 손해배상채무는 일반적으로 여전히 탈퇴당사자가 부담하며, 계약인수인에게 승계되지 않는다(2016다218874 : 대항력을 갖춘 임차인이 있는 건물의 양수인이 임대인의 지위를 승계한 경우 '이미 발생한 연체 차임이나 관리비' 등은 구임대인만이 임차인에게 청구할 수 있다).

✎ **[비교판례]** "대항력을 갖춘 임차인이 있는 건물의 양수인이 임대인의 지위를 승계하면(계약인수), 양수인은 임차인에게 임대보증금반환의무를 부담하고 임차인은 양수인에게 차임지급의무를 부담한다. 그러나 임차건물의 소유권이 이전되기 전에 '이미 발생한 연체 차임이나 관리비' 등은 별도의 채권양도절차가 없는 한 원칙적으로 양수인에게 이전되지 않고 구임대인만이 임차인에게 청구할 수 있다"(2016다218874). **[7회 사례형]**

② 다만, 계약상 지위를 전제로 한 권리관계만 이전될 뿐이므로 불법행위에 기한 손해배상청구권은 별도의 채권양도절차 없이 제3자에게 당연히 이전되는 것은 아니다(2012다15336).

✎ **[비교판례]** "영업양도에 수반된 근로계약인수의 효과가 인정될 경우, 근로계약에 기초하여 기 발생한 영업양도인의 근로자에 대한 손해배상채권에 관한 영업양수인의 승계취득에 개별 채권양도의 대항요건을 별도로 갖추어야 하는 것은 아니다"(2020다245958)**(12회 선택형)**

2. 채권에 대한 압류 및 추심명령 후 계약인수

"채권의 압류는 제3채무자에 대하여 채무자에게 지급 금지를 명하는 것이므로 채무자는 채권을 소멸 또는 감소시키는 등의 행위를 할 수 없고 그와 같은 행위로 채권자에게 대항할 수 없는 것이지만, 채권의 발생원인인 법률관계에 대한 채무자의 처분까지도 구속하는 효력은 없다(91다29736). 그런데 계약 당사자로서의 지위 승계를 목적으로 하는 계약인수의 경우에는 양도인이 계약관계에서 탈퇴하는 까닭에 양도인과 상대방 당사자 사이의 계약관계가 소멸하지만(2007다31990), 양도인이 계약관계에 기하여 가지던 권리의무가 동일성을 유지한 채 양수인에게 그대로 승계된다. 따라서 양도인의 제3채무자에 대한 채권이 압류된 후 그 채권의 발생원인인 계약의 당사자 지위를 이전하는 계약인수가 이루어진 경우 양수인은 압류에 의하여 권리가 제한된 상태의 채권을 이전받게 되므로, 제3채무자는 계약인수에 의하여 그와 양도인 사이의 계약관계가 소멸하였음을 내세워 압류채권자에 대항할 수 없다"(2012다41359).

Set 059 | 변제 일반 ★

I. 변제제공의 방법

'변제제공'이란 채권자가 수령 등 협력이 있으면 급부의 결과가 생길 수 있는 상태까지 채무자가 현실제공을 하는 것을 말한다(제460조 본문). 제460조 단서의 구두제공과 관련하여, 判例는 채권자가 변제를 수령하지 않을 의사가 명백하여 장래에도 수령의 가능성이 전혀 없다고 보이는 경우에는 구두제공조차 요구되지 않는다고 한다(76다2218).

II. 변제의 당사자   [B-97]

1. 제3자의 변제

이해관계 있는 제3자는 채무자의 의사에 반하여 변제할 수 있는바(제469조 2항의 반대해석), 제469조 2항의 '이해관계 있는 제3자'란 변제를 하지 않으면 채권자로부터 집행을 받게 되거나 또는 채무자에 대한 자기의 권리를 잃게 되는 지위에 있기 때문에 변제함으로써 당연히 대위의 보호를 받아야 할 '법률상 이익'을 가지는 자이고, 사실상의 이해관계를 가진 자는 제외된다. 判例는 물상대위를 통해 우선변제를 받을 지위를 가진 후순위 담보권자(대표적으로 공동저당에서 물상보증인 소유 부동산의 후순위저당권자)는 선순위 담보권자의 피담보채무를 변제할 제469조 2항의 '이해관계 있는 제3자' 또는 제481조의 '변제할 정당한 이익이 있는 자'가 아니라고 한다(2008마109).

2. 변제의 표현수령권자

채권의 준점유자에 대한 변제는 변제자가 선의이며 과실 없는 때에 한하여 효력이 있다(제470조). 선의란 준점유자에게 변제수령의 권한이 없음을 소극적으로 알지 못하는 것만으로는 부족하고, 적극적으로 변제수령권한이 있는 것으로 믿었어야 함을 말한다(적극적 오신)(12회 선택형). 제470조의 규정형식상 변제의 유효를 주장하는 채무자가 자신의 선의·무과실을 증명하여야 한다(2003다1601).

(1) 채권의 준점유자인지 여부가 문제되는 경우

'채권의 준점유자'란 채권을 사실상 행사하는 자로서(제210조), 거래관념상 진정한 채권자라고 믿게 할 만한 외관을 갖춘 자를 말한다(제470조). 判例는 ① 채권자의 '대리인'이라고 하면서 채권을 행사하는 자도 이에 해당하며(2004다5389),[61] ② 예금증서와 인장을 절취하거나 위조한 경우처럼 채권자에게 아무런 귀책사유가 없는 때에도 이에 해당한다고 한다(63다384). ③ 또한 "인지판결이 확정되기 전의 정당한 상속인이 채무자에 대하여 소를 제기하고 나아가 승소판결까지 받았다면, 채무자로서는 그 상속인이 장래 혼인 외의 子에 대한 인지판결이 확정됨으로 인하여 소급하여 (제860조) 상속인으로서의 지위를 상실하게 될 수 있음을 들어 그 권리행사를 거부할 수 없으므로, 그러한 표현상속인에 대한 채무자의 변제는 특별한 사정이 없는 한 채권의 준점유자에 대한 변제로서 적법하다"(93다32200)고 한다.

(2) 효 과

이 경우 채무소멸의 효과는 절대적이어서, 채권자는 급부를 수령한 채권의 준점유자에 대하여 부당이득반환청구권(제748조 제2항) 또는 불법행위에 기한 손해배상청구권(제750조)을 가지는 반면, 변제자는 채권의 준점유자에 대하여 부당이득으로서 급부의 반환을 청구하지 못한다(절대적 효력설).

이와 관련하여 判例는 "채권압류가 경합된 경우에 그 압류채권자 중의 한 사람이 전부명령을 얻은 경우 그 전부명령은 무효이지만 제3채무자가 선의·무과실로 그 전부 채권자에게 전부금을 변제하였다면 이는 채권의 준점유자에 대한 변제로서 유효하므로 제3채무자의 채무자에 대한 채무는 소멸되고 제3채무자는 압류채권자에 대하여 2중 변제의 의무를 부담하지 아니하며 전부채권자에 대하여 전부명령의 무효를 주장하여 부당이득반환청구도 할 수 없다"(78다1292)고 한다.

---

61) 물론 이 경우 표현대리에 관한 규정도 적용될 수 있다. 하지만 진정한 채권자의 귀책사유가 없는 경우(기본대리권을 수여하지도, 대리권 수여 표시도 하지도 않은 경우)에는 비록 변제자가 선의·무과실이라 하더라도 제125조, 제126조, 제129조 어느 조항에도 해당하지 않아 표현대리가 성립하지 않는 경우가 있어 선의·무과실의 변제자를 보호하는데 표현대리의 법리만으로는 부족하다.

3. 기타 권한 없는 자에 대한 변제(제472조)

"제472조는 불필요한 연쇄적 부당이득반환의 법률관계가 형성되는 것을 피하기 위하여 변제받을 권한 없는 자에 대한 변제의 경우에도 그로 인하여 채권자가 이익을 받은 한도에서 효력이 있다고 한다. 이때 '채권자가 이익을 받은' 경우란 ㉠ 변제수령자가 채권자에게 변제로 받은 급부를 전달한 경우는 물론이고, 그렇지 않더라도 무권한자의 변제수령을 채권자가 사후에 추인한 때와 같이 무권한자의 변제수령을 채권자의 이익으로 돌릴 만한 실질적 관련성이 인정되는 경우도 포함되며(2010다32214)(5회 선택형), ㉡ 변제수령자가 변제로 받은 급부를 가지고 채권자의 자신에 대한 채무의 변제에 충당하거나 채권자의 제3자에 대한 채무를 대신 변제함으로써 채권자의 기존 채무를 소멸시키는 등 채권자에게 실질적인 이익이 생긴 경우를 포함하나, ㉢ 변제수령자가 변제로 받은 급부를 가지고 자신이나 제3자의 채권자에 대한 채무를 변제함으로써 채권자의 기존 채권을 소멸시킨 경우에는 채권자에게 실질적인 이익이 생겼다고 할 수 없으므로 제472조에 의한 변제의 효력을 인정할 수 없다"(2013다17117).

Set 060 변제충당 ★★★ [2·7·8·10·12회 기록형]

Ⅰ. 서 설
[B-99]

변제충당이란 ① 동일한 채권자에 대하여 같은 종류를 목적으로 한 '수개의 채무'를 지는 경우(제476조 1항), 또는 ② 1개의 채무의 변제로서 수개의 급부를 해야 할 경우(제478조)에 변제의 제공이 그 채무 전부를 소멸하게 하지 못하는 때에, 그 중 어느 채무의 변제에 충당할 것인가를 정하는 것이다.

① [제476조 1항] 甲이 乙에 대하여 100만 원의 대여금채무와 200만 원의 매매대금채무를 지고 있는데, 甲이 乙에게 100만 원은 초과하나 300만 원에는 미달하는 대금을 변제하는 경우이거나 100만 원에 미달하는 '일부변제'를 채권자가 수령한때(일부변제는 채무의 내용에 좇은 변제가 아니기 때문에 채권자는 그 수령을 거절할 수 있고, 따라서 채권자가 이를 수령하지 않는 한 변제충당의 문제도 발생하지 않는다).

② [제478조] 甲이 乙에 대하여 매월 100만 원의 임대료를 지불하기로 약정하였으나, 3개월분의 임대료를 지급하지 않고 있던 중 100만 원은 초과하나 300만 원에는 미달하는 대금을 변제하는 경우

Ⅱ. 변제충당의 순서

1. 합의충당(계약에 의한 충당)
[B-100]

(1) 유효성 및 제한

① 변제의 충당에 관한 제476조 내지 제479조는 임의규정이므로, 당사자 사이에 별도의 합의가 있으면 그 합의에 따라 충당된다(계약에 의한 변제충당). ② 다만 강제경매(90다18678) 또는 담보권

실행경매(95다55504)(2회, 6회, 7회, 9회, 10회 선택형)에서는 채권자, 채무자 외에 다수의 이해관계인이 있을 수 있기 때문에 획일적으로 가장 공평·타당한 충당방법인 제477조의 규정에 의한 법정변제충당의 방법에 따라 충당을 하여야 한다.

⑵ 합의충당 방법, 효과

① 채권자와 채무자의 '합의'로 변제가 채권자에 대한 모든 채무를 소멸시키기에 부족한 때에는 채권자가 적당하다고 인정하는 순서와 방법에 의하여 충당하기로 한 것이라면, 채권자가 그 약정에 터 잡아 스스로 적당하다고 인정하는 순서와 방법에 좇아 변제충당을 한 이상 변제자에 대한 의사표시와 관계없이 충당의 효력이 있다(2010다1180)(7회, 9회 선택형). ② 한편 이러한 약정이 있는데도, 채무자가 변제를 하면서 약정과 달리 특정 채무의 변제에 충당한다고 지정하더라도, 그에 대해 채권자가 동의하지 않는 한, 그 지정은 효력이 없다(98다27517)(2회, 8회 선택형). [12법무] ③ 또한 변제자(채무자)와 변제수령자(채권자)는 변제로 소멸한 채무에 관한 보증인 등 이해관계 있는 제3자의 이익을 해하지 않는 이상 이미 급부를 마친 뒤에도 기존의 '법정충당'을 배제하고 다시 '합의충당'을 할 수 있다(2012다118044)(7회 선택형).

2. 지정충당(일방행위에 의한 충당) [B-101]

⑴ 지정권자

'합의충당'이 없을 때에는 1차적으로 '변제자'는 변제를 할 때 변제수령자에 대한 의사표시로 변제에 충당할 채무를 지정할 수 있다(제476조 1항 및 3항, 제478조). 변제자가 지정권을 행사하지 않은 때에는 2차적으로 '변제받는 자'가 그 당시(변제제공 수령 후 지체없이) 변제자에 대한 의사표시로써 변제의 충당을 할 수 있다(제476조 2항 본문 및 3항, 제478조). 그러나 변제자가 즉시 이의를 한 때에는 변제수령자의 지정은 효력을 잃고(제476조 2항 단서), 법정충당의 방법에 따른다.

⑵ 지정충당의 제한

1) 비용, 이자 및 원본

채무자가 원본 이외에 비용과 이자를 지급할 경우에는 (총)비용,(총)이자(지연이자도 포함), (총)원본의 순서로 변제에 충당하여야 한다(제479조 1항)(2회, 8회, 11회 선택형) [07법행] 따라서 변제자 일방의 지정충당이 있더라도 이는 인정되지 않고(90다카7262) (5회, 6회, 9회 선택형), 그 지정은 제479조 1항에 반하여 채권자에 대하여 효력이 없으므로, 채권자는 그 수령을 거절할 수 있다(2003다22042)(6회 선택형). 물론 당사자 쌍방이 제479조와 다른 합의를 하거나 또는 당사자의 일방적인 지정에 대하여 상대방이 지체없이 이의를 제기하지 아니함으로써 묵시적인 합의(충당)가 이루어졌다고 보여지는 경우에는 그렇지 않다(2002다12871)(6회, 9회, 10회 선택형).

2) 비용 상호간, 이자 상호간, 원본 상호간

비용 상호간, 이자 상호간, 원본 상호간에는 제477조의 법정변제충당의 규정이 적용된다(제479조 2항)(8회, 11회 선택형). 또한 비용 상호간, 이자 상호간, 원본 상호 간에는 지정의 효력이 미친다(제479조 2항 참조). 예컨대 채무자가 원금 100만 원, 이자 및 지연손해금 30만 원의 A채무와 원금 100만 원, 이자 및 지연손해금 50만 원의 B채무를 부담하고 있던 중 200만 원을 변제하면서 B채무의 변제에 충당할 것을 지정한 경우, 이는 B채무의 이자 및 지연손해금 50만 원, A채무의 이자 및 지연손해금 30만 원, B채무의 원금 100만 원, A채무의 원금 중 20만 원에 차례로 충당되어, 채무자의 채무는 A채무의 원금 80만 원만 남게 된다.

🔖 채무자들이 공동으로 부담하는 부분과 공동으로 부담하지 않는 부분이 생긴 경우

"여러 명의 연대채무자 또는 연대보증인에 대하여 따로 소송이 제기되는 등으로 그 판결에 의하여 확정된 채무원본이나 지연손해금의 금액과 이율 등이 서로 달라지게 되어 원금이나 지연손해금에 채무자들이 공동으로 부담하는 부분과 공동으로 부담하지 않는 부분이 생긴 경우에 어느 채무자가 채무 일부를 변제한 때에는 그 변제자가 부담하는 채무 중 공동으로 부담하지 않는 부분의 채무 변제에 우선 충당되고 그 다음 공동 부담 부분의 채무 변제에 충당된다"(2012다85281).

3. 법정충당 [B-102]

법정충당 순서는 변제자의 이익을 고려하여 규정된 것이며, 이때 법정변제충당의 순서는 채무자의 '변제제공 당시'를 기준으로 정하여야 한다(2014다71712)(10회 선택형).

① 채무 중에 이행기가 도래한 것과 도래하지 않은 것이 있으면 먼저 이행기가 도래한 채무의 변제에 충당한다. 이행기 도래 여부는 이행기의 유예가 있는 채무에 대하여는 유예기까지 이행기가 도래하지 않은 것과 같게 보아야 한다(99다22281)(2회 선택형). ② 채무의 전부의 이행기가 도래하였거나 또는 도래하지 않은 때에는 먼저 채무자에게 변제이익이 많은 채무의 변제에 충당한다. ③ 채무자에 대해 변제이익이 같으면 이행기가 먼저 도래한 채무나 또는 먼저 도래할 채무의 변제에 충당한다(제477조).

🔖 변제이익 판단(제477조 2호) ★★★

㉠ 이자부채무가 무이자채무보다[이자의 약정 있는 금전채무가 이자의 약정 없는 약속어음금채무보다 변제이익이 많다(71다1560)] 고이율의 채무가 저이율의 채무보다(11회 선택형), 집행력을 갖춘 채무가 단순채무보다(98다55543) 각 변제이익 많다.

㉡ 그러나 '주채무자가 변제할 때' 보증인이 있는 채무와 보증인이 없는 채무 사이에는 변제 이익의 차이가 없고(왜냐하면 보증인이 있는 채무도 구상의무의 존재로 인해 결국 자기의 채무이기 때문이다). 따라서 보증기간 중의 채무와 보증기간 종료 후의 채무 사이에서도 변제이익의 점에서 차이가 없다(2019다207141)(11회 선택형). 마찬가지로 '변제자가 채무자인 경우' 물상보증인이 제공한 물적 담보가 있는 채무와 그러한 담보가 없는 채무 사이에도 변제이익의 점에서 차이가 없다 (2013다8250)(4회, 6회, 10회 선택형) [7회 기록형] 따라서 ㈜채무자가 변제한 금원은 이행기가 먼저 도래한 채무부터 (법정변제)충당하여야 한다(제477조 3호)(99다26481). 또한 '주채무자가 변제자'인 경우에는, 담보로 제3자가 발행 또는 배서한 약속어음이 교부된 채무와 다른 채무 사이에 변제이익에서 차이가 없으나, 담보로 주채무자 자신이 발행 또는 배서한 어음으로 교부된 채무는 다른 채무보다 변제이익이 많다(99다22281,22298)(4회, 6회 선택형).

㉢ 변제자가 타인의 채무에 대한 '보증인으로서 부담하는 보증채무'(연대보증채무도 포함)는 주채무에 부종하기 때문에 '변제자 자신의 채무'에 비하여 변제이익이 적고, '연대채무'는 '단순채무'에 비하여 채권자로부터 바로 전액청구를 받을 가능성이 낮기 때문에 변제이익이 적다(99다68652 등)(9회 선택형). 따라서 '변제자 자신의 주채무에 우선충당'되어야 한다. [12법무]

Ⅰ. 서 설

[B-103]

1. 의 의

변제자대위란 '제3자 또는 공동채무자' 등이 '변제 또는 담보권 실행' 등으로 채권자에게 만족을 준 경우 대위변제자는 채무자에 대하여 구상권을 취득하게 되는데, 이 경우 **변제 등으로 소멸하게 될 채권자의 채권 및 담보권을 대위변제자에게 이전시킴으로써**(채권이전설)대위변제자의 구상을 용이하게 하는 제도를 말한다. 따라서 대위에 의한 원채권 및 담보권의 행사 범위는 구상권의 범위로 한정된다(2003다24147).

2. 구상권과의 관계

변제자는 채무자에 대한 고유의 구상권과 대위에 의한 채권자의 채권, 두 개의 청구권을 가지게 된다. 따라서 '청구권의 경합'이 생기게 되며, 변제한 제3자가 그 중 어느 한 권리의 행사에 의하여 목적을 달성하면 다른 권리도 소멸한다. 구상권과 변제자대위권은 그 원본, 변제기, 이자, 지연손해금의 유무 등에 있어서 그 내용이 다른 별개의 권리이다(2019다200843). **[13회 기록형]**
① 따라서 대위변제자와 채무자 사이에 구상금에 관한 지연손해금 약정이 있더라도 이 약정은 변제자대위권을 행사하는 경우에는 적용될 수 없고(2005다32418)**(10회 선택형)** ② 대위변제자와 채권자 간에 맺은 채권자와 채무자의 거래 계속 중에는 대위권을 행사하지 않기로 하는 '대위권 불행사의 특약'은 구상권에 기한 청구에는 영향이 없다(97다1556).

Ⅱ. 요 건

[B-104]

변제자대위는 ㉠ 변제 기타로 채권자에게 만족을 줄 것(면책행위), ㉡ 변제자가 채무자에 대해 **구상권을 가질 것,** ㉢ 채권자의 승낙이 있거나(임의대위) 변제할 정당한 이익이 있을 것(법정대위)을 요한다.
특히 제481조의 법정대위에서 '**변제할 정당한 이익이 있는 자**'란 변제하지 않으면 채권자로부터 집행을 받거나, 자기의 권리를 잃게 되는 지위에 있는 자로서 '법률상의 이해관계'를 가지는 자를 말한다(89다카24834). 가령, 연대채무자 · (연대)보증인 · 물상보증인 · 후순위담보권자(단, 물상대위를 통해 우선변제를 받을 지위를 가진 후순위 담보권자는 채무의 의사에 반하여 그 채무 잔액을 대위변제하거나 변제공탁할 수 있는 제469조 2항의 '이해관계 있는 제3자' 또는 제481조의 '변제할 정당한 이익이 있는 자'에 해당하지 않는다(2008마109)] · 담보물의 제3취득자 · 구상권이 있는 이행인수인(2009마461)**(8회 선택형)** 등이 있다.

🖋 구상권의 발생근거

구상권의 발생근거에는 제한이 없으므로, ① 불가분채무자(제411조) · 연대채무자(제425조 이하) · 보증인(제441조 내지 제448조) · 물상보증인(제370조, 제341조, 제441조 내지 제448조) · 담보물의 제3취득자 · 후순위 담보권자 등 개별적 규정이 있는 경우와 ② 제3자가 채무자의 부탁으로 채무자를 위하여 변제하는 경우의 위임사무처리비용의 상환청구권(제688조), ③ 부탁 없이 변제한 자는 ⅰ) 제3자가 사무관리에 의하여 채무자를 위하여 변제하는 경우의 사무관리비용의 상환청구권(제739조)(2021다276539) **[08사법]**, ⅱ) 사무관리의 요건이 충족되지 않으면 부당이득법에 따른 반환청구권(제748조, 보증채무에 관한 제444조도 같은 취지의 것이다) 등을 모두 포함한다.

Ⅲ. 효 과 [B-105]

1. 대위자 · 채무자 사이의 효과

(1) 전부변제(제482조 1항)

① **[이전범위]** 변제자대위의 요건을 갖추는 것을 전제로, '구상권의 범위 내'에서 채권자가 가졌던 '채권'[(이행청구권 · 손해배상청구권 · 채권자대위권 및 채권자취소권은 포함되나, 채권자가 계약당사자의 지위에서 가지는 취소권 · 해제권 등은 대위자에게 이전되지 않는다(제483조 2항 참조)]및 '채권의 담보에 관한 권리'[(인적담보와 물권담보는 물론 채권자와 채무자 사이에 채무의 이행을 확보하기 위한 특약이 있는 경우에 그 특약에 기하여 채권자가 가지게 되는 권리를 포함한다(95다11009)]가 (법정대위든 임의대위든) **법률상 대위자에게 당연히 이전**된다. 예컨대 채권자의 저당권은 등기 없이도 대위자에게 당연히 이전된다(2011다9013 등). **[11입법]**

② **[우선회수특약]** 그러나 변제자대위로 계약당사자의 지위가 이전되는 것은 아니므로 채권자와 일부 대위변제자 사이의 약정에 지나지 아니하는 '우선회수특약'(변제의 순위에 관한 별도약정)은 '채권 및 그 담보에 관한 권리'에 포함되지 않는다(2009다80460). 다만, 일부 대위변제자로서는 '우선회수특약'에 따른 권리를 주장할 수 있도록 그 권리의 승계 등에 관한 절차를 해 주어야 할 의무를 지고, 이를 위반한 경우 손해배상책임을 진다(2015다206973).

(2) 일부변제 [12사법]

민법은 대위자는 그 변제한 가액에 비례하여 채권자와 함께 그 권리를 행사한다고 규정(제483조 1항)하고 있는데 그 의미에 대해 견해가 대립한다.

1) '채권자와 함께 행사'의 의미(공동행사설)

채권자의 의사를 고려하고 또 담보물권의 불가분성의 원칙에 의해, 변제자는 채권자가 담보권을 행사하는 경우에만 채권자와 함께 그 권리를 행사할 수 있다는 공동행사설이 타당하다(통설).

2) '변제한 가액에 비례하여 행사'의 의미(채권자우선설)

① **[채권자 우선변제(적극)]** 경매대금이 잔존 피담보채무와 제3변제자의 구상채권을 전액 변제하기에 부족한 경우에 누구에게 우선권이 있는지에 관해 대위변제제도는 구상권을 보호하려는 것뿐이므로 채권자를 해하면서까지 변제자를 보호할 필요가 없고, 그 일부대위의 효력이 채권자가 갖는 담보물권의 불가분성을 해칠 수도 없으므로 判例와 같이 '채권자우선설'이 타당하다(88다카1797)(1회, 3회, 4회, 10회, 13회 선택형).

② **[채권자 우선변제(소극)]** ㉠ 다만 보증인이 대위권이 아닌 구상권(채권)을 행사하는 경우에는 대위권자보다 채권자가 우선변제를 받는다는 것이 적용되지 않는다(94다33514). ㉡ 그리고 일부 대

위변제자와 채권자 사이에 변제의 순위에 관하여 따로 약정(우선회수특약이라 한다)을 한 경우에는 그 약정에 따라 변제의 순위가 정해진다(2005다19958). 다만 이 경우에 채권자와 다른 일부 대위변제자들 사이에 동일한 내용의 약정이 있는 등 특별한 사정이 없는 한 약정의 효력은 약정 당사자에게만 미치므로, 약정 당사자가 아닌 다른 일부 대위변제자가 대위변제액에 비례하여 안분 배당받을 권리를 침해할 수는 없다(2011다9013[62]) [11입법]

2. 법정대위자 상호 간의 효과(제482조 2항) ★★★

제482조 2항의 해석의 기본틀은 ① 채무자로부터의 제3취득자와 물상보증인으로부터의 제3취득자를 구별하여야 하고(제한설), ② 물상보증인은 원칙적으로 보증인과 동일하게 취급해야 한다는 점이다.

(1) 보증인과 담보목적물의 제3취득자와의 관계(1호, 2호)

1) 보증인과 제3취득자의 대위 여부

제482조 2항 1호, 2호의 제3취득자는 채무자 소유의 담보재산을 취득한 제3자만을 의미한다(제한설).

2) 부기등기의 시기

보증인이 변제하기 전이라면 제3자에게 불측의 손해를 가할 위험은 없으므로 '미리'는 '보증인의 변제 후 제3취득자의 등기 전'을 의미한다(90다카10305). 따라서 제3취득자가 전세물이나 저당물의 권리를 취득한 후에 변제한 보증인은 대위의 부기등기 없이도 항상 제3자에게 대위할 수 있다(2019다222041).

3) 1호의 '제3자'와 2호의 '제3취득자'에 후순위 근저당권자가 포함되는지 여부(소극)

"ⅰ) 저당부동산에 대하여 후순위 근저당권을 취득한 제3자는 제364조의 '제3취득자'에 해당하지 아니하고(2005다17341), 달리 선순위 근저당권의 실행으로부터 그의 이익을 보호하는 규정이 없으므로 변제자대위와 관련해서 후순위 근저당권자보다 보증인을 더 보호할 이유가 없는 등 후순위 근저당권자는 보증인에 대하여 채권자를 대위할 수 있다고 봄이 타당하므로, 제482조 제2항 '제2호의 제3취득자'에 후순위 근저당권자는 포함되지 아니한다. ⅱ) 후순위 근저당권자는 자신의 이익을 위하여 선순위 근저당권의 담보가치를 초과하는 담보가치만을 파악하여 담보권을 취득한 자에 불과하므로 변제자대위와 관련해서 후순위 근저당권자를 보증인보다 더 보호할 이유도 없다. 따라서 보증인은 미리 저당권의 등기에 그 대위를 부기하지 않고서도 저당물에 후순위 근저당권을 취득한 제3자에 대하여 채권자를 대위할 수 있다고 할 것이므로 제482조 제2항 '제1호의 제3자'에 후순위 근저당권자는 포함되지 않는다"(2012다48855)(3회 선택형).

🔍 **[구체적 예]** 예를 들어 甲은 乙에게 1억 원을 대여하면서 乙 소유인 X 토지에 관하여 근저당권을 설정받았고, 丙은 乙의 부탁을 받고 乙의 위 채무를 보증하였다. 변제기가 도래하였음에도 乙이 채무를 변제하지 않자, 丙이 보증채무를 모두 변제하였다. 그 후 丙이 X 토지상의 근저당권에 관

---

62) **[구체적 예]** 예를 들어 甲은 乙에 대해 3억 원의 채권을 가지고 있고, 이 채권을 피담보채권으로 하여 乙소유 X부동산에 저당권을 가지고 있고, 乙의 채무에 대해 보증인 丙 및 丁이 있다. 丙이 1억 원을 甲에게 변제하면서 나중에 X부동산의 배당절차에서 丙에게 우선순위를 보장하기로 합의를 하였다. 만약 이후 丁이 1억 원을 변제하고, X부동산의 경매대가가 2억 5천만 원인 경우 ☞ 위 2011다9013판결에 따르면 먼저 배당금액을 甲 1억 원, 丙 7,500만 원, 丁 7,500만 원으로 확정한 이후, 甲과 丙사이에서 약정내용을 반영하여 배당액을 조정하여 甲 7,500만 원 丙 1억 원으로 배당하여야 한다. 丁의 배당금액에는 영향이 없다.

하여 자신의 명의로 부기등기를 경료하지 않고 있는 사이에 乙은 다시 丁으로부터 금원을 차용하고 丁에게 제2순위 근저당권을 설정하여 주었다. X 토지가 경매되는 경우 위 判例에 따르면 丙이 변제사실을 증명하여 배당요구하면 부기등기 없이도 丙은 丁보다 우선하여 배당받을 수 있다.

4) 물상보증인과 담보목적물의 제3취득자와의 관계(조문 없음)

가) 제1호와 제2호의 '보증인'에 '물상보증인'이 포함되는지 여부(유추적용 긍정)

물상보증인의 채무자에 대한 구상권에 보증인의 구상권 규정을 준용하는 점과(제370조, 제341조), 물상보증인과 보증인 간에는 법정대위에 있어서 대등한 지위가 인정되는 점(제482조 2항 5호)을 고려할 때 물상보증인은 제3취득자에 대하여 대위할 수 있다.

나) 물상보증인과 채무자로부터 담보목적물을 취득한 제3자와의 관계

"ⅰ) 물상보증인이 채무를 변제하거나 담보권의 실행으로 소유권을 잃은 때에는 보증채무를 이행한 보증인과 마찬가지로 채무자로부터 담보부동산을 취득한 제3자에 대하여 구상권의 범위 내에서 출재한 전액에 관하여 채권자를 대위할 수 있으나, ⅱ) 채무자로부터 담보부동산을 취득한 제3자는 채무를 변제하거나 담보권의 실행으로 소유권을 잃더라도 물상보증인에 대하여 채권자를 대위할 수 없다"(전합2011다50233)(10회 선택형).⁶³⁾

다) 물상보증인과 물상보증인으로부터 담보목적물을 취득한 제3자와의 관계

判例는 물상보증인이 대위변제한 경우, 변제하지 아니한 '다른 물상보증인 소유의 부동산을 매수한 제3취득자'에 대해 채권자를 대위하려는 경우, 제482조 2항 5호 단서 후문의 규정을 근거로 보증인과 마찬가지로 저당권등기에 미리 대위의 부기등기를 하여야 한다고 한다(90다카10305).⁶⁴⁾

(2) 보증인과 물상보증인 사이의 관계(5호)

보증인과 물상보증인의 지위를 겸하는 자가 포함되어 있는 경우 判例는 "제482조 제2항 제4호, 제5호 전문에 의한 대위비율은 (연대)보증인과 물상보증인의 지위를 겸하는 자도 (연대)보증인 1인으로 보아 산정함이 상당하다"⁶⁵⁾고 하며, "보증인과 물상보증인이 여럿 있는 경우 어느 누구라도 각자의 부담부분을 넘는 대위변제 등을 하지 않으면 다른 보증인과 물상보증인을 상대로 채권자의 권리를 대위할 수 없다"고 판시하였다(2007다61113,61120)(5회 선택형).

---

63) **[판례검토]** 과거 判例와 같이 물상보증인과 채무자로부터 담보부동산을 취득한 제3자 상호 간에는 '각 부동산의 가액에 비례'하여 채권자를 대위할 수 있다고 한다면, 본래 채무자에 대하여 출재한 전액에 관하여 대위할 수 있었던 물상보증인이 채무자가 담보부동산의 소유권을 제3자에게 이전하였다는 우연한 사정으로 불이익을 입게 되므로 바뀐 전원합의체 판결의 태도가 타당하다(전합2011다50233판시내용).

64) **[판례검토]** 보증인의 경우는 제482조 2항 1호에 의해 규율되므로, 제482조 2항 5호 단서의 '이 경우'란 '5호 본문'의 보증인이 아니라 '5호 단서'의 물상보증인이 수인일 때 그 중 일부의 물상보증인이 다른 물상보증인에 대하여 대위할 경우에 미리 대위의 부기등기를 하여야만 그 저당물을 취득한 제3취득자에 대하여 대위를 할 수 있다는 의미로 해석하는 判例의 입장이 타당하다.

65) **[판례검토]** 생각건대 보증인과 물상보증인의 지위를 겸하는 자는 채권자에 대한 관계에서 채권확보의 확실성을 높여주는 것일 뿐, 다른 담보제공자에 대한 관계에서 두 몫의 부담을 지겠다는 취지는 아님이 분명하다(단일자격설). 그리고 보증인 겸 물상보증인은 그의 총재산을 일반담보로 제공하는 외에 그 중 일부의 특정재산을 특별담보로 제공한 것이라고 볼 것이므로 다른 담보제공자에 대한 관계에서 변제자대위의 분담비율을 정할 때에는 보증인으로 보는 것이 합리적이다(보증인설).

3. 대위자 · 채권자 사이의 효과

(1) 채권자의 채권증서 · 담보물 교부의무(제484조)

(2) 채권자의 담보보존의무(제485조)

제485조의 담보라 함은 주된 채무를 담보하기 위한 인적 담보 또는 물적 담보를 말하며(일반적인 책임재산은 포함되지 않는다), 담보의 상실 또는 감소의 전형적 예는 채권자가 인적 담보인 보증인의 채무를 면제해 주거나 물적 담보인 담보물권을 포기하거나 순위를 불리하게 변경하거나 담보물을 훼손하거나 반환하는 행위 등을 들 수 있다(99다13669). 判例는 채권자가 저당권을 포기한 경우(2000다51339), 채권자가 일부 대위변제자에게 그가 대위변제한 비율을 넘어 근저당권 전부를 이전하여 준 경우(96다35774 : 다른 보증인은 그의 보증채무를 이행함으로써 채권자에 대한 법정대위권자로서 근저당권을 실행하여 배당받을 수 있었던 금액의 한도에서 보증의 책임을 면한다)**(9회 선택형)**, 약속어음소지인이 소구권을 상실시킨 경우(2003다37937)도 이에 해당한다고 한다.

Set 062	대물변제 ★

Ⅰ. 대물변제의 요건　　　　　　　　　　　　　　　　　　　　　　　　　　[B-108]

대물변제의 요건은 ㉠ 채권이 존재할 것(채권이 존재하지 않거나 무효 · 취소된 경우에는 대물변제도 무효가 되며, 그 급부는 비채변제가 된다 : 91다9503)**(9회 선택형)**, ㉡ 본래의 채무이행에 '갈음'하여 다른 급부를 현실적으로 행할 것, ㉢ 채권자의 승낙이 있을 것을 요한다(제466조).

Ⅱ. 본래의 채무이행에 갈음하는 것인지 여부가 문제되는 경우　　　　　　[B-108]

1. 금전채무와 관련하여 어음 · 수표가 교부된 경우

이는 그 지급이 확실하지 않은 점에서 변제에 갈음하는 것이 아니라 '변제를 위하여' 교부된 것으로 추정하여야 한다(95다25060). 따라서 기존의 금전채무는 소멸하는 것이 아니라 존속하며, 아울러 어음 · 수표금채무도 병존한다.

2. 금전채무와 관련하여 채권이 양도된 경우

이는 채무변제를 위한 담보 또는 변제의 방법으로 양도되는 것으로 추정할 것이지 채무변제에 갈음한 것으로 볼 것은 아니어서, 채권양도만 있으면 바로 원래의 채권이 소멸한다고 볼 수는 없다(95다13371)**(5회 선택형)**.

3. 금전채무와 관련하여 부동산이 양도된 경우

대물변제는 본래 채무의 이행에 갈음하여 다른 급여를 현실적으로 하는 때에 성립하는 계약이므로, 다른 급여가 부동산의 소유권이전인 경우 등기를 완료하면 대물변제가 성립되어 기존채무가 소멸한다. 한편 대물변제도 유상계약이므로 목적물에 하자가 있을 경우 매도인의 담보책임에 관한 민법 조항이 준용된다(2022다276789).

I. 변제공탁의 의의 및 요건

1. 의 의 　　　　　　　　　　　　　　　　　　　　　　　　　　　　　　　　　[B-111]

① 채무자가 금전 기타의 재산의 급부를 목적으로 하는 채무를 부담하는 경우에 채권자가 변제를 받지 아니하거나 받을 수 없는 때 또는 채무자가 과실 없이 채권자를 알 수 없는 때 채무자가 채권자를 위하여 변제의 목적물을 공탁하여 그 채무를 면할 수 있는 제도(제487조)이다.

② "변제공탁의 목적인 채무는 현존하는 확정채무여야 하지만, 그 의미는 장래의 채무나 불확정채무는 원칙적으로 변제공탁의 목적이 되지 못한다는 것일 뿐, 채무자에 대한 각 채권자의 채권이 동일한 채권이어야 한다는 의미는 아니다"(2014다207245,207252)(12회 선택형).

③ 이러한 공탁은 반드시 법령에 근거하여야 하고 당사자가 임의로 할 수 없는 것이므로, 금전채권의 채무자가 공탁의 방법에 의한 채무의 지급을 약속하더라도 채권자가 채무자에게 이러한 약정에 기하여 공탁할 것을 청구하는 것은 허용되지 않는다(2012다52526).

2. 요건사실 　　　　　　　　　　　　　　　　　　　　　　　　　　　　　　　[B-112]

변제공탁의 요건은 ㉠ 공탁원인사실(수령거절, 채권자가 변제를 수령할 수 없는 것, 채무자가 채권자를 확지할 수 없는 것), ㉡ 채무자가 변제를 위해 공탁을 한 것, ㉢ 공탁이 채무의 본지에 따른 것(주로 일부공탁의 문제)이다(제487조).

① "변제자가 '적법한 변제제공'을 하였는데도 채권자가 이를 수령하지 않을 때에는 '채권자의 귀책사유를 묻지않고' 변제자는 변제공탁을 할 수 있다(통설). 다만 채권자의 태도로 보아 채무자가 설사 채무의 이행제공을 하였더라도 그 수령을 거절하였을 것이 명백한 경우(영구적 불수령=이행거절)에는 채무자는 이행의 제공을 하지 않고 바로 '변제공탁'할 수 있다(93다42276)(12회 선택형). 그러나 채권자가 미리 수령을 거절한 경우에도 채권자지체에 빠뜨려 채권자가 '대가위험'을 부담하도록 하기 위해서는(제538조 1항 2문) 변제제공(현실제공이나 구두제공)이 필요하다(2001다79013).

② 민법 제487조 후단의 '변제자가 과실 없이 채권자를 알 수 없는 경우'라 함은 객관적으로 채권자 또는 변제수령권자가 존재하고 있으나 채무자가 선량한 관리자의 주의를 다하여도 채권자가 누구인지 알 수 없는 경우를 말한다(2003다12311)(12회 선택형).

II. 변제공탁의 내용 　　　　　　　　　　　　　　　　　　　　　　　　　　　[B-113]

1. 일부공탁의 경우

채무 일부에 대한 공탁은 그 부족액이 아주 근소하다는 등의 특별한 사정이 있는 경우를 제외하고는 채권자가 이를 수락하지 않는 한 그 공탁 부분에 관하여서도 채무소멸의 효과가 발생하지 않는다(98다17046)(5회 선택형). 그러나 채권자가 공탁금을 채권의 일부에 충당한다는 유보의 의사표시를 하고 이를 수령한 때에는 그 공탁금은 채권의 일부의 변제에 충당된다(2008다51359)(7회 선택형). 다만 채무자가 채무 전액의 변제임을 밝히고 채권자가 채권의 일부로서 수령한다는 유보 없이 공탁물을 수령한 경우에는 채권 전액에 대한 변제공탁으로서의 효력이 인정된다(83다카88).

2. 조건부 공탁의 경우

채권에 붙일 수 없는 조건을 붙여서 한 공탁은 채권자가 승낙하지 않는 한 조건뿐만 아니라 공탁 자체가 무효가 된다(70다1061). 예컨대, "채무담보를 위하여 근저당권설정등기, 가등기 등이 경료되어 있는 경우 그 채무의 변제의무는 그 등기의 말소의무보다 선행되는 것이며, 채무의 변제와 그 등기말소절차의 이행을 교환적으로 구할 수 없으므로, 그 등기의 각 말소등기절차이행에 소요되는 일체의 서류를 교부할 것을 반대급부로 하여 한 변제공탁은 채무의 본지에 따른 것이라 할 수 없다"(90다9872)**(7회 선택형)**.

3. 수인의 공탁의 경우

공탁한 내용은 공탁의 기재에 의하여 형식적으로 결정되므로 수인의 공탁자가 각자의 공탁금액을 나누어 기재하지 않고 공동으로 하나의 공탁금액을 기재한 경우에 공탁자들은 **균등한 비율로 공탁한 것으로 보아야 하고**, 공탁자들 내부의 실질적인 분담금액이 다르다고 하더라도 이는 공탁자들 내부 사이에 별도로 해결하여야 할 문제이다(2014다29971).

Ⅲ. 변제공탁의 효과

[B-115]

1. 채무의 소멸 등

(1) 효과의 발생시기

변제공탁이 적법한 경우에는 채권자가 공탁물 출급청구를 하였는지의 여부와는 관계없이 그 공탁을 한 때에 변제의 효력이 발생한다(2001다2846)**(12회 선택형)**. 그 후 공탁물 출급청구권에 대하여 가압류 집행이 되더라도 변제의 효력에 영향을 미치지 아니한다(2011다11580)**(12회 선택형)**. 즉, 공탁공무원의 수탁처분과 공탁물보관자의 공탁물수령으로 공탁의 효력이 발생하며, 채권자에 대한 공탁통지나 채권자의 수익의 의사표시가 있은 때에 공탁의 효력이 생기는 것은 아니다(72마401).

(2) 공탁물회수와의 관계

변제공탁에 의하여 채무는 소멸하나, 공탁이 행해진 이후에도 변제자는 원칙적으로 공탁물을 회수할 수 있고(제489조 1항 1문) 공탁물의 회수가 있으면 공탁하지 아니한 것으로 본다(같은 항 2문). 이와 관련하여 判例는 공탁에 의하여 채권은 소멸하지만 공탁자가 공탁물을 회수하면 공탁시에 소급해서 채무소멸의 효과가 발생하지 않는 것으로 봐야 한다는 '해제조건설'의 입장이다(80다77). **[07법무]**

2. 채권자의 공탁물출급청구권

① 공탁에 의하여 채권자는 공탁소에 대하여 공탁물출급청구권을 취득하며, 이를 행사함으로써 공탁물을 수령할 수 있다. 공탁에 의하여 채무가 소멸하는 것은 채권자가 이 권리를 취득하기 때문이므로, 채권자의 수익의 의사표시는 요건이 아니다(72마401). ② 묵시적인 이의유보가 가능하다(88다카11053). 따라서 채권자가 일부변제의 공탁금을 수령하면서 동시에 그 공탁금을 초과한 부분에 대해 강제경매를 신청한 경우에는 묵시적인 이의유보가 있다. ③ 그러나 무효인 공

탁이라도 상대방이 이의유보 없이 수령하면 이로써 공탁자가 주장하는 바의 공탁원인을 수락하는 것이 되어 공탁의 하자가 치유된다(80다629).

3. 변제자의 공탁물회수청구권

(1) 법적 성질

공탁물회수청구권은 일종의 형성권이며, 재산적 가치가 있으므로 양도할 수 있고, 압류·전부의 객체가 된다. 즉 제3자가 공탁자의 공탁물회수청구권을 압류 및 전부받아 그 집행으로 공탁물을 회수할 수 있다(80다77). 한편 공탁물 출급청구권과 공탁물 회수청구권은 서로 독립한 별개의 청구권이므로 설령 공탁물 출급청구권에 대한 압류 등이 있었다고 하더라도 이는 공탁물 회수청구권에 대하여 아무런 영향을 미치지 않는다(2018마5697)**(12회 선택형)**.

(2) 회수가 허용되지 않는 경우(제489조)

공탁으로 인해 질권 또는 저당권이 소멸한 경우 공탁물 회수가 허용되지 않으나(제489조 2항), 判例는 이 조항을 좁게 해석하여 질권, 저당권 이외의 '가등기담보권 이나 양도담보권'이 소멸하는 경우에는 공탁물회수청구권을 인정하고 있다(81다495 : 단, 이 判例는 가등기담보 등에 관한 법률이 시행되기 전의 것이다).[66] [07법무]

Set 064 상 계 ★★★★

※ 상계항변 논리(사례)구조

Ⅰ. 상계적상(제492조)
상계의 요건 중 특히 자동채권의 변제기 도래 여부 및 상계가 허용되는 채권인지 파악(수동채권의 제한인 제496조, 제498조와 자동채권의 제한인 제536조, 제443조 검토)

Ⅱ. 상계의 소급효(제493조 2항)
상계가 허용되는 채권이라면 '상계적상일' 찾은 후 상계적상일까지의 자동채권과 수동채권의 금액을 확정한다.

Ⅲ. 상계충당(제499조)
마지막으로 금액이 적은 채권을 금액이 큰 채권의 이자, 원본 순으로 충당하여 남은 금액을 계산한다(상계충당).

---

66) **[판례검토]** 그러나 가등기담보권과 양도담보권은 가등기담보법에 의해 저당권과 유사한 지위를 갖는다는 점에서 이를 배제할 합리적인 이유가 없으므로 제489조 2항이 유추적용되어야 한다는 견해가 있다.

I. 상계적상(상계의 요건 ; 대, 동, 변, 허, 현)

상계가 유효하기 위해서는 양 채권이 상계적상에 있어야 하는바, ⅰ) 채권이 대립하고 있을 것, ⅱ) 대립하는 채권이 동일한 종류일 것, ⅲ) 적어도 자동채권의 변제기가 도래할 것, ⅳ) 상계가 허용되지 않는 채권이 아닐 것을 요한다. ⅴ) 이러한 상계적상은 원칙적으로 상계의 의사표시가 행하여지는 당시에 현존하여야 한다(제492조). **[13회 사례형]**

1. 채권이 대립하고 있을 것

(1) 자동채권

① **[원칙]** 자동채권은 상계자(채무자)가 피상계자(채권자)에 대해 가지는 채권이어야 한다. 즉, 법률의 규정 등 특별한 사정이 없는 한 자동채권으로 될 수 있는 채권은 상계자가 상대방에 대하여 가지는 채권이어야 하고 제3자가 상대방에 대하여 가지는 채권으로는 상계할 수 없다. ㉠ 따라서 압류채권자가 채무자의 제3채무자에 대한 채권을 압류한 경우 이를 자동채권으로 하여 제3채무자의 압류채권자에 대한 채권과 상계할 수는 없고, 이는 피압류채권에 대하여 이중압류, 배분요구 등이 없더라도 마찬가지이다(2022다218271) ㉡ 또한 상속채권자가 피상속인에 대하여는 채권을 보유하면서 상속인에 대하여는 채무를 부담하는 경우, 상속이 개시되면 위 채권 및 채무가 모두 상속인에게 귀속되어 상계적상이 생기지만, 상속인이 한정승인을 하면 상속이 개시된 때부터 민법 제1031조에 따라 피상속인의 상속재산과 상속인의 고유재산이 분리되는 결과가 발생하므로, 상속채권자의 피상속인에 대한 채권과 상속인에 대한 채무 사이의 상계는 제3자의 상계에 해당하여 허용될 수 없다(2022다254154,254161).

② **[예외]** 그러나 이 원칙에는 예외가 있다. ㉠ '제3자의 채권'으로 상계할 수 있는 경우를 제418조 2항과 제434조가 규정하고 있고, ㉡ '제3자에 대한 채권'으로 상계할 수 있는 경우를 제451조 2항, 제426조 1항, 제445조 1항이 규정하고 있다. 그리고 소멸시효가 완성된 채권이 그 완성 전에 상계할 수 있었던 것이면 그 채권자는 상계할 수 있다(제495조).

(2) 수동채권

수동채권은 피상계자(채권자)가 상계자(채무자)에 대해 가지는 채권이어야 한다. 관련하여 判例는 "만약 상대방이 제3자에 대하여 가지는 채권을 수동채권으로 하여 상계할 수 있다고 한다면, 이는 상계의 당사자가 아닌 상대방과 제3자 사이의 채권채무관계에서 상대방이 제3자에게서 채무의 본지에 따른 현실급부를 받을 이익을 침해하게 될 뿐 아니라, 상대방의 채권자들 사이에서 상계자만 독점적인 만족을 얻게 되는 불합리한 결과를 초래하게 되므로, 상계의 담보적 기능과 관련하여 법적으로 보호받을 수 있는 당사자의 합리적 기대가 이러한 경우에까지 미친다고 볼 수는 없다"(2010다101394)**(1회, 8회, 12회 선택형)**[67]고 한다.[68]

---

[67] **[사실관계]** 원고는 근저당권에 기한 임의경매절차에서 A소유의 아파트를 매각 받아 매각대금을 완납함으로써 그 소유권을 취득하였다. 피고는 원래 위 아파트의 '후순위' 임차인이었는데, 그 임차권이 매각으로 소멸하였음에도 임대인 A에 대한 유익비상환청구권에 기한 유치권을 주장하며 원고가 위 아파트의 소유권을 취득한 이후에도 위 아파트를 계속 점유·사용하였다. 이에 원고가 피고를 상대로 소유권에 기하여 위 아파트의 인도를 청구하자, 피고는 위 유치권 항변을 하였고, 이에 대하여 원고는 다시 피고에 대한 부당이득반환채권으로 피고의 A에 대한 유익비상환청구권과 상계한다고 주장하였다.

[68] **[판례검토]** 이 경우 상계를 허용한다면 채권자의 자산상태가 악화된 경우 상계를 하는 제3자만이 만족을 누리는 결과가 되어 '채권자평등원칙'에 위배되므로 제3자에 의한 변제(대물변제, 공탁)와 달리 상계는 부정하는 것이 타당하다.

2. 적어도 자동채권의 변제기가 도래할 것

① 쌍방이 서로 같은 종류를 목적으로 한 채무를 부담한 경우 쌍방 '채무의 이행기가 도래한 때'에는 각 채무자는 대등액에 관하여 상계할 수 있다(제492조 제1항). 이때 '채무의 이행기가 도래한 때'는 채권자가 채무자에게 이행의 청구를 할 수 있는 시기가 도래하였음을 의미하고 채무자가 이행지체에 빠지는 시기를 말하는 것이 아니다(2018다25946).

② 자동채권은 반드시 이행기에 있어야 한다. 그렇지 않으면 상대방은 이유 없이 기한의 이익을 잃게 되기 때문이다. 그러나 수동채권은 채무자가 기한의 이익을 포기할 수 있으므로(제153조 2항), 이행기 도래 전이라도 이를 포기하고 상계할 수 있다(5회 선택형).

✎ **[관련판례]** "임대인의 임대차보증금반환채무는 장래에 실현되거나 도래할 것이 확실한 임대차계약의 종료시점에 이행기에 도달하는 것이 원칙이나, 임대인은 임대차계약 존속 중 기한의 이익을 포기하고 임대차보증금반환채권을 수동채권으로 하여 상계할 수 있고, 임대차 존속 중 임대인이 상계의 의사표시를 한 경우 임대차보증금반환채무에 관한 '기한의 이익'을 포기한 것으로 볼 수 있다"(2015다252501) **[17행정, 13회 사례형]**

3. 자동채권에 대한 제한 : 채무의 성질에 의한 상계금지(제492조 1항 단서)

자동채권에 항변권이 붙어 있는 경우에는 상계가 금지된다. 상계를 허용하면 상대방은 이유 없이 항변권을 상실하기 때문이다. 그러나 수동채권에 항변권이 붙어 있는 경우에는 채무자가 이를 포기하고 상계하는 것은 무방하다.

(1) 동시이행항변권(set 039. '동시이행항변권 효과' 참고)

(2) 담보제공항변권(set 054. '수탁보증인의 사전구상권' 참고)

4. 수동채권에 대한 제한 : 법률의 규정에 의한 상계금지(제496조, 제498조)

(1) 고의에 의한 불법행위채권을 수동채권으로 하는 상계의 금지(제496조)

고의에 의한 불법행위의 발생을 방지함과 아울러 고의의 불법행위로 인한 피해자에게 현실의 변제를 받게 하려는 데 있다(2001다5250). 따라서 피해자가 손해배상채권을 '자동채권'으로 하여 상계하는 것은 무방하다(5회 선택형).

① 判例에 따르면 본조를 '중과실'의 불법행위에 의한 손해배상채무에까지 확대적용할 필요는 없다(93다52808)(8회 선택형). 아울러 만약 '과실'에 따른 불법행위채무자가 채권자에 대하여 가지는 반대채권으로 상계항변을 하는 경우에는 책임제한(예컨대 과실상계)을 한 후의 손해배상액과 상계하여야 한다(2012다107662).

② 피용자의 고의의 불법행위로 인해 사용자책임이 성립하는 경우, 사용자는 자신의 고의의 불법행위가 아니라는 이유로 제496조의 적용을 면할 수는 없다(2004다63019)(1회, 8회, 9회 선택형).[69][70]

---

69) **[판례검토]** 사용자가 부담하는 손해배상채무는 피용자의 배상책임에 대한 대체적 책임으로 현실적인 변제를 강제할 필요가 있고, 그럼으로써 불법행위의 유발을 방지할 수 있다는 점에서 타당하다.

70) **[비교판례]** "피해자의 부주의를 이용하여 고의로 불법행위를 저지른 자(피용자)가 바로 그 피해자의 부주의를 이유로 자신의 책임을 감하여 달라고 주장하는 것은 허용될 수 없으나, 이는 그러한 사유가 있는 자에게 과실상계의 주장을 허용하는

③ 쌍방의 고의로 인한 손해배상청구권에도 상계할 수 없다(93다38444).

④ '부당이득'의 원인이 고의의 불법행위였다면 불법행위로 인한 손해배상채권을 청구하는 경우와 다를 바 없다 할 것이어서, 부당이득의 경우에도 제496조를 유추적용함이 타당하다(2001다52506). 아울러 고의에 의한 행위가 불법행위를 구성함과 동시에 채무불이행을 구성하여 불법행위로 인한 손해배상채권과 **채무불이행으로 인한 손해배상채권이 경합하는 경우**에도 제496조가 유추적용되어, 고의의 채무불이행으로 인한 손해배상채권을 수동채권으로 하는 상계를 한 경우에도 채무자가 그 상계로 채권자에게 대항할 수 없다(2014다19776)**(11회 선택형)**.

⑤ 그러나 고의의 불법행위로 인한 손해배상채권의 채무자는 그 채권을 수동채권으로 한 상계로 채권자에게 대항하지 못하고(제496조), 그 결과 **채권이 양도된 경우에 양수인에게도** 상계로 대항할 수 없게 되나(제451조 2항 참조), 채권양도가 사해행위에 해당하는 경우 불법행위로 인한 손해배상채권의 채무자가 채권양도인에 대한 별도의 채권자 지위에서 채권양수인에게 채권자 취소권을 행사하여 채권양도의 취소를 구함과 아울러 취소에 따른 원상회복 방법으로 직접 자신 앞으로 가액배상의 지급을 구하는 것 자체는 제496조에 반하지 않으므로 허용된다(2011다 8980, 8997)**(10회 선택형)**.

(2) 지급금지채권을 수동채권으로 하는 상계의 금지(제498조)

1) (가)압류의 효력발생 前 '취득'한 자동채권으로 제3채무자의 (가)압류채권자에 대한 상계항변 : 원칙

수동채권이 지급금지채권(압류 또는 가압류된 채권)일 때 제3채무자 '압류 前에 취득'한 채권에 대해서는 일정한 경우 상계가 허용된다(제498조의 반대해석). 이 경우 압류 이후에 상계의 의사표시를 하는 것은 허용되지만 **압류 당시에 상계할 상대방 채무의 변제기가 도래해야 하는지**와 관련하여 判例는 제3채무자가 상계를 통해 달성하고자 하는 우선변제적 효과에 대한 합리적 기대와 압류채권자의 집행에 대한 정당한 기대를 적절히 조화한다는 측면에서, "⊙ 압류의 효력 발생 당시에 대립하는 양 채권이 상계적상에 있거나, ⓛ 그 당시에 제3채무자가 채무자에 대해 갖는 자동채권의 변제기가 아직 도래하지 않았더라도 압류채권자가 그 이행을 청구할 수 있는 때, 즉 피압류채권인 수동채권의 변제기가 도래한 때에 자동채권의 변제기가 동시에 도래하거나 또는 그 전에 도래한 때에는 상계할 수 있다" (전합2011다45521)**(3회, 4회, 5회, 9회, 13회 선택형)**는 변제기선도래설의 입장이다.

이러한 법리는 채권압류명령을 받은 제3채무자이자 보증채무자가 압류 이후 보증채무를 변제함으로써 담보제공청구의 항변권(제443조)을 소멸시킨 다음, 압류 채무자에 대하여 압류 이전에 취득한 사전구상권으로 피압류채권과 상계하려는 경우에도 적용된다(2017다274703).

2) (가)압류의 효력발생 後 '취득'한 자동채권으로 제3채무자의 (가)압류채권자에 대한 상계항변 : 예외

判例는 그 채권이 (가)압류의 효력발생[(가)압류 명령이 제3채무자에게 송달된 때] 이후에 발생한 것이더라도 그 기초가 되는 원인이 가압류 이전에 이미 성립하여 존재하고 있는 경우에는, 본조 소정의 '가압류 이후에 취득한 채권'에 해당하지 않아 상계할 수 있다고 한다(2000다43819[71])**(8회**

것이 신의칙에 반하기 때문이므로, 불법행위자 중의 일부에게 그러한 사유가 있다고 하여 그러한 사유가 없는 다른 불법행위자(사용자)까지도 과실상계의 주장을 할 수 없다고 해석할 것은 아니다"(2005다32999)**(1회, 3회, 6회, 8회 선택형) [10입법]**

[71] **[사실관계]** 부동산 매수인의 매매잔대금 지급의무와 매도인의 가압류등기말소의무가 동시이행관계에 있었는데, 위 가압류에 기한 강제경매절차가 진행되자 매수인이 그 채권액을 변제공탁한 것이다. 이 경우 매도인은 매수인에 대해 대위변제로

선택형). 즉 동시이행관계에 있는 반대채권의 성립이 압류명령 송달 후라고 하더라도 이 경우에는 상계가 허용된다.[72] **[14법행, 9회 사례형]**

II. 상계의 방법

[B-119]

채권의 일부양도의 경우, 채무자의 양도인에 대한 채권을 자동채권으로 하는 상계의 방법과 관련하여 判例는 "채권의 일부양도가 이루어지면 특별한 사정이 없는 한 각 분할된 부분에 대하여 독립한 분할채권이 성립하므로, 그 채권에 대하여 양도인에 대한 반대채권으로 상계하고자 하는 채무자로서는 양도인을 비롯한 각 분할채권자 중 어느 누구도 상계의 상대방으로 지정하여 상계할 수 있고, 그러한 채무자의 상계 의사표시를 수령한 분할채권자는 제3자에 대한 대항요건을 갖춘 양수인이라 하더라도 양도인 또는 다른 양수인에 귀속된 부분에 대하여 먼저 상계되어야 한다거나 각 분할채권액의 채권 총액에 대한 비율에 따라 상계되어야 한다는 이의를 할 수 없다"고 한다(2000다50596[73])**(1회, 4회 선택형)**

이는 '채권의 일부 전부명령'이 있는 경우에도 마찬가지이다. 즉 判例는 "가분적인 금전채권의 일부에 대한 전부명령이 있을 경우 특별한 사정이 없는 한 분할채권이 성립하고 제3채무자로서는 상계 대상에 대한 선택권이 있다"고 한다(2007다35152)**(10회, 13회 선택형). [14법행]**

III. 상계의 효과

1. 양 채권이 대등액에서 소멸

상계에 의해 당사자 雙방의 채권은 그 대등액에서 소멸한다(제493조 2항). 상계자에게 상계적상에 있는 수동채권이 수개이고 자동채권으로 그 수개의 수동채권을 모두 소멸시킬 수 없는 경우에는 변제의 충당에 관한 규정이 준용된다(상계충당, 제499조). 따라서 여러 개의 자동채권이 있고 수동채권의 원리금이 자동채권의 원리금 합계에 미치지 못하는 경우에는 우선 자동채권의 '채권자'(수동채권의 채무자)가 상계의 대상이 되는 자동채권을 지정할 수 있고, 다음으로 자동채권의 '채무자'(수동채권의 채권자)가 이를 지정할 수 있으며, 양 당사자가 모두 지정하지 아니한 때에는 법정변제충당의 방법으로 상계충당이 이루어지게 된다(2012다94155). 물론 변제충당에 관한 규정은 임의규정이므로, 상계충당의 경우에도 당사자의 약정에 달리 정할 수 있다(2012다10386)**(7회 선택형).**

인한 구상채무를 부담하게 되고, 이 구상채무는 가압류등기말소의무의 변형으로서 종전의 매수인의 잔대금지급의무와 동시이행의 관계를 유지하므로, 매수인(제3채무자)의 위 구상금채권이 가압류 이후에 발생한 것이더라도 그 기초가 되는 원인은 가압류 이전에 성립하고 있었다는 이유로, 매수인은 매매잔대금채무를 구상금채권과 상계할 수 있다고 본 것이다.

72) **[판례검토]** 동시이행관계인 경우에는 처음부터 채권발생의 기초관계가 존재하고 있어 상계를 할 수 있다는 기대가 존재하는 것이므로 제3채무자의 이러한 상계에 대한 기대는 존중되어야 할 것이기 때문에 판례의 태도는 타당하다.

73) **[사실관계]** 甲건설은 乙교회에 대해 공사잔대금채권 6억 원이 있고, 乙은 위 공사의 하자로 인해 甲에 대해 1억 원의 손해배상채권이 있는데, 甲은 乙에 대한 위 채권 중 3억 원의 채권을 丙에게 양도하였다. 여기서 乙이 甲에 대한 1억 원의 채권을 가지고 상계하는 경우, 먼저 甲에 대해 상계하여야 하는지, 또 丙에 대해 상계할 때에는 그 비율(즉, 3억 원 × 1억/ 6억= 5,000만 원)에 따라 상계할 수 있는 것인지가 문제된다. 判例는 위와 같은 이유로 乙은 甲에 대한 1억 원의 채권 전부를 丙이 乙에 대해 가지는 양수금채권(3억 원)과 상계할 수 있는 것으로 보았다.

2. 상계의 소급효(상계적상시로 소급)

(1) 상계적상시로 소급

상계의 의사표시가 있으면 '각 채무가 상계할 수 있는 때'에 소멸한 것으로 본다(제493조 2항). 따라서 상계적상 이후에는 이자는 발생하지 않고 이행지체도 발생하지 않는다. 다만 상계에 소급효가 인정되더라도 상계표시 전에 이미 실현된 사실(변제, 해제 등)을 뒤엎을 수는 없다. 그리고 위 조항에서 '각 채무가 상계할 수 있는 때'란 양 채권이 모두 변제기가 도래한 경우와 수동채권의 변제기가 도래하지 아니하였다고 하더라도 기한의 이익을 포기할 수 있는 경우를 포함하는 바(2010다70018)(5회 선택형), 아래에서 구체적으로 검토하기로 한다.

(2) 구체적 검토

1) 자동채권과 수동채권의 변제기가 모두 도래한 후에 상계의 의사표시를 한 경우

자동채권과 수동채권의 변제기가 모두 도래한 후에 상계의 의사표시를 한 경우에 상계적상일은 양 채권의 변제기가 모두 도래한 때이다(그 이전에 이미 이행기가 도래한 채무에 대해서는 상계적상시까지 지체책임이 발생한다)(11회 선택형). 따라서 상계적상 시점 이전에 수동채권의 변제기가 이미 도래하여 지체가 발생한 경우에는, 상계적상 시점까지의 수동채권의 약정이자 및 지연손해금을 계산한 다음 자동채권으로써 먼저 수동채권의 약정이자 및 지연손해금을 소각하고 잔액을 가지고 원본을 소각하여야 한다(2005다8125).

2) 자동채권의 변제기가 도래한 후 수동채권의 변제기가 도래하기 전에 상계의 의사표시를 한 경우

자동채권의 변제기가 도래한 후 수동채권의 변제기가 도래하기 전에 상계의 의사표시를 한 경우에 상계적상일은 자동채권의 변제기가 도래한 때 또는 상계의 의사표시를 한 때 중 의사표시를 한 자의 의사해석의 문제이다.[74] 주의할 것은 수동채권에 관하여는 그 '변제기'까지의 이자를 계상하여야 할 때가 있다는 점이다(예컨대 수동채권이 이자부 대여금채권인 경우, 제468조 참조). **[13회 사례형]**

3) 채권이 양도(또는 전부)된 경우

① **[채권의 대립성]** '채권이 양도된 후 양수인이 양수금채권을 자동채권으로 하여 상계하거나 채무자가 양수인에 대한 채권을 자동채권으로 하여 상계하는 경우'에는 상계의 요건 중 '채권의 대립성' 때문에 최소한 채권양도의 대항요건이 갖추어진 이후에야 비로소 상계가 가능하다(따라서 그 이전에 자동채권과 수동채권의 변제기가 모두 도래한 경우에도 상계적상일은 양 채권의 변제기가 도래한 날이 아니라 채권양도의 대항요건이 갖추어진 날이 된다). 이와 관련하여 判例도 채권양수인이 양수채권을 자동채권으로 하여 그 채무자가 채권양수인에 대해 가지고 있던 기존 채권과 상계한 경우, 채권양수인은 채권양도의 대항요건이 갖추어진 때 비로소 자동채권을 행사할 수 있으므로 채권양도 전에 이미

---

74) 자동채권에 변제기 정함이 있는 경우에는 수동채권의 기한 도래 또는 기한이익을 상실해야 상계가 가능하다. 즉 자동채권의 변제기만 도래한 상태에서 상계를 한 경우, ㉠ 수동채권의 변제기가 이미 도래한 경우 상계 가능하고, 이때는 늦게 변제기가 도래한 시점이 기준시가 되고, ㉡ 수동채권의 변제기가 아직 도래하지 않은 경우라도 상계항변하고자 하는 자가 수동채권의 기한의 이익을 포기할 수 있고, 상계의 의사표시에 기한 이익 포기의 의사표시도 포함되어 있다고 보기 때문에 수동채권의 변제기가 도래하기 전이라도 자동채권의 변제기만 도래하면 상계를 하는 것이 가능하다. 이 경우 상계 적성시는 '다른 의사표시가 없는 한 자동채권의 이행기'가 된다. 다만 상계하면서 기한의 이익을 포기하는 시기를 지정하는 것도 가능하다고 볼 것이므로 그 경우에는 그 지정된 시기를 기준으로 할 것이다(민법주해 XI 채권(4), p.397).

양 채권의 변제기가 도래하였다고 하더라도 상계의 효력은 변제기로 소급하는 것이 아니라 채권양도의 대항요건이 갖추어진 시점으로 소급한다고 한다(2022다200089)(13회 선택형).

② **[채권의 동일성]** 그러나 '양수금 청구에 대하여 채무자가 양도인에 대한 채권을 자동채권으로 하여 상계하는 경우'(제451조 2항 참조)에는 그렇지 않다. 이 경우에는 채권양도로 인하여 채무자의 법적 지위가 달라져서는 안 된다는 법 원리('채권의 동일성')에 따라 자동채권과 수동채권의 변제기가 모두 도래한 뒤 채권양도의 대항요건이 갖추어졌다면 양 채권의 변제기가 모두 도래한 날이 상계적상일이 된다(물론 대항요건을 갖추기 전에 채무자가 자동채권을 취득한 것을 전제로 한다). 이와 관련하여 判例는 채무자가 채권양도 통지를 받은 경우 채무자는 그때까지 양도인에 대하여 생긴 사유로써 양수인에게 대항할 수 있고(제451조 2항), 당시 이미 상계할 수 있는 원인이 있었던 경우에는 아직 상계적상에 있지 않더라도 그 후에 상계적상에 이르면 채무자는 양수인에 대하여 상계로 대항할 수 있다고 한다(2017다222962).

Set 065 **전부금 · 추심금청구** ★★★

※ 가압류명령 · 추심명령 · 전부명령의 비교[75]

채권자 A가 채무자 B의 제3채무자 C에 대한 채권에 대하여 각각 가압류명령 · 추심명령 · 전부명령을 받아 확정된 후, B가 C에 대해 채무이행의 소를 제기한 경우

1. 가압류명령 : 소제기 적법

가압류된 금전채권에 대한 이행청구도 소의 이익이 있다. 즉, "채권가압류가 된 경우, 제3채무자는 채무자에 대하여 채무의 지급을 하여서는 안되고, 채무자는 추심, 양도 등의 처분행위를 하여서는 안되지만, 이는 가압류채권자에게 대항할 수 없다는 것이며, 집행권원을 얻는 것까지 금하는 것은 아니다(2001다59033)(4회, 6회, 12회 선택형). 이때 제3채무자의 구제수단으로 민사집행법(제248조 1항 및 제291조) 규정에 따른 집행공탁제도가 있다.

🔨 채권압류 주요판례

① 채권이 압류가 되었다고 해도 피압류채권의 발생원인인 기본적인 법률관계를 변경 소멸시키는 행위(계약의 취소 · 해제 · 해지) 등은 원칙적으로 자유롭게 할 수 있는데(98다17930)(9회 선택형), 이는 채권자 대위권의 행사로 인한 채무자의 처분제한(민법 제405조 2항)에 채무자와 제3채무자 사이의 합의해제를 포함시키는 判例의 태도와는 차이가 있음을 주의하여야 한다.

---

75) **[차이점]** ① 추심명령은 채무자가 여전히 피압류채권의 채권자로 남아 있고 다만 추심권능만을 채무자에 갈음하여 압류채권자가 획득하는 것이므로 그 기능이 '채권자대위권'과 유사하다. 그러나 전부명령은 '변제갈음효' 및 '채권의 이전효'가 있어 그 기능이 '채권양도'와 유사하다. 그 외에도 ② 압류가 경합된 경우도 추심명령을 할 수 있으나, 전부명령은 압류경합시 발령되면 무효라는 점, ③ 추심명령은 전부명령과 달리 금전채권만에 한하여 대상적격이 국한되지 않는 점, ④ 전부명령은 추심명령과 달리 채무자에 대한 송달도 전부명령의 효력발생요건인 점 등에서도 양 제도는 차이가 있다. 특히 전부명령의 경우에는 다른 채권자가 배당요구를 할 수 없어 압류채권자가 독점적 만족을 받을 수 있는 이점이 있는 반면 제3채무자가 무자력인 때에는 전혀 만족을 받을 수 없게 되는 위험을 부담하게 되고, 추심명령의 경우에는 그와 반대의 상황이 된다. 실무에서는 제3채무자의 자력이 확실할 때에는 전부명령을 신청하는 경우가 많다.

②**[채권압류의 처분금지효력의 상대성]** 압류 후에 피압류채권이 제3자에게 양도된 경우 채권양도는 압류채무자의 다른 채권자 등에 대한 관계에서는 유효하다. 그리고 채권양도 행위가 사해행위로 인정되어 취소 판결이 확정된 경우에도 취소의 효과는 사해행위 이전에 이미 채권을 압류한 다른 채권자에게는 미치지 아니한다(2014다12072)**(5회 선택형)**.

2. 추심명령[76] : 원고적격이 없으므로 부적법각하

추심명령이 있는 때 압류채권자는 대위절차 없이 압류채권을 추심할 수 있다(민사집행법 제229조 2항). 따라서 "채권에 대한 압류 및 추심명령이 있으면 제3채무자에 대한 이행의 소는 추심채권자만이 제기할 수 있고 채무자는 피압류채권에 대한 이행소송을 제기할 당사자적격을 상실한다"(99다23888). 즉, 금전채권이 압류·추심된 경우에는 갈음형 제3자 소송담당이 인정되므로 제3채무자(C)에 대한 이행의 소는 추심채권자(A)만이 제기할 수 있고, 집행채무자(B)는 피압류채권에 대한 이행의 소를 제기할 당사자적격을 상실하게 되므로**(6회 선택형)**, 이는 소각하의 '본안 전 항변'사유이다**(4회 선택형)**.

✒️ 추심명령 주요판례

① 제3채무자가 추심명령에 관하여 즉시항고를 하여 추심명령이 취소되었다거나, 추심채권자가 추심명령 신청을 취하하였다고 주장하는 것은 원고의 추심권한을 다투는 것이므로 '본안 전 항변'이 된다. 그러나 집행채권의 부존재나 소멸은 집행채무자가 청구이의의 소에서 주장할 사유이지 추심의 소에서 제3채무자가 이를 항변으로 주장하여 채무의 변제를 거절할 수는 없다(94다34012). **[9회 기록형]**

② 압류가 경합되거나 배당요구가 있는 경우 추심채권자는 집행법원의 수권에 따라 일종의 추심기관으로서 압류나 배당에 참가한 모든 채권자를 위하여 제3채무자로부터 추심하는 것이므로 같은 채권에 관하여 추심명령이 여러 번 발부되더라도 그 사이에는 순위의 우열이 없다. 따라서 (가) 압류나 추심명령이 경합하여도 추심명령은 유효하고, 추심권능도 피압류채권 전액에 미친다.
[9회 기록형]

3. 전부명령[77] : 소제기는 적법하나 청구기각

전부명령이 있는 때 압류된 채권은 지급에 갈음하여 압류채권자에게 이전된다(민사집행법 제229조 3항). 따라서 전부채권자(A)는 추심채권과는 달리 자신의 권리를 행사하는 것이므로 갈음형 제3자 소송담당이 아니어서, 전부채무자(B)의 소송수행권은 유지된다. 그리고 이행의 소는 주장자체로 원고적격을 가지기 때문에 전부채무자(B)의 제3채무자(C)에 대한 소제기는 적법하다. 다만, 전부채무자(B)의 제3채무자(C)에 대한 이행청구소송은 실체법상의 이행청구권이 상실되었으므로(집행채권이 B에게서 A로 이전됨), 이는 본안에서 기각되어야할 '본안에 관한 항변'사유에 해당한다**(4회 선택형)**.

---

76) **[압류 및 추심명령의 효력 발생시기]**는 제3채무자에 대한 송달일이고(민사집행법 제227조 3항, 제229조 4항), 제3채무자에게 송달된 이상 채무자에게 송달되지 않았다 하더라도 효력발생에는 아무런 영향이 없다.
77) **[압류 및 전부명령의 효력 발생시기]**는 추심명령의 경우와 달리 채무자와 제3채무자에게 모두 송달되어야 하고, 그 후 즉시항고가 제기되지 않거나 즉시항고가 기각되는 등으로 전부명령이 확정됨으로써 비로소 효력이 발생하며, 확정된 전부명령의 효력발생시기는 제3채무자에 대한 송달일로 소급한다(민사집행법 제227조 2항, 제229조 4항 및 7항 제231조).

🔨 전부명령 주요판례

① 가분적인 금전채권의 일부에 대한 전부명령이 있을 경우 특별한 사정이 없는 한 분할채권이 성립하고 제3채무자로서는 상계 대상에 대한 선택권이 있다(2007다35152)(**13회 선택형**). [**14법행**]

② **압류가 경합**(압류의 경합 여부는 제3채무자 송달시를 기준)**되거나 배당요구가 있는 경우** 전부명령은 **무효이다**. 다만 같은 채권에 대하여 중복하여 압류 등이 있었더라도 그 효력이 그 채권의 일부에 국한되고, 이를 합산하여도 피압류채권의 채권액에 미치지 아니할 때는 압류의 경합이 있다고 할 수 없으나, 동일한 채권에 관하여 확정일자 있는 채권양도통지와 두 개 이상의 채권압류 및 전부명령 정본이 동시에 송달된 경우 채권의 양도는 채권에 대한 압류명령과는 그 성질이 다르므로 당해 전부명령이 채권의 압류가 경합된 상태에서 발령된 것으로서 무효인지의 여부를 판단함에 있어서 압류액에 채권양도의 대상이 된 금액을 합산하여 피압류채권액과 비교하거나 피압류채권액에서 채권양도의 대상이 된 부분을 공제하고 나머지 부분만을 압류액의 합계와 비교할 것은 아니다(2001다68839). 즉, 채권양도된 부분은 압류의 경합판단에서 제외된다. 이는 채권양도와 압류의 관계는 우열관계의 문제일 뿐 압류의 효력 판단 문제는 아니기 때문이다.[78]

---

78) [**사실관계**] A가 피고에 대하여 가지고 있는 1억 원의 임대차보증금 반환채권에 대하여, 甲은 A에 대한 대여금채권에 기하여 위 임대차보증금 반환채권 중 6,000만 원에 관하여 압류 및 전부명령을 받았고, 乙은 A에 대한 물품대금채권에 기하여 위 임대차보증금 반환채권 중 3,000만 원에 관하여 압류 및 전부명령을 받았으며, 丙은 A로부터 위 임대차보증금 반환채권 중 4,000만 원을 양도받았는데, 甲의 압류 및 전부명령, 乙의 압류 및 전부명령, A와 丙 사이의 채권양도에 관한 A명의의 확정일자 있는 양도통지가 모두 같은 날 피고에게 송달되었다. 위 判例에 따르면 甲과 乙의 각 채권압류명령의 압류액을 합한 금액(9,000만 원)이 피압류채권액(1억 원)을 초과하지 않으므로, 甲의 채권압류 및 전부명령은 유효하다.

2025 해커스변호사
민법 암기장

제 3 편

───────────

채권각론

Ⅰ. 계약의 공통적인 성립요건으로서의 합의   [C-1]

계약이 성립하기 위해서는 공통적으로 당사자 간에 서로 대립하는 의사표시의 합치가 있어야 한다. 이 합의가 성립하기 위해서는 ① 상대방이 누구이냐에 대한 '주관적 합치'와 ② 계약의 내용이 무엇이냐에 대한 '객관적 합치'가 있어야 한다. 전자의 경우 법률행위 해석을 통한 당사자 확정이 문제되고, 후자의 경우 계약내용에 대한 '본질적 사항'이나 '중요 사항'에 관하여는 구체적으로 의사의 합치가 있거나 적어도 장래 구체적으로 특정할 수 있는 기준과 방법 등에 관한 합의는 있어야 한다(2000다51650)(**10회 선택형**).

Ⅱ. 청약과 승낙의 합치   [C-2]

1. 청 약 [10회 사례형]

청약은 그에 대응하는 승낙만 있으면 곧 계약이 성립하는 '확정적 의사표시'이므로 타인으로 하여금 자기에게 청약을 하게 하려는 '청약의 유인'과는 구별된다. 예를 들어 '광고'는 일반적으로 청약의 유인에 불과하나, 그 내용이 명확하고 광고주가 계약에 구속되려는 의사가 명백하다면 청약으로 보아야 할 것이다(2005다5812).

2. 청약의 구속력

청약이 그 효력을 발생한 때에는 청약자가 임의로 철회하지 못하는데(제527조), 判例는 사직원 제출이 '근로계약 해지의 청약'으로 되는 때(대표적으로 명예퇴직의 신청)에는 사용자의 승낙의사가 형성되어 확정적으로 근로계약 종료의 효과가 발생하기 전에는 그 사직의 의사표시를 자유로이 철회할 수 있다고 한다. 다만, 일반적인 사직의 의사표시는 '근로계약의 해지통고(단독행위)'로 보고 그 의사표시의 도달 후에는 철회를 허용하지 않는다(91다43138).[1]

Ⅲ. 약관과 약관규제법   [C-4]

✎ 법원의 사후적 약관통제는 ① 약관규제법의 적용범위에 드는가를 검토하고 ⇒ ② 약관이 계약에 편입되었는가를 검토하며 ⇒ ③ 약관의 불공정성을 검토한다.

1. 의 의

약관이란 그 명칭이나 형태 또는 범위에 상관없이 계약의 한쪽 당사자가 '여러 명의 상대방'과 계약을 체결하기 위하여 일정한 형식으로 '미리' 마련한 계약의 내용을 말한다(약관의 규제에 관한 법률 제2조 1호).

2. 약관의 계약에의 편입 요건

(1) 계약편입의 합의

---

1) **[판례검토]** 이러한 判例의 전체적인 태도는 근로자(피용자)를 위한 특별한 배려로 타당하다.

⑵ 명시·설명의무(충, 예, 부)

사업자가 명시의무 및 설명의무를 위반하여 계약을 체결한 때에는 당해 약관을 계약의 내용으로 주장할 수 없다(동법 제3조 4항). 그러나 고객은 그 사항을 계약의 내용으로 주장할 수 있다. 다만 ① 고객이 그 내용을 충분히 잘 알고 있는 경우, ② 그 내용이 거래상 일반적이고 공통된 것이어서 고객이 별도의 설명 없이도 충분히 예상할 수 있었던 사항, ③ 해당 거래계약에 당연히 적용되는 법령에 정하여진 것을 약관에 그대로 기재하거나 부연하는 정도에 불과한 사항은 명시·설명의무가 면제된다(99다55533).

3. 약관의 해석기준

① 신의성실의 원칙(동법 제5조 1항 전단), ② 객관적·통일적 해석의 원칙(동법 제5조 1항 후단), ③ 작성자불리의 원칙(동법 제5조 2항), ④ 개별약정 우선의 원칙(동법 제4조), ⑤ 수정해석(효력유지적 축소해석)

4. 약관의 내용통제

약관규제법상의 약관으로서 당사자에 의해 '계약에 편입된 약관조항'은 불공정조항으로 판단될 때 무효가 된다(동법 제6조 내지 제14조).

다만, 약관의 전부 또는 일부의 조항이 제6조부터 제14조까지의 규정에 따라 무효인 경우 계약은 나머지 부분만으로 유효하게 존속한다(일부무효의 원칙).

✒️ 무면허운전 면책조항의 유효성 여부의 판단근거와 일부무효의 이론

判例는 자동차보유자의 지배·관리가 전혀 미치지 못하는 무단운전자의 운전면허 소지 여부에 대해서까지 그 책임을 고객에게 이전시키는 것은 보험계약자의 정당한 이익과 합리적인 기대에 어긋나는 것으로서, 약관규제법 제6조와 제7조에 의거 불공정조항에 해당하여 무효가 된다고 판단하였다. 다만 본 약관에서 정한 무면허운전 면책조항이 불공정조항으로서 일률적으로 무효가 되는 것은 아니다. 즉, 보험계약자의 지배·관리가 미치지 않는 경우에만 그 적용을 배제하고 그 밖의 경우에는 그 적용을 긍정하면서, 이와 같이 수정된 범위 내에서 유효한 조항으로 유지된다고 판단하였다(전합90다카23899)(효력유지적 축소해석).

Ⅰ. 법적 성질 [C-6]

判例는 제535조 이외의 경우에 계약체결상의 과실책임을 인정한 예가 없다. 특히 학설상 계약체결상 과실책임의 유형에 속하는 ① 계약교섭이 부당하게 파기된 경우와 ② 계약이 무효가 된 경우에 이를 불법행위규정에 의하여 해결하고 있는 것으로 보아(아래 94다38199 등) 判例는 계약체결상의 과실책임의 법적성질을 불법행위책임으로 보는 듯하다.

✎ 증권회사 직원이 투자수익보장약정을 하면서 위험성이 큰 상품에 투자할 것을 적극권유한 것이 고객에 대한 보호의무를 저버려 위법성을 띤 행위인 것으로 평가될 수 있는 경우에 한하여 불법행위책임이 된다고 판시하고 있다(94다38199) **[13입법]**

Ⅱ. 계약이 무효·취소된 경우 [C-7b]

1. 원시적 불능으로 무효인 경우(제535조)

(1) 요 건(외, 원, 악, 손, 선)

계약체결상의 과실책임(제535조)이 인정되기 위한 요건으로는 ㉠ 외견상 계약체결행위가 있었을 것(의사의 불합치로 계약이 성립하지 아니한 경우 제535조의 적용은 부정된다 : 2015다10929), ㉡ 계약의 목적이 원시적·객관적·전부불능일 것, ㉢ 계약체결 행위시 불능의 급부채무자의 악의·과실이 있었을 것(제535조의 악의나 과실의 대상은 불능 '원인'에 대한 악의나 과실이 아니라 불능 '사실'에 대한 것이다), ㉣ 계약의 무효로 인하여 상대방이 손해를 입었을 것, ㉤ 계약 체결시 상대방은 선의·무과실일 것을 요한다.

(2) 효 과

계약체결상의 과실책임이 성립하면 과실자는 '상대방이 그 계약의 유효를 믿었음으로 인하여 받은 손해'(제535조 1항 1문 후단) 즉, 신뢰이익의 손해를 배상해야 한다. 신뢰이익의 손해(계, 준, 기)로는 ⅰ) 계약비용(제566조 참조), ⅱ) 계약의 준비를 위한 비용과 ⅲ) 기대이익 등을 들 수 있다. 한편 신뢰이익 손해의 배상은 이행이익의 손해를 초과하지 못한다(제535조 1항 단서).

2. 문제되는 경우

(1) 의사의 불합치로 계약이 성립하지 아니한 경우(제535조 적용 부정)

이 경우 "손해를 입은 당사자가 상대방에게 부당이득반환청구 또는 불법행위로 인한 손해배상청구를 할 수 있는지는 별론으로 하고, 상대방이 계약이 성립되지 아니할 수 있다는 것을 알았거나 알 수 있었음을 이유로 제535조를 유추적용하여 계약체결상의 과실로 인한 손해배상청구를 할 수는 없다"(2015다10929)

(2) 부동산매매계약에 있어 실제면적이 계약면적에 미달된 경우(제535조 적용 부정)

이 경우 "ⅰ) 그 매매가 수량지정매매에 해당할 때에 한하여 제574조, 제572조에 의한 대금감액청구권을 행사할 수 있고, ii) 그 매매계약이 그 미달 부분만큼 일부무효임을 들어 이와 별도로 일반 부당이득반환청구를 하거나 그 부분의 원시적 불능을 이유로 제535조가 규정하는 계약체결상의 과실에 따른 책임의 이행을 구할 수 없다"(99다47396).

(3) 자기 소유의 물건을 취득하기로 하는 계약(제535조 적용 부정)

이 경우 判例는 원시적 불능으로 보지 않아 제535조(전부불능)나 제574조(일부불능)에 의하지 않고, 제109조에 의한 착오취소의 가능성만 인정하고 있다(93다31634,31641).

Ⅲ. 계약교섭의 부당파기 [C14-1]

계약체결의 강제수단으로는 청약의 구속력(제527조)[2], 예약(제567조, 제564조)[3], 우수현상광고[4] (제678조) 등이 있다.

1. 책임의 법적 성질 및 손해배상의무 발생의 법적 근거

判例는 "어느 일방이 교섭단계에서 계약이 확실하게 체결되리라는 정당한 기대 내지 신뢰를 부여하여 상대방이 그 신뢰에 따라 행동하였음에도 상당한 이유 없이 계약의 체결을 거부하여 손해를 입혔다면, 이는 신의성실의 원칙에 비추어 볼 때 '계약자유 원칙'의 한계를 넘는 '위법한 행위'로서 불법행위를 구성한다"(99다40418 등)고 보아 **불법행위책임**으로 구성하고 있다.

2. 제750조의 요건 충족 여부(신, 행, 정)

判例는 위법성 판단과 관련하여 i) 어느 일방이 계약의 교섭단계에서 상대방에게 계약이 확실하게 체결되리라는 정당한 기대 내지 신뢰를 부여하였을 것, ii) 상대방이 그 신뢰에 따라 일정한 재산적 지출을 하거나 다른 재산적 이익을 얻을 수 있는 기회를 포기하는 등의 행동을 하였을 것, iii) 정당한 이유 없이 계약의 체결을 거부할 것을 내용으로 하고 있다(99다40418 등).

3. 손해배상의 범위 [10행정]

① **[신뢰손해에 한정]** 判例는 "계약이 유효하게 체결된다고 믿었던 것에 의하여 입었던 손해 즉 '신뢰손해'에 한정된다"(2001다53059)고 한다.

② **[신뢰손해의 내용]** 判例는 "아직 '계약체결에 대한 확고한 신뢰가 부여'되기 이전 상태에서 계약교섭의 당사자가 계약체결이 좌절되더라도 어쩔 수 없다고 생각하고 지출한 비용, 예컨대 경쟁입찰에 참가하기 위하여 지출한 제안서, 견적서 작성비용 등은 여기에 포함되지 않는다"(2001다53059)고 한다.

③ **[위자료 청구권]** 判例는 일정한 요건하에 정신적 고통에 대한 손해에 대하여는 별도로 배상을 구할 수 있다고 한다(제751조).

---

2) 청약은 그에 대응하는 승낙만 있으면 곧 계약이 성립하는 '확정적 의사표시'이므로 타인으로 하여금 자기에게 청약을 하게 하려는 '청약의 유인'과는 구별된다.

3) 예약완결권을 행사하면 본계약인 매매가 성립하므로, 본계약의 본질적 내용이 확정되어 있거나 확정될 수 있어야 한다(93다4908,4915,4922)**(10회 선택형)**

4) 광고자가 계약체결을 불이행하면 당선자는 채무불이행에 의한 손해배상을 청구할 수 있다. 그 손해배상은 이행이익의 배상을 내용으로 한다(99다63169).

Ⅰ. 채무자 위험부담주의 : 원칙 [C-9]

1. 요 건

제537조가 적용되기 위해서는 ㉠ 쌍무계약에서의 상환적 채무의 존재, ㉡ 일방채무의 후발적 불능, ㉢ 쌍방당사자의 귀책사유의 부존재를 요한다.

2. 효 과

매매목적물이 경매절차에서 매각됨으로써 당사자 쌍방의 귀책사유 없이 이행불능에 이르러 매매계약이 종료된 사안에서, 判例는 위험부담의 법리(제537조)에 따라 매도인은 이미 지급받은 계약금을 반환하여야 하고 매수인은 목적물을 점유·사용함으로써 취득한 임료 상당의 부당이득을 반환할 의무가 있다고 한다(2008다98655)(**2회, 11회 선택형**).

■ 대가위험부담(제537조)과 대상청구권　　　　　　　2014년 3차 법전협 모의고사 사례형

사실관계 | A는 2013. 10. 1. 자신이 소유하는 X주택을 B에게 1억 원에 팔기로 계약을 체결하고, 계약 당시 B로부터 계약금 1,000만 원을 받았다. 그리고 2013. 11. 1. X주택의 소유권이전등기에 필요한 서류를 B에게 교부함과 동시에 잔금 9,000만 원을 받기로 하였다. B는 A에게 잔금지급기일은 연장하여 줄 것을 요청하였고, 이에 따라 A는 잔금기일을 2014. 8. 1.까지 연기하여 주었는데 그 사이에 X주택이 강제수용되어 그 보상금은 1억 5,000만 원으로 정해졌다. **A와 B사이의 법률관계는?**

판례에 따른 해결 | 대상청구권의 행사 여부는 B의 자유이다. ① B가 대상청구권을 행사하지 않는다면 제537조가 적용되어 매매계약이 소급적으로 무효가 되므로 B는 A에게 이미 지급한 계약금 1,000만원을 부당이득으로서 반환청구할 수 있을 뿐이다. ② 반면 B가 대상청구권을 행사한다면 B는 자신의 반대급부인 잔금 9,000만 원을 지급해야 하며, 判例(B는 수용보상금 1억 5,000만 원 전부에 대해서 대상청구권을 행사할 수 있다)에 따르면 B는 제537조를 선택하는 것보다 5,000만 원의 이익이 생긴다.

Ⅱ. 채권자 위험부담주의 : 예외 [C-10]

1. 요 건

제538조가 적용되기 위해서는 ㉠ 쌍무계약에서의 상환적 채무의 존재, ㉡ 일방채무의 후발적 불능, ㉢ 채권자의 책임 있는 사유로 이행할 수 없게 되었을 것(제538조 1항 1문) 또는 채권자지체 중에 당사자 쌍방의 책임 없는 사유로 이행불능되었을 것(제538조 1항 2문)을 요한다.

(1) 채권자의 책임 있는 사유로 이행할 수 없게 되었을 것(제538조 1항 1문)

判例는 제538조 1항 1문의 '채권자의 책임 있는 사유'라고 함은 채권자의 어떤 작위나 부작위가 채무자의 이행의 실현을 방해하고 그 작위나 부작위는 채권자가 이를 피할 수 있었다는 점에서 신의칙상 비난받을 수 있는 경우를 의미한다(2001다79013)고 한다.

구체적으로 判例는 사용자의 위법·무효인 해고처분에 의하여 근로자가 근로제공의무를 이행할 수 없게 된 경우(2000다51919 등), 매수인이 매매목적물에 설정된 저당권의 피담보채무를 '이행인수'한 경우 매수인이 그 담보채무를 불이행하여 저당권실행의 경매로 인해 매도인이 소유권을 상실한 경우(2009다5193) 등을 들고 있다.

(2) 채권자지체 중에 당사자 쌍방의 책임 없는 사유로 이행불능되었을 것(제538조 1항 2문)

① [제400조와의 관계] 判例는 제538조 1항 2문 소정의 '채권자의 수령지체 중에 당사자 쌍방의 책임 없는 사유로 이행할 수 없게 된 때'에 해당하기 위해서는 현실 제공이나 구두 제공이 필요하다(2001다79013)(3회 선택형)고 한다('이행거절' Set 042. 참고).

② [제401조와의 관계] 채무자의 경과실이 있는 경우에도 제538조 1항 2문의 '수령지체 중에 당사자 쌍방의 책임 없는 사유로 이행할 수 없게 된 때'에 해당하는지 문제되나, 제401조의 의미는 채권자지체 중의 채권자의 귀책사유 범위 정한 것으로 볼 수 있으므로 채무자의 경과실은 채무자의 책임 없는 사유로 보는 것이 민법의 체계적·통일적 해석상 타당하다(다수설, 판례 없음).

2. 효 과

① 채무자는 자신의 급부의무를 면하면서 채권자에 대해서는 본래의 반대급부를 청구할 수 있다(제538조 1항). ② 채무자는 자기의 채무를 면함으로써 이익[채무를 면한 것과 인과관계에 있는 이익이어야 한다(92다31125)]을 얻은 때에는 이를 채권자에게 상환하여야 한다(제538조 2항, 손익상계의 사상). 예를 들어 判例는 "사용자의 귀책사유로 해고된 근로자가 해고기간 중에 다른 직장에 취직하여 지급받은 임금(중간수입)은 제538조 2항에 의해 이를 공제하여야 한다"(93다37915)고 한다.

█ 이행인수, 대가위험부담(제538조 1항 1문, 제538조 2항)　　　2014년 3차·2015년 3차 법전협 사례형

사실관계ㅣB는 H에게 자신 소유의 X주택을 1억 5,000만 원에 팔기로 계약을 체결하고 계약금과 중도금 합계 5,000만 원은 지급받았으나, 잔금 1억 원 중 5,000만 원은 H가 그 지급에 갈음하여 X주택에 관한 근저당권의 피담보채무인 B의 I은행에 대한 대출금채무의 '이행을 인수'하기로 하였다. 그러나 H는 약속한 날짜에 대출금을 전혀 지급하지 못하였다. 결국 I은행이 근저당권실행을 위한 경매를 신청하였고, 그 경매절차에서 J가 X주택을 8,000만 원에 매수하여 매각대금을 납입하였다

판례에 따른 해결ㅣ사안의 경우 H가 이행인수 약정을 이행하지 않아 저당권에 기한 경매가 실행되었으므로 H에게 이행불능에 대한 귀책사유가 있다. 따라서 H가 대가위험을 부담하게 되어 B는 소유권이전의무를 면하고 계약금과 중도금을 반환할 필요가 없음을 물론, 나머지 매매대금을 청구할 수 있게 된다(제538조 1항 1문). 다만 그 경매절차에서 B가 X주택 소유권이전의무를 면함으로써 얻은 이익인 경매대금 8,000만 원(왜냐하면 경매대금 8천만 원에서 먼저 근저당권자인 I은행에 5천만 원이 배당됨으로써 B는 I은행에 대한 5천만 원의 채무소멸의 이익을 얻고, 남은 3천만 원은 B에게 배당되는 결과 B가 3천만 원의 이익도 얻기 때문이다)은 H에게 상환되어야 한다(제538조 2항)(2009다5193).

✎ 핵심구조는 낙약자의 채무는 '기본관계'로부터 발생하기 때문에 '기본관계'는 제3자를 위한 계약 의 본질적 요소이지만, 대가관계는 제3자를 위한 계약의 성립 및 효력에 영향을 주지 않는다는 점이다.

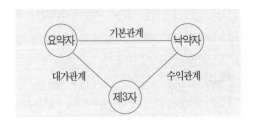

I. 의 의
[C-11]

제3자를 위한 계약이란 계약으로부터 발생하는 권리를 계약당사자 이외의 '제3자'에게 직접 귀속시키는 것을 내용으로 하는 계약을 말한다(제539조 1항). 제3자가 채권을 취득하는 것은 '채권양도'의 방식에 의해서도 가능하지만, 채권양도에 있어서는 양수인만이 채권자이고 양도인은 아무런 권리도 갖지 못하는 데 비하여(채권양도는 채권이전의 처분행위이므로), 제3자를 위한 계약에 있어서는 (불분명한 때에는) 요약자도 제3자에의 급부를 청구할 권리를 갖는다.

II. 성립요건
[C-12]

㉠ 요약자와 낙약자 사이에 유효한 계약이 성립하여야 한다. ㉡ 요약자와 낙약자 간의 계약의 내용으로, 제3자에게 직접적으로 권리를 취득시키려는 제3자 약관이 포함되어 있어야 한다. 낙약자가 제3자에 대하여 가지는 채권에 관하여 채무를 면제하는 계약도 제3자를 위한 계약에 준하는 것으로 채무면제의 효과가 발생한다(2002다37405). ㉢ 제3자는 계약 성립시에 특정 가능성이 있는 한 현존·특정되지 않아도 무방하므로, 태아나 설립 중의 법인 등도 제3자가 될 수 있다(59다773). 그러나 수익의 의사표시를 할 때에는 권리능력을 가지고 현존·특정되어야 한다.

III. 효 력
[C-13]

1. 요약자와 낙약자의 관계 : 기본관계(보상관계)

(1) 낙약자의 요약자에 대한 권리 ★★★★

'요약자가 채무를 불이행'하면 낙약자는 계약을 해제할 수 있다. 그리고 그 전에 제3자가 수익의 의사표시를 하였더라도 '제541조에도 불구'하고 이로써 수익자에게 대항할 수 있다.

① **[금전의 지급인 경우]** 다만, 判例는 낙약자가 수익자에게 이미 이행한 것이 '금전의 지급'인 경우, "제3자를 위한 계약관계에서 낙약자와 요약자 사이의 법률관계(기본관계)를 이루는 계약이 해제된 경우, 그 계약관계의 청산은 계약의 당사자인 낙약자와 요약자 사이에 이루어져야 한다"(2005다7566)[5](기본관계가 무효·취소된 경우에도 동일)고 하였다(3회, 6회, 8회, 10회 선택형).

---

5) **[판례검토]** 낙약자가 수익자에게 급부하더라도 이는 실질적으로 요약자에 대한 급부로 보아야 한다(**단축급부**). 따라서 기본관계가 해제되는 경우 그 청산은 낙약자와 요약자 사이에 이루어져야 하므로 判例는 타당하다.

② **[물건의 인도인 경우]** 그러나 이미 이행한 것이 동산 또는 부동산의 소유권 이전이면 물권행위의 유인성에 의하여 소유권변동이 소급적으로 무효가 되므로 낙약자가 소유권을 회복한다. 따라서 낙약자는 수익자에게 직접 그 반환 또는 말소등기를 할 수 있다.

(2) 요약자의 낙약자에 대한 권리 [18법무]

判例는 "낙약자의 귀책사유로 인한 채무불이행이 있을 때에는 요약자는 제3자의 동의 없이 계약당사자로서 계약을 해제할 수 있다"(69다1410)**(3회, 6회 선택형)**고 한다.

2. 요약자와 수익자의 관계 : 대가관계(원인관계)

대가관계가 무효 · 취소 · 해제된 경우 제3자를 위한 계약에는 영향이 없고, 요약자는 수익자에게 부당이득반환청구를 할 수 있을 뿐이다**(8회 선택형)**. 따라서 낙약자는 요약자와 제3자(수익자) 사이의 대가관계에 기한 항변으로 제3자(수익자)에게 대항하지 못하고, 요약자도 대가관계의 부존재나 효력 상실을 이유로 자신이 기본관계에 기하여 낙약자에게 부담하는 채무의 이행을 거부할 수 없다(2003다49771)**(8회 선택형)**.

3. 낙약자와 수익자의 관계 : 수익관계(급부관계)

(1) 수익의 의사표시

수익의 의사표시에 의하여 수익자는 계약상의 권리를 확정적으로 취득한다(제539조 2항)(수익의 의사표시는 제3자를 위한 계약의 성립요건이나 효력발생요건이 아니고 수익자가 권리를 취득하기 위한 요건이다). 그러므로 제3자가 수익의 의사표시를 한 후에는 계약의 당사자가 수익자의 권리를 변경하거나 소멸시키지 못하므로(제541조), 만일 계약의 당사자가 수익자의 권리를 임의로 변경 · 소멸시키는 행위를 한 경우 이는 제3자에 대하여 효력이 없다(2021다271183). 다만, 제541조는 요약자나 낙약자가 계약당사자의 지위에서 취소권이나 해제권 등을 행사하는 것과는 관계가 없다.

(2) 낙약자의 항변

① 낙약자는 '기본관계에 기한 항변'(동시이행의 항변권, 위험부담, 제3자를 위한 계약의 무효, 취소, 해제 등)으로 수익자에게 대항할 수 있다(제542조). 이 때 수익자가 민법상의 제3자 보호규정(제107조 2항 내지 제110조 3항, 제548조 1항 단서 등)에서 말하는 제3자에 해당하느냐와 관련하여 ㉠ 기존에 判例는 제3자를 위한 계약이 '대금지급'과 관련한 경우는 "제3자를 위한 계약에서의 제3자는 제548조 제1항 단서의 제3자에 해당하지 않는다"는 입장이었고(2005다7566), 통설도 수익의 의사표시를 한 것만으로는 실질적으로 새로운 이해관계를 맺은 것으로 볼 수 없다는 입장이었다.

㉡ 그러나 제3자를 위한 계약이 '물건의 인도'와 관련한 경우에는 최근 判例는 "제3자를 위한 계약에서도 낙약자와 요약자 사이의 법률관계(기본관계)에 기초하여 수익자가 요약자와 원인관계(대가관계)를 맺음으로써 해제 전에 새로운 이해관계를 갖고 그에 따라 등기, 인도 등을 마쳐 권리를 취득하였다면, 수익자는 제548조 1항 단서에서 말하는 계약해제의 소급효가 제한되는 제3자에 해당한다"(2018다244976)고 한다.[6]

---

6) **[판례해설]** 원칙적으로 수익자는 계약당사자가 아니므로 해제 시에도 원상회복과 부당이득반환청구의 직접적 상대방이 되지 않는다. 다만 채무자가 원상회복의 일환으로 물권적 청구권을 행사하면 수익자가 그 상대방이 될 가능성은 있다. 이때 수익자가 제3자에 해당하는지 판단할 필요가 있고, 만일 제3자가 아니라면 물권적 청구권에 의한 반환가능성도 열려 있다. 따라서

② 낙약자는 대가관계에 기한 항변으로 수익자에게 대항하지 못한다.

(3) 낙약자가 채무를 불이행한 경우

　　낙약자가 채무를 불이행하여 요약자가 계약을 해제한 경우, 수익의 의사표시를 한 수익자는 낙약자에게 자기가 입은 손해의 배상을 청구할 수 있다(92다41559)**(3회, 6회 선택형).**

Set 070　계약해제 ★★★★

※ 계약해제에 따른 법률관계

> **Ⅰ. 계약이 적법·유효하게 해제되었는지 여부 검토**
>
> 　　① 해제권 발생 사유 [ⅰ) 약정해제권(제565조 계약금 관련), ⅱ) 법정해제권(채무불이행, 담보책임], ⅲ) 사정변경원칙을 이유로 한 해제권, ⅳ) 채권자지체를 이유로 한 해제권], ② 합의해제(특히 묵시적 합의해제)
>
> **Ⅱ. 계약해제에 따른 법률관계**(소, 원, 손, 동)
>
> 1. 제3자와의 관계(소급적 소멸)
>
> 　　제548조 1항 단서의 제3자 보호
>
> 2. 당사자간의 관계(소급적 소멸)
>
> 　　① 원상회복의무(제548조 2항), ② 손해배상의무(제551조 ; 신뢰이익·이행이익), ③ 각 의무 상호간 동시이행관계(제549조)

Ⅰ. 약정해제권 ★★★★　　　　　　　　　　　　　　　　　　　　　[C-15]

1. 계약금 해제의 요건

　　㉠ 계약금이 전부 교부되어야 하고(2007다73611), ㉡ 제565조의 해약권을 배제하는 다른 약정이 없어야 하며(2008다50615), ㉢ 당사자 일방이 이행에 착수할 때까지 ㉣ 교부자는 계약금을 포기하고 수령자는 그 배액을 상환하여 매매계약을 해제할 수 있다(제565조 1항).

(1) 계약금이 일부만 지급된 경우 [12사법, 5회 사례형]

① 判例는 계약금계약은 '요물계약'으로 금전 기타 유가물의 교부를 요건으로 하므로, 단지 계약금을 지급하기로 약정만 한 단계에서는 아직 계약금으로서의 효력, 즉 제565조 규정에 의해 계약해제를 할 수 있는 권리는 발생하지 않는다. 따라서 교부자가 계약금의 잔금 또는 전부를 지급하지 아니하는 한 계약금계약은 '성립'하지 아니하므로 당사자가 임의로 주계약을 해제할 수는 없다(2007다73611)**(8회 선택형)**고 한다.

위 판례는 서로 모순된다고 할 수 없다.

② 다만 매도인 측이 계약을 임의로 해제하고자 한다면 계약금 전부를 받은 뒤 제565조 1항에 따라 계약금의 배액을 상환하고 계약을 해제할 수 있다. 한편, 계약금계약은 요물계약이므로 계약금의 일부만 지급된 경우에는 계약금계약에 의한 해제권행사가 불가하지만, 대법원은 법률관계를 명확히 하는 차원에서 "계약금 일부만 지급된 경우 수령자가 매매계약을 해제할 수 있다고 하더라도"라는 가정 하에 해약금의 기준이 되는 금원은 '실제 교부받은 계약금'이 아니라 '약정 계약금'이라고 한다(2014다231378)**(10회 선택형)**.

■ 계약금이 일부만 지급된 경우의 제565조에 따른 계약해제　　　　　2016년 변호사시험 제2문

사실관계 | 甲은 자신 소유의 Y토지를 乙에게 5억 원에 매도하면서 '계약금 5천만 원은 계약 당일 지급하고' 중도금과 잔대금을 각 약속한 날짜에 지급하기로 하였으나, 乙은 계약체결 당일 계약금 중 2천만 원만을 지급하였다. 이후 甲은 乙에게 2천만 원의 배액인 4천만 원을 제공하면서 계약해제의 의사표시를 하였다. **甲의 계약해제는 적법한 것인지에 대한 결론과 그 논거를 서술하시오.**

판례에 따른 해결 | 乙은 甲에게 계약금 5,000만 원을 지급하기로 약정하였음에도 불구하고 그 일부인 2,000만 원만을 지급하였다. 따라서 계약금의 잔금인 3,000만 원을 지급하지 않는 한 계약금계약은 성립하지 않고, 甲은 Y토지 매매계약을 임의로 해약금에 기하여 해제할 수 없다(제565조). 설령 가능하다고 하더라도 약정된 계약금 5천만 원의 두배를 지급하지 않는 한[사안에서는 추가적으로 3천만 원] 甲의 계약해제는 적법할 수 없다.

---

(2) 제565조의 해약권을 배제하는 다른 약정이 없을 것

① 계약금이 교부된 때에는 민법은 당사자 간에 다른 약정이 없는 한, 당사자의 일방이 이행에 착수할 때까지 교부자는 이를 포기하고 수령자는 그 배액을 상환하여 계약을 해제할 수 있는 '약정해제권'을 보유한 것으로 추정한다(제565조 1항).

② 判例에 따르면 "가계약금에 관하여 해약금 약정이 있었다고 인정하기 위해서는 정식으로 계약을 체결하기 전까지 교부자는 이를 포기하고, 수령자는 그 배액을 상환하여 계약을 체결하지 않기로 약정하였음이 명백하게 인정되어야 한다"고 한다(2022다247187).

(3) 이행에 착수할 때까지

① **[이행에 착수의 의미]** 判例는 이행에 착수한다는 것은 객관적으로 외부에서 인식할 수 있는 정도로 채무의 이행행위의 일부를 하거나 또는 이행을 하기 위하여 필요한 전제행위를 하는 경우를 말하는 것이라고 한다(2002다46492). 구체적으로 ㉠ 중도금의 제공은 이에 해당하나(93다11968) **[16법행, 10법무, 08행정]**, ㉡ 매도인이 매수인에 대하여 매매잔대금의 지급을 구하는 소송을 제기한 것(2007다72274)은 이에 해당하지 않는다. **[6회 사례형, 16법행]**

② **[이행기 전 이행의 착수가 가능한 경우]** 判例는 이행기의 약정이 있다 하더라도 특별한 사정이 없는 한 '이행기 전에 이행에 착수'할 수도 있다(2002다46492)**(2회 선택형)**고 한다. 여기서 '특별한 사정'이란 매도인이 제565조에 의하여 계약을 해제한다는 의사표시를 하고 일정한 기한까지 해약금의 수령을 최고한 경우와 같이 중도금 지급기일이 매도인을 위해서도 기한의 이익이 있는 때를 말한다(92다31323, 97다9369). 따라서 이 경우 매수인이 이행기 전에 일방적으로 이행에 착수하였다고 하여도 매도인의 계약해제권 행사에 영향을 미칠 수 없다.

⑷ 교부자는 이를 포기하고 수령자는 그 배액을 (현실로) 상환할 것 [6회 사례형, 16법행]

교부자'가 해제의 의사표시를 하는 경우에는 당연히 계약금 포기의 효력이 생기지만, '수령자'가 해제의 의사표시를 하는 경우에는 반드시 계약금을 '현실로 제공'하여야 한다(66다736). 이 경우 그 배액의 이행의 제공으로 족하고, 상대방이 이를 수령하지 않는다고 하여 공탁까지 할 필요는 없다(80다2784). 다만 매도인이 계약을 해제하기 위하여 계약금의 배액을 공탁하는 경우에는 공탁원인사실에 계약해제의 의사가 포함되어 있다고 할 것이므로, 상대방에게 공탁통지가 도달한 때에 계약해제 의사표시가 있었다고 보는 것이 타당하다(92다31323).

2. 약정해제권 행사의 효과

계약을 소급적으로 소멸시키지만, 이행의 착수 전에만 가능하므로 원상회복의무는 없다. 채무불이행을 이유로 한 해제가 아니므로 손해배상청구권도 인정되지 않고(제565조 2항), 이는 약정해제권을 유보한 경우도 마찬가지이다(2015다59115)(11회 선택형).

Ⅱ. 법정해제권

1. 이행지체에 의한 해제권의 발생　　　　　　　　　　　　　　　　　　　　　　　　[C-19]

이는 ㉠ 채무자의 이행지체(주로 동시이행의 항변권과의 관계가 문제), ㉡ 상당한 기간 동안 이행최고(주로 쌍무계약에서 반대채무의 이행준비가 문제), ㉢ 상당한 기간 내에 채무자의 이행 또는 이행제공이 없을 것(제544조)을 요한다(㉠, ㉡요건 관련 동이항 Set 039.참고).

㉡요건과 관련하여 判例는 채권자가 채무자의 급부불이행 사정을 들어 계약을 해제하겠다는 통지를 한 때에는 그 급부의 수령을 거부하는 취지가 포함되어 있지 아니하는 한 그로써 '이행의 최고'를 하였다고 볼 수 있으며(2022다238053)(10회 선택형), 채권자가 정한 기간이 '상당한 기간'보다 짧은 경우에도 최고는 유효하며, 다만 '상당한 기간'이 경과한 뒤에 해제권이 생긴다고 새겨야 한다고 한다(79다1135)(10회 선택형). 마찬가지로 상당기간을 정하지 않고서 최고를 한 경우에도 상당한 기간이 경과하면 해제권이 발생한다(89다카14110)(5회 선택형).

㉢요건과 관련하여 判例는 '금전채무의 현실제공'은 특별한 사정이 없는 한 채권자가 급부를 즉시 수령할 수 있는 상태에 있어야만 인정될 수 있다고 한다(2022다238053)

2. 이행불능에 의한 해제권의 발생　　　　　　　　　　　　　　　　　　　　　　　　[C-20]

이행지체에서와 달리 '최고'는 필요하지 않다. 그리고 채무자의 채무가 상대방의 채무와 동시이행관계에 있다고 하더라도 그 '이행의 제공'을 할 필요도 없다(제546조)(이행불능 Set 040.참고).

3. 부수적 의무의 불이행에 의한 해제권의 발생　　　　　　　　　　　　　　　　　　[C-21]

계약관계를 해제할 수 있는 채무불이행이 있다고 하기 위해서는 계약의 목적달성에 필요불가결한 급부에 대한 불이행이 있어야 한다. 따라서 부수적 의무의 불이행만으로는 원칙적으로 그 요건이 갖추어졌다고 볼 수 없다(2022다203804).

Ⅲ. 해제권의 행사

1. 해제의 의사표시 [6회 기록형]

해제의 의사표시에는 조건 또는 기한을 붙이지 못한다. 다만, 최고를 하면서 '최고기간내에 이행하지 않으면 당연히 해제된 것으로 본다'고 한 것은, 최고기간 내의 불이행을 정지조건으로 하는 해제의 의사표시로 볼 수 있지만, 이 경우는 상대방을 특별히 불리하게 하는 것이 아니므로 유효하다(80다2381).

2. 해제권의 불가분성

① [공동임대인] 당사자의 일방 또는 쌍방이 수인인 경우에는 계약의 해지나 해제는 그 전원으로부터 또는 전원에 대하여 하여야 한다(제547조 1항). 따라서 예를 들어 "여러 사람이 공동임대인으로서 임차인과 하나의 임대차계약을 체결한 경우에는 제547조 1항의 적용을 배제하는 특약이 있다는 등의 특별한 사정이 없는 한 **공동임대인 전원의 해지의 의사표시에 따라 임대차계약 전부를 해지하여야 한다.** 이러한 법리는 임대차계약의 체결 당시부터 공동임대인이었던 경우뿐만 아니라 임대차목적물 중 일부가 양도되어 그에 관한 임대인의 지위가 승계됨으로써 공동임대인으로 되는 경우에도 마찬가지로 적용된다"(2012다5537)(**6회 선택형**).

② [공유물 매도인, 공동명의수탁자] 그러나 위 규정은 '하나의 계약에 있어' 일방 또는 쌍방의 당사자가 수인인 경우에 적용된다. 따라서 判例는 "하나의 부동산을 수인이 공유하는 경우 각 공유자는 각 그 소유의 지분을 자유로이 처분할 수 있으므로(제263조), 공유자 전원이 공유물에 대한 각 그 소유지분 전부를 형식상 하나의 매매계약에 의하여 동일한 매수인에게 매도하는 경우라도 실질상 각 공유지분별로 별개의 매매계약이 성립되었다고 할 것이고, 일부 공유자가 매수인의 매매대금지급의 무불이행을 원인으로 한 그 공유지분에 대한 매매계약을 해제하는 것은 가능하다"(94다59745)고 한다. 또한 공동명의수탁의 경우 공동수탁자 사이의 관계를 공유로 보면서 명의신탁자가 일부 수탁자에 대해서만 명의신탁계약의 해지를 하는 것을 인정한다(73다467).

Ⅳ. 해제의 효과

1. 해제의 효과에 관한 이론구성

判例는 "ⅰ) 우리의 법제가 물권행위의 독자성과 무인성을 인정하고 있지 않는 점과 ⅱ) 제548조 1항 단서가 거래안정을 위한 특별규정이란 점을 생각할 때 (직접효과설 중) 물권적 효과설이 타당하다"고 한다(75다1394).

2. 원상회복의무 ★★★★

계약이 해제된 경우 해제의 소급효로 인해 계약의 당사자는 원상회복의무로서 자신이 수령한 것을 이익의 현존 여부, 선·악을 불문하고 '받은 급부 전체'를 상대방에게 반환하여야 한다(제548조 1항). 즉 이러한 원상회복의무에 관한 제548조 1항은 일반부당이득반환의 범위에 관한 제748조의 특칙이다(98다43175).

(1) 당사자

① **[채권양도]** A가 B에게 상가를 분양하고 A가 그 대금채권을 C에게 양도하여 C가 B로부터 분양대금의 '일부'를 받았으나, A와 B의 분양계약이 A의 이행불능을 이유로 해제된 경우, C는 ⅰ) 제548조 1항 단서의 제3자 ⅱ) 제451조 2항에 따라 보호받을 수 없어 B에게 자신이 받은 분양대금을 원상회복으로 반환해야 한다 (2000다22850)**(3회, 6회, 10회 선택형)**.

② **[지급지시, 제3자를 위한 계약]** 甲이 乙에게 부동산을 매도하고 乙이 이를 丙에게 매도한 후 丙이 매매대금을 '乙의 지급지시에 따라'(또는 乙과의 제3자를 위한 계약에 따라) 직접 甲에게 지급하였는데, 乙과 丙의 계약이 해제(무효, 취소)된 경우 丙은 乙에게 계약해제(무효, 취소)에 따른 원상회복(부당이득반환)을 청구해야 한다(2006다46278)[7] **(4회, 6회, 8회, 10회 선택형)**. **[11회 사례형, 17사법]**

③ **[대리]** B는 A의 유권대리인 C와 매매계약을 체결하고, C에게 매매대금을 지급하였는데 C는 A에게 매매대금을 지급하지도 않았고, 채무의 이행도 하지 않았다. 이에 따라 B가 A의 채무불이행을 이유로 해제하였다면 해제로 인한 원상회복의무는 A가 부담한다(2011다30871)**(6회, 13회 선택형)**.

(2) 반환범위 : 원칙적 원물반환, 예외적 가액반환

수령한 원물을 반환하는 것이 원칙이나, 원물반환이 불가능한 때에는 예외적으로 그 가격(가액)을 반환하여야 한다(88다카131866). 가액산정의 기준시점과 관련하여 判例는 "매도인으로부터 매매 목적물의 소유권을 이전받은 매수인이 매도인의 계약해제 이전에 제3자에게 목적물을 처분하여 계약해제에 따른 원물반환이 불가능하게 된 경우(제3자가 제548조 1항 단서에 의해 소유권을 취득한 사안), '계약해제 당시'가 아니라 '원상회복의무가 이행불능이 된 당시'(96다47913), 즉 처분 당시의 목적물의 대가 (또는 그 시가 상당액) 및 이에 대하여 그 이득일부터의 법정이자를 가산한 금액이 된다"고 한다(2013다14675)**(9회 선택형)**.

1) 원상회복의무로서 '금전'의 반환

계약이 해제된 경우 금전을 수령한 자는 그 '수령한 날'(해제한 날이 아님)부터 이자를 가산하여 반환하여야 한다(제548조 2항)**(8회 선택형)**

① **[이자의 성격]** 이때 이자는 원상회복의 범위에 속하는 것으로서 일종의 부당이득반환의 성질을 가지는 것이고 반환의무의 이행지체로 인한 지연손해금이 아니다. 따라서 당사자 사이에 그 이자에 관하여 특별한 약정이 있으면 그 약정이율이 우선 적용되고 약정이율이 없으면 민사 또는 상사 법정이율이 적용된다(2000다9123)**(6회, 9회 선택형)**.

② **[원상회복의무가 이행지체에 빠진 경우]** 해제로 인한 원상회복의무는 '이행기의 정함이 없는 채무'이므로 그 반환청구를 받은 때부터(그 다음날) 이행지체가 성립하는데, "원상회복의무가 이행지체에 빠진 이후의 기간에 대해서는 부당이득반환의무로서의 이자가 아니라 반환채무에 대한 지연손해금이 발생하게 되므로 거기에는 지연손해금률이 적용되어야 한다. 그 지연손해금률에 관하여도 당사자 사이에 별도의 약정이 있으면 그에 따라야 할 것이고, 설사 그것이 법정이율보다 낮다 하더라도

---

7) **[판례해설]** 왜냐하면, 丙이 甲에 대하여 직접 부당이득반환청구를 할 수 있다고 보면, 자기 책임하에 체결된 계약에 따른 위험부담을 제3자 甲에게 전가 시키는 것이 되어 계약법의 기본원리에 반하는 결과를 초래할 뿐만 아니라 수익자인 제3자 甲이 계약 상대방 乙에 대하여 가지는 항변권 등을 침해하게 되어 부당하기 때문이다(2001다46730 ; 이는 전용물소권을 부정하는 것과 같은 이치이다)**(1회,3회,10회 선택형)**

마찬가지이다"(2011다50509).

③ [계약해제시 반환할 금전에 가산할 이자에 관하여 당사자 사이에 약정이 있는 경우] "계약해제시 반환할 금전에 가산할 이자에 관하여 당사자 사이에 약정이 있는 경우에는 특별한 사정이 없는 한 이행 지체로 인한 지연손해금도 그 약정이율에 의하기로 하였다고 보는 것이 당사자의 의사에 부합한 다(제397조 1항 참조). 다만 그 약정이율이 법정이율보다 낮은 경우에는 약정이율에 의하지 아니하고 법 정이율에 의한 지연손해금을 청구할 수 있다"(2011다50509)(6회 선택형).

④ [계약해제로 인한 금전반환의무와 소송촉진 등에 관한 특례법 제3조 1항의 적용여부] 참고로 원상회복을 구하는 소송에서 원고가 승소하였더라도 원고와 피고의 원상회복의무가 동시이행관계에 있는 경우에는 피고의 금전반환의무가 이행지체에 있는 것이 아니므로 '금전채무불이행'으로 인한 손해배상액 산정의 특별규정인 소송촉진 등에 관한 특례법은 적용되지 않는다(2001다76298).

2) 원상회복의무로서 '물건'의 반환

① 제548조 2항의 '금전'의 경우와 균형상 반환할 물건에는 그 '받은 날'부터 '임료상당의 사용이익'이을 가산하여 반환하여야 한다(제548조 2항 유추해석)(5회 선택형). ② 이 때 매매목적물을 통해 영업을 하였더라도 원상회복으로 반환해야 할 부당이득은 '영업이익'이 아닌 '임료상당의 사용이익'이어야 한다(2020다290804). ③ 한편, "운용이익은 사회통념상 매수인의 행위가 개입되지 아니하였더라도 그 목적물로부터 매도인이 당연히 취득하였으리라고 생각되는 범위 내의 것이 아닌 한 매수인이 반환하여야 할 사용이익의 범위에서 공제하여야 한다"(2006다26328)(6회 선택형).

3) 과실상계의 적용가부(소극)

"원상회복청구권에 대하여 해제자가 해제의 원인이 된 채무불이행에 관하여 '원인'의 일부를 제공하였더라도 과실상계가 적용될 수 없다"(2013다34143)(9회, 11회 선택형).

3. 손해배상(제551조)   [C-23d]

(1) 해제와 이행이익의 배상 : 원칙

계약해제의 효과는 손해배상의 청구에 영향을 미치지 않는다(제551조). 여기에서 말하는 손해배상은 채무불이행으로 인한 손해배상이고, 따라서 채무자의 고의 또는 과실을 요하며(2015다 59115), 그 범위도 원칙적으로 '이행이익'의 배상이다(통설 및 判例). 따라서 여기서의 이행이익 상당액이란 원상회복을 통해 전보되지 못한 추가적인 손해를 의미한다.

(2) 해제와 신뢰이익의 배상 : 예외

判例는 제551조에 따른 손해배상은 원칙적으로 채무불이행으로 인한 '이행이익' 손해배상이나, '선택적'으로 계약의 이행을 믿고 지출한 비용인 '신뢰이익'의 배상을 청구할 수 있고, 다만 과잉금지의 원칙상 이는 이행이익의 범위를 초과할 수는 없다고 한다. 또한 신뢰이익의 배상도 '통상손해'와 '특별손해'로 구분하여, 후자의 경우에는 상대방이 그러한 지출을 알았거나 알 수 있었어야만 그 배상을 청구할 수 있다고 한다(2002다2539)(5회 선택형). 예를 들어 건물을 신축할 목적으로 (아직 매매대금을 완불하지 않은 토지의 미등기) 매수인이 설계비 또는 공사계약금을 지출하였다가 토지매매계약이 해제됨으로 말미암아 이를 회수하지 못하는 손해는 '신뢰이익' 손해이지만, 이는 특별한 사정으로 인한 '특별손해'에 해당한다(95다47619)(1회 선택형).

4. 제548조 1항 단서에 의해 보호되는 제3자의 범위 ★★★★ [C-23e]

✎ 제108조 2항의 선의의 제3자와 잘 비교해야 한다(제108조 2항의 선의의 제3자는 등기, 인도 등으로 완전한 권리, 즉, 물권적인 권리를 취득할 필요가 없다는 점을 유의해야 한다).

(1) 일반론

① 判例는 그 해제될 계약으로부터 생긴 법률효과를 기초로 하여 '해제 전'에 새로운 이해관계를 가졌을 뿐 아니라 등기·인도 등으로 완전한 권리를 취득한 자를 말하므로(2000다22850)[8] **[6회 기록형, 9회 사례형, 16법행]** 무허가건물관리대장에 소유자로 등재된 자는 이에 해당하지 않는다고 한다(2011다64782) **[16사법]**

② 한편, '해제의 의사표시가 있은 후라도 그 등기 등을 말소하지 않은 동안' 새로운 권리를 취득하게 된 '선의'의 제3자도 제548조 1항 단서에 의해 보호되는데(84다카130)**(3회 선택형)**, 이 경우 제3자가 악의라는 사실의 주장, 증명책임은 계약해제를 주장하는 자에게 있다(2005다6341).

(2) '소유권을 취득한' 매수인으로부터 물권 또는 대항력 있는 권리를 취득한 자(원칙적 적극)

① 判例는 소유권을 취득하였다가 계약해제로 인하여 소유권을 상실하게 된 임대인으로부터 그 계약이 해제되기 전에 대항요건을 갖춘 임차인(96다17653)**(1회 선택형)**(이 경우 소유권을 회복한 매도인은 임대인의 지위를 승계하고, 임대차보증금반환채무도 면책적으로 인수한다),

② 매수인이 소유권이전등기를 받은 후 그 계약이 해제되기 전에 그 부동산을 (가)압류한 매수인의 채권자(99다40937[9]),

③ ㉠ 매수인과 매매예약을 체결한 후 그에 기한 소유권이전청구권 보전을 위한 가등기를 마친 사람은 보호받는 제3자에 해당한다고 한다(2013다14569)**(9회, 11회 선택형)**. ㉡ 그러나 매도인 甲이 자신 소유의 토지를 매도하기로 하는 계약을 체결한 후 잔대금 미지급 상태에서 매수인 乙에게 소유권이전등기를 해 주면서 장차 매수인의 채무불이행으로 인하여 해제시 토지를 원상회복해 주기로 약정하고, 이를 위해 매도인 甲 앞으로 소유권이전등기청구권(채권적 청구권) 보전의 가등기를 한 사안에서, 토지매수인 乙이 건물을 신축하고 제3자 丙에게 토지와 건물에 대한 소유권이전등기를 경료해 준 후, 매수인 乙이 잔대금지급의무를 불이행하자 甲은 이를 이유로 토지매매계약을 해제하고 가등기에 기한 본등기를 경료하게 되면, 가등기후 본등기 전에 이루어진 중간처분은 실효되는 것이므로 결국 제3자 丙은 제548조 1항 단서에 의해 보호받을 수 없다고 하였다(81다카1110). 이 때 丙은 乙에게 제570조가 아닌 제576조에 의한 담보책임을 물을 수 있다(92다21784).

---

8) **[판례검토]** 제548조 1항 단서의 제3자는 '완전히 유효'한 계약을 바탕으로 새로운 이해관계를 가지는 자이므로 해제 당사자와의 이익형량상 등기, 인도 등으로 완전한 권리를 취득한 자이어야 한다는 判例의 태도는 타당하다.

9) **[비교판례]** 그러나 "부동산에 대하여 가압류등기가 된 경우에, 그 가압류채무자(매수인)의 전 소유자(매도인)가 위의 가압류 집행에 앞서 같은 부동산에 대하여 소유권이전등기의 말소청구권을 보전하기 위한 처분금지가처분등기를 경료한 다음, 채무자를 상대로 매매계약의 해제를 주장하면서 소유권이전등기 말소소송을 제기한 결과 승소판결을 받아 확정되기에 이르렀다면, 위와 같은 가압류는 결국 말소될 수밖에 없고(동일한 부동산에 대한 가압류와 가처분의 효력 순위는 그 집행 순서에 따라 정해진다), 따라서 이러한 경우 가압류채권자(매수인의 채권자)는 제548조 1항 단서의 제3자로 볼 수 없다"(2011다89903) **[09법무]**

(3) 이행이 이루어지기 전에 '계약으로부터 생긴 채권'에 관하여 이해관계를 맺은 자(원칙적 소극)

① 判例는 채권의 양수인이 취득한 권리는 채권에 불과하고 대세적 효력을 갖는 권리가 아니어서 (대항요건을 갖추었더라도) 제3자에 해당하지 않는다(2000다23433)[10]고 한다(3회 선택형) [16법행]

② 매수인의 매도인에 대한 소유권이전등기청구권(채권)을 양수받은 자나 (가)압류한 자도 보호되는 제3자에 해당하지 않는다(99다51685)고 한다(1회,8회 선택형) [16법행]

③ 그러나 ㉠ '주택을 인도받은 미등기매수인'과 임대차계약을 체결하고 그 주택을 인도받아 전입신고를 마친 자는 제3자에 해당한다고 한다(2007다38908)(8회,10회 선택형) [09법무] ㉡ 다만, 미등기매수인의 임대권한이 처음부터 제한되어 있는 경우에는 제3자는 보호되지 않는다. 즉 "매도인으로부터 매매계약의 해제를 해제조건부로 전세권한을 부여받은 매수인이 주택을 임대한 후 매도인과 매수인 사이의 매매계약이 해제됨으로써 해제조건이 성취되어 그 때부터 매수인이 주택을 전세 놓을 권한을 상실하게 되었다면, (주임법상 대항요건을 구비한)임차인은 전세계약을 체결할 권한이 없는 자와 사이에 전세계약을 체결한 임차인과 마찬가지로 매도인에 대한 관계에서 사용수익권을 주장할 수 없다"(95다32037) [6회 기록형]

(4) 토지매매가 해제된 경우 건물에 대한 이해관계인(원칙적 소극)

A가 X토지를 매수하고 소유권이전등기를 받기 전에 토지소유자인 매도인 B의 승낙을 받아 그 X토지에 대규모로 견고하게 Y건물을 신축하고 이를 제3자 C에게 양도하여 소유권이전등기를 해 준 상태에서 B가 A의 채무불이행을 이유로 토지매매계약을 적법하게 해제한 경우, ㉠ 토지와 건물은 별개의 물건이기 때문에 토지매매가 해제된 경우 건물에 관한 이해관계인 C는 원칙적으로 매매목적물인 토지 자체에 이해관계를 가진 것이 없고, 그렇다고 사안에서 물권적인 토지이용권인 관습법상 법정지상권이 인정되는 것도 아니어서[11] 제548조 1항 단서의 제3자에 해당하지 않으나(90다카16761)(2회 선택형), ㉡ B가 A의 건축에 대한 동의를 함으로써 C가 이를 신뢰하고 Y건물을 매수하였다는 점(금반언 관련), Y건물은 대규모의 견고한 건물로 철거하기에는 사회경제적 손실이 크다는 점(권리남용 관련)에서 B가 건물철거 등을 구하는 것은 신의성실의 원칙에 반하여 허용될 수 없을 가능성이 있다(93다20986,20993).

V. 합의해제(해제계약) ★★

1. 합의해제 성립여부   [C-25]

判例는 ① 단지 당사자 쌍방이 계약을 이행하지 않고 장기간 방치한 것만으로는 묵시적 합의해제가 인정되지 않으나(98다17602)(4회 선택형), ② 계약실현 의사의 결여 또는 포기로 인하여 쌍방 모두 이행의 제공이나 최고 없이 장기간 방치한 경우(2004다37904), 매도인이 이미 지급받은 계약금과 중도금을 공탁하였는데 매수인이 아무런 이의 없이 수령한 경우(79다1457)(4회 선택

---

10) [판례검토] 계약이 해제되어 채권이 소급적으로 무효가 될 수 있다는 것은 채권 그 자체가 갖는 고유한 특성이므로 채권양수인은 원칙적으로 이로 인한 위험을 스스로 부담함이 상당하다는 점 등에 비추어 判例의 태도는 타당하다.

11) "토지매매에 수반하여 토지소유자가 매수인으로부터 토지대금을 다 받기 전에 그 토지위에 건물을 신축할 수 있도록 승낙하였다 하더라도 특별한 사정이 없는 한 매매당사자 사이에 토지에 관한 지상권 설정의 합의까지도 있었던 것이라고 할 수 없어 매매계약이 적법하게 해제된 경우에는 관습에 의한 법정지상권도 성립되지 아니한다"(87다카12895).

형), 종전의 계약이 '묵시적'으로 합의해제된 것으로 보았다. 아울러 계약당사자의 일방이 계약해제에 따른 원상회복 및 손해배상의 범위에 관한 조건을 제시한 경우 그 조건에 관한 합의까지 이루어져야 합의해제가 성립된다(95다43044)**(4회 선택형)**.

2. 합의해제의 효과 [C-26]

(1) 당사자간 효력

① 합의해제·해지는 '계약'이므로 단독행위로서의 해제를 전제로 하는 제543조 이하의 규정은 원칙적으로 적용되지 않는다(79다1455). 따라서 특약이 없는 이상 합의해제로 인하여 반환할 금전에 그 받은 날로부터의 이자를 가하여야 할 의무가 없으므로(제548조 2항, 95다16011)**(4회, 8회, 9회 선택형)**, 1차적으로는 합의해제의 내용에 의해 효력이 정해지고, 합의가 없다면 부당이득반환규정(제741조 이하)에 의해 정해진다**(13회 선택형)**. ② 한편, 합의해제시에 당사자 일방이 상대방에게 손해배상을 하기로 특약하거나 손해배상청구를 유보하는 의사표시를 하는 사정이 없는 한 채무불이행으로 인한 손해배상을 청구할 수는 없는데, 원래의 계약에 있는 위약금이나 손해배상에 관한 약정은 특별한 사정이 없는 한 합의해제의 경우에까지 적용되지는 않는다(2017다220416)**(12회 선택형)**.

(2) 제3자에 대한 효력 [16사법]

합의해제의 효력은 원칙적으로 당사자간에만 미치므로 완전한 권리를 취득한 제3자의 권리관계에는 영향을 미치지 못한다(92다44350). 즉 제548조 1항 단서 규정은 합의해제의 경우에도 유추적용된다.

🖊 **상속재산분할협의 후 재분할협의**(=기존의 상속재산분할협의 합의해제) **[9회 사례형, 16법행]**

判例는 "상속재산 분할협의는 공동상속인들 사이에 이루어지는 일종의 계약으로서, 공동상속인들은 이미 이루어진 상속재산 분할협의의 전부 또는 일부를 전원의 합의에 의하여 해제한 다음 다시 새로운 분할협의를 할 수 있다**(9회 선택형)**. 상속재산 분할협의가 합의해제되면 그 협의에 따른 이행으로 변동이 생겼던 물권은 당연히 그 분할협의가 없었던 원상태로 복귀하지만, 민법 제548조 제1항 단서의 규정상 이러한 합의해제를 가지고서는, 그 해제 전의 분할협의로부터 생긴 법률효과를 기초로 하여 새로운 이해관계를 가지게 되고 등기·인도 등으로 완전한 권리를 취득한 제3자의 권리를 해하지 못한다"(2002다73203)고 판시하여 거래의 안전을 도모하고 있다.

Ⅵ. 해제조건 및 실권특약(실권조항) ★★★ [C-29]

계약에 관하여 해제의 의사표시 없이 계약으로 정해진 조건의 만족(채무불이행 등)이 있으면 자동적으로 해제되는 것으로 정한 것을 '해제조건'이라 하며, 이러한 조건이 붙은 계약을 '해제조건부 계약'(채무자의 채무불이행을 조건으로 하여 해제권을 유보하는 특약과는 구별된다), 이러한 계약조항을 '실권특약(실권조항)'이라고 한다.

🖊 **[구별]** 예컨대 최고를 하면서 최고기간 내에 이행하지 않으면 당연히 해제된 것으로 본다고 한 것은 최고기간 내의 불이행을 정지조건으로 하여 해제의 의사표시를 한 것으로 볼 수 있지만, 이 경우는 상대방을 특별히 불리하게 하는 것이 아니므로 유효하다(80다2381 : 이는

실권특약과 비슷하나, 특약은 합의에 의하여 약정한 것인 데 비하여 정지조건부 해제는 일방적으로 최고를 하면서 덧붙인 것인 점에서 차이가 있다).

1. 계약금 포기·배액상환 약정과 결합된 자동해제 조항(실권특약이 아님)

判例는 해제조건이 아닌 '해제권 유보', 즉 '약정해제권'을 정한 것으로 판단한다. 그 결과 계약을 해제하기 위해서는 이행지체 후에도 최고를 하여야 하고(80다851), 일방이 '이행에 착수'한 뒤에는 해제권 유보조항에 의한 해제권은 행사할 수 없다.

2. 중도금지급채무의 불이행을 조건으로 한 실권조항(선이행의무이므로 자동해제)

중도금의 지급은 선이행의무이므로 그 불이행시 즉시 조건이 성취되어 해제의 효력이 발생한다(91다13717)(7회, 12회, 13회 선택형). 따라서 매도인이 그 후에 중도금의 지급을 최고하였다 하더라도, 이는 은혜적으로 한번 지급의무를 이행할 기회를 준 것에 지나지 아니한다(79다2035)(13회 선택형)고 한다.

3. 잔대금지급채무의 불이행을 조건으로 한 실권조항(동시이행관계이므로 이행제공해야 자동해제: 제한해석) [2회 사례형, 13법행]

判例는 쌍방의 채무가 동시이행관계인 경우 이행의 제공을 하여 상대방을 이행지체에 빠뜨려야 자동해제가 된다고 한다(98다505)(2회, 5회, 7회 선택형). 다만 동시이행의 경우에도 '불이행시 계약이 자동적으로 해제되는 것을 감수하겠다'는 등의 별도의 특약이 있는 때에는 이행의 제공 없이도 자동해제될 수 있다고 한다(95다55467).

4. 자동해제된 계약의 부활

실권조항에 따라 자동해제된 후 "당사자들이 해제에 따른 법률효과를 주장하지 아니한 채 계약 내용에 따른 이행을 촉구하거나 온전한 채무의 이행을 받지 못한 상대방이 별다른 이의 없이 급부 중 일부를 수령하였다면, 자동해제 약정의 효력을 상실시키고 자동해제된 계약을 부활시키기로 하는 합의가 있었다고 봄이 상당하다. 이러한 경우 채무이행을 받지 못한 상대방은 새로운 이행의 최고 없이 바로 해제권을 행사할 수 없다"(2019다216817)(13회 선택형).

Ⅰ. 증여의 특수한 해제　[C-31]

1. 서면에 의하지 않은 증여의 해제

증여의 의사가 서면으로 표시되지 아니한 경우에는 각 당사자는 이를 해제할 수 있다(제555조).

① 제555조의 '서면에 의한 증여'란 증여계약 당사자간에 있어서 증여자가 자기의 재산을 상대방에게 준다는 '증여의사'가 문서를 통하여 확실히 알 수 있는 정도로 서면에 나타낸 증여를 말하는 것으로서, 비록 서면 자체는 증여계약서로 되어 있지 않더라도 그 서면의 작성에 이르게 된 경위를 아울러 고려할 때 그 서면이 바로 증여의사를 표시한 서면이라고 인정되면 된다(95다54006). **[13회 사례형]**

② 아울러 증여계약의 특수한 해제는 민법 제543조 이하에서 규정한 본래 의미의 해제와는 달리 형성권의 제척기간(10년)의 적용을 받지 않는 '특수한 형태의 철회'로서, 10년이 경과한 후에 이루어졌다 하더라도 이행하기 전이라면 적법하다(2009다37831). **[13법행]**

2. 망은행위로 인한 해제

수증자의 증여자에 대한 일정한 망은행위가 있는 경우에, 증여자는 증여계약을 해제할 수 있다 (제556조 1항).

① 제556조 1항 1호의 '범죄행위'란 둘 사이의 신뢰관계를 중대하게 침해하여 수증자에게 증여의 효과를 그대로 유지시키는 것이 사회통념상 허용되지 아니할 정도의 범죄를 저지르는 것을 말하며, 반드시 수증자가 그 범죄행위로 형사처벌을 받을 필요는 없다(2017다207475, 2017다207482).

② 제556조 1항 2호의 '부양의무'란 제974조에 규정되어 있는 직계혈족 및 그 배우자 또는 생계를 같이 하는 친족간의 부양의무를 가리키는 것으로서(**10회 선택형**), 친족간이 아닌 당사자 사이의 약정에 의한 부양의무는 이에 해당하지 아니하여 제556조 2항이나 제558조가 적용되지 않는다(95다43358).

3. 사정변경으로 인한 해제

증여계약 후에 증여자의 재산상태가 현저히 변경(악화)되고, 증여의 이행으로 인하여 생계에 중대한 영향을 미칠 경우에는 증여자는 증여를 해제할 수 있다(제557조).

4. 해제의 효과

증여의 특수한 해제의 경우 이미 이행한 부분에 대해서는 영향을 미치지 않는다(제558조).

① '영향을 미치지 아니한다'는 의미는 이미 이행한 부분에 대하여는 해제권을 행사할 수 없다는 의미이다(2003다1755).

② 제558조의 '이미 이행한 부분'이란 증여자가 증여계약에서 부담한 채무의 주요한 부분이 실행된 것을 의미하는 것으로, 判例에 따르면 형식주의 하에서 부동산의 증여가 이미 이행한 것으로 볼 수 있기 위해서는 '등기'가 이루어져야 한다고 한다(77다834). 특히 '부담부 증여'계약의 경우 증여자의 증여 이행이 완료되지 않았더라도 '수증자'가 부담의 이행을 완료한 경우에도 이에 해당한다(2021다299976, 299983).

Ⅱ. 사인증여(제562조)

민법은 사인증여에 유증에 관한 규정을 준용하고 있다(제562조). 다만 사인증여는 불요식 계약이나 유증은 단독행위로 엄격한 요식성을 요하는 바 준용의 범위가 문제된다.

① "유증의 방식에 관한 제1065조 내지 제1072조는 그것이 단독행위임을 전제로 하는 것이어서 계약인 사인증여에는 적용되지 않는다"(94다37714,37721).

② "포괄적 유증의 효과에 관한 제1078조가 포괄적 사인증여에 준용된다고 하는 것은 사인증여의 성질에 반하므로 준용되지 아니한다"(94다37714,37721).

③ 다만 判例는 유류분반환에 있어 사인증여에 유증과 같은 효과를 인정한다(2001다6947)(1회 선택형). 즉 유류분반환의 순서에 있어 사인증여를 생전증여가 아닌 유증과 동일한 취급을 하게 되며, 따라서 사인증여는 생전증여보다 먼저 반환청구의 대상이 된다(제1116조 참조).

④ 또한 증여자의 최종적인 의사를 존중할 필요성에 따라 유증의 철회에 관한 제1108조 제1항은 사인증여에 준용된다(2017다245330).

Set 072 │ 매매의 성립과 효력 ★★

Ⅰ. 예약완결권(제564조)

1. 가등기된 예약완결권의 양도와 관련한 논리(사례) 구조

[핵심사례 C-04]

> 甲은 1980년 5월 1일 乙소유 토지에 대해 매매예약을 체결하고 그 달 13일 甲 앞으로 위 매매예약을 원인으로 소유권이전청구권 보전의 가등기를 하였다.
> (1) 甲은 예약완결권을 丙에게 양도하려고 한다. 양도방법과 가능성을 논하라.
> (2) 만약 1980년 8월 19일에 甲과 乙 사이에 위 예약완결권을 1985년 3월 26일부터 행사하기로 합의를 하였고, 그 후 1992년 8월 6일 甲이 위 예약완결권을 행사하고 이를 원인으로 하여 乙을 상대로 위 가등기에 기한 본등기절차의 이행을 청구하였다면 甲의 청구는 인용될 수 있는가?
>
> ① 예약완결권의 법적 성질 및 양도성(제449조의 양도가능 여부 및 제450조의 대항요건)⇒ ② 예약완결권이 가등기 되어 있는 경우 가등기의 부기등기의 허용 가부(가능) ⇒ ③ 예약완결권 행사기간의 법적성질(제척기간)⇒ ④ 예약완결권의 행사(존속)기간(제척기간 기산점의 특약 불가)

2. 예약완결권의 양도(예약완결권이 가등기되어 있는 경우)

判例는 "가등기는 원래 순위를 확보하는 데에 그 목적이 있으나 순위보전의 대상이 되는 물권변동의 청구권은 ⅰ) 그 성질상 양도될 수 있는 재산권일 뿐만 아니라, ⅱ) 가등기로 인하여 그 권리가 공시되어 결과적으로 공시방법까지 마련된 셈이므로" 이를 인정할 수 있다고 판시하였다(전합98다24105). 즉 가등기상의 권리를 양도한 경우에는 양도인과 양수인의 공동신청으로 그 가등기상의 권리의 이전등기를 가등기에 대한 부기등기의 형식으로 경료할 수 있다고 하였다(가등기 Set 105.참고).

3. 예약완결권의 행사

(1) 매매예약상 권리자가 수인인 경우

종래 判例는 수인이 공동매수인으로서 매매예약을 체결한 경우 예약완결권을 '준공유'한다고 보았으나(따라서 제264조에 따라 공동행사), 변경된 判例에 따르면 "수인의 채권자가 공동으로 매매예약 완결권을 가지는 관계인지(제278조, 제264조 참조) 아니면 채권자 각자의 지분별로 별개의 독립적인 매매예약 완결권을 가지는 관계인지(제278조, 제263조 참조)는 '매매예약의 내용'에 따라야 하고, 매매예약에서 그러한 내용을 명시적으로 정하지 않은 경우에는 ⅰ) 담보 관련 권리를 공동 행사하려는 의사의 유무, ⅱ) 채권자별 구체적 지분권의 표시 여부, ⅲ) 지분권 비율과 피담보채권 비율의 일치 여부 등을 종합적으로 고려하여 판단하여야 한다"고 하면서

☞ 예를 들어 "甲이 乙에게 돈을 대여하면서 담보 목적으로 乙 소유의 부동산 지분에 관하여 乙의 다른 채권자 A와 공동명의로 매매예약을 체결하고 각자의 채권액 비율에 따라 지분을 특정하여 가등기를 마쳤다면 채권자가 각자의 지분별로 별개의 독립적인 매매예약완결권을 갖는 것으로 볼 수 있으므로, 甲이 단독으로 담보목적물 중 자신의 지분에 관하여 매매예약완결권을 행사할 수 있고, 이에 따라 단독으로 자신의 지분에 관하여 가등기에 기한 본등기절차의 이행을 구할 수 있다"(전합2010다82530)고 한다.

(2) 예약완결권을 행사할 수 없는 경우(효력이 없는 경우)

"매매예약이 성립한 이후 상대방의 매매예약 완결의 의사표시 전에 목적물이 멸실 기타의 사유로 이전할 수 없게 되어 예약완결권의 행사가 이행불능이 된 경우에는 예약완결권을 행사할 수 없고, 이행불능 이후에 상대방이 매매예약 완결의 의사표시를 하여도 매매의 효력이 생기지 아니한다"(2013다28247).

4. 예약완결권의 행사기간(~언제까지)

① 예약완결권의 행사기간을 당사자가 약정한 경우에는 그에 따른다(제564조 2항의 반대해석). 즉, 당사자 사이에 약정하는 예약 완결권의 행사기간에 특별한 제한은 없다. 예컨대 甲이 乙에게 2002. 4. 26.자 매매의 일방예약을 원인으로 한 가등기를 2002. 4. 30. 마쳐주었고, '예약완결권은 2032. 4. 25. 까지 행사할 수 있도록 약정'한 경우, 예약완결권은 2012. 4. 25. 10년의 제척기간 도과로 소멸하는 것이 아니라 약정한 2032. 4. 25.이 지나야 그 예약완결권이 제척기간의 경과로 인하여 소멸한다(2016다42077). ② 그러나 예약완결권의 행사기간을 당사자가 약정하지 않은 경우 "예약완결권은 예약이 성립한 때로부터 '10년' 내에 행사하지 않으면 '제척기간'의 경과로 소멸한다"(94다22682)(4회, 10회 선택형)고 한다.

🔎 제척기간 임박한 상태에서의 새로운 매매예약이 사해행위인지 여부(적극)

"채무자가 유일한 재산인 그 소유의 부동산에 관한 매매예약에 따른 예약완결권이 제척기간 경과가 임박하여 소멸할 예정인 상태에서 제척기간을 연장하기 위하여 새로 매매예약을 하는 행위는 채무자가 부담하지 않아도 될 채무를 새롭게 부담하게 되는 결과가 되므로 채권자취소권의 사해행위가 될 수 있다"(2017다247190)(9회, 13회 선택형).

5. 예약완결권의 제척기간의 기산점(~언제부터)

"제척기간의 기산점은 특별한 사정이 없는 한 원칙적으로 '권리가 발생한 때' 이고, 당사자 사이에 매매예약완결권을 행사할 수 있는 시기를 특별히 약정한 경우에도 그 제척기간은 권리의 발생일로부터 10년간의 기간이 경과되면 만료된다"(94다22682)(4회 선택형).

Ⅱ. 과실의 귀속   [C-35]

매매계약 후에도 인도하지 아니한 목적물로부터 생긴 과실(사용이익)은 매도인에게 속한다(제587조 전문). 제587조는 목적물의 '사용이익'과 대금의 '이자' 사이의 등가성을 선언한 것으로, 매수인이 소유권이전 '등기'를 받은 후에도 매수인에게 '인도'하기 전에는 대금이 완납되지 않는 한 매도인이 여전히 과실수취권(사용이익)을 갖는다(91다32527)(4회 선택형).

따라서 매수인이 매매대금을 완납하지 않은 상태에서는, 매도인이 '인도'의무를 지체하더라도 매수인은 매도인의 매매목적물의 인도의무의 이행지체를 이유로 손해배상을 청구할 수 없다(2004다8210)(1회 선택형). 다만 매수인이 대금을 이미 완납한 경우에는 매도인이 '인도'를 지체하고 있어도 매수인이 과실(이자)을 수취한다(93다28928)(1회, 10회 선택형). [3회 기록형]

🔖 매수인의 대금지급채무가 이행지체에 빠진 경우에도 매도인은 인도하기 전까지는 그 목적물에서 생기는 과실을 수취할 수 있고 목적물의 관리·보존의 비용도 자기가 부담하여야 하며, 그에 대응하여 매수인도 매매대금의 이자 상당액의 손해배상을 지급할 필요가 없다(80다211)(1회 선택형). 다만 "매수인의 대금 지급의무와 매도인의 근저당권설정등기 말소의무가 동시이행관계에 있는 등으로 매수인이 대금 지급을 거절할 정당한 사유가 있는 경우에는 매매목적물을 미리 인도받았다 하더라도 제587조에 의한 이자를 지급할 의무는 없다"(2016다246800).

Ⅰ. 권리의 하자

※ 타인권리매매의 논리(사례) 구조 [01 · 07 · 13사법, 17입법]

> A소유 X토지 등기를 B가 자신명의로 위조 ⇒ B가 선의의 C에게 5천에 매매/등기 ⇒ 선의의 C가 선의의 D에게 7천에 매매/등기한 경우, A가 D에게 소유권에 기한 물권적 청구권을 행사하여 승소하였다면 C · D 및 B · C간의 법률관계는?(승소확정판결 당시 X토지의 시가는 3억)

Ⅰ. C와 D사이의 법률관계[12]

1. D의 C에 대한 타인 권리의 매매로 인한 담보책임 추궁(이행이익 배상)

D는 C에게 이행불능당시(A의 승소확정판결 당시)의 위 토지의 시가 상당액, 3억 원을 손해배상으로서 청구할 수 있다(제570조 단서).

2. C가 D와의 위 매매를 착오를 이유로 취소할 수 있는지 여부(불가)

만일 C의 착오취소가 허용된다면, 위 매매는 소급적으로 무효가 되어 C의 담보책임이 성립할 여지가 없게 되고 C는 D에게 부당이득으로서 7천만 원만, 그것이 현존하는 한도 내에서 반환하면 되기 때문에, C에게는 유리하다. 그러나 이로 인하여 매수인 D가 보호되지 않으므로 C는 D와의 매매를 착오를 이유로 취소할 수 없고, 위와 같은 사례에 대비하여 제571조의 규정을 두고 있는 바, 선의의 매도인 C는 당해 규정에 따라 손해를 배상하고 계약을 해제할 수 있을 뿐이다. 결국 제570조와 제571조는 제109조의 특별규정이다.

Ⅱ. B와 C 사이의 법률관계

1. C의 B에 대한 타인 권리의 매매로 인한 담보책임 추궁(이행이익 배상)

2. C의 B에 대한 채무불이행책임 추궁(이행이익 배상)

C는 B의 채무불이행으로 인하여 D에게 위 Ⅰ-1에서 살핀 바와 같은 손해배상의무를 부담하게 되었다. 따라서 C는 B에게 D에게 부담하는 손해배상금 3억 원 상당의 손해배상을 청구할 수 있다(제390조).

3. C의 B에 대한 불법행위를 원인으로 한 손해배상청구권[13]

"불법행위로 인하여 중간 매도인이 입은 통상의 손해는, 부동산의 시가가 하락하는 등의 특별한 사정이 없는 이상, 담보책임의 이행으로 지급한 손해배상금(3억 원)에서 자신이 전매를 통하여 취한 이득(2천만 원)을 공제한 금액 상당(2억 8천만 원 상당액)이라고 봄이 상당하다"(2005다55312).[14]

---

12) C가 선의이므로 채무불이행이나 불법행위책임은 성립하지 않는다.

13) 타인의 부동산을 등기관계서류를 위조하여 불법매도하는 불법행위자로부터 그 부동산을 매수하여 다른 사람에게 매도한 중간 매도인이, 진정한 소유자가 제기한 말소등기청구소송에서 패소함으로써 최종 매수인에게 손해배상금을 지급한 경우,

1. 전부타인권리의 매매 ★★★

[쟁점 15.]

제569조는 원시적·주관적 불능에 해당하는 타인 권리의 매도도 '유효'함을 전제로 매도인에게 권리 취득 및 이전 의무를 부과하고 있다(93다20283)**(12회 선택형)**.

(1) 요 건

㉠ 타인권리매매일 것, ㉡ 권리의 취득·이전이 불가능할 것, ㉢ 그러나 매도인의 귀책사유는 요건이 아니다(제570조). 특히 ㉠ 요건과 관련하여 매매의 목적인 권리가 타인에게 속하는지 여부는 '법률적 관점'에서 '실질적'으로 판단되어야 하는바, 判例는 유효한 명의신탁 사안에서 (대내적 소유자인) 명의신탁자는 그 부동산을 사실상 처분할 수 있을 뿐 아니라 법률상으로도 처분할 수 있는 권원에 의하여 매도한 것이므로 타인의 권리의 매매라고 할 수 없다고 한다(96다18656)**(6회 선택형)**.

(2) 효 과

1) 계약해제권

매수인은 그의 선·악을 불문하고 계약을 해제할 수 있다(제570조 본문). 이러한 해제의 효과에 관하여 특별한 규정은 없지만 일반적인 해제와 달리 해석할 이유가 없다(제548조 2항 적용)(92다25946). 다만, 매수인이 진정한 권리자인 타인에게 직접 목적물 또는 사용이익을 반환하는 등의 특별한 사정이 있는 경우에는(이 경우에는 제201조 적용 : 필자주) 매수인은 적어도 그 반환 등의 한도에서는 매도인에게 목적물 및 사용이익을 반환할 의무를 부담하지 않는다(2016다240).

2) 손해배상청구권

악의의 매수인은 원칙적으로 손해배상청구권이 없으나(제570조 단서), 매도인의 귀책사유가 있는 경우 채무불이행(이행불능)을 이유로 손해배상청구는 할 수 있다(93다37328)**(9회 선택형)**. 제570조 단서의 손해배상의 범위 및 기준시점은 이행불능 당시(소송의 경우 판결이 확정된 때)의 목적물의 시가, 즉 이행이익 상당액(92다37727)이며, 判例는 손해의 발생 또는 확대에 관하여 매수인의 과실이 있는 경우에 '과실상계' 규정이 아닌 '형평의 원칙'을 근거로 배상액감액을 인정하고 있다(71다218).

2. 권리의 일부가 타인에게 속하는 경우(제572조의 유추적용 例)

[C-36b]

判例는 건물과 그 대지의 매매에서 대지의 일부가 타인의 소유에 속하고 건물의 일부도 그 타인의 토지 위에 건립되어 있는 경우, '건물' 매매에 관한 담보책임을 제575조 2항이나 제580조가 아닌 제572조의 유추적용에서 찾았다(2009다33570).

불법행위로 인하여 중간 매도인이 입은 통상의 손해의 산정 방법

14) **[비교판례]** 참고로 D는 B에게 직접 불법행위를 원인으로 한 손해배상을 청구할 수 있는바, 그 손해배상의 범위는 위 토지의 시가 상당액(3억 원)이 아니라 D가 지급한 매매대금 상당액(7천만 원)이다. 즉, 判例에 따르면 "위 불법행위로 인하여 최종 매수인이 입은 손해는 무효의 소유권이전등기를 유효한 등기로 믿고 위 토지를 매수하기 위하여 출연한 금액, 즉 '매매대금'으로서 이는 기존이익의 상실인 적극적 손해에 해당하고, 최종 매수인은 처음부터 위 토지의 소유권을 취득하지 못한 것이어서 위 말소등기를 명하는 판결의 확정으로 비로소 위 토지의 소유권을 상실한 것이 아니므로 위 토지의 소유권상실이 그 손해가 될 수는 없다"(전합91다33070)**(11회 선택형)**.

3. 수량이 부족하거나 일부 멸실이 있는 경우(제574조) [07사법]   [C-36c]

'수량을 지정한 매매'란, 당사자가 매매의 목적인 특정물이 일정한 수량을 가지고 있다는 데 주안을 두고 대금도 그 수량을 기준으로 정한 경우를 말한다. 그러나 부동산의 매매에서는 부동산등기부의 기재를 기준으로 부동산의 면적을 표시하지만, 이것은 통상 매매목적물의 특정을 위해 표시하는 데 지나지 않는 점에서 수량지정 매매로 보기는 어렵다(등기부상의 면적과 실제의 면적은 약간의 과부족이 있는 것이 보통이다). 判例는 대체로 '아파트분양계약'은 수량을 지정한 매매로 보아 수량부족시 제574조에 의한 담보책임을 긍정하나(99다58136)(6회 선택형), '담보권실행을 위한 임의경매'의 경우에는 부정한다(2002다65189)(9회 선택형).

4. 저당권(전세권) 등의 행사로 소유권을 취득할 수 없거나 상실하는 경우(제576조)   [C-36e]

매도인과 매수인 사이에 '채무인수'또는 '이행인수'에 관한 약정이 있으면 담보책임의 면제나 포기의 약정으로 해석되므로 담보책임을 추궁할 수 없다(2002다11151).

(1) 변제자대위권과의 관계

매수인이 제576조 2항에 의해 상환을 청구하는 경우, 매도인에게는 상환청구와 함께 손해배상책임도 함께 추궁할 수 있다(제576조 3항). 이 점에서 변제로 인한 대위(제481조)와 다르다.

(2) 가등기에 기한 본등기가 마쳐짐으로써 소유권을 상실하는 경우

判例는 가등기에 기한 본등기가 마쳐지더라도 물권변동의 효과가 가등기가 마쳐진 때로 소급하는 것은 아니기 때문에 위의 경우를 타인권리의 매매로 볼 수는 없다고 보아 제570조가 아닌 제576조로 해결한다(92다21784).

(3) 임차권(임차보증금반환청구권을 포함)을 매도(교환)한 후 선순위저당권이 실행된 경우

判例는 매도인이 임대인의 임대차계약상의 의무이행을 담보한다는 특별한 약정을 하지 아니한 이상, 임차권 매도인에게 제576조에 따른 담보책임이 있다고 할 수 없다고 한다(2005다34018,34025).

Ⅱ. 물건의 하자(제580조, 제581조) ★★

✎ 논의의 핵심은 어떤 손해배상책임을 통해 어떠한 범위만큼의 손해가 배상될 수 있는가, 당해 책임체계를 통해 배상받을 수 없는 손해는 어떠한 책임체계를 통해 구제받을 수 있는가 하는 점이므로 이에 맞추어 구체적으로 타당한 결론을 내리면 된다.

> 甲은 중고전자제품판매상인데 하루는 단골고객인 乙이 甲의 상점을 방문하여 자기가 보아 두었다고 하는 전자레인지를 찾기에 甲은 그 요리용 전자레인지를 乙에게 판매하였다. 그러나 乙이 전자레인지를 사용하는 순간 전자레인지가 폭발하여 乙은 왼쪽 눈을 실명하였다. 이는 전자레인지를 甲이 잘못 수리한 채, 乙에게 판매하였기 때문에 발생한 것이었다. **이때 乙의 구제수단을 손해배상청구권을 중심으로 논하라.**

Ⅰ. 甲의 하자담보책임

① 계약유형 확정(특정물 매매) ⇒ ② 하자담보책임(제580조) 성립여부 ⇒ ③ 하자담보책임 효과(계약해제권 및 손해배상) ⇒ ④ 담보책임을 통해 전보받을 수 있는 손해배상의 범위(신뢰이익 배상 : 수리가 잘못된 하자부분만큼의 대가적 손해)

Ⅱ. 甲의 채무불이행책임

① 불완전이행(제390조) 성립 여부 ⇒ ② 채무불이행책임 효과(계약해제권 및 손해배상) ⇒ ③ 채무불이행책임을 통해 전보받을 수 있는 손해배상의 범위(이행이익 배상 : 통상손해로서 수리가 잘못되어 전자레인지가 폭발하여 멸실된 손해 + 특별손해로서 왼쪽 눈 실명에 따른 손해)

Ⅲ. 하자담보책임과 채무불이행책임의 경합인정 여부(적극)

判例는 매매의 목적인 특정물에 원시적인 하자가 있는 경우에도 불완전급부로 인한 채무불이행책임이 성립할 수 있음을 명확히 하였다(2002다51586)

Ⅳ. 甲의 제조물책임

① 제조물책임법 제2조 1호의 가공된 동산, 2호의 안전성의 결여, 3호의 가공을 업으로 하는 자에 해당여부(적극) ⇒ ② 제조물책임법을 통해 전보받을 수 있는 손해배상의 범위(확대손해인 왼쪽 눈이 실명된 손해 : 제조물책임법 제3조 1항)

Ⅴ. 계약책임과 불법행위책임의 경합인정 여부(적극)

1. 특정물 하자담보책임(제580조) [쟁점 16.]

(1) 제580조의 하자담보책임이 성립하기 위한 요건

㉠ 특정물에 하자가 있을 것, ㉡ 매수인의 선의·무과실, ㉢ 매도인의 귀책사유는 요구되지 않는다(무과실책임).

(2) 법률적 제한 내지 장애 [5회 기록형]

判例는 건축목적으로 매매된 토지에 대하여 법률상 건축허가를 받을 수 없어 건축이 불능한 경우와 같은 법률적 제한(장애) 역시 권리의 하자(제575조 1항)가 아닌 물건의 하자에 해당한다고 보아 제580조를 적용한다(98다18506)(11회 선택형). 따라서 경매의 경우 담보책임은 문제되지 않는다(제580조 2항).

(3) 하자판단의 기준시

判例는 하자의 존부는 매매계약 성립 당시를 기준으로 판단하여야 한다(98다18506)고 한다(11회 선택형). 따라서 계약 성립 이후에 하자가 발생한 경우에는 채무불이행책임 또는 위험부담의 법리가 적용된다고 한다(78마248).

(4) 담보책임에서 손해배상의 범위

判例는 타인권리의 매매의 경우 이행이익의 배상을 명하였으며(전합66다2618), 종류매매에 관한 하자담보책임(제581조)에서도 이행이익의 배상을 인정하였다(89다카15298). 그러나 특정물 매매에 관한 하자담보책임(제580조)에 기한 손해배상의 범위에 대해서는 判例의 입장이 분명하지 않으나, 하자담보책임으로 인한 확대손해는 분명히 채무불이행책임으로 다루고 있다. 즉, 매도인에게 귀책사유가 인정될 수 있어야만 한다(96다39455)(6회, 9회 선택형).

(5) 제580조와 불완전이행책임 경합

① 判例는 "매도인이 다량의 폐기물을 은밀히 매립한 다음 정상적인 토지임을 전제로 이를 매도함으로써 매수자로 하여금 그 토지의 폐기물처리비용 상당의 손해를 입게 하였다면 매도인은 불완전이행으로서 채무불이행으로 인한 손해배상책임을 부담하고, 이는 제580조의 하자담보책임과 경합적으로 인정된다"(2002다51586)(11회 선택형)고 하여, 매매의 목적인 '특정물'에 원시적인 하자가 있는 경우에도 불완전급부로 인한 채무불이행책임이 성립할 수 있다고 하였다.[15]

② 또한 判例는 "하자를 보수하기 위한 비용은 매도인의 하자담보책임과 채무불이행책임에서 말하는 손해에 해당한다. 따라서 매매 목적물인 토지에 폐기물이 매립되어 있고 매수인이 폐기물을 처리하기 위해 비용(오염토양 정화비용 : 2017다179,186)이 발생한다면 매수인은 그 비용을 제390조에 따라 채무불이행으로 인한 손해배상으로 청구할 수도 있고, 제580조 제1항에 따라 하자담보책임으로 인한 손해배상으로 청구할 수도 있다"(2017다202050)(12회 선택형)고 한다.

---

15) 2002다51586판결에서는 매매대금이 약 87억원이었는데 폐기물처리비용은 약 163억원에 이르렀다.

🔨 **토지 소유자가 폐기물을 불법으로 매립한 경우 토지를 전전 취득한 현재의 소유자에게 불법행위책임으로 폐기물처리비용 상당의 손해배상책임을 지는지 여부(적극)**

判例는 토지 소유자가 토지에 폐기물을 불법으로 매립한 후 매도한 경우 거래상대방 뿐만 아니라 토지를 '전전'취득한 현재의 토지 소유자에 대해서도 제750조에 따른 위법행위로서 '폐기물처리비용'상당의 손해배상책임을 진다고 한다(전합2009다66549).[16]

(6) 하자담보책임과 착오취소의 경합인정 여부(적극)

判例는 "착오로 인한 취소 제도와 매도인의 하자담보책임 제도는 취지가 서로 다르고, 요건과 효과도 구별된다. 따라서 매매계약 내용의 중요 부분에 착오가 있는 경우 매수인은 매도인의 하자담보책임이 성립하는지와 상관없이 착오를 이유로 매매계약을 취소할 수 있다"(2015다78703)**(9회, 10회, 11회 선택형)**고 판시하여 제580조와 제109조의 경합을 처음으로 명시적으로 인정하였다. 따라서 설령 하자를 안 날로부터 6개월이 지났더라도(제582조), 제146조의 제척기간이 지나지 않았다면 착오를 이유로 취소할 수 있다.

2. 종류물 하자담보책임(제581조)   [C-36h]

불특정물매매에서 매수인은 계약의 해제나 손해배상을 청구할 수 있으나, 계약의 해제 또는 손해배상의 청구를 하지 아니하고 하자없는 물건을 청구할 수 있다(제581조 2항 : 완전물급부청구권)**(6회 선택형)**. 다만 判例는 "매매목적물의 하자가 경미하여 수선 등의 방법으로도 계약의 목적을 달성하는 데 별다른 지장이 없는 반면 매도인에게 하자 없는 물건의 급부의무를 지우면 다른 구제방법에 비하여 지나치게 큰 불이익이 매도인에게 발생되는 경우와 같이 하자담보의무의 이행이 오히려 공평의 원칙에 반하는 경우에는, 완전물급부청구권의 행사를 제한함이 타당하다"(2012다72582)**(6회, 9회 선택형)**고 한다.

3. 권리행사기간 : 제척기간과 소멸시효의 경합 [13회 사례형]

判例는 하자담보책임에 기한 매수인의 손해배상청구권은 매수인이 그 사실을 안 때부터 6월의 제척기간(제582조)에 걸리는 동시에 매수인이 매매의 목적물을 인도받은 때부터 10년의 소멸시효(제162조 1항)에도 걸린다고 한다(2011다10266)**(11회 선택형)**.[17]

---

16) **[판례검토]** 토지소유자에게는 토양오염물질을 토양에 누출·유출하거나 투기·방치함으로써 토양오염을 유발하였음에도 오염토양을 정화하지 않은 상태에서 오염토양이 포함된 토지를 거래에 제공함으로써 유통되게 하지 않도록 할 '일반적인 의무'가 있다고 보는 것이 타당하다.

17) **[판례검토]** 제척기간과 소멸시효는 제도의 취지가 서로 다르기 때문에 하나의 권리에 대하여 제척기간과 소멸시효가 중복적으로 적용될 수 있으므로 判例의 태도는 타당하다.

Ⅲ. 경매에 있어서의 담보책임(제578조) ★★ [C-36j]

1. 요 건

(1) 당사자

1차적 책임자는 채무자이고, 2차적 책임자는 배당받은 채권자이다(제578조 1항, 2항). 문제는 물상보증인이 제578조 1항의 1차적 책임을 지는 채무자에 해당하는지 여부인데, ㉠ "제578조 1항의 채무자에는 물상보증인도 포함되는 것이므로 경락인이 그에 대하여 적법하게 계약해제권을 행사했을 때에는 물상보증인은 경락인에 대하여 원상회복의 의무를 진다"(87다카2641)고 본 判例가 있는가 하면, ㉡ "채무자가 아닌 소유자(물상보증인)는 제578조 규정에 의한 담보책임을 부담하지 아니하므로, 유치권의 부존재 확인을 구할 법률상 이익이 없다"(2019다247385)(13회 선택형)본 判例도 있다.

(2) 권리의 하자

경매에서의 담보책임은 권리의 하자가 존재하는 경우에만 인정되며, 물건의 하자가 존재하는 경우에는 담보책임을 추궁할 수 없다(제580조 2항).

(3) 공경매가 유효할 것

① 여기서의 경매는 국가기관이 법률에 의해 행하는 '공경매'만을 의미한다(사경매는 일반 매매이므로 매매의 담보책임의 문제이다)(2014다80839). ② 아울러 경매절차 자체가 무효여서 소유권을 취득하지 못한다면, 경락받은 자는 제578조의 담보책임이 아니라 배당채권자에 대하여 부당이득반환청구권을 행사할 수 있을 뿐이다(11회 선택형).

✎ 判例는 다음의 경우에는 경매절차 자체가 무효라고 본다. ㉠ 하나는 **경매를 신청할 권원이 없는데도 경매가 진행된 경우**(불성립하거나 부존재하는 저당권에 기하여 경매절차가 개시된 경우)이다. 즉 위조된 약속어음공정증서에 기해 강제경매가 진행되거나(91다21640)(12회 선택형), 구 건물 멸실 후에 신 건물이 신축되었고 양자가 동일성이 없는데 멸실된 구 건물에 대한 근저당권에 기해 임의경매가 실시된 경우가 그러하다(92다15574). ㉡ 다른 하나는 **경매 부동산이 타인의 소유인 경우**이다. 즉, 강제경매의 대상이 된 채무자 명의의 부동산 소유권이전등기가 무효인 경우이다(2003다59259)[18](9회 선택형).

2. 효 과

(1) 해제권 · 대금감액청구권(제578조 1항, 2항)

(2) 흠결고지의무와 손해배상청구권(제578조 3항)

---

18) **[판례해설]** 그러나 이에 대하여는 채무자 소유 아닌 부동산에 대한 강제경매도 유효하고, 다만 채무자는 타인 권리의 매매(경매)로 인한 담보책임을 진다고 보아야 한다는 비판이 있다.

① 判例는 교환계약에서는 원칙적으로 어느 일방이 교환 목적물의 '시가'에 관하여 상대방에게 설명 내지 고지를 할 주의의무를 부담한다고 할 수 없다고 한다(2000다54406). 따라서 일방 당사자가 자기가 소유하는 목적물의 시가를 묵비하여 상대방에게 고지하지 아니하거나 혹은 허위로 시가보다 높은 가액을 시가라고 고지하였다 하더라도 사기를 이유로 취소할 수 없다.[19] ② 그러나 교환계약에서 '경계'에 관한 착오는 중요한 부분의 착오에 해당한다고 한다(93다31634).

준소비대차(제605조)는 기존채무를 소멸케 하고 신채무를 성립시키는 계약인 점에 있어서는 경개와 동일하지만, 준소비대차에 있어서는 원칙적으로 기존채무와 신채무 사이에 '동일성'이 인정된다는 점에서 차이가 있다. 당사자의 의사가 명확하지 않은 경우 경개로 보게 되면 채권자는 기존채권의 담보를 잃고 채무자는 항변권을 잃게 되어 모두에게 불리하게 되므로, 준소비대차로 보아야 한다(2002다31803,31810).

※ 임대차 관련 소송 논리(사례) 구조

I. **임대차보증금 반환청구**(임차인의 임대인에 대한 청구형 문제)

1. 청구원인

임대차보증금반환청구의 요건사실은 ⅰ) 임대차계약의 체결, ⅱ) 임대차보증금의 지급, ⅲ) 임대차의 종료이다.

2. 예상되는 항변

(1) 묵시의 갱신의 항변

기간만료로 종료되었다는 원고의 주장에 대하여, 임대인인 피고는 ⅰ) 원고가 종료 후에도 목적물을 계속 사용·수익하였고, ⅱ) 종료 후 상당한 기간 내에 이의를 제기하지 않았다는 '묵시적 갱신의 항변(제639조)'을 할 수 있다. 이 갱신된 임대차는 기간의 정함이 없는 임대차가 되므로, 임차인인 원고는 '재항변'으로 제635조에 따른 계약해지의 통고에 의한 임대차종료의 주장을 할 수 있다

---

19) **[판례검토]** 교환계약의 당사자는 서로 보다 유리한 조건으로 교환계약을 체결하기를 희망하는 이해상반의 지위에 있으므로 判例의 태도는 타당하다.

(2) 공제의 항변

임대인은 공제 대상 채권(임대차보증금에 의하여 담보되는 차임채권, 부당이득반환채권 및 손해배상채권 등)의 발생사실을 주장·증명하여 그 공제를 '항변'할 수 있고, 임차인은 공제 대상 채권의 소멸사실(변제 등)을 주장·증명하여 '재항변'할 수 있다(95다14664).

(3) 동시이행의 항변

임대인의 보증금반환채무와 임차인의 목적물인도의무는 동시이행의 관계에 있는바, 피고 (임대인)의 동시이행항변에 대하여 원고(임차인)는 피고에게 목적물을 인도하였거나 계속하여 그 이행의 제공을 한 사실을 '재항변'으로 주장할 수 있다.

Ⅱ. 임대차목적물 반환청구(임대인의 임차인에 대한 청구형 문제)

1. 청구원인

임대차목적물반환청구의 요건사실은 ⅰ) 임대차계약의 체결, ⅱ) 목적물의 인도, ⅲ) 임대차의 종료이다.

2. 예상되는 항변

(1) 매수청구권의 행사

① 피고는 건물임대차의 경우 부속물매수청구권(제646조), 토지임대차의 경우 지상물매수청구권(제643조, 제283조)을 행사하면서 동시이행의 항변을 할 수 있다. ② 이에 대해 원고는 부속물매수청구권과 지상물매수청구권의 포기특약의 '재항변'을 할 수 있다(매수청구권과 관련된 규정은 제652조에 따라 강행규정이나 포기특약의 내용이 임차인에게 불리하지 않은 것이라면 예외적으로 유효하다).

(2) 유치권

① 피고는 필요비상환청구권(제626조 1항)이나, 유익비상환청구권(제626조 2항)을 행사하면서 유치권의 항변을 할 수 있다. ② 이에 대해 원고는 필요비상환청구권과 유익비상환청구권의 포기특약의 '재항변'을 할 수 있다(비용상환청구권과 관련된 규정은 제652조에 따라 임의규정이므로 포기특약이 원칙적으로 유효하다).

(3) 동시이행의 항변

임차인인 피고는 임대차보증금의 반환과 동시이행의 항변을 주장할 수 있는데, 이 경우 피고는 임대차보증금 지급사실만 주장·증명하면 되고, 이에 원고인 임대인은 공제 대상 채권(임대차보증금에 의하여 담보되는 차임채권, 부당이득반환채권 및 손해배상채권 등)의 발생사실을 주장·증명하여 그 공제를 '재항변'할 수 있고, 피고인 임차인은 공제 대상 채권의 소멸사실(변제 등)을 주장·증명하여 '재재항변'할 수 있다.

① 임대차 종료사유 발생(제623조, 제629조, 제640조, 목적물멸실 등)여부 확정 ⇒ ② 임대차 종료에 따른 임차인의 권리 여하(i) 임대차보증금 반환 청구, ii) 투하자본회수와 관련한 부속물 매수청구권, 비용상환청구권, 지상물매수청구권 ; 보, 부, 비, 지) ⇒ ③ 임대차 종료에 따른 임대인의 권리 여하[목적물반환청구, 부당이득(실질적 이익론), 불책 ⇒ ④ 권리행사시 상대방의 항변(유치권, 동시이행항변권)

I. 성립

1. 전세권자로서의 지위와 임차인으로서의 지위를 함께 가지는 경우 [C-44]

(1) 임대차 계약과 함께 전세권설정등기를 경료한 경우

이 경우 임차인은 전세권자로서의 지위와 임차인으로서의 지위를 함께 가지게 된다.

1) 동시이행관계

"임대차보증금은 전세금의 성질을 겸하게 되므로, 임대차보증금 반환의무는 제317조에 따라 전세권설정등기의 말소의무와도 동시이행관계에 있다"(2010다95062).

2) 배당요구, 대항력 및 우선변제권 [13법무]

"주택임대차보호법상 임차인으로서의 지위와 전세권자로서의 지위를 함께 가지고 있는 자가 그 중 임차인으로서의 지위에 기하여 경매법원에 배당요구를 하였다면 배당요구를 하지 아니한 전세권에 관하여는 배당요구가 있는 것으로 볼 수 없다"(2009다40790). 또한 "주택임차인이 별도로 전세권설정등기를 마쳤더라도 주택임차인이 주택임대차보호법 제3조 1항의 대항요건을 상실하면 이미 취득한 동법상의 대항력 및 우선변제권을 상실한다"(2004다69741).

(2) 임대차 계약과 함께 통정허위표시로 전세권설정등기를 경료한 경우 ★★★

전세권설정계약이 없으면서도 임차보증금 반환채권을 담보할 목적으로 또는 금융기관으로부터 자금을 융통할 목적으로 임차인과 임대인이 합의하여 임차인 명의로 전세권설정등기를 마친 경우, 그 전세권설정은 통정허위표시에 해당하여 무효이나 ㉠ 그 전세권에 근저당권을 설정한 채권자(2006다58912), ㉡ 그 전세권부채권을 가압류한 채권자(2009다35743)에 대하여는 제108조 2항에 따라 무효를 주장할 수 없다(통정허위표시 Set 017.참고)(7회,8회 선택형).

2. 타인소유 물건에 대한 임대차 계약 [C-45]

(1) 임대인의 소유권상실과 임대차 계약의 종료 여부(원칙적 소극)

임대인의 소유권상실과 임대차 계약의 종료 여부와 관련하여 임대인의 의무는 목적물을 사용수익케 할 의무로서(제623조), 목적물에 대한 소유권 있음이 성립요건이 아니므로 임대인이 소유권을 상실하였다는 이유만으로 그 의무가 이행불능이 되는 것은 아니다(93다379770). 그러나 임차인이 진실한 소유자로부터 '목적물의 반환청구'나 '임료 내지 그 해당액의 지급요구'를 받는 등의 이유로 임대인이 임차인으로 하여금 사용·수익케 할 수가 없게 되었다면 임대인의 채무는 이행불능으로 된다(94다

54641). 이때 임대차는 임차인의 해지의 의사표시를 기다리지 않고 즉시 종료된다.

(2) 임차인의 대항력 취득 여부 ★★★

임차인이 대항력 있는 임차권을 취득하기 위해서는 임대인이 소유자이거나 또는 소유권을 갖고 있지는 않더라도 적어도 적법하게 임대차계약을 체결할 수 있는 권한을 갖고 있어야 한다(4회, 6회, 10회 선택형).

① **[대항력 긍정]** ㉠ 주택의(유효한)명의신탁자로서 사실상 이를 제3자에게 임대할 권한을 가지는 자로부터 임차를 하거나(95다22283), ㉡ 주택을 매수하고 소유권이전등기를 받기 전에 매매계약의 이행으로 매매 목적물을 인도받아 그 물건을 사용·수익할 수 있는 지위에 있는 매수인으로부터 임차를 한 임차인(2007다38908,38915)은 대항요건인 주택의 인도와 주민등록을 마치면 대항력이 인정된다[따라서 임대인의 임대권원의 바탕이 되는 계약의 해제에도 불구하고 자신의 임차권을 새로운 소유자에게 대항할 수 있다(제548조 1항 단서)]. **[6회 기록형, 09법무]**

② **[대항력 부정]** 경매절차에서 '매각대금을 납부하지 아니한 최고가매수신고인'은 적법한 임대권한이 없다. 따라서 최고가매수신고인으로부터 임차하여 주택을 인도받고 전입신고 및 확정일자를 갖추었더라도, '다음날' 최고가 매수신고인이 매각대금을 완납하고 '같은 날' 근저당권설정등기를 해 준 경우, 임차인은 근저당권자에게 우선하지 못한다(2012다93794).

Ⅱ. 효 력

1. 임대차의 존속기간   [C-46a]

(1) 존속기간을 정한 경우

① **[최장기간의 제한]** 임대차 존속기간을 20년으로 제한한 제651조 1항이 헌재에 의해 위헌으로 결정된 후(2011헌바234), 2016.1.6.부로 제651조 전부가 삭제되었다. 따라서 判例에 따르면 임대차기간을 영구로 정한 약정은 계약자유의 원칙에 의하여 허용된다.[20] 다만, **영구임대의 경우** 임대차기간의 보장은 임대인에게는 의무가 되나 임차인에게는 권리의 성격을 갖는 것이므로 **임차인으로서는 언제라도 그 권리를 포기할 수 있고, 그렇게 되면 임대차계약은 임차인에게 기간의 정함이 없는 임대차가 된다**(2023다209045).

② **[최단기간의 보장]** ㉠ 일반 임대차에는 최단기간의 보장이 없다. ㉡ 그러나 주택 임대차의 경우에는 '기간을 정하지 아니하거나 2년 미만으로 정한 임대차는 그 기간을 2년으로 본다. 다만, 임차인은 2년 미만으로 정한 기간이 유효함을 주장할 수 있다(95다22283). 또한 임대차기간이 끝난 경우에도 임차인이 보증금을 반환받을 때까지는 임대차관계가 존속되는 것으로 본다(동법 제4조).

(2) 묵시의 갱신(법정갱신 ; 제639조, 주택임대차보호법 제6조, 상가건물임대차보호법 제10조)

① **[일반임대차의 경우]** 묵시의 갱신 조항은 강행규정으로 정하여져 있지 않으나(제652조), 判例에 따르면 강행규정이다(64누62). 또한 묵시의 갱신의 경우에 전 임대차에 대하여 제3자가 제공한 담보(임대차보증금채권은 제외)는 기간의 만료로 소멸한다(제639조 2항).

---

20) **[판시이유]** "민법상 임대차기간이 영구인 임대차계약의 체결을 불허하는 규정은 없고, 소유자가 소유권의 핵심적 권능에 속하는 사용·수익의 권능을 대세적으로 포기하는 것은 특별한 사정이 없는 한 허용되지 않으나, 특정인에 대한 관계에서 채권적으로 사용·수익권을 포기하는 것까지 금지되는 것은 아니기 때문이다"

② **[주택임대차의 경우]** 임대인이 임대차기간이 끝나기 6개월 전부터 2개월 전(개정 전에는 1개월 전)까지의 기간에 임차인에게 갱신거절의 통지를 하지 아니하거나 계약조건을 변경하지 아니하면 갱신하지 아니한다는 뜻의 통지를 하지 아니한 경우에는 그 기간이 끝난 때에 전 임대차와 동일한 조건으로 다시 임대차한 것으로 본다. 임차인이 임대차기간이 끝나기 2개월 전까지 통지하지 아니한 경우에도 또한 같다. 주택임대차가 묵시적으로 갱신된 경우 그 임대차의 존속기간은 2년이고, 다만 임차인은 언제든지 임대인에게 계약해지를 통지할 수 있다(동법 제6조, 제6조의2 1항). 다만 이는 2020. 12. 10. 이후 최초로 체결하거나 갱신된 계약부터 적용된다(2020년 6월 9일 개정법 부칙)

✎ 判例는 민간임대주택에 관한 특별법 제3조에 따라 주택임대차보호법이 적용되는 민간임대주택의 경우 "임차인의 채권자로부터 임대보증금반환청구권에 대한 압류 및 추심명령이 발령되었다는 사정은 임대인이 임대차계약의 갱신을 거절할 수 있는 특별한 사정에 해당한다고 보기 어렵다"(2020다202371)고 보았으며, 금융기관이 임차인에게 대출을 하면서 임대차보증금반환채권에 관하여 권리질권을 설정받은 후 그 권리질권에 기하여 임대인을 대위하여 임차인을 상대로 임대주택의 인도를 구하는 경우, 임차인과의 질권설정계약에서 임대차계약의 갱신을 제한하도록 별도로 약정하였다는 사정을 들어 임대차계약이 묵시적으로 갱신되었다는 임차인의 주장을 배척할 수 없고, 이러한 묵시적 갱신이 질권설정자의 권리처분을 제한한 민법 제352조에 저촉되지도 않는다(2020다223781)고 판시하였다.

⑶ 갱신청구권

① **[주택임대차의 경우]** 개정(2020.7.31.개정) 주택임대차보호법은 임차인이 임대차기간이 끝나기 6개월 전부터 2개월 전까지 계약갱신을 요구할 경우 임대인은 정당한 사유 없이 거절하지 못하도록 하였고, 이러한 갱신요구권은 1회에 한하여 행사할 수 있으며 갱신되는 임대차의 존속기간은 2년으로 본다(동법 제6조의3 2항).

② **[상가건물 임대차의 경우]** ㉠ 임대인은 최초의 임대차기간을 포함한 전체 임대차기간이 '10년'(기존 5년에서 2018.10.16. 10년으로 개정)을 초과하지 않는 범위 내에서는 임차인이 임대차기간만료 전 6월부터 1월까지 사이에 행하는 계약갱신 요구에 대하여 정당한 사유없이 이를 거절할 수 없다(동법 제10조 1항, 2항). ㉡ 다만, 상가건물 임대차보호법 제2조 제1항 단서에 따라 대통령령으로 정한 보증금액을 초과하는 임대차에서 기간을 정하지 않은 경우에는, 임차인이 같은 법 제10조 제1항에서 정한 계약갱신요구권을 행사할 수 없다(2021다233730)**(12회 선택형)**. ㉢ 또한 "동법 제10조의8, 제10조 1항 1호 규정들의 문언과 취지에 비추어 보면 '임대차기간 중 어느 때라도 차임이 3기분에 달하도록 연체된 사실'이 있다면 임차인과의 계약관계 연장을 받아들여야 할 만큼의 신뢰가 깨어졌으므로 임대인은 계약갱신 요구를 거절할 수 있고, 반드시 임차인이 '계약갱신요구권을 행사할 당시에 3기분에 이르는 차임이 연체'되어 있어야 하는 것은 아니다"(2020다255429)**(12회 선택형)**.

2. 임대차 존속 중 임대인의 의무와 임차인의 의무 ★★   [C-46b]

⑴ 임대인의 수선의무(제623조)

1) 수선의무의 범위

① '목적달성에 필요한 범위 내'에서는 임대인이 수선의무를 부담하나, 쉽게 수선이 가능한 사소한 부분은 임대인이 수선의무를 부담하지 않는다(98두18053). ② 수선을 필요로 하는 사정은 임대인의 귀책사유에 의한 경우로 한정되지 않는다. 예컨대 천재 기타 불가항력으로 인한 경우와 같이 임대인의 귀책사유로 인해 생기지 않은 경우도 포함한다(2009다96984). 이는 임대인이 그와 같은 하자 발생 사실을 몰랐다거나 반대로 임차인이 이를 알거나 알 수 있었다고 하더라도 마찬가지이다(2021다202309).

2) 수선의무 면제에 대한 특약

임대인이 수선의무를 지는 경우에도 특약에 의해 이를 면제할 수는 있지만(제652조 참조), 특약에서 수선의무의 범위를 명시하고 있는 등의 특별한 사정이 없는 한 이것은 통상 생길 수 있는 '소규모의 수선'에 한하고, '대규모의 수선'은 이에 포함되지 아니하고, 임대인이 그 수선의무를 부담한다(94다34692)(8회 선택형).

3) 수선의무 위반의 효과

① '목적물의 사용·수익이 부분적으로 지장이 있는 경우에는 그 한도 내에서 차임의 지급을 거절할 수 있을 뿐' 그 전부의 지급을 거절할 수는 없다(96다44778)(6회 선택형). 이는 임대인이 수선의무를 이행함으로써 목적물의 사용·수익에 지장이 초래된 경우에도 마찬가지이다(2014다65724)(6회 선택형). ② 임차목적을 달성할 수 없는 때에는 임차인은 계약을 해제할 수 있다(제627조 유추).

4) 수선의무에 속하는 것을 임차인이 대신한 경우

① 임대인의 수선의무에 속하는 것을 임차인이 대신 한 경우에는 임차인은 즉시 임대인에게 '필요비의 상환을 청구'할 수 있다(제626조 1항). ② 임대인의 필요비상환의무는 특별한 사정이 없는 한 임차인의 차임지급의무와 서로 대응하는 관계에 있으므로, 임차인은 지출한 필요비 금액의 한도에서 차임의 지급을 거절할 수 있다(2016다227694). ③ 임대차 종료 후에는 유치권으로 항변할 수 있다(제320조).

⑵ 임차인의 차임지급의무(제618조)

1) 차임채권의 소멸시효 기산점 [9회 사례형, 17행정]

"소멸시효는 법률행위에 의하여 이를 배제, 연장 또는 가중할 수 없다(제184조 2항). 그러므로 임대차 존속 중 차임을 연체하더라도 이는 임대차 종료 후 목적물 인도 시에 임대차보증금에서 일괄 공제하는 방식에 의하여 정산하기로 약정한 경우와 같은 특별한 사정이 없는 한 차임채권의 소멸시효는 임대차계약에서 정한 지급기일부터 진행한다(제166조 1항)"(2016다211309). 참고로 소멸시효 기간은 3년이다(제163조 1호).

2) 차임연체와 임대인의 해지

① 건물 기타 공작물의 임대차에는 임차인의 차임 연체액이 2기의 차임액에 달하는 때에는 임대인은 계약을 해지할 수 있다(제640조). 차임지급의 연체는 연속될 것을 요하지 않으며, 임대인이 상당한 기간을 정하여 이를 최고할 필요도 없다(62다496). 본조는 강행규정이다(제652조). ② 그러나 상가건물 임대차보호법에서는 '임차인의 차임연체액이 3기의 차임액에 달하는 때에는 임대인은 계약을 해지할 수 있다'(동법 제10조의8)고 규정하고 있다. ③ 아울러 수인이 공동

으로 임차하는 경우, 임차인 각자는 차임의 지급을 비롯하여 임차인의 의무를 연대하여 부담한다(제654조, 제616조)**(11회 선택형)**.

Ⅲ. 임차권의 대항력 ★★★ [C-47]

※ 임차권 대항력에 따른 논리(사례) 구조

Ⅰ. **임차목적물 양도시**(토지임대차에서 임차인의 동의 없는 임대인의 토지양도)	Ⅱ. **임차권 양도시**(토지임차권에서 임대인의 동의 없는 건물양도)
① 임차목적물 양수인은 임차인의 동의 없이 임대인의 계약상 지위승계(주임법 제3조 4항 유추), ② 보증금반환채무는 양수인이 면책적 채무인수(제100조 2항의 유추적용), ③ 그러나 임차인의 이의권 내지 해지권(신의칙)	① 건물양수인은 임대인의 동의 없이 대항력 있는 임차권 취득(제100조 2항 또는 제358조의 유추), ② 건물양수인은 임대인에게 임차권 대항력 주장 불가(제623조), ③ 그러나 임대인의 해지권 제한(제629조, 배신행위론)

1. 민법상 대항력의 취득 [17법행, 15법무]

제622조의 대항력은 토지에 관하여 권리를 취득한 '**제3자**'(임차목적물의 양수인)에 대하여 임대차의 효력을 주장할 수 있음을 규정한 취지임에 불과할 뿐, 건물의 소유권과 함께 건물의 소유를 목적으로 한 토지의 임차권을 취득한 사람이 '**토지의 임대인**'에 대한 관계에서 그의 동의가 없이도 임차권의 취득을 대항할 수 있는 것까지 규정한 것이라고는 볼 수 없다(92다24950).

2. 주택 임대차보호법상 대항력의 취득

(1) 주택 임대차보호법의 적용범위

① 임차주택의 일부가 주거 외의 목적으로 사용되는 경우에도 적용된다(동법 제2조 2문). 그러나 반대로 비주거용 건물의 일부를 주거의 목적으로 사용하는 경우에는 동법이 적용되지 않는다(95다51953). 이 때 주거용 건물에 해당하는지 여부는 임대차목적물의 공부상의 표시(등기부, 건축물관리대장)만을 기준으로 할 것이 아니라 사실상 주거로 사용하는지 여부(그 실제용도)를 기준으로 결정한다(94다52522).

② 주택에 해당하는 이상 비록 미등기 또는 무허가 건물이라도 동법의 적용대상이 된다(전합2004다26133)**(9회 선택형)**. 判例는 주택 소유자는 아니더라도 주택에 관하여 적법하게 임대차 계약을 체결할 수 있는 권한을 가진 임대인과 임대차계약이 체결된 경우도 동법이 적용된다고 한다(2012다45689)**(4회, 10회 선택형)**.

(2) 대항력의 발생요건

적법한 임대차계약을 전제로 ㉠ 주택의 인도와 ㉡ 주민등록(전입신고)을 갖추어야 한다(동법 제3조 1항 2문). 이와 관련한 중요한 判例는 아래와 같다.

① **[대항력의 존속요건]** 주택임차인이 대항력을 취득한 후 그 주택에 저당권등기가 이루어지고 그 후 임차인이 주민등록을 일시 퇴거하였다가 다시 전입한 경우, "주민등록은 대항력 취득시에만 요구되는 것이 아니라 그것이 계속 존속하는 한도에서만 대항력이 유지된다"고 하여, 임차인은 저당권자에게 대항할 수 없다고 하였다(86다카1695).

② **[가족의 주민등록]** 다만 "임차인이 가족과 함께 살면서 그 가족의 주민등록은 남겨둔 채 임차인만 일시적으로 주민등록을 다른 곳으로 옮긴 경우, 그것은 전체적으로나 종국적으로 주민등록의 이탈이라고 할 수 없어 대항력은 그대로 유지된다"(86다카143)고 하며**(10회 선택형)**, 같은 범주에 속하는 것으로, "주민등록은 임차인 자신의 주민등록에 한정하지 않고 그 처의 주민등록으로도 무방하다"(87다카14). **[09사법]**

③ **[보증금반환채무]** "주택의 임차인이 제3자에 대하여 대항력을 구비한 후에 임대주택의 소유권이 양도된 경우에는 그 양수인이 임대인의 지위를 승계하게 되므로, 임대인의 임차보증금반환채무도 양수인에게 이전되는 것이고, 이와 같이 양수인이 임차보증금반환채무를 부담하게 된 이후에 임차인이 주민등록을 다른 곳으로 옮겼다 하여 이미 발생한 임차보증금반환채무가 소멸하는 것은 아니다"(93다36615). **[10법무]** 아울러 "주택의 공동임차인 중 1인이라도 주택임대차보호법 제3조 제1항에서 정한 대항력 요건을 갖추게 되면 그 대항력은 임대차 전체에 미치므로, 임차 건물이 양도되는 경우 공동임차인에 대한 보증금반환채무 전부가 임대인 지위를 승계한 양수인에게 이전되고 양도인의 채무는 소멸하는 바, 이러한 법리는 계약당사자 사이에 공동임차인의 임대차보증금 지분을 별도로 정한 경우에도 마찬가지이다"(2021다238650).

④ **[제3자가 임차권의 존재를 인식할 수 있는 경우]** 甲이 1988.8.30. 주택에 대해 소유권이전등기를 하고 같은 해 10.1. 주민등록 전입신고까지 마친 후 거주하다가, 1993.10.23. 그 주택을 乙에게 매도함과 동시에 잔금 지급기일인 1993.12.23.부터는 甲이 임차인 자격으로 거주하기로 약정하고 계속하여 거주해 왔으나, 위 매매에 따른 乙명의의 소유권이전등기는 1994.3.9.에 마쳐진 사안에서, "주임법 제3조 1항에서 정하는 대항력의 요건으로 주민등록이 공시방법이 되려면 단순히 형식적으로 주민등록이 되어 있다는 것만으로는 부족하고, 주민등록에 의하여 표상되는 점유관계가 임차권을 매개로 하는 점유임을 제3자가 인식할 수 있는 정도는 되어야 한다"고 하면서, 제3자로서는 그 주택에 관하여 甲으로부터 乙앞으로 소유권이전등기가 되기 전에는 甲의 주민등록이 소유권 아닌 임차권을 매개로 하는 점유라는 것을 인식하기 어려우므로, 乙 앞으로 소유권이전등기가 된 1994.3.9. 이전에는 甲의 주민등록은 주택임대차의 대항력 인정의 요건이 되는 적법한 공시방법으로서의 효력이 없다고 보았다(98다32939) **[10·16법무]**

⑤ **[전차인이 직접점유와 주민등록을 한 경우]** 임차인(A)이 임대인(B)의 승낙을 얻어 C에게 전대를 한 경우, A가 이미 대항력을 취득하였는지를 불문하고 C가 (직접)점유를 하고 또 그의 이름으로 주민등록을 하는 것을 통해 A가 대항력을 가지는 것으로 본다(94다3155)**(4회 선택형)**.

(3) 대항력의 취득시기

① 임차인이 주택의 인도와 주민등록을 마친 때에는 그 '다음 날' 오전0시부터 제3자에 대하여 대항력이 생긴다(동법 3조 1항 1문 ; 99다9981). 따라서 주택의 인도 및 주민등록과 그 주택에 대한 제3자의 저당권등기가 같은 날 이루어진 경우에는 제3자의 저당권이 우선한다.

② 반면 임대인이 주택을 신탁법상 신탁하였음에도 임대차계약을 체결하였고 이후 신탁종료를 원인으로 주택의 소유권을 다시 취득한 경우에 임차인은 임대인이 주택에 관하여 소유권이전등기를 마친 '즉시' 임차권의 대항력을 취득한다(2018다44879). 또한 임차인이 임대인에게 주택을 매수한 경우 기존의 전차인이 임차인으로써 대항력 취득시점은 매수인(임대인)의 소유권이전등기 '즉시'이다. 이 경우에는 기존의 전차인이 주민등록상 전입신고를 한 날로부터 소유자 아닌 전차인이 거주하는 것으로 나타나 있어서 제3자들이 보기에 전차인의 주민등록이 소유권 아닌 임차권을 매개로 하는 점유라는 것을 인식할 수 있었기 때문이다(2000다58026).

3. 상가건물 임대차보호법상 대항력의 취득

동법은 제3조 1항의 규정에 의한 사업자등록의 대상이 되는 상가건물의 임대차(상가건물에 해당하는지는 공부상 표시가 아닌 영업용으로 사용하느냐에 따라 '실질적으로 판단'하여야 한다 : 2009다40967)에 대하여 적용한다. **[5회 기록형, 16법무]** 다만, 대통령령이 정하는 보증금액을 초과하는 임대차에 대하여는 원칙적으로 동법이 적용되지 않으나(동법 제2조 1항 단서), 대항력 규정·계약갱신요구권 등은 적용된다(동법 제2조 3항).

4. 대항력의 내용

(1) 임차목적물이 양도된 경우 : 저당권은 추급력 ★★★★

① **[임차건물의 양수인]** 주임법은 임차주택의 양수인 기타 임대할 권리를 승계한 자는 '임대인의 지위'를 승계한 것으로 본다(동법 제3조 4항)(이른바 계약인수). 이 경우 임대차에 종된 계약인 보증금계약 등도 임대차관계에 수반하여 이전되어(제100조 2항 유추적용), 判例에 따르면 양수인이 임대차보증금반환채무를 '면책적으로 인수'(병존적 인수 아님)하고, 양도인은 임대차관계에서 탈퇴하여 임차인에 대한 임대차보증금반환채무를 면하게 된다고 한다(86다카1114)[21] **(10회, 11회 선택형). [3회, 7회 사례형]**
이는 대항력을 갖춘 임차인 乙이 임대차보증금반환채권에 '채권질권'을 丙에게 설정하고 임대인 甲이 질권 설정을 승낙한 후에 임대주택이 A에게 양도된 경우에도 마찬가지이다. 따라서 임대인 甲은 임대차관계에서 탈퇴하고 임차인 乙에 대한 임대차보증금반환채무를 면하게 되며, 임대주택의 양수인 A는 '질권의 제3채무자'의 지위도 승계한다(2016다265689)**(8회 선택형).**

✎ **[비교판례]** 그러나 예컨대 대항력을 갖춘 임차인 乙이 임대인 甲으로부터 임차목적물을 매수하면서 그와 동시에 임대차계약을 해지하였다면 임차주택의 양수인 乙은 임대인 甲의 지위를 승계하지 않는다(2016다265689). 아울러 乙과 甲이 매매대금채권과 보증금반환채권을 상계하기로 합의한 경우라도(상계합의), 제352조에 따라 임대차보증금반환채권의 질권자 丙은 여전히 임대인 甲을 상대로 임차보증금의 반환을 청구할 수 있다(2016다265689)**(13회 선택형).**

② **[임차보증금반환채권이 가압류된 '후' 임차건물의 양수인]** 위의 법리는 임차인의 임대차보증금반환채권이 가압류된 상태에서 임대주택이 양도된 경우에도 적용되므로 양수인은 임대차보증금반환채무를 면책적으로 인수하게 되는데, 나아가 **채권가압류의 제3채무자의 지위까지 승계하는지 문제**

---

21) **[판례검토]** 判例가 임차인의 승낙없는 임대인 지위의 승계를 인정하면서 임차인에게 이의권·해지권을 인정하고 있다는 점을 고려할 때 양도인의 채무는 소멸하는 것으로 보는 判例의 견해가 타당하다.

된다. 判例는 "ⅰ) 임대주택의 양도로 임대인의 지위가 일체로 양수인에게 이전된다면 채권가압류의 제3채무자의 지위도 임대인의 지위와 함께 이전된다는 점과 ⅱ) 만약 이를 부정하면 가압류권자는 장차 본집행절차에서 주택의 매각대금으로부터 우선변제를 받을 수 있는 권리를 상실하는 중대한 불이익을 입게 된다는 점 등에서 양수인은 채권가압류의 제3채무자의 지위도 승계하고, 가압류권자 또한 임대주택의 양도인이 아니라 양수인에 대하여만 위 가압류의 효력을 주장할 수 있다고 보아야 한다"고 판시하였다(전합2011다49523)(6회, 8회, 9회 선택형).[22]

(2) 임차목적물이 경매된 경우 : 저당권은 소멸주의

① **[일반론]** (근)저당권자 등과의 관계에서는 임차권 대항력의 선후를 기준으로 우열이 정해진다. 특히 저당권은 경매를 통한 매각으로 모두 소멸하므로(민사집행법 제91조 2항) 최선순위 담보물권과 임차권 대항력의 선후를 기준으로 우열이 정해진다(98다32939). **[10·16법무]**

② **[주임법상 대항력을 갖춘 임차인으로서의 지위와 전세권자로서의 지위를 함께 가지는 경우]** ㉠ 만약 주택에 관하여 최선순위로 전세권설정등기를 마치고 등기부상 새로운 이해관계인이 없는 상태에서 전세권설정계약과 동일성이 인정되는 임대차계약을 체결하여 주택임대차보호법상 대항요건을 갖추었다면, 전세권자로서의 지위와 주택임대차보호법상 대항력을 갖춘 임차인으로서의 지위를 함께 가지게 된다. 이 경우 判例는 최선순위 전세권자로서 배당요구를 하여 전세권이 매각으로 소멸되었다 하더라도 변제받지 못한 나머지 보증금에 기하여 대항력을 행사할 수 있고, 그 범위 내에서 임차주택의 매수인은 임대인의 지위를 승계한 것으로 본다(2010마900).[23] ㉡ 그러나 判例는 임차권등기명령에 의한 등기와 같은 효력을 전세권등기에 인정할 수 없다고 하여 주택임차인이 그 지위를 강화하고자 별도로 전세권설정등기를 마쳤더라도 주택임차인이 주택임대차보호법 제3조 제1항의 대항요건을 상실하면 이미 취득한 주택임대차보호법상의 대항력 및 우선변제권을 상실한다(2004다69741)고 본다. **[13법무]**

Ⅳ. 임차권의 양도와 임차물의 전대 [C-48]

1. 임대인의 동의 있는 임차권의 양도

判例는 임차권의 양도를 지명채권의 양도의 성질을 갖는 것으로 보아, '임대인의 동의'를 임대인에게 대항할 수 있기 위한 요건으로 보며(85다카1812), 임차보증금반환채권을 임차권과는 별개의 지명채권으로 보아 임대인의 동의를 받아 적법하게 임차권 양도가 되더라도 특약이 없는 한 보증금반환채권도 당연히 임차권 양수인에게 이전되는 것은 아니라고 본다(96다17202).

2. 임대인의 동의 없는 임차권의 양도

대항력 있는 임차권인 경우에도 임차권의 양도에는 임대인의 동의를 받아야 하며, 임대인의 동의가 없으면 무단양도가 되어 양수인이 임대인에게 대항하지 못한다(제629조).

---

22) **[판례검토]** 승계를 인정하면 경매에 의하여 소유권을 취득한 양수인은 예상하지 못한 손해를 입을 수도 있으나(전합판결의 반대의견), 이는 민법상 다른 구제수단들(제470조)을 통해 해결가능하다. 그러나 승계를 부정하면 가압류가 효력을 상실하게 되어 가압류권자가 피해를 입게 되므로 이를 긍정하는 위 判例의 다수의견이 타당하다.

23) **[판례검토]** 자신의 지위를 강화하기 위하여 설정한 전세권으로 인하여 오히려 주택임대차보호법상의 대항력이 소멸된다는 것은 부당하다는 점에서 判例의 태도는 타당하다.

(1) 임차권양도제한과 임차보증금반환채권의 양도금지 여부

임차인과 임대인 사이의 약정에 의해 임차권의 양도가 금지되어 있더라도 임차보증금반환채권의 양도까지 금지되는 것은 아니다. 따라서 임차권 양도인이 보증금반환채권을 양도하면서 그 사실을 임대인에게 '통지'한 이상 임대차계약의 종료 후에 임대인에 대해 임차보증금의 반환을 요구하는 양수인의 청구는 임대인이 그 양도가 금지되었던 임차권의 양도에 '동의'하였는지 여부에 상관없이 인용된다(2001다2624). **[13회 사례형]**

(2) 임차권 무단양도의 법률관계

① **[임대인과 양수인의 관계]** 해지권이 발생하더라도 임대인이 임대차계약을 해지하지 않는 한 임차인에 대해 차임채권을 가지므로, 임대차계약이 존속하는 한도에서는 양수인의 불법점유를 이유로 한 차임상당 손해배상청구나 부당이득반환청구를 할 수 없다(2006다10323)**(7회 선택형)**. 그러나 임대차계약이 종료된 이후에는 임차물을 소유하고 있는 임대인은 제3자를 상대로 위와 같은 손해배상청구나 부당이득반환청구를 할 수 있다(2022다296165).

> ✎ **[비교판례]** 임차인의 채권자와 임차인 사이에 '임차권의 양도담보계약'이 체결되었는데 "담보권자가 담보제공자(임차인) 아닌 제3자(임대인) 소유의 토지를 담보물로 이용하였다고 하더라도(양도담보권자의 간접점유) 현실적인 점유를 수반하지 아니하는 가치권의 이용만으로써는 담보권자에게 어떠한 '현실적인 이익'이 있었다고 할 수도 없고 또 이로 인하여 제3자의 현실적인 점유가 방해되었다고도 할 수 없다"(2018다223269)고 하여 임차목적물의 양도담보권자에 대한 임대인의 부당이득반환청구를 부정하였다.

② **[임대인과 임차인의 관계]** 判例는 "임차인의 변경이 당사자의 신뢰를 기초로 하는 계속적 법률관계인 임대차를 더 이상 지속시키기 어려울 정도로 당사자간의 신뢰관계를 파괴하는 임대인에 대한 배신행위가 아니라고 인정되는 특별한 사정이 있는 때에는, 임대인은 자신의 동의 없이 임차권이 이전되었다는 것만을 이유로 제629조 2항에 따라서 임대차계약을 해지할 수 없다"(92다24950)라고 한다. 다만 특별한 사정에 대한 입증책임은 양수인에게 있다고 한다. 대표적으로 토지임대차에서 건물에서 동거하면서 가구점을 함께 경영하는 임차인의 처가 임차권을 양수한 경우를 들 수 있다(92다45308).

> ✎ **임대인의 지위의 양도와 임차인의 해지권 발생여부**
>
> 임대인이 임차보증금 5억 원의 임대차를 양도한 사안에서 判例는 "임대인의 의무는 임대인이 누구인가에 의하여 이행방법이 달라지는 것은 아니고 신소유자에게 그 의무의 승계를 인정하는 것이 오히려 임차인에게 훨씬 유리할 수도 있으므로 임대인과 신소유자와의 계약만으로써 그 지위의 양도를 할 수 있다 할 것이나, 임차인이 원하지 아니하면 임대차의 승계를 임차인에게 강요할 수는 없는 것이어서 임차인은 '공평의 원칙' 및 '신의성실의 원칙'에 따라 임대차관계를 해지할 수 있다"(98마100)고 한다.

3. 임대인의 동의 있는 임차권의 전대 : 전차인의 차임채무의 이행

① 전차인은 임대인에 대해 직접 '의무'를 부담하나(제630조 1항), 전차인은 특별한 규정이 있는 경우를 제외하고는 직접 임대인에게 '권리'를 갖지 못한다. 임대인은 임차인에게 차임채권을 갖

고(제630조 2항), 임차인은 전차인에게 차임채권을 가지며(전대차계약), 임대인은 전차인에게 직접 청구를 할 수 있다(제630조 1항 1문). 임대인이 전차인에게 차임의 지급을 청구하는 경우, 전차인은 임차인과의 전대차계약에 기한 항변으로 대항할 수 있다.[24]

② ㉠ **[전대차 차임 변제기 전 차임지급]** ⅰ) 전차인이 '임대인'에게 차임을 직접 지급하면 그 한도에서 임대인의 임차인에 대한 차임채권, 임차인의 전차인에 대한 차임채권이 각 소멸한다. ⅱ) 전차인이 '임차인'에게 차임을 지급한 경우에는 **제630조 1항 2문**에서 '전차인은 전대인에 대한 차임의 지급으로써 임대인에게 대항하지 못한다'고 규정하고 있는바, (예를 들어 전대차의 차임지급 시기가 1.20.이고 임대차의 차임지급시기가 1.10.인데 임차인이 임대인에게 차임을 지급하지 않고 있는 경우) 위 규정에 의하여 전차인이 임대인에게 대항할 수 없는 차임의 범위는 '전대차계약상의 차임지급시기(1.20.)를 기준'으로 하여 그 전에 전대인에게 지급한 차임에 한정되고, 그 이후에 지급한 차임으로는 임대인에게 대항할 수 있다. 따라서 전차인이 (전대차계약) 차임의 변제기가 도래한 후 임차인에게 차임을 지급한 경우에는 이로써 임대인에게 대항할 수 있다(2006다45459). 다만, "전대차계약상의 차임지급시기(1.20.)전에 전대인에게 지급한 차임이라도, 임대인의 차임청구 전에 차임지급시기(1.20.)가 도래한 경우에는 그 지급으로 임대인에게 대항할 수 있다"(2018다200518).
㉡ **[전대차 차임 감액]** 전대인과 전차인이 전대차계약상의 차임을 감액한 경우 전차인은 변경된 전대차계약의 내용을 임대인에게 주장할 수 있다(2018다200518).

V. 임대차보증금 ★★★　　　　　　　　　　　　　　　　　　　　　　　　　　　　[C-49]

1. 보증금의 법적성질

判例는 보증금의 유동적 성질 및 담보적인 기능을 고려하여 보증금의 '발생'은 임대차 종료시에, '확정'은 반환시로 보는 정지조건설 중 절충설의 입장을 취하고 있다.

2. 보증금의 효력

(1) 담보적 효력 [09법행, 08법무]

차임·손해배상금·소송비용(2012다49490) [14행정] 등 임차인이 '임차목적물을 인도할 때까지' 임대인에 대하여 부담하는 임대차에 관한 모든 채무를 담보한다. 임대차보증금액보다도 임차인의 채무액이 많은 경우에는 제477조에서 정하고 있는 법정충당순서에 따라야 한다(2007다21856).

(2) 차임 등을 보증금에서 공제할 수 있는지 여부(보증금의 담보적 효력의 범위)

1) 임차목적물 반환 전

① 충당 여부는 임대인의 자유이므로 보증금으로 연체차임 등에 충당하지 않고 차임을 청구할 수도 있다(2005다459,466). 즉, 임대차계약 종료 전에는 연체차임이 공제 등의 별도의 의사표시 없이 임대차보증금에서 당연히 공제되는 것은 아니다(2011다49608,49615). ② 임대차계약이 종료되었다 하더라도 목적물이 인도되지 않았다면 임차인은 임대차보증금이 있음을 이유로 연체차임의 지급을 거절

---

24) 임대인의 전차인에 대한 차임청구시기는 '임대차 및 전대차의 변제기가 모두 도래한 때'이며, 청구금액은 전차인은 전대차계약으로 전대인에 대하여 부담하는 의무 이상으로 임대인에게 의무를 지지 않고 동시에 임대차계약으로 임차인이 임대인에 대하여 부담하는 의무 이상으로 임대인에게 의무를 지지 않으므로(2018다200518), '원임대차의 차임이나 전대차의 차임 중 최소한의 것'에 한정된다.

할 수 없다(2007다21856). **[09법행, 08법무]** ③ 한편 임대인이 차임채권을 양도하는 등의 사정으로 차임채권을 가지고 있지 아니한 경우에는 임대차계약의 종료 전에 임대차보증금에서 공제한다는 의사표시를 할 수 있는 권한이 없다(2011다49608).

2) 임대차계약의 종료에 따라 임차목적물 반환시 [09법행]

임대차보증금은 임대차계약이 종료된 후 임차인이 목적물을 인도할 때까지 발생하는 차임 및 기타 임차인의 채무를 담보하는 것으로서 그 피담보채무액은 임대차관계의 종료 후 목적물이 반환될 때에 특별한 사정이 없는 한 별도의 의사표시 없이 임대차보증금에서 당연히 공제된다(2007다21856).

3) 구체적인 경우

① **[보증금반환채권이 양도된 경우]** 임차보증금이 '압류 및 전부명령'에 의해 타인에게 이전된 경우에도 임차인의 임대차상의 채무가 공제된다(87다카1315). 임차목적물이 반환되기 전 임차인의 모든 채무는 보증금에서 공제되는 것이 처음부터 예정되어 있었기 때문이다. **[09법행, 14행정]** 따라서 보증금반환채권이 '양도되고 임차인에게 통지'된 후에도 임차인의 연체차임을 임대차보증금반환채권에서 공제할 수 있다**(12회 선택형)**.

② **[차임채권이 양도된 경우]** 보증금이 수수된 임대차계약에서 차임채권이 양도되었다고 하더라도, 임차인은 임대차계약이 종료되어 목적물을 반환할 때까지 연체한 차임 상당액을 보증금에서 공제할 것을 주장할 수 있다(2013다77225)**(6회,8회 선택형)**. 마찬가지로 차임채권에 관하여 '압류 및 추심명령'이 있는 경우에도 임대차종료시까지 추심되지 않은 차임은 보증금에서 당연히 공제된다(2004다56554 : 압류추심명령이 피고 임차인에게 송달된 이후에 발생한 차임도 보증금에서 공제된다는 사례)**(8회 선택형)**. **[7회 사례형, 12회 기록형, 08법무]**

③ **[대항력을 갖춘 임차목적물이 양도된 경우]** ㉠ "대항력을 갖춘 임차인이 있는 상가건물의 양수인이 임대인의 지위를 승계하면(계약인수), 양수인은 임차인에게 임대보증금반환의무를 부담하고 임차인은 양수인에게 차임지급의무를 부담한다. 그러나 임차건물의 소유권이 이전되기 전에 '이미 발생한 연체 차임이나 관리비' 등은 별도의 채권양도절차가 없는 한 원칙적으로 양수인에게 이전되지 않고 구임대인만이 임차인에게 청구할 수 있다"(2016다218874). ㉡ "그러나 임차건물의 양수인이 건물 소유권을 취득한 후 임대차관계가 종료되어 임차인에게 임대차보증금을 반환해야 하는 경우에 임대인의 지위를 승계하기 전까지 발생한 연체차임이나 관리비 등이 있으면 이는 특별한 사정이 없는 한 (그에 관해 채권양도의 요건을 갖추지 않았다 하더라도 : 저자 주) 임대차보증금에서 당연히 공제된다. 일반적으로 임차건물의 양도 시에 연체차임이나 관리비 등이 남아있더라도 나중에 임대차관계가 종료되는 경우 임대차보증금에서 이를 공제하겠다는 것이 당사자들의 의사나 거래관념에 부합하기 때문이다"(2016다218874) **[7회 사례형, 18법무]**

3. 보증금반환청구권의 소멸시효

주택임대차보호법에 따른 임대차에서 임차인이 임대차 종료 후 동시이행항변권을 근거로 임차목적물을 계속 점유하고 있는 경우, 보증금반환채권에 대한 소멸시효가 진행하지 않는다. 왜냐하면 임차인의 보증금반환채권과 동시이행관계에 있는 임대인의 '목적물인도청구권'은 소유권 등 물권에 기초하는 경우가 많으므로, 임대인이 적극적으로 권리를 행사하는지와 관계없이 권리가 시효로 소멸하는 경우는 거의 발생하지 않는데, 만일 임차인이 임대차 종료 후 보증금을 반환받기 위해

목적물을 점유하여 적극적인 권리행사의 모습이 계속되고 있는데도 임차인의 '보증금반환청구권'이 시효로 소멸한다고 보면, 임차인은 목적물반환의무를 그대로 부담하면서 임대인에 대한 보증금반환채권만 상실하게 되어 부당하기 때문이다(2016다244224, 244231).

✏️ **[비교판례]** 동시이행의 항변권이 붙어 있는 채권의 경우에 이행기 도래 후에 반대급부를 제공하면 언제라도 권리를 행사할 수 있으므로 이행기부터 소멸시효가 진행한다(90다9797 등).

4. 임대차 존속 중 시효완성된 차임채권을 보증금반환채무와 상계(공제) 가능성 [8·12회 기록형]

(1) 임대차 존속 중 시효완성된 차임채권을 보증금반환채무와 '상계'할 수 있는지 여부(소극)

"제495조는 쌍방의 채권이 상계적상에 있었던 경우에 당사자들은 채권·채무관계가 이미 정산되어 소멸하였다고 생각하는 것이 일반적이라는 점을 고려한 규정이다. 다만 이는 '자동채권의 소멸시효 완성 전에 양 채권이 상계적상에 이르렀을 것'을 요건으로 하는데, 임대인의 임대차보증금 반환채무는 임대차계약이 종료된 때에 비로소 이행기에 도달하므로, 임대차 존속 중 차임채권의 소멸시효가 완성된 경우에는 양 채권이 상계할 수 있는 상태에 있었다고 할 수 없다. 그러므로 그 이후에 임대인이 이미 소멸시효가 완성된 차임채권을 자동채권으로 삼아 임대차보증금 반환채무와 상계하는 것은 제495조에 의하더라도 인정될 수 없다"(2016다211309)**(13회 선택형)**.

(2) 임대차 존속 중 시효완성된 차임채권을 임대차보증금에서 '공제'할 수 있는지 여부(적극)

"차임지급이 연체되면 임대차 관계가 종료되었을 때 임대차보증금으로 충당될 것으로 생각하는 것이 당사자의 일반적인 의사이다. 따라서 차임 지급채무가 연체되고 있음에도, 임대인이 임대차계약을 해지하지 아니하고 임차인도 연체차임에 대한 담보가 충분하다는 것에 의지하여 임대차관계를 지속하는 경우에는, 임대인과 임차인 모두 차임채권이 소멸시효와 상관없이 임대차보증금에 의하여 담보되는 것으로 신뢰하고, 장차 임대차보증금에서 충당 공제되는 것을 용인하겠다는 묵시적 의사를 가지고 있는 것이 일반적이다. 그러므로 이러한 당사자의 묵시적 의사를 감안하면 연체차임은 제495조의 유추적용에 의하여 임대차보증금에서 공제할 수는 있다"(2016다211309)**(13회 선택형)**.

✏️ **[비교판례] 임대인이 임대차 존속 중 이미 소멸시효가 완성된 구상금채권을 자동채권으로 삼아 임차인의 유익비상환채권과 상계할 수 있는지 여부(소극) [11회 사례형]**

"제626조 2항은 임차인이 유익비를 지출한 경우에는 임대인은 임대차 종료 시에 그 가액의 증가가 현존한 때에 한하여 임차인의 지출한 금액이나 그 증가액을 상환하여야 한다고 규정하고 있으므로, 임차인의 유익비상환채권은 임대차계약이 종료된 때에 비로소 발생한다고 보아야 한다. 따라서 임대차 존속 중 임대인의 구상금채권(임차인이 세금을 납부하기로 약정하였으나 이를 이행하지 않아 임대인이 직접 납부하여 발생한 채권)의 소멸시효가 완성된 경우에는 위 구상금채권과 임차인의 유익비상환채권이 상계할 수 있는 상태에 있었다고 할 수 없으므로, 그 이후에 임대인이 이미 소멸시효가 완성된 구상금채권을 자동채권으로 삼아 임차인의 유익비상환채권과 상계하는 것은 민법 제495조에 의하더라도 인정될 수 없다"(2017다258787).[25] **(13회 선택형)**

---

25) **[판례해설]** 임차보증금에는 연체차임에 대한 담보기능이 인정되므로 제495조의 유추적용이 인정되지만(2016다211309), 유익비상환청구권에는 그러한 기능이 인정되지 않으므로 제495조를 유추적용하지 않은 것으로 보인다.

5. 주택 임대차보호법상의 특칙

(1) 보증금의 우선변제적 효력(동법 제3조의2 2항, 3항)

임차인이 민사집행법에 의한 경매 또는 국세징수법에 의한 공매시 임차주택(대지를 포함)의 환가대금에서 후순위권리자나 기타 채권자보다 우선하여 보증금에 대해 우선변제를 받기 위한 요건은 ㉠ 주택임대차의 '대항력'을 '배당요구의 종기까지' 갖출 것, ㉡ 임대차계약증서상의 '확정일자'를 갖출 것, ㉢ 경락기일까지 임차인의 '배당요구'가 있을 것, ㉣ 임차주택을 '인도'할 것을 요한다(동법 제3조의2 2항,3항). 주의할 것은 임차인은 임차주택을 인도하지 않고도 '강제경매'를 신청할 수 있으나(12회 선택형), 경매절차에서 임차인이 보증금을 수령하기 위하여는 임차주택을 인도한 증명을 해야 한다는 취지이고, 주택인도의무가 보증금반환의무보다 선이행되어야 하는 것은 아니다(93다55241).

이와 관련하여 ① 적법한 주택임차권의 양수인이나 전차인은 우선변제권을 갖지만(2009다101275)(10회 선택형), ② 임차권과 분리된 주택임차보증금반환채권 양수인은 주택임대차보호법의 취지상 우선변제권을 갖지 못하고, 일반 금전채권자로서의 요건을 갖추어 배당요구를 할 수는 있다(2010다10276)(2회 선택형).

(2) 임차권등기명령(동법 제3조의3)

① **[주택인도 불필요]** (동법 제3조의3 1항, 5항)

② **[보증금반환의무가 임차권등기말소의무보다 선이행의무]** "동법 제3조의3 규정에 의한 임차권등기는 이미 임대차계약이 종료하였음에도 임대인이 그 보증금을 반환하지 않는 상태에서 경료되게 되므로, 임대인의 임대차보증금의 반환의무는 임차인의 임차권등기 말소의무보다 먼저 이행되어야 할 의무이다"(2005다4529)(2회, 4회, 8회, 13회 선택형). 이와 달리 전세권설정자의 전세금반환의무와 전세권자의 전세권등기말소의무는 동시이행의 관계에 있다(제317조)(1회, 2회 선택형).

③ **[배당요구 불필요]** 임차권등기명령에 의하여 임차권등기를 한 임차인은 등기에 의해 공시가 되므로, 더 이상 배당요구채권자에 해당하는 것이 아니며, 따라서 별도로 배당요구를 하지 않아도 당연히 배당받을 채권자로 된다(2005다33039)(13회 선택형).

④ **[시효중단의 효력 불인정]** "임차권등기명령에 따른 임차권등기가 본래의 담보적 기능을 넘어서 채무자의 일반재산에 대한 강제집행을 보전하기 위한 처분의 성질을 가진다고 볼 수는 없다. 따라서 제168조 제2호에서 정하는 소멸시효 중단사유인 압류 또는 가압류, 가처분에 준하는 효력이 있다고 볼 수 없다"(2017다226629)(11회, 13회 선택형).

(3) 소액보증금의 최우선변제적 효력(동법 제8조 1항) [13 · 16법무]

① **[대항요건 + 배당요구]** '주택에 대한 경매신청등기 전'에 주택임대차보호법 제3조의 1항의 '대항요건'(확정일자는 불요)을 갖춘 주택임차인은 소액의 보증금에 관하여 다른 (선순위)담보물권자보다 우선하여 자기 채권의 변제를 받을 수 있다(동법 제8조 1항). 이러한 소액보증금반환채권도 배당요구가 필요한 배당요구채권에 해당하고(2001다70702), 이 경우에도 '대항요건'은 배당요구의 종기까지 유지되어야 우선변제를 받을 수 있다(2007다17475). 그러나 임대차계약의 주된 목적이 주택을 사용수익하려는 것에 있는 것이 아니고, 소액임차인으로 보호받아 선순위 담보권자에 우

선하여 채권을 회수하려는 것에 주된 목적이 있었던 경우에는 소액임차인으로 보호받을 수 없다(2001다14733).

② [미등기주택 '대지'의 환가대금에 대한 소액임차인의 우선변제권 인정여부] 判例는 ㉠ 우선변제권의 요건으로서 주임법 제8조 1항 2문에서 '주택'에 대한 경매신청의 등기 전에 (소액)임차인이 대항력을 갖추어야 한다고 규정하고 있는데, '대지'에 대한 경매신청의 등기 전에 위 대항요건을 갖추도록 하면 입법 취지를 충분히 달성할 수 있으므로, 위 규정이 미등기 주택의 경우에 소액임차인의 대지에 관한 우선변제권을 배제하는 규정에 해당한다고 볼 수 없다. 따라서 이러한 한도에서는 대지에 대한 저당권자가 그 지상의 미등기주택 (소액)임차인의 대지에 대한 우선변제권의 부담을 안을 수 밖에 없다고 보았다(전합2004다26133)(9회 선택형).[26] ㉡ 그러나 저당권 설정 후에 비로소 건물이 신축된 경우에까지 공시방법이 불완전한 소액임차인에게 우선변제권을 인정한다면 저당권자가 예측할 수 없는 손해를 입게 되는 범위가 지나치게 확대되어 부당하므로, 이러한 경우에는 소액임차인은 '대지'의 환가대금에 대하여 우선변제를 받을 수 없다(2009다101275)고 한다.

6. 권리금

(1) 임대차계약이나 임차권양도계약과의 관계

권리금계약이 임차권양도계약과 결합하여 전체가 경제적·사실적으로 일체로 행하여진 것으로서, 어느 하나의 존재 없이는 당사자가 다른 하나를 의욕하지 않았을 것으로 보이는 경우에는 권리금계약에 취소사유가 있다고 판단한 경우라면 마땅히 임차권양도계약까지도 취소하였어야 한다(2012다115120)(전부취소를 긍정한 사안 : 제137조 본문 유추적용)(9회 선택형).

(2) 상가건물 임대차보호법 규정에 따른 임차인의 권리금 회수 보호(동법 제10조의4 1항, 3항)

임차인의 임차목적물 반환의무는 임대차계약의 종료에 의하여 발생하나, 임대인의 권리금 회수 방해로 인한 손해배상의무는 동법에서 정한 권리금 회수기회 보호의무 위반을 원인으로 하고 있으므로 양 채무는 동일한 법률요건이 아닌 별개의 원인에 기하여 발생한 것일 뿐이므로 그 사이에 이행상 견련관계를 인정하기 어렵다(2018다242727)(13회 선택형).

Ⅵ. 임대차의 종료 [C-50]

1. 임차물 멸실에 따른 손해배상 : 증명책임

① [원칙] 임차건물이 화재로 소훼된 경우에 있어서 그 화재의 발생원인이 불명인 때에도 '임차인'이 그 책임을 면하려면 그 임차건물의 보존에 관하여 선량한 관리자의 주의의무(제374조)를 다하였음을 입증하여야 한다(2000다57351)(9회 선택형).

② [임대인의 지배관리 영역 내의 화재] 임차건물이 '임대인의 지배관리 영역 내'에 있는 부분의 화재로 소훼된 경우 임차인의 선관주의의무의 위반을 임대인이 입증하여야 임차인에게 손해배상책임을 지울 수 있다(2005다65623). 나아가 임대인은 목적물을 임차인에게 인도하고 임대차계약 존속

---

26) [판례검토] 주택임대차보호법에서 동법의 적용대상을 등기한 주택으로 한정하고 있지 않고, 동법 제8조 1항의 취지가 대지에 대한 부담의 내용을 알 수 있기 위한 것, 즉 대지에 대한 경매신청인의 보호를 위한 것은 아니라는 점에서, 判例의 태도는 타당하다. 이러한 법리는 여러 필지의 임차주택 대지 중 일부가 타인에게 양도되어 일부 대지만이 경매되는 경우에도 같다(2012다45689).

중에 그 사용, 수익에 필요한 상태를 유지하게 할 의무를 부담하므로(제623조), 임대차계약 존속 중에 발생한 화재가 임대인이 지배·관리하는 영역에 존재하는 하자로 인하여 발생한 것으로 추단된다면, 임차인이 하자를 미리 알았거나 알 수 있었다는 등의 특별한 사정이 없는 한, 임대인은 손해배상책임을 임차인에게 물을 수 없다(전합2012다86895,86901)(8회, 9회 선택형). [17사법] 이는 임대인이 훼손된 임대차 목적물에 관하여 수선의무를 부담하더라도 동일하게 적용된다(2018다291347).

③ **[임차 외 건물부분의 화재]** "임차 건물 부분에서 화재가 발생하여 임차 건물 부분이 아닌 건물 부분까지 불에 타 그로 인해 임대인에게 재산상 손해가 발생한 경우에는 '임차 외 건물 부분이 구조상 불가분의 일체를 이루는 관계에 있는 부분이라 하더라도', 그 부분에 발생한 손해에 대하여 임대인이 임차인을 상대로 채무불이행을 원인으로 하는 배상을 구하려면, ⅰ) 임차인이 보존·관리의무를 위반하여 화재가 발생한 원인을 제공하는 등 화재 발생과 관련된 '임차인의 계약상 의무 위반'이 있었고, ⅱ) 그러한 의무 위반과 임차 외 건물 부분의 손해 사이에 '상당인과관계'가 있으며, ⅲ) 임차 외 건물 부분의 손해가 의무 위반에 따라 민법 제393조에 의하여 배상하여야 할 '손해의 범위 내'에 있다는 점에 대하여 '임대인'이 주장·증명하여야 한다"(전합2012다86895, 86901)(8회, 9회 선택형) [17사법. 10회 기록형]

2. 임대차종료 후 임차인이 목적물을 계속 점유하는 경우의 법률관계 ★★★

(1) 불법행위책임(인도거절권능과 위법성)

'동시이행항변권'이라는 인도거절권능이 있는 이상 임차인의 점유는 위법성이 없어 불법행위를 구성하지 않는다(98다15545). 이는 임차인의 임차보증금반환청구채권이 전부된 경우에도 채권의 동일성은 그대로 유지되는 것이어서 임차인의 목적물에 대한 점유는 동시이행의 항변권에 기한 것이어서 여전히 불법점유라고 볼 수 없다(2001다68839)(9회 선택형). 그러나 "임차인이 그러한 동시이행항변권을 상실하였는데도 목적물의 반환을 계속 거부하면서 점유하고 있다면, 달리 점유에 관한 적법한 권원이 인정될 수 있는 사정이 없는 한 이러한 점유는 적어도 과실에 의한 점유로서 불법행위를 구성한다"(2019다252042).

(2) 부당이득반환책임(인도거절권능과 법률상 원인)

인도거절권능은 '점유'를 정당화시켜줄 뿐 점유에 따른 '사용이익의 보유'를 정당화시켜주지는 않으므로 점유·사용에 따른 부당이득은 성립한다.

① **[타인소유의 '건물'을 법률상 원인 없이 점유하고 있는 경우]** 判例는 "부당이득반환에 있어서 이득이라 함은, '실질적인 이익'을 가리키는 것이므로 법률상 원인 없이 건물을 점유하고 있더라도 이를 사용·수익하지 못하였다면 실질적인 이익을 얻었다고 볼 수 없다"(91다45202)고 한다(실질적 이득론). [4·12회 기록형, 08법무] 이러한 법리는 임차인의 사정으로 인하여 임차건물을 사용·수익하지 못한 경우에도 마찬가지이다(2004재다818).

② **[타인소유의 '토지'를 법률상 원인 없이 점유하고 있는 경우]** 判例는 건물을 사용·수익하지 않더라도 타인 소유의 토지 위에 권한 없이 건물을 소유하고 있는 '그 자체로써' 토지에 관한 부당이득이 성립한다고 한다(98다2389)(1회 선택형). [5회 기록형, 17법행]

1. 비용상환청구권(제626조) ★★

(1) 필요비상환청구권

필요비상환청구권(제626조 1항)을 행사할 수 있기 위해서는 ㉠ 임차목적물의 보존에 관하여 비용을 지출할 것, ㉡ 임대인의 수선의무 범위 내일 것을 요한다. 그에 따라 임차인은 필요비를 지출한 '즉시' 임대인에게 그 상환을 청구할 수 있으며, 필요비의 현존 여부와 상관없이 임대인에게 '지출한 비용 전액'을 청구할 수 있다.

(2) 유익비상환청구권(객, 구, 현)

유익비상환청구권(제626조 2항)을 행사할 수 있기 위해서는 ㉠ 임차목적물의 객관적 가치를 증가시키기 위하여 지출한 비용일 것, ㉡ 임차인이 지출한 결과가 임차목적물의 구성부분으로 될 것, ㉢ 가액의 증가가 현존할 것을 요한다. 그에 따라 임차인은 '임대차계약이 종료한 때' 그가 지출한 금액과 현존하는 증가된 가액 중 임대인이 선택한 것을 임대인에게 청구할 수 있다(선택채권).

(3) 포기특약의 유효성

비용상환청구권에 관한 규정은 임의규정이므로(제652조 참조), 임대차계약에서 '임차인은 임대인의 승인하에 개축 또는 변조할 수 있으나 부동산의 반환기일 전에 임차인의 부담으로 원상복구키로 한다'고 약정한 경우, 이는 임차인이 임차목적물에 지출한 비용상환청구권을 미리 포기한 취지의 특약으로 보아야 한다(95다12927). **[6회 사례형]**

2. 건물 임차인의 부속물매수청구권(제646조) ★★★

(1) 요 건(건, 편, 독, 동, 종).

건물 임차인이 부속물매수청구권(제646조)을 행사할 수 있기 위해서는 ㉠ 건물 기타 공작물의 임대차일 것, ㉡ 임차인이 임차목적물의 사용의 편익을 위하여 부속시킨 것일 것, ㉢ 부속물이 독립성을 가질 것, ㉣ 임대인의 동의를 얻거나 임대인으로부터 매수하여 부속시킨 것일 것, ㉤ 임대차가 종료하였을 것을 요한다.

1) 임차인이 임차목적물의 사용의 편익을 위하여 부속시킨 것일 것

여기서 '부속물'은 건물에 부속된 것으로 임차인의 소유에 속하고 건물의 구성부분을 이루지 않는 '독립'한 물건이며 '건물'의 편익을 가져오게 하는 물건이어야 한다(92다41627). 따라서 오로지 임차인의 특수목적에 사용하기 위하여 부속된 때에는 매수청구의 대상이 될 수 없고(92다41627), 기존건물과 분리되어 독립한 소유권의 객체가 될 수 없는 증축부분이나 임대인의 소유에 속하기로 한 부속물은 매수청구의 대상이 될 수 없다(81다1001).

✎ 건물이 증축된 경우에 증축부분의 기존건물에 '부합' 여부는 증축부분이 기존건물에 부착된 i) 물리적 구조뿐만 아니라, ii) 그 용도와 기능의 면에서 기존건물과 독립한 경제적 효용을 가지고 거래상 별개의 소유권의 객체가 될 수 있는지의 여부 및 iii) 증축하여 이를 소유하는 자의 의사 등을 종합하여 판단하여야 한다(94다11606).

2) 임대차가 종료하였을 것 [10회 사례형]

判例는 성실한 임차인만이 보호되어야 한다는 점에서 채무불이행으로 인한 해지로 임대차가 종료된 경우 이를 부정하고 있다(88다카7245)[27] **(3회 선택형)**

(2) 효 과(형성권)

부속물 매수대금 지급의무와 '임차건물'인도 사이에 동시이행항변권은 인정하나(통설), 부속물은 임차건물과 독립한 물건이라는 이유로 유치권은 부정된다(77다115).

(3) 포기특약의 유효성

부속물매수청구권을 규정한 제646조는 강행규정으로서 이에 위반하는 약정으로 임차인에게 불리한 것은 무효가 된다(제652조). 따라서 임대차계약에서 부속물매수청구권 배제특약(원상복구특약)은 무효이므로 당해 특약이 부속물매수청구권 행사를 배제할 수는 없다(95다12927) **[6회 사례형]** 다만 임대차계약의 전체과정을 살펴보아 '부속물매수청구권을 포기하는 대신 임대차계약의 보증금 및 차임을 파격적으로 저렴하게 하는 등' 특약의 내용이 임차인에게 불리하지 않은 것이라면 그 특약을 무효로 볼 것은 아니다(81다1001).

3. 토지 임차인의 지상물매수청구권(제643조, 제283조) ★★★

(1) 요 건(토, 끼거절, 현존)

토지 임차인이 지상물매수청구권(제643조)을 행사할 수 있기 위해서는 ㉠ 건물 기타 공작물의 소유 등을 목적으로 한 '토지임대차'일 것, ㉡ 임대차기간의 만료로 임차권이 소멸하고 임대인의 갱신거절이 있을 것, ㉢ 임대차기간의 만료시 임차인 소유의 지상건물 등이 현존할 것을 요한다.

1) 임대차기간의 '만료'로 '토지임차권'이 소멸하고 토지임대인의 갱신거절이 있을 것

① 지상권갱신청구권의 행사는 지상권의 존속기간 만료 후 지체 없이 하여야 한다. 따라서 지상권의 존속기간 만료 후 지체 없이 행사하지 아니하여 지상권갱신청구권이 소멸한 경우에는, 지상권자의 적법한 갱신청구권의 행사와 지상권설정자의 갱신 거절을 요건으로 하는 지상물매수청구권은 발생하지 않는다(2022다306642).

② 토지임차인의 차임연체 등 채무불이행으로 인해 임대인이 임대차계약을 해지한 때에는 임차인이 계약의 갱신을 청구할 여지가 없으므로, 이를 전제로 하는 2차적인 지상물의 매수청구도 할 수 없다(96다54249). **[10회 사례형]**

③ 기간의 약정 없는 토지임대차계약에 대해 임대인이 해지통고를 한 경우(제635조), 임대인이 미리 계약의 갱신을 거절한 것으로 볼 수 있으므로, 임차인은 계약의 갱신을 청구할 필요없이 곧바로 지상물의 매수를 청구할 수 있다(94다51178,51185)**(7회 선택형)**.

---

27) **[판례해설]** 그러나 제646조가 제643조와 달리 임대차의 종료원인을 제한하고 있지 않고, 또한 사회경제적 손실방지라는 제도의 취지상 이 경우에도 매수청구권을 인정함이 타당하다는 반대견해가 있다.

2) 임대차기간의 만료시 임차인 소유의 지상건물 등이 현존할 것

① **[긍정한 경우]** 지상물매수청구권의 대상이 되는 건물은 임대차계약 당시의 기존건물이거나 임대인의 동의를 얻어 신축한 것에 한정될 필요는 없고(93다34589)**(3회 선택형)**, 비록 행정관청의 허가를 받은 적법한 건물이 아니더라도 그 대상이 된다(97다37753)**(3회 선택형)**. 또한, 미등기 무허가 건물을 매수한 경우도 포함된다(2013다48364)**(7회, 9회 선택형)**.

② **[제한적으로 긍정한 경우]** 임차인 소유 건물이 임차 토지 외에 임차인 또는 제3자 소유의 토지 위에 걸쳐 있는 경우, "임차지상에 서 있는 건물부분 중 구분소유의 객체가 될 수 있는 부분에 한하여 임차인에게 매수청구가 허용된다"(전합93다42634)고 한다**(7회 선택형)**. 이는 건물 철거로 인하여 발생하게 되는 국민경제적 손실을 방지하여야 한다는 공익보다 토지 소유자의 재산권 보호를 중시하는 입장이다.

③ **[부정한 경우]** 임차인이 자신의 특수한 용도나 사업을 위하여 설치한 물건이나 시설은 지상물매수청구권을 행사할 수 없다(2002다46003). **[08법행]** 또한 임차인이 임대차계약 토지상에 건립한 건물을 불법으로 증축한 결과 매수청구권을 행사한 건물의 절반 이상이 임대차계약의 목적 토지가 아닌 토지를 무단으로 침범하여 건립된 것이라면, 임차인의 건물매수청구권 행사는 인용될 수 없다(2021다260671).

(2) 지상물매수청구권의 행사

1) 지상물매수청구권자

① **[지상물 소유자]** 지상물매수청구권은 지상물소유자에 한하여 행사할 수 있다(93다6386). 따라서 지상물소유자가 지상물을 양도한 경우 지상물매수청구권을 행사할 수 없다**(11회 선택형)**.

② **[미등기건물의 매수인]** 다만 건물 소유를 목적으로 하는 '토지 임대인의 동의를 얻어' 토지임차인으로부터 임차권을 양수한 자가 토지 위에 종전 임차인이 신축한 미등기 무허가 건물을 매수한 때에도, 그 점유 중인 건물에 대해 '법률상 또는 사실상의 처분권'을 갖고 있으므로 토지임차권 양수인은 임대인에게 그 건물의 매수를 청구할 수 있다(2013다48364)**(7회, 9회 선택형)**.

2) 지상물매수청구의 상대방

① **[토지소유자인 임대인]** 지상물매수청구권의 상대방은 '임차권 소멸 당시의 토지소유자인 임대인'이다(93다59717).

② **[토지 소유자가 아닌 제3자가 토지 임대행위를 한 경우]** '토지소유자가 아닌 제3자가 임대차계약의 당사자로서 토지를 임대'하였다면, 임대인이 아닌 토지 소유자가 직접 지상물매수청구권의 상대방이 될 수는 없다(2014다72449)**(7회 선택형)**.

③ **[임차권 소멸 후 임차목적물이 양도된 경우]** 이 경우에는 제3자에 대하여 대항할 수 있는 임차권(제622조 1항)을 가지고 있던 토지 임차인은 그 새로운 소유자에 대하여도 위 매수청구권을 행사할 수 있다. **[2회 기록형]**

(3) 효 과(부속물매수청구권과 동일 : 형성권) **[15사법]**

지상물매수청구권은 '형성권'으로서, 임차인의 행사만으로 지상물에 관해 임대인과 임차인 사이에 시가에 의한 매매 유사의 법률관계가 성립한다(91다3260)**(8회 선택형)**. 이 때 매매대금은 지

상물매수청구권을 행사할 당시의 시가에 의한다(2007다4356). **[2회 기록형, 08법행]**

토지임차인 소유의 건물에 근저당권이 설정된 경우에도 매수청구권은 인정되며(72다34). 이 경우 그 건물의 매수가격은 매수청구권행사 당시 건물이 현존하는 대로의 상태에서 평가된 시가 상당액을 의미하고, 여기에서 근저당권의 채권최고액이나 피담보채무액을 공제한 금액을 매수가격으로 정할 것은 아니다. 다만, 매수청구권을 행사한 지상건물 소유자가 위와 같은 근저당권을 말소하지 않는 경우 토지소유자는 민법 제588조에 의하여 위 근저당권의 말소등기가 될 때까지 그 채권최고액에 상당한 대금의 지급을 거절할 수 있다(2007다4356)**(11회 선택형)**.

Set 077　고 용 ★

1. 사용자의 안전배려의무(채권총론 set 032. 보호의무 참고)

判例에 따르면 사용자는 근로계약에 수반되는 '신의칙상의 부수적 의무'로서 피용자가 노무를 제공하는 과정에서 생명, 신체, 건강을 해치는 일이 없도록 필요한 조치를 강구하여야 할 '보호의무'를 부담한다고 한다(99다56734, 99다47129).

判例는 甲회사(사용사업주)는 A회사(파견사업주)와의 근로자파견계약에 따라 A회사가 고용한 乙을 자신의 작업장에 파견받아 사용사업주로서 지휘·감독하며 부품 제조 업무에 종사하게 하던 중 乙의 생명, 신체의 보호와 안전 등을 위하여 필요한 조치를 제대로 하지 아니하였고, 이로 말미암아 乙이 상해를 입는 사고가 발생한 경우, 이러한 손해에 대해 乙은 甲에게 '보호의무 또는 안전배려의무' 위반을 이유로 채무불이행책임을 원인으로 하는 손해배상을 청구할 수 있다고 한다. 단, 이러한 **채무불이행책임을 원인으로 하는 손해배상청구권에 대하여는 불법행위책임에 관한 민법 제766조 제1항의 소멸시효 규정이 유추적용될 수는 없다**고 한다(2011다60247).

I. 제작물 공급계약 논리(사례)구조

> 수급인이 자신의 재료를 사용하여 도급인 소유 토지위에 건물을 신축한 후(또는 공사중) 도급인이 토지와 제작물을 제3자에게 양도한 경우

I. 건물이 미완성된 경우

논리구조는 아래 '완성'된 경우와 동일하나, 제작물의 소유권 확정에서 차이!

1. 제작물 공급계약의 법적성질

2. 제작물의 소유권 확정

① 제256조 본문의 '부합'에 해당하는지, ② 제256조 단서의 '권원'에 의해 '부속'시킨 물건인지 여부[(주로 독립성 요건에서 탈락[28]) : 결론은 도급인(토지 소유자)귀속]

3. 수급인의 구제수단 검토

4. 도급인의 구제수단 검토

II. 건물이 완성된 경우

1. 제작물 공급계약의 법적성질(건물과 같은 부대체물은 도급계약으로)

2. 제작물의 소유권 확정(묵시적 특약으로 인한 도급인 소유)

3. 수급인의 구제수단 검토

공사대급지금청구권의 확보를 위한 ① 도급인에 대한 구제수단(채불, 불책), ② 양수인에 대한 구제수단[유치권(O), 동시이행의 항변권(×), 저당권설정청구권(×)]

4. 도급인의 구제수단 검토

논의구조는 하자담보책임의 논리(사례)구조와 유사, 다만 계약해제와 관련한 제673조, 제668조, 제390조 주의

II. 효력

[C-54]

1. **수급인의 의무**(일을 완성할 의무 + 완성물 인도의무 + 완성물의 소유권이전의무)

2. **도급인의 의무**(보수지급의무) : **보수지급청구권의 확보수단**

① **[완성물인도의무**(일을 완성할 의무가 아님)**와 보수지급의무의 동시이행관계**(제665조 1항)] 보수는 그 완성된 목적물의 인도와 동시에 지급하여야 한다. 그러나 목적물의 인도를 요하지 아니하는 경우에는 그 '일을 완성'한 후 지체없이 지급하여야 한다(제665조).

---

28) 최소한의 기둥과 지붕 그리고 주벽이 이루어지면 독립한 부동산으로서의 건물의 요건을 갖춘 것이라고 보아야 한다.

② **[저당권설정청구권(제666조)]** 判例에 따르면 공사대금채권이 양도되는 경우 저당권설정청구권도 이에 수반하여 함께 이전되며(2015다19827), 소유권이 수급인에게 귀속된 경우에는 '하수급인'도 수급인에 대하여 저당권설정청구권을 가지고, 이러한 청구권은 도급받은 공사에 부수되는 채권으로 제163조 3호에 따라 3년의 단기소멸시효가 적용된다(2014다211978)**(13회 선택형)**.

③ **[유치권(제320조)]** 유치권은 타물권이므로 완성물의 소유권이 도급인에게 귀속하는 경우에 수급인은 보수채권을 피담보채권으로 하여 완성물에 관하여 유치권을 행사할 수 있다(95다16202)**(3회, 8회, 12회 선택형)**. 또한 건물도급계약에서 유치권의 목적물인 건물은 독립한 물건의 요건을 갖추어야 하므로, 건축공사가 도중에 중단되고 건물로서의 요건을 갖추지 못하여 그것이 토지에 부합된 경우(제256조 본문), 이러한 부합물에 대해서는 유치권을 행사할 수 없고 건물공사비채권은 토지에 관한 것이 아니므로 토지를 유치할 수도 없다(2007마98).

3. 수급인의 담보책임

(1) 요 건

수급인의 하자담보책임이 성립하기 위해서는 ㉠ 완성된 목적물 또는 완성 전의 성취된 부분에 하자가 있을 것(제667조), ㉡ 하자가 도급인의 재료·지시에 기인한 경우가 아닐 것(제669조), ㉢ 면제특약이 없을 것(제672조)의 요건이 충족되어야 하고, ㉣ 하자담보책임에 의한 도급인의 권리는 제척기간 내에 행사되어야 한다(제671조). 이는 무과실 책임이다.

✎ "제669조 규정은 수급인의 하자담보책임이 아니라 제390조에 따른 채무불이행책임에는 적용되지 않는다"(2019다268252) **[13회 사례형]**

(2) 효 과

1) 하자보수청구권(제667조 1항 본문)

도급인은 하자의 보수(불가분채무)를 받을 때까지 수급인에게 '보수 전부'(가분채무)의 지급을 거절할 수 있다고 보아야 한다. 다만 대법원은 "미지급 공사대금에 비해 하자보수비 등이 매우 적은 편이고 하자보수공사가 완성되어도 공사대금이 지급될지 여부가 불확실한 경우, 도급인이 하자보수청구권을 행사하여 동시이행의 항변을 할 수 있는 기성공사대금의 범위는 하자 및 손해에 상응하는 금액으로 한정하는 것이 공평과 신의칙에 부합한다"(2001다9304)고 판시한 바 있다.

2) 손해배상청구권(제667조 1항 단서, 2항)

① **[동시이행의 항변권]** 도급인의 손해배상청구와 수급인의 보수청구 사이에는 동시이행의 항변권이 준용되며(제667조 3항), 이 경우 채무이행을 제공할 때까지 그 '손해배상의 액에 상응하는 보수의 액'에 관하여만 자기의 채무이행을 거절할 수 있을 뿐, 그 나머지 액의 보수에 관하여는 지급을 거절할 수 없다(95다12798).

② **[손해배상 범위]** ㉠ **[보수에 필요한 비용 : 제667조 1항 본문, 제667조 2항]** 하자의 보수에 갈음하는 손해배상의 경우에 그 범위는 '실제로 보수에 필요한 비용'이다(제667조 2항). 예컨대 완성된 건물 등에 중대한 하자가 있고 이로 인하여 무너질 위험성이 있어서 보수가 불가능하고 다시 건축할 수밖에 없는 경우에는, 건물 등을 철거하고 다시 건축하는 데 드는 비용 상당액을 하자로 인한 손해

배상으로 청구할 수 있다(2014다31691,31707)(**10회 선택형**).

    ⓛ [**가치감소액 : 제667조 1항 단서**] 하자보수를 청구할 수 없는 경우(중요한 하자가 아님에도 그 보수에 과다한 비용을 요할 때)에는 _判例_는 하자보수에 갈음하는 손해배상(보수에 필요한 비용)을 청구할 수는 없고, 하자로 인하여 입은 손해배상(교환가치의 차액, 즉 가치감소액)만을 청구할 수 있다고 한다(제667조 1항 단서). 다만 교환가치의 차액을 산출하기가 현실적으로 불가능한 사정이 있는 때에는 하자 없이 시공하였을 경우의 시공비용과 하자 있는 상태대로의 시공비용의 차액을 통상손해로 본다(97다54376). [**14법무**]

③ [**하자확대손해**(부정)] '하자로 인한 확대손해'는 손해배상의 범위에 포함되지 않는다는 것이 _判例_의 태도이다(2001다70337). 따라서 확대손해에 대한 배상을 청구하기 위해서는 수급인의 귀책사유를 전제로 한 채무불이행책임을 청구원인으로 하여야 한다. [**09입법**]

④ [**채무불이행책임과의 경합**] _判例_는 "도급인은 하자보수비용을 제667조 2항에 따라 하자담보책임으로 인한 손해배상으로 청구할 수도 있고, 수급인에게 귀책성이 있다면 제390조에 따라 채무불이행으로 인한 손해배상으로 청구할 수도 있다"(2020다201156)고 하여, 도급계약에서 완성된 목적물에 하자가 있는 경우 하자보수보증기간이 지난 경우에도 (소멸시효가 완성되지 않았음을 이유로) 채무불이행에 의한 손해배상책임을 인정하였다.

3) 계약해제권

① [**해제권의 제한**] 완성된 목적물이 '건물 기타 토지의 공작물'인 경우에는 아무리 중대한 하자가 있더라도 담보책임을 이유로 해제할 수 없다(제668조 단서). _判例_는 '건물 등이 완성된 후'에는 채무불이행을 원인으로 해서도 도급계약을 해제할 수 없다고 하나, '건물 등이 완성되기 전'에는 채무불이행을 이유로 도급계약을 해제할 수 있다고 한다(93다25080등).

② [**해제권의 장래효**] 다만 _判例_는 '건축공사도급계약'에 있어서 수급인의 '채무불이행'을 이유로 도급계약을 중도에 해제'한 경우에 ⅰ) 공사가 상당한 정도로 진척되어 그 원상회복이 중대한 사회적·경제적 손실을 초래하게 되고, ⅱ) 완성된 부분이 도급인에게 이익이 되는 때에는 도급계약은 미완성부분에 대해서만 실효된다고 하여 계약해제의 효과를 장래에 향해서만 소멸시키고 있다(93다25080). 이러한 _判例_의 취지는 완성 전의 도급인의 임의해제권(제673조)의 경우에도 동일하게 적용될 수 있다고 본다(통설).

    그리고 이 경우 수급인은 해제한 때의 상태 그대로 그 건물을 도급인에게 인도하고 도급인은 인도받은 건물에 상당한 보수(약정한 총 공사비를 기준으로 그 금액에서 수급인이 공사를 중단할 때의 공사 기성고 비율에 의한 금액이 되는 것이지 수급인이 실제로 지출한 비용을 기준으로 할 것은 아니다)를 지급하여야 할 의무가 있다(91다42630)(**3회, 10회 선택형**).

4. 도급에서의 위험부담   [C-55]

    _判例_는 도급계약에서 목적물의 인도의 의미에 관하여 완성된 목적물에 대한 단순한 점유의 이전만을 의미하는 것이 아니라 도급인이 목적물을 검사한 후 그 목적물이 계약내용대로 완성되었음을 명시적 또는 묵시적으로 시인하는 것까지 포함하는 의미라고 보는바(이른바 _檢受_), '점유 이전 후 검수 전'에 완성물이 쌍방의 귀책사유 없이 멸실, 훼손되어 수급인의 의무가 이행불능으로 된 경우, 수급인은 도급인에게 보수를 청구하지 못한다(제537조).

① **[제538조 1항 1문]** "영상물제작·공급계약에서 도급인이 영상물을 제작하는데 필요한 협력을 거부함으로써 도급인의 의도에 부합하는 영상물을 기한 내에 제작하여 납품하여야 할 수급인의 채무가 이행불능으로 된 경우 이는 계약상의 협력의무의 이행을 거부한 채권자인 도급인의 귀책사유로 인한 것이므로 수급인은 약정대금 전부의 지급을 청구할 수 있다"(96다14364)

② **[제538조 1항 2문]** "수급인이 도급인에게 공사금을 지급하고 기성부분을 인도받아 가라고 최고하였다면 수급인은 이로써 자기 의무의 이행 제공을 하였다고 볼 수 있는데 도급인이 아무런 이유 없이 수령을 거절하던 중 쌍방이 책임질 수 없는 제3자의 행위로 기성부분이 철거되었다면 도급인의 수급인에 대한 공사대금지급채무는 여전히 남아 있다"(91다14116). **[12사법]**

5. 일의 완성 전 도급인의 임의해제권(제673조) [14법무] [C-56]

수급인이 일을 완성하기 전에는 도급인은 손해를 배상하고 계약을 해제할 수 있다(제673조). 이와 관련하여 判例는 "제673조의 취지는 도급인의 일방적인 의사에 기한 도급계약 해제를 인정하는 대신, 도급인의 일방적인 계약해제로 인하여 수급인이 입게 될 손해, 즉 수급인이 이미 지출한 비용과 일을 완성하였더라면 얻었을 이익을 합한 금액을 전부 배상하게 하는 것이라 할 것이므로, 위 규정에 의하여 도급계약을 해제한 이상은 특별한 사정이 없는 한 도급인은 수급인에 대한 손해배상에 있어서 과실상계나 손해배상예정액 감액을 주장할 수는 없다"(2000다37296, 37302)고 한다.

Ⅲ. 제작물공급계약 ★★★ [C-57]

1. 의 의

'제작물 공급계약'이란 당사자의 일방이 상대방의 주문에 따라서 전적으로 또는 주로 '자기(제작자)의 소유에 속하는 재료'를 사용하여 만든 물건을 공급할 것을 약정하고, 이에 대하여 상대방이 보수를 지급할 것을 약정하는 계약을 말한다.

2. 법적 성질

判例는 "목적물이 대체물일때는 매매로 보고 부대체물일 때에는 도급의 성질이 강하므로 이에는 매매의 규정이 당연히 적용된다고 할 수 없다"(86다카2446)고 판시하여 **제작물 성질설**과 같은 입장이다.

3. 완성된 물건의 소유권 귀속 [12사법]

(1) 제작물 공급계약이 도급계약의 성질을 갖는 경우

① 判例는 '특약이 없는 한' 자기의 노력과 재료를 들여 건물을 건축한 사람은 그 건물의 소유권을 원시적으로 취득한다(89다카11401)**(3회 선택형)**고 보아 수급인이 재료의 주요부분을 제공하는 제작물 공급계약의 경우에는 수급인에게 소유권이 귀속한다고 본다.[29]

---

29) **[판례해설]** 수급인의 관심은 보수를 받는 데 있을 뿐 건물소유권 취득에는 관심이 없다는 점에서 수급인의 보수청구권 확보는 ① 유치권(제320조), ② 동시이행의 항변권(제665조 1항), ③ 저당권설정청구(제666조)로도 달성 가능하므로 수급인에게 소유권까지 취득시킬 필요가 없으므로 '도급인귀속설'이 타당하다는 비판이 있다(다수설).

② 그러나 判例는 ⊙ 도급인명의로 건축허가를 받고 또 그 명의로 건물에 대한 소유권보존등기를 하기로 한 경우(97다8601)(2회,5회 선택형), ⓛ 공사 기성고 비율에 따라 상당액의 공사대금이 지급된 경우에는 각각 완성된 건축물의 소유권을 원시적으로 도급인에게 귀속시키기로 하는 '묵시적 합의'가 있는 것으로 보는 등(91다25505등) 특약의 범위를 넓게 인정하여 구체적인 사안에서는 도급인이 신축 건물의 소유권을 원시취득한다고 판단한 경우가 적지 않다(10회 선택형) [11회 기록형].

(2) 미완성건물을 이어받아 완성한 경우 [15사법]

건축주의 사정으로 건축공사가 중단된 미완성의 건물을 인도받아 나머지 공사를 하게 된 경우에는 그 공사의 중단 시점에 이미 사회통념상 독립한 건물이라고 볼 수 있는 정도의 형태와 구조를 갖춘 경우(최소한의 기둥과 지붕 그리고 주벽이 이루어진 경우)에는 원래의 건축주가 그 건물의 소유권을 원시취득하고, 그렇지 않은 경우에는 이를 인도받아 자기의 비용과 노력으로 완공한 자가 그 건물의 원시취득자가 될 것이다(2005다68783). 후자의 경우 원래의 건축주는 민법 제261조, 제257조, 제259조를 준용하여 건물의 원시취득자에 대하여 부당이득 관련 규정에 기하여 그 소유권의 상실에 관한 보상을 청구할 수 있다(2009다83933).

(3) 도급계약 없이 채무자가 건물을 신축하면서 채권담보목적으로 채권자명의로 건축허가를 받은 경우(부동산 양도담보 : 신탁적 소유권이전설) [18입법, 4회 · 7회 기록형]

채무(대지매수대금)의 담보를 위하여 채무자(대지의 매수인)가 자기의 비용과 노력으로 신축하는 건물의 건축허가 명의를 채권자(대지의 매도인)로 하기로 합의한 경우, 判例는 이를 '담보물권의 설정'과 동일하게 보아 완성된 건물의 소유권은 채무자(대지의 매수인)가 원시적으로 취득하고, 채권자(대지의 매도인) 명의로 소유권보존등기를 마침으로써 '담보목적의 범위 내'에서 채권자에게 소유권이 이전된다고 본다(2000다16350)(이때 채권자 명의의 소유권보존등기는 실체관계에 부합하여 유효하다)

Set 079   여행계약 (2016.2.4.부터 시행) ★

Ⅰ. 여행계약의 효력

[C-59]

1. 여행주최자의 의무(강행규정성 : 제674조의9)

① 判例는 "여행업자는 '여행계약상의 부수의무'로서, 여행자의 생명 · 신체 · 재산 등의 안전을 확보하기 위하여, 위험을 미리 제거할 수단을 강구하는 등에 대한 '신의칙상의 주의의무'를 진다"(98다25061)고 하며, ② 민법은 여행주최자의 담보책임으로 여행자의 ⊙ 하자의 시정청구권, 대금감액청구권(제674조의6 1항, 2항), ⓛ 손해배상청구권(제674조의6 3항), ⓒ 계약해지권(제674조의7)을 규정하고 있는바. 이러한 여행자의 권리는 여행 기간 중에도 행사할 수 있으며, 계약에서 정한 '여행 종료일'부터 6개월 내에 행사하여야 한다(제674조의8).

2. 여행자의 의무(대금의 지급시기)

여행자는 약정한 시기에 대금을 지급하여야 하며, 그 시기의 약정이 없으면 관습에 따르고, 관습이 없으면 여행의 종료 후 지체 없이 지급하여야 한다(제674조의 5).

II. 여행계약의 종료

① '여행자'는 여행을 시작하기 전에는 상대방에게 발생한 손해를 배상하고 언제든지 계약을 해제할 수 있다(제674조의3 본문). 사전해제권은 원칙적으로 '여행주최자'에게는 인정되지 않는다. ② 부득이한 사유가 있는 경우에는 각 당사자는 계약을 해지할 수 있다(제674조의4 1항 본문). 부득이한 사유가 당사자의 귀책사유에 의한 것이라도 상관없다. 다만 그 사유가 당사자 한쪽의 과실로 인하여 생긴 경우에는 상대방에게 손해를 배상하여야 한다(제674조의4 1항 단서). 계약이 해지되면 여행주최자는 원칙적으로 귀환운송의무가 없으나, 원래의 계약이 귀환운송을 포함하는 경우에는 여행주최자는 여행자를 귀환운송할 의무가 있다(제674조의4 2항).

Set 080 　위임계약 ★

I. 효 과

1. 수임인의 의무

① 선관주의의무(제681조), ② 복임권의 제한(제682조), ③ 보고의무(제683조), ④ 취득물 인도·이전의무(제684조) 등이 있다.

특히 ④ 수임인의 취득물 인도·이전 시기는 '위임계약이 종료한 때'이므로 수임인이 반환(제684조 1항)할 금전의 범위도 위임종료시를 기준으로 정해지고(2004다64432), 위임사무로 수임인 명의로 취득한 권리에 관한 위임인의 이전청구권(제684조 2항)의 소멸시효도 위임계약이 종료된 때부터 진행한다(2022다217117).

2. 수임인의 권리(위임인의 의무)

① 보수청구권(제686조), ② 비용에 관한 청구권으로 ㉠ 비용선급청구권(제687조), ㉡ 필요비상환청구권(제688조 1항), ㉢ 대변제청구권(제688조 2항), ③ 위임인의 무과실책임(제688조 3항) 등이 있다.

특히 ② ㉢ 대변제청구권은 수임인의 대변제청구권은 수임인에게 대리권이 없는 경우에만 인정된다. 즉, 수임인이 대리권이 없으면 수임인 자신의 이름으로 법률행위를 할 수밖에 없고 그 경우 자기 이름으로 부담한 채무는 수임인 자신이 이를 이행한 후 위임인에게 비용상환청구를 하여야 하나, 아직 채무를 변제하기 전이면 위임인으로 하여금 변제하게 할 것을 청구할 수 있는 것이다(8회 선택형). 아울러 수임인이 가지는 제688조 제2항 전단 소정의 **대변제청구권은 통상의 금전채권과는 다른 목적을 갖는 것이므로,** 수임인이 이 대변제청구권을 보전하기 위하여 채무자인 위임인의 채권을 대위행사하는 경우에는 채무자의 무자력을 요건으로 하지 아니한다(2001다52506)(3회, 7회 선택형).

Ⅱ. 종 료 [C-68]

위임은 당사자 쌍방의 특별한 대인적 신뢰관계를 기초로 하기 때문에, 위임인이나 수임인은 언제든지 또 특별한 이유 없이도 자유로이 해지할 수 있다(제689조 1항). 다만, 당사자일방이 부득이한 사유없이 상대방의 불리한 시기에 계약을 해지한 때에는 손해를 배상하여야 한다(제689조 2항). 이 경우 그 배상의 범위는 위임이 해지되었다는 사실로부터 생기는 손해가 아니라 적당한 시기에 해지되었더라면 입지 아니하였을 손해에 한한다(90다18968). 그러나, 민법 제689조 1항과 2항은 임의규정에 불과하므로 당사자의 약정에 의하여 위 규정의 적용을 배제하거나 그 내용을 달리 정할 수 있다(2017다53265)(**12회 선택형**).

Set 081 예금계약(소비임치, 요물계약) ★★

Ⅰ. 성립시기 [C-70]

예금계약은 예금자가 예금의 의사와 함께 금융기관에 돈을 제공하고 금융기관이 그 돈을 받아 확인을 하면 그로써 성립한다. 따라서 금융기관의 직원이 받은 돈을 확인한 후 입금하지 않고 횡령하여도 예금계약은 성립한다(대리권 남용이 문제)(**2회 선택형**).

Ⅱ. 공동명의로 예금을 개설한 경우 [C-70]

1. 예금계약의 당사자

공동명의예금의 경우 계약상의 권리를 취득하는 당사자가 누구인가는 법률행위의 해석문제이나, 금융실명확인을 한 경우 원칙적으로 공동명의자를 당사자로 보아야 한다(2000다70989).

2. 공동명의예금의 귀속 및 관리처분권

은행에 공동명의로 예금을 하고 은행에 대하여 그 권리를 함께 행사하기로 한 경우 ㉠ 만일 동업자금을 공동명의로 예금한 경우라면 채권의 '준합유'관계에 있으나, ㉡ 공동명의 예금채권자들 각자가 분담하여 출연한 돈을 동업 이외의 특정 목적을 위하여 공동명의로 예치해 둠으로써 그 목적이 달성되기 전에는 공동명의 예금채권자가 단독으로 예금을 인출할 수 없도록 방지·감시하고자 하는 목적으로 공동명의로 예금을 개설한 경우라면, 하나의 예금채권이 '분량적으로 분할'되어 각 공동명의 예금채권자들에게 공동으로 귀속되고, 각 **공동명의 예금채권자들이 예금채권**에 대하여 갖는 각자의 지분에 대한 관리처분권은 각자에게 귀속된다(2002다55908).

이 경우 만약 공동명의자 1인인 甲에 대한 채권자 A는 甲의 지분에 상응하는 예금채권에 대한 압류 및 추심명령 등을 얻어 이를 집행할 수 있고, 이러한 압류 등을 송달받은 은행은 A의 압류명령 등에 기초한 단독 예금반환청구에 대하여, 공동반환특약을 들어 그 지급을 거절할 수는 없다(2003다7319)(**2회 선택형**).

Ⅲ. 착오송금(이체)의 경우(계좌이체에서 원인관계의 흠결과 부당이득의 성립범위) ★★ [C-70]

1. 수취인의 예금채권 취득 여부(적극)

수취인의 예금구좌에 계좌이체를 한 때에는, 송금의뢰인과 수취인 사이에 계좌이체의 원인인 법률관계가 존재하는지 여부에 관계없이 수취인과 수취은행 사이에는 계좌이체금액 상당의 예금계약이 성립하고, 수취인이 수취은행에 대하여 위 금액 상당의 예금채권을 취득한다(2007다51239)(2회, 5회 선택형)

2. 송금의뢰인의 수취은행에 대한 부당이득반환청구 가부(소극)

이때 송금의뢰인은 수취인에 대하여 위 금액 상당의 부당이득반환청구권을 가지게 되지만, 수취은행은 이익을 얻은 것이 없으므로 수취은행에 대하여는 부당이득반환청구권을 취득하지 아니한다(2007다51239)(5회, 9회 선택형).

3. 수취은행이 수취인에 대한 대출금반환채권으로 상계가 가능한지 여부(원칙적 적극 : 예외적 남용)

① 신의칙 위반이나 권리남용에 해당한다는 등의 특별한 사정이 없는 한 유효하다. ② 다만 송금의뢰인이 착오송금임을 이유로 거래은행을 통하여 혹은 수취은행에 직접 송금액의 반환을 요청하고 수취인도 송금의뢰인의 착오송금에 의하여 수취인의 계좌에 금원이 입금된 사실을 인정하고 수취은행에 그 반환을 승낙하고 있는 경우, 수취은행이 수취인에 대한 대출채권 등을 자동채권으로 하여 수취인의 계좌에 착오로 입금된 금원 상당의 예금채권과 상계하는 것은, 수취은행이 선의인 상태에서 수취인의 예금채권을 담보로 대출을 하여 그 자동채권을 취득한 것이라거나 그 예금채권이 이미 제3자에 의하여 압류되었다는 등의 특별한 사정이 없는 한, 송금의뢰인에 대한 관계에서 신의칙에 반하거나 상계에 관한 권리를 남용하는 것이다(2007다66088).

Set 082 조 합 ★★★

Ⅰ. 성립요건(2인 이상의 당사자 + 공동사업경영 + 상호출자) [3회 기록형, 12법무] [C-71]

민법상의 조합계약은 2인 이상이 상호 출자(금전 기타 재산 또는 노무)하여 공동으로 사업을 경영할 것을 약정하는 계약(제703조)으로서 ㉠ '특정한 사업'을 '공동 경영'하는 약정에 한하여 이를 조합계약이라고 할 수 있고, 공동의 목적달성이라는 정도만으로는 조합의 성립요건을 갖추었다고 할 수 없다(2009다79729)(6회 선택형). ㉡ 또한 사업은 공동의 것이어야 하므로, 영리사업을 목적으로 하면서 당사자 중의 일부만이 이익을 분배받고 다른 자는 전혀 이익분배를 받지 않는 경우에는 조합관계(동업관계)라고 할 수 없다(98다44666)

Ⅱ. 조합의 업무집행 [C-72a]

1. 조합의 대내관계(업무집행)

조합계약으로 업무집행자를 정하지 아니한 경우에는 조합원의 3분의 2이상의 찬성으로써 이를 선임할 수 있는데(제706조 1항), 조합의 '통상사무'는 각 조합원 또는 각 업무집행자가 단독으로 (專行) 할 수 있지만(제706조 3항), 조합의 '특별사무'는 조합원의 과반수 또는 업무집행자의 과반수로써 결정하여야 한다(제706조 2항). 그러나 조합계약에서 이와 다르게 정할 수도 있으며(2000다 28506, 28513)(즉, 제706조는 임의규정이다), 조합계약으로 조합원 중 일부 또는 제3자를 업무집행자로 정하지 않은 경우에는 모든 조합원이 원칙적으로 업무집행권을 가진다.

2. 조합의 대외관계(조합대리)

조합에 있어 각 조합원은 다른 조합원을 대리할 권한이 있고, 조합의 업무를 집행하는 조합원은 그 업무집행의 대리권이 있는 것으로 추정한다(제709조). "조합대리의 경우에도 민법 제114조가 적용되므로 본인에 해당하는 모든 조합원을 위한 것임을 표시하여야 하나, 반드시 조합원 전원의 성명을 제시할 필요는 없고 상대방이 알 수 있을 정도로 조합을 표시하는 것으로 충분하다. 다만, 상행위의 경우에는 상법 제48조가 적용되어 현명이 요구되지 않으므로 조합대리에 있어서도 그 법률행위가 조합에게 상행위가 되는 경우에는 조합을 위한 것임을 표시하지 않았다고 하더라도 그 법률행위의 효력은 본인인 조합원 전원에게 미친다"(2008다79340)(11회 선택형).

Ⅲ. 조합의 재산관계

[C-72b]

조합원의 출자 기타 조합재산은 조합원의 '합유'로 한다(제704조). 즉, 조합재산은 조합 자체에 귀속될 수 없고, 조합원들의 공동소유이다.

1. 조합재산의 처분 · 변경

제272조 본문과 제706조 2항의 충돌문제와 관련하여 判例는 제706조 2항 적용설을 취하고 있다. 즉, 判例는 "합유물 가운데서도 조합재산의 경우 그 처분 · 변경에 관한 행위는 '조합의 특별사무'에 해당하는 업무집행으로서, 이에 대하여는 특별한 사정이 없는 한 제706조 제2항이 제272조에 우선하여 적용되므로, 조합재산의 처분 · 변경은 업무집행자가 없는 경우에는 조합원의 과반수로 결정하고, 업무집행자가 수인 있는 경우에는 그 업무집행자의 과반수로써 결정하며, 업무집행자가 1인만 있는 경우에는 그 업무집행자가 단독으로 결정한다"(2007다18911)고 한다. 다만, 조합계약에 조합의 업무집행방법에 관하여 다른 약정이 있으면 그에 따른다(2000다28506,28513).

2. 조합채권

(1) 조합원의 준합유

조합이 채권을 취득한 경우 이는 조합원 전원의 준합유에 속한다(2000다68924). 따라서 조합원 중 1인은 직접 조합의 채무자에 대하여 이행청구를 할 수 없고(63다330), 조합원 1인은 자신의 지분비율 범위내에서도 청구를 할 수 없다(97다4401). 결국 조합재산에 속하는 채권은 조합원 전원이 공동으로 이행을 청구해야한다(2012다44471)(고유필적 공동소송).

(2) 분할귀속에 관한 특약을 채무자와 한 경우

그러나 분할귀속에 관한 특약을 한 경우는 그에 따른다. 判例도 "공동이행방식의 공동수급체와 도급인이 공사도급계약에서 발생한 채권과 관련하여 공동수급체가 아닌 개별 구성원으로 하여금 그 지분비율에 따라 직접 도급인에 대하여 권리를 취득하게 하는 약정을 하는 경우 도급인에 대하여 가지는 채권이 공동수급체의 구성원 각자에게 그 지분비율에 따라 구분하여 귀속될 수도 있고(2001다75332)**(6회 선택형)**, 이러한 분할귀속 약정이 있는 경우 지분비율은 채무자인 도급인과의 특약에 따라 정해지며, 원칙적으로 특약에 따른 비율이 공동수급체의 내부관계에 따라 달라지는 것은 아니라고 한다(2012다107532).

3. 조합채무

(1) 조합재산에 대한 강제집행

조합의 채무도 전 조합원에게 합유적으로 귀속되며(준합유), 조합재산으로 그에 대하여 책임을 진다. 따라서 조합의 채권자는 채권 전액에 관하여 조합재산으로부터 변제를 청구할 수 있고 조합재산에 대해 강제집행할 수 있다. 다만 조합재산에 대해 강제집행을 하기 위해서는 조합원 전원에 대한 집행권원이 필요하다. 따라서 조합원 중 1인만을 가압류채무자로 한 가압류명령으로써 조합재산에 가압류집행을 할 수는 없다(2012다21560)**(6회 선택형)**.

(2) 조합원 개인재산에 대한 강제집행

① **[조합원 개인에 대한 채권자의 권리행사]** 다른 한편 조합채무는 각 조합원의 채무이기도 하므로, 각 조합원은 손실분담의 비율로 각자의 개인재산으로 책임을 진다. 다만 조합채권자는 그 채권발생 당시에 조합원의 손실분담의 비율을 알지 못하는 경우가 많으므로 이 경우 각 조합원에게 균분하여 그 권리를 행사할 수 있다(제712조). 判例는 이 경우 '분할채무'의 법리를 적용한다(85다카1499). 그러나 조합채무가 조합원 전원을 위하여 상행위가 되는 행위로 인하여 부담하게 된 것이라면 상법 제57조 제1항을 적용하여 조합원들의 '연대책임'을 인정한다(2012다25432)**(6회 선택형)**. 한편, 조합원 중에 변제할 자력 없는 자가 있는 때에는 그 변제할 수 없는 부분은 다른 조합원이 균분하여 변제할 책임이 있다(제713조).

② **[합유지분에 대한 압류의 효력]** 조합원 개인에 대한 채권자는 조합원 개인에 대한 집행권원을 얻어 조합원 개인재산에 대해 압류 및 집행할 수 있는데, 이 경우 조합재산에 대해서는 그 조합원의 합유지분에 대해서만 압류할 수 있다. 조합원의 합유지분에 대한 압류가 있는 경우에는 그 지분에 기한 장래의 이익배당 및 지분을 반환받을 권리에 대해서만 효력을 가질 뿐이다(제714조). "여기에서의 조합원의 지분이란 전체로서의 조합재산에 대한 조합원 지분을 의미하는 것이고, 이와 달리 조합재산을 구성하는 개개의 재산에 대한 합유지분에 대하여는 압류 기타 강제집행의 대상으로 삼을 수 없다"(2005마1130).

4. 손익분배(제711조)

(1) 분배비율

조합의 공동사업에 따른 이익과 손실은 조합원에게 합유적으로 귀속된다. 이 때 분배비율은 조합원사이에 특약이 있으면 그에 따르고, 특약이 없다면 각 조합원의 '출자가액'에 비례하여 정해진다(제711조 1항). 만약 이익 또는 손실 중 하나에 대하여만 분배의 비율을 정한 때에는 그 비율은 이익과 손실에 공통된 것으로 추정한다(제711조 2항).

(2) 출자의무를 불이행한 조합원의 이익분배청구권

"건설공동수급체는 민법상 조합의 성질을 가지는 것인데, 건설공동수급체의 구성원인 조합원이 그

출자의무를 불이행하였더라도 그 조합원을 조합에서 제명하지 않는 한 건설공동수급체는 조합원에 대한 출자금채권과 그 연체이자채권, 그 밖의 손해배상채권으로 조합원의 이익분배청구권과 직접 상계할 수 있을 뿐이고, 조합계약에서 출자의무의 이행과 이익분배를 직접 연계시키는 특약을 두지 않는 한 출자의무의 불이행을 이유로 이익분배 자체를 거부할 수는 없다"(2005다16959)**(6회 선택형)**. 따라서 "공동수급체의 구성원이 출자의무를 이행하지 않더라도, 공동수급체가 출자의무의 불이행을 이유로 이익분배 자체를 거부할 수도 없고, 그 구성원에게 지급할 이익분배금에서 출자금이나 그 연체이자를 당연히 공제할 수도 없다. 다만 구성원에 대한 공동수급체의 출자금 채권과 공동수급체에 대한 구성원의 이익분배청구권이 상계적상에 있으면 상계에 관한 민법 규정에 따라 두 채권을 대등액에서 상계할 수 있을 따름이다"(2015다69990)**(12회 선택형)**.

Ⅳ. 조합원의 변동 [C-72c]

1. 조합원의 탈퇴

(1) 임의탈퇴

조합계약으로 조합의 존속기간을 정하지 아니하거나 조합원의 종신까지 존속할 것을 정한 때에는 각 조합원은 언제든지 탈퇴할 수 있다. 그러나 부득이한 사유없이 조합의 불리한 시기에 탈퇴하지 못한다. 조합의 존속기간을 정한 때에도 조합원은 부득이한 사유가 있으면 탈퇴할 수 있다(제716조 1항, 2항).

① **[탈퇴표시특약의 효력]** "민법상 조합에 있어서 조합원은 임의로 탈퇴할 수 있고 그 탈퇴는 다른 조합원 전원에 대한 의사표시로 하여야 하나(조합의 탈퇴는 조합계약의 해지의 성격을 가지므로 업무집행자가 있음에도 조합원 전원에 대한 의사표시가 필요)**(7회, 13회 선택형)**, 조합계약에서 탈퇴의사의 표시 방식을 따로 정하는 특약은 유효하다"(96다16896).

② **[탈퇴자와 잔존자 사이의 탈퇴로 인한 계산 방법]** "제719조 1항, 2항에 따라 '탈퇴 당시의 조합재산상태'를 기준으로 평가한 조합재산 중 탈퇴자의 지분에 해당하는 금액을 금전으로 반환하여야 하고, 조합원의 지분비율은 '조합 내부의 손익분배 비율'을 기준으로 계산하여야 하나, 당사자가 손익분배의 비율을 정하지 아니한 때에는 제711조에 따라 각 조합원의 출자가액에 비례하여 이를 정하여야 한다"(2008다41529)**(13회 선택형)**.

③ **[2인 조합에서 1인이 탈퇴한 경우]** 조합관계는 종료되지만 조합은 '해산'되지 아니하고, 남은 조합재산은 조합원의 단독 소유에 해당하게 되어 기존의 공동사업은 '청산'절차를 거치지 않고 잔존자가 계속 유지할 수 있다(2004다49693)**(13회 선택형)**. 이 경우 조합재산이 부동산이라면 잔존 조합원의 단독 소유로 하는 등기를 하여야 소유권 변동의 효력이 발생한다(2008다2807).

(2) 비임의탈퇴

제716조의 경우 외에 조합원은 사망, 파산, 성년후견의 개시, 제명(除名)의 어느 하나에 해당하는 사유가 있으면 탈퇴된다.

2. 조합원 지위의 양도

① "조합원은 다른 조합원 전원의 동의가 있으면 그 지분을 처분할 수 있으나 조합의 목적과

단체성에 비추어 조합으로서의 자격과 분리하여 그 지분권만을 처분할 수는 없으므로, **조합원이 지분을 양도하면 그로써 조합원의 지위를 상실하게 되며**, 이와 같은 조합원 지위의 변동은 조합지분의 양도양수에 관한 약정으로써 바로 효력이 생긴다"(2006다28454). ② "조합계약에 '동업지분은 제3자에게 양도할 수 있다'는 약정을 두고 있더라도 조합의 조합원은 다른 조합원 전원의 동의가 있는 등 특별한 사정이 있어야만 그 '지분의 일부'를 제3자에게 유효하게 양도할 수 있다"(2008다4247).

V. 조합의 해산과 청산 [C-72d]

1. 해 산

조합의 해산·청산에 관한 규정은 '임의규정'에 해당하므로 당사자가 조합의 해산사유와 청산에 관한 규정과 다른 내용의 특약을 한 경우, 그 특약은 유효하다(84다카1921 : 법인의 청산절차에 관한 규정은 강행규정에 해당한다).

2. 청산 : 잔여재산의 분배

(1) 원 칙

잔여재산은 각 조합원의 출자가액에 비례하여 분배한다(제724조 2항). 이러한 잔여재산의 분배는 원칙적으로 청산절차가 종료된 이후에나 분배를 청구할 수 있다. 따라서 "조합이 해산된 경우에도 청산절차를 거쳐 조합재산을 조합원에게 분배하지 아니하는 한 조합재산은 계속하여 조합원의 합유인바, 일부 조합원이 다른 조합원들의 동의를 얻지 아니한 채 조합재산인 채권을 타인에게 양도한 행위는 무효라고 할 것이다"(92다28075).

(2) 예 외

① [**조합이 해산되었으나 조합의 잔무로서 처리할 일이 없고 다만 잔여재산의 분배만 남아 있는 경우**] "조합의 목적 달성으로 인하여 조합이 해산되었으나 조합의 잔무로서 처리할 일이 없고 다만 잔여재산의 분배만이 남아 있을 때에는 따로 청산절차를 밟을 필요가 없이 각 조합원은 자신의 잔여재산의 분배비율의 범위 내에서 그 분배비율을 초과하여 잔여재산을 보유하고 있는 조합원에 대하여 바로 잔여재산의 분배를 청구할 수 있고, 이 경우의 잔여재산 분배청구권은 조합원 상호간의 내부관계에서 발생하는 것으로서 각 조합원이 분배비율을 초과하여 잔여재산을 보유하고 있는 조합원을 상대로 개별적으로 행사하면 족한 것이지 반드시 조합원들이 공동으로 행사하거나 조합원 전원을 상대로 행사하여야 하는 것은 아니다"(99다35713)**(12회 선택형)**.

② [**2인 조합에서 1인이 불법행위를 하여 조합이 청산절차에 들어간 경우**] "2인으로 구성된 조합의 조합원 중 1인이 선량한 관리자의 주의의무 위반 또는 불법행위 등으로 인하여 조합에 대하여 손해배상책임을 지게 되고 또한 그로 인하여 조합관계마저 그 목적 달성이 불가능하게 되어 종료되고 달리 **조합의 잔여업무가 남아 있지 않은 상황**에서 조합재산의 분배라는 청산절차만이 남게 된 경우에, 다른 조합원은 조합에 손해를 가한 조합원을 상대로 선량한 관리자의 주의의무 위반 또는 불법행위에 따른 손해배상채권액 중 자신의 출자가액 비율에 의한 몫에 해당하는 돈을 청구하는 형식으로 조합관계의 종료로 인한 잔여재산의 분배를 청구할 수 있다"(2019다205206,205213)**(11회 선택형)**

VI. 수인이 부동산을 공동으로 매수한 경우, 매수인들 사이의 법률관계 [D-79]

① "매수인들이 상호 출자하여 공동사업을 경영할 것을 목적으로 하는 조합이 조합재산으로서 부동산의 소유권을 취득하였다면 제271조 1항(이는 물권법상의 규정으로서 강행규정이고, 따라서 조합체의 구성원인 조합원들이 '공유'하는 경우에 조합체로서 물건을 소유하는 것으로 볼 수 없다)의 규정에 의하여 당연히 그 조합체의 합유물이 되고(이는 제187조에 규정된 '법률에 규정에 의한 물권의 취득'과는 관계가 없다. 따라서 조합체가 부동산을 법률행위에 의하여 취득한 경우에는 물론 소유권이전등기를 요한다), 다만 그 조합체가 합유등기를 하지 아니하고 그 대신 조합원 1인의 명의로 소유권이전등기를 하였다면 이는 조합체가 그 조합원에게 명의신탁한 것(조합원들 명의로 각 지분에 관하여 공유등기를 하였다면 이는 그 조합체가 조합원들에게 각 지분에 관하여 명의신탁한 것)으로 보아야 한다(이는 부동산 실권리자명의 등기에 관합 법률에 위반되어 무효이다)"(2003다25256)(7회, 8회, 11회 선택형) ② "이 때 조합체가 조합원에게 명의신탁한 부동산의 소유권은 물권변동이 무효인 경우 매도인에게, 유효인 경우 명의수탁자에게 귀속된다. 이 경우 조합재산은 소유권이전등기청구권(3자간 명의신탁의 경우) 또는 부당이득반환채권(계약명의신탁의 경우)이고, 신탁부동산 자체는 조합재산이 될 수 없다"(2017다246180).

Set 083 | 화 해 ★

I. 성립요건 [C-74]

화해계약이 성립하기 위해서는 ㉠ 당사자 사이의 분쟁이 존재할 것, ㉡ 당사자의 상호양보가 있을 것, ㉢ 분쟁을 종지시키려는 당사자간의 합의가 있을 것을 요한다(제731조).

II. 효 력 [C-75]

1. 착오를 이유로 한 화해계약의 취소

① [착오취소] ㉠ 화해의 목적인 '분쟁사항'이 사실과 다르더라도 착오를 이유로 취소하는 것은 허용되지 않는다(제733조 본문). ㉡ 따라서 '분쟁 이외의 사항'에 착오가 있는 때에는, 착오를 이유로 화해계약을 취소할 수 있다(제733조 단서). 여기서 '분쟁 이외의 사항'이라 함은 분쟁의 대상이 아니라 그 분쟁의 전제 또는 기초가 된 사항으로서, 쌍방 당사자 사이에 다툼이 없어 양보의 대상이 되지 않았던 사실을 말한다. 예를 들어 교통사고에 가해자의 과실이 경합되어 있는데도 오로지 피해자의 과실로 인하여 발생한 것으로 착각하고 치료비를 포함한 합의금으로 실제 입은 손해액보다 훨씬 적은 금원을 받고 손해배상청구권을 포기하기로 한 경우, 그 사고가 피해자의 전적인 과실로 발생하였다는 사실은 쌍방 당사자 사이에 다툼이 없어 양보의 대상이 되지 않았던 사실로서 화해의 목적인 분쟁의 대상이 아니라 그 분쟁의 전제가 되는 사항에 해당하는 것이므로, 피해자측은 착오를 이유로 화해계약을 취소할 수 있다(95다48414).

② [사기취소] "화해계약이 사기로 인하여 이루어진 경우에는, 화해의 목적인 분쟁에 관한 사항에 착오가 있더라도 제110조에 따라 이를 취소할 수 있다"(2008다15278)

2. 배상액합의후의 후발손해에 대한 추가배상청구 가부

현재 判例의 주류적인 입장은 화해계약의 효력범위에 관한 해석문제로 파악하고 있다. 즉, 배상액을 합의한 경우에는 그 이상의 손해가 그 후에 발생하더라도 합의금액을 넘는 손해배상을 다시 청구할 수 없는 것이 원칙이나, ⅰ) 그 합의가 손해발생의 원인인 사고 후 얼마 지나지 아니하여 손해의 범위를 정확히 '확인'하기 어려운 상황에서 이루어진 것이고, ⅱ) 후발손해가 합의 당시의 사정으로 보아 '예상'이 불가능한 것으로서 ⅲ) 당사자가 후발손해를 예상하였더라면 사회통념상 그 합의금액으로는 화해하지 않았을 것이라고 보는 것이 상당할 만큼 그 손해가 '중대'한 것일 때에는 당사자의 의사가 이러한 손해에 대해서까지 그 배상청구권을 포기한 것이라고 볼 수 없으므로 다시 그 배상을 청구할 수 있다고 보아야 한다(2001다9496)고 한다.

아울러 후발손해에 대한 배상청구권의 '소멸시효의 기산점'에 대하여는 '그러한 사유가 판명된 때'로부터 제766조 1항에 의한 소멸시효기간이 진행된다(2001다9496)**(12회 선택형)**.

Set 084 | 사무관리 ★

Ⅰ. 성립요건(사, 법, 의, 불) [C-76]

① 사무관리가 성립하기 위해서는 ㉠ 타인의 사무를 관리하여야 하고 ㉡ 관리에 관한 법률상 또는 계약상의 의무가 없어야 하며 ㉢ 사무관리 의사가 있어야 하고(통설·判例), ㉣ 본인에게 불리하거나 본인의 의사에 반하는 것이 명백하지 않을 것을 요건으로 한다(제734조, 제737조 단서).

② 이러한 사무관리는 적법행위 또는 법률상의 원인에 해당하므로, 사무관리가 성립하게 되면 부당이득이나 불법행위가 성립하지 않는다. 따라서 부당이득, 불법행위의 성립여부 보다는 사무관리의 성립여부를 먼저 검토하여야 한다(2011다17106)**(6회, 9회 선택형)**.

1. 관리자와 본인 간의 계약이 성립하지 않고 단지 계약의 성립을 기대하고 제3자와의 계약상의 의무의 범위를 초과하여 급부를 한 경우

대한주택공사는 A에게 도급공사를 주면서 공사로 인한 쓰레기 등의 처리업무도 맡기고, 법령의 규정에 따라 폐기물 처리업체 B와 위 건설현장에서 발생한 건설폐기물 처리 용역계약을 체결하였는데, B가 계약물량을 초과하는 폐기물이 발생한 것에 대해 A의 요청을 받고 이를 처리한 경우(A와 B 사이의 계약은 성립하지 않는 것으로 봄) 判例는 그 초과부분의 처리업무는 A의 사무에 속하고 B는 의무 없이 이를 처리한 것이므로 그 부분에 대해 A와의 관계에서 사무관리가 성립한다고 보고, 이와 같이 상행위와 관련한 사무관리의 경우 통상의 보수를 기준으로 제739조 1항의 비용상환청구권이 인정된다고 한다(2007다55477)**(6회 선택형)**.

2. 사무관리 의사

① 사무관리가 성립하기 위해서는 관리자에게 '타인을 위하여' 하는 관리의사가 있어야 하나(94다1072)**(8회 선택형)**, 관리자 자신의 이익을 위한 의사와 병존할 수 있다.

② "채권자가 자신의 채권을 보전하기 위하여 채무자가 다른 상속인과 공동으로 상속받은 부동산에 관하여 **공동상속등기를 대위신청하여 등기가 행하여진 경우**, 채권자가 채무자가 아닌 제3자(다른 공동상속인)에 대하여 사무관리에 기하여 등기에 소요된 비용의 상환을 청구할 수 있다"(2013다30882)(**6회 선택형**).

Ⅱ. 효 과 [C-78]

1. 관리자의 의무

손해배상책임(제734조 3항), 관리개시통지의무(제736조), 관리계속의무(제737조), 보고의무(제738조, 제683조), 취득물의 인도·이전의무(제738조, 제684조), 금전소비에 대한 배상의무(제738조, 제685조) 등을 부담한다.

2. 본인의 의무

(1) 비용상환의무(제739조) [08사법]

관리자가 필요비 또는 유익비를 지출한 때, 본인은 자신의 의사에 반하지 않는 경우에는 필요비 또는 유익비의 '전액'을 '본인의 이득 여하와는 관계없이' 상환해야 하고(제739조 1항), 자신의 의사에 반하는 경우에는 '현존이익'의 한도에서 비용상환의무를 진다(제739조 3항)(**8회 선택형**).

(2) 보수지급의무

관리자에게 보수를 지급할 민법상 의무는 없다. 다만, 判例는 상행위와 관련한 사무관리의 경우 통상의 보수를 기준으로 비용상환청구를 인정한 사례가 있다(2007다55477)(**6회 선택형**).

Set 085 | 부당이득반환청구권 ★★★

Ⅰ. 요 건 [C-81]

부당이득이 성립하기 위해서는 ㉠ 법률상 원인없이, ㉡ 타인의 재산 또는 노무로 인하여 이익을 얻고, ㉢ 그러한 이익으로 인하여 타인에게 손해를 가하고, ㉣ 이익과 손해 사이에 인과관계가 있을 것을 요한다(제741조).

이러한 부당이득이 성립하면, 수익자는 손실자에 대하여 부당하게 취득한 이익을 반환할 의무를 부담한다. 예를 들어 제741조가 **권리근거규정**임에 대하여, 제742조(비채변제), 제743조(기한 전의 변제), 제746조(불법원인급여) 등은 부당이득반환을 할 수 없는 경우를 규정하고 있는 권리장애 내지 소멸규정이다(**항변**). 한편, 제743조 단서, 제746조 단서는 위 예외규정으로 권리장애를 장애하는 규정(**재항변**)이 된다.

II. 효 과

1. 부당이득반환채권의 발생

① "여러 사람이 공동으로 법률상 원인 없이 타인의 재산을 사용한 경우의 부당이득의 반환채무는 특별한 사정이 없는 한 불가분적 이득의 반환으로서 불가분채무이다"(2000다13948)(**5회, 8회, 9회 선택형**). ② "어떤 물건에 대하여 직접점유자와 간접점유자가 있는 경우, 그에 대한 점유·사용으로 인한 부당이득의 반환의무는 동일한 경제적 목적을 가진 채무로서 서로 중첩되는 부분에 관하여는 일방의 채무가 변제 등으로 소멸하면 타방의 채무도 소멸하는 이른바 부진정연대채무의 관계에 있다"(2011다76747). **[6회 기록형]** ③ 부당이득반환청구권은 부당이득의 날(채권이 발생한 때)로부터 소멸시효가 진행한다(제166조 1항 참조). ④ 부당이득의 반환의무는 이행기한의 정함이 없는 채무이므로 그 채무자는 이행청구를 받은 때에 비로소 지체책임을 진다(제387조 2항)(2007다8914). **[2회 기록형]**

2. 제201조와 제748조의 관계 : 침해부당이득

(1) 선의점유자

일반적으로 원물반환(청구권자에게 물권적 청구권이 존재하는 경우)의 경우 '선의점유자의 과실수취권'과 관련하여 제201조 1항과 제748조 1항이 충돌하므로, 제201조 1항이 제748조 1항의 특칙으로 적용된다고 본다(2001다61869). 그렇게 보지 않으면 본권을 취득한 자의 부당이득 반환범위(제748조 1항)가 그렇지 않은 자의 반환범위(제201조 1항) 보다도 더 넓게 되어 균형을 잃기 때문이라고 한다.

(2) 악의점유자 [17사법, 10행정]

그러나 원물반환의 경우에도 제748조의 적용을 전면적으로 배제하는 것은 아니다. 判例에 따르면 악의의 점유자가 타인 소유물을 권원 없이 점유함으로써 얻은 사용이익을 반환하는 경우 제201조 2항은 제748조 2항의 특칙이 아니므로 악의 수익자가 반환하여야 할 범위는 제748조 2항에 따라 정하여지는 결과 ⅰ) 임료 상당의 부당이익(사용이익) 및 ⅱ) 그에 따른 법정이자와 ⅲ) 위 부당이득 및 이자액에 대한 지연이자의 지급도 청구할 수 있다(제387조 2항 참조)고 한다(2001다61869)(**4회,11회 선택형**).

3. 쌍무계약이 취소(무효)된 경우 : 급부부당이득

계약이 무효일 경우 이미 급부한 것은 부당이득이 되지만, 취소할 수 있는 행위에 불과한 경우라면 그 계약을 취소를 하기 전까지는 부당이득이 되지 않는다(90다카17153)(**7회 선택형**). 한편, 判例는 "쌍무계약이 취소된 경우 선의의 매수인에게 제201조가 적용되어 과실취득권이 인정되는 이상 선의의 매도인에게도 '제587조의유추적용'에 의하여 대금의 운용이익 내지 법정이자의 반환을 부정함이 형평에 맞다"(92다45025)(**8회 선택형**)고 하여 계약당사자 사이에 발생할 수 있는 불공평을 제거하기 위하여 계약법의 유추적용을 인정하고 있다.

4. 채권을 부당이득한 경우의 반환방법

"채권의 이득자가 이미 그 채권을 변제받은 때에는 그 변제받은 금액이 이득이 되어 이를 반환하여야 하나, 아직 그 채권을 현실적으로 추심하지 못한 경우에는 손실자는 채권의 이득자에 대하여 그 채권의 반환을 구하여야 하고 그 채권 가액에 해당하는 금전의 반환을 구할 수는 없으며, 이는 결국 부당이득한 채권의 양도와 그 채권 양도의 통지를 그 채권의 채무자에게 하여 줄 것을 청구하는 형태가 된다"(95다22061).

5. 운용이익

"수익자가 자신의 노력 등으로 부당이득한 재산을 이용하여 남긴 이른바 운용이익도 그것이 사회통념상 수익자의 행위가 개입되지 아니하였더라도 부당이득된 재산으로부터 손실자가 당연히 취득하였으리라고 생각되는 범위 내의 것이 아닌 한 수익자가 반환하여야 할 이득의 범위에서 공제되어야 한다"(94다25551). 다만 매매계약이 무효인 경우에 매수인이 매매대금으로 받은 금전을 정기예금에 예치하여 얻은 이자를 통상 취득하였으리라고 생각되는 범위 내의 이익으로 보아, 반환해야 할 이득의 범위에 포함되는 것으로 판단하였다(2005다34711).

6. 손실액과 이득액이 차이가 나는 경우

손실액과 이득액 중 적은 쪽을 기준으로 반환할 의무가 있다(68다905). 그러나 이득과 손실의 범위가 동일하다고 보아, 이득한 것과 동액의 손해를 상대방에게 준 것으로 보는 判例도 있다. 예를 들어 "타인의 토지 위에 정당한 권원 없이 시설물을 설치·소유한 자는 사용이 불가능하게 된 그 과소(過小)토지(면적이 너무 작은 토지) 부분을 포함한 당해 토지 전부에 대한 임료 상당의 이득을 소유자에게 반환할 의무를 진다"(2000다70828)고 판시한 내용을 들 수 있다.

7. 증명책임

① 判例는 급부부당이득의 경우에는 부당이득반환을 주장하는 사람에게 '법률상 원인이 없다는 점'에 대한 증명책임을 인정하고, 침해부당이득의 경우에는 부당이득반환 청구의 상대방에게 '이익을 보유할 정당한 권원이 있다는 점'(제213조 단서 참고)에 대한 증명책임을 인정한다(2017다37324). ② 한편 선의 수익자의 반환범위와 관련하여, 判例는 금전이나 금전과 유사한 대체물인 경우에는 이득의 현존을 추정하지만(87다카768, 2007다20440), 그 밖의 경우에는 반환청구권자가 현존이익의 사실을 입증하여야 하는 것으로 본다(69다2171).

8. 악의의 수익자

🖋 **[청구취지 기재례]** 甲이 악의의 수익자 乙에게 '원금 1억 원, 지급일자 2024. 1. 20.'인 가액반환을 청구하는 경우 청구취지 기재례는 "피고는 원고에게 100,000,000 및 이에 대한 2024. 1. 20.부터 이 사건 소장부본 송달일까지는 연 5%의, 그 다음날부터 다 갚는 날까지는 연 12%의 각 비율로 계산한 돈을 지급하라"

☞ ① '받은 이익'인 원금 1억 원 + ② '이자'인 연 5%의 법정이자(받은 날 2024.1.20.부터 이행청구시인 소장부본송달일까지) + ③ '손해'인 원금 1억 원 및 이자에 대한 소송촉진 등에 관한 특례법 연 12%의 지연이자(부당이득반환채무는 기한의 정함이 없는 채무로 이행청구시인 소장부본송달일 다음날부터 지연손해금

(1) 악의수익자의 개념 등 [5회 사례형, 11법무, 10행정]

'악의수익자'란 법률상 무원인을 야기하는 사정뿐만 아니라 그 법적 효과도 의식하면서 이득한 자를 말한다**(11회 선택형)**. 예를 들어 명의신탁 약정이 체결된 사실 뿐만 아니라 명의신탁이 무효라는 것도 인식하고 있어야 악의의 수익자이다(2009다24187, 24194). 즉, 자신의 이익 보유가 법률상 원인 없는 것임을 인식하는 것을 말하고, 그 이익의 보유를 법률상 원인이 없는 것이 되도록 하는 사정, 즉 부당이득반환의무의 발생요건에 해당하는 사실이 있음을 인식하는 것만으로는 부족하다(2017다229536). 부당이득의 수익자가 악의라는 점에 대하여는 이를 주장하는 측에서 증명책임을 진다(2017다229536).

(2) 악의수익자의 반환범위 등

수익자가 이익을 받은 후 법률상 원인 없음을 안 때에는 그때부터 악의의 수익자로서 이익반환의 책임이 있고, 선의의 수익자가 패소한 때에는 '그 소'를 제기한 때부터 악의의 수익자로 본다(제749조).

① 제749조 제2항에서의 '패소한 때'라 함은 수익자가 패소판결이 확정되는 것을 뜻하지만, 이는 악의의 수익자로 보는 효과가 그때 발생한다는 것뿐이고 수익자 등의 패소판결이 확정되기 전에는 이를 전제로 하는 청구를 하지 못한다는 의미가 아니다(2016다220044).

② 제749조 2항에서의 '그 소'라 함은 부당이득을 이유로 그 반환을 구하는 소를 가리킨다는 점에서 제197조 2항의 '본권에 관한 소'와 다르다(86다카1372)**(2회 선택형)**. 즉, 제197조 2항의 '본권에 관한 소'에는 소유권에 기하여 점유물의 인도를 구하는 소송은 물론, 부당점유자를 상대로 점유로 인한 부당이득의 반환을 구하는 소송도 포함된다(2001다6213).

Set 086 　특수부당이득 ★★★★

Ⅰ. 비채변제, 타인 채무의 변제 등 [C-84]

① 채무 없음을 알고 이를 변제하거나(제742조), ② 채무 없는 자가 착오로 인하여 변제한 경우에 그 변제가 도의관념에 적합한 때(제744조)에는 부당이득반환을 청구하지 못한다.

③ 채무자 아닌 자가 착오로 인하여 타인의 채무를 변제한 경우에 채권자가 선의로 증서를 훼멸하거나 담보를 포기하거나 시효로 인하여 그 채권을 잃은 때에는 변제자는 부당이득반환을 청구하지 못한다. 이러한 경우에 변제자는 채무자에 대하여 구상권을 행사할 수 있다(제745조)**(1회 선택형)**.

Ⅱ. 불법원인 급여 ★★★★ [쟁점 18.]

1. 문제되는 경우

① 통정허위표시, ② 강행법규(부동산 거래신고 등에 관한 법률, 사립학교법, 부동산실명법) 위반, ③ 제103조·제104조 위반으로 인한 부당이득반환시 제746조 적용여부 검토

2. 요 건

불법원인급여에 해당하기 위해서는 ㉠ '불법'한 ㉡ '원인'에 기하여 ㉢ '종국적인 급부'가 있을 것을 요한다(제746조).

(1) 불 법

判例는 제746조의 불법원인은 설사 법률(강행규정)의 금지함에 위반한 경우라 할지라도 그것이 선량한 풍속 기타 사회질서에 위반하지 않는 경우에는 이에 해당하지 않는다(83다430)고 판시하여 동일개념설(협의설)의 입장이다(2회 선택형). [11행정]

(2) 급여(급부)

급부는 '종국적'인 것이어야 한다. 判例도 급부의 수령자가 이를 실현하려면 국가의 협력 내지 법의 보호를 기다려야 하는 경우는 제746조의 급부가 아니라고 보았다. 즉 ㉠ '도박채무의 담보로 부동산에 근저당권을 설정'한 경우, 수령자가 그 이익을 얻으려면 경매신청을 하여야 하는 별도의 조치를 요하는 점에서 그 급부는 종국적인 것이 아니어서 말소를 청구할 수 있다고 한다(94다54108)(5회, 11회 선택형). ㉡ 다만 '도박채무의 양도담보로 이전해 준 소유권이전등기'는 제746조의 불법원인급여에 해당하여 그 말소를 청구할 수 없다고 하였다(89다카5994).[30]

3. 효 과

(1) 원 칙

① 급부자는 수익자가 얻은 이익의 반환을 청구하지 못한다(제746조 본문).

② 判例는 ㉠ 제746조는 사회적 타당성 없는 행위를 한 사람이 스스로 불법한 행위를 주장하여 복구하려는 것을 그 형식여하에 불구하고 인정하지 않겠다는 이상을 표현한 것이라고 하여 소유권에 기한 물권적 반환청구권을 부정하였고(전합79다483), [4·5회 사례형, 07·11행정] ㉡ 불법원인급여를 받은 상대방도 제3자에게 소유권에 기한 물권적 청구권을 행사할 수 없다고 한다. 즉, 甲이 乙회사 직원의 배임행위에 적극가담하여 그에게 별도의 대가제공을 약속하면서 원래 공매대상이었던 乙회사 소유 X건물을 저렴하게 매수하고 甲명의로 소유권이전등기를 마쳤다면(제103조 위반) 그 후 甲이 X건물을 매매계약 전부터 사용하고 있는 불법점유자 丙을 상대로 소유권에 기해 X건물의 인도를 구하는 소를 제기하더라도 이는 인용될 수 없다(2015다11281). ㉢ 불법원인 급여자의 상대방에 대한 불법행위에 기한 손해배상청구권도 부정하였다(2013다35412 ; 그러나 예외적으로 반환청구가 허용되는 바와 같이 불법성이 상대방에게만 있거나 그의 불법성이 급여자의 불법성보다 현저히 크다고 평가되는 경우에는 이를 긍정하고 있다)(5회 선택형).

(2) 예외적으로 반환청구가 허용되는 경우

1) 일방만의 불법원인(제746조 단서)

불법원인이 수익자에게만 있는 경우에는 예외적으로 급부한 것의 반환을 청구할 수 있다(제746조 단서). 제104조의 불공정한 법률행위가 이에 해당한다.

---

30) [판례검토] 근저당권의 경우에는 그 실행을 위해 경매절차 등 국가의 협력이 필요하다는 점에서 사적실행이 가능한 양도담보와는 그 사정이 다르므로, 判例의 결론은 구체적 타당성이 있다고 생각된다.

判例는 "보험계약자가 보험자와 사이에 타인을 보험수익자로 하는 생명보험 계약을 체결하여 보험수익자가 보험금 청구권을 취득한 경우, 보험자는 보험계약이(제103조에 반하여) **무효이거나 해제되었다는 것을 이유로 보험수익자를 상대로 하여 그가 이미 보험수익자에게 급부한 것의 반환을 구할 수 있고, 이는 타인을 위한 생명보험이 제3자를 위한 계약의 성질을 가지고 있다고 하더라도 달리 볼 수 없다"(2016다255125)고 한다.[31]

2) 불법성 비교론

[이중양도법리] 判例는 명의수탁자의 매도행위가 반사회질서 위반으로 무효로 된 경우, 매도인인 명의수탁자의 불법성이 매수인의 불법성보다 크다고 하여 매수인의 매매대금반환청구를 인용함으로써 최초로 '불법성 비교론'을 받아들인바 있다(93다12947).[32]

4. 불법원인급여의 반환약정 및 임의반환

(1) 급여와 동시에 반환약정이 이루어지는 경우

수령자가 급부받을 때 만일 불법한 목적이 달성되지 않으면 반환한다고 약정하였다면 그 특약은 무효이다(91다520).

(2) 급여 이후에 사후적으로 반환약정이 이루어지는 경우

대법원은 반환약정 자체가 사회질서에 반하여 무효가 되지 않는 한 유효하다고 할 것이고, 제103조 위반 여부는 반환약정 그 자체의 목적뿐만 아니라 당초의 불법원인급여가 이루어진 경우, 쌍방당사자의 불법성의 정도, 반환약정의 체결과정 등을 종합적으로 고려하여 결정해야 한다고 한다(2009다12580)**(4회 선택형)**.[33]

(3) 임의반환

불법원인급여의 수령자가 임의로 급여된 물건이나 이에 갈음하여 다른 물건을 급여자에게 반환하는 것은 선량한 풍속 기타 사회질서에 위배되는 것은 아니다(64다798, 799). 제746조는 불법원인급여자의 반환청구를 법률상 보호하지 않겠다는 것일 뿐이지 수령자의 급부 보유가 정당하다는 것은 아니기 때문이다.

---

31) **[판례검토]** 불법의 원인은 보험계약자에게만 있고, 보험자와 보험수익자에게는 불법의 원인이 없으므로 제746조 단서가 아니라 제741조가 적용된 사례이다.

32) **[판례해설]** 그러나 명의수탁자의 배임행위를 적극권유한 제3자의 불법성보다 이에 응한 명의수탁자의 불법성이 현저히 크다고 할 수 있을지는 의문이다. 따라서 불법성비교론은 불법성의 비교와 관련하여 명확한 기준이 없어 법관의 자의적인 판단이 이루어질 수 있고, 이에 의하면 대부분 당사자의 불법성을 비교하여 한 당사자의 우위를 인정하게 될 것이어서 제746조 본문이 사문화될 우려가 크기 때문에, 불법성 비교론은 우리 민법상 인정하기 어렵다는 비판이 있다.

33) **[판례검토]** 判例의 태도가 타당한바, 예컨대 범죄를 행하는 대가를 먼저 수수한 당사자가 그것을 하지 않고 반환하기로 약정하는 경우에는 그 계약이 유효하다고 하여야 하나, 이미 불법한 목적이 달성되었거나 목적달성이 불가능하기 때문에 어쩔 수 없이 반환하기로 한 경우에는 반환계약이 사회질서에 반하여 무효라고 하여야 한다(송덕수).

Ⅰ. 전용물소권(轉用物訴權) ★★★★ [4회 사례형, 11·14사법, 12행정]　　　　　　　　　　　[C-85a]

1. 개 념

'전용물소권'이란 계약상의 급부가 계약의 상대방에 대해서뿐만 아니라 제3자의 이익이 된 경우에 급부를 행한 계약당사자가 그 제3자에 대해서 부당이득의 반환을 청구하는 권리이다.

2. 전용물 소권과 관련한 논리(사례)구조

> 건물소유자 甲은 건물을 乙에게 임대하였고, 임차인 乙은 건물의 개수를 위하여 丙과 도급계약을 체결하였다. 수급인 丙은 공사를 완료한 후 임차인에게 건물을 인도하였고, 乙은 임대차계약이 종료하자 甲에게 위 건물을 반환하여 주었다. 그런데, 임차인 乙이 무자력이 된 경우 수급인 丙의 구제수단은?

Ⅰ. 乙과 丙의 법률관계

丙의 乙에 대한 수리대금청구권(제664조)

Ⅱ. 甲과 乙의 법률관계

乙의 甲에 대한 비용상환청구권(제626조)

Ⅲ. 丙과 甲과의 법률관계

① 丙이 乙의 비용상환청구권을 대위행사할 수 있는지 여부(적극) ⇒ ② 丙이 甲에게 직접 부당이득반환청구를 행사할 수 있는지 여부(전용물소권)

3. 판 례

① 判例는 "계약상의 급부를 한 계약당사자는 이익의 귀속 주체인 제3자에 대하여 직접 부당이득반환을 청구할 수는 없다"(99다66564)(7회, 8회, 9회 선택형)고 판시하여 **전용물소권을 부정하는 입장**에 있다. 그 이유로는 ⅰ) 자기 책임 하에 체결된 계약에 따른 위험부담을 제3자에게 전가시키는 것이 되어 계약법의 기본원리에 반하는 결과를 초래할 뿐만 아니라, ⅱ) 채권자인 계약당사자가 채무자인 계약 상대방의 일반채권자에 비하여 우대받는 결과가 되어 일반채권자의 이익을 해치게 되고, ⅲ) 수익자인 제3자가 계약 상대방에 대하여 가지는 항변권 등을 침해하게 되어 부당하다는 점을 들고 있다(계, 일, 항).

② "전용물소권이 부정되는 법리는 급부가 사무관리에 의하여 이루어진 경우에도 마찬가지이다. 따라서 의무 없이 타인을 위하여 사무를 관리한 자는 타인에 대하여 사무관리규정에 따라 비용상환 등을 청구할 수 있는 외에 사무관리에 의하여 결과적으로 사실상 이익을 얻은 다른 제3자에 대하여 직접 부당이득반환을 청구할 수는 없다"(2011다17106)(6회, 9회, 10회, 11회 선택형).

Ⅱ. 횡령(편취)한 돈에 의한 변제 ★★ [7회 사례형, 14사법]　　　　　　　　　　　　[C-85b, C-85c]

判例는 "채무자가 횡령한 금전으로 자신의 채권자에 대한 채무를 변제하는 경우 채권자가 그 변제를 수령함에 있어 '악의 또는 중대한 과실'이 있는 경우에는 채권자의 금전 취득은 피해자에 대한 관계에 있어서 '법률상 원인'을 결여한 것으로 봄이 상당하나, 채권자가 그 변제를 수령함에 있어 단순히 과실이 있는 경우에는 그 변제는 유효하고 채권자의 금전 취득이 피해자에 대한 관계에 있어서 법률상 원인을 결여한 것이라고 할 수 없다"(2003다8862)(1회, 3회, 7회, 9회, 11회 선택형)고 하여, 채무자(甲)가 피해자(A)로부터 횡령한 금전을 채권자(B)에 대한 채무변제에 사용한 경우, 채권자의 금전 취득이 피해자에 대한 관계에서 부당이득으로 되기 위하여 채권자의 악의·중과실이 필요하다고 보았다.[34] 이는 편취한 돈에 의한 변제의 경우에도 마찬가지이다(2006다53733,53740).[35]

Ⅲ. 채권자의 지시 또는 부탁에 의하여 제3자에게 급부한 경우(이른바 지시삼각관계 또는 단축급부) ★★★
[C-85d]

제3자를 위한 계약의 효과 기본관계, 계약해제의 효과 원상회복의무에서의 당사자 참고

Set 088   제750조에 의한 일반 불법행위책임 ★

Ⅰ. 요건사실

일반불법행위로 인한 손해배상청구의 요건사실은 ㉠ 가해행위, ㉡ 위법성, ㉢ 고의 또는 과실, ㉣ 손해발생과 손해액수, ㉤ 가해행위와 손해발생 사이에 인과관계이다(제750조).

불법행위의 성립요건으로서 위법성과 관련하여 判例는 "법률을 위반한 경우에 한정되지 않고 전체 법질서의 관점에서 사회통념상 위법하다고 판단되는 경우도 포함할 수 있는 '탄력적인 개념'이며, 관련 행위 전체를 일체로 보아 판단하여 결정해야만 하는 것은 아니고, 문제가 되는 행위마다 '개별적·상대적으로 판단'하여야 한다고 한다(2019다268061)(12회 선택형).

Ⅱ. 항변사유

이에 대한 가해자의 항변사항은 ① 책임무능력의 항변(제753조, 제754조), ② 위법상조각사유의 항변(제761조), ③ 소멸시효의 항변(제766조), ④ 과실상계 등이 있다.

물론 과실상계는 '직권조사사항'이지만 자기에게 유리한 결과를 얻기 위하여 실질적으로 주장·증명이 필요하다. 즉, 判例는 "배상의무자가 피해자의 과실에 관하여 주장하지 않는 경우에도 소송자료에 의하여 과실이 인정되는 경우에는 이를 법원이 직권으로 심리·판단하여야 한다"(96다30113)고 한다(2회 선택형).

---

34) **[판례검토]** 채권에 기해 금전을 수령하였다고 하더라도 그것이 횡령한 금전임을 알았거나 중대한 과실로 모른 경우에는 피해자의 부당이득반환청구권을 인정하는 것이 3자 이상의 이익조정과 관련한 다른 민법규정(제465조 1항, 제745조 1항, 제747조 2항)과 균형을 이룬다는 점에서 判例의 태도는 타당하다.

35) **[사실관계]** 위 2006다53733,53740판결의 사실관계는 甲사의 경리업무 담당자 乙이 甲회사의 자금횡령을 해오다 그 사실을 은폐할 목적으로 권한 없이 甲회사 명의로 丙은행과 대출계약을 체결하여 그 대출금을 편취한 후 이를 일부는 甲회사의 계좌에 입금하고 일부는 甲회사의 채권자인 丁의 예금계좌에 송금함으로써 횡령금 상당액을 변제한 사안이다.

2. 불법행위책임 관련 논리(사례)구조

Ⅰ. 불법행위에 따른 손해배상책임의 근거: 피해자구제를 위한 무과실책임·중간책임·위험책임

1. 특별법상 특수불법행위책임 해당여부(주로 자배법, 실화책임법 등)

2. 민법상 특수불법행위책임 해당여부(주로 제755조, 제756조, 제757조, 제758조 등)

3. 민법상 일반불법행위책임 해당여부(제750조)

Ⅱ. 불법행위에 따른 손해배상책임의 범위: 손해의 공평·타당한 분담

1. 공동불법행위책임 해당여부(주로 제760조 1항에 따른 부진정연대채무)

2. 감경사유(피해자측 과실이론, 호의동승, 과실상계)

3. 소멸사유(제766조 1항, 2항)

Set 089 미성년자의 감독의무자의 책임 ★★

Ⅰ. 책임능력 [C-86]

'책임능력'이란 법률상 (불법행위)책임을 변식할 능력으로(제753조) 判例의 경향은 대체로 만 12세까지는 책임능력을 부인하고, 만 15세 이상의 미성년자에게는 책임능력을 인정하나 만 13~14세인 자에 대하여는 경우에 따라 달리 판단하였다.

Ⅱ. 책임능력 없는 미성년자의 감독의무자의 책임 [C-87]

1. 법정감독의무자

책임무능력자를 감독할 법정의무 있는 자가 배상책임을 진다(제755조 1항).

친권자·후견인 등이 이에 해당한다. 참고로 '비양육친'은 이혼 후에도 자녀와 상호 면접교섭할 수 있는 권리와(제837조의2 제1항), 자녀의 양육비용을 분담할 의무가 인정되지만, 이것만으로 비양육친이 일반적, 일상적으로 자녀를 지도하고 조언하는 등 보호·감독할 의무를 진다고 할 수 없고, 비양육친이 미성년자의 부모라는 사정만으로 미성년 자녀에 대하여 감독의무를 부담한다고 볼 수 없다. 물론 비양육친의 감독의무를 인정할 수 있는 특별한 사정이 있는 경우에는, 비양육친도 감독의무 위반으로 인한 손해배상책임을 질 수 있다(2020다240021)(**12회 선택형**).

2. 대리감독자 [07사법, 09행정]

법정감독의무자에 갈음하여 책임무능력자를 감독하는 자도 배상책임을 진다(제755조 2항). 判例는 제755조에 의하여 책임능력 없는 미성년자를 감독할 친권자 등 법정감독의무자의 보호·감독책임은 미성년자의 생활 전반에 미치는 것이고, 법정감독의무자에 대신하여 보호·감독의무를 부담하는 교사 등의 보호·감독책임은 학교 내에서의 학생의 모든 생활관계에 미치는 것이

아니라 학교에서의 교육활동 및 이와 밀접 불가분의 관계에 있는 생활관계에 한하며, 대리감독자가 있다는 사실만 가지고 친권자의 법정감독책임이 면탈되는 것은 아니라고 한다(2005다24318). [07사법, 09행정]

3. 양자의 책임의 관계

법정감독의무자와 대리감독자의 책임은 병존할 수 있으며, 양자에게 각각 감독의무 위반이 있는 경우 공동불법행위책임을 진다(2005다24318)(사안은 학교폭력 가해학생들의 부모의 과실과 담임교사, 교장의 과실이 경합하여 피해학생의 자살 사건이 발생하였다는 이유로, 부모들과 지방자치단체에게 공동불법행위자로서의 손해배상책임을 인정한 사례이다). 이때에 양자의 책임은 부진정연대채무로서, 피해자는 전부의 배상을 받을 때까지 어느 쪽에 대하여도 책임을 물을 수 있다.

Ⅲ. 책임능력 있는 미성년자의 감독의무자의 책임 [02사법, 14행정, 16입법]　　　　　　　[C-88]

1. 책임능력 있는 미성년자의 불법행위에 대한 감독의무자의 책임 사례구조

> Ⅰ. 미성년자의 불책 성부(책임능력 가부)
>
> Ⅱ. 책임능력 있는 미성년자의 불법행위에 대한 감독의무자의 불책 성부
> ① 인정필요성(미성년자의 변제자력) ⇒ ② 감독의무자의 손해배상책임의 법적 근거(제750조) ⇒ ③ 제750조의 성립요건 및 입증책임(피해자가 감독의무자의 과실과 손해발생 사이의 상당인과관계 입증)

2. 손해배상책임의 법적 근거

判例는 ⅰ) 제755조는 미성년자가 책임능력이 없는 때에 한해 감독의무자가 보충적으로 책임을 지는 것을 규율하는 규정이며 ⅱ) 따라서 책임능력 있는 미성년자의 감독의무자의 과실과 발생된 손해가 상당인과관계에 있으면 감독의무자는 제750조에 의한 일반불법행위책임을 지지만, 이때에는 피해자가 친권자의 과실과 손해발생과의 상당인과관계를 모두 입증하여야만 한다고 판시하고 있다(전합93다13605)(10회 선택형).

3. 친권자의 감독의무(제913조) 위반의 범위

判例는 당해 불법행위 자체에 대한 행동을 감독할 의무위반까지는 아니더라도 어느 정도의 '개별적·구체적인 감독의무' 위반사실은 필요하다고 본다. 判例의 경우 책임능력 있는 미성년자가 부모와 동거하는 중에 무면허로 화물차(오토바이)를 운전하다가 사고를 낸 경우는 부모의 감독의무 위반에 대한 과실을 인정하였으나(99다19957), 미성년자가 운전면허를 취득하고 있었고 무사고 경력의 경우는 과실을 부정하였다(전합93다13605).

I. 책임의 근거 및 본질 [C-89]

判例에 따르면 ① 책임의 근거는 "손해를 이익귀속자인 사용자로 하여금 부담케 하는 것이 공평의 이상에 합치된다는 '보상책임의 원리'에 입각한 것"(84다카979)으로 ② 책임의 본질은 고유책임설이 아닌 "피용자의 배상책임에 대한 대체적 책임"이라고 보는 '대위책임설'의 입장이다.

II. 요 건 [C-90]

제756조의 사용자 책임이 성립하기 위해서는 ㉠ 피용자의 가해행위가 불법행위의 일반적 성립요건을 갖출 것, ㉡ 타인을 사용하여 어느 사무에 종사하게 할 것(사용관계의 존재), ㉢ 피용자가 사무집행에 관하여 제3자에게 손해를 주었을 것(가해행위의 사무집행관련성), ㉣ 사용자의 선임·감독상의 주의의무 결여가 있을 것이 필요하다(불, 사, 사).

1. 사용관계의 존재 [13행정]

'사용관계'란 고용계약관계나 근로계약관계보다 넓은 개념으로서(79다644), 반드시 유효한 고용관계에 한하지 않고 실질적으로 지휘·감독하는 관계에 있으면 족하다(98다62671)(10회 선택형). 다만 실질적인 지휘·감독 관계는 실제로 지휘·감독하고 있느냐의 여부에 의하여 결정되는 것이 아니라 객관적으로 지휘·감독을 하여야 할 관계에 있느냐의 여부에 따라 결정된다(2021다283834).

① [명의대여자의 책임] '자동차운송사업'과 같이 사업의 성질상 타인에게 위험을 미칠 우려가 있는 경우에 그 명의대여에 관해서는 객관적·규범적으로 보아 "지입회사는 명의대여자로서 객관적으로 지입차주를 지휘·감독하는 사용자의 지위에 있다"(2000다20069)(7회 선택형).

② [동업관계] "동업관계에 있는 자들이 공동으로 처리하여야 할 업무를 동업자 중 1인에게 그 업무집행을 위임하여 처리하도록 한 경우, 다른 동업자는 그 업무집행자의 동업자인 동시에 사용자의 지위에 있으므로, 업무집행 과정에서 발생한 사고에 대하여 사용자로서의 손해배상책임이 있고"(97다55164), 이 경우 각 조합원의 손해배상채무는 부진정연대채무 관계에 있다. [15사법]

③ [도급계약] ㉠ 독립적인 지위에서 일의 완성의무를 지는 수급인은 원칙적으로 제756조의 피용자라고 할 수 없다. 그러나 도급 또는 지시에 관하여 도급인에게 중대한 과실이 있는 때에는 도급인은 제757조 단서에 따른 손해배상책임을 진다. 한편, 도급인이 수급인에 대하여 특정한 행위를 지휘하거나 특정한 사업을 도급시키는 경우와 같은 이른바 '노무도급'의 경우에는, 비록 도급인이라 하더라도 사용자로서의 배상책임이 있다(2004다37676)(7회, 10회 선택형). [09입법] ㉡ 다만, 건설공사의 경우 判例는 현장에서 구체적인 공사의 운영 및 시행을 직접 지시·지도하고 감시·독려함으로써 시공 자체를 관리하는 '감독(監督)'의 경우에는 사용자책임을 인정할 수 있으나, 단순히 공사의 운영 및 시공의 정도가 설계도 또는 시방서대로 시행되고 있는가를 확인하여 공정을 감독하는 데에 불과한 이른바 '감리(監理)'의 경우에는 사용자책임이 인정되지 않는다고 한다(88다카102)(5회, 8회 선택형).

2. 사무집행 관련성

① [외형이론 및 외형이론의 제한] 判例는 ㉠ '사무집행에 관하여'라는 뜻은, 피용자의 불법행위가 외형상 객관적으로 사용자의 사업활동 내지 사무집행 행위 또는 그와 관련된 것이라고 보여질 때에는 주관적 사정을 고려함이 없이 이를 사무집행에 관하여 한 행위로 본다는 것이고, ㉡ 그러나 피용자의 불법행위가 외관상 사무집행의 범위 내에 속하는 것으로 보이는 경우에도 거래상대방이 피용자의 행위가 실질적으로 사무집행에 해당하지 않음을 '알았거나' '중과실'로 알지 못한 경우에는 사용자책임을 물을 수 없다고 하여(2000다34426) 외형이론에 제한을 가하고 있다.

② [피해자가 법인인 경우 악의·중과실의 판단기준] 判例는 ㉠ 원칙적으로 피해법인의 '대표자'를 기준으로 하며, ㉡ 대표자가 아니더라도 "법인의 업무에 관하여 일체의 '재판상 또는 재판 외의 행위를 할 권한이 있는 법률상 대리인'(은행의 지점장, 경리이사)이 가해자인 피용자의 행위가 사용자의 사무집행행위에 해당하지 않음을 안 때에는, 피해자인 법인이 이를 알았다고 보아야 하고, 이는 그 법률상 대리인이 법인에 대한 관계에서 이른바 배임적 대리행위를 하는 경우에도 마찬가지이다"(2003다30159, 2004다43886)(7회 선택형).

Ⅲ. 피용자에 대한 구상권(제756조 3항)   [C-91]

제반사항에 비추어 손해의 공평한 분담이라는 견지에서 '신의칙'상 상당하다고 인정되는 한도 내에서만 피용자에 대하여 위와 같은 손해의 배상이나 구상권을 행사할 수 있다(86다카1045)고 하여 피용자책임제한설을 취하고 있다.

Set 091	공작물책임 ★★

Ⅰ. 서 설   [C-93]

1. 공작물책임, 실화책임법, 보호의무위반의 논리(사례) 구조 [17행정]   [핵심사례 C-08]

> 피용자가 창고공사 중 직접적 원인 없이 1층에서 발화한 불이 순식간에 2층으로 번져 2층에서 피용자가 상해를 입은 경우
>
> ① 사용자(채무자)의 채무불이행 책임 성부(보호의무 또는 안전배려의무 위반 여부)⇒ ② 실화책임에 관한 법률의 적용여부(소극 : 延燒×) ⇒ ③ 사용자의 공작물책임(점유자로서의 책임) ⇒ ④ 채불과 불책의 경합 인정여부

2. 의 의

인공적 작업에 의해 제작된 물건인 '공작물'의 설치 또는 보존의 하자로 인해, 또는 '수목'의 재식(栽植) 또는 보존의 하자로 인해 타인에게 손해를 가한 때에는, 1차적으로 그 공작물(또는 수목)의 점유자가 손해배상책임을 지되 그가 손해의 방지에 필요한 주의를 다한 경우에는 면책되고, 이때에는 2차적으로 소유자가 배상책임을 진다(제758조).

3. 제758조와 실화책임법과의 관련성 [C-121]

실화책임법상 특칙[36]은 발화점과 불가분의 일체를 이루는 물건의 소실, 즉 직접화재에는 적용되지 않는다(동법 제2조). 다만 과거 실화책임법이 면책규정을 두고 있었던바, 判例는 공작물 자체의 설치·보존상의 하자에 의하여 직접 발생한 화재로 인한 손해배상책임에 관하여는 민법 제758조 1항을 적용하고, 그 화재로부터 연소(延燒)한 부분에 대한 손해배상책임에 대하여는 실화 책임에 관한 법률을 적용함이 상당하다고 하였으나, 현행 실화책임법은 경감규정만 두고 있는바, "공작물의 설치·보존상 하자에 의하여 직접 발생한 화재로 인한 손해배상책임뿐만 아니라 그 화재로부터 연소한 부분에 대한 손해배상책임에 관하여도 공작물의 설치·보존상 하자와 손해 사이에 상당인과관계가 있는 경우에는 민법 제758조 1항이 적용된다"(2010다58056)(4회 선택형)고 한다.

Ⅱ. 요 건(공, 설, 인) [C-94]

1. 공작물

공작물은 인공적 작업에 의하여 제작된 물건으로서, 자동차 등과 같은 동적인 것도 공작물로 볼 수 있다(97다34112).

2. 설치 또는 보존의 하자 [16행정]

공작물의 설치·보존상의 하자라 함은, 공작물이 현실적으로 설치되어 사용되고 있는 상황에서 그 공작물에 통상 요구되는 '안전성을 결여'한 것을 말한다(92다21050). 안전성의 구비 여부는 그 공작물의 설치·보존자가 그 공작물의 위험성에 비례하여 사회통념상 요구되는 정도의 '방호조치의무'를 다하였는지를 기준으로 삼아야 한다(97다27022).

3. 하자와 손해 사이의 인과관계

判例는 공작물에서 발생한 사고라도 그것이 공작물의 용법에 따르지 아니한 이례적인 행동의 결과 생긴 경우에는 공작물의 하자로 인해 발생한 손해가 아니라는 이유로 공작물책임을 부정하였다(97다25118). 그러나 "공작물의 설치·보존상의 하자만이 손해발생의 원인이 되는 경우만을 말하는 것이 아니고, 공작물의 설치·보존상의 하자가 사고의 공동원인의 하나가 되는 이상 사고로 인한 손해는 공작물의 설치·보존상의 하자에 의하여 발생한 것이라고 보아야 한다"(2013다61602)(10회 선택형).

Ⅲ. 효 과 [C-95]

1. 점유자의 1차적 책임(과실책임)과 소유자의 2차적 책임(무과실책임)

점유자가 손해의 방지에 필요한 주의를 다하였음을 입증하면 면책될 수 있다(제758조 1항 단서). 간접점유의 경우에는 직접점유자가 1차적인 배상책임을 지고, 그가 손해의 방지에 필요한

---

36) 실화책임법은 실화로 인하여 화재가 발생한 경우에 '연소(延燒)로 인한 부분에 대한 손해배상청구'에 한하여 적용되며(동법 제2조), 실화가 '중대한 과실'에 의한 것이 아닌 경우에 그로 인한 손해의 배상의무자는 법원에 손해배상액의 '경감'을 청구할 수 있다(동법 제3조).

주의를 다한 때에 비로소 간접점유자가 그 배상책임을 진다(81다209)**(4회 선택형)**. 그러나 점유자가 손해의 방지에 필요한 주의를 해태하지 아니한 때에는 그 소유자가 손해를 배상할 책임이 있고, 소유자의 책임에 있어서는 면책이 인정되지 않는다(제758조 1항 단서)**(8회 선택형)**.

2. 직접점유자가 피해자인 경우

判例는 점유자인 임차인(또는 임차인의 직장동료)이 임차목적물의 하자로 인하여 연탄가스에 중독된 사안에서, 소유자가 배상책임을 지고, 공작물의 보존에 관해 피해자에게 과실이 있다고 하더라도 과실상계의 사유가 될 뿐이라고 한다(93다40560). 무과실책임을 지는 공작물 소유자의 책임에 관하여 과실상계를 인정한 예외적인 경우이다. 이 경우 공작물책임뿐만 아니라 채무불이행책임도 문제될 수 있는바, 判例는 "건물을 임대한 소유자가 건물을 적합하게 유지·관리할 의무(제623조)를 위반하여 임대목적물에 설치·보존상의 하자가 생기고 그 하자로 임차인이 손해를 입은 경우 건물의 소유자 겸 임대인이 임차인에게 공작물책임과 수선의무 위반에 따른 채무불이행 책임으로 손해배상책임을 진다"(2017다227103)(임차인에게 신체상해가 있었던 사안은 아니다)고 한다.

Set 092 공동불법행위책임 ★★★★

I. 요 건
[C-97]

1. 협의의 공동불법행위(제760조 1항)

수인이 공동의 불법행위로 타인에게 손해를 가한 때에는 연대하여 그 손해를 배상할 책임이 있다.

🖎 채권자와 공동으로 이자제한법 위반 행위를 하였거나 이에 가담한 사람도 제760조에 따라 연대하여 손해를 배상할 책임이 있다(2020다230239)**(11회, 12회, 13회 선택형)**

⑴ 각 가해행위의 독립성

각 가해자의 행위는 일반 불법행위의 성립요건을 충족시켜야 하는데, 이때 각 가해자의 행위는 독립적으로 평가하여야 한다. 다만 인과관계도 각자 인정되어야 하는 것은 아니고 가해자들의 공동행위와 손해발생 사이의 인과관계로 파악하면 족하다(2017다263703 등).

🖎 "금융기관 직원이 타인과 공동으로 고객의 예금을 무단인출하고 해당 예금에 대한 이자가 지급되지 않아 소멸시효가 중단되지 않는 사이에 예금자가 이러한 사정을 알지 못한 채 권리를 행사하지 않아서 예금채권의 소멸시효가 완성된 경우, 금융기관 직원의 위법행위와 예금채권의 시효소멸로 인한 손해 사이에는 상당인과관계가 인정된다"(2020다268265)

⑵ 행위의 공동성(공동의 의미)

判例는 "공동불법행위가 성립하려면 행위자 사이에 의사의 공통이나 행위공동의 인식이 필요한 것은 아니지만 객관적으로 보아 피해자에 대한 권리침해가 공동으로 행하여지고 그 행위가 손해발생에 대하여 '공통의 원인'이 되었다고 인정되는 경우라야 한다"(87다카2723)고 판시함으로써 객관적 공동설의 입장을 취하고 있다. **[09·14·15·16행정]**

그리고 횡령행위로 인한 장물을 취득하는 등 '피해의 발생'에 공동으로 관련되는 것만으로도 공동불법행위가 성립될 수 있다(2013다31137). 제760조의 입법취지가 피해자를 두텁게 보호하려는 것임을 생각할 때 객관적 공동설을 취하는 것이 타당하다.

✎ 判例는 객관적 공동설에 따라 ① [긍정] "교통사고로 인하여 상해를 입은 피해자가 치료를 받던 중 치료를 하던 의사의 과실로 인한 의료사고로 손해가 확대된 경우, 의사에게 '중대한 과실'이 있다는 등의 특별한 사정이 없는 한 확대된 손해와 교통사고 사이에도 상당인과관계가 있다"(98다32045)고 하나, ② [부정] 반면 에이즈바이러스에 감염된 혈액을 공급한 대한적십자사의 행위와 수혈로 인한 에이즈바이러스의 감염 위험에 관하여 설명하지 않은 의사의 행위 사이에 객관적 관련공동성이 있는지 문제되었는데, 대법원은 ⅰ) 전자의 행위는 에이즈바이러스의 감염이라는 건강침해에 대한 것이고 ⅱ) 후자의 행위는 환자의 자기결정권(인격권) 침해에 대한 것으로 양 행위가 경합하여 단일한 결과를 발생시킨 것이 아니고 각 행위의 결과를 구별할 수 있다고 하여 객관적 관련공동성을 부정하였다(96다7854)(8회 선택형).

2. 가해자 불명의 공동불법행위(제760조 2항)

공동 아닌 수인의 행위 중 어느 자의 행위가 그 손해를 야기한 것인지 알 수 없는 때에는 공동불법행위로 '추정'된다(제760조 2항). "이러한 경우 개별 행위자가 자기의 행위와 손해 발생 사이에 인과관계가 존재하지 아니함을 증명하면 면책되고, 손해의 일부가 자신의 행위에서 비롯된 것이 아님을 증명하면 배상책임이 그 범위로 감축된다"(2007다76306).

3. 교사 또는 방조(제760조 3항)

判例는 "과실에 의한 방조도 가능하며, 과실의 내용은 불법행위에 도움을 주지 않아야 할 주의의무가 있음을 전제로 하여 이 의무에 위반하는 것을 말한다"(99다41749)고 하고, "부작위로 인하여 불법행위자의 실행행위를 용이하게 하는 경우도 포함하나, 여기서 작위의무는 법적인 의무이어야 하므로 단순한 도덕상 또는 종교상 의무는 포함되지 않으나 신의성실의 원칙이나 조리상 작위의무가 기대되는 경우에도 법적인 작위의무는 있다. 다만 신의성실의 원칙상 작위의무는 상대방의 법익을 보호하거나 그의 법익에 대한 침해를 방지하여야 할 특별한 지위에 있음이 인정되는 자에 대하여만 인정할 수 있다"(2010다8709).

Ⅱ. 효 과
[C-98]

1. 책임의 연대(구상권 관련 判例는 '부진정연대채무' Set 053.참고)

2. 손해배상의 범위

(1) 손해배상의 평가방법

피해자에 대한 관계에서 가해자들 전원의 행위를 '전체적'으로 함께 평가하여 정하여야 하고, 가해자의 1인이 다른 가해자에 비하여 불법행위에 가공한 정도가 경미하다고 하더라도 피해자에 대한 관계에서 그 가해자의 책임 범위를 손해배상액의 일부로 제한하여 인정할 수 없다(98다31691)(5회 선택형).

(2) 과실상계

1) 원칙 : 전체적 평가설

① **[공동불법행위자들 모두를 피고로 삼은 경우(전체적 평가)]** 통상 공동불법행위의 경우 과실상계를 함에 있어서는 피해자에 대한 공동불법행위자 전원의 과실과 피해자의 공동불법행위자 전원에 대한 과실을 '전체적'으로 평가하여야 하고 공동불법행위자 간의 과실의 경중이나 구상권 행사의 가능 여부 등은 고려할 여지가 없다(90다14423)(5회, 6회, 8회 선택형).

② **[공동불법행위자 각자를 상대로 별도로 소를 제기한 경우(개별적 평가)]** "각 소송에서 제출된 증거가 서로 다르고 이에 따라 교통사고의 경위와 피해자의 손해액산정의 기초가 되는 사실이 달리 인정됨으로 인하여 과실상계비율과 손해액도 서로 달리 인정될 수 있는 것이므로, 피해자가 공동불법행위자들 중 일부를 상대로 한 전소에서 승소한 금액을 전부 지급받았다고 하더라도 그 금액이 나머지 공동불법행위자에 대한 후소에서 산정된 손해액에 미치지 못한다면 후소의 피고는 그 차액을 피해자에게 지급할 의무가 있다"(2000다60227)(1회, 3회, 6회, 8회 선택형).

2) 예외 : 개별적 평가설

이에 대한 예외로서 判例는 ㉠ "피해자의 부주의를 이용하여 고의로 불법행위를 저지른 자(피용자)가 바로 그 피해자의 부주의를 이유로 자신의 책임을 감하여 달라고 주장하는 것은 허용될 수 없으나, 그러한 사유가 없는 다른 공동불법행위자(사용자)까지도 과실상계의 주장을 할 수 없다고 해석할 것은 아니다"(2005다32999)라고 판시한 바 있다(1회, 3회, 6회, 8회 선택형). [10입법] ㉡ 최근 判例에 따르면 "공동불법행위를 원인으로 하지 않은 부진정연대채무가 성립하는 경우 공동불법행위책임의 경우와 다르게 채무자별로 과실상계 여부 및 그 범위를 달리 정할 수 있다"고 한다(2017다16747, 2017다16754).

Set 093 자동차운행자의 책임 ★★

Ⅰ. 호의동승 사례구조

[핵심사례 C-09]

> 甲은 직장동료 乙을 출근길에 우연히 만나자 자기차로 태워다 주겠다고 하였다. 甲이 乙을 조수석에 앉히고 과속으로 달리던 중 丙이 중앙선을 침범하여 甲의 차와 충돌하여 乙이 부상을 당했다(甲·丙 간 과실비율은 3 : 7). 乙은 누구에게 어떠한 책임을 물을 수 있는가?

Ⅰ. 丙의 불법행위 책임 성부

① 자배법 적용 여부(적극) ⇒ ② 민법상 불법행위책임 적용 여부(소극)

Ⅱ. 丙의 불법행위 책임 범위

① 乙의 안전촉구의무 위반을 이유로 한 과실상계 가부(소극) ⇒ ② 甲의 과실을 피해자 乙의 과실로 볼 수 있는지 여부(피해자측 과실이론 : 소극)

Ⅲ. 甲의 불법행위 책임 성부

① 자배법 적용 여부(적극) ⇒ ② 민법상 불법행위책임 적용 여부(소극)

Ⅳ. 甲의 불법행위 책임 범위

호의동승으로 인해 손해가 발생한 경우 배상액 감경 인정여부(소극)

Ⅱ. 자동차운행자 책임의 요건(운, 인, 다, 사, 면)

자동차손해배상 보장법상의 책임은 무과실책임(2021다257705)으로 배상책임이 성립되기 위해서는 ⅰ) 자기를 위하여 자동차를 운행하는 자(운행자)가, ⅱ) 그 운행으로 인하여, ⅲ) 다른 사람을, ⅳ) 사망하게 하거나 부상하게 하고, ⅴ) 면책사유가 없을 것을 요한다(제3조).

특히 제3조의 '자기를 위하여 자동차를 운행하는 자'(운행자)란 운행으로부터 나오는 이익인 '운행이익'과 자동차의 사용에 관한 사실적인 처분권을 가지는 '운행지배'의 두 요소 모두를 기준으로, 자동차에 대한 운행을 지배하여 그 이익을 향수하는 책임주체로서 지위에 있다는 자(2002다47181)를 의미한다. 따라서 피용자인 '운전자'는 운행지배도 없고 운행이익도 없기 때문에 운행자는 아니다(95다37391).

1. 자동차배상보장법의 적용과 관련 [6회 사례형, 14입법]   [C-101]

① 자배법이 민법에 우선하여 적용되지만, 자배법상의 손해배상책임이 인정되지 않는 '물적손해'에 관해서는 민법상의 손해배상책임이 인정될 수 있다(2001다23201).

② 호의동승 사실만 가지고는 동승자에게 자배법 제3조에서 말하는 자동차의 운행자성을 인정할 수 없다(86다카2994). 따라서 호의동승자는 승객으로서 자배법 3조의 '다른 사람'에 해당한다(90다13170).

2. 호의동승으로 인해 손해가 발생한 경우 배상액 감경 인정여부(목, 인, 경)   [C-104]

① [원칙적 부정] 判例는 사고 차량에 단순히 호의로 동승하였다는 사실만 가지고 바로 이를 배상액 경감사유로 삼을 수 있는 것은 아니며(95다24302 등)(3회 선택형), 특별한 사정이 없는 한 과실상계도 부정된다(86다카251)고 한다.

② [예외적 인정] 예외적으로 운행의 목적, 호의동승자와 운행자와의 인적관계, 피해자가 차량에 동승한 경위 특히 동승요구의 목적과 적극성 등의 제반사정에 비추어 가해자에게 일반의 교통사고와 같은 책임을 지우는 것이 신의칙이나 형평의 원칙에 비추어 매우 불합리한 것으로 인정되는 경우에는 그 배상액을 감경할 사유로 삼을 수도 있다(86다카2994).

✎ 공동불법행위에 있어 호의동승으로 인한 책임제한이 미치는 범위

A가 운전하던 차량과 B가 운전하던 차량이 두 운전자의 공동과실로 사고가 발생하였고, 그로 인해 B가 운전하던 차량에 타고 있던 C가 사망하였다. 이 때 B와 C는 연인 사이였고 두 사람은 벚꽃구경을 가던 길이었다. 이에 동승차량의 운행목적, 피해자와의 인적 관계, 동승경위 등에 비추어 볼 때 C의 사망에 대해 동승차량 운전자 B에게 전적인 책임을 지우는 것은 신의칙상 불합리하므로 '호의동승으로 인한 책임제한'을 인정할 수 있는데, 이러한 책임제한이 다른 공동불법행위자

인A에게도 미치는지가 문제되었다. 원심은 호의동승에 의한 책임제한은 인적, 내부적 관계에 기한 것인 만큼 상대적 효력만을 인정하여 부정하였으나, 대법원은 "동승자가 입은 손해에 대한 배상액을 산정함에 있어서는 먼저 호의동승으로 인한 감액 비율을 참작하여 공동불법행위자들이 동승자에 대하여 배상하여야 할 수액을 정하여야 한다. 그리고 그 당연한 귀결로서 위와 같은 책임제한은 동승 차량 운전자인 B뿐만 아니라 상대방 차량 운전자인 A와 그 보험자에게도 적용된다"(2012다87263)**(4회 선택형)**고 하였다.

Set 094   제조물책임 ★[37)]

Ⅰ. 제조물책임법 적용범위   [C-105, 106]

'제조물책임'이란 제조물에 통상적으로 기대되는 '안전성'을 결여한 결함으로 인하여 생명, 신체나 제조물 그 자체 외의 다른 재산에 손해가 발생한 경우(이른바 확대손해)에 제조업자 등에게 지우는 손해배상책임(97다26593)을 말한다. 당해 '제조물에 대해서만 발생한 손해'에 관하여는 그 배상을 청구할 수 없다(동법 제3조 1항).

'제조물에 대하여만 발생한 재산상 손해'에는 제조물 자체에 발생한 재산상 손해뿐만 아니라 제조물의 결함 때문에 발생한 영업 손실로 인한 손해도 포함되므로 그로 인한 손해는 제조물책임법의 적용 대상이 아니다(2012다4824). 이에 관하여는 담보책임 또는 채무불이행책임 이론에 의하여 그 계약 상대방에게 책임을 물어야 한다.

Ⅱ. 인과관계의 증명   [C-106]

判例는 "그 제품이 정상적으로 사용되는 상태에서 사고가 발생한 경우, 소비자 측에서 ⅰ) 그 사고가 제조업자의 배타적 지배하에 있는 영역에서 발생하였다는 점과 ⅱ) 그 사고가 어떤 자의 과실 없이는 통상 발생하지 않는다고 하는 사정을 증명하면, 제조업자 측에서 그 사고가 제품의 결함이 아닌 다른 원인으로 말미암아 발생한 것임을 입증하지 못하는 이상 그 제품에 결함이 존재하며, 그 결함으로 말미암아 사고가 발생하였다고 추정된다"(98다15934)고 하여 **신개연성이론(간접반증이론)**을 전개하고 있다.

---

37) 논리(사례) 구조는 채각 하자담보책임, 불완전이행, 제조물책임 논리(사례)구조 Set 073. 참고

Ⅰ. 법적구성

[C-107]

> 경미한 질병이 있어 수술을 받았으나, 중한 부작용에 대한 설명을 듣지 못한 상태에서 수술이 이루어 졌고, 질병의 진행은 정지되었으나 중한 부작용이 현실화된 경우 환자의 구제수단은?

Ⅰ. 의사의 채불 성부

불완전 이행(수단채무로서 선관주의의무 위반 입증곤란)

Ⅱ. 의사의 일반적 주의의무 위반으로 인한 불책 성부

질병진행의 정지로 인해 성립 불가

Ⅲ. 의사의 설명의무 위반으로 인한 불책 성부

① 설명의무의 기능⇒ ② 설명의무의 범위 및 정도⇒ ③ 입증책임 ⇒ ④ 손해배상의 범위

의료과오책임은 통상 의사와 환자 사이에 진료계약이 존재하므로 채무불이행책임이 발생하고, 또한 의사의 과실을 매개로 불법행위책임도 발생하므로 양자는 경합한다. 따라서 의료과실에 따른 불법행위책임의 소멸시효가 완성된 경우에도, 대법원은 채무불이행책임의 요건을 갖춘 경우 손해배상청구권을 인정한다(2016다244491).

Ⅱ. 불법행위책임의 성립 여부

[C-108]

1. 일반적 주의의무 위반 : 업무상 과실

(1) 과실의 의의

진료상의 과실 여부는 "의사가 환자의 상태에 충분히 주의하고 진료 당시의 의학적 지식에 입각하여 환자에게 발생 가능한 위험을 방지하기 위하여 '최선의 주의'를 기울여 진료를 실시하였는가 여부에 따라 판단되어야 한다"(2001다2013). 이러한 의사의 과실은 '업무상 과실'을 말한다. 判例는 "의사가 선량한 관리자의 주의의무를 다하지 아니하여 환자의 신체기능이 회복불가능하게 손상되고 그 후 후유증세의 치유 또는 악화를 방지하는 정도의 치료만이 계속되어 온 경우, 수술비와 치료비의 지급을 청구할 수 없으며, 이는 피해자의 체질적 소인이나 치료의 위험도 등을 고려하여 의사의 손해배상책임을 제한하는 경우에도 마찬가지"(2011다28939)라고 한다.

(2) 업무상 과실이 있는 의료행위와 손해 사이의 인과관계

判例는 ⅰ) 피해자측에서 일련의 의료행위 과정에 있어서 저질러진 일반의 상식에 바탕을 둔 의료상의 과실있는 행위를 입증하고, ⅱ) 그 결과와의 사이에 일련의 의료행위 외에 다른 원인이 개재될 수 없다는 점을 증명한 경우에 있어서는, 의료행위를 한 측이 그 결과가 의료상의 과실로 말미암은 것이 아니라 전혀 다른 원인으로 말미암은 것이라는 입증을 하지 아니하는 이상 의료상 과실과 결과 사이의 '인과관계를 추정'한다(93다52402등)고 하여 '간접반증이론'을 전개하고 있다. 다만, 이와 같은 경우에도 의사에게 무과실의 증명책임을 지울 수는 없다(2017다203763).

2. 의사의 설명의무 위반 ★★

(1) 의의 및 기능

의사의 '설명의무'란 의사가 환자에게 수술 등 의료행위를 함에 있어 그에 대한 '승낙을 얻기 위한 전제'로서, 환자의 치료에 관계되는 중요한 사항을 설명해 줄 의무를 말한다. 이는 '환자의 자기 결정권'의 보장을 위해 인정되며, 실질적으로 설명의무는 진료기술상의 과오나 인과관계의 입증곤 란을 완화해 주는 기능을 담당한다.

(2) 설명의무의 상대방, 범위, 정도 및 입증책임

① **[설명의무의 상대방]**은 환자이지만, 의사가 미성년자인 환자의 친권자나 법정대리인에게 의료행 위에 관하여 설명하였다면 설명의무를 이행하였다고 볼 수 있으나, 미성년자에게 전달되지 않아 의료행위 결정과 시행에 미성년자의 의사가 배제될 것이 명백한 경우 의사는 친권자나 법정대 리인에 대한 설명만으로 설명의무를 다하였다고 볼 수는 없다(2020다218925)**(13회 선택형)**.

② **[설명의무가 인정되는 경우]** ㉠ 의사의 설명의무는 환자에게 자기결정에 의한 선택이 요구되는 때(수술행위 등)에 한해 인정된다(94다3421등). ㉡ 그러나 설명의무는 그 후유증이나 부작용이 당해 치료행위 에 전형적으로 발생하는 위험이거나 회복할 수 없는 중대한 것인 경우에는 그 발생 가능성의 희소성에도 불구하고 설명의 대상이 된다(95다56095등)**(13회 선택형)**. ㉢ 또한 判例는 "의사가 환 자에게 의사를 결정함에 충분한 시간을 주지 않고 의료행위에 관한 설명을 한 다음 곧바로 의료행 위로 나아간다면 이는 환자가 의료행위에 응할 것인지 선택할 기회를 침해한 것으로서 의사의 설명의무가 이행되었다고 볼 수 없다"(2021다265010)**(13회 선택형)**고 한다.

③ **[설명의무가 면제되는 경우]** 다만 응급환자의 경우처럼 특별한 사정이 있거나, 당해 의료행위로 인 하여 예상되는 위험이 아니거나, 당시의 의료수준에 비추어 예견할 수 없는 위험에 대해서는 설명의무가 면제된다(99다10479등).

④ **[설명의무의 증명책임]** 判例는 '특별한 사정이 없는 한 의사측에 설명의무를 이행한 데 대한 입증책임이 있다'고 한다(2005다5867)**(13회 선택형)**.

(3) 설명의무위반으로 인한 손해배상의 발생 및 범위

의사의 설명의무가 요구되는 경우에 이를 위반한 때에는, 그것은 환자의 자기결정권, 즉 '환자 의 승낙권'을 침해한 위법한 행위가 된다(92다25885).

① **[설명의무 위반을 이유로 위자료만 청구하는 경우]** 환자측에서 '선택의 기회'를 잃고 '자기결정권'을 행사할 수 없게 된 데 대한 위자료만 청구하는 경우에는 의사의 설명 결여 내지 부족으로 선택의 기회를 상실하 였다는 사실만을 증명함으로써 족하고, 설명을 받았더라면 사망 등의 결과는 생기지 않았을 것이라 는 관계까지 증명할 필요는 없다(2008다60162 등).

② **[설명의무 위반을 이유로 모든 손해를 청구하는 경우]** 의사의 설명의무 위반은 환자의 생명·신체에 대한 구체적 치료과정에서 요구되는 의사의 주의의무 위반과 동일시할 정도의 것이어야 한다 (2002다45185). 즉, 양자간에 '상당인과관계'가 있어야 한다. 다만 설명의무를 다하였다 하더라도 환 자가 그 수술을 거부하였을 것으로 단정 지을 수 없는 경우에는 그러한 인과관계는 성립하지 않는다(94다 52402).

I. 서 설

1. 사법상 구제의 법적 구성

통설·判例는 장래 발생할 오염을 방지하고 이미 존재하는 오염을 제거하기 위한 '유지청구'(留止請求)는 물권법적(제205조, 제206조, 제214조, 제217조)으로 이론구성하고, 이미 발생한 손해를 금전으로 전보케 하는 '손해배상청구'는 불법행위법적(제750조)으로 이론구성하고 있다.

2. 건물의 신축으로 인해 조망권, 일조권의 침해가 발생한 경우 사례구조

I. 사전적 구제 수단으로서 유지청구권(건설중지가처분 등)의 인정여부

① 환경권을 근거로 한 유지청구권 인정 여부(부정) ⇒ ② 제214조(제205조, 제206조) 요건 검토 ⇒ ③ 제217조 요건 검토 [ⅰ) 제217조의 '기타 이와 유사한 것'에 해당되는지 여부(일조이익, 조망이익이 '법적 보호의 대상'이 되는지 여부) → ⅱ) 위법성 검토(건축법등 관계법령의 규제와 수인한도론)] ⇒ ④ 제214조(제205조, 제206조)와 제217조와의 관계(경합)

II. 사후적 구제 수단으로서 손해배상청구권의 인정여부(제750조)

① 일조이익, 조망이익이 '법적 보호의 대상'이 되는지 여부 ⇒ ② 위법성 검토(건축법 등 관계법령의 규제와 수인한도론)

II. 사전적 구제수단

1. 환경권을 근거로 한 유지청구권 인정 여부

判例는 "사법상의 권리로서의 환경권이 인정되려면 그에 관한 명문의 법률규정이 있거나, 관계법령의 규정취지나 조리에 비추어 권리의 주체, 대상, 내용, 행사방법 등이 구체적으로 정립될 수 있어야 할 것이다"(94마2218)라고 하여 헌법 제35조 1항에 근거한 직접적인 유지청구권은 인정될 수 없다고 보았다.

2. 제214조, 제205조, 제206조를 근거로 한 유지청구권

① [제214조] 본조 소정의 '방해'에 관해, 判例는 사회통념상 일반적으로 수인할 정도를 넘어선 것을 기준으로 한다고 한다(95다23378).

② [제205조, 제206조] 判例는 "건물의 소유자 또는 점유자가 인근의 소음으로 인하여 정온하고 쾌적한 일상생활을 영위할 수 있는 생활이익이 침해되고 그 침해가 사회통념상 수인한도를 넘어서는 경우에 건물의 소유자 또는 점유자는 그 소유권 또는 점유권에 기하여 소음피해의 제거나 예방을 위한 유지청구를 할 수 있다"(2004다37904, 37911)고 한다.

3. 생활방해의 금지(제217조)를 근거로 한 유지청구권

① [요건] ㉠ 매연·열기체·액체·진동 '기타 이에 유사한 것'에 의한 방해, ㉡ 토지사용의 방해·생활고통의 발생(수인한도를 넘을 것)을 요건으로 한다.

② **[효과]** ⊙ 적당한 조치의 청구(방해예방청구도 포함), ⓛ 손해배상청구권이 발생한다. 예를 들어 判例는 인접 토지에 외벽이 유리로 된 건물이 건축되어 거주자들이 태양반사광으로 인한 피해를 입은 경우 불법행위의 성립을 인정하였다(2013다59142).

Ⅲ. 사후적 구제수단 [C-112]

1. 불법행위책임(제750조)

判例는 원고(피해자)가 ⅰ) 피해발생의 원인(공해)물질의 배출, ⅱ) 원인(공해)물질의 도달경로, ⅲ) 그 후 피해가 있었다는 간접사실을 증명하면 일응의 인과관계가 추정되고, 피고(가해자)가 이에 대하여 원인물질의 무공해성과 안전성을 (간접)반증하지 못하는 한 인과관계가 성립한다고 하는 신개연성이론(간접반증이론)을 전개하고 있다(81다558).

2. 일조권, 조망권 침해 관련

① **[법적보호 대상여부]** 주거의 일조(햇빛)는 쾌적하고 건강한 생활에 필요한 생활이익으로서 법적 보호의 대상이 된다(2002다63565). 그러나 조망이익은 사회통념상 독자의 이익으로 승인되어야 할 정도로 중요성을 갖는다고 인정되는 경우에 비로소 법적인 보호의 대상이 되는 것이라고 한다(2003다64602).

② **[위법성]** 일조권 또는 조망권에 대한 침해가 '위법'하기 위한 요건은 "일조방해(또는 조망이익의 침해)정도가 사회통념상 일반적으로 인용하는 수인한도를 넘어야"(2003다64602)한다고 하며, 위법성 판단에 있어 "건물 신축이 건축 당시의 공법적 규제에 형식적으로 적합하다고 하더라도 현실적인 일조방해의 정도가 현저하게 커 사회통념상 수인한도를 넘은 경우에는 위법행위로 평가될 수 있다"(2003다64602등)고 한다.

③ **[소멸시효]** "위법한 건축행위에 의하여 건물 등이 준공되거나 외부골조공사가 완료되면, 그 건축행위에 따른 일영의 증가는 더 이상 발생하지 않게 되므로, 피해자는 그때 손해배상청구권을 예견할 수 있어서 그때부터 소멸시효가 진행하나, 일조방해의 위법성의 정도가 가해자에게 철거의무를 부과해야 할 정도에 이르는 경우에는 이러한 철거의무를 계속적으로 이행하지 않는 부작위는 새로운 불법행위가 되고, 그 손해는 날마다 새로운 불법행위에 기하여 발생하는 것이므로, 피해자가 그 각 손해를 안 때로부터 각별로 소멸시효가 진행한다"(전합2006다35865).

Set 097   명예훼손 ★

Ⅰ. 서 설 [C-114]

1. 의 의

① '명예'란 인격적 가치에 대한 객관적 평가로서 인간의 존엄성과 인격권에서 비롯된다. ② 사법상 불법행위로서의 '명예훼손'이란 명예주체에 대한 사회적 평가를 저하시키는 일체의 행위를 의미하는 것으로 구체적인 사실의 적시가 있어야 한다(96다38032).

2. 명예훼손책임(제750조, 제751조 1항, 제764조) 논리(사례) 구조

I. 제750조의 성립요건

① 명예의 주체 및 특정 ⇒ ② 명예의 침해 ⇒ ③ 위법성 조각사유로서 진실성과 공공성 검토(가해자의 표현의 자유와 피해자의 인격권으로서의 개인의 명예의 보호의 이익형량)

II. 불법행위책임 성립에 따른 효과

1. 사후적 구제수단

① 금전배상(위자료청구권 : 제751조 1항) ⇒ ② 명예회복에 적당한 처분(제764조)(반론보도청구권, 추후보도청구권, 정정보도청구권, 그러나 사죄광고 불포함)

2. 사전적 구제수단

① 금지청구권 인정 여부 [침해행위의 제거(방해배제청구권) 또는 정지·방지(방해예방청구권)를 구할 수 있는 권리 ; 제214조의 유추적용] ⇒ ② 부작위청구의 실효성 확보방안(간접강제 ; 제389조)

II. 요건과 효과

1. 구성요건으로서 명예침해 [C-115]

(1) 명예의 주체 및 특정

① 명예훼손의 피해자는 자연인뿐만 아니라, 법인이나(2006다53146), 단체 및 종중과 같이 소송상 당사자능력이 있는 비법인사단도 될 수 있다(96다17851). 사망한 자의 경우 그 유족의 명예가 함께 훼손된 경우 불법행위의 성립이 인정된다(97다19238).

② 명예훼손이 성립하려면 피해자가 특정되어야 하는데, 이른바 집단표시에 의한 명예훼손은, 명예훼손의 내용이 구성원 개개인에 대한 것으로 여겨질 정도로 구성원 수가 적거나 당시의 주위 정황 등으로 보아 집단 내 개별구성원을 지칭하는 것으로 여겨질 수 있는 때에는 집단 내 개별 구성원이 피해자로서 특정된다고 보아야 한다(2004다35199, 2002다63558).

(2) 명예의 침해(사실 적시와 의견표명의 구별)

① 민법상 불법행위가 되는 명예훼손이란 공연히 사실을 적시함으로써 사람의 품성, 덕행, 명성, 신용 등 인격적 가치에 대하여 사회적으로 받는 객관적인 평가를 침해하는 행위를 말한다(93도696).

② 이러한 명예훼손은 '사실의 적시'가 있음을 전제로 하므로 순수하게 의견만을 표명하는 것은 명예를 훼손하는 행위가 될 여지가 없고(2000다10208), 또한 "명예훼손과 모욕적 표현은 구분해서 다루어야 하고 그 책임의 인정 여부도 달리함으로써 정치적 논쟁이나 의견 표명과 관련하여 표현의 자유를 넓게 보장할 필요가 있다"고 하면서, 명예훼손과 모욕에 대한 과도한 책임 추궁이 정치적 의견 표명이나 자유로운 토론을 막는 수단으로 작용해서는 안 되므로, 국회의원 등 공인에게 '종북·주사파'라는 표현을 쓴 것은 명예훼손으로 볼 수 없다고 하였다(전합2014다61654).

2. 위법성조각사유로서 진실성과 공공성 [C-116]

① (형사상이나) 민사상으로 타인의 명예를 훼손하는 행위를 한 경우에도 ⅰ) 그것이 공공의 이해에 관한 사항으로서 그 목적이 오로지 '공공의 이익'을 위한 것일 때에는 ⅱ) '진실한 사실'이라는 증명이 있으면 위 행위에 위법성이 없으며, ⅲ) 또한 그 증명이 없더라도 행위자가 그것을 '진실이라고 믿을 상당한 이유'가 있는 경우에는 위법성이 없다(85다카29등).

② 다만 상당한 이유의 판단에 있어 언론매체의 보도를 통한 명예훼손에 있어서는 보다 엄격한 사실확인의무가 인정된다(98다24624 참고). 또한 명예훼손에 따른 기사삭제청구권의 경우에는 '진실이라고 믿은 데 상당한 이유'가 있었다는 등의 사정은 이를 저지하는 사유로는 될 수 없다(2010다60950).

3. 효 과 [C-117]

(1) 금전배상(제751조 1항 : 위자료청구권)

(2) 명예회복에 적당한 처분(제764조 : 반론보도청구권, 추후보도청구권, 정정보도청구권)

(3) 금지청구권(제214조 유추적용)

침해행위의 제거(방해배제청구권) 또는 정지·방지(방해예방청구권)를 구할 수 있는 권리를 총칭하여 "금지청구권"이라고 부른다. ① 헌법재판소는 방영금지가처분은 사전검열에 해당하지 않는다고 하며(2000헌바36), ② 대법원도 "명예(인격권)는 그 성질상 일단 침해된 후의 구제수단(손해배상이나 명예회복처분)만으로는 그 침해의 완전한 회복이 어렵고 손해전보의 실효성을 기대하기 어려우므로, 사전(예방적)구제수단으로 '침해행위의 정지·방지'등의 청구권도 인정"된다고 한다(93다40614)(4회 선택형).

Set 098 | 불법행위의 효과 ★★

Ⅰ. 서 설 [C-118]

1. 손해배상청구권의 발생

"불법행위를 이유로 배상하여야 할 손해는 현실로 입은 확실한 손해에 한하므로, 불법행위로 인하여 피해자가 제3자에 대하여 채무를 부담하게 된 경우 채권자가 채무자에게 그 채무액 상당의 손해배상을 구하기 위해서는 채무의 부담이 현실적·확정적이어서 실제로 변제하여야 할 성질의 것이어야 한다"(2016다217833). 예를 들어 가해자가 행한 불법행위로 피해자에게 행정처분이 부과·확정되어 그 이행에 비용이 발생하는 경우, 위 비용 상당의 손해는 행정처분의 존재뿐만 아니라 행정처분의 이행가능성과 이행필요성이 인정되어야 하고, 위 손해의 발생 사실에 관한 증명책임의 소재는 행정처분을 받은 피해자에게 있다(2017다56455).

2. 금지청구권의 인정 여부

(1) 문제점

불법행위에 대한 구제수단으로 손해배상청구권 외에 금지청구권, 즉 불법행위에 기한 방해제거 또는 방해예방청구가 가능한지 문제된다. 손해배상은 사후적 손해전보수단에 불과하여 피해자의 이익을 충분히 보호할 수 없기 때문이다.

(2) 판 례

判例는 ① 불법행위가 인격권에 대한 침해를 구성하는 경우에 인격권에 기한 금지청구를 인정한 바 있고(2003마1477 등), ② 특정행위가 부정한 경쟁행위로서 민법상 불법행위에 해당하는 경우, ⅰ) 금전배상을 명하는 것만으로는 피해자 구제의 실효성을 기대하기 어렵고, ⅱ) 그 행위의 금지로 보호되는 피해자의 이익과 그로 인한 가해자의 불이익을 비교·교량할 때 피해자의 이익이 더 큰 경우에는 그 행위의 금지 또는 예방을 청구할 수 있다고 판시하였고(2008마1541), ③ 일반 공중의 통행에 제공된 도로에서 제3자가 통행의 자유를 침해하는 것은 민법상 불법행위에 해당하며, 침해를 받은 자로서는 그 방해의 배제나 장래에 생길 방해를 예방하기 위하여 통행방해 행위의 금지를 소구할 수 있다고 한다(2010다63720)**(12회 선택형)**.

Ⅱ. 손해배상청구권의 내용   [C-119]

1. 손해배상액 산정의 기준시기

① 특별한 사정이 없는 한 불법행위 당시, 즉 손해배상 채권이 발생한 때를 기준으로 하여 손해배상액을 산정함이 원칙이다(93다38444). 따라서 불법행위로 인한 손해배상채무는 그 성립과 동시에(그 당일부터) 또 채권자의 청구 없이도 당연히 이행지체가 된다는 것이 判例이다(74다1393)**(2회, 11회 선택형)**.[38]

② 다만 위자료청구권에 대해서는 불법행위시부터 사실심 변론종결시까지 장기간이 경과하고 통화가치 등에 상당한 변동이 생긴 경우에는 예외적으로 사실심 변론종결일부터 지연손해금이 발생한다고 한다(전합2011재다199).

2. 손해배상액 산정의 방법

(1) 손해 3분설 [14입법]

불법행위로 인한 손해는 '재산적 손해'와 '정신적 손해'로 나눌 수 있고, 다시 전자는 재산에 대해 기존의 이익의 멸실 또는 감소를 주는 '적극적 손해'와 장래의 이익의 획득이 방해됨으로써 받는 손실인 '소극적 손해(일실이익)'로 나누어진다(76다1313).

(2) 재산적 손해의 산정

判例는 일반육체노동을 하는 사람 또는 육체노동을 주로 생계활동으로 하는 사람의 가동연한을 만 65세까지로 보았다(2018다248909)**(11회 선택형)**. 또한 判例는 교통사고 후유증이 피해자의 기왕증과 경합한 경우 기왕증을 별도로 고려하여야 하며(2015다8902)**(9회 선택형)**, 사립고등학교 교

---

38) **[판례검토]** 피해자가 입은 손해를 남김없이 배상케 하자는 원상회복의 이념에 비추어 볼 때 判例의 태도는 타당하다(통설).

사로 근무하고 있던 피해자가 사망 당시 유흥업소의 밴드원으로 전속출연하여 받은 급료는 위법소득에 해당하므로, 위법소득은 일실이익으로 산정할 수 없다고 하였다(92다34582)**(11회 선택형)**

(3) 정신적 손해의 산정

① **[제751조]** 判例는 태아(4294민상903)와 법인에게도 위자료청구권을 인정한다(93다40614 등). 제751조의 재산 이외의 손해란 정신상의 고통만을 의미하는 것이 아니라 그 외에 수량적으로 산정할 수 없으나 사회통념상 금전평가가 가능한 무형의 손해도 포함된다(2017다51603).

② **[제752조]** 생명침해의 경우에 제752조에 열거된 친족은 정신상 고통에 대한 입증이 없이도 본조에 의해 위자료 청구권을 가진다(67다1307). 제752조가 규정하는 친족관계에는 사실상의 친족관계가 있는 경우도 포함되며(75다413), **[17행정]** 생명침해의 경우에는 제752조에 열거된 자가 아닌 자도 정신상 고통에 관한 입증을 함으로써 일반규정인 제750조 및 제751조에 의해 위자료를 청구할 수 있다(67다1307).

③ **[위자료의 보완적 기능과 그 한계]** "재산적 손해의 발생이 인정되는데도 입증곤란 등의 이유로 그 손해액의 확정이 불가능하여 그 배상을 받을 수 없는 경우에 이러한 사정을 위자료의 증액사유로 참작할 수는 있으나, 편의한 방법으로 위자료의 명목 아래 다수의 계약 당사자들에 대하여 획일적으로 일정 금액의 지급을 명함으로써 사실상 재산적 손해의 전보를 꾀하는 것과 같은 일은 허용될 수 없다"(2002다53865).

Ⅲ. 손해배상청구권의 소멸시효   [C-120]

불법행위로 인한 손해배상의 청구권은 피해자나 그 법정대리인이 그 손해 및 가해자를 안 날로부터 3년간 이를 행사하지 아니하면 시효로 인하여 소멸한다. 불법행위를 한 날로부터 10년을 경과한 때에도 같다(제766조).

1. 3년의 단기소멸시효

제766조 1항의 '손해 및 가해자를 안 날'이란 손해의 발생사실과 그 손해가 가해자의 불법행위로 인해 발생한 것임을 피해자측이 현실적이고도 구체적으로 인식한 것을 뜻하며(94다30263), 가해행위와 손해의 발생 사이에 인과관계가 있다는 것까지지도 알 것을 요한다(95다32228). 아울러 현실로 손해가 발생한 것을 안 경우뿐만 아니라 손해발생을 예견할 수 있을 때를 포함한다(2016다11257).

① **[법인이 피해자인 경우]** 원칙적으로 대표자가 안 날부터 기산될 것이나, 법인의 대표자가 법인에 대해 **불법행위를 한 경우**에는 "법인과 그 대표자는 이익이 상반하게 되므로 현실로 그로 인한 손해배상청구권을 행사하리라고 기대하기 어려울 뿐만 아니라 일반적으로 그 '**대표권도 부인**'된다고 할 것이므로 단지 그 대표자가 그 손해 및 가해자를 아는 것만으로는 부족하고, 적어도 '**법인의 이익을 정당하게 보전할 권한**'을 가진 다른 임원 또는 사원이나 직원 등이 손해배상청구권을 행사할 수 있을 정도로 이를 안 때에 비로소 위 단기소멸시효가 진행한다"(2002다11441)**(3회 선택형)**. **[11회 사례형]** 만약 임원 등이 법인 대표자와 공동불법행위를 한 경우에는 그 임원 등을 배제하고 단기소멸시효의 기산점을 판단하여야 한다(2012다20475).

② **[제한능력자의 경우]** 불법행위의 피해자가 미성년자로 행위능력이 제한된 자인 경우에는 그 법정대리인이 손해 및 가해자를 알아야 소멸시효가 진행한다(2009다79897)**(7회 선택형)**. 다만 미성년

자가 성폭력, 성추행, 성희롱, 그 밖의 성적(性的) 침해를 당한 경우에 이로 인한 손해배상청구권의 소멸시효는 그가 성년이 될 때까지는 진행되지 아니한다(제766조 3항, 2020.10.20. 신설). 이와 관련하여 예컨대 B는 미성년자인 A에게 성폭력을 행사하였고, A는 성년에 도달한 날로부터는 3년이 경과하였으나 B의 위 성폭력행위에 관한 형사사건의 제1심판결 선고일로부터는 3년이 경과하기 전의 시점에 손해배상을 청구하는 소를 제기하였다면 判例는 이 경우 불법행위로 인한 손해배상청구권의 단기소멸시효는 관련 형사재판의 제1심판결 선고일부터 진행된다고 한다(2022다206384).

2. 10년의 장기소멸시효

특히 가해행위와 이로 인한 손해의 발생 사이에 시간적 간격이 있는 불법행위에 기한 손해배상청구권의 경우, '불법행위를 한 날'은 가해행위가 있었던 날이 아니라 객관적·구체적으로 손해가 발생한 때, 즉 손해의 발생이 현실적인 것으로 되었다고 할 수 있을 때를 의미하고, 그 발생시기에 대한 증명책임은 소멸시효의 이익을 주장하는 자에게 있다(2019다297137). 한편 손해의 결과발생이 현실적인 것으로 되었다면, 피해자가 손해의 결과발생을 알았거나 예상할 수 있는가 여부에 관계없이, 가해행위로 인한 손해가 현실적인 것으로 되었다고 볼 수 있는 때로부터 소멸시효는 진행한다(2004다71881). **[13회 사례형]**

Ⅳ. 과실상계[39] ★★★

1. 과실상계가 적용되기 위한 요건   [C19-2]

㉠ 채권자 혹은 피해자의 손해의 발생 및 확대에 대한 과실이 있을 것, ㉡ 채권자 혹은 피해자의 사리변식능력이 있을 것, ㉢ 과실과 손해의 발생 내지 확대 사이의 인과관계가 있을 것을 요한다(제396조, 제763조).

⑴ 손해배상청구권의 발생(제390조, 제750조))

⑵ 채권자 또는 피해자의 과실

① **[과실의 의미]** 判例는 이질설의 입장을 취하고 있는바, "신의칙상 공동생활상 요구되는 약한 부주의"(2000다29028등)를 의미한다거나, 법적인 주의의무를 전제로 하지 않는 "신의칙상 요구되는 결과회피의무"(99다31667등)를 의미한다고 한다.

② **[과실의 범위]** 손해의 발생뿐만 아니라 손해의 확대에 기여한 경우에도 과실상계가 가능하다.

⑶ 책임능력 요부

判例는 책임능력까지는 필요치 않고 '사리변식능력'만 있으면 족하다고 한다. 아울러 判例는 책임능력을 12세 또는 15세 전후로 보는데 비해, 사리변식능력은 8세 전후로 보고 있다(70다2986).

---

39) **[과실상계 기능]** 민법상 과실상계의 규정은 현대의 불법행위법이 피해자보호를 위해 위험책임·무과실책임으로 그 영역을 넓혀 구제를 받을 수 있는 경우를 될 수 있는 한 확대하는 것에 대응하여 가해자에 대한 배려의 차원에서 불법행위로 인한 손해배상액의 감액을 실현할 수 있는 실정법상의 근거로서 기능하고 있다. 이러한 관점에서 判例가 손해분담의 공평을 실현하는 수단으로서 과실상계가 갖는 '조정적 기능'을 적극 활용하려는 경향은 시사하는 바가 크다.

(4) 제3자의 과실(피해자측 과실이론) [07사법, 14입법]

1) 개념 및 인정이유

피해자와 '신분상 및 생활관계상 일체'를 이루는 관계에 있는 자의 과실을 피해자의 과실로 보아 손해배상액을 산정함에 있어서 참작하자는 이론으로, 손해의 공평한 부담을 실현하기 위해 인정된다(93다25127). 공동불법행위에서 불필요한 구상관계의 순환 방지와 다른 공동불법행위자의 무자력 위험에 대한 위험을 분배하여 구상관계를 합리적으로 처리하자는 데에 필요성이 있다.

2) 제3자의 범위

㉠ 피해자가 사리변식능력이 없는 미성년자인 경우 그 감독의무자에게 과실이 있으면 이를 참작한다(66다1617). ㉡ 피용자의 행위로 인해 사용자 본인이 피해를 입은 경우 피용자의 과실을 피해자측의 과실로 참작하여야 한다(80다2005). ㉢ 자동차에 동승한 자의 피해의 경우 운전자와 신분상 및 생활관계상 일체가 있는 때에 운전자의 과실이 과실상계 사유가 된다(98다23232).

2. 효 과   [C19-3]

(1) 참작의 여부 및 참작의 정도

과실상계는 '직권조사사항'이지만 자기에게 유리한 결과를 얻기 위하여 실질적으로 주장·증명이 필요하다(96다30113). 참작의 여부는 필요적이나, 참작의 정도는 법원의 재량이다.

(2) 손익상계와의 구별

判例는 산정된 손해액에서 먼저 과실상계를 한 후 손익상계를 하여야 한다고 하여 배상의무자인 채무자(가해자)에게 유리한 방법을 채택하고 있다(89다카29129)(2회, 5회 선택형).

예컨대 피해자의 손해가 100만 원, 손해야기행위로 인한 이익이 30만 원, 피해자 과실이 30%인 경우, ⅰ) 손익상계 후 과실상계를 하는 경우에는 피해자가 배상받을 수 있는 손해액은 49만 원[70만 원(100만 원 - 30만 원 ; 손익상계) - 21만 원(70×0.3 ; 과실상계)]이나, ⅱ) 과실상계 후 손익상계를 하는 경우에는 피해자가 배상받을 수 있는 손해액은 40만 원[70만 원(100만 원 - 100만 원×0.3 ; 과실상계) - 30만 원(손익상계)]이다.

(3) 일부청구와 과실상계

判例는 일부청구를 하는 당사자의 통상적 의사에 비추어, (청구부분에 비례하여 과실상계비율을 정하지 않고) 손해의 전액에서 과실비율에 의한 감액을 하고 그 잔액(금액)이 청구액을 초과하지 않을 경우에는 그 잔액을 인용하고, 잔액이 청구액을 초과할 경우에는 청구의 전액을 인용하는 '외측설'의 입장이다.

🖋 금전채권 전액중의 일부청구에 대한 피고의 상계항변과 청구인용범위

判例는 과실상계(원고의 과실참작)의 경우뿐만 아니라 피고의 반대채권으로 상계를 하는 경우에도 외측설을 취한다(83다323). 예컨대, 甲은 乙에게 과실로 인한 손해배상으로 3천만 원을 청구하는 소를 제기하였고, 이에 乙은 甲에 대하여 가지는 5천만 원의 대여금채권으로 상계한다는 항변을 하였다. 만약 법원이 심리결과 수동채권인 甲의 손해배상채권액은 5천만 원, 자동채권인 乙의 대여금채권액은 1천만 원이라는 심증을 형성하였다면 외측설에 따르면 수동채권(=소구채권)의 전액 5천만

원에서 자동채권 1천만 원을 상계하면 잔액이 4천만 원이 되므로, 이는 청구액 3천만 원을 초과하는 금액이므로 법원은 청구전액인 3천만 원을 인용하는 판결을 하면 된다.

3. 적용범위 [C19-4]

(1) 채무내용에 따른 본래의 급부의 이행을 구하는 경우

표현대리가 성립한 경우의 본인에 대한 이행청구(96다8468)(**2회, 7회, 9회, 11회 선택형**), 연대보증인에 대한 보증채무의 이행청구(84다카1324) 등과 같이 손해배상책임이 아니라 이행의 책임에 속하는 경우에는 과실상계법리가 (유추)적용되지 않는다.

(2) 손해배상의 예정이 있는 경우('손해배상액의 예정' Set 045.참고)

(3) 매도인의 하자담보책임의 경우 [5회 기록형]

判例는 과실상계의 법리를 적용하지 않고 '신의칙'에 의해 해결한다(99다12888)(**3회, 9회 선택형**)

(4) 고의의 불법행위로 인한 손해배상의 경우

어느 일방의 고의가 인정되는 경우에도 과실상계가 가능하나, 이를 인정함이 '신의칙'에 반하는 예외적인 상황에서는 허용되지 않는다. 判例도 "피해자의 부주의를 이용하여 고의로 불법행위를 저지른 자가 바로 그 피해자의 부주의를 이유로 자신의 책임을 감하여 달라고 주장하는 것은 허용될 수 없다"(99다50538)고 판시하고 있다.

(5) 가해행위가 사기, 횡령, 배임 등의 영득행위인 경우

"가해행위가 사기, 횡령, 배임 등의 영득행위인 경우 등 과실상계를 인정하게 되면 가해자로 하여금 불법행위로 인한 이익을 최종적으로 보유하게 하여 '신의칙'에 반하는 결과를 가져오는 경우에만 '예외적'으로 과실상계가 허용되지 않는다"(전합2012다13637).

(6) 그 밖에 유추적용되는 경우

1) 피해자의 체질적인 소인 또는 질병의 위험도

判例는 "피해자측의 요인이 체질적인 소인 또는 질병의 위험도와 같이 피해자측의 귀책사유와 무관한 것이라고 할지라도, 과실상계의 법리를 '유추적용'하여 그 손해의 발생 또는 확대에 기여한 피해자측의 요인을 참작할 수 있다"(98다50586)(**9회 선택형**)고 한다.

2) 손해경감조치의무

불법행위로 인한 피해자가 일반적으로 용인될 수 있는 수술을 받으면 노동능력 상실 정도를 감소시킬 수 있는 데도 수술을 받지 않은 경우(91다45929등), 또는 법적 조치를 취했으면 손해의 확대를 막을 수 있었음에도 그러한 조치를 취하지 않은 경우(2003다22912), 判例는 특히 이 경우 불법행위의 피해자에게는 그로 인한 손해의 '확대'를 방지하거나 감경하기 위하여 노력하여야 할 '손해경감조치의무'가 있다는 개념을 사용하여 과실상계 규정을 '유추적용'한다. 다만 判例는 이 경우 확대된 손해부분이 아닌 전체손해를 대상으로 하여 과실상계를 한다.

제 4 편

물권법

I. 물권자 확정 …권리근거사실

주로 소유권자 확정에 따른 제213조 또는 제214조(목적물인도청구권, 진정명의회복을 원인으로 한 소유권이전등기청구권, 등기말소청구권, 건물철거청구권 등)

II. 의무자의 '점유할 권리'(제213조 단서) 검토 … 권리방해사실

'점유할 권리'란 민법상 완전한 권리뿐만 아니라 점유를 정당화할 수 있는 모든 법적 지위를 포함한다. 여기에는 ① 물권법상 권리로서 ⅰ) (법정)지상권, ⅱ) 유치권, ② 채권적 권리로서 ⅰ) 미등기 매수인, ⅱ) 점유취득시효완성자, ⅲ) 임차인, ⅳ) 동시이행항변권, ③ 위 권리가 없을 경우 최후의 보충적 항변수단으로 신의칙(주로 권리남용, 실효의 원칙 등이 문제)을 들 수 있다. 반면 물권적 청구권을 행사하는 소유자에게 대항할 수 없는 채권적 권리는 포함되지 않는다.

III. 물권자 확정에 따른 부수적 이해관계 조정 … 권리근거사실

① 제201조 내지 제203조 또는 제748조와 관련한 점유자와 회복자의 관계 ⇒ ② 손해발생과 관련한 불법행위책임 ⇒ ③ 유치권 및 동시이행항변권

I. 소유권에 기한 부동산인도 · 철거 · 퇴거청구

1. 부동산(토지)인도청구

소유권에 기한 부동산(토지)인도청구의 요건사실은 ⅰ) 원고의 목적물 소유, ⅱ) 피고의 목적물 점유이다(제213조 본문).

(1) 원고의 목적물 소유

원고가 소유권을 취득한 구체적 사실을 증명하거나, 부동산의 경우에는 소유권이전등기를 마친 사실을 증명함으로써 등기의 추정력을 이용하여 원고가 부동산의 소유권을 취득한 사실을 추정받을 수 있다.

(2) 피고의 목적물 점유

청구의 상대방은 '현재'의 점유자이며, 사실심 변론종결시를 기준으로 판단한다.

2. 건물철거 및 퇴거청구

(1) 건물철거

소유권에 기한 건물철거청구의 요건사실은 ⅰ) 원고의 토지 소유, ⅱ) 피고의 지상건물 소유이다(제214조). ① 지상건물 소유자는 지상건물의 소유를 통하여 당연히 그 부지인 대지를 점유하는 것으로 간주되므로, 원고는 피고가 지상건물을 소유한 사실만 증명하면 피고의 대지 점유사실까지 증명하는 것이 된다(93다2483 등). ② 주의할 것은, 지상건물의 소유자가 아닌 미등기건물의 매수인도 건물철거에 따른 피고적격이 있다는 점이다(86다카1751).

(2) 건물퇴거 [12법행, 13회 기록형]

소유권에 기한 건물퇴거청구의 요건사실은 ⅰ) 원고의 토지 소유, ⅱ) 피고의 건물 점유이다(제 214조). 지상건물 소유자 이외의 자가 지상건물을 점유하고 있는 때에는 지상건물에 대한 점유·사용으로 인하여 대지인 토지의 소유권이 '방해'되고 있는 것이므로 토지소유자는 '방해배제청구'로서 건물점유자에 대하여 그 건물로부터의 퇴거를 청구할 수 있다.

즉 이 경우 지상건물의 소유자만이 대지를 '점유'하는 것이므로 지상건물의 소유자 이외의 지상건물의 점유자에 대해서는 대지의 인도를 청구할 수 없고(제213조) 건물로부터의 퇴거만 청구할 수 있으며(제214조), 반대로 지상건물의 소유자에 대하여는 그가 그 건물을 직접 점유하고 있다 하더라도 토지 소유자로서는 그 건물의 철거와 그 대지부분의 인도를 청구할 수 있을 뿐, 그 건물에서 퇴거할 것을 청구할 수 없다(98다57457, 57464)(13회 선택형).

3. 예상되는 항변

피고에게 목적물을 점유할 정당한 권원이 없다는 사실(제213조 단서)은 청구원인의 요건사실이 아니고, 반대로 피고에게 정당한 점유권원이 있다는 사실이 피고의 항변사유이다. 여기서 '점유할 권리'란 민법상 완전한 권리뿐만 아니라 **점유를 정당화할 수 있는 모든 법적 지위를 포함한다**. 여기에는 ① **물권적 권리로서** ⅰ) 법정지상권(제366조의 법정지상권, 관습법상 법정지상권), ⅱ) 지상권·전세권, ⅲ) 유치권, ⅳ) 과반수 지분, ② **채권적 권리로서** ⅰ) 미등기 매수인 및 미등기 매수인으로부터의 매수인(87다카1682)(12회 선택형), ⅱ) 점유시효취득자(이에 대하여 원고로서는 취득시효가 중단되었다거나 점유자가 시효이익을 포기하였다는 사실 등을 들어 재항변할 수 있다), ⅲ) 임차인, ③ 동시이행항변권, ④ 위 권리가 없을 경우 최후의 보충적 항변수단으로 신의칙(주로 권리남용, 실효의 원칙 등이 문제)을 들 수 있다. 반면 물권적 청구권을 행사하는 소유자에게 대항할 수 없는 채권적 권리는 이에 포함되지 않는다.

4. 부대청구

(1) 부당이득반환청구 또는 불법행위에 기한 손해배상청구

(2) 반환범위 및 종기

'통상' 점유사용으로 인한 부당이득액은 차임 상당액이므로 감정에 의하여 인정되는 차임 상당액의 반환을 구할 수 있다. 그리고 '통상' 부당이득반환은 불법점유개시시로부터 그 부동산의 인도 완료일까지의 손해금을 청구한다.

Ⅱ. 소유권에 기한 소유권이전등기 말소청구

1. 청구원인

소유권에 기한 소유권이전등기 말소청구의 요건사실은 ⅰ) 원고의 소유, ⅱ) 피고의 소유권이전등기 경료, ⅲ) 등기의 원인무효이다(제214조). ⅰ)과 관련하여 원고는 자신의 소유사실로서 이미 자기 앞으로 소유권을 표상하는 등기가 되어 있었거나 법률의 규정에 의하여 소유권을 취득한 사실을 증명해야 한다(2002다48). ⅲ)과 관련하여 일단 피고 명의의 등기가 경료된 이상, 등

기는 적법하게 이루어진 것으로 법률상 추정되므로 원인무효임을 이유로 등기의 말소를 구하는 원고는 그 반대사실, 즉 등기원인의 무효사실 또는 등기절차의 위법사실까지 주장·증명하여야 한다. 이 때 등기가 원인무효임은 ① 상대방과의 사이에 채권행위의 하자 또는, ② 물권행위의 하자 또는, ③ 등기의 하자를 증명하면 된다.

2. 예상되는 항변

(1) 등기부상 등기원인의 유효

피고는 원고가 주장하는 등기원인의 무효사실과 양립하는 별개의 사유를 들어 등기원인의 유효를 주장할 수 있다(제108조 2항 선의의 제3자 항변 등).

(2) 실체적 권리관계 부합

실체관계에 부합한다는 것은 ㉠ 등기명의인 앞으로 현재와 같은 등기가 행하여져야 할 실체적 권리가 있고, ㉡ 동시이행의 항변권 등을 포함하여 등기의무자에게 등기의무의 이행을 거절할 정당한 사유가 없는 것, 즉 등기청구권의 실현에 장애가 없어야 한다. 判例는 ① 중간생략등기이며, 3자간의 합의가 있었다는 항변 또는 전소유명의자와 피고 사이에 중간생략등기의 합의가 없었더라도 관계 당사자들 사이에 매매계약이 체결되어 이행되는 등 적법한 원인행위가 성립하였다는 항변(79다2104), ② 피고가 미등기부동산을 전전 매수하여 최종매수인으로서 소유권보존등기를 경료하였다는 항변(83다카1152), ③ 등기부상 등기원인(예컨대, 매매)과 다른 실제 등기원인(예컨대 증여)이 있었다는 항변(80다791)(6회 선택형), ④ 점유취득시효가 완성되었다는 항변(83다카848), ⑤ 원고로부터 매수했다는 항변(피고는 매매계약체결사실, 매매대금완납 또는 등기선이행약정사실을 주장 입증해야 한다), ⑥ 실질적 소유자인 명의신탁자로부터 매수했다는 항변, ⑦ 무효의 등기이지만 유용의 합의가 있어 유효하다는 항변, ⑧ 중간생략형 명의신탁에서 명의수탁자가 명의신탁자에게 소유권이전등기를 경료해 주었다는 항변 등을 들고 있다.

(3) 원고 명의 등기의 원인무효

원고가 부동산의 소유권에 기한 물권적 방해배제청구권 행사로서 부동산에 관하여 피고들 명의로 마쳐진 소유권이전등기의 말소를 구하려면 먼저 원고에게 그 말소를 청구할 수 있는 권원이 있음을 적극적으로 주장·입증하여야 하며, 만일 원고에게 그러한 권원이 있음이 인정되지 않는다면 설사 피고들 명의의 소유권이전등기가 말소되어야 할 무효의 등기라고 하더라도 원고의 청구를 인용할 수는 없다(90다카1097)(7회 선택형). 이러한 법리는 피고들 명의의 소유권이전등기가 원고 명의의 소유권이전등기로부터 전전하여 경료된 것으로서 선행하는 원고 명의의 소유권이전등기의 유효함을 전제로 하여야만 그 효력을 주장할 수 있는 경우라 하여 달리 볼 것은 아니다(2004다50044).

(4) 원고의 후발적 소유권 상실

예를 들어 피고로서는 자신의 등기가 원인무효라고 하더라도 그 이후의 최종 등기명의자가 '등기부취득시효의 항변'을 제출하여 법원에서 그것이 받아들여진 사실을 주장·증명하여 원고의 청구를 배척할 수 있다(94다7348).

Ⅲ. 취득시효완성을 원인으로 한 소유권이전등기청구

1. 청구원인

점유취득시효완성을 원인으로 한 소유권이전등기청구권을 행사하기 위한 요건사실은 '20년간 소유의 의사로 평온, 공연하게 점유한 사실'이다(제245조 1항). 그러나 제197조 1항에 의해 당해부동산을 '20년간 점유한 사실'만 주장·증명하면 된다. 원고는 점유기간의 기산점을 임의로 선택할 수 없고, 현실적으로 점유를 개시한 시점을 확정하여 그 때로부터 20년의 기간을 기산하여야 한다. 취득시효의 기산점에 대한 당사자의 주장에 법원도 구속되지 않고 소송자료에 의해 진정한 점유시기를 인정하는 '간접사실'이다(93다60120)(**1회 선택형**).

2. 피고의 항변

① 타주점유(악의의 무단점유), ② 취득시효 완성 후의 소유명의 변경(이중양도 법리), ③ 점유중단(민법 제198조에 의한 점유의 계속 추정은 법률상 추정이므로 그 사이 점유가 중단 또는 상실되었다는 사실은 상대방이 주장·증명책임을 지는 항변사유로 된다), ④ **시효중단**(소멸시효의 중단에 관한 규정은 취득시효에 대하여도 적용된다. 제247조 2항), ⑤ **시효소멸**(피고가 시효소멸을 주장하기 위해서는 점유자가 점유를 상실한 때로부터 10년의 소멸시효기간이 도과한 사실까지 주장·증명하여야 한다. 95다34866)의 항변을 할 수 있다.

3. 원고의 재항변

① 피고가 타주점유의 증명에 성공하면, 원고로서는 그에 대한 '재항변'으로 자주점유로의 전환을 주장할 수 있다. ② 취득시효 완성 후 소유명의 변경에 대하여 원고로서는 제3자 명의의 소유권이전등기가 무효라는 등의 사유로 '재항변'할 수 있다.

Ⅳ. 동산인도청구

1. 청구원인

소유권에 기해 동산인도청구를 하기 위한 요건사실은 ⅰ) 원고가 그 동산을 소유하고 있는 것, ⅱ) 피고가 그 동산을 점유하고 있는 것이다(제213조).

2. 피고의 항변

① 점유할 권리의 항변(제213조 단서), ② 선의취득의 항변(제249조) 이 때 **피고가 주장·증명하여야 하는 선의취득의 요건사실은 ⅰ) 동산거래행위, ⅱ) 위 거래행위에 의한 인도, ⅲ) 무과실이다**(제249조). 선의취득에 있어 선의, 평온, 공연은 제197조 1항에 의해 추정을 받으나, 判例에 의하면 무과실은 추정되지 않기 때문이다.

3. 원고의 재항변

도품 또는 유실물에 대한 특례의 항변(제250조)

4. 피고의 재재항변

도품 또는 유실물을 경매나 공개시장에서 또는 동 종류의 물건을 판매하는 상인에게서 매수한 사실의 항변(제251조). 이 경우 피해자 또는 유실자(원고)는 양수인(피고)이 지급한 대가를 변상하고 그 물건의 반환을 청구할 수 있다.

V. 근저당권설정등기 말소청구

1. 청구원인

(1) 소유권에 기한 근저당권설정등기 말소청구

소유권에 기한 근저당권설정등기 말소청구의 요건사실은 ⅰ) 원고의 소유, ⅱ) 피고의 근저당권설정등기 경료, ⅲ) 근저당권의 소멸이다.

(2) 근저당권설정계약에 따른 근저당권설정등기 말소청구

근저당권설정계약에 따른 근저당권설정등기 말소청구의 요건사실은 ⅰ) 원고와 피고간의 근저당권설정계약 체결, ⅱ) 피고의 근저당권설정등기 경료, ⅲ) 근저당권의 소멸이다.

소유권에 기한 말소청구이든, 근저당권설정계약에 따른 말소청구이든 ⅲ)의 근저당권의 소멸원인으로는 변제, 상계, 공탁 등과 같이 피담보채무가 후발적으로 소멸한 경우뿐만 아니라, 피담보채무를 발생시키는 법률행위가 성립하지 않았거나 무효, 취소된 경우와 같이 원시적으로 발생하지 않는 경우도 포함한다.

2. 예상되는 항변

(1) 피담보채무의 소멸

피담보채무 소멸의 효력을 다투는 피고의 주장이 원고의 주장과 양립가능할 경우에는 항변으로 된다.

(2) 등기유용의 합의

확정된 피담보채무가 이미 소멸하였더라도 피고는 원고와 피고간에 다시 무효인 등기를 유용하기로 합의한 사실을 항변으로 주장할 수 있다.

Set 100 물권의 본질 ★

I. 일물일권주의(一物一權主義)   [D-2]

'일물일권주의'란 ⅰ) 하나의 물건 위에는 앞의 물권과 동일한 내용을 갖는 물권은 다시 성립할 수 없다는 의미와 ⅱ) 물권은 하나의 독립된 물건 위에만 성립할 수 있다는 두 가지 의미를 가진다.

II. 물권법정주의   [D-3]

물권의 종류와 내용은 법률이나 관습법에 의하는 외에는 임의로 창설하지 못한다(제185조).

1. 소유권의 사용·수익 권능을 대세적, 영구적으로 포기하는 것이 허용되는지 여부(소극)

① 判例는 "소유자가 '채권적'으로 사용·수익의 권능을 포기하거나 사용·수익권 행사에 제한을 설정하는 것 외에 소유권의 핵심적 권능에 속하는 사용·수익 권능을 '대세적, 영구적'으로 포기하는 것(제211조)은 '물권법정주의'(제185조)에 반하여 허용될 수 없다"(2010다81049)고 하고,

② 다만 "토지 소유자 스스로 그 소유의 '토지를 일반 공중을 위한 용도'(공로)로 제공한 경우에 토지에 대한 소유자의 '독점적이고 배타적인 사용·수익권'의 '행사가 제한'된다(사용·수익권의 '행사의 제한'이지 토지의 처분이나 사용·수익 권능을 상실하는 것이 아님)"고 하면서 이는 토지를 상속받은 상속인에게도 적용되고, 토지의 소유권을 특정승계한 자에게도 원칙적으로 적용된다고 보았다(전합2016다264556).

[판례해설] '배타적 사용수익권 포기'는 타인의 토지를 도로 등으로 무단점용하는 자에 대하여 토지소유자의 부당이득반환청구를 제약하기 위해 대법원이 창출한 개념인바, 이러한 법리의 유효범위는 부당이득의 반환에 한정되고, 소유권에 기한 물권적 청구권에는 적용될 수 없다고 한다. 다만 후자의 경우에도 '권리남용'으로 권리행사가 제한될 수 있다(민법총칙 공로와 관련한 '권리남용' 참고).

2. 소유자가 제3자에게 처분권한을 수여한 경우에도 소유자가 여전히 물권적 청구권을 행사할 수 있는지 여부(적극)

소유자가 제3자에게 소유물의 처분권한을 수여한 경우(처분수권), 제3자의 처분이 실제로 유효하게 행하여지지 아니하고 있는 동안(아직 처분의 상대방에게로 등기가 경료되지 않은 경우)에는 소유자가 소유물을 유효하게 처분하거나 소유권에 기한 물권적 청구권을 행사할 수 있다(2009다105215).

Set 101 | 집합물 ★★

I. 유동집합동산[1]에 대한 양도담보의 유효성 [D-5]

① 判例는 일반적으로 일단의 증감 변동하는 동산(양만장의 뱀장어, 농장의 돼지, 제강회사가 제품생산에 필요하여 반입하는 원자재 등)을 '하나의 물건으로 보아' 이를 채권담보의 목적으로 삼으려는 이른바 유동집합물에 대한 양도담보설정계약체결도 가능하며, 이 경우 그 목적동산이 담보설정자의 다른 물건과 구별될 수 있도록 그 종류·장소 또는 수량지정 등의 방법에 의하여 특정되어 있으면 그 전부를 하나의 재산권으로 보아 이에 대해 유효한 담보권의 설정이 된 것으로 볼 수 있다고 한다(다, 종, 장, 수).[2]

---

1) '유동집합물의 양도담보'란 양도담보설정자가 특정한 장소에 있는 동산 전부를 양도담보로 제공하되, i) 양도담보설정자는 통상의 영업 범위에서 그 안에 있는 개개의 동산을 처분할 수 있고, ii) 양도담보설정자가 통상의 영업 범위에서 그 안으로 반입하는 개개의 동산에 관하여는 그때그때 별도의 약정이 없더라도 당연히 양도담보의 효력이 미치는 것을 내용으로 하는 양도담보를 말한다.

2) **[판례검토]** 특정성을 유지하는 한 집합물도 한 개의 물건으로 보는 것이 당사자의 의사에도 부합하고 법률관계를 간명하게 처리할 수 있다는 점에서 타당하다(동산채권 등의 담보에 관한 법률 제3조 2항 참조)

② 그리고 그 동일성을 유지하는 범위에서 양도담보의 효력은 항상 현재의 집합물 모두에 미치는 것으로 본다. 따라서 집합물의 동일성이 유지되지 않는 경우, 이를테면 유동집합물의 통상적인 방식에 따라 반출되고 반입되는 것이 아니라, 집합물을 제3자가 양수하면서 그의 자금으로 물건을 새로 반입한 것에 대해서는 본래의 집합물에 대한 물권(양도담보)의 효력이 미치지 않는다고 한다(2004다22858).

Ⅱ. 유동집합물 양도담보의 효력이 담보권설정 후의 산출물에도 미치는지   [D-5]

① **[특약이 없는 경우]** "양도담보에 있어 목적물의 사용수익권은 특별한 사정이 없는 한 담보설정자에게 있으며, 천연과실의 수취권은 사용수익권자에게 있으므로 천연과실인 새끼돼지는 원물인 돼지의 사용수익권을 갖는 양도담보설정자에게 귀속한다"(96다25463)는 判例와

② **[특약이 있는 경우]** 이와는 반대되는 취지로 과실이 양도담보의 목적물에 포함된다는 判例가 있다(2004다22858).[3]

※ 유동집합동산에 대한 양도담보의 경우 논리(사례)구조   [핵심사례 D-01]

> 甲은 乙에게 금 6천만 원을 대여하면서 위 대여금 채권을 담보하기 위하여 乙 소유의 돈사에 있던 모든 돼지의 소유권을 甲에게 양도하되 위 돼지는 점유개정의 방법으로 乙이 계속하여 무상으로 점유, 관리, 사육하기로 하는 내용의 계약을 체결하였다. 그리고 乙은 평소와 마찬가지로 위 돼지들을 사육·판매하였고 그 사이에 母豚이 새끼돼지들을 낳았다. 그런데 乙에게 채권을 가지고 있는 丙이 위 乙을 상대로 집행력 있는 판결 정본에 기하여 위 돈사에 있던 乙 관리의 새끼돼지에 대하여 압류집행을 하였다. 이 때 甲은 새끼돼지에 대한 소유권을 주장하며 丙을 상대로 제3자異議의 소를 제기하였다. 甲의 청구는 인용가능한가?

Ⅰ. 甲과 乙 사이의 계약의 성질(점유개정에 의한 동산양도담보계약)

Ⅱ. 유동집합동산에 대한 양도담보의 유효성

일물일권주의와 관련 乙 돈사에 있는 모든 돼지들을 양도담보의 객체로 하였으므로 종류·장소 또는 수량지정 등의 방법에 의하여 특정되었다(유효).

Ⅲ. 동산양도담보의 법적성질(신탁적 소유권이전설에 따라 양도담보권자가 소유권자)

Ⅳ. 유동집합동산의 산출물(새끼돼지)에 대해 양도담보의 효력이 미치는지 여부

과실수취권의 문제(양도담보설정자 소유) vs. 양도담보의 효력범위 문제(양도담보권자 소유)

---

3) **[판례검토]** 양도담보에 있어 담보물의 사실적 이용은 담보제공자에게 계속적으로 보장되어 있다는 점에서, 그리고 제102조 1항에 비추어 보더라도 천연과실의 수취권은 담보설정자에게 있다고 할 것이다. 그러나 설정당시의 목적물이 그 성질상 출하 등 처분을 예정하고 있다면 그 산출물인 천연과실이 목적물을 단계적으로 대체한다고 할 것이다. 따라서 구성요소가 변동하는 집합동산의 산출물에 대해서도 당연히 '양도담보의 효력'이 미친다고 보는 것이 당사자의 의사에 부합한다(법률행위의 보충적 해석).

※ 주물·종물이론의 유추적용 논리(사례) 구조 ★★★

> 甲은 자신 소유 X토지와 그 지상 Y건물 중에서 Y건물만을 乙에게 양도하고 건물소유권이전등기를 경료해 주었다. 그 후 乙은 다시 丙에게 Y건물을 양도하고 건물소유권이전등기를 경료해 주었다(현재는 丙이 X토지와 Y건물을 사용·수익하고 있다).
>
> (1) 만약 甲과 乙이 Y건물 소유를 위한 X토지에 대한 아무런 계약관계를 맺은 바가 없다면, 甲은 丙을 상대로 건물을 철거하고 토지를 인도할 것을 요구할 수 있는가?
>
> (2) 만약 甲과 乙이 Y건물 소유를 위한 X토지에 관한 임대차계약을 맺은 경우라면, 甲은 乙과의 임대차계약을 해지하고 丙을 상대로 건물을 철거하고 토지를 인도할 것을 요구할 수 있는가?[4]

Ⅰ. 건물이 양도되면서 그 건물을 위한 관습법상 법정지상권이 양도되는 경우

① 乙의 관습법상 법정지상권 취득여부(결론은 제187조에 의해 등기 없이 당연 인정) ⇒ ② 丙의 관습법상 법정지상권 취득여부 [ⅰ) 乙과 丙사이 채권계약의 내용(제100조 2항의 유추적용) → ⅱ) 丙의 관습법상 법정지상권 취득 여부(결론은 제187조 단서에 의해 등기가 있어야 인정)] ⇒ ③ 甲의 丙에 대한 청구 인용여부(결론은 제213조 단서에 의해 부정)[5]

Ⅱ. 건물이 양도되면서 그 건물을 위한 대지의 임차권이 양도되는 경우

① 乙의 대항력 있는 임차권 취득여부(결론은 제622조 1항에 의해 인정)[6] ⇒ ② 丙의 대항력 있는 임차권 취득여부 [ⅰ) 乙과 丙사이 채권계약의 내용(결론은 丙은 제100조 2항의 유추적용에 의해 임차권 취득) → ⅱ) 丙의 대항력 있는 임차권 취득여부(결론은 丙은 제629조에 의해 임대인 甲에게는 임차권을 대항할 수 없다)[7]] ⇒ ③ 甲의 丙에 대한 청구 인용여부(결론은 소위 '배신행위론' 적용에 의해 부정)

---

4) 지상권은 양도가 자유로우나 지상권 취득을 위해 등기를 요하고, 임차권은 임차권 취득을 위해 등기(대항요건)가 필요없는 대신 임대인의 동의가 필요하다는 점을 주의해야 한다.

5) 乙은 법정지상권을 가지고 있으므로 甲은 그러한 지상권의 부담을 안고 있는 것이며, 한편 丙은 자신의 지상권이전청구권을 보전하기 위해 乙이 甲에 대하여 갖는 법정지상권에 기한 지상권설정등기청구권을 대위행사 할 수 있다(제404조). 따라서 그러한 의무있는 甲이 등기청구권자인 丙에게 건물철거를 청구하는 것은 '신의칙'상 허용될 수 없다는 것이 判例의 태도이다 (87다카279)(12회 선택형). 단, 判例이론은 '일반조항으로의 도피'로써 문제가 있다는 것이 일반적인 견해이다.

6) 判例는 토지와 건물 중 건물만을 양도하면서 따로 건물을 위한 대지에 대해 '임대차계약'을 체결한 경우에는, 그 대지에 성립하는 관습법상의 법정지상권을 포기한 것으로 본다.

7) "제622조의 대항력은 토지에 관하여 권리를 취득한 제3자에 대하여 임대차의 효력을 주장할 수 있음을 규정한 취지임에 불과할 뿐, 건물의 소유권과 함께 건물의 소유를 목적으로 한 토지의 임차권을 취득한 사람이 토지의 임대인에 대한 관계에서 그의 동의가 없이도 임차권의 취득을 대항할 수 있는 것까지 규정한 것이라고는 볼 수 없다"(92다24950).

I. 종물의 요건(상, 부, 동, 독) [D-7]

종물의 요건은 ㉠ 주물의 상용에 이바지할 것, ㉡ 주물에 부속된 것일 것(장소적 밀접성), ㉢ 주물로부터 독립된 물건일 것, ㉣ 원칙적으로 주물·종물 모두 동일한 소유자에게 속할 것(제100조 1항)을 요한다.

㉠ 요건과 관련하여 일시적 용도에 쓰이는 물건은 종물이 아니며(87다카600), ㉡ 주물의 소유자나 이용자의 상용에 공여되고 있더라도 주물 그 자체의 효용과는 직접 관계가 없는 물건, 예컨대 TV·책상 등은 가옥의 종물이 아니다(84다카269)(호텔의 각 방실에 시설된 TV, 전화기 등의 집기는 호텔건물의 종물이 아니라는 사례)

㉢ 요건과 관련하여 判例는 주유소의 주유기는 주유소의 종물에 해당하지만(94다6345), 주유소의 지하에 매설된 유류 저장탱크는 토지에 부합하므로 종물이 아니라고 한다(94다6345).[8]

II. 종물의 효과 [D-8]

1. 저당권의 경우

특별한 규정 또는 설정행위에 다른 약정이 없는 한, 주물 위에 설정된 저당권의 효력은 종물에도 미친다(제358조). 종물이 저당권 설정 후에 생긴 것이라도 저당권의 효력이 미친다(71마757).

① 判例는 제358조 규정은 저당부동산에 관한 '종된 권리'에도 유추적용되어 건물에 대한 저당권의 효력은 대지이용권인 (법정)지상권이나(95다52864)(8회, 11회 선택형) 임차권(92다24950)에도 미친다고 한다. 다만 임차권의 경우 제629조(임대인의 동의)의 제한이 있으나, 임차인의 변경이 임대인에 대한 배신행위가 아니라는 특별한 사정이 있는 때에는, 임대인의 동의가 없더라도 임차권의 이전을 임대인에게 대항할 수 있다.

② "부동산이 임의경매된 경우에 그 부동산에 부합된 물건은 그것이 부합될 당시에 누구의 소유이었는지를 가릴 것 없이 그 부동산을 낙찰받은 사람이 소유권을 취득하지만, 그 부동산의 상용에 공하여진 물건일지라도 그 물건이 부동산의 소유자가 아닌 다른 사람의 소유인 때에는 '종물'이라고 할 수 없으므로 부동산에 대한 저당권의 효력에 미칠 수 없어 부동산의 낙찰자가 당연히 그 소유권을 취득하는 것은 아니며, 그 소유권을 취득하기 위해서는 그 물건이 '경매의 목적물'로 되었고 낙찰자가 선의이며 과실 없이 그 물건을 '점유'하는 등으로 선의취득의 요건을 갖추어야 한다"(2007다36933)(5회 선택형).

2. 주물에 대한 공시방법을 갖춘 경우 종물에 대한 별도의 공시방법 필요여부(적극)

判例는 지상권이 딸린 건물을 매도한 경우 제100조 2항을 유추하여 건물의 소유권뿐만 아니라 그 지상권도 양도한 것으로 보는데, 다만 지상권이전등기가 있어야만 지상권이 건물양수인에게 이전하는 것이고 건물소유권 이전등기로써 당연히 지상권까지 이전되는 것은 아니라고 한다(전합84다카1131). 다만 주된 권리에 관하여 별도의 공시방법 없이 물권변동의 효과가 발생하는 경우

---

8) **[비교판례]** 甲이 토지소유자 乙에게서 토지를 임차한 후 주유소 영업을 위하여 지하에 유류저장조를 설치한 사안에서, 대법원은 "유류저장조의 매설 위치와 물리적 구조, 용도 등을 감안할 때 이를 토지로부터 분리하는 데에 과다한 비용을 요하거나 분리하게 되면 경제적 가치가 현저히 감소되므로 토지에 부합된 것으로 볼 수 있으나, 사실상 분리복구가 불가능하여 거래상 독립한 권리의 객체성을 상실하고 토지와 일체를 이루는 구성 부분이 되었다고는 보기 어렵고, 또한 甲이 임차권에 기초하여 유류저장조를 매설한 것이므로, 위 유류저장조는 제256조 단서에 의하여 설치자인 甲의 소유에 속한다"라고 하였다(2009다76546).

(예컨대 경락으로 인한 소유권 취득)에는 종된 권리에 관하여도 별도의 공시방법 없이 물권변동의 효과가 발생한다(제187조 본문 참조)**(8회 선택형). [15사법, 16법행]**

이러한 법리는 사해행위의 수익자 또는 전득자가 건물의 소유자로서 법정지상권을 취득한 후 채무자와 수익자 사이에 행하여진 건물의 양도에 대한 채권자취소권의 행사에 따라 수익자와 전득자 명의의 소유권이전등기가 말소된 다음 경매절차에서 건물이 매각되는 경우에도 마찬가지로 적용된다(2012다73158)**(9회, 10회 선택형).**

3. 주된 권리 · 종된 권리에의 유추적용 [D-9]

예컨대 ㉠ 원본채권이 양도되면 이자채권도 함께 양도되는 것이 원칙이다. 그러나 변제기가 이미 도래한 이자채권은 독립성이 강하므로, 원본채권이 양도되더라도 이미 변제기에 도달한 이자채권이 당연히 같이 양도되는 것은 아니다(88다카12803). ㉡ 건물의 소유권이 이전되면 그 건물을 위한 대지의 임차권 내지 지상권도 함께 양도될 수 있다(95다52864)**(8회 선택형).**

Set 103 　물권적 청구권 ★★

Ⅰ. 법적성질 [D-11]

물권적 청구권은 물건에 대한 직접적인 지배가 아닌 상대방에 대한 청구권이므로 물권과는 구별되고 또한 물권에 부종한다는 점에서 순수한 채권으로도 볼 수 없다(독립한 청구권설).

1. 물권적 성질

물권적 성질로는 ⅰ) 채권과 달리 의무자가 특정되지 않고 방해하는 자나 방해할 염려가 있는 자이면 누구에게나 이를 행사할 수 있으며(대세효), ⅱ) 양도성을 가지지만 **물권에 부종하며**(전합68다725), ⅲ) 물권을 기초로 하는 권리이므로 채권적 청구권에 우선한다. ⅳ) 判例에 따르면 소유권에 기한 **물권적 청구권**은 물권인 소유권과 동일하게 **소멸시효의 대상이 아니라고** 하며(제162조 참조)(80다2968), ⅴ) 물권적 청구권의 이행불능으로 인한 전보배상청구는 채권적 청구권과 달리 인정되지 않는다고 한다(전합2010다28604)**(7회,9회 선택형).**

2. 채권적 성질

채권적 성질로는 직접성, 배타성을 가지는 물권과 달리 물권을 침해하는 자에게 행사할 수 있는 '청구권'이며. 이러한 청구권은 判例에 따르면 채권자대위권의 '피보전채권'이 될 수 있다고 한다(2006다82700,82717).

3. 물권과 물권적 청구권의 분리(소극)

判例는 물권적 청구권은 물권에 수반하는 것으로서 물권과 물권적 청구권의 분리는 허용되지 않는다고 한다(전합68다725). 따라서 甲소유의 토지에 乙이 불법으로 건물을 지어, 甲이 乙을 상대로 소유권에 기해 건물의 철거와 그 대지의 인도를 청구하는 소를 제기한 후 소송의 진행 중 甲이 위 토지를 丙에게 매도하여 丙이 소유권을 취득하였다면, 甲의 청구는 인용될 수 없고, 丙이 원고(甲)의 소송을 인수하거나(민사소송법 제82조), 따로 소를 제기하는 수밖에 없다.

Ⅱ. 물권적 청구권과 소멸시효(의 대상적격)

[D-12]

① 소유권은 소멸시효의 대상에 해당하지 않는다(제162조 2항). 또한 소유권에 기한 물권적 청구권 역시 소멸시효의 대상이 아니다. 따라서 ㉠ 진정명의회복을 원인으로 한 소유권이전등기청구권(92다43975)이나 ㉡ "채권담보의 목적으로 이루어지는 부동산 양도담보의 경우에 있어서 그 부동산의 등기명의가 양도담보권자 앞으로 되어 있다 할지라도 그 실질적 소유권은 양도담보권설정자에게 남아 있다고 할 것이므로 피담보채무가 변제된 이후에 설정자가 행사하는 등기청구권은 위 실질적 소유권에 기한 물권적 청구권으로서 따로이 시효소멸되는 것은 아니다"(78다2412 ; 부동산 양도담보의 본질에 대한 담보물권설에 따른 것으로 평가받는 判例이다)**(4회 선택형)**

② 해제를 원인으로 한 원상회복청구권은 경우를 나누어 검토할 필요가 있다. ㉠ 해제의 효과와 관련한 통설·判例의 입장에 따르면 "(합의)해제에 따른 매도인의 원상회복청구권은 소유권에 기한 물권적 청구권이라 할 것이고, 따라서 이는 소멸시효의 대상이 아니다"(80다2968)라고 한다. ㉡ 다만 분양계약의 이행불능을 이유로 매수인이 적법하게 분양계약을 해제하고 매도인을 상대로 이미 지급한 매매대금의 일부에 원상회복청구권을 행사하는 경우와 같이 금전에 대한 원상회복청구권은 그 본질이 채권적 청구권에 불과하므로 소멸시효의 대상에 해당하며, 이때 소멸시효는 해제 가능시가 아닌 해제시, 즉 원상회복청구권이 발생한 때부터 진행한다고 한다(2009다63267).

Ⅲ. 물권적 청구권에 있어서의 비용부담

[D-14]

判例는 명시적으로 "소유자가 침해자에 대하여 방해제거 행위 또는 방해예방 행위를 하는 데 드는 비용을 청구할 수 있는 권리는 민법 제214조 규정에 포함되어 있지 않으므로, 소유자가 제214조에 기하여 방해배제 비용 또는 방해예방 비용을 청구할 수는 없다"(2014다52612)고 판시한 바 있다.

Set 104 　부동산등기 ★★★

Ⅰ. 종국등기와 예비등기

[D-20]

1. **경정등기**(소유자의 주소를 잘못 기록한 경우와 같은 원시적 불일치가 생긴 경우 : 주소변경이나 저당권의 피담보채권액을 증액하는 때와 같은 후발적 불일치가 생긴 경우는 '변경등기')

① [권리자 경정등기의 허용여부(소극)] 경정 전의 명의인과 경정 후의 명의인이 달라지는 '권리자 경정등기'는 등기명의인의 동일성이 인정되지 않으므로 허용되지 않는다. 따라서 실체관계상 공유인 부동산에 관하여 단독소유로 소유권보존등기가 마쳐진 경우에 소유권보존등기 중 진정한 권리자의 소유부분에 해당하는 '일부 지분'에 관한 등기명의인의 소유권보존등기는 무효이므로 이를 말소하고 그 부분에 관한 진정한 권리자의 소유권보존등기를 하여야 한다(2016다6309)**(9회 선택형)**.

② **[경정등기를 소로써 구할 수 있는지 여부(소극)]** 이 경우 진정한 권리자는 소유권보존등기의 일부말소를 소로써 구하고 법원은 그 지분에 한하여만 말소를 '명'할 수 있으나, 등기기술상 소유권보존등기의 일부말소는 허용되지 않으므로, 그 판결의 '집행'은 단독소유를 공유로 하는 경정등기의 방식으로 이루어진다. 이와 같이 일부말소 의미의 경정등기는 등기절차 내에서만 허용될 뿐 소송절차에서는 일부말소를 구하는 외에 경정등기를 소로써 구하는 것은 허용될 수 없다"(2016다6309). 즉, 判例는 일부지분의 말소등기를 명하고 그 집행은 '경정등기'를 통해 해결하고 있는바, 이를 실무상 '일부 말소등기로서의 경정등기'라고 한다. **[4회 기록형]**

2. 말소등기 [4 · 10 · 12회 기록형]

① **[피고적격]** 判例는 '말소등기청구'에서는 등기의무의 존부를 당사자적격의 문제로 파악하는바,[9] "등기의무자, 즉 등기부상의 형식상 그 등기에 의하여 권리를 상실하거나 기타 불이익을 받을 자(등기명의인이거나 그 포괄승계인)가 아닌 자를 상대로 한 등기의 말소절차이행을 구하는 소는 당사자적격이 없는 자를 상대로 한 부적법한 소(93다39225)라고 한다.

② **[등기상 이해관계 있는 제3자]** 등기의 말소를 신청하는 경우에 그 말소에 대하여 등기상 이해관계 있는 제3자가 있을 때에는 제3자의 승낙이 있어야 한다(부동산등기법 제57조). 이 때 '등기상 이해관계 있는 제3자'란, "말소등기를 함으로써 손해를 입을 우려가 있는 등기상의 권리자로서 그 손해를 입을 우려가 있다는 것이 등기부 기재에 의해 형식적으로 인정되는 자이고, 제3자가 승낙의무를 부담하는지 여부는 말소등기권리자에 대해 승낙을 하여야 할 '실체법상 의무'(예를 들어 제108조 2항, 제548조 1항 단서 등에 따른 보호여부)가 있는지 여부에 의해 결정된다"(2005다43753)

3. 말소회복등기 [12회 사례형]

判例는 말소회복등기의 상대방은 현재의 등기명의인이 아니라 '말소 당시의 소유자'라고 한다(68다1617)**(5회, 7회, 9회 선택형).**

Ⅱ. 주등기와 부기등기   [D-20]

부기등기는 기존의 등기순위를 그대로 보유할 필요가 있는 경우에 행하여진다(변경 또는 경정등기, 소유권 외의 권리의 이전등기).

1. 말소의 상대방(피고적격) : 등기명의자인 양수인… 흠결시 각하사유 [8 · 12회 기록형]

判例에 따르면 '저당권의 설정원인'의 무효, 부존재나 피담보채무의 변제로 인한 소멸시에 저당권설정등기말소청구의 상대방은 양도인인 근저당권자가 아닌 현재의 등기명의자, 즉, '양수인'인 저당권이전의 부기등기명의자이다(2000다5640)**(8회 선택형).**

2. 말소의 대상(대상적격) : 양도인 명의의 주등기… 흠결시 각하사유 [8 · 12회 기록형 · 16법무]

① 判例는 "채무자의 변경을 내용으로 하는 근저당권변경의 부기등기는 기존의 주등기인 근저당권설정등기에 종속되어 주등기와 일체를 이루는 것이고 주등기와 별개의 새로운 등기는 아니므로, 그 피

---

9) **[원칙]** 통설 및 判例에 의하면 이행의 소에서는 자기에게 이행청구권이 있음을 주장하는 자가 원고적격을 가지며, 그로부터 이행의무자로 주장된 자가 피고적격을 갖는다. 그러나 判例는 '말소등기청구' 사건에서는 등기의무의 존부를 당사자적격의 문제로 파악한다.

담보채무가 변제로 인하여 소멸된 경우 위 주등기의 말소만을 구하면 되고, 그에 기한 부기등기는 별도로 말소를 구하지 않더라도 주등기가 말소되는 경우에는 직권으로 말소되어야 할 성질의 것이므로, 위 부기등기의 말소청구는 권리보호의 이익이 없는 부적법한 청구"라고 한다(2000다19526)(8회 선택형).

② 그러나 근저당권의 주등기 자체는 유효하고 단지 부기등기를 하게 된 원인만이 무효로 되거나 취소 또는 해제된 경우에는, 그 부기등기만의 말소를 따로 구할 수 있다(2002다15412,15429). 즉, 채권양도의 무효·취소·해제로 인하여 '근저당권의 이전원인'이 무효로 된 경우에는 근저당권의 '양도인'(근저당권설정자 또는 그로부터 소유권을 이전받은 제3취득자가 아님)이 '양수인'을 상대로 '근저당권이전의 부기등기'의 말소를 구해야 한다.

Set 105 **청구권보전의 가등기 ★★★**[10]

I. 개념 및 종류
[D20-1]

① '가등기'는 부동산등기법 제3조 각호에서 규정하고 있는 등기할 수 있는 권리(소유권·지상권·지역권·전세권·저당권·권리질권·채권담보권·임차권)에 대해 ⅰ) 이러한 권리의 설정·이전·변경·소멸의 청구권을 보전하려 할 때(예컨대 부동산 매수인의 소유권이전등기청구권), ⅱ) 그 청구권이 시기부·조건부이거나(예컨대 금전소비대차 불이행을 정지조건으로 하는 소유권이전등기청구권), ⅲ) 그 청구권이 장래에 있어서 확정될 것인 때(예컨대 매매예약완결권에 기한 소유권이전등기청구권)에 그 '본등기의 순위보전을 위하여 하는 예비등기'를 말한다(부동산 등기법 제88조).

② 가등기에는 ㉠ '청구권보전의 가등기'(부동산등기법)와 ㉡ 채권담보의 목적으로 경료된 '담보가등기'(가등기담보 등에 관한 법률)가 있는바, 이는 등기부상 원인의 형식적 기재에 의하여 결정되는 것이 아니라 실질에 따라 결정된다(98마1333).

II. 가등기에 의해 보전할 수 있는 청구권
[D20-2]

물권적 청구권을 보전하기 위해서는 가등기를 할 수 없다(81다카1110). 判例도 '매매계약해제를 원인으로 한 원상회복청구권'은 ㉠ '물권적 청구권'이므로(물권적 효과설) 이를 보전하기 위한 가등기를 할 수 없지만, ㉡ 계약당사자 사이에 계약이 해제되면 매수인은 매도인에게 소유권이전등기를 하여 주기로 하는 '약정'이 있는 경우에는 매도인은 그 약정에 기하여 매수인에 대하여 소유권이전등기절차의 이행을 청구할 수 있고, 이는 '채권적 청구권'이므로 이러한 청구권은 가등기에 의하여 보전될 수 있다(81다카1110)고 한다.

III. 청구권 보전의 가등기의 효력
[D20-3]

1. 본등기 전의 효력(가등기 상태의 효과)

(1) 실체법상의 효력문제(청구권보전의 효력, 처분금지적 효력)

---

10) 논리(사례)구조는 채각 '예약완결권 논리(사례)구조' Set 072. 참고

'담보가등기'의 경우에는 그 자체로(담보권으로서) 실체법상 효력이 있다. 그러나 判例는 "청구권보전의 가등기는 순위보전적 효력만이 있을 뿐이고, 가등기만으로는 아무런 실체법상 효력을 갖지 아니하고 그 본등기를 명하는 판결이 확정된 경우라도 본등기를 경료하기까지는 마찬가지이므로, 중복된 소유권보존등기가 무효이더라도 가등기권리자는 그 말소를 청구할 권리가 없다"(2000다51285)고 판시하여 실체적 효력 부정설의 입장이다. **(8회 선택형) [15법행]**

(2) 등기의 추정력

① **[등기원인 사실의 존재 추정력 부정]** 가등기가 되어 있다고 하여 그 '등기원인 사실의 존재'(예를 들어 매매예약 사실)가 추정되지는 않는다. 즉, 判例 중에는 (부동산을 타에 매각하지 못하도록 가등기를 하였다고 주장한 사안에서) 소유권이전청구권의 보전을 위한 가등기가 있다 하여 반드시 금전채무에 관한 담보계약이나 대물 변제의 예약이 있었던 것이라고 단정할 수 없어 소유권이전등기를 청구할 어떤 법률관계가 있다고 추정되는 것은 아니라고 판시한 것이 있다(2018다200730)**(12회 선택형)**.

② **[권리추정력 인정]** 그러나 가등기도 본등기와 마찬가지로 그것이 형식적으로 존재하는 이상 '적법한 등기원인에 의하여 마쳐진 것'으로 추정된다. 즉, 가등기에도 권리추정력이 인정된다(2011다51281).

2. 본등기 후의 효력(본등기순위보전의 효력)

(1) 본등기순위보전의 효력

가등기에 기한 본등기가 행하여지면 본등기의 순위는 '가등기의 순위'에 의한다(부등법 제6조 2항). 다만, 가등기에 기한 본등기를 하면 **물권변동의 효력**은 그 본등기를 한 때(본등기 신청이 접수된 때) 발생하는 것이지 소급하여 가등기가 행하여진 때 발생하는 것은 아니다(80다3117)**(8회 선택형)**

(2) 중간처분의 실효(가등기에 기한 본등기의 절차)

가등기 후에 제3자를 위한 중간처분의 등기가 행하여져 있는 경우, 判例는 가등기권리자는 가등기의무자를 상대로 본등기를 하여야 하며, 이 본등기가 있게 되면 제3자의 등기는 등기공무원이 이를 '직권'으로 '말소'하여야 한다고 하는바(전합4294민재항675), 개정된 부동산등기법 제92조도 이러한 判例와 동일하게 입법되었다.

Ⅳ. 가등기상의 권리의 이전과 가등기의 가등기(가등기의 부기등기) [D20-4]

甲으로부터 부동산을 매수한 乙이 소유권이전등기청구권을 보전하기 위한 가등기만을 경료한 상태에서 그 '청구권'을 丙에게 '양도'한 경우, 丙이 그 양수채권을 보전하기 위하여 가등기상의 권리의 이전등기를 '가등기에 대한 부기등기'의 형식으로 할 수 있는지 문제된다.

判例는 "가등기는 원래 순위를 확보하는 데에 그 목적이 있으나 순위보전의 대상이 되는 물권변동의 청구권은 ⅰ) 그 성질상 양도될 수 있는 재산권일 뿐만 아니라, ⅱ) 가등기로 인하여 그 권리가 공시되어 결과적으로 공시방법까지 마련된 셈이므로" 이를 인정할 수 있다고 한다(전합98다24105). 참고로 당해 判例는 담보가등기가 아닌 '청구권보전의 가등기'에 관한 판례이며, 매매계약에 따른 소유권이전등기청구권의 '채권양도'에 관한 판례임을 주의해야 한다.

※ 등기청구권의 소멸시효와 관련한 논리(사례)구조 ★★★★

> A⇒B(A와의 매매계약을 통해 21년째 점유한 후 C에게 매매계약을 통해 점유이전)⇒C(B와의 매매계약을 통해 11년째 점유) 현재 등기는 A명의로 되어 있다. C가 소유권이전등기청구권을 경료받을 수 있는 경우의 수

I. C가 A에게 직접 소유권이전등기청구권을 행사할 수 방법

① C가 A에게 중간생략등기청구권을 행사할 수 있는지 여부(判例는 3자간 합의 필요), ② C가 B의 점유취득시효완성의 효과를 A에게 주장할 수 있는지 여부(소극 : 判例는 직접청구부정설, 대위행사설), ③ 기산점의 임의선택(역산)으로써 C 자신이 현재 점유취득시효를 완성하였다고 주장할 수 있는지 여부(判例는 취득시효기간 중 계속해서 등기명의자가 동일한 경우 적극), ④ B의 A에 대한 매매계약 또는 점유취득시효 완성에 따른 소유권이전등기청구권의 채권양도를 원인으로 한 소유권이전등기청구 가부(判例는 매매계약에 따른 소유권이전등기청구권의 경우 채무자 A의 '승낙' 시 가능, 점유취득완성에 따른 소유권이전등기청구권의 경우는 '통지'만으로 대항력 생기나 이는 소멸시효가 완성됨)

II. C가 A에게 간접적으로 소유권이전등기청구권을 행사할 수 방법(채권자 대위권)

① C가 B에게 가진 매매계약에 따른 소유권이전등기청구권의 소멸시효 완성여부(소극), ② B의 C에게로의 처분과 B의 A에 대한 매매계약에 기한 소유권이전등기청구권의 소멸시효 완성여부(소극), ③ B의 C에게로의 처분과 B의 A에 대한 점유취득시효 완성에 기한 소유권이전등기청구권의 소멸시효 완성여부(적극)

I. 등기청구권의 소멸시효 ★★★★   [D-23]

判例는 전체적으로 '등기청구권자를 보호할 필요성'이 있느냐라는 실질적인 기준에서 등기청구권의 소멸시효 진행여부를 판단하고 있다.

1. 매매에 기한 등기청구권

(1) 원 칙

매매에 기한 등기청구권의 성질을 채권적 청구권으로 보는 견해에 의하면 제162조 1항에 의해 10년의 소멸시효에 걸린다(다수설, 判例).

(2) 매수인이 목적물을 인도받아 사용·수익하고 있는 경우 [07사법]

"'시효제도의 존재이유'에 비추어 보아 부동산 매수인이 그 목적물을 인도받아서 이를 사용수익하고 있는 경우에는 그 매수인을 '권리 위에 잠자는 것'으로 볼 수도 없고 또 매도인 명의로 등기가 남아 있는 상태와 매수인이 인도받아 이를 사용수익하고 있는 상태를 비교하면 매도인 명의로 잔존하고 있는 등기를 보호하기 보다는 매수인의 사용수익상태를 더욱 보호하여야 할 것이므로 그 매수인의 등기청구권은 다른 채권과는 달리 소멸시효에 걸리지 않는다"(전합76다148)(12회 선택형).[11]

(3) 매수인이 목적물을 점유하다가, 다른 사람에게 처분하여 점유를 승계해 준 경우

判例의 다수의견은 부동산매수인이 부동산을 인도 받아 사용·수익하다가 '보다 적극적인 권리행사'의 일환으로 다른 사람에게 그 부동산을 처분하고 점유를 승계해 준 경우에도, 부동산을 스스로 계속 사용수익하고 있는 경우와 마찬가지이므로 소멸시효는 진행되지 않는다고 본다(전합98다32175)(4회, 5회, 12회 선택형).[12] [10회 사례형]

2. 점유취득시효 완성에 의한 소유권이전등기청구권의 소멸시효 [13회 기록형]

점유취득시효 완성에 의한 등기청구권(제245조 1항) 역시 채권적 청구권으로 보나, 위 전합98다32175判例의 취지와는 달리 判例는 "점유를 상실하였다고 하더라도 이를 '시효이익의 포기'로 볼 수 있는 경우가 아닌 한 이미 취득한 소유권이전등기청구권은 바로 소멸되는 것은 아니나, 그 점유자가 점유를 상실한 때로부터 10년간 등기청구권을 행사하지 아니하면 소멸시효가 완성한다"(95다34866)고 보아 점유취득시효 완성자가 부동산의 점유를 이전한 경우 그자의 등기청구권은 점유 상실시로부터 소멸시효가 진행된다고 보고 있다(1회, 10회, 12회 선택형)

3. 명의신탁에 따른 소유권이전등기청구권의 소멸시효

(1) 부동산실명법 시행 전에 체결된 매도인이 선의인 계약명의신탁에서 유예기간 경과후 신탁자가 수탁자에 대하여 갖는 소유권이전등기청구권 [5회 사례형]

判例는 부동산실명법 시행일(1995.7.1)로부터 1년의 기간(유예기간)이 경과하기 전까지는 명의신탁자는 언제라도 명의신탁을 해지하여 해당 부동산의 소유권을 취득할 수 있었다는 점에서, 그 유예기간이 경과한 후에도 명의수탁자는 명의신탁자에게 자신이 취득한 해당 '부동산 자체'를 부당이득으로 반환할 의무가 있다(2008다62687)고 하고, 이러한 소유권이전등기청구권은 부당이득반환청구권으로서, 제162조 1항에 따라 10년의 기간이 경과함으로써 시효로 소멸한다고 한다. 단, 위 등기청구권은 명의신탁자가 목적물을 점유하고 있더라도 소멸시효에 걸린다(2009다23313).[13]

(2) 3자간 등기명의신탁에 의한 등기가 유효기간 경과로 무효로 된 경우, 명의신탁자의 매도인에 대한 소유권이전등기청구권

"부동산의 매수인이 목적물을 인도받아 계속 점유하는 경우에는 매도인에 대한 소유권이전등기청구권은 소멸시효가 진행되지 않고, 이러한 법리는 3자간 등기명의신탁에 의한 등기가 유효기간의 경과로 무효로 된 경우에도 마찬가지로 적용된다. 따라서 그 경우 목적 부동산을 인도받아 점유하고 있는 명의신탁자의 매도인에 대한 소유권이전등기청구권 역시 소멸시효가 진행되지 않는다"(2013다26647)(9회, 10회 선택형).

(3) 명의신탁해지로 인한 소유권이전등기청구권

㉠ 신탁관계의 종료 자체를 원인으로 하는 소유권이전등기를 청구하는 경우('채권적 청구권')는 해

---

11) **[판례검토]** i) 소멸시효제도의 입법취지, ii) 매도인과 매수인의 이익형량, iii) 우리나라 부동산 거래의 실정 등을 고려할 때 判例의 다수의견이 타당하다.

12) **[판례검토]** 시효제도의 존재이유에 비추어 매도인 명의의 등기를 보호하기보다는 제3자(현재 점유 중인 매수인)의 사용·수익 상태를 더욱 보호하여야 할 것이므로 判例의 다수의견이 타당하다.

13) **[판례검토]** 만약 이 경우 소멸시효가 진행되지 않는다고 보아야 한다면 실명전환을 하지 않아 위 법률을 위반한 경우임에도 그 권리를 보호하여 주는 결과가 되므로 判例의 태도는 타당하다.

지시부터 소유권이전등기청구권의 소멸시효기간이 진행되고 그 소멸시효기간은 신탁계약해지시부터 10년이다(75다273). ⓛ 그러나 명의신탁 해지로 인하여 복귀한 소유권에 기하여 소유권이전등기 또는 소유권이전등기말소를 청구하는 경우('물권적 청구권'), 이와 같은 등기청구권은 소멸시효의 대상이 되지 않는다(91다34387).

Ⅱ. 진정명의회복을 원인으로 하는 소유권이전등기청구권 ★★   [D-24]

1. 인정여부 [06·08·11사법]

부동산 등기는 물권변동의 과정 및 태양까지 반영해야 하므로 원인무효의 등기는 말소하는 것이 원칙이나, '등기경제상' 말소등기가 아닌 이전등기가 유리한 점이 있고 실체관계에도 부합하므로 判例와 같이 긍정하는 것이 타당하다.

2. 요건사실

진정명의회복을 원인으로 한 소유권이전등기청구를 하기 위한 요건사실은 ㉠ 원고의 소유, ㉡ 피고의 소유권이전등기경료, ㉢ 등기의 원인무효인바(제214조), ① 청구권자는 현재의 소유권자이어야 한다. 判例도 " ⅰ) 이미 자기 앞으로 소유권을 표상하는 등기가 되어 있었거나, ⅱ) 법률에 의하여 소유권을 취득한 자"에 한하여 이전등기청구를 인정할 수 있다고 한다(전합89다카12398). ② 상대방은 무효의 등기 등을 함으로써 소유권의 행사를 방해하는 현재의 등기명의인이다.

3. 문제되는 경우

① 무효등기에 기하여 등기가 순차로 경료된 경우(무권리자의 처분행위), ② 무효등기를 제3자에게 대항할 수 없는 경우(제108조 2항의 선의의 저당권자, 제548조 1항 단서의 저당권자), ③ 채권자취소권에서 사해행위 취소에 따른 원상회복방법, ④ 공유 부동산에 관하여 단독 명의의 소유권이전등기가 마쳐져 있는 경우[14]

Ⅲ. 등기청구권에 대한 (가)압류의 효력 ★★

1. 등기청구권이 (가)압류된 후 채무자의 처분행위가 있는 경우

甲의 乙에 대한 소유권이전등기청구권에 대해 甲의 채권자 丙이 (가)압류를 한 경우, '상대적 처분금지효'에 따라 제3채무자 乙은 甲에게 임의로 이전등기를 하여서는 안된다. 그러나 소유권이전등기청구권의 (가)압류는 청구권의 목적물인 '부동산 자체의 처분'을 금지하는 대물적 효력은 없으므로(부동산 자체에 대한 (가)압류와 구별), 乙이 甲에게 임의로 이전등기를 한 후 甲이 제3자丁에게 이전등기를 한 경우, 丙은 丁에 대해 그 등기가 원인무효라고 주장하여 말소를 청구할 수 없다(전합92다4680)(11회 선택형). 다만 乙의 행위는 丙에 대해 불법행위가 되고 그에 따른 배상책임을 진다(2005다44886).

---

14) 현행 부동산 등기법상 일부지분의 말소등기가 허용되지 않기 때문에 다른 공유자 중 한 사람은 일부지분의 이전등기를 청구하여 간편하게 문제를 해결할 수 있다. 다만 判例는 일부지분의 말소등기를 명하고 그 집행은 '경정등기'를 통해 해결하고 있는바(94다38403), 이를 실무상 '일부 말소등기로서의 경정등기'라고 한다(2016다6309판결). 그러나 이는 경정 전후의 등기의 동일성이 유지되지 않는 점에서 문제가 있다는 비판이 있다. 왜냐하면 원칙적으로 경정등기는 경정 전후의 등기의 동일성을 요하는 한계 내에서 행해져야 하기 때문이다.

2. 가압류 · 가처분된 소유권이전등기청구권에 대한 이행청구 [1회 사례형]

가압류 · 가처분된 소유권이전등기청구권에 대한 이행청구도 소의 이익이 있다. 다만, 소유권이전등기를 명하는 판결(민법 제389조 2항)은 의사의 진술을 명하는 판결로서 이것이 확정되면 채무자는 일방적으로 이전등기를 신청할 수 있고 제3채무자는 이를 저지할 방법이 없게 되므로 (소유권이전등기를 명하는 판결의 경우 별도의 집행단계가 존재하지 않고, 집행공탁의 공탁물은 금전에 한정되기 때문에 제3채무자는 채무를 면할 방법이 없다) 이와 같은 경우에는 '가압류의 해제'를 조건으로 하지 않는 한 법원은 이를 인용하여서는 안된다"(전합92다4680 등)(8회, 12회 선택형)(원고일부승소)

✎ **[구별]** 가압류된 '금전채권'에 대한 채무자의 제3채무자에 대한 이행청구는 '원고전부승소'판결이 나고 다만 제3채무자의 구제수단으로 민사집행법상 '집행공탁제도'가 있는 것과 구별해야 한다(전합93다951참고)(4회, 6회 선택형). [1회 사례형]

Set 107 │ 등기의 추정적 효력 ★★★

Ⅰ. 등기추정력의 개념 및 법적 성질 [1회 기록형, 13법행]   [D-28]

어떤 등기가 있으면 그에 대응하는 '실체적 권리관계'가 존재하는 것으로 추정되는 효력을 의미한다. 判例는 이전등기가 경료된 사건에서 "이전등기는 권리의 추정력이 있으므로 이를 다투는 측에서 무효사유를 주장 · 증명하지 않는 한 그 등기를 무효라고 판정할 수 없다"(92다30047)고하여 '법률상 추정'으로 본다.

Ⅱ. 추정력의 범위   [D-29]

1. 물적 범위(객관적 범위)

① **[절차의 적법추정]** 절차상으로 적법하게 이루어진 것으로 추정된다. 따라서 判例에 따르면 "전 등기명의인이 미성년자이고 당해 부동산을 친권자에게 증여하는 행위가 이해상반행위라면, 일단 친권자에게 이전등기가 마쳐졌더라도 그 이전등기에 관하여 필요한 절차(제921조의 특별대리인 선임절차)를 적법하게 거친 것으로 추정된다"(2001다72029)(1회,7회 선택형)고 한다.

② **[기재사항의 적법추정]** ㉠ '등기된 내용'에 따라 권리를 취득한 것으로 추정될 뿐만 아니라(67다1778), ㉡ 判例는 등기의 추정력은 '등기원인'에도 미친다고 보며, 권리취득 원인을 등기부에 기록된 취득원인과 달리 주장한 경우에도 추정이 깨어지지 않는다는 입장이다(94다10160)(4회, 12회 선택형). ㉢ 아울러 부동산을 매수하여 등기한 자는 전 소유자의 대리인으로부터 매수하였다고 주장하는 경우 대리권의 존재도 추정된다(98다56072)(1회 선택형) [13법행] 따라서 등기부상 소유자명의가 甲으로 되어 있을 때 乙이 자기의 무권대리인이거나 등기서류를 위조한 丙이라는 제3자가 개입하여 甲 명의의 등기가 마쳐진 것이라고 주장하고 甲은 그렇지 않다고 다투면, 丙이 乙을 적법하게 대리한 것으로 추정되기 때문에 乙은 丙이 무권대리인이거나 그가 등기서류를 위조하였다는 등 무효사유에 대한 증명책임을 지게 된다(2009다37831)(9회, 12회 선택형). 결국 법률상 추정법리에 따라 甲은 증명의 필요가 없다.

2. 인적 범위(주관적 범위)

권리변동의 당사자간에도 추정력이 미치는가에 관하여 ① 判例는 '소유권이전등기'에 관하여는 긍정하는바, 예컨대 甲으로부터 乙에게로 소유권이전등기가 마쳐진 경우, 乙은 제3자뿐만 아니라 甲에 대하여도 적법한 등기원인에 의하여 소유권을 취득한 것으로 추정된다(91다26379)(**7회, 12회 선택형**). ② 그러나 '소유권보존등기'의 경우 건물매매 등에 의한 소유권이전이 있었음에도 불구하고 편의상 보존등기를 하는 등 진실성 보장이 약하다는 이유로 부정하는 입장을 취하고 있다(82다카707)(**5회, 7회 선택형**).

Ⅲ. 추정의 효과 [D-30]

① [**기본적 효과**] 등기추정력을 법률상의 추정으로 보므로 증명책임이 전환되어 상대방이 반대사실에 대한 증명책임, 즉 '**본증**'(법관에게 확신을 줄 정도의 증명, 법관에게 의심을 줄 정도의 증명인 '반증'이 아님)을 부담하게 된다.

② [**부수적 효과**] 등기를 신뢰하고 거래한 경우 등기의 하자유무에 대해서는 '무과실'로 추정되고(80다3198), 부동산물권을 취득하려는 자는 등기부를 조사하는 것이 상례이므로 등기내용에 대해서는 '악의'로 추정된다. [**5회 기록형**]

Ⅳ. 추정력의 복멸(번복) [D-31]

① [**소유권이전등기의 경우**] 判例는 전소유자의 사망 후에 전소유자의 신청에 의해 등기가 이루어진 경우(2003다3157)(**12회 선택형**), 등기명의자 또는 제3자가 그에 앞선 등기명의인의 등기 관련 서류를 위조하여 소유권이전등기를 경료하였다는 점이 증명된 경우(2009다105215)(**12회 선택형**) 등에는 추정력이 복멸된다.

② [**소유권보존등기의 경우**] 보존등기명의인이 원시취득자가 아니라는 점이 증명되면[보존등기 명의인이 전소유자로부터 매수하였다고 주장하는 경우, 보존등기 명의인 이외의 자가 사정받은 사실이 인정되는 경우, 건물 보존등기 명의인 이외의 자가 그 건물을 신축한 사실이 드러난 경우(95다30734)](**1회, 7회 선택형**) 추정력이 깨진다고 보아 소유권이전등기에 비하여 용이하게 추정력의 복멸을 인정한다(82다카707).

③ [**특별조치법에 의한 등기의 경우**] 이러한 등기는 특별한 절차에 따라 엄격하게 이루어진 것이므로 判例는 일반등기의 추정력보다 강한 추정력을 인정하고 있다. 따라서 그 추정을 깨뜨리기 위하여는 등기절차상 소요되는 보증서 및 확인서가 허위 또는 위조되었다거나 기타 사유로 등기가 적법하게 이루어진 것이 아니라는 주장·입증이 있어야 한다는 것을 기본입장으로 하면서(**12회 선택형**), ㉠ '소유권보존등기' 이전에 다른 소유자가 있었던 것이 밝혀진 경우에도(전합86다카2928), ㉡ '소유권이전등기'를 마친 자가 보증서나 확인서에 기재된 취득원인(등기원인)이 사실과 다름을 인정한 경우라도(전합2000다71388,71395)[즉, 상대방이 등기의 기초가 된 보증서나 확인서의 실체적 기재내용이 허위임을 자백한 경우 자백에 구속되어 등기의 추정력은 깨지나(95다47992), 취득원인(등기원인)이 허위임을 자백한 것만으로는 등기의 추정력은 깨지지 않는다(**1회 선택형**)], 각각 그 등기의 추정력은 깨지지 않는다고 한다.

I. 무효인 중복등기에 기한 취득시효 성부와 관련한 사례구조

> 甲은 X토지를 농지개혁법에 의하여 적법하게 분배받아 상환을 완료한 뒤 1962년 소유권보존 등기를 경료하였다. 1985년 甲은 X토지를 乙에게 매도하였는데 등기공무원의 잘못으로 소유권보존등기가 경료되었다. 이에 2012년 현재 복수의 등기기록이 존재하고 있다. X토지의 소유권자는 누구인가? (단, X토지는 현재 乙이 사용, 수익)
>
> **I. 이중보존등기의 효력**(판례는 무효)
>
>   　결론은 判例의 태도인 절차법설에 가까운 절충설
>
> **Ⅱ. 무효인 중복등기에 기한 등기부취득시효를 이유로 한 소유권 인정여부**(판례는 소극)
>
> **Ⅲ. 무효인 중복등기에 기한 점유취득시효를 이유로 한 소유권 인정여부**(판례는 소극)
>
> **Ⅳ. 보론**(취득시효에 따른 현재 乙의 소유권을 부정한다면 乙이 소유권을 취득할 수 있는 방법)
>
>   　① 매수인으로서 소유권을 취득하는 방법(등기청구권의 소멸시효완성 여부 : 소극), ② 점유취득시효 (제245조 1항)에 의하여 소유권을 취득하는 방법(등기청구권의 소멸시효완성 여부 : 소극)

Ⅱ. 중복등기의 효력

[쟁점 21.]

1. 중복등기

'중복등기'란 ⅰ) 동일한 부동산에 대해 등기기록이 따로 개설되면서 각각 보존등기가 된 것을 말하는 것[15]이며, ⅱ) 중복등기는 두개의 보존등기가 각각 동일한 부동산을 공시하는 것으로 인정되는 경우를 전제로 한다. 그러나 등기부는 '1부동산 1등기기록(용지)주의'에 따라 편성되어 있다(부동산등기법 제15조). 따라서 동일부동산에 관하여 이미 보존등기가 되어 있는 경우, 원칙적으로 그 유효·무효를 가릴 것 없이 그와 저촉되는 등기는 신청되어질 수 없다.

2. 이중으로 경료된 소유권보존등기

① [**등기명의인이 동일인인 경우**] 判例는 일관하여 절차법설에 따르고 있다(81다1340). 따라서 동일인 명의로 소유권보존등기가 중복되어 있는 경우에는 먼저 경료된 등기가 유효하고 뒤에 경료된 중복등기는 그것이 실체관계에 부합하는 여부를 가릴 것 없이 무효이다.

② [**등기명의인이 동일인이 아닌 경우**] 判例는 "먼저 이루어진 소유권보존등기가 '원인무효가 되지 아니하는 한' 뒤에 된 보존등기는 비록 그 부동산의 매수인에 의하여 이루어진 경우에도 1부동산 1등기용지주의를 취하고 있는 부동산등기법 아래에서는 무효"라고 하여(전합87다카2961)(**5회, 7회, 9회 선택형**), 절차법설에 가까운 절충설의 입장이다.[16]

---

15) [**구별**] 하나의 등기기록(용지)에 보존등기가 중복해서 있는 경우에는 이에 해당하지 않는다. 判例는 이 경우 앞서의 등기를 선순위등기, 뒤의 등기를 후순위등기라 부르면서 후자의 등기는 실체적 권리관계에 부합하는지에 관계없이 무효가 된다고 한다(98다23393).

16) [**판례검토**] 절차법설에 의하는 경우에는 후등기가 실체적 유효요건을 갖추었다 하더라도 일단 말소되어야 하므로 진정한

✎ 상속회복청구의 소에 해당 여부

원고가 선행 보존등기에 터 잡은 소유권이전등기(甲 명의)로부터 상속을 원인으로 소유권이전등기를 한 진정상속인이고, 피고가 후행 보존등기(甲 명의)로부터 상속을 원인으로 소유권이전등기를 한 참칭상속인이라 하더라도, 원고가 피고를 상대로 '피고 명의의 소유권이전등기가 참칭상속인에 의한 것이어서 무효임'을 이유로 하지 않고 '후행 보존등기 자체가 무효임'을 이유로 하여 피고 명의의 소유권이전등기의 말소를 청구하는 경우에는 이는 상속회복청구의 소에 해당하지 않는다. 따라서 상속회복청구권의 제척기간이 적용되지 않는다(2010다107064)(5회 선택형).

3. 무효인 중복등기에 기한 등기부취득시효를 이유로 한 소유권 인정여부(소극)

判例는 제245조 2항의 소유자로 '등기'한 자라 함은 무효의 등기를 마친 자라도 상관없으나(93다23367), 그 등기는 부동산등기법 제15조가 규정한 1부동산 1등기용지주의에 위배되지 아니하는 등기를 의미한다고 한다(전합96다12511)(6회, 9회 선택형).[17]

4. 무효인 중복등기에 기한 점유취득시효를 이유로 한 소유권 인정여부(소극)

判例는 "선행 보존등기가 원인무효가 아니어서 후행 보존등기가 무효인 경우 후행 보존등기에 기하여 소유권이전등기를 마친 사람이 그 부동산을 20년간 소유의 의사로 평온·공연하게 점유하여 점유취득시효가 완성되었더라도, 후행 보존등기나 그에 기하여 이루어진 소유권이전등기가 실체관계에 부합한다는 이유로 유효로 될 수 없고, 선행 보존등기에 기한 소유권을 주장하여 후행 보존등기에 터잡아 이루어진 등기의 말소를 구하는 것이 실체적 권리 없는 말소청구에 해당한다고 볼 수 없다"(2010다107064)(7회 선택형)라고 판시하여 부정하는 입장이다.[18]

5. 멸실회복등기의 중복

判例는 ① "소유권보존등기가 이중으로 경료되어 있고 소유권보존등기의 선후를 알 수 있는 경우에는, 멸실회복등기의 선후에 따라서 판단하는 것이 아니라 소유권보존등기의 선후에 따라서 판단해야 한다고 하나, ② "각 그 바탕이 된 소유권보존등기가 동일등기인지 중복등기인지, 중복등기라면 각 소유권보존등기가 언제 이루어졌는지가 불명인 경우에는 위 법리로는 중복등기의 해소가 불가능하므로 이러한 경우에는 적법하게 경료된 것으로 추정되는 각 회복등기 상호간에는 각 회복등기일자의 선후를 기준으로 우열을 가려야 한다"(전합99다66915)고 판시하고 있다.

권리자의 권리보호 및 '등기경제'에 반하는 문제가 있으며, 실체법설에 의하는 경우에는 양쪽의 추정력이 모두 소멸되는 결과 등기의 추정력에 기초한 증명책임분배가 사실상 불가능하다. 그렇다면 '1부동산 1등기용지주의'에 터잡아 선등기가 원인무효의 것이 아닌 한 후등기를 무효로 할 수 밖에 없다고 하는 대법원의 견해가 타당하다.

17) **[판례검토]** 중복등기로서 무효인 경우에는 별도의 합법적인 선행등기가 있기 때문에 권리추정력이 없거나 매우 적다고 보아야 하므로 다른 원인무효의 등기와는 달리 취급해야 한다는 이유와 함께 중복등기 양산방지를 위해서라도 부정해야 하므로 판례의 입장이 타당하다.

18) **[판례검토]** 무효인 중복보존등기를 가진 점유취득시효 완성자는 나중에 별도로 점유취득시효 완성을 이유로 이전등기를 구할 수 있음(2009다16186,16193)은 별론으로 하고, 점유취득시효 완성의 효과로서의 등기는 유효한 등기이어야 하는바, 후행 보존등기는 1부동산 1등기용지주의에 위반하여 무효인 등기이므로 무효인 중복보존등기에 기초한 점유취득시효는 인정될 수 없다.

I. 실체관계에 부합하는 등기 ★★★

[D-35]

1. 의의 및 요건

이는 형식적 유효요건을 결여한 등기나 권리변동의 과정에 합치되지 않는 등기일지라도 일단 등기가 된 이상 현재의 권리상태에 부합하는 것이면 유효한 등기로 인정하는 것을 말한다. 실체관계에 부합한다는 것은 ㉠ 등기명의인 앞으로 현재와 같은 등기가 행하여져야 할 '실체적권리'가 있고, ㉡ 동시이행의 항변권 등을 포함하여 등기의무자에게 등기의무의 이행을 거절할 정당한 사유가 없는 것, 즉 '등기청구권의 실현에 장애'가 없어야 한다.

2. 한 계

등기경제의 관점보다 더 중대한 공익적 요청이 있는 경우에는 등기가 실체관계에 부합하더라도 무효이다. 예컨대 중복등기에서 비록 후행보존등기가 실체관계에 부합하더라도(예를 들어 점유취득시효가 완성되더라도) 무효라고 보는 것이 그러하다(절차법설, 判例).

II. 중간생략등기의 전형적인 논리(사례) 구조 ★★★

[D-36]

중간생략등기의 합의가 없음에도 탈세나 전매차익을 얻으려 하는 등의 목적으로 중간생략등기가 경료된 경우(또는 중간생략등기청구권을 행사하려는 경우)

I. 중간생략등기의 유효성

1. 부동산등기특별조치법을 위반한 중간생략등기의 효력(유효 : 단속규정)

동법 규정을 단속규정으로 파악할 경우 중간생략등기의 유효성 논의가 의미를 가진다. 만약 효력규정으로 본다면 중간생략등기는 언제나 무효이어서 유효성 여부에 관한 논의가 별다른 의미를 가지지 못할 것이기 때문이다.

2. 이미 경료된 중간생략등기의 유효성 [07사법]

3자간 합의가 없어도 '실체관계에 부합'한다면 유효

II. 중간생략등기청구권

1. 최종매수인이 중간생략등기청구권을 행사하려면 3자 합의가 필요(判例)

2. 3자 합의가 없는 경우 최종매수인의 최초매도인에 대한 등기청구권 인정여부

① 채권자대위권에 의한 등기청구권 행사 가부(적극), ② 채권양도를 원인으로 한 등기청구권 행사 가부(매매계약에 따른 소유권이전등기청구권의 경우, 가능은 하지만 최초매도인의 승낙이 필요)

1. 부동산등기특별조치법과 중간생략등기

부동산등기특별조치법 제8조 1호에서는 조세부과를 면하려 하거나 시세차익을 얻으려 하는 등의 목적으로 위 규정에 위반한 경우 벌칙규정을 두고 있는바, 判例는 당해 규정을 효력규정이 아닌 '단속규정'으로 보고, 따라서 당사자 사이의 중간생략등기의 합의에 관한 '사법상의 효력'까지 무효로 한다는 취지는 아니라고 판단하였다(92다39112).

2. 중간생략등기의 효력

(1) 판례의 기본적인 태도

① **[3자 합의]** 判例는 중간생략등기가 경료되어 버린 경우에는 합의가 없어도 유효(실체관계에 부합하는 등기)하다고 보는데 반해(2003다40651)(8회, 9회 선택형), 중간생략등기청구권에 대해서는 중간생략등기의 '합의'가 없는 한 이를 인정하지 않는다(91다5761등)(5회, 9회 선택형).[19] **[12회 사례형]** 매도증서·위임장 등의 등기서류의 '매수인란을 백지'로 하여 교부한 경우에는 그러한 합의가 묵시적으로 행해진 것이라고 한다(81다254)(9회 선택형).

② **[각각의 매매가 유효할 것(각각의 법률행위가 실체관계에 부합할 것)]** 다만 判例에 따르더라도 이미 경료된 중간생략등기가 유효하기 위해서는 ㉠ 동시이행의 항변권 등을 포함하여 등기의무자에게 등기의무의 이행을 거절할 정당한 사유가 없어야 하고, ㉡ 최초의 매도인과 중간자의 법률행위, 그리고 중간자와 최종매수인의 각각의 법률행위가 모두 유효함을 전제로 한다.

(2) 각각의 법률행위가 유효할 것(각각의 법률행위가 실체관계에 부합할 것)과 관련한 판례

① **[토지거래허가구역내 중간생략등기]** 토지거래허가구역 내의 토지가 토지거래허가 없이 최초 매도인으로부터 중간자, 최종매수인에게 순차로 매도되었다면 ⅰ) 각 매매계약의 당사자는 각각의 매매계약에 관하여 토지거래허가를 받아야 하며, ⅱ) '중간생략등기의 합의'가 있었다고 하여 최초의 매도인과 최종 매수인 사이에 매매계약이 체결되었다고 볼 수 없고, 최종 매수인이 자신과 최초 매도인을 당사자로 하는 토지거래허가를 받았더라도 이는 적법한 허가없이 경료된 등기로서 '처음부터 확정적 무효'이다(96다22464).

② **[어느 한 계약이 무효·취소·해제]** 또한 양도인과 중간자 3자 사이의 중간생략등기 합의는 각 계약에 부수하는 채무 이행의 방법에 관한 합의이므로(96다3982 참고), 어느 한 계약이 무효이거나 취소·해제되면, 종된 합의인 중간생략등기의 합의도 그 효력을 상실한다(95다38875)(당해 판례는 일부무효 법리에 따라 이론구성하였다). 따라서 이 경우 최종양수인에게 경료된 중간생략등기는 무효이나, 제3자 보호규정이 있는 경우에는 실체관계에 부합하여 유효할 수 있다(제108조 2항 등).

---

19) **[판례검토]** 거래안전 및 중간자의 권리보호를 함께 고려할 때 중간생략등기청구권을 인정하기 위해서는 3자 사이의 합의나 중간자의 동의가 필요하다. 다만, 이미 중간생략등기가 마쳐진 경우에는 비록 3자 사이의 합의가 없더라도 등기경제의 관점에서 실체적 권리관계에 부합한다고 보는 것이 타당하다.

3. 중간생략등기의 합의가 없는 경우 최종매수인의 등기청구권 인정 여부

(1) 채권자대위권에 의한 등기청구권 행사 가부

통설·判例는 이러한 특정채권의 보전을 위해서는 채무자의 무자력을 요하지 않는다고 보면서 채권자대위권의 행사를 인정하고 있다(69다1351)**(8회 선택형).**

(2) 채권양도를 원인으로 한 등기청구권 행사 가부

① **[매매로 인한 소유권이전등기청구권**(채무자의 동의·승낙 필요)**]** 종전의 判例는 소유권이전등기청구권을 채권적 청구권으로 보면서도 '3자 합의설'의 이론구성에 의거하여 그 양도성을 제한하여 왔는데(95다15575). 최근 判例는 또 다른 논거로서 매매로 인한 소유권이전등기청구권은 그 '이행과정에 신뢰관계'가 따른다는 것을 이유로(특별한 사정이 없는 이상 권리의 성질상 양도가 제한되어) 통상의 채권양도와 달리 채무자에 대한 통지만으로는 채무자에 대한 대항력이 생기지 않으며 반드시 채무자의 동의나 승낙을 받아야 대항력이 생긴다(2000다51216)**(5회, 8회, 9회, 13회 선택형)**고 한다.[20]

② **[명의신탁의 해지로 인한 소유권이전등기청구권**(채무자의 동의·승낙 필요)**]** "이러한 법리는 명의신탁자가 부동산에 관한 유효한 명의신탁약정을 해지한 후 이를 원인으로 한 소유권이전등기청구권을 양도한 경우에도 적용된다. 따라서 비록 부동산 명의신탁자가 명의신탁약정을 해지한 다음 제3자에게 '명의신탁 해지를 원인으로 한 소유권이전등기청구권'을 양도하였다고 하더라도 명의수탁자가 그 양도에 대하여 동의하거나 승낙하지 않고 있다면 그 양수인은 소유권이전등기청구권을 양수하였다는 이유로 명의수탁자에 대하여 직접 소유권이전등기청구를 할 수 없다"(2018다280316).

③ **[취득시효완성으로 인한 소유권이전등기청구권**(채무자의 동의·승낙 불요)**]** "취득시효완성으로 인한 소유권이전등기청구권은 채권자와 채무자 사이에 아무런 계약관계나 신뢰관계가 없고, 그에 따라 채권자가 채무자에게 반대급부로 부담하여야 하는 의무도 없으므로 취득시효완성으로 인한 소유권이전등기청구권의 양도의 경우에는 매매로 인한 소유권이전등기청구권에 관한 양도제한의 법리가 적용되지 않는다"(2015다36167)**(11회, 12회, 13회 선택형).**

4. 중간생략등기청구권이 인정되는 경우 최초매도인과 중간자와의 관계

① **[중간자의 최초매도인에 대한 소유권이전등기청구권]** 중간생략등기의 합의가 있었다 하여 중간매수인의 소유권이전등기청구권이 소멸된다거나 최초 매도인의 그 매수인에 대한 소유권이전등기의무가 소멸하는 것은 아니며(91다18316) **[2회, 8회 사례형]**, 이 경우 중간취득자가 최초매도인에 대해 갖고 있는 소유권이전등기청구권은 소멸시효가 진행하지 않는다(전합98다32175).

② **[최초매도인의 중간자에 대한 매매대금청구권]** 최초의 매도인이 자신이 당사자가 된 매매계약상의 매수인인 중간자에 대하여 갖고 있는 매매대금청구권의 행사가 제한되는 것도 아니므로 중간생략등기의 합의가 있은 후에 최초 매도인과 중간 매수인 간에 매매대금을 인상하는 약정이 체결된 경우, 최초 매도인은 인상된 매매대금이 지급되지 않았음을 이유로 최종 매수인 명의로의 소유권이전등기 의무의 이행을 거절할 수 있다(2003다66431)[21]**(8회, 9회 선택형) [2회, 12회 사례형]**

---

20) **[판례해설]** 이에 대해서는 당사자의 상호신뢰가 강하게 요청되는 것은 통상 계속적 계약에 특유한 것인데 일시적 계약에 속하는 매매에 그러한 법리를 적용하는 것은 의문이라 하겠으며, 가등기에 의한 소유권이전등기청구권의 양도가 가능하다는 기존 判例의 태도(전합98다24105)와도 모순된다는 비판이 있다.

Ⅲ. 무효등기의 유용 ★★

1. 요 건

① 등기유용의 합의가 있고, 무효등기에 부합하는 실체관계가 존재하며, 등기유용의 합의 이전에 '등기부상' 이해관계 있는 제3자가 존재하지 아니하면 무효인 등기의 유용이 가능하다(74다482)(합,실,이). ② 그러나 멸실된 건물의 보존등기를 멸실 후에 신축한 건물의 보존등기로 유용할 수는 없다(75다2211). 즉 무효인 표제부등기의 유용은 인정되지 않는다.

2. 저당권등기 유용의 합의에 따른 저당권 이전의 부기등기가 경료된 경우

"부동산의 소유자 겸 채무자가 채권자에게 피담보채무를 모두 변제함으로써 저당권이 소멸된 경우 그 저당권설정등기 또한 효력을 상실하나, 채무자가 새로운 제3의 채권자로부터 금원을 차용함에 있어 그 제3자와 사이에 차용금 채무를 담보하기 위하여 잔존하는 종전 채권자 명의의 저당권설정등기를 이용하여 이에 터잡아 새로운 제3의 채권자에게 저당권 이전의 부기등기를 경료하기로 하는 내용의 저당권등기 유용의 합의를 하고 그 부기등기를 경료하였다면, 제3의 채권자로서는 ⅰ) 부동산의 소유자(채무자)에 대하여 그 등기 유용의 합의를 주장하여 저당권설정등기의 말소청구에 대항할 수 있고, ⅱ) 다만 그 저당권 이전의 부기등기 이전에 등기부상 이해관계를 가지게 된 자에 대하여는 위 등기 유용의 합의 사실을 들어 위 저당권설정등기 및 그 저당권 이전의 부기등기의 유효를 주장할 수는 없다"(97다56242).

3. 저당권등기 유용의 합의는 있었으나 저당권 이전의 부기등기를 경료하지 못한 경우

"ⅰ) 채무자인 부동산 소유자와 새로운 제3의 채권자와 사이에 저당권등기의 유용의 합의를 하였으나 아직 종전의 채권자 겸 근저당권자의 협력을 받지 못하여 저당권 이전의 부기등기를 경료하지 못한 경우에는 부동산 소유자와 종전의 채권자 사이에서는 저당권설정등기는 여전히 등기원인이 소멸한 무효의 등기라고 할 것이므로 부동산 소유자는 종전의 채권자에 대하여 그 저당권설정등기의 말소를 구할 수 있다고 할 것이지만, ⅱ) 부동산 소유자와 종전의 채권자 그리고 새로운 제3의 채권자 등 3자가 합의하여 저당권설정등기를 유용하기로 합의한 경우라면 종전의 채권자는 부동산 소유자의 저당권설정등기말소청구에 대하여 그 3자 사이의 등기 유용의 합의 사실을 들어 대항할 수 있고 또한 부동산 소유자로부터 그 부동산을 양도받기로 하였으나 아직 소유권이전등기를 경료받지 아니하여 그 소유자를 대위하여 저당권설정등기의 말소를 구할 수밖에 없는 자에 대하여도 마찬가지로 대항할 수 있다"(97다56242).

4. 청구권 보전을 위한 가등기의 유용 [15법행, 16법무, 10회 사례형]

"ⅰ) 부동산의 소유자가 제3자와 사이에 새로운 매매예약을 체결하고 그에 기한 소유권이전등기청구권의 보전을 위하여 이미 효력이 상실된 가등기를 유용하기로 합의하고 실제로 그 가등기 이전의 부기등기를 마쳤다면, 그 가등기 이전의 부기등기를 마친 제3자로서는 부동산의 소유자에 대하여 위 가등기 유용의 합의를 주장하여 가등기의 말소청구에 대항할 수 있고, ⅱ) 다만 그 가등기 이전의 부기등기 전에 등기부상 이해관계를 가지게 된 자에 대하여는 위 가등기 유용의 합의

---

21) **[판례검토]** 중간생략등기에 관한 3자 합의는 '이행의 편의'를 위한 것에 지나지 않으므로 判例의 태도가 타당하다.

사실을 들어 그 가등기의 유효를 주장할 수는 없다"(2009다4787)(4회, 7회, 8회 선택형).

따라서 무효인 소유권이전등기청구권 가등기의 유용 합의에 따라 그 가등기에 기한 본등기가 마쳐지고, 그에 따라 가등기 이후 마쳐진 경매개시결정 기입등기가 직권말소된 경우, '강제경매 신청채권자'는 말소된 강제경매개시결정 기입등기의 회복등기절차의 이행을 소구할 이익은 없고, 말소 당시 소유자를 상대로 말소된 경매개시결정 기입등기의 회복절차에 대한 승낙청구의 소를 제기할 수 있다(2015다253573).

Set 110 법률행위에 의하지 않은 부동산물권변동 ★

Ⅰ. 서 설 [D-38]

상속, 공용징수, 판결, 경매 기타 법률의 규정에 의한 부동산에 관한 물권의 취득은 등기를 요하지 아니한다. 그러나 등기를 하지 아니하면 이를 처분하지 못한다(제187조).

Ⅱ. 제187조 본문 [D-39a]

본조 소정의 '판결'은 판결 그 자체만으로 형성적 효력을 가져오는 형성판결에 국한된다(70다568). 형성판결에 속하는 것으로는 공유물 또는 합유물의 분할청구에 기한 분할판결(제269조 1항, 제274조)[최근 전원합의체 판결에 따르면 공유부동산을 '현물분할'하는 내용의 '조정조서'는 제187조의 '판결'과 같은 효력이 없다고 한다(전합2011두1917 : 9회, 12회 선택형)], 사해행위 취소판결(제406조), 상속재산 분할판결(제1013조) 등이 있다. 이러한 판결에 의해 물권변동이 일어나는 시기는 그 판결이 확정된 때이다(민사소송법 제498조).

Ⅲ. 제187조 단서 [D-39b]

①제187조에 의해 등기 없이 부동산물권을 취득하였더라도, 등기를 하지 아니하면 이를 처분하지 못한다(제187조 단서). ②그러나 判例는 많은 예외를 인정하고 있다. 예컨대 미등기부동산의 양수인이 양도인(예컨대 건물을 신축한 자)과의 합의에 의해 양수인 명의로 소유권보존등기를 한 경우(94다44675)(9회 선택형), 상속인이 상속등기를 하지 않은 상태에서 상속부동산을 타인에게 매도한 후 피상속인에서 직접 매수인 앞으로 소유권이전등기를 한 경우에(66다2642), 이러한 등기는 '실체관계에 부합'하여 적법한 등기로서 '유효'하다고 한다. 이는 일종의 '중간생략등기'에 해당한다.

※ 선의취득의 논리(사례)구조

Ⅰ. 원고의 동산인도청구

소유권에 기해 동산인도청구를 하기 위한 요건사실은 ⅰ) 원고가 그 동산을 소유하고 있는 것, ⅱ) 피고가 그 동산을 점유하고 있는 것이다(제213조).

Ⅱ. 피고의 항변

① 점유할 권리의 항변(제213조 단서), ② 선의취득의 항변(제249조) 이 때 피고가 주장·증명 하여야 하는 선의취득의 요건사실은 ⅰ) 동산거래행위, ⅱ) 위 거래행위에 의한 인도, ⅲ) 무과실이다(제249조). 선의취득에 있어 선의, 평온, 공연은 제197조 1항에 의해 추정을 받으나, 判例에 의하면 무과실은 추정되지 않기 때문이다.

Ⅲ. 원고의 재항변

도품 또는 유실물에 대한 특례의 항변(제250조)

Ⅳ. 원고의 재재항변

도품 또는 유실물을 경매나 공개시장에서 또는 동 종류의 물건을 판매하는 상인에게서 매수한 사실의 항변(제251조). 이 경우 피해자 또는 유실자(원고)는 양수인(피고)이 지급한 대가를 변상하고 그 물건의 반환을 청구할 수 있다.

※ 이중양도담보와 점유개정에 의한 선의취득의 논리(사례)구조 ★★★

甲은 乙과 乙소유 X동산에 대한 소유권유보부매매계약을 체결하였다(또는 채권자 乙은 채무자 甲과 甲소유 X동산에 대해 '점유개정에 의한 동산양도담보계약'을 체결하였다). 그 후 甲은 다시 丙과 점유개정에 의한 동산양도담보체결하였다. 그 후 乙이 적법하게 점유하고 있다. 丙은 乙에게 X동산의 반환을 청구할 수 있는가?

Ⅰ. X동산의 소유권자 확정

① 소유권유보부매매계약의 법적 성질(결론은 정지조건부 소유권이전설에 따라 乙이 소유권자), ② 동산양도담보의 법적 성질(결론은 신탁적 소유권이전설에 따라 乙이 소유권자)

Ⅱ. 소유권자(乙)와 제3자(丙)의 법률관계

① 무권리자 甲과 제3자(丙)의 동산양도담보계약의 유효성 검토(무권리자의 처분행위) ⇒ ② 제3자(丙)의 선의취득 인정 여부(결론은 점유개정에 의한 선의취득 부정) → 丙이 현실적인 점유를 취득한 경우의 우열관계[1]

---

1) 乙이 X동산을 회수하기 前 丙이 현실적인 점유를 취득하고 이 당시 선의·무과실의 요건을 갖춘 경우라면 丙은 선의취득을 통해 소유권을 취득하므로 乙은 丙에게 소유권에 기한 X동산의 반환을 청구할 수 없다.

I. 선의취득의 요건(동, 무, 유, 승, 선)

선의취득이 성립하기 위해서는 ⅰ) 목적물이 동산이어야 하고, ⅱ) 처분자는 점유자이지만 무권리자이어야 하고, ⅲ) 유효한 거래행위에 의해 점유를 승계취득한 것이어야 하며, ⅳ) 선의취득자의 점유는 평온·공연·선의·무과실이어야 한다(제249조).

1. 유효한 거래행위에 의한 승계취득

거래행위는 특정승계이어야 하며 상속이나 회사합병과 같은 포괄승계인은 선의취득할 수 없다. 매매·증여·질권설정·대물변제·양도담보계약·경매(98다6800)등이 이에 해당하며, 유상·무상을 묻지 않는다. 양도인이 무권리자라는 점을 제외하고는 거래행위는 유효하게 성립한 것이어야 한다(94다22071)**(2회 선택형)**. 거래행위가 제한능력, 대리권의 결여, 의사의 흠결, 그 밖의 무효나 취소의 원인이 있어 실효된 때에는 선의취득은 성립하지 않는다.

2. 평온·공연·선의·무과실

점유자는 평온·공연·선의로 추정되나(제197조 1항), 判例에 의하면 무과실은 추정되지 않고 양수인이 이를 입증하여야 한다고 한다(68다169).[2] **[08행정]** 양수인의 선의·무과실의 기준시점은 물권적 합의와 인도가 완성되는 때를 기준으로 한다(91다70).

3. 점유취득

(1) 점유개정 [11·15행정] ★★★

判例는 "동산의 선의취득에 필요한 점유의 취득은 현실적 인도가 있어야 하고 점유개정에 의한 점유취득만으로서는 그 요건을 충족할 수 없다"(63다775)고 하여 **부정설**을 취한다.[3] 그러나 부정설에 따르더라도 나중에 현실인도를 받을 때까지 선의·무과실이면 그 때 '현실인도에 의한 선의취득'이 인정될 수 있다.

(2) 목적물반환청구권의 양도

判例는 "양도인이 소유자로부터 보관을 위탁받은 동산을 제3자에게 보관시킨 경우에 양도인이 그 제3자에 대한 반환청구권을 양수인에게 양도하고 **지명채권 양도의 대항요건을 갖추었을 때**에는 동산의 선의취득에 필요한 점유의 취득 요건을 충족한다"(97다48906)**(11회 선택형)**고 하여 **긍정설**을 취한다.[4]

(3) 간이인도에 의한 점유취득의 경우 선의취득

"동산의 선의취득에 필요한 점유의 취득은 이미 현실적인 점유를 하고 있는 양수인에게는 간이인도에 의한 점유취득으로 그 요건은 충족된다"(80다2530)**(2회 선택형)**.

---

2) **[판례해설]** 제200조(권리적법 추정)에 의해 양수인의 무과실도 추정된다고 보는 것이 타당하다는 비판이 있다(다수설).

3) **[판례검토]** 점유개정은 관념적 점유이전 중에서도 가장 불명확한 것으로, 외부에서는 거래행위의 존재를 인식할 수 없으므로 이를 인정하면 원권리자에게 너무 가혹하다는 점에서 부정설이 타당하다(통설).

4) **[판례검토]** 반환청구권의 양도에 관하여 대항요건(직접점유자에 대한 통지 또는 그의 승낙)이 갖추어지면 직접 점유자는 이제 양수인을 위하여 목적물을 점유하므로, 목적물이 양도인의 지배영역을 떠나 양수인의 지배영역으로 완전히 이전되었다고 평가할 수 있다는 점에서 긍정설이 타당하다(통설).

Ⅱ. 선의취득의 효과 [D-44]

① 선의취득에 의한 권리취득은 확정적이다. 따라서 취득자가 임의로 선의취득의 효과를 거부하고 종전 소유자에게 동산을 반환받아 갈 것을 요구할 수 없다(98다6800).

✎ **[구체적 예]** 예를 들어 乙은 甲의 부탁으로 甲 소유인 고장난 기계를 보관하고 있었다. 乙의 채권자 戊는 그 기계가 乙의 소유가 아님을 알지 못했고 알 수도 없었기 때문에 그 기계에 대하여 경매신청을 하여 스스로 경락받고 집행비용을 제외한 매각대금 전액을 乙의 채권자로서 배당받았다. 이러한 사정을 알게 된 甲이 戊를 상대로 부당이득반환을 청구하면, 戊는 甲에게 배당금을 부당이득으로 반환할 의무가 있다. 이 때 甲으로부터 부당이득의 반환을 청구받은 戊는 그 기계의 소유권 취득을 거부하고 甲에게 기계를 반환받아 갈 것을 요구할 수 없다(2회 선택형).

[관련판례] "채무자 이외의 자의 소유에 속하는 동산을 경매하여 그 매득금을 배당받은 채권자가 그 동산을 경락받아 선의취득자의 지위를 겸하고 있는 경우, 배당받은 채권자가 **법률상 원인 없이 이득을 한 것은 배당액이지 선의취득한 동산이 아니므로**, 동산의 전 소유자가 임의로 그 동산을 반환받아 가지 아니하는 이상 동산 자체를 반환받아 갈 것을 요구할 수는 없고 단지 배당금을 부당이득으로 반환할 수밖에 없다"(98다6800).

② 또한 선의취득은 법률의 규정에 의하여 권리를 취득하는 것이므로 '법률상 원인'이 존재하는 것이어서 선의취득자는 진정한 권리자에 대해 부당이득 반환의무를 지지 않는다(2009다15602). 이러한 선의취득자의 부당이득반환 책임이 부정되는 효과는 判例에 따르면 부합에 의한 보상청구의 경우(제261조)에도 유추적용된다고 한다(2009다15602)**(1회, 4회, 6회 선택형)**.

Ⅲ. 도품 및 유실물에 관한 특칙… 권리자의 재항변 사유 [D-45]

제250조, 제251조 도품·유실물에 관한 특칙이 적용되기 위해서는 ㉠ 제249조에 의한 선의취득의 요건이 구비되어야 하며, ㉡ 도품 또는 유실물이어야 한다.

1. 사기·공갈·횡령에 의한 점유이탈

도품 또는 유실물이기 위해서는 점유자의 의사에 의하지 않고 점유가 이탈된 경우이어야 하므로 점유자의 의사가 관여된 '사기·공갈·횡령'의 경우는 이에 포함되지 않는다.

2. 점유를 수탁한 자(임치인 등), 점유보조자, 소지기관의 횡령 [9회 사례형]

점원과 같은 점유보조자가 가게의 물건을 임의로 처분하면 형법상 절도죄에 해당한다. 그러나 '진정한 권리자와 선의의 거래상대방간의 이익형량'을 고려하건대 이때에는 도품에 해당하지 않는 것으로 보아야 한다(91다70). 즉, 점유이탈의 의사는 '직접점유자'를 기준으로 결정하여 한다. 따라서 점유매개자(직접점유자)가 점유물을 횡령하거나 제3자에게 임의로 처분한 경우와 같은 '위탁물 횡령'의 경우에는 소유자인 '간접점유자'의 의사에 반한다고 하더라도 점유이탈물이 아니다.

Ⅰ. 소유권과 제한물권의 혼동

[D-50]

1. 원칙과 예외

동일한 물건에 대한 소유권과 제한물권이 동일인에게 귀속한 때에는 제한물권은 소멸한다. 그러나 그 제한물권이 제3자의 권리의 목적인 때에는 제한물권은 소멸하지 않는다(제191조). 그리고 判例는 이를 넓게 해석하여 본인 또는 제3자의 이익을 위하여 그 제한물권을 존속시킬 합리적 필요가 있다고 인정되는 경우에는 혼동으로 소멸하지 않는다고 한다(98다18643).

2. 저당권 등 담보물권과 소유권의 혼동

B소유의 부동산에 관하여 A의 1번 저당권과 C의 2번 저당권이 설정되어 있는 경우(본인 또는 제3자의 이익을 위하여 권리의 존속을 인정할 합리적 필요가 있을 때에는 혼동의 예외)

Ⅰ. A가 B로부터 그 부동산을 매수하여 소유권을 취득한 경우

A가 위 토지소유권을 취득하더라도 A의 저당권은 소멸하지 않는다. 그렇지 않으면 후순위 저당권자 C가 선순위로 되면서 부당하게 유리한 지위를 가지게 되어 본인(A)의 이익을 해치기 때문이다.

Ⅱ. A가 채무자 겸 저당권 설정자인 B를 상속한 경우

A는 B의 채무를 상속하므로 A의 B에 대한 피담보채권은 혼동으로 소멸한다. 따라서 저당권의 '부종성'의 원리에 따라 A의 1번 저당권은 소멸한다. 사안의 경우는 채권이 혼동으로 소멸하는 경우이므로 후순위 C에게 유리하게 되더라도 어쩔 수 없다.

Ⅲ. A가 물상보증인 B를 상속한 경우

A는 여전히 주채무자에 대하여 피담보채권을 가지고 있는데, 만일 A의 1번 저당권이 혼동으로 소멸한다고 하면 본래 후순위였던 C가 우선변제를 받게 되고 본래 선순위였던 A는 잔액이 있는 경우에만 소유자로서 배당을 받게 되는 불합리한 결과가 생기므로, A의 1번 저당권은 혼동으로 소멸하지 않는다. 만일 위 Ⅱ, Ⅲ에서 A가 E와 함께 B를 공동상속(1:1)한 경우에는 저당권에는 불가분성이 있으므로(제370조, 제321조), Ⅱ, Ⅲ의 경우 모두 A의 1번 저당권 전체가 혼동으로 소멸하지 않는다.

3. 용익물권과 소유권의 혼동 : 소유권과 임차권이 동일인에게 귀속한 경우

부동산에 대한 소유권과 '대항력을 갖춘 임차권'이 동일인에게 귀속하게 되는 경우 임차권은 혼동에 의하여 소멸하는 것이 원칙이다(제191조 1항 참조). 다만, 주의할 점은 만약 대항력이 없는 임차권이라면 설령 임차인이 부동산의 소유권을 취득하더라도 채권과 물권 상호간에는 혼동의 법리가 적용되지 않기 때문에, 당해 임대차계약은 종료되고 임차인은 임대인에게 보증금반환을 청구할 수 있다.

① 임차권이 대항요건을 갖춘 후에 저당권이 설정되고, 그 후 임차인이 당해 부동산을 '매수'한 경우에는 혼동으로 인한 물권소멸 원칙의 예외 규정인 제191조 1항 단서를 준용하여 '임차권'은 소멸하지 않고 '보증금반환채권'도 혼동으로 소멸하지 않는다(2000다12693). 따라서 후순위 담보권 등에 의한 경매시 임차인은 배당을 요구할 수 있다.

② 임차권이 대항요건을 갖춘 후에 저당권이 설정되고, 그 후 임차인이 당해 부동산을 '경매를 통해 경락받은'경우에는 저당권이 소멸되므로 '임차권'을 존속시킬 합리적인 필요가 없다. 그러나 대항력 있는 임차인이 배당요구 뒤 스스로 경락을 받은 경우라면, 이미 임차인이 배당요구를 했기 때문에 (우선변제 받을 이익이 있어) 임차인의 '보증금반환채권'은 존속시킬 합리적 필요가 있다. 따라서 임차인의 보증금반환채권은 혼동으로 소멸하지 않는다(97다28650).

Ⅱ. 특정물에 관한 채권을 가지는 자가 소유권을 취득하는 경우 ★★ [D-51]

① **[중간처분의 등기가 있는 경우]** 물권과 채권은 각기 그 소멸원인을 달리하는 것으로 채권은 채권과 채무가 동일한 주체에 귀속한 때에 한하여 혼동으로 소멸하는 것이 원칙이므로(제507조), 특정물에 관한 채권자가 특정물의 소유권을 취득하였다고 하더라도 그 특정물에 관한 채권이 혼동으로 소멸한다고 단정할 수는 없다. 따라서 가등기에 기한 본등기청구권은 채권이므로, 가등기에 기한 본등기절차에 의하지 아니하고 별도로 소유권이전등기가 경료되어 가등기권리자가 가등기목적물의 소유권을 취득하였다고 하더라도, 혼동의 법리가 적용될 여지가 없다(95다29888). **[15법행]**

② **[중간처분의 등기가 없는 경우]** 그러나 가등기 후 중간처분의 등기가 되어 있지 않고 가등기와 소유권이전등기의 등기원인도 동일하다면, 가등기에 의하여 보전될 소유권이전등기청구권은 소멸되었다고 보아야 한다(2004다59546). **[15법행]** 다만 이 경우 가등기에 기한 본등기청구권이 소멸한 것은 혼동에 의한 소멸이 아니라 등기의무자의 의무내용에 좇은 등기의무의 이행이 완료되었기 때문임을 주의해야 한다.

Set 113 점유권 ★★

Ⅰ. 점유의 요건 [D-54]

점유의요건은 ⅰ) 사실상 지배와 ⅱ) 점유설정의사를 요한다(제192조 1항). 여기서 '사실상의 지배'가 있다고 하기 위하여는 반드시 물건을 물리적, 현실적으로 지배하는 것만을 의미하는 것이 아니고, 물건과 사람과의 시간적, 공간적 관계와 본권관계, 타인 지배의 배제 가능성 등을 고려하여 사회관념에 따라 합목적적으로 판단하여야 한다(91다38266).

Ⅱ. 토지의 점유자가 누구인지 여부(제213조 피고적격) ★★★ [판례연구 D-05]

1. 건물소유자 [10회 사례형, 12법행, 17입법]

判例에 따르면 "사회통념상 건물은 그 부지를 떠나서는 존재할 수 없는 것이므로 건물의 소유자가 현실적으로 건물이나 그 부지를 점거하고 있지 아니하고 있더라도 그 건물의 소유를 위하여 그 부지를 점유한다고 보아야 하며, 미등기건물을 양수하여 건물에 관한 법률상·사실상의 처분권을 보유하게 된 양수인은 건물부지 역시 아울러 점유하고 있다고 볼 수 있다"(2009다61193)**(5회 선택형)**고 한다. 그리고 "건물의 소유명의자가 아닌 자로서는 실제로 그 건물을 점유하고 있다고 하더라도 그 건물의 부지를 점유하는 자로는 볼 수 없고(94다27809 등), 같은 취지에서 건물의 소유권이 양도된 경우에는 건물의 종전 소유자는 특별한 사정이 없는 한 그 부지에 대한 점유도 함께 상실하는 것으로 보아야 한다"고 한다(93다2483).

2. 토지소유자

"대지의 소유자로 등기한 자는 보통의 경우 등기할 때에 그 대지를 인도받아 점유를 얻은 것으로 보아야 할 것이므로 등기사실을 인정하면서 특별한 사정의 설시 없이 점유사실을 인정할 수 없다고 판단해서는 아니된다(98다20110). 그러나 이는 그 임야(대지) 등이 매매 등을 원인으로 양도되고 소유권이전등기가 마쳐진 경우에 그렇다는 것이지, '소유권보존등기'의 경우에도 마찬가지라고 볼 수는 없다. 소유권보존등기는 이전등기와 달리 해당 토지의 양도를 전제로 하는 것이 아니어서, 보존등기를 마쳤다고 하여 일반적으로 그 등기명의자가 그 무렵 다른 사람으로부터 점유를 이전받는다고 볼 수는 없기 때문이다"(2012다201410)라고 한다.

Ⅲ. 상속인의 점유　　　　　　　　　　　　　　　　　　　　[D-57]

1. 상속인이 피상속인의 점유와 분리주장 가능한지 여부 ★★★ [17사법, 12법행]

判例는 상속에 의하여 점유권을 취득한 상속인은 새로운 권원에 의하여 자기 고유의 점유를 시작하지 않는 한 피상속인의 점유의 성질과 하자를 떠나 자기의 점유만을 주장할 수 없다고 한다(92다22602).[5]**(11회 선택형)**

2. 상속인이 수인인 경우

① 상속인이 수인인 경우에는 이들은 단순히 공동으로 목적물을 점유할 뿐(공동점유), 상속인에게 이전되는 점유권에 관하여 제1009조 이하의 상속분에 관한 규정은 적용되지 않는다(62다460). ② 소유자가 사망하고 그의 공동상속의 1인이 공동상속한 재산의 전부를 점유하더라도 자신의 상속분 범위 내에서만 자주점유이고, 다른 공유자의 지분비율 범위에서는 타주점유로 보아야 한다(97다2993).

---

5) **[판례검토]** 상속인이 사실상의 지배를 취득하는 것은 상속인의 관념화된 점유가 구체화된 것에 불과하므로 예외적으로 새로운 권원에 의한 점유의 요건 등을 갖춘 경우(소유자에 대하여 소유의 의사가 있는 것을 표시한 경우도 마찬가지이다 ; 97다40100 판결 참고)를 제외하고는 제199조의 적용을 부정하는 것이 타당하다. 이에 대해 다수설은 상속에 의한 경우에 점유의 분리·병합을 제한하는 규정이 없고, 상속도 자기 스스로 새로운 점유를 한 것으로 볼 수 있기에 제199조가 적용되는 영역이라고 보아 상속인이 '현실로 사실상의 지배'를 취득하면 그 때부터 피상속인의 점유와 분리하여 자신의 점유가 하자 없는 점유라는 것을 주장할 수 있다고 한다.

1. 점유물반환청구권

① 점유자가 점유의 '침탈'을 당한 때에는 그 물건의 반환 및 손해의 배상을 청구할 수 있다(제204 조 1항). 이는 본권의 유무와는 관계없이 점유 그 자체를 보호하기 위해 인정되는 물권적 청구 권으로서 그 점유가 '선의 또는 악의의 것'인지 여부는 물론 '점유할 정당한 권리'가 있는지, '본 권에 기한 것인지' 여부도 묻지 않는다(2010다2459).
　여기서 '침탈'이란 점유자가 그의 의사에 의하지 아니하고 사실적 지배를 빼앗긴 경우를 말하므로, ㉠ '사기'의 의사표시에 의해 점유를 이전해 준 경우는 여기에 해당하지 않으나(91다17443), ㉡ 점유자에 대한 집행권원 없이 이루어진 '위법한 강제집행'에 의하여 점유자의 점유를 빼앗은 경우는 점유의 침탈에 해당한다(2010다2459).

② 이러한 점유물반환청구권은 침탈자의 '선의'의 특별승계인에 대하여는 행사하지 못한다(제204 조 2항). 그리고 점유물반환청구권은 침탈을 당한 날로부터 1년 내에 행사하여야 한다(제204조 3항)(**11회 선택형**). 이러한 제척기간은 判例에 따르면 출소기간이다. 그런데, 제204조 3항은 본권 침해로 발생한 손해배상청구권의 행사에는 적용되지 않으므로 점유를 침탈당한 자가 본권인 유치권 소멸에 따른 손해배상청구권을 행사하는 때에는 제204조 3항이 적용되지 아니하고, 점 유를 침탈당한 날부터 1년 내에 행사할 것을 요하지 않는다(2021다213866)(**12회, 13회 선택형**)

2. 점유방해제거청구권

① 점유자가 점유의 '방해'를 받은 때에는 그 방해의 제거 및 손해의 배상을 청구할 수 있다(제205 조 1항). 이러한 점유방해제거청구권은 방해가 종료한 날로부터 1년내에 행사하여야 한다(제 205조 2항). 이때 '방해'란 점유가 점유침탈 이외의 방법으로 침해되고 있는 것을 말하는 것으로, '방해상태'가 아니라 '방해행위가 종료한 때'로부터 기산해야 한다(2016다214483,214490).

② 그러나 공사로 인하여 점유의 방해를 받은 경우에는 공사 착수 후 1년을 경과하거나 그 공사가 완성한 때에는 방해의 제거를 청구하지 못한다(제205조 3항).

3. 점유물방해예방청구권

점유자가 점유의 '방해를 받을 염려'가 있는 때에는 그 방해의 예방 또는 손해배상의 담보를 청구 할 수 있다(제206조 1항). 공사로 인하여 점유의 방해를 받을 염려가 있는 경우에는 제205조 3항의 규정을 준용한다(제206조 2항).

4. 점유보조자의 점유보호청구권

점유보조자(제195조)는 점유보호청구권의 주체가 될 수 없을 뿐만 아니라 그 상대방으로도 되 지 않는다(4292민상257). 다만 자력구제권(제209조)과 관련하여 다수설적인 견해는 점유보조자 는 행사할 수 있으나, 간접점유자는 행사할 수 없다고 본다.

5. 간접점유자의 점유보호청구권(제207조)

간접점유자(제194조)는 점유보호청구권의 주체가 될 수 있을 뿐만 아니라 그 상대방으로도 될 수 있다. 아울러 소유물반환청구의 상대방도 될 수도 있다(81다187). 다만 제3자에 의해 직접점유자의 점유가 침해받고 있는 경우에 간접점유자는 그 물건을 '직접점유자'에게 반환할 것을 청구할 수 있고(제207조 1항), 만약 직접점유자가 그 물건의 반환을 받을 수 없거나 원하지 않을 때에는 자신에게 반환할 것을 청구할 수 있다(제207조 2항)**(11회 선택형)**. 그러나, 직접점유자가 점유물을 무단으로 제3자에게 처분한 경우처럼 **직접점유자에 의하여 간접점유가 침해된 경우에는 간접점유자의 제3자에 대한 점유보호청구권은 인정되지 않는다**(92다5300).

6. 점유보호청구권과 상호침탈 [13회 사례형]

① 원고 甲이 피고 乙소유 부동산을 무단으로 점유하고 있던 중 피고 乙이 원고 甲의 점유를 '위법한 자력구제'로 방해한 사안에서, 判例는 甲이 乙의 점유를 침탈한 후 乙이 甲의 점유를 탈환하거나 방해하면 甲은 乙을 상대로 점유물반환이나 방해제거를 청구할 수 있고(제204조, 제205조), 이때 乙은 소유권에 기한 항변을 할 수 없으나(제208조 2항), 判例에 따르면 '반소'로 소유권에 기한 반환청구를 할 수 있으며(제213조), 이 경우 법원은 甲의 점유권에 기한 '본소청구'와 乙의 소유권에 기한 '반소청구'를 모두 인용하는 판결을 하고, 집행단계에서 乙의 '본권에 기한 청구'(반소청구)를 우선하여 해결한다. 이점에 비추어 보면 제208조의 의의도 상당히 상실될 것이다.

② 이러한 법리는 점유를 침탈당한 자가 점유권에 기한 점유회수의 소를 제기하고, 본권자가 그 점유회수의 소가 인용될 것에 대비하여 본권에 기초한 장래이행의 소로서 별소를 제기한 경우에도 마찬가지로 적용된다(2019다208441).

🖎 **[관련판례]** ㉠ "점유회수의 본소에 대하여 본권자가 소유권에 기한 인도를 구하는 반소를 제기하여 본소청구와 예비적 반소청구가 모두 인용되어 확정되면, 점유자가 본소 확정판결에 의하여 집행문을 부여받아 강제집행으로 물건의 점유를 회복할 수 있다. 본권자의 소유권에 기한 반소청구는 본소의 의무 실현을 정지조건으로 하므로, 본권자는 위 본소 집행 후 집행문을 부여받아 비로소 반소 확정판결에 따른 강제집행으로 물건의 점유를 회복할 수 있다"(2019다202795, 202801)[6] **(11회 선택형)**. ㉡ "점유권을 기초로 한 본소에 대하여 본권자가 본소청구의 인용에 대비하여 본권에 기초한 장래이행의 소로서 예비적 반소를 제기하고 양 청구가 모두 이유 있는 경우, **법원은 점유권에 기초한 본소와 본권에 기초한 예비적 반소를 모두 인용해야 하고 점유권에 기초한 본소를 본권에 관한 이유로 배척할 수 없다.** 이러한 법리는 점유를 침탈당한 자가 점유권에 기한 점유회수의 소를 제기하고, 본권자가 그 점유회수의 소가 인용될 것에 대비하여 본권에 기초한 장래이행의 소로서 별소를 제기한 경우에도 마찬가지로 적용된다"(2019다208441). **[13회 사례형]**

---

6) "이러한 과정은 애당초 본권자가 허용되지 않는 자력구제로 점유를 회복한 데 따른 것으로 그 과정에서 본권자가 점유 침탈 중 설치한 장애물 등이 제거될 수 있다. 다만 점유자의 점유회수의 집행이 무의미한 점유상태의 변경을 반복하는 것에 불과할 뿐 아무런 실익이 없거나 본권자로 하여금 점유회수의 집행을 수인하도록 하는 것이 명백히 정의에 반하여 사회생활상 용인할 수 없다고 인정되는 경우, 또는 점유자가 점유권에 기한 본소 승소 확정판결을 장기간 강제집행하지 않음으로써 본권자의 예비적 반소 승소 확정판결까지 조건불성취로 강제집행에 나아갈 수 없게 되는 등 특별한 사정이 있다면 본권자는 점유자가 제기하여 승소한 본소 확정판결에 대한 '청구이의의 소'를 통해서 점유권에 기한 강제집행을 저지할 수 있다"

Ⅰ. 성립요건
[D-64a]

1동의 건물에 대하여 구분소유가 성립하기 위해서는 ㉠ 객관적·물리적인 측면에서 1동의 건물이 존재하고 ㉡ 구분된 건물부분이 구조상·이용상 독립성을 갖추어야 할 뿐 아니라, ㉢ 1동의 건물 중 물리적으로 구획된 건물부분을 각각 구분소유권의 객체로 하려는 구분행위가 있어야 한다(98다35020). 따라서 判例는 구분소유권의 객체로서 적합한 물리적 요건을 갖추지 못한 건물에 구분등기가 된 경우 그 등기는 효력이 없으므로 이러한 등기에 기초하여 경매절차가 진행되어 매수대금을 납부하였다 하더라도, 매수인은 소유권을 취득할 수 없다고 하였다(2015다3471).

Ⅱ. 성립시기 ★
[D-64a]

"구분행위는 처분권자의 구분의사가 객관적으로 외부에 표시되면 인정된다. 따라서 구분건물이 물리적으로 완성되기 전에도 건축허가신청이나 분양계약 등을 통하여 장래 신축되는 건물을 구분건물로 하겠다는 구분의사가 객관적으로 표시되면 구분행위의 존재를 인정할 수 있고, 이후 1동의 건물 및 그 구분행위에 상응하는 구분건물이 객관적·물리적으로 완성되면 아직 그 건물이 집합건축물대장에 등록되거나 구분건물로서 등기부에 등기되지 않았더라도 그 시점에서 구분소유가 성립한다"(전합2010다71578).

[판례해설] 위 전원합의체 판결은 "구분소유는 건물 전체가 완성되고 원칙적으로 집합건축물대장에 구분건물로 등록된 시점, 예외적으로 등기부에 구분건물의 표시에 관한 등기가 마쳐진 시점에 비로소 성립한다"는 취지의 과거 판결의 견해를 이 판결의 견해와 저촉되는 한도에서 변경하였다.

✎ [비교판례] 증·개축된 건물이 기존의 건물과 구조상·이용상 독립성이 있는 경우에 ㉠ 기존 건물의 소유자가 증·개축한 경우에는, 구분소유권이 되기 위해서는 증축부분의 소유자의 구분소유의사가 객관적으로 표시된 구분행위(예컨대 구분등기)가 있어야 한다(98다35020). ㉡ 임차인 등 타인이 정당한 권원에 의하여 증개축한 경우에는 구분등기 없이도 제256조 단서에 의하여 증개축한 자의 소유가 된다(99다14518).

Ⅲ. 전유(專有)부분과 공용부분
[D-64a]

공용부분은 구분소유자 전원의 공유에 속하는데(동법 제10조), 건물의 구분소유자가 그 건물 복도와 로비를 무단점유하여 자신의 영업장인 것처럼 사용하고 있는 경우, 즉 구분소유자가 집합건물의 공용부분을 정당한 권원 없이 배타적으로 점유·사용하는 경우, 그 구분소유자에게는 부당이득반환의무가 인정된다(전합2017다220744).

Ⅳ. 전유부분과 대지사용권의 일체성
[D-64b]

1. 대지사용권의 수반성

① 집합건물에서 구분소유자의 대지사용권은 규약 등의 특별한 사정이 없는 한 전유부분과 종속적

일체불가분성이 인정되므로(집합건물법 제20조 1항, 2항), 대지소유권을 가진 집합건물의 건축자로부터 전유부분을 매수하여 그에 관한 소유권이전등기를 마친 매수인은 전유부분의 대지사용권에 해당하는 토지공유지분(이하 '대지지분')에 관한 이전등기를 마치지 아니한 때에도 대지지분에 대한 소유권을 취득한다(2011다79210 등). ② 그리고 동일인의 소유에 속하는 전유부분과 대지지분 중 전유부분만에 관하여 설정된 저당권의 효력은 규약 등의 특별한 사정이 없는 한 종된권리인 대지지분에까지 미치므로, 전유부분에 관하여 설정된 저당권에 기한 경매절차에서 전유부분을 매수한 매수인은 대지지분에 대한 소유권을 함께 취득한다(2012다103325 등).

2. 대지사용권의 분리처분금지

구분소유자는 규약 등의 특별한 사정이 없는 한 그가 가지는 전유부분과 분리하여 대지사용권을 처분할 수 없는바(집합건물법 제20조 1항 본문, 제10조 2항 단서, 4항, 제3조 3항), "수분양자는 대지지분에 대한 소유권이전등기를 받기 전에 대지에 대하여 가지는 점유·사용권인 대지사용권을 전유부분과 분리 처분하지 못할 뿐만 아니라, 전유부분 및 장래 취득할 대지지분을 다른 사람에게 양도한 후 그 중 전유부분에 대한 소유권이전등기를 경료해 준 다음 사후에 취득한 대지지분도 전유부분의 소유권을 취득한 양수인이 아닌 제3자에게 분리 처분하지 못한다 할 것이고, 이를 위반한 대지지분의 처분행위는 그 효력이 없다"(전합98다45652, 45669).

V. 관리단과 규약

아파트 전 소유자가 체납한 관리비와 연체료를 그 아파트를 경락받은 매수인이 승계하는지가 문제된 사안에서, 判例는 체납관리비의 승계에 관한 관리규약은 특별승계인의 승인이 없는 한 무효이지만 '공용부분관리비'에 관한 부분은 유효하다는 입장이다(전합2001다8677) 한편, 공용부분 관리비를 승계한다고 하여 전 구분소유자가 체납한 그 '연체료'까지 승계하는 것은 아니다(2004다3598, 3604).

| Set 115 | 주위토지통행권 ★ |

I. 상린관계(제216조 내지 제244조)   [D-65]

	상린관계	지역권
인접성	인접하는 부동산소유권 상호간의 이용관계를 조절(단, 생활방해금지는 인접할 필요 無)	승역지와 용역지는 인접할 필요 無
발생	법률의 규정에 의해 인정, 등기 불요	계약에 의해서 인정되고 등기해야 취득
소멸시효	소멸시효와 무관	20년의 소멸시효에 걸린다
적용범위	부동산과 물의 이용관계 조절	토지만의 이용관계 조절

Ⅱ. 주위토지통행권(제219조)

1. 의의 및 법적 성질

어느 토지와 공로 사이에 그 토지의 용도에 필요한 통로가 없는 경우에, 그 토지소유자는 주위의 토지를 통행 또는 통로로 하지 않으면 공로에 출입할 수 없거나 과다한 비용을 요하는 때에는 그 주위의 토지를 통행할 수 있고 필요한 경우에는 통로를 개설할 수 있다(제219조 1항).

이러한 주위토지통행권은 ① 당사자의 의사와 상관없이 당연히 발생하는 '**법정통행권**'으로서, ② 법정의 '**물권적 청구권**'이다. 다만 주위토지통행권은 포위된 토지의 소유권으로부터 독립한 별도의 물권이 아니다.

2. 요 건

㉠ 이미 그 소유 토지의 용도에 필요한 통로가 있는 경우에는 그 통로를 사용하는 것보다 더 편리하다는 이유만으로 다른 장소로 통행할 권리를 인정할 수 없고(95다1088), ㉡ 공로에 통할 수 있는 자기의 공유토지를 두고 공로에의 통로라 하여 남의 토지를 통행한다는 것은 제219조, 제220조에 비추어 허용될 수 없다. 설령 위 공유토지가 구분소유적 공유관계에 있고 공로에 접하는 공유 부분을 다른 공유자가 배타적으로 사용, 수익하고 있다고 하더라도 마찬가지이다(2021다245443,245450)(**12회 선택형**). ㉢ 원칙적으로 기존 통행로에 대한 주위토지통행권은 인정될 수 없다(2008다75300,75317,75324).

3. 효 과

토지소유자(제219조), 지상권자(제290조), 전세권자(제319조)에게 인정된다.

① [**통행권과 통로개설권**] 주위토지통행권은 원칙적으로 통행의 수인을 청구하는 데 불과한 '**소극적 권리**'이다. 따라서 통행지에 대한 배타적 점유는 인정되지 않으며, 토지소유자에게 토지의 인도를 청구할 수도 없다(79다1460).

② [**방해배제청구권**] 당초에 적법하게 담장이 설치된 경우에도 그것이 통행에 방해가 되는 때에는 이를 철거할 수 있다(90다5238).

③ [**인정범위**] 통행권의 범위는 통행권자에게 필요할 뿐만 아니라 이로 인하여 주위지 소유자의 손해가 가장 적은 장소와 방법의 범위 내에서 인정되어야 한다(제219조 1항 단서). 현재의 토지의 용법에 따른 이용의 범위에서 인정되는 것이지 더 나아가 장래의 이용상황까지 미리 대비하여 통행로를 정할 것은 아니다(96다33433)(**12회 선택형**).

④ [**손해보상**] 통행권자는 통행지소유자의 손해를 보상하여야 한다(제219조 2항).

4. 분할, 일부양도와 무상의 주위토지통행권

① [**의의**] 본래는 포위되지 아니하였던 토지가 분할 또는 일부양도로 공로에의 출입이 막힌 경우에는, 다른 분할자 또는 양수인의 토지만을 통행할 수 있고 제3자의 토지를 통행할 수는 없다. 그리고 이때에는 보상의무를 지지 않는다(제220조)(**12회 선택형**).

② [**토지가 분필되어 동시에 모두 양도된 경우 그 양수인 사이에 무상통행권이 인정되는지 여부**] 判例는 "제220조 2항에 의하면 무상통행권은 공유토지의 직접분할자 상호간 또는 일부양도의 당사자 사

이에서만 인정되는 것으로 해석되므로 양수인 사이에서는 인정되지 않는다"(2009다38247)고 보아 '부정적'인 입장이다.

③ **[무상통행권의 부담이 해당토지의 특정승계인에게도 승계되는지 여부]** ㉠ **[원칙]** "무상주위통행권에 관한 제220조의 규정은 토지의 직접 분할자 또는 일부 양도의 당사자 사이에만 적용되고 포위된 토지 또는 피통행지의 특정승계인에게는 적용되지 않는바, 이러한 법리는 분할자 또는 일부 양도의 당사자가 무상주위통행권에 기하여 이미 통로를 개설해 놓은 다음 특정승계가 이루어진 경우라 하더라도 마찬가지라 할 것"이다(2002다9202). ㉡ **[예외]** 단, 예외적으로 통행로 부분의 사용 수익이 제한된 사정을 알면서 그 토지의 소유권을 승계취득한 자는 특별한 사정이 없는 한, 그 토지에 대한 독점적 배타적 사용 수익을 주장할 정당한 이익을 가지 않으므로 종전 소유자와 마찬가지로 무상통행을 수인할 의무를 진다(91다40399[신의칙 위반설] ; 97다47118)

5. 주위토지통행권의 변경과 소멸

① **[변경]** "주위토지통행권은 소극적 권리이므로 통행을 위한 지역권과는 달리 그 통행로가 항상 특정한 장소로 고정되어 있는 것은 아니다. 따라서 주위토지소유자가 용법에 따라 토지의 사용 방법을 바꾸었을 때에는, 통행권자는 주위토지소유자를 위하여 보다 손해가 적은 다른 장소로 옮겨 통행할 수밖에 없는 경우도 있다"(92다30528)**(12회 선택형).**

② **[소멸]** "주위토지통행권은 법정의 요건을 충족하면 당연히 성립하고 요건이 없어지게 되면 당연히 소멸한다. 따라서 포위된 토지가 사정변경에 의하여 공로에 접하게 되거나 포위된 토지의 소유자가 주위의 토지를 취득함으로써 주위토지통행권을 인정할 필요성이 없어지게 된 경우에는 통행권은 소멸한다"(2013다11669)**(12회 선택형).**

Set 116 자주점유 ★★★★

Ⅰ. 개 념
[D22-1]

자주점유란 '소유의 의사'를 가지고서 하는 점유를 말한다. 이것은 '소유자가 할 수 있는 것과 같은 배타적 지배를 사실상 행사하려고 하는 의사'를 말하는 것으로, 법률상 그러한 지배를 할 수 있는 권한, 즉 소유권을 가지고 있거나 또는 소유권이 있다고 믿고서 하는 점유를 의미하는 것은 아니다(96다23719).

Ⅱ. 자주점유의 판단
[D22-2]

1. 판단기준과 판단시점 [5회 기록형]

① 점유자의 점유가 소유의 의사 있는 자주점유인지 아니면 소유의 의사 없는 타주점유인지의 여부는 점유자의 내심의 의사에 의하여 결정되는 것이 아니라 ㉠ '점유 취득의 원인이 된 권원의 (객관적) 성질'이나 ㉡ '점유와 관계가 있는 모든 사정'에 의하여 외형적·객관적으로 결정되어야 하는 것이다. 아울러 제197조 1항의 추정규정에 의해 점유자가 취득시효를 주장하는 경우에 스스로 이러한 소유의 의사를 증명할 필요는 없다(전합95다28625). 즉, 점유권원의 성질이 분명하지

아니한 때에는 2차적으로 제197조 1항에 의하여 소유의 의사로 점유한 것으로 추정한다(제197조 규정의 보충성).

② 소유의 의사는 점유개시 당시 존재하여야 하고 그것으로 족하기 때문에, 나중에 매도인에게 처분권이 없음을 알았더라도 자주점유의 성질이 변하지 않는다(95다40328). **[13회 기록형]**

2. 권원의 성질상 자주점유인 경우

특별한 사정이 없는 한 매수인은 자주점유로 본다.

① **[매매계약이 무효인 경우]** 실제로 매매계약이 있었던 이상 그 계약이 무효라 하더라도 매수인은 원칙적으로 자주점유자이다. 그러나 매수인이 처음부터 '무효임을 알고서' 점유한 경우에는 소유의 의사로 점유한 것으로 볼 수 없다(99다36778). **[7회 사례형, 13회 기록형, 12법무]**

② **[타인의 권리를 매매한 경우]** 判例는 "매도인에게 처분권한이 없다는 것을 잘 알면서 이를 매수하였다는 등의 다른 특별한 사정이 입증되지 않는 한, 그 사실만으로 바로 그 매수인의 점유가 소유의 의사가 있는 점유라는 추정이 깨어지는 것이라고 할 수 없다"(전합97다37661)(**8회 선택형**)고 한다.[7] **[12법무, 17행정]**

③ **[오상권원의 경우]** 判例는 "매매대상 대지의 면적이 등기부상의 면적을 '상당히 초과'하는 경우에는 특별한 사정이 없는 한, 그 초과부분은 단순한 점용권의 매매로 보아야 하고 따라서 그 점유는 권원의 성질상 타주점유에 해당한다"(98다32878 등)고 한다.[8] 判例에 의하면 인도받은 대지의 면적이 등기부상의 면적의 2배에 달한 것에 관하여는 타주점유를 인정하였는데(96다41335), 초과부분이 등기부상의 면적의 20% 또는 30%에 달한 사안에서는 매수인이 그 사정을 알았다고 보기 어렵다고 한다(99다5866,5873). **[12법행, 17행정]**

3. 권원의 성질상 타주점유인 경우

매도인·임차인·명의수탁자의 점유는 원칙적으로 타주점유이다. 특히 공유자 1인이 공유토지 전부를 점유하는 경우 다른 공유자의 지분비율의 범위내에서는 타주점유이다.

Ⅲ. 점유의 태양의 전환   [D22-3]

1. 타주점유에서 자주점유로의 전환

타주점유가 자주점유로 전환되려면 타주점유자가 ① '새로운 권원에 의하여 소유의 의사를 가지고 점유를 시작'하거나, ② '자기에게 점유시킨 자(타주점유를 하게 한 자)에게 소유의 의사가 있음을 표시'하여야 한다. 判例는 ①과 관련하여 상속은 새로운 권원이 될 수 없다고 하고(97다40100)(**11회 선택형**), **[17사법, 12법행]** ②과 관련하여 타주점유자가 그 명의로 소유권이전등기를 경료한 것만으로는 점유시킨 자에 대하여 소유의 의사를 표시함으로써 자주점유로 전환되었다고 볼 수 없다고 한다(92다37871).

---

7) **[판례검토]** 제197조 1항이 규정하고 있는 점유자에게 추정되는 소유의 의사는 사실상 소유할 의사가 있는 것으로 충분한 것이지 반드시 등기를 수반하여야 하는 것은 아니므로 判例의 견해가 타당하다.

8) **[판례검토]** 실제로 인도받은 부동산의 면적이 등기부상 면적을 상당히 초과한다고 볼 수 없는 경우에는 '착오'로 인접 부동산의 일부를 매수인이 매수·취득한 부동산에 속하는 것으로 믿고 점유를 하여 왔다고 보아야 한다.

2. 자주점유에서 타주점유로의 전환

위에서 설명한 타주점유로부터 자주점유로의 전환에 준한다.

① 다만, 점유자가 매매나 시효취득을 원인으로 소유권이전등기를 청구하였다가 패소 확정된 경우에도, 점유자가 소유자에 대하여 어떤 의무가 있음이 확정되는 것은 아니므로 소제기시부터 악의의 점유자(제197조 2항)가 되는데 불과하고 타주점유로 전환되는 것은 아니다(80다2226)**(3회 선택형).** **[12법행, 12법무, 13회 기록형]**

② 그러나 반대로 소유자가 점유자를 상대로 적극적으로 소유권을 주장하여 승소한 경우에는, 점유자가 소유자에 대해 등기말소 또는 인도 등의 의무를 부담하는 것으로 확정된 것이므로, 단순한 악의 점유의 상태와는 달리 객관적으로 그와 같은 의무를 부담하는 점유자로 변한 것이어서, 점유자의 토지에 대한 점유는 '소제기시부터' 악의의 점유자가 됨(제197조 2항)과 동시에 '패소판결 확정 후'부터는 타주점유로 전환된다(2000다14934,14941).

Ⅳ. 자주점유의 추정과 번복

[D22-4]

점유자가 스스로 매매 등과 같은 자주점유의 권원을 주장하였으나 이것이 인정되지 않은 경우에도 자주점유의 추정(제197조 1항)이 가능한지에 대해 判例는 긍정하는 것이 일반적이나, '악의의 무단점유'의 경우 이를 부정하였다(전합95다28625) **[11회 사례형, 1회 기록형, 12법행, 14행정]** 즉, 권원의 성질이 분명하지 아니한 경우에도, 점유자가 타인의 소유권을 배척하고 점유할 의사를 갖고 있지 않다고 볼 '객관적인 사정'이 있는 때에는 자주점유의 추정이 깨지는 것으로 보고 있다.[9)10)]

✎ **[관련판례]** "계약명의신탁에서 명의신탁자는 부동산의 소유자가 명의신탁약정을 알았는지 여부와 관계없이 부동산의 소유권을 갖지 못할 뿐만 아니라 매매계약의 당사자도 아니어서 소유자를 상대로 소유권이전등기청구를 할 수 없고, 이는 명의신탁자도 잘 알고 있다고 보아야 한다. 명의신탁자가 명의신탁약정에 따라 부동산을 점유한다면 명의신탁자에게 점유할 다른 권원이 인정되는 등의 특별한 사정이 없는 한 **명의신탁자는 소유권 취득의 원인이 되는 법률요건이 없이 그와 같은 사실을 잘 알면서 타인의 부동산을 점유한 것이다.** 이러한 명의신탁자는 타인의 소유권을 배척하고 점유할 의사를 가지지 않았다고 할 것이므로 소유의 의사로 점유한다는 추정은 깨어진다"(2019다249428).

---

9) **[판례의 반대의견]** "점유취득시효에 있어서는 점유자가 선의임을 그 요건으로 삼지 않고 있어 악의의 점유자도 자주점유라면 시효취득을 할 수 있는 것이므로…"

10) **[판례해설]** 구체적 타당성이나 법정책적 측면에서 判例의 다수의견은 타당한 측면이 있다. 그러나 '현행법의 해석'상 소유의 의사는 사실상 지배자의 자연적 의사를 의미할 뿐이고, 법률상 지배할 수 있는 권한이나 그에 대한 믿음을 의미하지 않으므로 악의의 무단점유는 소유의 의사가 있는 것으로 보아야 한다는 비판이 있다.

※ 취득시효완성을 원인으로 한 소유권이전등기청구 사례구조

I. 원고의 청구

점유취득시효완성을 원인으로 한 소유권이전등기청구권을 행사하기 위한 요건사실은 '20년간 소유의 의사로 평온, 공연하게 점유한 사실'이다(제245조 1항). 그러나 제197조 1항에 의해 당해 부동산을 '20년간 점유한 사실'만 주장·증명하면 된다.

II. 피고의 항변

① 타주점유(악의의 무단점유), ② 취득시효 완성 후의 소유명의 변경(이중양도 법리), ③ 점유중단(민법 제198조에 의한 점유의 계속 추정은 법률상 추정이므로 그 사이 점유가 중단 또는 상실되었다는 사실은 상대방이 주장·증명책임을 지는 항변사유로 된다), ④ 시효중단(소멸시효의 중단에 관한 규정은 취득시효에 대하여도 적용된다. 제247조 2항), ⑤ 시효소멸(피고가 시효소멸을 주장하기 위해서는 점유자가 점유를 상실한 때로부터 10년의 소멸시효기간이 도과한 사실까지 주장·증명하여야 한다)의 항변을 할 수 있다.

III. 원고의 재항변

① 피고가 타주점유의 증명에 성공하면, 원고로서는 그에 대한 '재항변'으로 자주점유로의 전환을 주장할 수 있다. ② 취득시효 완성 후 소유명의 변경에 대하여 원고로서는 제3자 명의의 소유권이전등기가 무효라는 등의 사유로 '재항변'할 수 있다.

I. 취득시효의 객체

[D-66b]

1. 자기소유 부동산

判例에 따르면 ① 대내외적으로 모두 자기 소유이었던 기간 동안의 점유는 취득시효의 기초로서의 점유에 해당하지 않으나(96다55860)(13회 선택형) [5회 기록형], ② '유효한 명의신탁'에서 명의신탁자의 점유(2001다17572)나 '가등기담보등에 관한 법률이 적용되지 않는 부동산 양도담보'(신탁적 소유권 이전설)(2014다21649)와 같이 소유권의 관계적 귀속이 인정되어 대내적으로는 자기소유이지만, 대외적으로는 타인 소유이었던 기간 동안의 점유는 점유취득시효의 기초로서의 점유에 해당한다고 본다.

2. 1필의 토지 일부 [12법행, 12입법]

분필되지 않은 1필의 '토지의 일부'에 대해서도 ⅰ) 그 부분이 다른 부분과 구분되어, ⅱ) 시효취득자의 점유에 속한다는 것을 인식하기에 족한 객관적인 징표(예컨대 담장이나 건물의 외벽)가 계속하여 존재하면 취득시효가 인정된다(96다37428)(구, 징, 계).

3. 공유지분 [6회 사례형]

공유지분의 일부에 대한 시효취득도 가능하다. 그러나 공유자는 '공유물 전부'를 점유하더라도 공유지분만을 시효취득한다. 지분의 범위 내에서만 자주점유이기 때문이다. 그리고 이때에는 일부만 점유하였다는 객관적 징표가 존재할 필요가 없다(74다1877).

Ⅱ. 취득시효의 기산점

[D-66d]

1. 원 칙 [12법행, 14행정]

判例는 취득시효기간 만료 전과 만료 후를 나누어 그 법률관계를 다르게 판단한다. 이러한 원칙을 견지하고자 判例는 "시효기간 전·후에 등기명의자의 변동이 있는 경우에 당사자가 임의로 기산점을 정하지못한다"고 한다. 따라서 '취득시효의 기산점'은 당사자의 주장에 법원도 구속되지 않고 소송자료에 의해 진정한 점유시기를 인정하는 '간접사실'이다(93다60120)(1회 선택형).

2. 예 외

① 判例는 "취득시효기간 중 계속해서 등기명의자가 동일한 경우(상속도 이에 포함)에는 전 점유자가 점유를 개시한 이후의 임의의 시점을 그 기산점으로 삼을 수 있다"고 한다.

② ㉠ 취득시효 완성 후 소유자에 변동이 있어도 당초의 점유자가 계속 점유하고 있고 소유자가 변동된 시점을 새로운 기산점으로 삼아도 다시 취득시효의 점유기간이 완성되는 경우 判例는 "이 경우 시효취득을 주장하는 점유자는 소유권 변동시를 새로운 취득시효의 기산점으로 삼아 취득시효의 완성을 주장할 수 있다"(전합93다46360)고 한다. [12법행, 14·17행정]

㉡ 다만, 이 때 종전 判例는 그 점유기간 중에는 소유자의 변동이 없어야만 한다고 하였으나 최근 전원합의체 판결을 통해 등기부상 소유명의자가 다시 변경된 경우에도 가능하다고 변경하였다(전합2007다15172)(1회, 10회, 12회 선택형) 즉, "취득시효기간이 경과하기 전에 등기부상의 소유명의자가 변경된다고 하더라도 그 사유만으로는 점유자의 종래의 사실상태의 계속을 파괴한 것이라고 볼수 없어 취득시효를 중단할 사유가 되지 못하는바(제247조 2항), 이러한 법리는 새로이 2차의 취득시효가 개시되어 그 취득시효기간이 경과하기 전에 등기부상의 소유명의자가 다시 변경된 경우에도 마찬가지로 적용된다"고 한다.

Ⅲ. 점유취득시효 완성의 효과

[D-66e]

1. 등기청구권의 발생

① [법적 성질] 취득시효기간이 완성되었다고 하더라도 그것만으로 바로 소유권취득의 효력이 생기는 것이 아니라, 이를 원인으로 하여 소유권취득을 위한 등기청구권이 발생하는 것에 불과하고, 미등기 부동산의 경우라 하여 취득시효기간의 완성만으로 등기 없이도 점유자가 소유권을 취득한다고 볼 수 없다(2012다5834)(제245조 1항)(2회, 12회 선택형).

② [등기청구의 상대방] ㉠ [원칙] 취득시효 완성 당시의 진정한 소유자가 원칙적으로 등기청구의 상대방이다. 예를 들어 "취득시효가 완성된 후 점유자가 그 등기를 하기 전에 경료된 제3자 명의의 등기가 원인무효인 경우에는 점유자는 취득시효 완성 당시의 소유자를 대위하여 위 제3자 앞으로 경료된 원인무효인 등기의 말소를 구함과 아울러 위 소유자에게 취득시효 완성을 원인으로 한 소유권이전등기를 구할 수 있다"(93다12268)(3회, 10회, 11회 선택형).

㉡ [예외] 그러나 대법원은 점유취득시효 완성 당시의 소유권등기가 원인무효인 경우에 점유취득시효 완성자의 대위청구가 불가능한 특별한 사정이 있는 경우(예컨대, 현재 등기명의인의 등기가 확정판결에 기한 경우, 피대위자인 법률상 소유자를 확인할 수 없는 경우 등)에는 예외적으로 원인무효의 등기명의자를 상대로 직접 소유권이전등기를 청구하는 것도 가능하다고 한다(10회 선택형).

2. 소유권 취득의 효과

(1) 원시취득

① 부동산점유취득시효는 '원시취득'에 해당하므로 특별한 사정이 없는 한 원소유자의 소유권에 가하여진 각종 제한에 의하여 영향을 받지 아니하는 완전한 내용의 소유권을 취득하고, 이와 같은 소유권취득의 반사적 효과로서 예를 들어 그 부동산에 관하여 취득시효의 기간이 진행 중에 체결되어 소유권이전등기청구권 가등기에 의하여 보전된 '매매예약상의 매수인의 지위는 소멸된다'고 할 것이지만(2004다31463)**(11회 선택형)**, 이러한 효과는 시효완성자 앞으로 소유권이 전등기가 경료된 때 생기는 것이고, 취득시효기간이 완성되었다고 하더라도 **시효완성자 앞으로 등기를 마치지 아니한 이상 전 소유권에 붙어 있는 부담은 소멸되지 아니한다**(2004다31463). **[12법행]**

② 또한 "진정한 권리자가 아니었던 채무자 또는 물상보증인이 채무담보의 목적으로 채권자에게 부동산에 관하여 저당권설정등기를 경료해 준 후 그 부동산을 시효취득하는 경우에는, 채무자 또는 물상보증인은 피담보채권의 변제의무 내지 책임이 있는 사람으로서 **이미 저당권의 존재를 용인하고 점유하여 온 것이므로, 저당목적물의 시효취득으로 저당권자의 권리는 소멸하지 않는다.** 이러한 법리는 부동산 양도담보의 경우에도 마찬가지이므로, 양도담보권설정자가 양도담보부동산을 20년간 소유의 의사로 평온, 공연하게 점유하였다고 하더라도, **양도담보권자를 상대로 피담보채권의 시효소멸을 주장하면서 담보 목적으로 경료된 소유권이전등기의 말소를 구하는 것은 별론으로 하고**[참고로 判例는 담보권이 설정되어 있더라도 피담보채권의 소멸시효가 중단되는 것은 아니다(2006다12701)라고 한다], 점유취득시효를 원인으로 하여 담보 목적으로 경료된 소유권이전등기의 말소를 구할 수 없고, 이와 같은 효과가 있는 양도담보권설정자 명의로의 소유권이전등기를 구할 수도 없다"(2014다21649)**(9회, 12회, 13회 선택형)**.

🔖 **[구체적 예]** 甲은 X토지를 적법하게 매수하여 1993. 1. 20. 소유권이전등기를 경료하고 점유를 시작하였다. 이후 甲은 乙에게 1994. 1. 20. 6억 원을 빌리면서 당시 시가가 3억 원이었던 X토지에 대해 양도담보 약정을 맺고 등기명의를 乙에게 이전해주었다. 다만 甲은 2016년 현재까지 X토지를 계속 점유하였다.

☞ ㉠ 判例에 따르면 대내외적으로 甲소유인 동안의 점유는 취득시효의 기초되는 점유라고 할 수 없다. 양도담보권자는 담보목적의 범위 내에서 X토지의 소유권을 신탁적으로 취득할 뿐이고(신탁적 소유권이전설), 양도담보권설정자인 甲이 실질적 소유자로서 소유의 의사로 위 토지들을 점유·사용해 왔다고 할 것이므로 대외적으로 乙소유인 동안의 점유(1994.1.20.부터)는 甲의 취득시효의 기초가 되는 점유가 될 수 있다. 따라서 일단 2014.1.20.되면 제245조 1항의 점유취득시효는 완성된다. ㉡ 判例에 따르면 甲은 스스로 설정해준 乙의 양도담보권을 인정하면서 X토지를 점유한 것이므로 양도담보권자 명의의 소유권이전등기의 말소를 구하거나, 이와 동일한 효과가 있는 자신 명의의 소유권이전등기 청구를 할 수 없다(2014다21649). 다만, 乙의 차용금 채권은 10년의 소멸시효가 도과(제162조 1항, 제166조 1항, 제167조)하였으므로 甲은 乙의 대여금 채권이 소멸하였음을 이유로 乙 명의 등기의 말소를 구할 수는 있다.

(2) 소급효 및 소급효의 제한 [5회 사례형]

시효취득에 의한 권리취득의 효력은 '점유를 개시한 때'에 소급한다(제247조 1항). 그러나 통설 및 判例는 본조의 소급효의 범위를 제한적으로 해석하여, 원소유자가 취득시효 완성 이후 그 등기가 있기 전에 그 토지를 ⅰ) 제3자에게 처분하거나 ⅱ) 제한물권의 설정, ⅲ) 토지의 현상 변경 등 소유자로 서의 권리를 행사한 경우 시효취득자로서는 원소유자의 적법한 권리행사로 인한 현상의 변경 이나 제한물권의 설정 등이 이루어진 그 토지의 사실상 혹은 법률상 현상 그대로의 상태에서 등기에 의하여 그 소유권을 취득하게 된다(2005다75910)**(8회 선택형)**고 한다.

3. 취득시효의 중단

소멸시효의 중단에 관한 규정은 취득시효의 중단에도 준용된다(제247조 2항). 그러나 "민법 제 168조 제2호에서 정하는 '압류 또는 가압류'는 금전채권의 강제집행을 위한 수단이거나 그 보전수 단에 불과하여 취득시효기간의 완성 전에 부동산에 압류 또는 가압류 조치가 이루어졌다고 하 더라도 이로써 종래의 점유상태의 계속이 파괴되었다고는 할 수 없으므로 이는 취득시효의 중단사유가 될 수 없다"(2018다296878)**(10회, 11회, 12회 선택형)**.

| **Set 118** | **점유취득시효 완성 후 등기 전의 법률관계 ★★★★** |

✎ 취득시효기간 만료 후에 소유자가 제3자에게 목적물을 처분한 경우의 논리(사례)구조는 이중매매 사안 과 동일하다(제1매수인 : 점유취득시효 완성자, 제2매수인 : 등기된 제3자). 다만 구체적 내용에 차이가 나기 때문에 관련 판례들을 잘 비교해 두어야 한다.

Ⅰ. 점유취득시효 완성 전 소유자가 제3자에게 소유권을 이전한 경우   [D23-1]

이때는 제3자 앞으로의 소유권등기 자체가 곧 취득시효의 중단을 가져오는 사유인 '청구' 등으로 평가 되지는 않으므로(제247조 2항 참고), 이 경우에는 취득시효기간 완성 후에 점유자는 소유권을 취 득한 제3자를 상대로 취득시효를 원인으로 하여 소유권이전등기를 청구할 수 있다.

Ⅱ. 취득시효 완성 후 등기 전에 '점유자'가 제3자에게 점유를 이전한 경우   [D23-2]

判例는 "전 점유자의 점유를 승계한 자는 그 '점유 자체'와 '하자'만을 승계하는 것이지 그 점유로 인한 '법률효 과'까지 승계하는 것은 아니므로, 전 점유자의 소유자에 대한 소유권이전등기청구권을 대위행사할 수 있을 뿐, 전 점유자의 취득시효 완성의 효과를 주장하여 직접 자기에게 소유권이전등기를 청구할 권원은 없다"고 판시하고 있다고 하여 대위행사설(직접청구부정설)의 입장이다(전합93다 47745)**(1회, 8회, 10회 선택형)**.

Ⅲ. 취득시효 완성 후 등기 전에 '소유자'가 제3자에게 소유권을 이전한 경우 [D23-3]

1. 취득시효 완성자가 새로운 소유자에게 취득시효로써 대항할 수 있는지 여부

① 시효완성 후 제3자가 등기를 갖춘 경우는 '이중양도의 법리'에 따라 제3자가 설령 악의라 하더라도 그 소유권이전등기가 당연무효가 아닌 한, 종전소유자의 소유권이전등기의무가 이행불능으로 되어 점유취득시효 완성자는 그 제3자에 대하여 시효취득을 주장할 수 없다. **[4회 사례형, 13회 기록형]**

② 다만, ㉠ 그 후 어떠한 사유로 취득시효완성 당시의 소유자에게로 소유권이 회복되면 그 소유자에게 시효취득의 효과를 주장할 수 있다(90다14225)**(3회 선택형)**. ㉡ 또한 앞서 검토한 바와 같이 취득시효 완성 후 소유명의자에 변동이 있더라도 당초의 점유자가 계속 점유하고 있고, 소유자가 변동된 시점을 새로운 기산점으로 삼아도 다시 취득시효의 점유기간이 완성된 경우에는 변경된 소유명의자에게 취득시효의 완성을 주장할 수 있다(전합93다46360). **[12법행, 17행정]**

(1) 제3자에 해당하는 자

判例가 제3자에 해당한다고 본 자는 ㉠ 취득시효 완성 전에 매수하여 취득시효 완성 후에 등기를 마친 경우, ㉡ 취득시효 완성 전에 가등기를 하였다가 취득시효 완성 후 가등기에 기한 본등기를 마친 경우(92다21258)(물권변동의 시기는 가등기한 때가 아니라 본등기를 한 때이기 때문이다)**(3회, 9회 선택형)**, ㉢ 취득시효 완성 후 명의신탁 해지를 원인으로 명의수탁자에게서 명의신탁자에게 소유권이전등기가 마쳐진 경우, ㉣ 점유취득시효 완성 당시 부동산이 (구) 신탁법상 신탁계약에 따라 수탁자 명의로 소유권이전등기와 신탁등기가 되어 있었는데 등기하지 아니하고 있는 사이에 제3자에게 처분되어 제3자 명의로 소유권이전등기가 마쳐졌다가 다시 별개의 신탁계약에 의해 동일한 수탁자 명의로 소유권이전등기와 신탁등기가 마쳐진 경우(2014다61814), ㉤ 취득시효 완성 후 공유물분할의 경우(공유물 분할은 공유자 상호간의 지분의 교환 또는 매매라고 볼 수 있기 때문이다), ㉥ 취득시효 완성 후 소유자의 공동상속인 중의 한 사람이 다른 상속인의 상속분을 양수한 경우를 들 수 있다. ㉦ 특히 判例는 소유자로부터 부동산을 증여받았으나 소유권이전등기를 하지 않고 있던 중에 소유자가 사망하여 상속이 개시되고 그 후 취득시효가 완성된 경우, **증여를 원인으로 한 소유권이전등기를 마친 수증자는 제3자에 해당하나**(취득시효 완성 후의 새로운 이해관계인에 해당), 이 때 수증자가 상속인 중 한 사람인 경우 그 상속인이 가지고 있던 피상속인에 대한 증여를 원인으로 한 소유권이전등기청구권은 **자기의 상속지분 범위 내에서는 상속에 의하여 혼동으로 소멸하므로**(제507조 참조) 점유자에 대하여는 취득시효 기간이 경과된 때에 새로 취득시효 완성을 원인으로 한 소유권이전등기의무를 부담하게 된다고 한다(2011다59445). 그렇다면 이 경우에는 결국 **자기의 상속지분 범위 외에 대하여서만 제3자에 해당한다.**

(2) 제3자에 해당하지 않는 자

判例가 제3자에 해당하지 않는다고 본 경우는 취득시효 완성 후 소유자의 변경이 없다고 본 경우로 ㉠ 취득시효 완성 후 상속한 경우(94다22484)**(10회 선택형)**, ㉡ 취득시효 완성 당시 미등기 소유자가 취득시효 완성 후 보존등기를 마친 경우(2006다84423 등), ㉢ 명의수탁자가 취득시효 완성 후 명의신탁자에게서 목적물을 매수한 경우(88다카23506), ㉣ 취득시효의 목적물에 가처분을 한 가처분채권자가 취득시효 완성 당시 그 부동산의 진정한 소유자인 경우(2010다73475)등이다.

2. 취득시효 완성자와 취득시효 완성당시의 소유자(전 소유자) 사이의 법률관계

(1) 채무불이행책임 [6회 사례형]

判例는 소유자와 시효완성자 사이에는 '계약상의 채권·채무관계'가 성립하는 것은 아니므로, 부동산을 처분한 소유자에 대해서 채무불이행 책임을 물을 수 없다고 한다(94다4509)(3회 선택형).[11]

(2) 불법행위책임 [4회·6회 사례형, 16행정]

등기명의인이 자신의 부동산에 대하여 취득시효가 완성된 사실을 '알고도' 제3자에게 처분하여 등기명의를 넘겨줌으로써 시효취득자에게 손해를 입혔다면 불법행위를 구성하며, 만약 부동산을 취득한 제3자가 부동산 소유자의 이러한 불법행위에 적극 가담하였다면 이는 사회질서에 반하는 행위로서 무효가 된다(93다60779)(1회, 11회, 12회 선택형).

(3) 대상청구권(대상청구권 Set 041.참고)

(4) 기 타

判例는 소유자는 점유취득시효 완성자에 대해 그 대지에 대한 불법점유임을 이유로 그 지상건물의 철거와 대지의 인도를 청구할 수 없고(87다카1979), 점유로 인한 부당이득반환청구를 할 수 없으며(92다51280)(1회, 8회, 9회 선택형), 소유권의 확인을 받을 이익이 없다고 한다(94다13480).

Ⅳ. 취득시효 완성 후 등기 전에 '소유자'가 제3자에게 저당권을 설정한 경우

1. 취득시효 완성자가 저당권자에게 취득시효로써 대항할 수 있는지 여부

소유자가 제3자에게 소유권을 이전해 준 경우와 마찬가지 이유에서 취득시효완성자는 저당권자에게 취득시효 완성으로 대항할 수 없다(2005다75910). 따라서 취득시효완성자가 소유권이전등기를 마치더라도 위 저당권은 유효하게 존속한다.

2. 취득시효 완성자가 대위변제한 경우 소유자에게 구상권을 행사할 수 있는지 여부(소극)

判例는 "시효취득자가 원소유자에 의하여 그 토지에 설정된 근저당권의 피담보채무를 변제하는 것은 시효취득자가 용인하여야 할 그 토지상의 부담을 제거하여 완전한 소유권을 확보하기 위한 것으로서 그 자신의 이익을 위한 행위라 할 것이니, 위 변제액 상당에 대하여 원소유자에게 대위변제를 이유로 구상권을 행사하거나 부당이득을 이유로 그 반환청구권을 행사할 수는 없다"(2005다75910)(3회, 9회 선택형)고 한다.[12] [4회 사례형]

---

11) **[판례해설]** 그러나 취득시효 완성자는 당시의 소유자에 대하여 채권적인 등기청구권을 가지고 있으며, 이는 '법정의 채권·채무관계' 라 할 것이므로 전 소유자에게 귀책사유가 있으면 채무불이행책임을 물을 수 있다는 비판이 있다.

12) **[판례검토]** 시효취득의 경우에는 원래의 소유자의 의사와는 관계없이 소유권이 시효취득자에게 무상으로 귀속되는 것이므로 이러한 경우에까지 원래의 소유자에게 피담보채무 상당의 상환의무를 인정하는 것은 형평이라는 관점에서 비추어 보아 부당하므로 判例의 태도가 결과에 있어서는 타당하다.

Ⅰ. 등기부취득시효의 요건

[D-67]

1. 선의·무과실의 점유

(1) 선의·무과실의 내용 및 존재시기

선의·무과실은 등기에 관한 것이 아니고 점유취득에 관한 것이다(96다48527). 선의·무과실은 **점유개시시를 기준으로 판단**하며, 전 점유기간동안 선의·무과실일 필요는 없다(87다카191)**(7회 선택형)**. 전점유자의 점유를 승계한 때에도 전점유자의 점유개시 당시에 선의·무과실이어야 한다. 이는 상속의 경우에도 마찬가지이므로 피상속인의 점유개시 당시를 기준으로 무과실 여부를 판단하여야 한다(94다22651).

(2) 증명책임

① 判例는 점유자의 무과실은 추정되지 않기 때문에 등기부취득시효의 완성을 주장하는 점유자는 스스로 무과실을 주장·증명해야 한다고 한다(84다카1866). ② ㉠ 다만 점유자가 그 부동산의 등기명의자로부터 부동산을 매수하여 소유권이전등기를 마치고 인도를 받은 경우에는 등기추정력의 부수적(파생적) 효과로서 점유자의 무과실을 사실상 추정할 수 있다고 한다. ㉡ 그러나 "등기부의 기재 등에 의하여 매도인의 처분권한에 대하여 의심할 만한 사정이 있거나, 매도인과 매수인의 관계 등에 비추어 처분권한이 없음을 쉽게 알 수 있었을 경우에는, 매수인이 매도인 명의로 된 등기를 믿고 매수하였다 하여 그것만으로 과실이 없다고 할 수 없다"(2016다248424).

2. 10년간 등기 및 점유

(1) 등기의 승계

判例는 등기와 점유는 권리의 외관을 표상하는 방법에서 동등한 가치를 가지므로 제199조를 유추적용함이 타당하다고 한다(전합87다카2176)**(7회 선택형). [5회 기록형]**

(2) 공유지분등기를 한 경우

① 공유자가 공유물의 전부를 점유한 경우에도 자신의 공유지분만 시효취득한다. 공유로 등기된 부동산에 대해 공유지분에 대해 시효취득하기 위해서는 목적물 전부를 점유해야 한다. 다른 공유자의 지분비율 범위에서는 타주점유로 보아야 하기 때문이다.

② 공유자가 공유물의 일부만 점유한 경우에는 그 점유한 일부를 기준으로 하여 다시 공유지분비율의 범위 내에서만 시효취득할 수 있을 것이다. 예컨대 2분의 1의 지분을 갖고 있는 공유자가 공유물 전부가 아니라 일부인 2분의 1만 점유한 경우(1필의 토지의 일부에 대한 시효취득의 요건인 객관적 징표가 있었을 것을 전제로) 그 점유한 부분 중의 2분의 1의 지분(즉 전체적으로 4분의 1의 지분)에 대해서는 시효취득이 가능할 것이다(93다4250).

✎ [비교판례] 다만 이른바 구분소유적 공유에서 지분이전등기를 받은 자가 그에 상응하는 특정 일부를 점유하여 왔다면 그 지분 자체에 대한 등기부취득시효를 긍정할 것이다(95다24654

등). **[6회 사례형]** 점유취득시효와 관련해서도 判例는 구분소유적 공유를 할 의사로 공유지분의 면적에 해당하는 만큼 그 특정부분을 점유한 경우 그 특정부분의 점유 전부가 자주점유라고 본다(2006다79995). 이는 일반 공유물의 경우 점유한 부분 중 공유지분의 비율범위 내에서만 자주점유인 것과 구별된다.

(3) 명의신탁등기를 한 경우

부동산 명의신탁에서 수탁자 명의로 등기된 기간이 10년이 경과하였다고 하더라도 그 등기를 신탁자의 등기로 볼 수 없어 신탁자에게 등기부취득시효가 인정될 수 없고(85다카1644), 수탁자는 타주점유이므로 역시 등기부취득시효는 인정되지 않는다(91다46533). 다만 신탁자의 점유취득시효는 가능하다(간접점유).

(4) 소유권이전의 원인행위가 사해행위로 취소된 경우 '수익자'의 등기부취득시효

채권자는 사해행위취소의 판결이 확정됨으로써 그 등기명의를 채무자 앞으로 회복하여 강제집행을 할 수 있게 되었는데, '수익자'가 그러한 부담을 안고 있다는 사정을 잘 알고 있는 상태에서 위 판결 전후 기간 동안 부동산을 점유한 경우 判例는 "사해행위가 취소되더라도 그 부동산은 여전히 수익자의 소유이고(상대적 무효설), 자기소유 부동산에 대한 취득시효는 인정될 수 없으므로 그러한 수익자의 점유는 취득시효의 기초가 되는 점유라고 할 수 없다"(2013다206313)고 한다.

Ⅱ. 등기부취득시효로 소유권을 상실하게 된 원소유자의 구제수단 ★★★ [핵심사례 D-05]

甲소유의 X토지에 관하여 乙이 등기에 필요한 서류를 위조하여 무효의 소유권이전등기를 한 다음 이를 모르는 丙에게 X토지를 매도하고 소유권이전등기를 해 준 상태에서 丙이 등기부취득시효를 완성한 경우, 甲이 소유권에 기하여 乙과 丙을 상대로 각 소유권이전등기의 말소를 청구하면, 등기부취득시효를 완성한 丙뿐만 아니라 乙도 甲의 소유권 상실을 주장하여 甲의 청구에 대항할 수 있다(94다7348)**(5회 선택형)**. 만약 사안에서 甲이 丙을 상대로 제기한 소유권이전등기 말소등기 청구의 소가 패소 확정되면 원래 소유자였던 甲이 위법행위를 한 乙에 대한 구제수단은?

1. 대상청구권의 인정여부

判例는 물권적 청구권이 이행불능된 경우에도 대상청구권이 인정될 수 있음을 전제로, 甲의 乙에 대한 소유권이전등기말소청구권이 불능이 된 것은 丙의 등기부취득시효가 완성되었기 때문인 반면 乙이 받은 매매대금은 乙과 丙사이의 매매계약에 의한 것이어서 '급부를 불가능하게 하는 사정'과 乙이 취득한 '대신하는 이익'사이에 상당인과관계가 존재한다고 할 수 없다고 한다(2003다35482).

2. 부당이득반환구권의 인정여부 [13회 사례형]

최근 判例는 무권리자의 처분행위가 있었으나 제3자의 등기부취득시효로 인해 '원소유자가 소유권을 상실하게 된 손해'가 발생한 경우, 이는 취득시효에 따른 효과일 뿐 무권리자와 제3자가 체결한 매매계약의 효력과는 직접 관계가 없으므로(가해행위와 손해발생 사이에 상당인과관계가 없으므로) 원소유자는 무권리자에게 제3자로부터 받은 '매매대금'에 관해 부당이득반환을 청구할 수는 없다(2019다272275).

✎ [비교판례] "권리자가 무권리자의 처분행위를 추인하면 권리자는 자기의 손해를 한도로 하여 무권리자가 받은 이득의 반환을 청구할 수 있다"(2020다210686,210693).

3. 채무불이행을 원인으로 한 손해배상청구권

최근 전원합의체 판결에 따르면 물권적 청구권은 그 권리자인 소유자가 소유권을 상실하면 이제 그 발생의 기반이 아예 없게 되어 더 이상 그 존재 자체가 인정되지 아니하는 것이므로 이행불능은 문제되지 않는다(전합2010다28604)**(7회, 9회 선택형).**

4. 불법행위를 원인으로 한 손해배상청구권

⑴ 소유권 상실로 인한 손해배상청구권의 인정 여부

判例에 따르면 甲은 乙을 상대로 불법행위를 원인으로 한 손해배상을 청구할 수 있고, 다만 손해배상액(부동산의 시가 상당액)의 기준시점은 소유권 상실의 결과가 '현실화된' 등기부취득시효 완성자를 상대로 한 말소등기청구소송에서 패소 확정된 때라고 한다(2005다29474참고).

⑵ 소멸시효의 기산점 [11회 기록형]

判例는 "가해행위와 이로 인한 현실적인 손해의 발생 사이에 시간적 간격이 있는 불법행위에 기한 손해배상채권의 경우, 소멸시효의 기산점이 되는 '불법행위를 한 날'의 의미(제766조)는 단지 관념적이고 부동적인 상태에서 잠재적으로만 존재하고 있는 손해가 그 후 현실화되었다고 볼 수 있는 때로 보아야 할 것인바, …(중략)… 소유자가 제3자를 상대로 제기한 등기말소 청구 소송이 패소 확정될 때에 그 손해의 결과발생이 현실화된다"(2007다36445)고 하여 원소유자 甲이 등기부취득시효 완성자 丙을 상대로 제기한 소유권이전등기 말소등기 청구의 소에서 패소 확정된 때부터 10년의 소멸시효가 진행한다는 입장을 취하고 있다.

⑶ 과실상계 가부

判例는 "피해자의 부주의를 이용하여 고의로 불법행위를 저지른 자가 바로 그 피해자의 부주의를 이유로 자신의 책임을 감하여 달라고 주장하는 것은 다른 특별한 사정이 없는 한 허용될 수 없다"(2007다36445)고 한다.

※ 저당목적 건물이 증·개축된 경우 사례구조(제358조의 저당권의 효력 관련)

> ### Ⅰ. 증·개축된 부분의 기존 건물에의 부합여부 검토
>
> ㉠ 건물의 소유자가 증·개축한 경우와 ㉡ 타인의 권원(임대차, 도급)에 의한 증·개축의 경우
>
> ### Ⅱ. 독립성이 부정되는 경우
>
> ① 제256조 본문에 의해 기존 건물에 '부합'되어 제358조에 의한 저당권의 효력이 미치기 때문에 경락인이 소유권 취득 ⇒ ② 특히 증축한 '대항력 있는 후순위 임차인'의 구제수단이 문제(임대인에 대한 제626조 비용상환청구권 인정, 경락인에 대한 제203조 비용상환청구권 아닌 제320조 유치권 인정) ⇒ ③ 만약 '대항력 있는 선순위 임차인'의 경우 경락인이 주택임대차 보호법 제3조 4항(유추적용)에 따라 임대인의 지위를 승계
>
> ### Ⅲ. 독립성이 긍정되는 경우
>
> ① 독립성이 긍정되는 경우 '종물'이 아닌 한 제358조에 의한 저당권의 효력이 미치지 않기 때문에 ㉠ 기존 건물의 소유자 또는 ㉡ 정당한 권원에 의한 타인(임차인, 수급인)이 소유권 취득 ⇒ ② 특히 증축한 '대항력 있는 후순위 임차인'의 구제수단이 문제(임대인에 대한 제646조 부속물매수청구권 인정) ⇒ ② 만약 '대항력 있는 선순위 임차인'의 경우 경락인이 주택임대차 보호법 제3조 4항(유추적용)에 따라 임대인의 지위를 승계

Ⅰ. 부 합 : 부동산에의 부합   [D-71]

1. 소유권의 취득

① 훼손하지 아니하면 분리할 수 없을 정도로 부동산의 '구성부분'이 되어 완전히 독립성을 잃은 경우(강한 부합 : 예컨대 건물의 벽을 이루는 벽돌, 벽면에 부착된 창틀, 화장실, 목욕탕 등처럼 건물의 구성부분이 되는 경우) 언제나 부동산과 하나의 물건이 되고(제256조 본문 적용),

② 분리에 과다한 비용을 요하거나 분리하게 되면 경제적 가치를 심히 감소시키는 경우이나 결합한 물건이 분리되더라도 '독립된 경제적 가치'를 가지는 상태의 경우(약한 부합 또는 부속 : 예컨대 건물의 유리출입문, 샤시, 난방시설, 전기·가스시설 등처럼 어느 정도의 독립성을 가지고 있는 경우. 이를 '부속'이라고 한다) '타인의 권원'에 의하여 부속된 때에는 부동산과 별개의 물건으로 남지만 그 외의 경우에는 부동산과 하나의 물건으로 되어 부동산의 소유자가 그 소유권을 취득하게 된다(제256조 단서 적용여부가 문제).

> 🔖 ㉠ 여기서 '권원'이라 함은 타인의 부동산에 물건을 부속시켜 그 부동산을 이용할 수 있는 권리로서, 지상권·전세권·임차권·도급계약 등을 의미한다. 判例는 금융기관이 대출금 채권의 담보를 위하여 토지에 저당권과 함께 지료 없는 지상권을 설정하면서 채무자 등의 사용·수익권을 배제하지 않은 경우(이른바, 담보지상권) 그러한 토지소유자로부터 토지를 사용·수익할 수 있는 권리를 취득하였다면 이는 '권원'에 해당한다고 볼 수 있다(2015다69907)고 한다.

ⓛ 여기서 '부속'이라 함은 부합과 구별되는 개념으로 부동산의 본질적 구성부분으로 되지는 않을 정도로 결합된 것을 의미한다(제256조 본문의 '부합'은 강한부합, 약한부합을 모두 포함하는 반면, 제256조 단서의 '부속'은 약한부합을 의미한다). 이처럼 부합된 물건에 대하여 독립된 소유권이 인정되기 위해서는 그 전제로 먼저 그 물건의 '독립성'이 인정되어야 한다.

2. 토지에의 부합 [D-71d]

① '(완성된) 건물'은 토지와 별개의 부동산이므로 건물이 토지에 부합하는 일은 없다. ② 수목의 부합의 경우 권원 없이 토지임차인의 승낙만 받고 그 지상에 수목을 식재한 경우에는 토지소유자에 대하여 그 나무의 소유권을 주장할 수 없으며(88다카9067), ③ 농작물의 부합과 관련해서는 적법한 경작권 없이 타인의 토지를 경작하였더라도, 그 경작한 입도(立稻)가 성숙하여 독립한 물건으로서의 존재를 갖추었으면 입도의 소유권은 경작자에게 귀속한다고 한다. 심지어 명인방법을 갖출 필요도 없다고 한다(79다784).

3. 건물에의 부합 [D-71e]

"건물이 증축된 경우에 증축부분의 기존건물에 부합 여부는 증축부분이 기존건물에 부착된 ⅰ) 물리적 구조뿐만 아니라, ⅱ) 그 용도와 기능의 면에서 기존건물과 독립한 경제적 효용을 가지고 거래상 별개의 소유권의 객체가 될 수 있는지의 여부 및 ⅲ) 증축하여 이를 소유하는 자의 의사 등을 종합하여 판단하여야 한다"(94다11606).

① 증·개축된 건물이 기존의 건물과 **구조상·이용상 독립성이 없는 경우**(제256조의 강한부합)에는 증·개축자의 권원유무에 관계없이 부합의 법리에 따라 기존의 건물에 부합한다.

② 증·개축된 건물이 기존의 건물과 **구조상·이용상 독립성이 있는 경우**(제256조의 약한부합, 즉 '부속')에 ㉠ 기존 건물의 소유자가 증·개축한 경우[실무상 저당권의 효력(제358조)과 관련하여 가장 빈번히 문제된다]에는, 이로써 곧바로 그 증축부분이 법률상 기존 건물과 별개인 구분 건물로 되는 것은 아니고, 구분건물(구분소유권)이 되기 위해서는 증축부분의 소유자의 구분소유의사가 객관적으로 표시된 **구분행위**(예컨대 구분등기)가 있어야 한다. 만약 '건물표시변경등기'를 경료한 때에는 이를 구분건물로 하지 않고 그 전체를 1동의 건물로 하려는 의사이다(98다35020). ㉡ 임차인 등 타인이 정당한 권원에 의하여 증개축한 경우에는 구분등기 없이도 제256조 단서에 의하여 증개축한 자의 소유가 된다(99다14518).

Ⅱ. 보상관계 [D-71c]

1. 요 건 : 소유권이 유보된 건축자재의 건물에의 부합과 부당이득

判例는 "제261조의 보상청구가 인정되기 위해서는 제261조 자체의 요건만이 아니라, 부당이득의 요건이 모두 충족되었음이 인정되어야 한다. 매도인에게 소유권이 유보된 자재가 제3자와 매수인 사이에 이루어진 도급계약의 이행으로 제3자 소유 건물의 건축에 사용되어 부합된 경우(제256조 본문) 보상청구를 거부할 법률상 원인이 있다고 할 수 없지만, 제3자가 도급계약에 의하여 제공된 자재의 소유권이 유보된 사실에 관하여 '과실 없이 알지 못한 경우라면 선의취득의 경우와 마찬가지로' 제3자가 그 자재의 귀속으로 인한 이익을 보유할 수 있는 법률상 원인이 있으므로, 매도인으로서는 그에 관한 보상청구를 할 수 없다"(2009다15602)(1회, 4회, 6회 선택형)고 한다.

"이러한 법리는 매도인에게 소유권이 유보된 자재가 본인에게 효력이 없는 계약에 기초하여 매도인으로부터 무권대리인에게 이전되고, 무권대리인과 본인 사이에 이루어진 도급계약의 이행으로 본인 소유 건물의 건축에 사용되어 부합된 경우에도 마찬가지로 적용된다"(2017다282391).

2. 상대방 : 동산양도담보의 경우

判例는 동산의 부합과 관련하여 "부당이득반환청구에서 '이득'이란 실질적인 이익을 의미하며, 동산양도담보권은 담보물의 교환가치 취득을 목적으로 하는 것이므로, 양도담보권의 목적인 주된 동산에 다른 동산이 부합(제257조)되어 부합된 동산에 관한 권리자가 권리를 상실하는 손해를 입은 경우 주된 동산이 담보물로서 가치가 증가된 데 따른 **실질적 이익은 주된 동산에 관한 '양도담보권설정자**'에게 귀속되는 것이다"(즉, 신탁적 소유권이전설에 따라 대외적으로 소유권자인 '양도담보권자'에게 이득이 귀속되는 것이 아니다)(2012다19659)(11회 선택형)고 한다.

Set 121 소유권에 기한 물권적 청구권 ★★★

1. 제213조의 피고적격(점유자)   [D-72]

1. 간접점유자

判例는 불법점유를 이유로 한 인도청구와 그 밖의 인도청구 예컨대, 인도약정에 따라 그 이행을 구하는 경우를 나누어, ① 불법점유자에 대한 인도청구는 현실로 불법점유를 하고 있는 자만을 상대로 해야 한다고 하는 반면, ② 인도약정에 따른 이행청구의 경우에는 간접점유자에 대해서도 인도를 청구할 수 있다고 한다(81다187).

2. 토지 위에 지상물이 있는 경우 ★★★★ [1회·13회 기록형, 10회 사례형, 12법행, 14법무, 17입법]

① 토지를 점유하는 자는 지상물의 점유자가 아니라 지상물의 소유자이다. 따라서 토지소유자는 '지상물을 점유'하고 있는 건물임차인 등이 아닌, '토지를 (불법)점유'하고 있는 건물소유자에게 토지의 인도를 청구할 수 있다(제213조). 다만 토지소유자는 토지의 소유권에 기한 방해배제청구권(제214조)으로서 건물임차인 등에게 위 건물에서 '퇴거'할 것을 청구할 수 있다. 그리고 이는 건물점유자가 건물소유자로부터의 임차인으로서 그 건물임차권이 이른바 '대항력'을 가진다고 해서 달라지지 아니한다. 건물임차권의 대항력은 기본적으로 건물에 관한 것이고 토지를 목적으로 하는 것이 아니므로 이로써 토지소유권을 제약할 수 없기 때문이다(2010다43801)(3회 선택형).

② 그러나 "건물의 소유자가 그 건물의 소유를 통하여 타인 소유의 토지를 점유하고 있다고 하더라도 그 토지 소유자로서는 그 건물의 철거와 그 대지 부분의 인도를 청구할 수 있을 뿐, 자기 소유의 건물을 점유하고 있는 자에 대하여 그 건물에서 퇴거할 것을 청구할 수는 없다(98다57457). 즉, '건물 철거의무'에는 '퇴거의무'도 포함된 것으로 보므로 그 의무자에게 철거를 구하면서 별도로 퇴거를 구할 필요는 없다.

✎ **[부당이득반환 의무자]** "건물소유자는 토지소유자들과의 관계에 있어서는 전체 부지의 불법점
유자라 할 것이고, 따라서 건물부지부분에 관한 차임상당액의 부당이득 전부에 관한 반환의
무를 부담하게 되는 것이며, 건물임차인이 토지소유자들에 대하여 부지점유자로서 부당이
득반환의무를 진다고 볼 수 없다"(94다27809).

3. 건물의 미등기 매수인 ★★★★ [15사법, 12법행, 12입법]

① 判例는 "건물철거는 소유권의 종국적 처분에 해당하는 사실행위이므로 원칙으로는 소유자(등기명의자)에
게만 그 철거처분권이 있다고 할 것이나, 건물을 매수하여 점유하고 있는 자는 등기부상 아직 소유
자로서의 등기명의가 없다 하더라도 그 권리의 범위내에서 그 점유 중인 건물에 대하여 **법률상 또는
사실상 처분을 할 수 있는 지위**"에 있으므로 그 자를 상대로 건물철거를 구할 수 있다고 한다(86다
카1751)(4회, 9회 선택형). 이 경우 건물을 매도하고 퇴거한 매도인(미등기건물 사례임)은 철거청구의
상대방이 될 수 없다고 하며(87다카257,258), 아울러 미등기건물을 '관리'하고 있는 자도 철거청
구의 상대방이 될 수 없다고 한다(2002다61521)(8회 선택형).

② "미등기 무허가건물의 양수인이라 할지라도 그 소유권이전등기를 경료받지 않는 한 그 건물에 대
한 소유권을 취득할 수 없고, 그러한 상태의 건물 양수인에게 소유권에 준하는 '관습상의 물권'이
있다고 볼 수도 없으므로, 건물을 신축하여 그 소유권을 원시취득한 자로부터 그 건물을 매수하였
으나 아직 소유권이전등기를 갖추지 못한 자는 그 건물의 불법점거자에 대하여 '직접' 자신의 소유권 등에 기
하여 명도를 청구할 수는 없다"(2007다11347)(9회 선택형)(건물 소유자를 '대위'하여 인도청구는 가능하다).

✎ **[부당이득반환 의무자]** "미등기건물을 양수하여 점유하는 등 건물에 관한 사실상의 처분권을
보유하는 자가 있는 경우, 건물에 관한 사실상 처분권을 보유하는 자도 토지소유자에 대하여
부당이득반환의무를 부담하고, 사실상 건물의 처분권을 보유하는 자와 법률상 건물소유자(원
시취득자)의 부당이득반환의무는 '부진정연대채무관계'에 있다"(2018다243133, 243140)

Ⅱ. 소유물방해배제청구권에서 방해의 개념 ★★ [11사법, 13회 사례형]   [D-74]

"소유권에 기한 방해배제청구권에 있어서 '방해'라 함은 현재에도 지속되고 있는 침해를 의미하고, 법익
침해가 과거에 일어나서 이미 종결된 경우에 해당하는 '손해'의 개념과는 다르다 할 것이어서, 소유권에 기
한 방해배제청구권은 방해결과의 제거를 내용으로 하는 것이 되어서는 아니 되며(이는 손해배상
의 영역에 해당한다 할 것이다) 현재 계속되고 있는 방해의 원인을 제거하는 것을 내용으로 한다"(
2003다5917).[13]

---

13) **[판례해설]** 사안에서 대법원은 쓰레기 매립으로 조성한 토지에 소유권자가 매립에 동의하지 않은 쓰레기가 매립되어 있다
하더라도 이는 과거의 위법한 매립공사로 인하여 생긴 결과로서 소유권자가 입은 손해에 해당한다 할 것일 뿐, 그 쓰레기가
현재 소유권에 대하여 별도의 침해를 지속하고 있다고 볼 수 없다는 이유로 소유권에 기한 방해배제청구권을 행사할 수
없다고 하였다.

I. 점유자의 과실수취권(제201조)

1. 선의점유자의 과실취득권　　　　　　　　　　　　　　　　　　　　　　[D-73a]

(1) 요 건 [7회 기록형, 17사법, 10행정, 15입법]

① **[선의]** 제201조의 '선의의 점유자'란 과실수취권을 포함하는 본권(소유권·지상권·전세권·임차권)을 가지고 있다고 오신하는 점유자를 가리키며(92다22114), 여기에서의 선의는 일반적인 의미인 '소극적인 부지'를 의미하는 것이 아니라 '적극적인 오신', 즉 실제로는 없는 권리를 존재하는 것으로 적극적으로 믿고 있을 것을 요구한다(69다1234).

② **[무과실 요부]** 다만 判例는 "오신을 함에는 오신할 만한 정당한 근거가 있어야 한다"(95다44290)고 판시하여 무과실을 요구하는 것으로 판단된다.

③ **[예외]** 권원 없는 점유였음이 밝혀졌다고 하여 바로 그 동안의 점유에 대한 선의의 추정이 깨어졌다고 볼 것은 아니지만, 선의의 점유자라도 본권에 관한 소에서 패소한 때에는 그 '소가 제기된 때'부터 악의의 점유자로 본다(제197조 2항)(2017다216028), 여기서의 '소가 제기된 때'란 소송이 계속된 때, 즉 소장 부본이 피고에게 송달된 때를 말하며(2016다242273)**(11회, 12회 선택형)**, '본권에 관한 소'에는 소유권에 기하여 점유물의 인도를 구하는 소송은 물론 부당점유자를 상대로 점유로 인한 부당이득의 반환을 구하는 소송도 포함된다(2001다6213)[제749조 2항에서의 '그 소'라 함은 부당이득반환의 소를 의미하므로 제197조 2항의 '본권에 관한 소'와 다르다(86다카1372)] **(2회 선택형)**.

(2) 효 과

선의의 점유자는 과실수취권이 인정되며(제201조 1항), 과실을 수취할 수 있는 범위 내에서는 부당이득은 성립하지 않는다. 다만 判例는 선의의 점유자에게 과실취득권을 인정하면서도 그에게 '과실'이 있는 경우에는 불법행위로 인한 손해배상책임을 인정하고 있다(66다994).[14]

2. 악의점유자의 과실반환의무

악의의 점유자는 수취한 과실을 반환하여야 하며, 소비하였거나 과실로 훼손 또는 수취하지 못한 경우에는 그 과실의 대가를 보상하여야 한다(제201조 2항)**(12회 선택형)**. 여기서 악의의 점유자라고 함은 선의점유자가 아닌 점유자를 말한다. 즉, 폭력 또는 은비에 의한 점유자(제201조 3항), 과실취득권이 없는 본권(유치권, 질권, 저당권 등)에 관하여 오신한 자를 말한다.

II. 점유자의 멸실·훼손에 대한 책임(제202조)　　　　　　　　　　　　[D-73b]

① 점유자의 책임 있는 사유로 목적물이 멸실·훼손된 경우에도 점유자가 '선의이면서 자주점유인 경우' 그 이익이 현존하는 한도에서 배상책임을 진다. ② 그러나 '악의점유이거나 선의라도 타주점유인 경우'에는 손해의 전부를 배상해야 한다(제202조)**(12회 선택형)**

---

14) **[판례검토]** 그러나 이렇게 보게 되면 한편으로는 선의점유자에게 과실취득이라는 이익을 주면서 다른 한편으로는 손해배상을 이유로 과실 자체는 아니더라도 이에 상응하는 대가를 도로 빼앗는 것이 된다. 따라서 제201조 1항의 입법취지상 선의점유자의 과실취득권이 인정될 경우 불법행위책임은 성립하지 않는다고 보는 것이 타당하다.

Ⅲ. 점유자의 비용상환청구권(제203조)

1. 비용상환청구권의 의의 및 요건

① **[필요비]** 점유자는 선의·악의 또는 소유의 의사 유무를 묻지 않고서 필요비의 상환을 청구할 수 있다(제203조 1항). 필요비는 통상필요비(보존·수선·사육·공과공조 등)와 특별필요비(태풍으로 인한 가옥의 대수선)로 구분되는데, 점유자가 과실을 취득한 경우에는 '**통상의 필요비**'는 청구하지 못한다(제203조 1항 단서)**(12회 선택형)**. 다만, '점유자가 과실을 취득한 경우'란 점유자가 선의의 점유자로서 제201조 제1항에 따라 과실수취권을 보유하고 있는 경우를 뜻하므로 과실수취권이 없는 악의의 점유자에 대해서는 제203조 1항 단서의 규정이 적용되지 않는다"(2018다261889).

② **[유익비]** 점유자는 그의 선의·악의를 묻지 않고서 점유물을 개량하기 위하여 지출한 금액 기타 유익비에 관하여 그 가액의 증가가 현존한 경우에 한하여, '**회복자**'의 선택에 좇아 그 지출금액이나 증가액의 상환을 청구할 수 있다(제203조 2항)**(12회 선택형)**.

2. 비용상환청구권의 당사자

① **[임대차]** 제201조 내지 제203조는 별도의 계약관계 내지 민법에 특별한 규정이 없는 때에 점유자와 회복자의 관계를 규율하는 '일반규정'이다. 즉, 判例는 임차인이 임대인 소유 건물을 임차하여 설비투자를 한 다음 볼링장으로 사용한 경우, 대항력이 없는 임차인 또는 대항력이 있는 후순위 임차인은 제626조 2항을 근거로 '임대인'을 상대로 유익비의 상환을 청구할 수 있을 뿐 제203조 2항을 근거로 '경락인'에게 유익비의 상환을 청구할 수는 없다고 한다(2001다64752)**(4회, 7회 선택형)**. **[4회 사례형]**

② **[도급계약]** "유효한 도급계약에 기하여 수급인이 도급인으로부터 제3자 소유 물건의 점유를 이전받아 이를 수리한 결과 그 물건의 가치가 증가한 경우, 도급인이 그 물건을 간접점유하면서 궁극적으로 자신의 계산으로 비용지출과정을 관리한 것이므로, 도급인만이 소유자에 대한 관계에서 제203조에 의한 비용상환청구권을 행사할 수 있는 비용지출자이고, 수급인은 그러한 비용 지출자에 해당하지 않는다"(99다66564)**(7회, 8회, 9회 선택형)**.

3. 이행기

제203조 1항, 2항은 '점유자가 점유물을 반환할 때'에 상환을 청구할 수 있도록 규정하고 있으므로, 그 상환청구권은 점유자가 회복자로부터 점유물의 반환을 청구받은 때에 비로소 이를 행사할 수 있는 상태가 되고 이행기가 도래한다(2009다5162 등)**(12회 선택형)**.

◆ 공동소유 비교

	공유	합유	총유
인적결합	인적결합관계가 없는 형태(제262조)	조합체(제271조)	권리능력없는 사단 (제275조)
지분처분	자유(제263조)	합유자전원의 동의(제273조)	지분이 없음
분할청구	자유(제268조, 금지특약가능)	불가(제273조 2항), 조합체가 해산한 후에는 가능(제274조)	불가
보존행위	각자가 단독 (제265조 단서)	각자가 단독 (제272조 단서)	사원총회 결의(判例)
처분변경	공유자 전원의 동의(제264조)	합유자 전원의 동의(제272조)	사원총회의 결의(제276조 1항)
사용·수익	지분의 비율로 사용(제263조)	조합계약 기타 규약의 정함(제271조 2항)	정관 기타 규약의 정함 (제276조 2항)
등기	공유자전원 명의로 (지분)등기	합유자전원 명의로 (합유취지기재)등기	비법인사단의 단독명의로 등기

Ⅰ. 공유지분
[D-78c]

1. 지분의 처분 및 포기

① **[지분의 처분]** 공유지분의 처분은 자유로우나(제263조), 공유물의 처분은 전원의 동의가 필요하다 (제264조). 1필의 토지의 '공유지분'에 관하여는 용익물권(주로 법정지상권이 문제)을 설정할 수 없다. 용익물권은 성질상 그 효과가 공유토지 전부에 미치는데, 지분에 관한 용익물권의 설정은 실질적으로 공유토지 전체(이는 제264조에 의해 전원의 동의가 필요)를 처분하는 것과 마찬가지의 효과를 갖기 때문이다(86다카2188).

② **[지분의 포기]** "제267조의 공유지분의 포기는 법률행위로서 상대방 있는 단독행위에 해당하므로, 제186조에 의하여 등기를 하여야 공유지분 포기에 따른 물권변동의 효력이 발생한다. 그리고 부동산 공유자의 공유지분 포기에 따른 등기는 해당 지분에 관하여 다른 공유자 앞으로 소유권이 전등기를 하는 형태가 되어야 한다"(2015다52978)**(10회 선택형)**. 참고로, 합유지분의 포기(관련조문 없음)의 경우에도 동일하게 지분이전등기가 필요하다(96다16896).

2. 공유관계의 대외적 주장

(1) **등기에 관하여** [1회·4회 기록형, 9회 사례형]

判例는 예컨대 甲, 乙, 丙이 X토지를 각 1/3지분으로 공유하고 있는 경우, 공유자 중 1인인 '甲이 단독으로' 공유물에 관한 보존행위를 이유로 제3자 명의의 원인무효 등기를 자신의 1/3지분에 관하여서는 물론 제3자명의 등기전부의 말소를 청구할 수 있고(92다52870)**(8회 선택형)** 甲, 乙, 丙에게 각 1/3씩 진정명의회복을 원인으로 한 소유권이전등기를 이행할 것을 청구하는 것도 가능하다(2003다40651)(1회 선택형). 그러나 甲은 공유물에 관한 보존행위를 이유로는 예를 들어 乙 명의의 1/3 지분에 관하여 원인 없이 丁 앞으로 마쳐진 소유권이전등기의 말소를 구할 수는 없 다는 입장이다(2009다67429).

(2) 목적물 자체에 관하여

① 제3자가 공유물을 불법으로 점유하고 있는 경우 判例는 '보존행위를 근거'로 지분권자는 공유물 전체 의 인도를 청구할 수 있다고 한다(92다52870). [1회 사례형 및 기록형, 13행정] 그러나 취득시효 중 단의 효과는 지분권자에 대해서만 생기고(제247조 2항, 제169조), 부당이득반환청구 또한 지분 에 상응해서만 할 수 있다(78다2088)(2회, 13회 선택형). [13회 기록형]

② 제3자의 점유가 공유자 중 1인의 의사에 의한 경우 ㉠ 과반수지분권자의 의사에 의한 경우에는 제3자 의 점유는 적법하다(제265조 본문), 따라서 소수지분권자는 그 제3자에 대하여 공유물 전체의 인도를 청구할 수 없다. 이 경우 소수지분권자는 그 적법점유자에게 점유사용에 따른 이득을 부당이득으로 반환청구할 수 없으며, 다만 소수지분권자는 과반수공유지분권에게 그 지분에 상응하는 임료 상당의 부당이득을 반환청구할 수 있다(2002다9738)(2회, 4회, 10회, 11회 선택형). [12법행] ㉡ ② 그러나 과반수가 아닌 지분권자(1/2 지분권자도 이에 해당한다)의 의사에 의한 경우에 는 제3자의 점유는 부적법하다. 다만 이 경우 과거 判例는 다른 지분권자는 과반수 지분권자가 아니더라도 그 제3자에 대하여 '보존행위'로서 공유물 전체의 인도를 청구할 수 있다고 하였으 나(2012다43324),[15] 바뀐 전원합의체 판결에 따르면 소수지분권자의 '다른 소수지분권자에 대한 공유물 인도청구' 뿐만 아니라 소수지분권자 다른 소수지분권자의 의사에 의한 '제3자에 대한 공유물 인도청구'도 허용되지 않는다고 한다(전합2018다287522 판결에서 위 2012다43324판결 변경)(12 회, 13회 선택형). [13회 기록형]

3. 제3자의 공유자에 대한 권리행사

제3자가 공유물에 대한 인도청구 또는 철거청구를 할 경우, 判例는 공유자 전원이 피고가 될 필요는 없고 공유자 각자에 대해 그 지분의 한도 내에서 인도 또는 철거를 구할 수 있다고 한다 (69다609등)(5회 선택형).

Ⅱ. 공유자간의 법률관계   [D-78d]

1. 공유물의 관리

공유물의 관리에 관한 사항은 공유자의 '지분의 과반수'로써 결정한다(제265조 본문). 공유자 사 이에 공유물의 관리방법에 관한 협의가 없더라도, 과반수 공유지분을 가진 자는 그 관리에 관한 사항을 단독으로 결정할 수 있으므로, 그 공유토지의 특정부분을 배타적으로 사용·수익할 것을 정하 는 것은 공유물의 관리방법으로 적법하며, 다른 공유자에 대하여도 그 효력이 있다(88다카33855)(1 회, 2회 선택형).

---

15) [사실관계] 공유 토지의 소수지분권자인 甲 등이, 다른 소수지분권자들과의 토지임대차계약에 기하여 지상의 건물을 소유함 으로써 토지를 배타적으로 점유·사용하고 있는 乙 주식회사로부터 건물을 임차하여 점유·사용하고 있는 丙 등을 상대로 각 점유 부분으로부터의 퇴거를 구한 사안에서, 甲 등은 乙 회사를 상대로 공유물의 보존행위로서 건물 철거 및 토지 인도를 구할 수 있고, 丙 등을 상대로 각 점유 부분으로부터의 퇴거도 구할 수 있다고 한 사례

(1) 관리행위인지 처분행위인지가 문제되는 경우

1) 공유 토지를 임대하는 경우

① **[처분행위]** 과반수 지분권자가 공유지인 나대지 위에 건물을 신축하거나 제3자에게 건물소유를 위하여 공유지를 임대하는 행위는 공유물의 현상을 변경하는 것으로 관리행위의 한계를 벗어난 '처분행위'이므로, 제264조에 의해 토지공유자 전원의 동의를 요한다(2000다33638). **[18법무]**

② **[관리행위]** 다만 이미 공유토지 위에 건물이 존재하는 경우 과반수지분권자가 건물소유자에게 공유토지를 임대한 경우는 '관리행위'로서 적법하다(2002다9738). **[12법행, 18법무]**

2) 공유목적물과 관련한 계약을 해제·해지하는 경우

① **[관리행위]** '임대차'와 같은 관리행위의 성질을 지니는 계약의 해지는 '관리행위'이다(2010다37905). **[12법행, 13행정]**

② **[처분행위]** 그러나 '매매'와 같은 목적물의 처분을 위한 계약을 해제하는 것은 '처분행위'이고, 계약의 해제에는 불가분성이 있으나(제547조 1항), 判例는 공유물에 관한 매매계약을 해제하는 경우에는 해제의 불가분성이 적용되지 않고 지분처분의 자유(제263조)를 고려하여 각 공유자는 자신의 공유지분에 대한 매매계약을 해제할 수 있다고 한다(94다59745).

(2) 공유자간의 공유물의 관리에 관한 특약

① 제265조는 임의규정이며, 공유자간의 공유물에 대한 사용·수익·관리에 관한 특약이 있는 때에는 그에 따른다.

② 判例는 "이러한 특약은 공유자의 특정승계인에 대하여도 당연히 승계되나, 위와 같은 특약 후에 공유자에 변경이 있고 특약을 변경할 만한 사정이 있는 경우에는 공유자의 지분의 과반수의 결정으로 기존 특약을 변경할 수 있다"고 한다(2005다1827)(**10회, 11회, 13회 선택형**). 참고로 공유자 간의 특약 중 공유자의 특정승계인에 대하여 승계되는 것은 '관리'에 관한 특약에 한정된다. 즉, '공유지분권의 본질적 부분에 관한 것'은 특별한 사정이 없는 한 특정승계인에게 당연히 승계되지 않는다 (2009다54294)(**11회, 13회 선택형**) **[13회 기록형]**. 아울러 '지분처분의 약정'이 지분승계인에게 승계되는 것도 아니다(2007다64167).

2. 공유물의 사용 및 수익   [D-78d2]

(1) 과반수지분권자의 배타적 사용, 수익

그 사용, 수익의 방법이 관리행위의 한계를 벗어나지 않는다면,[16] 이는 관리행위(제265조 본문)로서 적법하다. 이 경우 과반수지분권자는 사용, 수익을 전혀 하지 못하고 있는 '소수지분권자'에 대하여 그 지분에 상응하는 임료 상당의 부당이득을 반환할 의무가 있다(2002다9738).

1) 다른 공유자의 동의 없는 공유목적물의 임대(전세)에 따른 보증금(전세금)

부동산의 공유자 중의 1인이 다른 공유자의 동의 없이 그 부동산을 다른 사람에게 임대하였다면, 전세금이나 보증금은 임대차가 종료되면 임차인에게 반환되어야 할 성질의 것이기 때문에

---

16) 공유지인 나대지 위에 건물을 지어 공유지를 사용, 수익하는 것은 공유물의 현상을 변경하는 것에 해당하여 관리행위의 한계를 벗어난 것이 된다(2000다33638).

전세금이나 보증금의 이자 상당액이 차임에 해당되거나 차임에 보태어지는 것이지 전세금이나 보증금 자체에 대한 지분비율 상당액이 곧바로 부당이득이 되는 것은 아니다(91다23639).

2) 다른 공유자의 동의 없는 공유목적물의 임대(전세)에 따른 부당이득반환청구의 상대방

① **[과반수 지분권자가 임대한 경우]** 과반수 지분권자의 임대행위가 관리행위로서 적법한 경우라면 임차인의 점유는 적법하므로 소수지분권자는 **과반수지분권자만을 상대방**(과반수지분권자로부터의 임차인이 아님)으로 하여 그 지분에 상응하는 임료 상당의 부당이득의 반환을 청구할 수 있다(2002다9738)(1회, 2회 선택형). [18법무]

② **[소수 지분권자가 임대한 경우]** 과반수에 미달하는 공유자로부터 임차한 임차인의 점유는 적법점유가 아니므로 원칙적으로 임차인을 상대로 하여 공유지분비율에 상응하는 임료 상당의 부당이득반환청구를 할 수 있다. 다만 임차인은 선의점유자로 추정되며 이에 따라 과실취득권이 인정될 경우에는(제197조 1항, 제201조) 과실취득에 따른 부당이득반환의무도 없으므로(95다44290), 이 경우 임차인이 이미 임대인에게 차임을 지급했다면 다른 공유자는 '임차인'에게 차임 상당의 부당이득반환청구를 할 수 없고 '공유자(임대인)'에게 부당이득반환을 청구해야 한다(94다15318 참고).[17] [1회 사례형]

(2) 소수지분권자의 배타적 사용, 수익

1) 과반수지분권자의 권리

과반수지분권자는 공유물 보존행위로서 그 배타적 사용의 배제를 구할 수 있다(92마290).

2) 다른 소수지분권자의 권리 [6회 사례형, 13회 기록형]

① **[부당이득반환, 손해배상청구]** 소수지분권자의 배타적 점유의 경우 다른 소수지분권자는 자신의 지분침해를 이유로 손해배상청구 또는 부당이득반환청구를 할 수 있다. 이는 비록 그 특정 부분의 면적이 자신들의 지분 비율에 상당하는 면적 범위 내라고 할지라도 동일하다(2000다13948).

② **[공유물인도청구]** 기존 判例는 '공유물의 보존행위'로서 공유물의 인도나 명도를 청구할 수 있다고 한다(전합93다9392,9408)(1회·2회 선택형). 그러나 바뀐 전원합의체 판결에 따르면 "제265조 단서가 공유자 각자가 다른 공유자와 협의없이 보존행위를 할 수 있게 한 것은 그것이 다른 공유자에게도 이익이 되기 때문인바, 소수지분권자가 다른 소수지분권에게 공유물 인도를 청구하는 것은 다른 소수지분권자가 가지고 있는 '지분의 비율에 따른 사용·수익권'까지 근거 없이 박탈하는 것으로 다른 공유자에게도 이익이 되는 보존행위라고 볼 수 없다"는 것을 이유로 부정하였다. 다만, 자신의 지분권에 기초한 공유토지 위의 지상물 철거청구나 공동점유에 대한 방해금지 등의 '방해배제청구'(제214조)는 가능하다고 한다(전합2018다287522[18])(10회, 12회, 13회 선택형)

---

17) **[관련쟁점]** 그러나 다른 공유자가 임차인을 상대로 임차목적물의 인도를 구하는 소를 제기하고 임차인이 본권의 소에서 패소한 경우에는 그 소가 제기된 때부터 악의의 점유자로 추정된다(제197조 2항). 그리고 악의의 점유자의 반환에 관한 제201조 2항은 제748조 2항의 특칙이 아니어서 악의의 점유자는 제201조 2항에 따라 과실을 반환하는 외에 다시 제748조 2항을 적용하여 임료 상당의 부당이익(사용이익) 및 그에 따른 법정이자와 위 부당이득 및 이자액에 대한 지연이자도 지급해야 한다(2001다61869).

18) **[판례검토]** 과거 判例에 따르면 '반복적인 배타적 점유와 인도요구의 악순환'을 인정하게 되는 결과가 되므로 타당하다고 할 수 없다. 그러므로 당해 문제는 인도청구가 아닌 '방해배제청구' '부당이득반환'이나 '공유물 분할'을 통해 궁극적으로 해결하는 것이 타당하다.

3. 공유물의 부담 [D-78d5]

공유자는 그 지분의 비율로 공유물의 관리비용 기타 의무를 부담한다(제266조 1항). 그러나 제266조 1항은 공유자들 사이의 내부적인 부담관계를 정한 것에 지나지 않고, 제3자에 대한 대외적인 관계에까지 적용되는 것은 아니다. 예컨대 과반수지분권자가 자신이 공사비를 주기로 하고 제3자와 공사계약을 맺은 때(관리행위로 적법)에는 그만이 공사비를 부담하고, 그가 공사비를 지출한 때에 '다른 공유자'에게 그 지분비율에 따라 그 상환을 청구할 수 있을 뿐이다(90다20220)**(1회, 13회 선택형)**.

Ⅲ. 공유물의 분할 [D-78e]

1. 협의분할 ⇒ 재판상 분할

공유자는 언제든지 공유물을 자유롭게 분할할 수 있음이 원칙이다(제268조 1항). 분할의 방법에 관하여 '협의'가 성립되지 아니한 때에는 공유자는 법원에 그 분할을 청구할 수 있다(제269조 1항). 이러한 '재판상 분할'의 경우 ㉠ 현물분할을 원칙으로 하나, ㉡ 현물로 분할할 수 없거나 분할로 인하여 그 가액이 현저히 감손(減損)될 염려가 있는 때에는 공유물을 경매하여 '대금분할'을 할 수 있고(제269조 2항), ㉢ 判例는 공유자의 1인이 단독소유권을 취득하고 다른 공유자는 지분의 가격을 지급받는 '가격배상'도 가능하다고 한다(2004다30583).

🖊 **[재판상 분할 중 현물분할의 방식]** "공유물분할청구의 소는 (형식적) 형성의 소로서 법원은 공유물분할을 청구하는 원고가 구하는 방법에 구애받지 않고 재량에 따라 합리적 방법으로 분할을 명할 수 있으므로(처분권주의의 원칙이 적용되지 않음), 여러 사람이 공유하는 물건을 **현물분할**하는 경우에는 분할청구자의 지분 한도 안에서 현물분할을 하고 분할을 원하지 않는 나머지 공유자는 공유로 남게 하는 방법도 허용되나, 그렇다고 하더라도 공유물분할을 청구한 공유자의 지분 한도 안에서는 공유물을 현물 또는 경매·분할함으로써 공유관계를 해소하고 단독소유권을 인정하여야지, ㉠ 분할청구자들이 그들 사이의 공유관계의 유지를 원하고 있지 아니한데도 분할청구자들과 상대방 사이의 공유관계만 해소한 채 분할청구자들을 여전히 공유로 남기는 방식으로 현물분할을 하는 것은 허용될 수 없고(2014다88888), ㉡ 분할청구자가 상대방들을 공유로 남기는 방식의 현물분할을 청구하고 있다고 하여, 상대방들이 그들 사이만의 공유관계의 유지를 원하고 있지 아니한데도 상대방들을 여전히 공유로 남기는 방식으로 현물분할을 하여서도 아니되며(2014다233428), ㉢ 분할청구자 지분의 일부에 대하여만 공유물 분할을 명하고 일부 지분에 대하여는 이를 분할하지 아니하거나, 공유물의 지분비율만을 조정하는 등의 방법으로 공유관계를 유지하도록 하는 것도 허용될 수 없다"(2010다92506, 2009다79811).

2. 분할의 효과

분할은 지분의 교환 또는 매매의 실질을 가지는 것이어서 소급하지 않지만, 상속재산의 분할의 경우에는 상속개시된 때로 소급하여 그 효력이 있다(제1015조).
지분상의 담보물권과 관련하여 ㉠ '현물분할'의 경우 "부동산의 일부 공유지분에 관하여 저당권이 설정된 후 부동산이 분할된 경우, '담보물권의 불가분성'에 따라 그 저당권은 분할된 각 부동산 위에 종전의 지분비율대로 '존속'하고, 분할된 각 부동산은 저당권의 공동담보(공동저당)가 된다"(2011다74932). 따라서 "구분소유적 공유관계가 해소되더라도 그 근저당권은 종전의 구분소유적 공유지분의 비율대로 분할된 토지들 전부의 위에 그대로 존속하는 것이고, 근저당권설정자의 단독소유로 분할된 토지에 당연히 집중되는 것은 아니다"(2012다25944)**(6회, 9회 선택형)**.

ⓛ 그러나 '경매에 의한 대금분할'의 경우 민사집행법은 소제주의(消除主義)를 원칙으로 하므로, 저당권은 그 설정시기가 압류등기(경매개시결정등기) 전이든 후이든 막론하고 전부 매각에 의하여 '소멸'한다(동법 제91조 2항).

Set 124 명의신탁 ★★★★

Ⅰ. 서 설 [D-82]

'명의신탁'이란 대내적으로는 신탁자가 권리를 보유하여 목적물을 관리 · 수익하면서 대외적으로 그에 관한 등기는 수탁자의 명의로 경료해 두는 것을 말하며(65다312) 判例에 의해 발전된 개념이다.

Ⅱ. 명의신탁에 관한 종래 판례이론(명의신탁약정이 유효한 경우) [D-83]

1. 부동산실명법 적용제외

① ㉠ 종중재산의 명의신탁, ㉡ 부부간의 명의신탁, ㉢ 종교단체의 명의로 그 산하 조직이 보유한 부동산에 관한 물권을 등기한 경우, 그것이 조세포탈 · 강제집행의 면탈 또는 법령상 제한의 회피를 목적으로 하지 않는 경우에 한해, 명의신탁약정의 무효등에 관한 부동산실명법의 적용을 받지 않는다(동법 제8조)**(3회 선택형)**. 따라서 이 한도에서는 종래의 판례이론이 그대로 적용될 수 있다. **[5회 기록형]**

② ㉠ 이 때 '종중'은 고유의 의미의 종중만을 가리키고 종중 유사의 비법인사단은 포함되지 않고(2006다14165), ㉡ 이 때 '배우자'는 법률상의 배우자에 한정되므로 사실혼 관계에 있는 배우자는 포함되지 아니한다(99두35). **[14사법]** 또한 신탁자와 수탁자가 나중에 혼인하면 그 명의신탁등기는 '당사자가 혼인한 때'로부터 유효하게 되며(2002다23840), "부부간 명의신탁이 유효한 것으로 인정된 후 배우자 일방의 사망으로 부부관계가 해소된 경우, 부부관계의 존속을 그 효력요건으로 삼고 있지 않고, 상속인에 대해 존속하는 것으로 하여도 부동산실명법의 취지에 반하지 않는 점 등에 비추어 그 명의신탁약정은 사망한 배우자의 다른 상속인과의 관계에서도 유효하게 존속한다"(2011다99498). 이는 이혼의 경우에도 마찬가지이다(2001다42592).

2. 부동산실명법의 적용이 없는 명의신탁 약정의 유효성

判例는 명의신탁이 '통정허위표시'가 아님을 전제로 그 유효성을 인정하고 있고, 내부적 소유권은 신탁자에게 있으나 외부적 소유권은 수탁자에게 이전된다고 보고 있다(상대적 권리이전설)

(1) 대외적 법률관계(수탁자 소유)

① 불법점유자에 대해서는 수탁자인 등기명의인만이 자신의 권리로서 물권적 청구권이나 손해배상 청구권을 행사할 수 있고, 신탁자는 수탁자를 대위해서만 이를 행사할 수 있다(77다1079). ② 제3자는 선의·악의를 불문하고 수탁자로부터 유효하게 권리를 취득한다(85다카2508). 단, 제3자가 수탁자의 배임행위에 적극 가담한 경우에는 반사회질서 행위가 되어 무효가 되고 권리를 취득하지 못한다(92다1148). ③ 외부관계의 경우 신탁해지만으로 권리가 당연히 복귀되지는 않고 수탁자 명의의 등기가 남아있는 한 수탁자의 처분행위는 완전히 유효하고 신탁자는 제3자에게 대항하지 못한다(82다카984). ④ 토지와 건물의 소유자가 건물에 관하여 명의신탁을 한 후 신탁자가 토지에 저당권을 설정한 경우 그 건물과 부지인 토지가 동일인의 소유임을 전제로 한 법정지상권이 인정되지도 않는다(2003다29043)**(8회 선택형)**.

✒️ **[예외]** 다만 제3자 보호를 위해 判例는 대외관계에서 신탁자를 소유자로 취급하기도 한다. 예컨대 ① 명의신탁자로부터 주택을 임차한 자는 수탁자에 대해서도 적법한 임대차관계를 주장할 수 있으며(95다22283), 대항요건인 주택의 인도와 주민등록을 마치면 대항력이 인정된다고 한다. ② 부동산 소유자가 공작물의 하자로 인하여 손해배상의무를 지는 경우에 수탁자뿐 아니라 명의신탁자도 소유자로 취급되어 직접 피해자에게 배상의무를 부담한다(77다246).

(2) 대내적 법률관계(신탁자 소유)

① 신탁자는 수탁자에 대해서 등기 없이도 신탁계약에 의해 소유권을 주장할 수 있고, 수탁자 동의 없이 처분할 수도 있다(92다31675) **[5회 기록형]** ② 명의수탁자의 점유는 타주점유이므로 수탁자 또는 그 상속인은 대내적 소유권을 시효취득할 수 없다(85다카2653). ③ 명의수탁자가 명의신탁관계 존속 중 신탁토지 위에 건물을 신축하였다가 명의신탁이 해지되어 등기명의가 환원된 경우, 신탁자와의 대내적 관계에서 자신의 소유권을 주장할 수 없기 때문에 관습법상 법정지상권을 취득할 수 없다(74다1935). ④ 특별한 사정이 없으면 신탁자는 언제든 신탁을 해지하고 이를 원인으로 수탁자에게 소유명의이전등기 절차의 이행을 청구할 수 있고(채권적 청구권), 소유권에 기하여도 이전등기 청구를 할 수 있는데(물권적 청구권) 이때의 등기청구권은 시효에 의해 소멸되지 않는다고 한다(91다34387).

Ⅲ. 상호명의신탁(부동산실명법 제2조 1호 단서 나목)과 구분소유적 공유   [D-84]

1. 의의 및 법적성질

判例는 토지 중 일부를 특정하여 매수하고 다만 그 소유권이전등기만을 편의상 토지 전체에 관하여 공유지분이전등기로 한, 이른바 '**구분소유적공유**'의 경우 그 특정부분 이외의 부분에 관한 등기는 '**상호명의신탁**' 관계에 있다고 한다(93다49871).

✒️ **[예외]** "1동 건물 중 각 일부분의 위치 및 면적이 특정되지 않거나 구조상·이용상 독립성이 인정되지 아니한 경우에는 공유자들 사이에 이를 구분소유하기로 하는 취지의 약정이 있다 하더라도 일반적인 공유관계가 성립할 뿐, 공유지분등기의 상호명의신탁관계 내지 건물에 대한 구분소유적 공유관계가 성립한다고 할 수 없다"(2011다42430)**(6회 선택형)**.

2. 법률관계

구분소유적 공유자는 대내적 관계에서는 각 특정 부분을 '단독소유'하나, 대외적 관계에서는 1필의 토지 전체를 '공유'한다.

(1) 대내관계

사용·수익에 관해서는 자기의 특정매수부분만을 독점적·배타적으로 사용하고 나머지 부분에 대한 사용·수익권은 없다(65다1221).

(2) 대외관계

① 제3자가 불법점유하는 경우 각자는 자기 소유부분 뿐만 아니라 전체 토지에 대하여 보존행위로서 그 배제를 구할 수 있다(93다42986)(5회, 7회, 9회, 11회 선택형). [3회 사례형] ② 특정매수부분을 제3자가 불법점유하는 경우 불법점유당한 특정부분 소유자의 부당이득반환청구는 불법점유부분 전부가 아니라 **지분의 비율의 범위 내에서만** 인정된다. 나머지는 다른 구분소유적 공유자를 대위하여 청구할 수도 없다고 본다(93다22326). ③ 구분소유적 공유관계로 소유하고 있는 토지 중 일부 구분소유자의 특정부분을 제3자가 점유하여 점유취득시효가 완성된 경우 그 특정부분의 소유자만이 아니라 구분소유적 공유자 각자가 **지분의 비율에 따라** 이전등기의무를 부담한다(97다1730)(13회 선택형).

(3) 관습법상의 법정지상권 성립 여부(이하 대내관계와 관련한 판례)

① 구분소유적 공유관계에 있는 자가 **자신의 특정 소유가 아닌 부분에 건물을 신축한 경우** 그 건물부분은 처음부터 건물과 토지의 소유자가 서로 다른 경우에 해당되어 그 후 구분소유적 공유관계가 해소되어 다른 구분소유자의 단독소유로 된 경우 당해 건물소유자에게는 관습법상의 법정지상권이 성립될 여지가 없다(93다49871)(8회 선택형). ② 그러나 구분소유적 공유를 하는 토지 위의 **자신의 특정 소유부분에 건물을 신축**한 자가 그의 대지지분만을 다른 구분소유적 공유자에게 양도하거나 다른 구분소유자가 경락받은 경우 관습법상의 법정지상권이 성립한다(89다카24094).

(4) 처 분

1) 특정 부분의 처분

㉠ 구분소유적 공유자 중 1인이 자신의 특정부분을 제3자에게 양도하고 지분에 관하여 이전등기를 마쳐준 경우, 그 제3자는 특정 부분의 소유권을 취득하고 구분소유적 공유관계를 그대로 승계한다(90다20039). 이 경우 다른 구분소유자의 동의를 얻어야 하는 것은 아니다(2003다21087). ㉡ '점유취득시효'와 관련하여서는 "구분소유적 공유관계에 있는 토지 중 공유자 1인의 특정 구분소유 부분에 관한 점유취득시효가 완성된 경우 다른 공유자의 특정 구분소유 부분이 다른 사람에게 양도되고 그에 따라 토지 전체의 공유지분에 관한 지분이전등기가 경료되었다면 대외적인 관계에서는 점유취득시효가 완성된 특정 구분소유 부분 중 다른 공유자 명의의 지분에 관하여는 소유 명의자가 변동된 경우에 해당하므로"(2006다44753 = 점유자는 취득시효의 기산점을 임의로 선택하여 주장할 수 없다), 이중양도법리에 따라 점유취득시효완성에 따른 등기청구를 할 수 없다.

✎ **[구체적 예]** 甲과 乙이 X토지의 특정 부분을 소유하나 등기부상으로는 1/2지분씩 공유하는 것으로 등기를 마쳤는데(구분소유적 공유) 甲의 특정 구분소유 부분에 관하여 2012.1.5. 丙의 점유취득시효가 완성되었다. 그 후 乙이 2012. 2. 14. 자신의 특정 구분소유 부분을 丁에게 양도하고 그에 따라 丁 명의로 토지 전체의 공유지분에 관한 지분이전등기가 경료되었다 하더라도, 위 判例에 따르면 丙은 甲을 상대로 甲의 특정 구분소유 부분 중 1/2 공유지분에 관하여 2012.1.5.자 취득시효 완성을 원인으로 한 소유권이전등기절차의 이행을 구할 수 있으나, 丁의 1/2 공유지분에 관하여는 점유취득시효 완성 후 새로운 이해관계를 가진 제3자에 해당하므로 취득시효 완성을 원인으로 한 소유권이전등기절차의 이행을 구할 수 없다.

2) 지분의 처분

구분소유적 공유자 중 1인이 자기의 지분을 제3자에게 양도하는 경우에 구분소유적 공유자는 대외적으로 공유자로 취급되기 때문에 제3자는 그 부동산 전체에 대한 공유지분을 취득하고 구분소유적 공유관계는 소멸한다(2006다68810, 68827).

(5) 구분소유적 공유관계의 해소

내부관계에서는 각자가 특정 부분을 소유하며 상호명의신탁관계에 있기 때문에 공유물분할을 청구할 수는 없고, 상대방에 대하여 명의신탁을 해지하고 특정매수부분에 대한 소유권확인 또는 지분이전을 청구하면 된다(85다카451, 452)(**2회, 5회, 7회, 11회 선택형**).

IV. 공동명의신탁 [D-85]

判例에 따르면 ① 명의수탁자가 제3자에게 처분을 하면 그 처분행위가 무효·취소되는 사유가 없는 한 제3취득자는 신탁재산에 대한 소유권을 적법하게 취득하고 '명의신탁관계는 소멸'하는 것이 원칙이다(2000다32147). ② 그러나 **공동명의신탁**에서 공동명의수탁자가 임의로 공유물분할을 한 것이 실질적으로 그 부동산의 처분이 아닌 것으로 평가되는 경우 (실질적으로는 명의신탁받은 여러 필지의 토지에 분산되어 있는 지분을 분할로 인하여 취득하는 특정 토지에 집중시켜 그에 대한 소유 형태를 변경한 것에 불과한 경우) '명의신탁관계가 소멸된 것으로 볼 수 없다'(전합98다58443).

V. 부동산실명법상의 명의신탁(명의신탁약정이 무효인 경우) [D-86]

1. 명의신탁약정의 일반적인 효력 [D-86a]

명의신탁약정은 무효이고(동법 제4조 1항), 그에 기초한 부동산물권변동도 원칙적으로 무효이다(동법 제4조 2항 본문). 그러나 명의신탁약정 내지 물권변동의 무효는 제3자에게 대항하지 못한다(동법 제4조 3항)(**10회 선택형**).

(1) 부동산실명법 제4조 3항의 제3자에 해당하는 경우

① 여기서 '제3자'라고 함은 선·악을 불문하고 명의신탁 약정의 당사자 및 포괄승계인 이외의 자로서 '명의수탁자가 물권자임'을 기초로 그와의 사이에 '직접' 실질적으로 새로운 이해관계를 맺은 자를 말하고, 여기에는 소유권이나 저당권 등 물권을 취득한 자뿐만 아니라, 가압류채권자도 포함된다(99다56529 ; 2001다5371)(**6회, 9회, 10회, 13회 선택형**).

② 이러한 법리는 특별한 사정이 없는 한 명의신탁약정에 따라 형성된 외관을 토대로 다시 명의신탁이 이루어지는 등 연속된 명의신탁관계에서 '최후의 명의수탁자'가 물권자임을 기초로 그와 사이에 직접 새로운 이해관계를 맺은 사람에게도 적용된다(2019다272725).

(2) 부동산실명법 제4조 3항의 제3자에 해당하지 않는 경우

① 判例는 양자간 명의신탁에서, "오로지 '명의신탁자'와 부동산에 관한 물권을 취득하기 위한 계약을 맺고 단지 등기명의만을 명의수탁자로부터 받은 것과 같은 외관을 갖춘 자는 동 조항의 제3자에 해당하지 않는다"(2008다45187)**(4회 선택형)**고 한다. 다만, 이러한 자의 등기도 소유인 명의신탁자와의 계약에 따라 등기를 갖추었으므로 실체관계에 부합하여 유효하다. **[12회 사례형]**

② 그리고 "명의수탁자로부터 소유명의를 이어받은 사람이 위 규정에 정한 제3자에 해당하지 않는 경우, 제3자 명의의 등기는 무효이고, 부동산등기에 관하여 공신력이 인정되지 않는 우리 법제에서는 그 무효인 등기에 기초하여 새로운 법률원인으로 이해관계를 맺은 자가 다시 등기를 이어받았다고 하더라도 그 등기 역시 무효이므로, 그는 위 규정에 정한 제3자에 해당하지 않는다"(2005다34667,34674)**(8회 선택형)**. **[1·6회 기록형]**고 한다.

2. 양자간 등기명의신탁 [11·12·13법무, 16입법]   [D-86b]

(1) 신탁자와 수탁자 사이의 법률관계

이 때 명의신탁약정과 그 등기는 무효이므로, 신탁자가 당연히 소유권을 가지는 것으로 된다(동법 제4조 1항, 2항 본문). 그러므로 명의신탁자는 명의수탁자를 상대로 **원인무효를 이유로** 위 등기의 말소를 구하거나 또는 진정명의 회복을 원인으로 이전등기를 구하여야 한다(2002다35157). 즉, 명의신탁자는 명의신탁약정의 유효를 전제로 그 **해지를 원인으로** 하는 소유권이전등기를 청구할 수 없다(98다1027).

(2) 명의수탁자가 처분한 경우의 법률관계

① 제3자는 그의 선·악을 불문하고 소유권을 취득한다(동법 제4조 3항).

② "명의수탁자가 양자간 명의신탁에 따라 명의신탁자로부터 소유권이전등기를 넘겨받은 부동산을 임의로 처분한 행위가 형사상 **횡령죄로 처벌되지** 않더라도, 위 행위는 명의신탁자의 소유권을 침해하는 행위로써 형사상 횡령죄의 성립 여부와 관계없이 민법상 불법행위에 해당하여 명의수탁자는 명의신탁자에게 손해배상책임을 부담한다"(2016다34007).

③ "명의수탁자가 신탁부동산을 처분하여 제3취득자가 유효하게 소유권을 취득하고(동법 제4조 3항) 이로써 명의신탁자가 신탁부동산에 대한 소유권을 상실하였다면, 그 후 명의수탁자가 우연히 신탁부동산의 소유권을 다시 취득하였다고 하더라도 명의신탁자가 신탁부동산의 소유권을 상실한 사실에는 변함이 없으므로, 여전히 물권적 청구권은 그 존재 자체가 인정되지 않는다"(2010다89814).

3. 3자간 등기명의신탁(중간생략형 명의신탁) [06 · 08사법, 16입법]

[D-86c]

(1) 신탁자와 수탁자 사이의 법률관계(신탁자의 소유권 취득방안)

① 이 때 명의신탁약정과 그에 의한 등기가 무효로 되는 결과(동법 제4조 1항, 2항 본문), 명의신탁된 부동산은 매도인 소유로 복귀하고, 매도인은 원인무효를 이유로 수탁자 명의의 등기의 말소를 구할 수 있다. 한편 부동산실명법은 매도인과 명의신탁자 사이의 매매계약의 효력을 부정하는 규정을 두고 있지 아니하므로 그들 사이의 매매계약은 유효한 것으로 되어(명의수탁자가 당사자로 등장하는 계약명의신탁에서와는 다름에 주의할 것), 명의신탁자는 매도인에 대하여 매매계약에 기한 소유권이전등기를 청구할 수 있고, 그 소유권이전등기청구권을 보전하기 위해 매도인을 대위하여 수탁자 명의의 등기의 말소를 구할 수 있다(2001다61654)(2회, 10회 선택형).

② 따라서 그 등기 명의를 보유하지 못하는 '손해'를 입었다고 볼 수 없어 명의신탁자는 명의수탁자를 상대로 부당이득반환을 원인으로 한 소유권이전등기를 구할 수 없다(2008다55290, 55306)(7회, 10회, 13회 선택형). 다만 매매계약이 유효하므로 명의수탁자가 명의신탁자 앞으로 바로 마쳐준 소유권이전등기도 실체관계에 부합하는 등기로서 유효하다(2004다6764)(13회 선택형).

(2) 명의수탁자가 처분한 경우의 법률관계

① 제3자는 그의 선 · 악을 불문하고 소유권을 취득한다(동법 제4조 3항).

② 명의신탁약정이 무효이므로 수탁자는 신탁자에게 채무불이행책임은 지지 아니하나, 불법행위로 인한 손해배상책임(불법행위당시 목적물의 시가)은 지게 된다. 즉, 이러한 명의수탁자의 처분행위는 형사상 횡령죄로 처벌되지 않더라도 이는 명의신탁자의 채권인 소유권이전등기청구권을 침해하는 행위로써 민법 제750조에 따라 불법행위에 해당하여 명의수탁자는 명의신탁자에게 손해배상책임을 질 수 있다(2020다208997)(13회 선택형).

③ 명의수탁자가 명의신탁된 부동산을 제3자에게 처분한 경우에는 명의수탁자는 명의신탁자에게 그 이익(처분대금이나 보상금 ; 처분당시 목적물의 시가가 아님)을 부당이득으로 반환할 의무가 있다(2009다49193, 49209)(6회, 10회 선택형). 최근에는 이를 전합판결로 확인한 바, "3자간 등기명의신탁에서 명의수탁자가 부동산에 관하여 제3자에게 근저당권을 설정한 경우 명의수탁자는 근저당권의 피담보채무액 상당의 이익을 얻었고 그로 인하여 명의신탁자에게 그에 상응하는 손해를 입혔으므로, 명의수탁자는 명의신탁자에게 이를 부당이득으로 반환할 의무를 부담한다"고 한다(전합2018다284233)(13회 선택형)

4. 계약명의신탁 ★★★★

[쟁점 24.]

(1) 제3자가 등기명의신탁과의 구별 [5 · 12회 사례형, 09사법, 11 · 15법무, 12행정]

법률행위해석(자연적, 규범적 해석)을 통해 '명의수탁자'가 계약의 당사자로 결정되는 경우에는 '계약명의신탁'에 해당할 것이지만, '명의신탁자'가 계약의 당사자로 결정되는 경우에는 '3자간 등기명의신탁'에 해당한다. 아울러 비록 명의수탁자의 명의로 계약을 체결하였다고 하여도 명의신탁자를 계약의 당사자로 할 것에 관하여 계약상대방과 사실상 의사의 일치가 있는 경우에는 '명의신탁자'가 계약당사자로 결정될 것이므로 결국 '3자간 등기명의신탁'이 된다(자연적 해석). 다만 상대방이 계약명의신탁에 대해 '악의'라는 사실만으로 명의신탁자를 계약의 당사자로 할 것에 관하여 일치하는 의사가 있다고 볼 수는 없다(2016다207928)(8회, 10회 선택형).

(2) 계약명의신탁 : 매도인이 선의인 경우 [09사법, 10입법]

매도인이 명의신탁약정이 있다는 사실을 알지 못한 경우에는 매도인과 명의수탁자 사이의 매매계약은 완전히 유효하고, 이를 원인으로 명의수탁자 앞으로 소유권이전등기가 되면 명의수탁자는 완전한 소유권을 취득한다(부동산실명법 제4조 2항 단서)(3회, 4회, 8회 선택형). 이 때 매도인의 '선의'는 매매계약을 체결할 당시 매도인의 인식을 기준으로 판단해야 한다(2017다257715).

1) 명의신탁자가 명의수탁자로부터 부동산에 관한 소유권을 회복할 수 있는지 여부

가) 명의신탁 해지 또는 위임계약을 원인으로 한 청구 가부(소극)

명의신탁약정(동법 제4조 1항) 및 위임계약은 무효(민법 제137조 본문)이므로 불가능하다(2013다55300참고).

나) 부당이득을 원인으로 한 청구 가부

① **[계약명의신탁약정과 그에 따른 등기가 부동산실명법 시행 전에 행하여진 경우(적극)]** "부동산실명법 시행일(1995.7.1)로부터 1년의 기간(유예기간)이 경과하기 전까지는 명의신탁자는 언제라도 명의신탁을 해지하여 해당 부동산의 소유권을 취득할 수 있었다는 점에서, 이 경우는 명의수탁자는 명의신탁자에게 자신이 취득한 해당 '부동산 자체'를 부당이득으로 반환할 의무가 있다"(2008다62687). 그리고 이러한 소유권이전등기청구권은 제162조 1항에 따라 10년의 기간이 경과함으로써 시효로 소멸한다. 유의할 점은 위 등기청구권은 명의신탁자가 목적물을 점유하고 있더라도 소멸시효에 걸린다는 것이다(2009다23313)(9회, 10회 선택형). [5회 사례형, 11법무, 12행정]

② **[계약명의신탁약정과 그에 따른 등기가 부동산실명법 시행 후에 행하여진 경우(소극)]** "계약명의신탁약정이 부동산실명법 시행 후인 경우에는 명의신탁자는 애초부터 당해 부동산의 소유권을 취득할 수 없었으므로 위 명의신탁약정의 무효로 인하여 명의신탁자가 입은 '손해'는 당해 부동산 자체가 아니라 명의수탁자에게 제공한 매수자금이라 할 것이고, 따라서 명의수탁자는 당해 부동산 자체가 아니라 명의신탁자로부터 제공받은 매수자금을 부당이득하였다고 할 것이다"(2002다66922)(3회, 4회, 7회 선택형). [1회·2회 사례형, 3회 기록형, 09·11법무 선택형]

다) 명의신탁자와 명의수탁자의 반환약정을 원인으로 한 청구 가부(원칙적 소극)

"㉠ [원칙] 계약명의신탁의 당사자들이 명의신탁약정이 유효한 것, 즉 명의신탁자가 이른바 내부적 소유권을 가지는 것을 전제로 하여 장차 명의신탁자 앞으로 목적 부동산에 관한 소유권등기를 이전하는 것 등을 내용으로 하는 약정을 하였다면 이는 명의신탁약정을 무효라고 정하는 동법 제4조 1항에 따라 무효이다. ㉡ [예외] 그러나 명의수탁자가 명의수탁자의 완전한 소유권 취득을 전제로 하여 사후적으로 명의신탁자와의 사이에 매수자금반환의무(부당이득반환의무)의 이행에 갈음하여 명의신탁된 부동산 자체를 양도하기로 합의하고 그에 기하여 명의신탁자 앞으로 소유권이전등기를 마쳐준 경우(제466조 참조)에는 그 소유권이전등기는 새로운 소유권 이전의 원인인 대물급부의 약정에 기한 것이므로 약정이 무효인 명의신탁약정을 명의신탁자를 위하여 사후에 보완하는 방책에 불과한 등의 다른 특별한 사정이 없는 한 유효하고, 대물급부의 목적물이 원래의 명의신탁부동산이라는 것만으로 유효성을 부인할 것은 아니다"(2014다30483).

2) 명의신탁자가 명의수탁자에게 교부한 돈의 반환을 청구할 수 있는지 여부(적극)

가) 부당이득반환 범위

① 수탁자가 신탁자에게 '매수자금 상당액'의 부당이득반환의무를 부담한다. 그리고 수탁자가 소유권 이전등기에 소요되는 '취득세·등록세' 등을 신탁자로부터 제공받은 경우, 이 역시 부당이득이다(2007다90432)(6회, 8회 선택형). [09법무] 그러나 소유권을 취득하게 된 '수탁자가 그 부동산을 제3자에게 처분하여 받은 대금'은 신탁자에 대해 부당이득이 되는 것은 아니다. 수탁자가 그 대금을 다른 사람에게 지급한 경우에도 다를 바 없다(2007다24817)(1회 선택형).

② 제748조 2항의 악의의 수익자 해당여부와 관련하여 "계약명의신탁에서 명의수탁자가 수령한 매수자금이 명의신탁약정에 기하여 지급되었다는 사실을 알았다고 하여도 그 명의신탁약정이 동법에 의하여 무효임을 알았다는 등의 사정이 없는 한 악의라고 단정할 수 없다"(2009다24187, 24194)(11회 선택형). [3회 기록형, 5회 사례형, 11법무, 10행정]

나) 불법원인급여 해당여부(소극) [1회, 5회 사례형]

"부동산실명법이 규정하는 명의신탁약정은 그 자체로 선량한 풍속 기타 사회질서에 위반하는 경우에 해당한다고 단정할 수 없으므로, 무효인 명의신탁약정에 기하여 타인 명의의 등기가 마쳐졌다는 이유만으로 불법원인급여에 해당한다고 볼 수 없다"(2003다41722). 이러한 법리는 농지법에 따른 제한을 회피하고자 명의신탁을 한 경우에도 마찬가지이다(2013다218156)(10회 선택형).

3) 명의수탁자가 제3자에게 목적부동산을 처분한 경우

가) 처분행위의 효력

처분행위는 완전히 유효하다(이는 동법 제4조 3항의 제3자 보호규정이 아닌 승계취득법리에 따른 것임)(4회 선택형). 한편, 명의수탁자가 취득한 부동산은 그의 일반채권자들의 공동담보에 공하여지는 책임재산이 되므로 명의수탁자의 처분행위로 인하여 그 공동담보에 부족이 생기는 경우에는 사해행위 취소의 대상이 될 수 있다(2007다74874)(1회,9회 선택형) [15법무]

나) 소유권을 취득한 제3자가 명의신탁자에게 목적부동산의 인도를 청구하는 경우 [2회 사례형]

① [명의신탁자가 명의수탁자에 대한 '부당이득반환채권'에 기하여 유치권을 행사할 수 있는지 여부(소극)] 명의신탁자는 명의수탁자에게 제공한 매매대금을 부당이득으로 반환청구할 수 있는바, "명의신탁자의 이와 같은 부당이득반환청구권은 ⅰ) 부동산 자체로부터 발생한 채권이 아닐 뿐만 아니라 ⅱ) 소유권 등에 기한 부동산의 반환청구권과 동일한 법률관계나 사실관계로부터 발생한 채권이라고 보기도 어려우므로, 결국 민법 제320조 제1항에서 정한 유치권 성립요건으로서의 목적물과 채권 사이의 견련관계를 인정할 수 없다"(2008다34828)(1회, 3회, 6회, 9회 선택형).

② [명의신탁자가 목적부동산을 점유·사용하면서 유익비를 지출한 경우, 그 '유익비상환청구권'에 기하여 유치권을 행사할 수 있는지 여부(적극)] "명의신탁자가 명의수탁자와의 묵시적인 사용대차약정에 따라 목적부동산을 점유·사용하여 왔다면, 명의신탁자는 목적부동산을 점유·사용하는 중에 지출한 유익비에 관하여 그 사용대차의 당사자인 명의수탁자에게 상환청구권을 행사할 수 있다(제611조 2항, 제594조 2항). 이 경우 명의신탁자는 이에 기해 유치권을 주장할 수 있다"(2008다34828).

다) 명의신탁자의 지시에 따라 제3자에게 소유권이전등기를 해 준 경우

명의수탁자가 유효하게 소유권을 취득한 뒤에 "명의신탁자와 명의수탁자 및 제3자 사이의 새로운 명의신탁약정에 의하여 명의수탁자가 다시 명의신탁자가 지정하는 제3자 앞으로 소유권이전등기를 마쳐 주었다면, 제3자 명의의 등기는 동법 제4조 2항에 의하여 무효이므로, 제3자는 소유권이전등기에도 불구하고 그 부동산의 소유권을 취득할 수 없다"(2006다73102).

⑵ **계약명의신탁 : 매도인이 악의인 경우 명의수탁자가 제3자에게 목적부동산을 처분한 경우**

1) 매도인의 수탁자에 대한 손해배상청구권

명의수탁자가 제3자에게 목적부동산을 처분한 경우 제3자는 선·악을 불문하고 소유권을 취득한다(부동산실명법 제4조 3항). 따라서 이는 매도인의 소유권 침해행위로서 불법행위가 된다. 그러나 명의수탁자로부터 매매대금을 수령한 상태의 매도인으로서는 '손해'가 발생하였다고 볼수 없어 수탁자에 대한 불법행위로 인한 손해배상청구도 인정되지 않는다고 본다(2010다95185)**(8회, 9회 선택형)**.

2) 명의수탁자가 주택을 임차한 후 명의수탁자의 소유권이전등기가 말소된 경우

매도인이 악의인 계약명의신탁에서 명의수탁자로부터 명의신탁의 목적물인 주택을 임차하여 주택 인도와 주민등록을 마침으로써 **주택임대차보호법 제3조 1항**에 의한 대항요건을 갖춘 임차인은 **부동산실명법 제4조 3항**의 규정에 따라 명의신탁약정 및 그에 따른 물권변동의 무효를 대항할수 없는 제3자에 해당하므로, 명의수탁자의 소유권이전등기가 말소됨으로써 등기명의를 회복하게 된 매도인 및 매도인으로부터 다시 소유권이전등기를 마친 명의신탁자에 대해 자신의 임차권을 대항할 수 있고, 위의 방법으로 소유권이전등기를 마친 명의신탁자는 주택임대차보호법 제3조 제4항에 따라 임대인의 지위를 승계한다(2021다210720).

Ⅰ. 담보지상권 ★★ [D-87]

1. 의의와 유효성

금융기관이 대출금 반환채권의 담보를 위하여 채무자 또는 물상보증인 소유의 토지에 저당권을 취득함과 아울러 그 토지에 지료를 지급하지 아니하는 지상권을 취득하면서 채무자 등으로 하여금 그 토지를 계속하여 점유·사용토록 하는 경우가 많은데, 이러한 지상권은 통상적으로 저당권이 실행될 때까지 제3자가 용익권을 취득하거나 목적토지의 담보가치를 하락시키는 침해행위를 하는 것을 배제함으로써 **저당부동산의 담보가치를 확보하는데에 그 목적이 있는 것으로서 일반적으로 유효한 것으로 인정되고 있다**(2003마1753 등).[19]

2. 지상권에 기한 방해배제청구권

지상권이 설정되면 토지소유자도 지상권자의 권리를 해하는 행위를 하지 못하며, 그러한 행위에 대해 방해배제청구를 할 수 있으며(제290조, 제214조), 이는 이른바 담보목적의 지상권인 경우에도 마찬가지이다(2003마1753). 그런데 이 경우 제3자가 그 토지에 대한 물권적인 사용권을 이미 가지고 있었다면 그는 담보지상권자에게 대항할 수 있으나, 채권적인 사용, 수익권만 가지고 있는 때에는 담보지상권자에게 대항하지 못한다(2005다47205).

3. 지상권 침해를 이유로 한 손해배상청구권의 인정 여부

담보지상권을 설정받으면서 채무자 등의 사용, 수익을 배제하지 않은 경우에는 무단점유자에게 '지상권 자체의 침해'를 원인으로 한 손해배상청구는 할 수 없다. 다만, 이 경우에도 그 사용으로 인하여 저당목적물의 가치가 감소되어 경매가격이 하락하는 등의 경우에는 '저당권 침해'를 이유로 손해배상청구를 할 수는 있다(2006다586).

4. 담보지상권의 소멸

"근저당권 등 담보권 설정의 당사자들이 그 목적이 된 토지 위에 차후 용익권이 설정되거나 건물 또는 공작물이 축조·설치되는 등으로써 그 목적물의 담보가치가 저감하는 것을 막는 것을 주요한 목적으로 하여 채권자 앞으로 아울러 지상권을 설정하였다면, 그 피담보채권이 변제 등으로 만족을 얻어 소멸한 경우는 물론이고 시효소멸한 경우에도 그 지상권은 피담보채권에 부종하여 소멸한다"(2011다6342)**(11회 선택형).**

Ⅱ. 의 의(인정여부 및 문제점) [D-88]

① 判例는 동일한 소유자의 소유에 속하는 토지와 건물 중의 어느 하나가 매매 또는 기타의 적법한 원인으로 인하여 양자의 소유자가 다르게 되더라도, 그 건물을 철거한다는 약정이 없는 한, '당연히', '건물소유자'에게 관습상의 법정지상권이 인정된다고 한다(전합2017다236749).

---

19) **[판례해설]** 이를 흔히 담보지상권이라 하는데, 지상권을 담보목적으로 전용한 예이다. 하지만 저당권에 기한 방해배제청구가 허용되기 때문에(제370조, 제214조) 과연 이러한 전용이 필요한지에 대해서는 의문이다.

② 종래 判例는 ⅰ) 매매의 경우처럼 당사자간에 대지사용계약을 맺을 기회가 얼마든지 있는 경우에도 법정지상권 제도를 인정하고, ⅱ) 토지소유자와 건물소유자가 분리되는 원인의 범위를 확정하는 객관적인 기준이 없어 토지소유자에게 지나친 희생을 강요하고 선의의 제3자를 해할 우려가 있었다. 그러나 判例는 최근에 관습법상의 법정지상권을 제한적으로 인정하려는 추세에 있는바, 이는 타당하다고 보여지며 보다 근본적으로는 지상권설정계약의 추정규정 등의 명문의 규정을 두어 토지소유자의 토지이용권과 건물소유자의 토지이용권을 조화하는 노력이 필요하다.

Ⅲ. 성립요건 [D-88]

判例는 그 인정근거를 당사자의 추단된 의사에서 찾는다(86다카62). 따라서 이는 임의규정이다.

① 매매와 같이 당사자의 의사에 의한 소유권변동의 경우 관습법상 법정지상권이 성립되기 위해서는 ⅰ) 처분 당시 토지와 건물의 동일인의 소유에 속하였을 것, ⅱ) 매매 기타의 적법한 원인으로 소유자가 달라질 것, ⅲ) 당사자 사이에 건물을 철거한다는 특약 또는 토지의 점유·사용에 관하여 다른 약정이 없을 것을 요한다(처동, 매, 특).

② 강제경매와 같이 당사자의 의사에 의하지 않은 소유권변동의 경우 관습법상 법정지상권이 성립되기 위해서는 ⅰ) (가)압류의 효력이 발생할 당시 토지와 건물의 동일인의 소유에 속하였을 것, ⅱ) 적법한 강제경매를 원인으로 소유자가 달라질 것을 요한다(압동, 강).

1. 처분 당시 토지와 건물의 동일인의 소유에 속하였을 것

(1) 건물의 존재

원칙적으로 '처분 당시'에 건물이 존재하여야 한다.

1) 나대지에 관하여 매매계약이 체결된 경우(건물이 장차 철거될 것임을 예상하면서 건축한 경우)

"토지의 소유자가 건물을 건축할 당시 이미 토지를 타에 매도하여 소유권을 이전하여 줄 의무를 부담하고 있었다면 토지의 매수인이 그 건축행위를 승낙하지 않는 이상 그 건물은 장차 철거되어야 하는 운명에 처하게 될 것이고 토지소유자가 이를 예상하면서도 건물을 건축하였다면 그 건물을 위한 관습상의 법정지상권은 생기지 않는다"(94다41072,94다41089)(당해 판례 사안은 건물철거의 특약이 있었던 것으로 해석되기도 한다). **[3회 기록형]**

2) 나대지에 관하여 가압류, 압류가 되거나 담보가등기가 된 경우(부정)

"채권을 담보하기 위하여 나대지상에 가등기가 경료되었고, 그 뒤 대지소유자가 그 지상에 건물을 신축하였는데, 그 후 그 가등기에 기한 본등기가 경료되어 대지와 건물의 소유자가 달라진 경우에 관습상 법정지상권을 인정하면 애초에 대지에 채권담보를 위하여 가등기를 경료한 사람의 이익을 크게 해하게 되기 때문에 특별한 사정이 없는 한 건물을 위한 **관습상 법정지상권이 성립한다고 할 수 없다**"(94다5458)(**11회, 13회 선택형**)[20]

🔖 **[비교]** 이와 구별하여 청구권 보전의 가등기의 경우 "대지에 관한 乙명의의 가등기가 경료된 후 건물이 신축되었고 그에 기한 본등기가 이루어지기 전까지 대지와 건물은 모두 丙의 소유에 속해

---

20) **[판례해설]** 이 경우 법정지상권이 성립한다고 하게 되면 사실상 가압류, 압류의 처분금지효에 저촉되는 결과가 발생하고 담보가등기 권리자의 기대이익이 현저히 침해되기 때문이다.

있다가 乙이 대지에 관하여 소유권이전등기를 경료함으로써 대지와 건물이 각기 소유자를 달리하게 된 것이니, 다른 사정이 없는 한 丙은 대지상의 건물의 소유를 목적으로 하는 **관습상의 법정지상권을 취득하였다**"(81다1298)고 한다.

⑵ 소유자 동일성의 판단방법

1) 원인무효(부정)

"동일인에게 원인무효로 소유권이 귀속되었다가 뒤에 그 원인무효임이 밝혀져 그 등기가 말소됨으로써 그 건물과 토지의 소유자가 달라진 경우 관습상의 법정지상권은 인정되지 않는다"(98다64189)(가령, 토지에 대한 이전등기가 위조서류에 의한 경우, 그 이전등기가 말소되어 건물과 토지의 소유자가 달라지는 경우)

2) 미등기 건물양수인의 경우(부정)

"미등기 건물을 그 대지와 함께 양수한 사람이 그 대지에 관하여서만 소유권이전등기를 넘겨받고 건물에 대하여는 그 등기를 이전받지 못하고 있는 상태에서 그 대지가 경매되어 소유자가 달라지게 된 경우 법정지상권이 발생할 수 없다"(98다4798)**(11회 선택형)**.

3) 건물공유의 경우

대지소유자가 그 지상건물을 타인과 함께 공유하면서 그 단독소유의 대지만을 건물철거의 조건 없이 타에 매도한 경우 '건물공유자들 전부'는 각기 건물을 위하여 대지 전부에 대하여 관습에 의한 법정지상권을 취득한다(76다388)**(8회 선택형)**. 이는 제366조의 법정지상권의 경우에도 동일하다(2010다67159)**(11회 선택형)**.

4) 토지공유의 경우

예를 들어 甲과 乙이 공유하는 토지 위에 甲이 乙의 동의를 얻어 건물을 신축하여 소유하고 있는 경우

① **[공유토지가 분할된 경우]** ㉠ 협의에 의한 현물분할의 경우(위 예에서 甲과 乙의 협의에 의해 乙이 토지를 단독소유하게 된 경우) 判例는 긍정하나(73다353), ㉡ 재판에 의한 대금분할의 경우(위 예에서 乙이 공유토지의 분할을 청구하여 丙이 경락을 받은 경우) 부정하는바(92다55756), 관습상 법정지상권은 당사자의 가정적 의사에 근거하여 인정되는 것인데, 甲과 乙 사이에 협의분할이 성립하지 않아 결국 재판에 의한 대금분할에 이르게 된 점을 고려하면 **관습상 법정지상권은 성립하지 않는다**.

② **[지분양도의 경우]** ㉠ 건물소유자가 자신의 공유토지지분을 제3자에게 양도한 경우(위 예에서 甲이 丙에게 공유토지 지분을 양도한 경우) 判例는 "토지공유자 중의 1인이 공유토지 위에 건물을 소유하고 있다가 토지지분만을 전매한 경우 법정지상권을 인정한다면 토지공유자 1인이 다른 공유자의 지분에까지 지상권을 설정하는 처분행위를 할 수 있음을 인정하는 셈이므로 법정지상권은 성립하지 않는다"(87다카140)고 한다. **[13회 기록형]** ㉡ 건물소유자 아닌 자가 자신의 공유토지지분을 제3자에게 양도한 경우(위 예에서 乙이 丙에게 공유토지 지분을 양도한 경우)이 경우는 관습법상 법정지상권의 문제가 아니다. 乙이 양도한 지분에 관하여는 처음부터 대지와 건물의 소유자가 달랐기 때문이다.

5) (토지의) 구분소유적 공유의 경우(상호명의신탁 Set 124.참고)

6) (부실법이 적용되지 않는) 명의신탁의 경우

① 대내관계를 보면, 명의신탁된 토지상에 수탁자가 건물을 신축한 후 명의신탁이 해지되어 토지 소유권이 신탁자에게 환원된 경우, 명의수탁자는 신탁자와의 대내적 관계에 있어서 그 토지가 자기의 소유에 속한다고 주장할 수 없으므로, 수탁자는 그 지상건물의 소유를 위한 관습법상의 법정지상권을 취득할 수 없다(86다카62).

② 대외관계를 보면, 명의신탁된 토지상에 신탁자가 건물을 신축한 후 토지가 매도된 경우 명의신탁자는 수탁자 이외의 제3자에게 그 대지가 자기의 소유임을 주장하여 법정지상권을 취득할 수 없으나, 수탁자가 건물을 신축한 후 매매 등에 의하여 소유자가 바뀌는 경우에는, 토지가 대외적으로는 수탁자 소유이므로 건물의 소유자는 법정지상권을 취득한다.

⑶ 소유자 동일성의 판단 기준시점

① [원칙] "관습법상의 법정지상권이 성립되기 위하여는 토지와 건물 중 어느 하나가 '처분될 당시'에 토지와 그 지상건물이 동일인의 소유에 속하였으면 족하고 원시적으로 동일인의 소유였을 필요는 없다"(95다9075, 9082)(13회 선택형). [14법행]

② [예외] "부동산강제경매절차에서 목적물을 매수한 사람의 법적 지위는 다른 특별한 사정이 없는 한 그 절차상 '압류의 효력이 발생하는 때'를 기준으로 하여 정하여지므로, 그 압류의 효력이 발생하는 때를 기준으로 하여 토지와 그 지상 건물이 동일인에 속하였는지 여부가 판단되어야 한다" (전합2010다52140)[21] (5회, 11회, 13회 선택형) [14·16법행] 나아가 判例는 토지 또는 그 지상 건물에 관하여 강제경매를 위한 (가)압류가 있기 이전에 저당권이 설정되어 있다가 그 후 '강제경매'로 인해 그 저당권이 소멸하는 경우에는 제366조의 법정지상권이 아니라 관습상의 법정지상권이 문제되며, 이 때 토지와 그 지상 건물이 동일인 소유에 속하였는지는 그 '저당권 설정 당시'를 기준으로 판단한다(2009다62059)(3회 선택형) [5회 기록형]

2. 매매 기타의 적법한 원인으로 소유자가 달라질 것

① [형식상으로 미등기건물과 토지소유자가 달라진 경우] 判例는 동일인 소유의 대지와 그 지상의 (대지 소유자가 신축하였으나 그 보존등기를 마치지 않은) 미등기건물 중 대지만 다른 사람에게 이전된 경우, 미등기건물의 소유자는 관습상의 법정지상권을 취득한다고 한다. 그러나 判例는 대지와 그 지상의 미등기건물을 일괄하여 매수하고 대지에 대하여만 소유권이전등기를 마친 경우, 형식상으로는 미등기건물의 소유자와 대지의 소유자가 다르지만, "토지의 점유·사용에 관하여 당사자 사이에 약정이 있는 것으로 볼 수 있거나 토지 소유자가 건물의 처분권까지 함께 취득한 경우에는 관습상의 법정지상권을 인정할 까닭이 없다"고 하여 미등기건물의 소유자에게 관습상의 법정지상권은 성립하지 않는다고 한다(전합2002다9660)(2회, 9회 선택형). [6회 사례형]

---

21) [사실관계] '건물'에 대한 가압류 당시 토지의 소유자는 B, 건물의 소유자는 A이었으나, 이후 '토지와 건물'의 소유권이 모두 C에게 이전된 상태에서 강제경매에 의하여 건물의 소유권이 D에게 이전된 경우, 위 전합2010다52140에 따르면 D에게 관습법상 법정지상권은 성립되지 않는다. 이 경우 건물에 관한 C명의의 소유권이전등기는 가압류의 처분금지효에 저촉되어 말소될 운명의 것이므로 가압류등기 시점이 아닌 매각시점을 기준으로 하더라도 소유자 동일성 요건은 충족되지 않는다.

② **[채권자취소권으로 건물과 토지소유자가 달라진 경우]** "제406조의 채권자취소권의 행사로 인한 사해행위의 취소와 일탈재산의 원상회복은 채권자와 수익자 또는 전득자에 대한 관계에 있어서만 효력이 발생할 뿐이고 채무자가 직접 권리를 취득하는 것이 아니므로, 토지와 지상 건물이 함께 양도되었다가 채권자취소권의 행사에 따라 그 중 건물에 관하여만 양도가 취소되고 수익자와 전득자 명의의 소유권이전등기가 말소되었다고 하더라도, 이는 관습상 법정지상권의 성립요건인 '동일인의 소유에 속하고 있던 토지와 지상 건물이 매매 등으로 인하여 소유자가 다르게 된 경우'에 해당한다고 할 수 없다"(2012다73158) **(5회, 9회 선택형). [16법행, 13회 기록형]**

3. 당사자 사이에 건물을 철거한다는 특약 또는 토지의 사용에 관하여 다른 약정이 없을 것

① 설령 (구)건물에 대한 철거의 합의가 있더라도 그 내용이 새 건물을 신축하여 토지를 계속 사용한다는 의사라면 관습법상의 법정지상권의 발생을 배제하는 효력이 없다(98다58467). ② 判例는 토지와 건물 중 건물만을 양도하면서 따로 건물을 위해 대지에 대해 '임대차계약'을 체결한 경우에는, 그 대지에 성립하는 관습법상의 법정지상권을 포기한 것으로 본다(67다2007).

4. 등기요부 : 법정지상권 이전시 등기가 불필요한 사안

B는 A로부터 X토지와 지상의 Y건물의 소유권을 이전받았다가, 이후 선행 처분금지가처분에 기한 본등기가 경료되어 'X토지'에 관한 B의 소유권이전등기가 말소되었다면 B는 Y건물에 관하여 관습상의 법정지상권을 취득하였다고 할 것이고, 그 후 Y건물의 공매절차에서 C가 Y건물에 관한 소유권을 취득하였다면 C는 Y건물의 소유권과 함께 위 지상권도 취득하였다고 할 것이다(2011다13463).

Ⅳ. 내 용 [D-88]

관습법상 법정지상권이 성립하면 그 내용은 지상권과 동일하다. 따라서 지상권에 관한 규정이 유추적용된다(68다1029). 따라서 判例(95누11023)는 제366조 유추적용하여 당사자의 협의에 의하여 결정되지 않으면 당사자의 신청에 의해 법원이 정한다고 한다. 또한 지상권자가 2년분 이상의 지료를 지급하지 아니하였다면 관습상의 법정지상권도 제287조에 따른 지상권 소멸청구의 의사표시에 의하여 소멸한다(93다10781)고 한다(즉, 말소등기를 요하지 않는다).

※ 관습법상의 법정지상권 관련 논리(사례) 구조 [6·7회 사례형] [핵심사례 D-07]

甲은 X대지와 그 지상의 미등기 Y건물의 소유자로서, 당해 대지와 건물을 乙에게 매도하였다. 이에 乙은 이를 인도받아 사용·수익하면서 대지에 관하여만 소유권이전등기를 마쳤다. 그 후 乙은 X대지에 대하여 A에게 근저당권을 설정하여 주었다. 그 후 X대지에 관한 저당권이 실행되어 丙에게 경락되었다. 이에 丙은 乙에게 Y건물의 철거 및 X대지의 인도를 청구하였다. (전합2002다9660)

① 건물철거 및 대지인도 청구의 주체와 상대방의 피고적격(적극) ⇒ ② 乙의 제366조 법정지상권 취득여부(소극) ⇒ ③ 甲의 관습법상 법정지상권 취득여부(소극)

※ 공동저당의 목적인 기존 건물을 철거하고 신축한 경우 [09사법, 11행정]　[핵심사례 D-08]

> 甲은 대지와 그 지상에 건물을 소유하고 있던 중 대지와 건물에 관하여 乙에게 공동저당권을 설정하여 주었다. 그 후 甲은 乙의 동의 없이 위 건물을 헐고 위 대지 위에 새로 건물을 신축하였는데, 신축 건물에 관하여 乙에게 다시 저당권을 설정하여 주지는 않았다 (전합98다43601)
>
> (1) 만약 甲이 乙에 대한 채무를 이행하지 못하여 대지에 대하여만 저당권을 실행한 결과 丙이 이를 낙찰 받고 매각대금을 완납하였다면 丙은 甲에게 위 신축 건물의 철거 및 대지의 인도를 청구할 수 있는가?
>
> (2) 乙은 대지와 건물에 대하여 일괄경매를 청구할 수 있는가?
>
> ① 공동저당의 목적인 건물의 재건축과 법정지상권의 성부(부정) ⇒ ② 대지에 관한 저당권자가 대지와 건물에 대하여 제365조의 일괄경매를 청구할 수 있는지 여부(긍정)

I. 성립요건(설건, 설동, 저, 경)　[D-89]

법정지상권이 성립하기 위해서는 ⅰ) 저당권설정 당시부터 건물이 존재할 것, ⅱ) 저당권이 설정될 당시 토지와 건물의 소유자가 동일할 것, ⅲ) 토지나 건물 중 적어도 어느 하나에 저당권이 설정될 것, ⅳ) 경매로 인해 건물과 토지에 대한 소유자가 분리될 것을 요한다(제366조). 이는 건물철거로 인한 사회경제적 손실의 방지와 저당권자의 담보가치에 대한 기대를 고려한 공익을 위한 규정이므로 강행규정이다(87다카1564)(**10회 선택형**).

1. 저당권설정 당시부터 건물이 존재할 것

(1) 저당권 설정 당시

① 건물 없는 토지에 대하여 저당권이 설정된 후 건물을 건축하였는데 그 후 저당권실행으로 토지와 지상건물의 소유자를 달리한 경우 법정지상권의 성립은 부정된다(95마1262). 이를 인정한다면 토지의 담보가치를 나대지의 교환가치로 평가하여 취득한 저당권자에게 불측의 손해를 줄 수 있기 때문이다.

② 이 경우 근저당권자가 건물의 건축에 동의한 경우라도 그러한 사정은 공시할 수 없어 법률관계를 불명확하게 하므로 법정지상권이 성립되지 않는다고 한다(2003다26051)(**13회 선택형**).

(2) 건물이 존재할 것 [1회 사례형, 15사법, 18법무]

① 토지에 저당권이 설정될 당시 그 지상에 건물이 위 토지소유자에 의하여 건축 중이었고, 그것이 사회관념상 독립된 건물로 볼 수 있는 정도에 이르지 않았다 하더라도 건물의 규모, 종류가 외형상 예상할 수 있는 정도까지 건축이 진전되어 있는 경우에는, 법정지상권이 인정될 수 있는 바(92다7221)(**3회, 12회 선택형**).

② 또한 이 경우 그 후 경매절차에서 매수인이 매각대금을 다 낸 때까지 **최소한의 기둥과 지붕 그리고 주벽이 이루어지는 등 독립된 부동산으로서 건물의 요건을 갖추면 법정지상권이 성립한다**(2004다13533)**(3회, 10회 선택형)**. 따라서 가설건축물은 특별한 사정이 없는 한 독립된 부동산으로서 건물의 요건을 갖추지 못하여 법정지상권이 성립하지 않는다(2020다224821). 그러나 미등기, 무허가 건물이라도 독립된 부동산으로서 건물의 요건을 갖추면 법정지상권이 성립한다.

⑶ 저당권 '설정 후' 경매로 인한 매각대금 납부 전에 '건물 재신축 등'을 한 경우 법정지상권이 인정되는지 여부

1) 토지에 관하여만 '저당권'이 설정되어 있는 경우(적극) [11행정]

判例는 기존 건물과 신축 건물 사이의 '동일성'을 따지지 않고 신축 건물을 위한 법정지상권을 인정한다. 다만, 법정지상권의 내용인 존속기간, 범위 등은 구 건물을 기준으로 하여 그 이용에 일반적으로 필요한 범위 내로 제한된다고 한다(2000다48517).

2) 토지와 건물에 '공동저당권'이 설정되어 있는 경우(원칙적 소극) [09사법, 11행정]

토지와 그 지상 건물에 공동저당권이 설정된 후 지상건물이 '증·개축된 경우'에는 당연히 법정지상권이 성립된다. 그러나 判例는 동일인의 소유에 속하는 토지 및 그 지상 건물에 관하여 공동저당권이 설정된 후 그 지상 건물이 철거되고 새로 건물이 '신축된 경우'에는 '그 신축건물에 토지와 동순위의 공동저당권이 설정되지 아니한 경우'에는 저당물의 경매로 인하여 토지와 신축건물이 서로 다른 소유자에게 속하게 되더라도 **제366조의 법정지상권은 성립하지 않는다고 한다**(전합98다43601)(전체가치고려설).[22] **(9회 선택형)**

2. 저당권이 설정될 당시 토지와 건물의 소유자가 동일할 것

⑴ 토지에 저당권을 설정할 당시 토지에 지상의 건물이 존재하고 있었고 그 양자가 동일 소유자에게 속하였다가 그 후 저당권의 실행 전에 건물이 제3자에게 양도된 경우

이 경우 건물과 토지의 소유권이 분리되는 때 건물소유자와 토지소유자의 합의에 의하여 토지이용권이 성립할 수 있고, 그렇지 않더라도 건물철거의 특약이 없었다면 건물소유를 위한 관습상의 법정지상권이 성립되겠지만, 그러한 **용익권은 선순위저당권의 실행에 의한 매각으로 인하여 소멸되기 때문에 이러한 경우에도 제366조가 적용되어야 한다**(99다52602)**(11회 선택형)**. 결국 법정지상권이 성립하기 위해서는 토지와 건물이 저당권설정 당시에 동일인의 소유에 속하였으면 충분하며, 경매가 행하여질 때까지 그래야 할 필요는 없다.

---

22) **[판례검토]** "공동저당권자는 '토지 및 건물 각각의 교환가치 전부'를 담보로 취득한 것으로서, 건물이 철거된 후 신축된 건물에 토지와 동순위의 공동저당권이 설정되지 아니하였는데도 그 신축건물을 위한 법정지상권이 성립한다면, 공동저당권자가 법정지상권이 성립하는 신축건물의 교환가치를 취득할 수 없게 되는 결과 법정지상권의 가액 상당 가치를 되찾을 길이 막혀 '당초 토지에 관하여 아무런 제한이 없는 나대지로서의 교환가치 전체를 실현시킬 수 있다고 기대'하고 담보를 취득한 공동저당권자에게 불측의 손해를 입게 하기 때문에"(전합98다43601판시내용) 법정지상권의 성립을 부정하는 判例의 태도는 타당하다.

(2) **구분소유적 공유(적극) [3회 사례형, 18법무]**

"토지의 소유관계가 구분소유적 공유관계에 있는 경우에는 공유자 중 1인이 소유하고 있는 건물과 그 대지는 다른 공유자와의 내부관계에 있어서는 그 공유자의 단독소유로 되었다 할 것이므로 건물을 소유하고 있는 공유자가 그 건물 또는 토지지분에 대하여 저당권을 설정하였다가 그 후 저당권의 실행으로 소유자가 달라지게 되면 건물 소유자는 그 건물의 소유를 위한 법정지상권을 취득한다"(2004다13533)**(7회, 8회 선택형)**(일반공유의 경우에는 부정 : 2004다13533)

(3) **미등기건물을 대지와 함께 매수한 경우(소극)**

"미등기건물을 그 대지와 함께 매수한 사람이 그 대지에 관하여만 소유권이전등기를 넘겨받고 건물에 대하여는 그 등기를 이전 받지 못하고 있다가, 대지에 대하여 저당권을 설정하고 그 저당권의 실행으로 대지가 경매되어 다른 사람의 소유로 된 경우에는, 그 저당권의 설정 당시에 이미 대지와 건물이 각각 다른 사람의 소유에 속하고 있었으므로 법정지상권이 성립될 여지가 없다"(전합2002다9660)**(12회 선택형)**.

3. 저당권 실행경매로 인해 건물과 토지에 대한 소유자가 분리될 것

Ⅱ. 지상권의 효력

1. 지상권, 관습법상 법정지상권, 제366조 법정지상권의 지료지급의무   [D-91]

① **[지상권이 이전된 경우]** 지료에 관한 약정이 '등기'(부동산등기법 제69조 4호)된 경우에는 지료지급채무와 전 지상권자의 지료 체납의 효과가 새로운 지상권자에게 승계된다(95다52864).

② **[토지소유권이 이전된 경우]** 지료지급채권도 이에 수반하여 이전되므로 지료의 등기 유무를 불문하고 신 토지소유자는 지상권자에 대해 지료를 청구할 수 있다. 判例는 지상권자의 지료지급 연체가 토지소유권의 양도 전후에 걸쳐 이루어진 경우 토지양수인에 대한 연체기간이 2년이 되지 않는다면 양수인은 지상권소멸청구를 할 수 없다"(99다17142)고 한다(제287조 참조).

③ **[지료체납의 효과]** 지상권자가 2년 이상의 지료연체시, 지상권설정자는 지상권자에게 지상권의 소멸을 청구할 수 있다(제287조). ㉠ 법정지상권에 관한 지료가 결정된 바 없다면 2년 이상의 지료를 지급하지 아니하였음을 이유로 하는 토지소유자의 지상권소멸청구는 이유가 없다(93다52297)**(10회 선택형)**. ㉡ 그러나 지료액수가 판결에 의하여 정해진 경우 지체된 지료가 '판결확정의 전후에 걸쳐 2년분 이상일 경우에도' 토지소유자는 지상권의 소멸을 청구할 수 있고(제287조), 판결확정일로부터 2년 이상 지료의 지급을 지체하여야만 지상권의 소멸을 청구할 수 있는 것은 아니다(2005다37208).

2. 분묘기지권과 지료지급의무   [D-92]

① 타인의 소유지 내에 토지소유자의 승낙을 얻어 분묘를 설치한 경우 약정이 있으면 유상, 없으면 무상으로 본다.

② 타인 소유의 토지에 토지소유자의 승낙 없이 분묘를 설치한 후 20년간 평온·공연하게 그 분묘의 기지를 점유하여 분묘기지권을 시효취득한 경우, 분묘기지권자는 토지소유자가 분묘기지에 관한 지료를 청구하면 그 청구한 날부터의 지료를 지급할 의무가 있다(전합2017다228007).

③ 자기 소유의 토지에 분묘를 설치한 자가 후에 이 토지를 타인에게 양도한 경우, 관습법상 법정지상권의 법리를 유추적용한 것이므로 제366조를 유추적용하여 지료를 지급해야 한다(2020다295892). 이때 분묘기지권자는 '분묘기지권이 성립한 때'부터 토지 소유자에게 지료를 지급할 의무가 있다(2017다271834,271841). 이 경우 지체된 지료가 판결확정 전후에 걸쳐 2년분 이상이 되는 경우에는 민법 제287조를 유추적용하여 새로운 토지소유자는 그 분묘기지권자에 대하여 분묘기지권의 소멸을 청구할 수 있다. 분묘기지권자가 판결확정 후 지료지급 청구를 받았음에도 책임 있는 사유로 상당한 기간 동안 지료의 지급을 지체한 경우에만 분묘기지권의 소멸을 청구할 수 있는 것은 아니다(2015다206850).

Set 127 　지역권 ★

I. 지역권의 취득시효의 요건(제294조)

'계속되고 표현된 것'의 의미에 대해 判例는 좁게 해석하는 경향을 보이는바, '통행지역권'에 관하여 요역지소유자가 승역지상에 통로를 개설하여 시효기간 동안 이를 계속 사용하였어야 하며(66다2305), 그 통로의 개설이 요역지소유자에 의해 이루어져야 한다고 한다(70다772). 또, 요역지소유자 기타 사용권자만이 시효취득할 수 있고, 요역지의 불법점유자는 시효취득할 수 없다고 한다(76다1694).

Set 128 　전세권 ★★★

I. 서 설

[D-93]

1. 법적 성질

전세권은 부동산 이용권이라는 점과 전세권에 경매청구권(제318조)과 우선변제권(제303조 1항)이 인정된다는 점에서 용익물권인 동시에 담보물권이다(제303조 참조). 判例도 "전세권은 그 존속기간 내에는 주로 용익물권으로서의 성격을 갖고 담보물권으로서의 성격은 잠재되어 있다가, 존속기간 만료, 전세권 소멸통고 또는 소멸청구, 전세권의 합의해지 등의 사유가 있는 경우에는 용익물권으로서의 성격은 사라지고 전세금반환채권을 담보하는 담보물권으로서의 성질만 갖는다(2003다35659)(8회, 9회, 10회 선택형).

2. 채권담보의 목적을 갖는 전세권

⑴ 전세권자가 사용·수익하지 않고, 통정허위표시에도 해당하지 않는 경우

전세권설정계약의 당사자가 전세권의 핵심인 사용·수익 권능을 배제하고 채권담보만을 위해 전세권을 설정하였다면, 법률이 정하지 않은 새로운 내용의 전세권을 창설하는 것으로서 '물권법정주의'에 반하여 허용되지 않고 이러한 전세권설정등기는 무효이다(2018다40235,40242). 그러나 장차 전

세권자가 목적물을 사용·수익하는 것을 완전히 배제하는 것이 아니라면, 그 전세권의 효력을 부인할 수 는 없다"(94다18508)(**4회 선택형**).

(2) 전세권자가 사용·수익하나, 통정허위표시에 해당하는 경우

判例는 임대차보증금반환채권 담보 목적의 전세권에 근저당권이 설정된 사안에서, "전세권설정 계약은 임대차계약과 양립할 수 없는 범위에서 통정허위표시에 해당하여 무효이나, 전세권설정등기는 임대차계약에 따른 임대차보증금반환채권을 담보할 목적으로 마쳐진 것으로서 유효하고, 전세권근저 당권자(제371조)가 이 사건 전세권설정등기가 임대차보증금반환채권 담보 목적임을 알고 있었 으므로(제108조 2항) 전세권설정자는 전세권근저당권자에 대하여 이 사건 임대차계약에 따른 연체차임 등의 공제 주장으로 대항할 수 있을 뿐이며, 따라서 전세권설정등기는 임대차보증금 중 연체차임 등을 공제한 나머지를 담보하는 범위에서 여전히 유효하므로, 전세권근저당권자는 전세권설 정자로부터 그 나머지 임대차보증금 상당액을 지급받을 때까지 전세권설정등기의 말소를 저지 할 이익이 있다"(2018다268538)[23]고 한다(**13회 선택형**).

II. 전세금반환채권에 대해 전세권저당권자가 물상대위권을 행사한 경우, 전세권설정 자가 제315조 외의 채권으로써 전세금반환채무와 상계할 수 있는지 여부 [D-94c]

1. 부정한 사안 : 전세권저당권자가 제108조 2항의 선의의 제3자인 경우 [17사법]

"전세금은 그 성격에 비추어 제315조에 정한 전세권설정자의 전세권자에 대한 손해배상채권 외 다른 채권까 지 담보한다고 볼 수 없으므로, 전세권설정자가 전세권자에 대하여 위 손해배상채권 외 다른 채권 을 가지고 있더라도 다른 특별한 사정이 없는 한 이를 가지고 전세금반환채권에 대하여 물상대 위권을 행사한 전세권저당권자에게 상계 등으로 대항할 수 없다"(2006다29372, 29389)[24])(**5회, 7회, 9회 선택형**).

2. 긍정한 사안 : 전세권저당권자가 제108조 2항의 악의의 제3자인 경우

"전세권근저당권자가 그 전세권이 임대차보증금을 담보하기 위한 것임을 알고 있어(제108조 2항의 악의) 전 세권설정자가 전세권근저당권자에 대하여 그 전세권설정계약의 무효 및 그 임대차계약에 따른 효력을 주장할 수 있으므로, 전세권설정자는 전세권자에 대한 위 채권(연체차임채권)으로서 전세 권저당권자가 물상대위권의 행사로서 압류·추심한 전세금반환채권과 상계할 수도 있다"(2003 다46260, 53879).

---

23) **[사실관계]** 甲의 乙에 대한 임대차보증금반환채권 담보 목적의 유효한 전세권에 丙의 근저당권이 설정된 후 전세권의 존속 기간이 만료되었다면, 丙은 전세금반환채권에 대하여 압류 및 추심명령 또는 전부명령을 받는 방법으로 물상대위권을 행사 하여 전세금의 지급을 구할 수 있고, 丙이 저당권 설정 당시 그 전세권설정등기가 임대차보증금반환채권을 담보할 목적으로 마쳐진 것임을 알고 있었다면, 乙은 丙에게 임대차계약에 따른 연체차임 등의 공제 주장으로 대항할 수 있을 뿐이므로, 甲의 전세권설정등기는 임대차보증금 중 연체차임 등을 공제한 나머지를 담보하는 범위에서 여전히 유효하다. 따라서 乙이 丙에 대해 전세권설정등기 말소에 대한 승낙의 의사표시를 구하는 소를 제기한 경우 법원은 乙의 청구를 기각해야 한다.

24) **[판례해설]** 위 判例는 전세금이 제315조에 정한 것만 담보하는 것처럼 표현하고 있으나, 사안은 전세권저당권자가 임대차보 증금반환채권의 담보를 목적으로 전세권이 설정된 것임을 저당권자가 몰랐던 사안(제108조 2항)이므로 이때는 전세권설정 계약이 유효한 것으로 인정되는 결과 임대차계약은 양립할 수 없게 된다. 따라서 임대차계약의 유효를 전제로 하는 임대차 보증금반환채권도 인정될 수 없기에 전세권설정자가 전세권자에 대해 반대채권(임대차계약에 의하여 발생한 연체차임 등) 을 갖는다고 하더라도 상계할 여지는 없게 된다.

3. 한정적극 사안 : 전세권설정에 통정허위표시가 없었던 경우 [8회 사례형]

"전세금반환채권은 전세권이 성립하였을 때부터 이미 그 발생이 예정되어 있다고 볼 수 있으므로, '전세권저당권이 설정된 때'(물상대위권에 기해 전세금반환채권이 압류된 때가 아님)에 이미 전세권설정자가 전세권자에 대하여 반대채권을 가지고 있고 그 반대채권의 변제기가 장래 발생할 전세금반환채권의 변제기와 동시에 또는 그보다 먼저 도래하는 경우와 같이 전세권설정자에게 합리적 기대 이익을 인정할 수 있는 경우에는 전세권설정자는 그 반대채권을 자동채권으로 하여 전세금반환채권과 상계함으로써 전세권저당권자에게 대항할 수 있다"(2013다91672)**(5회, 7회, 9회, 13회 선택형)**.

✎ **[유사판례 (동산양도담보권)]** 위 판결은 동산양도담보권자가 양도담보 설정자의 화재보험금청구권에 대해 물상대위권을 행사한 경우, 제3채무자인 보험회사가 **양도담보 설정 후**(물상대위권에 기해 압류를 한 시점이 아님) 취득한 설정자에 대한 채권에 의한 상계로 대항할 수 없다고 본 판결(2012다58609)**(11회 선택형)**과 취지를 같이 하고 있다.

Ⅲ. 전세권의 효력

1. 전세권의 효력이 미치는 범위(제304조, 제305조)   [D-95a]

① **[법정지상권]** 대지와 건물이 동일 소유자에 속한 경우에 그 건물에 전세권을 설정한 때에는 그 대지소유권의 특별승계인은 '전세권설정자'(전세권자가 아님에 유의)에 대하여 법정지상권을 설정한 것으로 본다(제305조)**(8회 선택형)**.

② **[전세권자의 동의 없는 토지임대차계약(제304조 2항 위반 긍정)]** "토지와 건물을 함께 소유하던 토지·건물의 소유자가 건물에 대하여 전세권을 설정하여 주었는데 그 후 토지가 타인에게 경락되어 제305조 1항에 의한 법정지상권을 취득한 상태에서 다시 건물을 타인에게 양도한 경우, 그 건물을 양수하여 소유권을 취득한 자는 특별한 사정이 없는 한 법정지상권을 취득할 지위를 가지게 되고, 다른 한편으로는 전세권 관계도 이전받게 되는바, 제304조 등에 비추어 건물 양수인이 토지 소유자와의 관계에서 전세권자의 동의 없이 법정지상권을 취득할 지위를 소멸시켰다고 하더라도(토지임대차계약체결), 그 건물 양수인은 물론 토지 소유자도 그 사유를 들어 전세권자에게 대항할 수 없다"(2006다14684)**(1회, 10회 선택형)**.

③ **[지료연체에 따른 지상권소멸(제304조 2항 위반 부정)]** "지상권을 가지는 건물소유자가 그 건물에 전세권을 설정하였으나 2년 이상의 지료를 지급하지 아니하였음을 이유로 지상권설정자(토지소유재)의 청구로 지상권이 소멸하는 것(제287조 참조)은 전세권설정자가 전세권자의 동의 없이는 할 수 없는 제304조 2항의 '지상권 또는 임차권을 소멸하게 하는 행위'에 해당하지 아니한다"(2010다43801)**(10회 선택형)**.

2. 전세권의 양도   [D-95b]

(1) 전세기간 만료 후 전세권을 수반한 전세금반환청구권의 양도방법 : 원칙

"전세권의 존속기간의 경과로서 본래의 용익물권적 권능이 소멸하고 담보물권적 권능만 남은 전세권에 대해서도 그 피담보채권인 전세금반환채권과 함께 제3자에게 이를 양도할 수 있다 할 것이지만 이 경우에는 민법 제450조 2항 소정의 확정일자 있는 증서에 의한 채권양도절차를 거쳐야 제3

자에게 대항할 수 있다. 따라서 전세기간 만료 이후 전세권양도계약 및 전세권이전의 부기등기가 이루어진 것만으로는 전세금반환채권의 양도에 관하여 확정일자 있는 통지나 승낙이 있었다고 볼 수 없어 이로써 제3자인 전세금반환채권의 압류·전부 채권자에게 대항할 수 없다"(2003다35659)(4회, 8회, 9회, 10회, 13회 선택형)

⑵ 전세금반환청구권의 분리양도(제361조 참조) : 예외

① **[전세권 존속 중 분리양도 가능성]** 전세금의 지급이 없으면 전세권은 성립하지 아니하는 등 전세금은 전세권과 분리될 수 없는 요소이므로 원칙적으로 허용되지 않는다. 다만, 判例는 예외적으로 장래에 그 전세권이 소멸하는 경우에 전세금반환채권이 발생하는 것을 조건으로 장래의 조건부 채권을 양도하는 것은 가능하다(제149조)고 한다(2001다69122)(5회, 11회 선택형)

② **[전세권 소멸 후 분리양도 가능성]** "전세권이 담보물권적 성격도 가지는 이상 부종성과 수반성이 있는 것이므로 전세권을 그 담보하는 전세금반환채권과 분리하여 양도하는 것은 허용되지 않으나, 담보물권의 수반성이란 피담보채권의 처분이 있으면 '언제나' 담보물권도 함께 처분된다는 것이 아니라 채권담보라고 하는 담보물권 제도의 존재 목적에 비추어 볼 때 특별한 사정이 없는 한 피담보채권의 처분에는 담보물권의 처분도 당연히 포함된다고 보는 것이 '합리적'이라는 것일 뿐이므로, ⅰ) 전세권이 존속기간의 만료로 소멸한 경우이거나, ⅱ) 전세계약의 합의해지 또는 ⅲ) 당사자간의 특약에 의하여 전세권반환채권의 처분에도 불구하고, 전세권의 처분이 따르지 않는 경우 등의 특별한 사정이 있는 때에는 채권양수인은 담보물권이 없는 무담보의 채권을 양수한 것이 된다"(97다33997)(1회 선택형)

Ⅳ. 전세권을 목적으로 한 저당권(제371조)의 사례구조 [4회·8회 사례형]   [판례연구 D-08]

> A는 B에 대해 가진 금전채권을 담보할 목적으로 B소유의 주택에 전세권 설정계약을 맺고 그 설정등기를 마쳤는데 목적 건물은 계속 B가 점유하고 있다. 이에 A(전세권자)의 채권자인 C가 이 전세권 위에 저당권을 설정하였는데, 그 후 A의 전세권의 기간이 만료하였다. 이에 B(전세권설정자)는 A에게 채무를 변제하고 C(전세권저당권자)를 상대로 전세권을 목적으로 한 저당권등기의 말소를 청구하자, C는 전세금의 반환을 받을 때까지 그 청구에 응할 수 없다고 항변하였다. C의 항변이 정당한가?

Ⅰ. A가 B로부터 취득한 전세권의 유효성

① 전세금의 지급이 전세권의 성립요건인지 여부(O) ⇒ ② 기존채권으로 전세금의 지급에 갈음할 수 있는지 여부(O) ⇒ ③ 담보목적의 전세권이 허용되는지 여부(O)

Ⅱ. C가 취득한 저당권의 효력

전세권의 존속기간이 만료된 후의 전세권을 목적으로 하는 저당권의 효력

Ⅰ. A가 B로부터 취득한 전세권의 유효성

위 논리(사례) 구조에서 Ⅰ.의 ①, ②와 관련하여 判例는 전세금의 지급은 전세권 성립의 요소가 되는 것이지만, 그렇다고 하여 전세금의 지급이 반드시 현실적으로 수수되어야만 하는 것은 아니고 기존의 채권으로 전세금의 지급에 갈음할 수도 있다고 한다(94다18508)(11회 선택형) ⇒ Ⅰ.

의 ③과 관련하여 判例는 전세권이 용익물권적 성격과 담보물권적 성격을 겸비하고 있다는 점 및 목적물의 인도는 전세권의 성립요건이 아닌 점 등에 비추어 볼 때 당사자가 주로 채권담보 의 목적으로 전세권을 설정하였고, 그 설정과 동시에 목적물은 인도하지 아니한 경우라고 하더 라도, 장차 전세권자가 목적물을 사용·수익하는 것을 완전히 배제하는 것이 아니라면, 그 전세 권의 효력을 부인할 수는 없다고 한다(94다18508)(4회 선택형).

Ⅱ. C가 취득한 저당권의 효력 [4·8회 사례형]

Ⅱ.와 관련하여 判例는 '전세권이 기간만료로 종료된 경우 전세권은 전세권설정등기의 말소등 기 없이도 당연히 소멸'하고, 저당권의 목적물인 전세권이 소멸하면 저당권도 당연히 소멸하는 것이므로 전세권을 목적으로 한 저당권자는 전세권의 목적물인 부동산의 소유자에게 더 이상 저당권을 주장할 수 없다고 하며(98다31301)[25](4회 선택형), 전세권저당권이 설정된 경우에도 전세 권이 기간만료로 소멸되면 전세권설정자는 전세금반환채권에 대한 '제3의 압류' 등이 없는 한 전세 권자에 대하여만 전세금 반환의무를 부담한다고 보아야 한다고 한다(98다31301)[26](3회, 5회, 7회 선택형)(물상대위설)⇒ 나아가 判例는 전세권의 존속기간 만료 후 전세권부 저당권자의 권리행사 방법과 관련하여 전세권저당권설정자(전세권자)의 전세권설정자에 대한 전세금반환채권에 대하 여 추심(전부)명령을 받은 후 전세권설정자에 대하여 추심금 청구나 전부금청구를 통하여 전세 금의 지급을 구할 수 있고(민사집행법 제273조), 전세금반환채권에 대하여 일반 채권자가 (가)압류 의 집행을 이미 한 상태에 있다면 물상대위권을 행사하여 전세금반환청구권에 대한 배당절차 에서 전세권저당권설정자(전세권자)의 일반채권자보다 우선하여 변제를 받을 수 있다(제370조, 제342조)(2008다65396)(11회 선택형)고 한다.

V. 전세권의 존속기간과 소멸

1. 전세권의 존속기간 : 건물전세권의 법정갱신(제312조 4항)   [D-94b]

判例는 "이는 법률의 규정에 의한 부동산에 관한 물권의 변동이므로 전세권갱신에 관한 등기를 필요로 하지 아니하고 전세권자는 그 등기없이도 전세권설정자나 그 목적물을 취득한 제3자에 대하여 그 권리를 주장할 수 있다"(88다카21029)고 한다.

2. 전세권의 존속기간 중 전세목적물의 소유권이 제3자에게 이전된 경우   [D-95c]

判例는 "전세권이 성립한 후 목적물의 소유권이 이전되는 경우에 전세권은 전세권자와 목적물 의 소유권을 취득한 신 소유자 사이에서 계속 동일한 내용으로 존속하게 된다고 보아야 할 것 이고, 따라서 목적물의 신 소유자는 구 소유자와 전세권자 사이에 성립한 전세권의 내용에 따른 권리의무의 직접적인 당사자가 되어 전세권이 소멸하는 때에 전세권자에 대하여 전세권설정자의 지위에서 전세금반환의무를 부담하게 되고, 구 소유자는 전세권설정자의 지위를 상실하여 전세금반환의무를 면 하게 된다고 보아야 한다"(2006다6072)(1회, 8회, 11회 선택형)고 한다.

---

25) "전세권에 대하여 저당권이 설정된 경우 그 저당권의 목적물은 물권인 전세권 자체이지 전세금반환채권은 그 목적물이 아니다"
26) "전세권을 목적으로 하는 저당권의 설정은 전세권의 목적물 소유자의 의사와는 상관없이 전세권자의 동의만 있으면 가능한 것이고, 원래 전세권에 있어 전세권 설정자가 부담하는 전세금 반환의무는 전세금 반환채권에 대한 제3자의 압류 등이 없는 한 전세권자에 대해 전세금을 지급함으로써 그 의무이행을 다할 뿐이라는 점을 비추어 볼 때"

3. 전세권 소멸시의 법률관계
[D-96]

⑴ 전세권설정자의 전세금반환의무와 전세권자의 등기말소 및 목적물반환의무의 동시이행관계

전세권이 소멸한 때에는 전세권설정자는 전세권자로부터 그 목적물의 인도 및 전세권설정등기의 말소등기에 필요한 서류의 교부를 받는 동시에 전세금을 반환하여야 한다(제317조)**(1회 선택형)**. 判例는 "전세권자가 그 목적물을 인도하였다고 하더라도 전세권설정등기의 말소등기에 필요한 서류를 교부하거나 그 이행의 제공을 하지 아니하는 이상, 전세권설정자는 전세금의 반환을 거부할 수 있고, 이 경우 다른 특별한 사정이 없는 한 그가 전세금에 대한 이자 상당액의 이득을 법률상 원인 없이 얻는다고 볼 수 없다"(2001다62091)**(8회 선택형)**고 한다.

⑵ 전세권자의 경매청구권 : 일부전세의 경우 경매신청권

전세권설정자가 전세금의 반환을 지체한 때에는 전세권자는 민사집행법의 정한 바에 의하여 전세권의 목적물의 경매를 청구할 수 있다(제318조).

그러나 일부전세와 관련하여 判例는 "전세권의 목적물이 아닌 나머지 건물 부분에 대하여는 우선변제권은 별론으로 하고 경매신청권은 없다"(91마256)**(4회 선택형)**고 한다. 특히 判例는 "건물의 일부에 대하여 전세권이 설정되어 있는 경우 전세권자는 전세권의 목적이 된 부분을 초과하여 건물 전부의 경매를 청구할 수 없다고 할 것이고, 그 전세권의 목적이 된 부분이 구조상 또는 이용상 독립성이 없어 독립한 소유권의 객체로 분할할 수 없고 따라서 그 부분만의 경매신청이 불가능하다고 하여 달리 볼 것은 아니다"(2001마212)**(11회 선택형)**라고 판시하였다. 즉, 분할이 불가능한 경우에도 전부경매청구가 불가하다고 본다.

Set 129 　유치권 ★★

Ⅰ. 유치권의 성립요건···권리행사저지의 항변
[D-98]

유치권은 ⅰ) 타인의 물건 또는 유가증권(목적물)을 ⅱ) 적법하게 점유하고 있으며(재항변 사유), ⅲ) 그 목적물에 관하여 생긴 채권이 ⅳ) 변제기에 있을 때 ⅴ) 유치권 배제특약이 없는 경우(재항변 사유)에 성립한다(제320조)**(변, 특, 타, 목, 적)**

1. 유치권의 목적물

① "유치권은 타물권인 점에 비추어 볼 때 수급인의 재료와 노력으로 건축되었고 독립한 건물에 해당되는 기성부분은 수급인의 소유라 할 것이므로 수급인은 공사대금을 지급받을 때까지 이에 대하여 유치권을 가질 수 없다"(91다14116). ② "가등기가 되어있는 부동산 소유권을 이전받은 甲이 그 부동산에 대하여 필요비나 유익비를 지출한 것은 가등기에 의한 본등기가 경유됨으로써 가등기 이후의 저촉되는 등기라 하여 직권으로 말소를 당한 소유권이전등기의 명의자 甲과 본등기 명의자인 乙 내지 그 특별승계인인 丙 과의 법률관계는 결과적으로 타인의 물건에 대하여 甲이 그 점유기간 내에 비용을 투입한 것이 된다고 보는 것이 상당하다"(76다2079)**(1회 선택형)**.

2. 목적물을 적법하게 점유하고 있을 것 ··· 재항변 사유

(1) 점유의 계속

① **[간접점유의 경우]** 간접점유에 의한 유치권도 성립할 수 있는바, 判例는 채권자가 채무자의 '승낙'을 받아 유치물을 제3자에게 임대하는 방법(제324조 2항)으로 '간접점유'하던 중 임대차가 종료된 경우에도 유치권은 존속한다고 본다. 왜냐하면 "점유매개관계를 이루는 임대차계약 등이 종료된 이후에도 직접점유자가 목적물을 점유한 채 이를 반환하지 않고 있는 경우에는, 간접점유자의 반환청구권이 소멸한 것이 아니므로 간접점유의 점유매개관계가 단절된다고 할 수 없기 때문이다"(2019다205329)**(10회 선택형)**. 다만 채무자를 직접점유자로 하여 채권자가 간접점유하는 경우에는 유치권이 성립하지 않는다(2007다27236)**(4회 선택형)**.

② **[점유의 상실]** 점유는 계속되어야 한다. 유치권자가 목적물의 점유를 잃으면 유치권은 당연히 소멸한다(제328조). 다만, 점유를 상실한 유치권자는 점유회수의 소(제204조)를 제기하여 승소판결을 받아 점유를 회복하면 점유를 상실하지 않았던 것으로 되어 유치권이 되살아나지만(제192조 2항)**(11회 선택형)**, 점유회수의 소를 제기하여 점유를 회복할 수 있다는 사정만으로 유치권이 소멸하지 않았다고 볼 것은 아니다(2011다72189)**(10회 선택형)**.

(2) 적법한 점유

① **[불법점유, 처음부터 점유의 권원이 없는 경우]** 점유는 불법행위에 의하여 개시된 것이 아니어야 한다(제320조 2항)(다만, 불법점유자는 유치권을 주장할 수 없을 뿐 비용상환청구권 자체는 인정될 수 있다). 이는 점유의 취득이 '채무자에게 대항할 수 있는 점유의 권원 없이 한 경우'도 포함된다(87다카3073).

② **[점유의 권원을 상실한 경우, 권원 없음에 대한 악의·중과실]** 권원에 의하여 점유를 개시하였다 하더라도 후에 권원이 소멸한 경우에는 유치권의 성립이 인정되지 않는다. 判例는 점유개시시 뿐만 아니라 비용지출 당시에 점유자가 **중대한 과실**이 있는 경우에는 유치권이 배척되고, 악의·중과실에 대한 주장·입증책임은 상대방 당사자(물건의 반환을 청구하는 자)에게 있다고 한다(2009다5162)**(8회 선택형)**.

3. 채권과 목적물과의 견련관계

判例는 "유치권 제도 본래의 취지인 공평의 원칙에 특별히 반하지 않는 한 채권이 목적물 자체로부터 발생한 경우(예컨대 비용상환청구권 : 제203조, 제626조, 제367조)뿐 아니라 채권이 목적물의 반환청구권과 '동일한 법률관계'(예컨대 계약이 해제·무효·취소된 경우) 또는 '동일한 사실관계'(예컨대 우연히 서로 물건을 바꾸어간 경우)로부터 발생한 경우도 포함한다"(2005다16942)고 하여 **광의설적인** 입장을 밝혔다. 그러나 실제 결과에 있어서 判例는 동시이행의 항변권에 대해서는 공평의 원칙을 근거로 '견련성'의 의미를 완화하여 해석하는 반면, 유치권에 대해서는 이를 엄격하게 해석하고 있는 것으로 보인다.

(1) 견련관계가 긍정되는 경우

① 물건으로 인한 손해배상청구권, ② 물건에 관한 비용상환청구권, ③ 수급인의 공사대금 채권(95다16202)**(8회, 10회, 12회 선택형)** ④ 민사집행법 제258조의 보관비용(2018다288044) 등

⑵ 견련관계가 부정되는 경우

① 임차인의 보증금반환청구권 또는 권리금반환청구권과 임차목적물(75다1305 ; 93다62119) **[9회 기록형]**, ② 매도인의 매매대금채권과 매매목적물(전득자의 매도인에 대한 인도 청구에 대하여)(2011마2380)**(3회 선택형)**, ③ 부속물매수청구권의 행사에 따른 매매대금청구권과 임차목적물(77다115), ④ 이른바 계약명의신탁에 있어 명의신탁자가 명의수탁자에 대하여 가지는 매매대금 상당의 부당이득반환청구권과 당해 부동산(2008다34828)**(1회, 3회, 6회 선택형) [2회 사례형]** ⑤ 도급인의 건축자재대금채권과 당해 건축물(2011다96208)**(8회, 9회 선택형)**, ⑥ 간판 설치공사 대금채권과 당해 건축물(2011다44788)**(9회 선택형)**.

4. 채권이 변제기에 있을 것

① "경매개시결정의 기입등기가 마쳐져 '압류'의 효력이 발생한 후에 공사를 완공하여 공사대금채권을 취득한 경우에는 그때 비로소 유치권이 성립한다고 할 것이므로 '압류의 처분금지효'에 따라 수급인은 그 유치권을 내세워 경매절차의 매수인에게 대항할 수 없다"(2011다55214)**(3회, 4회, 6회, 8회, 11회, 12회 선택형). [13법무]**
② "건물의 하자에 상응하는 금액이 공사잔대금액 이상이어서 도급인이 하자보수청구권 등에 기하여 수급인의 공사잔대금 채권 전부에 대하여 '동시이행의 항변'을 한 때에는, 공사잔대금 채권의 변제기가 도래하지 아니한 경우와 마찬가지로 수급인은 도급인에 대하여 하자보수의무나 하자보수에 갈음한 손해배상의무 등에 관한 이행의 제공을 하지 아니한 이상 공사잔대금 채권에 기한 유치권을 행사할 수 없다"(2013다30653)**(6회, 9회 선택형). [14법무]**

5. 유치권배제의 특약이 없을 것…재항변 사유

유치권 규정은 임의규정이므로 당사자 사이에서 유치권 배제의 특약은 유효하다. 이러한 특약은 가령 '원상회복의 특약'이 있는 경우처럼 묵시적으로도 가능하다(2012다37176). 또한 判例는 유치권 배제 특약이 있는 경우 특약에 따른 효력은 특약의 상대방뿐 아니라 그 밖의 사람도 주장할 수 있다고 하며, 유치권 배제 특약에도 조건을 붙일 수 있다고 한다(2016다234043)**(10회, 13회 선택형)**.

Ⅲ. 유치권의 효력 [D-99]

1. 유치권자의 권리

⑴ 목적물을 유치할 권리…유치권의 중심적 효력

1) 유치의 의미

유치물은 그 각 부분으로써 피담보채권의 전부를 담보하며, 이와 같은 유치권의 불가분성은 그 목적물이 분할 가능하거나 수개의 물건인 경우에도 적용된다(제321조)**(8회, 13회 선택형)**.

2) 유치권행사의 상대방

경매의 경우 민사집행법상 경락인은 유치권자에게 유치권으로 담보하는 채권을 '변제할 책임이 있다'고 규정되어 있으나(동법 제91조 5항), 이는 부동산상의 부담을 승계한다는 취지로서 인적 채무까지 인수한다는 취지는 아니므로, 유치권자는 경락인에 대하여 그 피담보채권의 변제가 있을 때까지 유치목적물인 부동산의 인도를 거절할 수 있을 뿐이고 그 피담보채권의 변제를 청구할 수는 없다(95다8713)**(4회 선택형)**.

3) 유치권행사의 소송법적 효과

判例는 채무의 변제와 상환으로 물건을 인도하라는 뜻의 상환급부판결(원고의 일부승소판결) 을 하고 있다(73다1642)**(12회 선택형)**.

4) 사실상 최우선변제권능

① "저당권 등의 설정 후에 (민사)유치권을 취득한 자라 할지라도 그 저당권의 실행절차에서 목적물을 매수한 사람을 포함하여 목적물의 소유자 기타 권리자에 대하여 '대세적인 인도거절권능'을 행사할 수 있다(인수주의). 따라서 부동산유치권은 대부분의 경우에 '사실상 최우선순위의 담보권'으로서 작용하여, (민사)유치권자는 자신의 채권을 목적물의 교환가치로부터 일반채권자는 물론 저당권자 등에 대하여도 그 성립의 선후를 불문하여 우선적으로 자기 채권의 만족을 얻을 수 있다"(2011다84298). **[17법행]** 다만, 상사유치권자는 선행저당권자 또는 선행저당권에 기한 임의경매절차에서 부동산을 매수한 매수인에게 대항할 수 없다(2010다57350)**(7회, 8회, 11회 선택형)**. **[7회 사례형]**

② 다만 " i) 채무자가 채무초과의 상태에 이미 빠져있는 상태에서, ii) '이미 채무자 소유의 목적물에 저당권 등이 설정'되어 있음에도, iii) 채권자가 자기 채권의 우선적 만족을 위하여 채무자와의 사이에 의도적으로 유치권의 성립요건을 충족하는 내용의 거래를 일으키고 그에 기하여 목적물을 점유하게 됨으로써 유치권이 성립하였다면, 유치권자가 그 유치권을 저당권자 등에 대하여 주장하는 것은 권리남용으로서 허용되지 아니한다"(2011다84298).[27)

(2) 경매권(제322조 1항)

"유치권에 의한 경매도 강제경매나 담보권 실행을 위한 경매와 마찬가지로 목적부동산 위의 부담을 소멸시키는 것을 법정매각조건으로 하여 실시되고(이른바 소멸주의), 우선채권자뿐만 아니라 일반채권자의 배당요구도 허용되며, 유치권자는 일반채권자와 동일한 순위로 배당을 받을 수 있다(유치권자라는 이유만으로는 배당에 참가할 수 없으나, 채권에 관하여 별도로 집행권원 등을 얻어 일반채권자의 지위에서 배당에 참가하는 것은 가능하다)(2010마1059)**(2회, 4회 선택형)**.

(3) 유치물 사용권

1) 승낙에 의한 사용, 보존에 필요한 사용

유치권자는 '소유자의 승낙' 없이 유치물을 사용, 대여 또는 담보제공하지 못하는 것이 원칙이다. 다만, 유치권자는 소유자의 승낙이 없더라도 유치물의 '보존에 필요한 사용'은 할 수 있다(제324조 2항).

---

27) **[사실관계]** 채무자 甲 주식회사 소유의 건물 등에 관하여 乙 은행 명의의 1순위 근저당권이 설정되어 있었는데, 2순위 근저당권자인 丙 주식회사가 甲 회사와 건물 일부에 관하여 임대차계약을 체결하고 건물 일부를 점유하고 있던 중 乙 은행의 신청에 의하여 개시된 경매절차에서 비용상환청구권(제626조)에 기한 유치권신고를 한 사안에서, 저당권자가 목적물을 점유하는 일은 매우 드문데도 저당권자인 丙이 甲과 임대차계약을 체결한 경위 등을 종합해 볼 때, 乙의 신청에 의하여 건물 등에 관한 경매절차가 곧 개시되리라는 사정을 충분히 인식하면서 임대차계약을 체결하고 그에 따라 그 점유를 이전받았다고 보이므로, 丙은 유치권제도를 남용한 것으로 보았다.

① 공사대금채권에 기하여 주택에 대해 유치권을 행사하는 자가 **스스로** 유치물인 주택에 거주하며 사용하는 것은 유치물의 보존에 필요한 사용에 해당한다(2009다40684)**(3회, 8회, 10회, 12회 선택형)**.

② 그러나 공사대금채권에 기하여 유치권을 행사하는 자가 제3자와의 사이에 유치물인 건물에 관하여 채권적 전세계약을 체결하여 전세금을 수령하는 것은 유치물의 보존에 필요한 범위를 넘는 것이라 할 것이다. 또한 유치권자가 제3자와 임대차계약을 체결하는 것도 마찬가지이므로 소유자의 동의 없이 유치권자로부터 유치권의 목적물을 임차한 자의 점유는 '경락인에게 대항할 수 있는 권원'에 기한 것이라고 볼 수 없다(2002마3516)**(10회 선택형)**. **[7회 기록형]** 이 경우 소유자는 유치권자에 대하여 유치권의 소멸을 청구할 수 있을 뿐만 아니라(제324조 3항), 유치권자는 그로 인한 이익을 부당이득으로 소유자에게 반환하여야 한다(2009다32324)(아래 부당이득 참고).

2) 사용이익에 대한 부당이득

민법은 유치권자에게 보존에 필요한 사용을 허용하고 있을 뿐 그에 따른 이익까지 보장하고 있지는 않기 때문에, 이 경우 유치권자가 보존에 필요한 범위 내의 사용이 적법하더라도 사용이익에 대해서는 부당이득이 성립한다(63다235)**(10회 선택형)** **[11회 기록형]** 다만, 이는 유치물에서 생긴 과실과 동일시하여 제323조에 따라 '피담보채권'에서 공제되어야 한다(2009다40684참고).

① 공사대금채권에 기하여 유치권자 스스로 유치물에 거주하며 사용하는 경우 부당이득 내용은 차임에 상당한 이득이 기준이 되며(2009다40684)**(8회 선택형)**, ② 유치권자가 목적물을 타인에게 전세를 주고 전세금을 받은 때에는 전세금에 대한 법정이자 상당액이 된다(2009다32324). **[7회 기록형]**

2. 유치권자의 의무

① 유치권자는 선량한 관리자의 주의로 유치물을 점유하여야 한다(제324조 1항). ② 유치권자는 채무자의 승낙없이 유치물의 사용, 대여, 담보제공을 하지 못한다(제324조 2항). 유치권자가 이를 위반한 경우에는 소유자는 유치권의 소멸을 청구할 수 있다(제324조 3항).

判例는 "하나의 채권을 피담보채권으로 하여 여러 필지의 토지에 대하여 유치권을 취득한 유치권자가 그 중 일부 필지의 토지에 대하여 선량한 관리자의 주의의무를 위반하였다면 특별한 사정이 없는 한 유치권 대상 필지 전체에 대하여 유치권 소멸청구를 할 수 있는 것이 아니라 위반행위가 있었던 해당 필지의 토지에 대해서만 유치권 소멸청구가 가능하다"고 한다(2018다301350)**(13회 선택형)**.[28]

Ⅳ. 유치권의 소멸

[D-100]

1. 압류의 (상대적) 처분금지효[29]와 유치권의 관계 : 압류와의 경합

---

28) **[판례검토]** 왜냐하면 '유치권의 불가분성'(제321조)을 정한 취지는 담보물권인 유치권의 효력을 강화하여 유치권자의 이익을 위한 것으로서 이를 근거로 오히려 유치권자에게 불이익하게 선량한 관리자의 주의의무 위반이 문제 되지 않는 유치물에 대한 유치권까지 소멸한다고 해석하는 것은 상당하지 않기 때문이다.

29) 압류의 효력이 발생하면 그 처분금지효에 의해 채무자는 압류 목적물을 제3자에게 양도하거나 목적물에 대한 담보권 또는 용익권을 설정하는 등의 처분행위를 하여도, 이는 압류채권자에 대한 관계에서는 효력이 없다(민사집행법 제92조 1항)(상대적 무효).

⑴ 경매개시에 따른 압류의 효력 발생하기 '전'에 그 목적물을 인도받아 유치권을 취득한 경우

압류의 효력이 발생하기 전에 유치권 성립에 필요한 요건을 모두 갖춘 경우에는 '유치권'은 소멸하지 않고 인수되는 것이 원칙이나(민사집행법 제91조 5항 ; 인수주의), '저당권'은 소멸한다(민사집행법 제91조 2항 ; 소제주의). 따라서 判例에 따르면 이미 저당권이 설정된 물건이라도 저당권실행의 경매개시되기 전에 목적물을 인도받아 취득한 경우, 유치권자는 경매의 매수인에게 대항할 수 있다고 한다(2008다70763)**(5회 선택형)**.

⑵ 경매개시로 인한 압류의 효력 발생 '후'에 그 목적물을 인도받아 유치권을 취득한 경우 [13법무]

判例는 "채무자 소유의 건물에 강제경매개시결정의 기입등기가 경료되어 압류의 효력이 발생한 이후에 채무자가 위 부동산에 관한 공사대금 채권자에게 그 점유를 이전함으로써 그로 하여금 유치권을 취득하게 한 경우, 그와 같은 점유의 이전은 목적물의 교환가치를 감소시킬 우려가 있는 처분행위에 해당하여 민사집행법 제92조 제1항, 제83조 제4항에 따른 압류의 처분금지효에 저촉되므로 점유자로서는 위 유치권을 내세워 그 부동산에 관한 경매절차의 매수인에게 대항할 수 없다"(2005다22688)**(3회, 5회, 6회, 11회 선택형)**고 한다.[30]

⑶ 경매개시로 인한 '가압류'의 효력 발생 후에 목적물을 인도받아 유치권을 취득한 경우

判例는 "부동산에 가압류등기가 경료되어 있을 뿐 현실적인 매각절차가 이루어지지 않고 있는 상황하에서는 채무자의 점유이전으로 인하여 제3자가 유치권을 취득하게 된다고 하더라도 이를 처분행위로 볼 수는 없다"(2009다19246)**(5회, 8회, 9회, 11회 선택형)**라고 하여 이러한 유치권은 경매절차에서 매각으로 소멸하지 않고 매수인에게 인수된다고 하였다.

⑷ '체납처분압류 후' 경매절차가 개시되기 전에 민사유치권을 취득한 경우 [7회 사례형]

判例는 "부동산에 관한 민사집행절차에서는 경매개시결정과 함께 압류를 명하므로 압류가 행하여짐과 동시에 매각절차인 경매절차가 개시되는 반면, 국세징수법에 의한 체납처분절차에서는 그와 달리 체납처분에 의한 압류와 동시에 매각절차인 공매절차가 개시되는 것이 아닐 뿐만 아니라, 체납처분압류가 반드시 공매절차로 이어지는 것도 아니다. 또한 체납처분절차와 민사집행절차는 서로 별개의 절차로서 공매절차와 경매절차가 별도로 진행되는 것이므로, 부동산에 관하여 체납처분압류가 되어 있다고 하여 경매절차에서 이를 그 부동산에 관하여 경매개시결정에 따른 압류가 행하여진 경우와 마찬가지로 볼 수는 없다. 따라서 체납처분압류가 되어 있는 부동산이라고 하더라도 그러한 사정만으로 경매절차가 개시되어 경매개시결정등기가 되기 전에 부동산에 관하여 민사유치권을 취득한 유치권자가 경매절차의 매수인에게 유치권을 행사할 수 없다고 볼 것은 아니다"라고 판단하였다(전합2009다60336)**(6회, 11회 선택형)**.

2. 선행하는 저당권과의 경합

⑴ 민사유치권의 경우(유치권 인정)

이미 저당권이 설정된 물건이라도 저당권실행의 경매개시되기 전에 목적물을 인도받아 취득한 경우, 유치권자는 경매의 매수인에게 대항할 수 있다(2008다70763)**(5회 선택형)**.

---

30) **[판례검토]** 경매절차의 공정성과 신뢰 및 책임재산을 신속하고 적정하게 환가하여 채권자의 만족을 얻게 하려는 민사집행제도의 운영 취지를 고려할 때 判例의 태도는 타당하다(2009다19246).

(2) 상사유치권의 경우(유치권 소멸) [7회 사례형]

判例는 선행하는 저당권이 있는 상황에서 나중에 '상사유치권'이 성립한 경우 민사집행법 제91조 5항(인수주의)의 적용을 부정한다. 즉, 상사유치권자는 선행저당권자 또는 선행저당권에 기한 임의경매절차에서 부동산을 매수한 매수인에게 대항할 수 없다(2010다57350)[31] (8회,11회 선택형).

3. 유치권의 소멸시효 여부

유치권은 독자적으로 소멸시효에 걸려서 소멸하는 일은 없다. 유치물의 점유가 유치권의 행사이기 때문이다. 그러나 유치권을 행사하고 있더라도 피담보채권의 소멸시효는 진행한다(제326조)(11회 선택형). 따라서 유치권이 존속하는 동안에도 피담보채권의 소멸시효는 진행하며, 피담보채권이 소멸하면 유치권은 부종성에 의하여 소멸한다.

4. 채무자의 소멸청구

채무자는 상당한 다른 담보를 제공하고 유치권의 소멸을 청구할 수 있다(제327조). 민법에는 채무자라고 규정되어 있으나, 유치물의 소유자도 포함된다(2001다59866). 또한 判例는 "유치물 가액이 피담보채권액보다 많을 경우에는 피담보채권액에 해당하는 담보를 제공하면 되고, 유치물 가액이 피담보채권액보다 적을 경우에는 유치물 가액에 해당하는 담보를 제공하면 된다"(2019다216077)고 한다.

Set 130 | **질권 ★**

I. 동산질권자의 전질권(轉質權)   [D-102]

질권자는 그 권리의 범위내에서 '자기의 책임'으로 질물을 전질(=질권자가 자신의 채권자에 대한 담보로 질물 위에 다시 질권을 설정하는 것)할 수 있다(책임전질). 이 경우에는 전질을 하지 아니하였으면 면할 수 있는 불가항력으로 인한 손해에 대하여도 책임을 부담한다(제336조)(6회 선택형). 이러한 책임전질의 경우 경우에 질권자가 채무자에게 전질의 사실을 통지하거나 채무자가 이를 승낙함이 아니면 전질로써 채무자, 보증인, 질권설정자 및 그 승계인에게 대항하지 못하고, 채무자가 이러한 통지를 받거나 승낙을 한 때에는 전질권자의 동의없이 질권자에게 채무를 변제하여도 이로써 전질권자에게 대항하지 못한다(제337조).

[비교] 질권자는 질권설정자의 승낙을 받아 질물을 전질할 수 있는데(제343조, 제324조 2항), 이를 '승낙전질'이라고 한다. 그 성질은 질물의 재입질로 본다(통설).

---

31) "상사유치권은 민사유치권과 달리 피담보채권이 '목적물에 관하여' 생긴 것일 필요는 없지만 유치권의 대상이 되는 물건은 '채무자 소유'일 것으로 제한되어 있다(상법 제58조, 민법 제320조 제1항 참조). 따라서 유치권 성립 당시에 이미 목적물에 대하여 제3자가 권리자인 제한물권이 설정되어 있다면, 상사유치권은 그와 같이 제한된 채무자의 소유권에 기초하여 성립할 뿐이고, 기존의 제한물권이 확보하고 있는 담보가치를 사후적으로 침탈하지는 못한다"

Ⅱ. 권리질권(특히 채권질권)

1. 권리질권의 설정방법

권리질권의 설정은 그 '권리의 양도'에 관한 방법에 의하여야 한다(제346조, 제348조, 제349조)(**6회 선택형**). 그리고 채권을 질권의 목적으로 하는 경우에 '채권증서'가 있는 때에는 질권의 설정은 그 증서를 교부함으로써 그 효력이 생기지만(제347조), 判例는 임대차계약서는 여기에서의 '채권증서'에 해당하지 않는다고 한다(2013다32574).

> ✎ **[구체적 예]** 보험계약자인 甲은 乙로부터 금전을 차용하면서 그 담보로 보험회사인 丙에 대하여 가지는 보험금청구권에 질권을 설정하여 주었다. 한편 甲의 다른 채권자인 丁은 甲에 대한 채권을 청구채권으로 하여 위 보험금청구권을 가압류하였으나, 丁의 채권가압류결정이 丙에게 송달되기 전에 丙이 확정일자 있는 서면에 의하여 질권설정에 승낙하였다면, 丁은 乙에 대하여 가압류로 대항할 수 없다.
>
> 왜냐하면 채권질권자 乙이 다른 '제3자'인 채권의 가압류권자 丁에게 대항하기 위해서는 제3채무자 丙에게 확정일자 있는 증서로 통지나 승낙이 이루어져야 하고(제349조 1항, 제450조 2항), 이들의 우열은 채무자의 인식을 기준으로 하는바(도달시설, 전합93다24223) 사안에서는 丁의 채권가압류결정이 丙에게 송달되기 전에 丙이 확정일자 있는 서면에 의하여 질권설정에 승낙하였기 때문이다(**4회 선택형**).

2. 채권질권의 효력

(1) 질권의 효력이 미치는 범위

입질채권 전부에 질권의 효력이 미친다. 특히 담보물권의 불가분성 때문에 **피담보채권액이 입질채권액보다 적은 경우에도 입질채권 전부에 효력이 미친다**(72다1941). 예컨대 500만 원의 채무를 담보하기 위해 채무자가 제3자에 대해 갖고 있는 600만 원의 채권에 대해 질권을 설정한 경우 질권자가 제3채무자에게 채권 500만 원 전액을 직접 추심하여 변제받기 전까지는 채무자가 제3채무자에 대해 피담보채권 500만 원을 제외한 차액 100만 원을 추심할 수 없다(제352조 참조).

(2) 질권설정자의 권리처분제한

① 질권설정자는 질권자의 동의 없이 질권의 목적인 권리를 소멸하게 하거나 질권자를 해하는 변경을 하지 못한다(제352조). 예컨대 입질의 대항요건이 갖추어진 때에는 질권설정자는 채권을 추심하거나 변제의 수령·면제·상계 등을 할 수 없다. 이에 위반된 행위는 질권자에 대한 관계에서 상대적 무효이다(97다35375).

② 그러나 질권의 목적인 채권의 양도행위는 질권의 효력이 미치기 때문에(담보물권의 추급력) 제352조의 질권자를 해하는 변경이 아니다. 따라서 질권자의 동의 없이 할 수 있다(2003다55059)(**6회, 8회 선택형**).

③ "질권설정자가 제349조 1항에 따라 제3채무자에게 질권이 설정된 사실을 통지하거나 제3채무자가 이를 승낙한 때에는 제3채무자가 질권자의 동의 없이 질권의 목적인 채무를 '변제'하더라도 질권자에게 대항할 수 없고, 질권자는 여전히 제3채무자에게 직접 채무의 변제를 청구할 수

있다. 따라서 질권의 목적인 채권에 대하여 질권설정자의 일반채권자의 신청으로 압류·전부명령이 내려진 경우에도 그 명령이 송달된 날보다 먼저 질권자가 확정일자 있는 문서에 의해 제349조 1항에서 정한 대항요건을 갖추었다면, 전부채권자는 질권이 설정된 채권을 이전받을 뿐이고 제3채무자는 전부채권자에게 변제했음을 들어 질권자에게 대항할 수 없다"(2018다21326)(13회 선택형). 따라서 질권자는 여전히 제3채무자에게 직접 채무의 변제를 청구할 수 있으므로 전부채권자에게 질권 침해를 이유로 부당이득반환청구권을 행사할 수 있는 것은 아니다. [12회 사례형]

(3) 우선변제적 효력

① **[채권의 직접청구]** 채권의 목적물이 '금전'인 때에는, 질권자는 '자기 채권의 한도'에서 직접 청구할 수 있다(제353조 2항)(8회 선택형). 채권질권의 효력은 '질권의 목적이 된 채권'의 지연손해금 등과 같은 부대채권에도 미치므로 채권질권자는 질권의 목적이 된 채권과 그에 대한 지연손해금채권을 피담보채권의 범위에 속하는 자기채권액에 대한 부분에 한하여 직접 추심하여 자기채권의 변제에 충당할 수 있다(2003다40668)(8회,13회 선택형). 질권자의 직접청구권 행사에 대해 제3채무자가 질권설정자에 대한 대항사유로 질권자에게 대항할 수 있는지 문제되는데, 제451조의 규정에 의해 판단하면 된다(2000다13887)(7회 선택형).

② **[민사집행법에 의한 집행]** 채권의 추심, 전부, 현금화 세 가지가 있다. 이 경우 집행권원을 요하지 않고 질권의 존재를 증명하는 서류만 제출되면 개시된다(민사집행법 제273조 1항)(7회 선택형).

(4) 채권질권에 있어 제3채무자의 급부의 효력

① **[입질채권의 발생원인인 계약관계에 무효 등의 흠이 있어 입질채권이 부존재하는 경우]** "금전채권의 질권자가 민법 제353조 제1항, 제2항에 의하여 자기채권의 범위 내에서 직접청구권을 행사하는 경우 질권자는 질권설정자의 대리인과 같은 지위에서 입질채권을 추심하여 자기채권의 변제에 충당하고 그 한도에서질권자는 질권설정자의 대리인과 같은 지위에서 입질채권을 추심하여 자기채권의 변제에 충당하고 그 한도에서 질권설정자에 의한 변제가 있었던 것으로 보므로, 위 범위 내에서는 제3채무자의 질권자에 대한 금전지급으로써 제3채무자의 질권설정자에 대한 급부가 이루어질 뿐만 아니라 질권설정자의 질권자에 대한 급부도 이루어진다(이른바 단축급부). 이러한 경우 입질채권의 발생원인인 계약관계에 무효 등의 흠이 있어 입질채권이 부존재한다고 하더라도 제3채무자는 특별한 사정이 없는 한 상대방 계약당사자인 질권설정자에 대하여 부당이득반환을 구할 수 있을 뿐이고 질권자를 상대로 직접 부당이득반환을 구할 수 없다"(2012다92258)(7회, 9회 선택형).

② **[금전채권의 질권자가 제3채무자로부터 자기채권을 초과하여 금전을 지급받은 경우]** "질권자가 제3채무자로부터 자기채권을 초과하여 금전을 지급받은 경우 초과 지급 부분에 관하여는 제3채무자의 질권설정자에 대한 급부와 질권설정자의 질권자에 대한 급부가 있다고 볼 수 없으므로, 제3채무자는 특별한 사정이 없는 한 질권자를 상대로 초과 지급 부분에 관하여 부당이득반환을 구할 수 있지만, 부당이득반환청구의 상대방이 되는 수익자는 실질적으로 그 이익이 귀속된 주체이어야 하는데, 질권자가 초과 지급 부분을 질권설정자에게 그대로 반환한 경우에는 초과 지급 부분에 관하여 질권설정자가 실질적 이익을 받은 것이지 질권자로서는 실질적 이익이 없다고 할 것이므로, 제3채무자는 질권자를 상대로 초과 지급 부분에 관하여 부당이득반환을 구할 수 없다"(2012다92258)(8회 선택형).

Ⅰ. 성립상 부종성의 완화   [D-104, D-105]

1. 담보물권의 부종성

'담보물권의 부종성'이란 담보물권은 피담보채권의 존재를 전제로 하여서만 존재할 수 있다는 것을 의미한다. 이는 담보물권이 채권담보의 목적을 위하여 존재하는 것이라는 데서 오는 이론적 결과이며, 담보물권의 성립 · 존속 · 소멸에 있어서 인정된다(제329조, 제356조, 제369조).

2. 성립상 부종성의 완화

원칙적으로 담보물권의 당사자가 채권자와 채무자 또는 물상보증인이 아니면 부종성의 원칙상 무효가 된다. 그러나 최근 判例는 이러한 의미의 부종성을 제한적으로 완화하고 있다.

⑴ 제3자를 저당권자로 등기한 경우

"근저당권은 채권담보를 위한 것이므로 원칙적으로 채권자와 근저당권자는 동일인이 되어야 하지만, 제3자를 근저당권 명의인으로 하는 근저당권을 설정하는 경우 ⅰ) 그 점에 대하여 채권자와 채무자 및 제3자 사이에 합의가 있고, ⅱ) 채권양도, 제3자를 위한 계약, 불가분적 채권관계의 형성 등 방법으로 채권이 그 제3자에게 '실질적으로 귀속'되었다고 볼 수 있는 특별한 사정이 있는 경우에는 제3자 명의의 근저당권설정등기도 유효하다"(전합99다48948)(1회 선택형).

⑵ 제3자를 채무자로 등기한 경우

채무자 아닌 자를 등기부상 채무자로 등기한 근저당 등기는 '저당권의 부종성'에 비추어 원칙적으로 무효이다(80다1468). 그러나 ① 명의신탁자의 채무를 담보하기 위하여 명의수탁 부동산에 관하여 저당권설정등기를 하면서 편의상 채무자를 명의수탁자로 기재한 경우(79다1822), ② 미등기매수인의 채무를 담보하기 위하여 매도인 소유로 남아 있는 매매목적부동산에 관하여 저당권설정등기를 하면서 편의상 채무자를 매도인으로 기재한 경우에는, 이러한 저당권설정등기도 저당권자의 실제 채무자(명의신탁자, 미등기매수인)에 대한 채권을 담보하는 것으로서 유효하다(98다47085)는 것이 判例이다.

Ⅱ. 저당권의 효력이 미치는 범위

1. 피담보채권의 범위(제360조)   [D-106]

저당권은 원본, 이자, 위약금, 채무불이행으로 인한 손해배상 및 저당권의 실행비용을 담보한다. 그러나 지연배상에 대하여는 원본의 이행기일을 경과한 후의 1년분에 한하여 저당권을 행사할 수 있다(제360조).

2. 목적물의 범위(제358조)   [D-107]

⑴ 부합물

저당권의 효력은 저당부동산에 부합된 물건에 미치는바(제358조), 기존건물에 대한 경매절차에서 경매목적물로 평가되지 아니하였다고 할지라도 경락인은 부합된 증축 부분의 소유권을 취득한다(2000다 63110)(4회 선택형). 그리고 저당건물과는 별개의 건물을 저당건물의 부합물이나 종물로 보아 경매를 하더라도 경락인은 그 건물의 소유권을 취득하지 못한다(90다11967 등). 거기에는 저당권의 효력이 미치지 않기 때문이다. 특히 **토지를 목적으로 하는 저당권의 효력이 그 토지 위의 건물에 미치지 않음은 당연하다**(97다10314)(다만 제365조의 일괄경매청구권을 통해 저당토지 위의 건물도 경매할 수 있으나, 이때에도 우선변제는 토지매각대금에 대해서만 허용된다). 경매절차의 안정을 위해 부합 시기는 저당권 설정 전후를 불문한다고 한다(73다298).

(2) 저당부동산으로부터 분리된 부합물 또는 종물

어느 견해에 따르더라도 목적물을 반출하려고 하는 경우 저당권자는 저당권에 기한 물권적 청구권에 의하여 그 반출을 금지할 수 있으나, 목적물이 분리되어 반출까지 되어 버린 이상 저당권의 효력은 미치지 않는다.

3. 물상대위 ★★★ [D-108]

(1) 개 념(제342조, 제355조, 제370조)

담보물권의 목적물이 멸실·훼손·공용징수된 경우 그 가치변형물(대표물)이 존재하는 때에는 담보물권이 그 대표물에 미치도록 하는 제도가 물상대위이다

(2) 물상대위가 인정되는 권리 또는 물건

'매각이나 임대'의 경우처럼 목적물이 현존하는 때에는 저당권이 그대로 존속하므로 그 매각대금이나 차임에 대해서는 물상대위가 인정되지 않는다. 이와 반대로 담보물에 추급할 수 없는 때에는 반드시 물리적인 멸실·훼손이 아닌 경우에도, 예컨대 담보물이 부합·혼화·가공으로 (법률상 멸실하여) 보상금청구권으로 변한 경우(제261조)에도 물상대위가 인정된다. 공용징수의 경우에 물상대위가 인정되는 것도 담보물에 추급할 수 없기 때문이다. 그러나 사법상의 매매에 따른 매매대금으로 볼 수 있는 것, 즉 '(구)공공용지의 취득 및 손실보상에 관한 특례법'에 의한 협의매수에 따른 보상금에 대해서는 물상대위권을 행사할 수 없다(80다2109).

(3) 대위물의 지급 또는 인도 전에 미리 압류

1) 타인의 압류

담보권자가 물상대위권을 행사하기 위하여는 담보설정자가 금전 기타의 물건을 지급 또는 인도받기 전에 '압류'하여야 하는바(제342조 후문), 判例는 압류를 요하는 취지가 '특정성의 보전'에 있다고 보아 다른 사람이 압류를 한 경우에도 특정성이 보전되므로 물상대위가 가능하다고 한다(94다25728)(7회 선택형). [8회 사례형]

2) 압류 또는 배당요구가 있기 전에 '저당물의 소유자'가 물상대위물(금전 또는 물건)을 수령한 경우

判例는 저당권자가 물상대위권을 행사하기 전에 저당물의 소유자(저당권설정자)가 물상대위물(금전 또는 물건)을 수령한 경우, 그 지급의무를 부담하는 제3자가 물상대위권자 있음을 알고 있었더라도 그 변제는 원칙적으로 유효한 것이 되어 저당권자는 더 이상 물상대위를 행사할 수 없지만(일반채권자의 지위를 가짐에는 변동이 없다), **저당물의 소유자에 대해서는 부당이득반환청구를 할 수 있다**고 한다(2008다17656)(1회, 7회 선택형) [08행정, 11입법]

✎ **[사실관계]** 甲이 乙에 대한 대여금채권을 담보하기 위해 乙 소유 부동산에 채권최고액 4,600만 원의 근저당권설정등기를 마쳤다. 한편 丙은 乙로부터 위 부동산을 증여받아 소유권이전등기를 마쳤는데, 한국도로공사가 이를 '강제수용'하면서 丙 앞으로 수용보상금을 공탁하였다. 그런데 甲이 이 공탁금출급청구권을 압류하기 전에 丙이 공탁금을 전액 수령한 경우, 위 判例는 **저당물의 제3취득자(丙)가 저당물수용으로 인한 수용보상금을 모두 지급받은 경우 이는 저당권자(甲)에 대하여 피담보채권액 범위에서 부당이득이 된다고** 판단하였다.

3) 압류 또는 배당요구가 있기 전에 '다른 채권자'가 물상대위물을 수령한 경우

반면 이러한 물상대위권의 행사에 나아가지 아니하여 우선변제권을 상실하면 다른 채권자가 그 보상금 또는 이에 관한 변제공탁금으로부터 이득을 얻었다고 하더라도 저당권자는 이를 부당이득으로서 반환청구할 수 없다 (2002다33137)**(2회, 7회, 8회 선택형)**고 한다.

4) 압류 또는 배당요구가 있기 전에 물상대위의 목적이 되는 청구권이 양도(전부)된 경우(물상대위권의 追及力)

물상대위권 역시 추급력을 가지고, 대위물청구권이 특정성을 보유하는 한 가치대표물의 소재에 추급하여 권리를 실행할 수 있다. 따라서 **채권양도나 전부명령 등에 의하여 물상대위권의 행사가 방해받는 것은 아니다**(98다12812)(즉, 목적채권이 양도되어 그 대항요건을 갖추거나 압류 및 전부되었다고 하더라도 이는 '지급 또는 인도'에 해당하지 않는다).

예를 들어 "물상대위권자의 압류 전에 채권양도 또는 압류 및 전부명령 등에 의하여 보상금채권이 타인에게 이전된 경우라도, 보상금이 직접 지급되거나 보상금지급청구권에 관한 강제집행절차에서 배당요구의 종기에 이르기 전에는 여전히 그 청구권에 대한 추급이 가능하다"(98다31899)(물상대위권자 우선설)고 한다.

(4) 행사방법과 시한

저당권자가 물상대위에 기하여 목적채권에 대하여 저당권을 실행하는 방법으로는 ① 먼저 채권의 '압류 및 추심·전부의 명령'을 신청하는 것이다(민사집행법 제273조, 제223조 이하). 이 압류 등은 물상대위권을 실행하는 방법으로서 행하는 것으로서 그 한도에서 강제집행으로 인한 채권압류와는 성질을 달리하므로, 다른 일반채권자가 이미 압류를 했어도 이 압류명령은 유효하다. ② 나아가 대위목적채권이 다른 채권자에 의해 이미 압류된 경우에는 민사집행법의 규정에 의하여 당해 절차에서 '배당요구'를 할 수도 있다(동법 제243조, 제247조), 이들은 모두 민사집행법에서 정한 배당요구의 종기까지 하여야 한다(2000다4272).

(5) 가압류권리 : 물상대위 부정

가압류는 담보물권과는 달리 목적물의 교환가치를 지배하는 권리가 아니고, 담보물권의 경우에 인정되는 '물상대위의 법리'가 여기에 적용된다고 볼 수도 없다. 그러므로 "토지에 대하여 가압류가 집행된 후에 제3자가 그 토지의 소유권을 취득함으로써 가압류의 처분금지 효력을 받고 있던 중 그 토지가 공익사업법에 따라 수용됨으로 인하여 기존 가압류의 효력이 소멸되는 한편 제3취득자인 토지소유자는 위 가압류의 부담에서 벗어나 토지수용보상금을 온전히 지급받게 되었다고 하더라도, 이는 위 법에 따른 토지 수용의 효과일 뿐이지 이를 두고 법률상 원인 없는 부당이득이라고 할 것은 아니다"(2006다61536)**(3회 선택형).**

(6) 압류가 경합된 상태에서 발부된 전부명령의 효력 : 원칙적 무효

① **[일반금전채권에 기한 전부명령]** "평등배당을 기대한 다른 일반 채권자의 신뢰를 보호할 필요가 있는 점에 비추어 '압류가 경합된 상태에서 발부된 전부명령'은 무효로 볼 수 밖에 없다"(90다카24816). **[13회 기록형]**

② **[물상대위에 기한 전부명령]** 그러나 "저당목적물의 변형물인 금전 기타 물건에 대하여 일반 채권자가 물상대위권을 행사하려는 저당채권자보다 단순히 먼저 압류나 가압류의 집행을 함에 지나지 않은 경우에는 저당권자는 그 전은 물론 그 후에도 목적채권에 대하여 물상대위권을 행사하여 일반 채권자보다 우선변제를 받을 수가 있으며, 위와 같이 전세권부 근저당권자가 우선권 있는 채권에 기하여 전부명령을 받은 경우에는 형식상 압류가 경합되었다 하더라도 그 전부명령은 유효하다"(2008다65396)(11회, 13회 선택형).

Set 132   저당권의 침해에 대한 구제 ★★

Ⅰ. 저당권의 침해   [D-109]

저당권은 목적물에 대한 점유의 이전 없이 그 교환가치를 파악하여 채권의 우선변제를 받는 것을 내용으로 하므로(제356조), '교환가치의 감소를 초래'하는 경우라면 이는 저당권을 침해하는 경우이다. 특히 判例는 저당토지에 건물을 신축하는 것이 저당권의 침해에 해당하는지 여부와 관련하여 "저당권이 실행에 이르렀거나 실행이 예상되는 상황인 경우인데도 저당목적 대지상에 건물신축공사가 진행되고 있다면, 이는 경매절차에서 매수희망자를 감소시키거나 매각가격을 저감시켜(왜냐하면 신축건물을 위한 법정지상권이 성립하지 않는다고 할지라도 경매절차에 의한 매수인으로서는 신축건물의 소유자로 하여금 이를 철거하게 하고 대지를 인도받기까지 별도의 비용과 시간을 들여야 하기 때문이다) 결국 저당권자가 지배하는 교환가치의 실현을 방해하거나 방해할 염려가 있는 사정에 해당한다"(2003다58454)**(1회 선택형)**고 판시함으로써 제한적으로 긍정하는 입장이다.

Ⅱ. 각종의 구제방법(물, 물, 손, 담, 기) [11사법]   [D-110]

1. 물권적 청구권(제370조, 제214조)

저당권에 기해 방해의 배제 또는 예방을 청구할 수 있는바, ⅰ) 객관적으로 침해가 있으면 족하고 침해자의 고의·과실을 요하지 않으며, ⅱ) 저당권의 불가분성에 의하여 남은 목적물의 교환가치가 피담보채권을 만족시킬 수 있는 경우에도 인정되며, ⅲ) 저당권실행의 착수 여부를 묻지 않고 침해가 있으면 언제나 행사할 수 있다**(4회 선택형)**. 判例는 공장저당권의 목적동산이 저당권자의 동의를 얻지 아니하고 공장으로부터 반출된 사안에서 "저당목적물이 제3자에게 선의취득되지 아니하는 한 원래의 설치장소에 '원상회복'할 것을 청구할 수 있다"(95다55184)라고 판시하여 저당권에 기한 방해배제청구권(제214조, 제370조)의 내용을 넓게 해석하고 있다.[32]

---

32) **[판례검토]** 이는 공장 및 광업재단 저당법 제7조(저당권의 목적이 된 물건이 제3취득자에 인도된 후일지라도 그 물건에 대하여 저당권을 행사할 수 있다)의 특칙에 기한 것으로 다른 경우에 유추적용하기는 어렵다고 판단된다.

2. 손해배상청구권(제750조)

ⅰ) 침해자의 고의·과실, ⅱ) 목적물의 침해로 저당권자가 채권의 완전한 만족을 얻을 수 없게 되었을 것(손해), ⅲ) 저당권실행 전이라도 손해액을 산정하는 것이 불가능하지는 않으므로 불법행위 후 곧 손해배상을 청구할 수 있다(98다34126).

🔖 물상대위와의 관계

제3자의 불법행위로 인하여 저당물이 멸실된 경우, 저당권자는 저당권의 침해를 이유로 한 손해배상청구권을 가지면서 동시에 설정자인 소유자도 소유권 침해를 이유로 한 손해배상청구권을 갖게 된다. 이 경우 저당권자는 물상대위에 의하여 소유자의 손해배상청구권에 대해 저당권의 효력을 주장함으로써 (저당권설정자의 다른 채권자보다) 우선변제받을 수 있는 효과가 있다(제370조, 제342조). 반면 저당권자가 직접 가해자에게 손해배상청구권을 행사할 경우에, 저당권자는 (가해자의) 일반채권자로서의 지위만 가진다.

3. 담보물 보충청구권(제362조)

저당권설정자의 책임있는 사유로 인해 저당물의 가액이 '현저히 감소'된 때에는 저당권자는 저당권설정자에 대하여 그 원상회복 또는 상당한 담보제공을 청구할 수 있다.

4. 기한의 이익상실(즉시변제청구권)(제388조 1호)

5. 구제수단 상호간의 관계

채무자인 동시에 저당권설정자인 자가 고의·과실로 담보력 부족을 야기시킨 때에는 위의 구제수단이 모두 가능하다. 이 경우 손해배상청구와 즉시변제청구권은 병합적으로 행사될 수 있으나, 담보물보충청구권은 손해배상청구권이나 즉시변제청구권과 함께 행사될 수 없고 선택적 관계에 있다.

Ⅱ-1. 저당권등기가 불법말소된 경우 구제수단 ★★★　　　　　[D-110a]

1. 말소회복등기

① **[불법말소된 저당권설정등기의 효력]** 등기는 물권의 효력발생요건이고 존속요건은 아니어서 등기가 원인 없이 말소된 경우에는 그 물권의 효력에 아무런 영향이 없고, 그 회복등기가 마쳐지기 전이라도 말소된 등기의 등기명의인은 적법한 권리자로 추정되며, 그 회복등기 신청절차에 의하여 말소된 등기를 회복할 수 있다(95다39526)**(2회, 5회 선택형)**

② **[말소회복등기의 상대방]** 말소회복등기의 상대방은 현재의 등기명의인이 아니라 '말소 당시의 소유자'이다(68다1617)**(5회, 7회, 9회 선택형)**.

③ **[이해관계있는 제3자의 승낙]** 말소된 등기의 회복을 신청하는 경우에 등기상 이해관계 있는 제3자가 있을 때에는 그 제3자의 승낙이 있어야 하나(부동산등기법 제59조), 제3자가 등기권리자에 대한 관계에 있어 그 승낙을 하여야 할 '실체법상의 의무'가 있는 경우가 아니면, 그 승낙요구에 응하여야 할 이유는 없다(2003다35567). 다만 말소등기가 원인무효인 경우에는 원칙적으로 '등기의 공신력'이 인정되지 않기 때문에 등기상 이해관계 있는 제3자는 그의 선의, 악의를 묻지 아니하고 등

기권리자의 회복등기절차에 필요한 승낙을 할 의무가 있다(95다39526)**(2회, 5회 선택형)**.

2. 손해배상 및 부당이득반환

(1) 문제점 : 말소회복등기가 불가능한 경우

그러나 저당권이 설정된 목적물에 대한 경매가 진행되어 경락인이 경락대금을 납부한 경우에는 저당권은 소멸하고, 위법하게 말소된 저당권 역시 달리 볼 것은 아니므로, 이 경우에는 이미 소멸한 저당권에 관한 말소등기의 회복등기를 위하여 현소유자(경락인)을 상대로 그 승낙의 의사표시를 구할 수는 없다(소제주의 : 민사집행법 제91조 2항 참조, 부동산 등기법 제59조)(98다27197)**(2회 선택형)**. 이러한 법리는 원인 없이 말소된 근저당권설정등기의 회복등기절차 이행과 회복등기에 대한 승낙의 의사표시를 구하는 소송 도중에 경락대금이 완납된 경우와(2013다28025)**(5회, 6회 선택형)** 가압류등기가 불법으로 말소된 경우에도 적용된다(2016다28897).

(2) 부당이득반환청구

이 때 불법말소된 저당권자는 '배당이의의 소'를 제기할 수 있고(2000다59678)**(7회, 11회 선택형)**.[33] 한편 "배당을 받아야 할 자가 배당을 받지 못하고 배당을 받지 못할 자가 배당을 받은 경우에는 배당에 관하여 이의를 한 여부 또는 형식상 배당절차가 확정되었는가의 여부에 관계없이 배당을 받지 못한 우선채권자에게 부당이득반환청구권이 있다"(99다53230). 다만, "배당요구채권자가 배당요구의 종기(경락기일)까지 적법한 배당요구를 하지 아니한 경우에는 그가 적법한 배당요구를 한 경우에 배당받을 수 있었던 금액 상당의 금원이 후순위채권자에게 배당되었다고 하여 이를 법률상 원인이 없는 것이라고 할 수 없다"(2017다216523 등). 즉, 배당이의를 하지 않았어도 부당이득반환청구를 할 수는 있으나 배당요구조차 하지 않았다면 배당이의도 할 수 없고 부당이득반환청구도 할 수 없다.[34]

(3) 손해배상청구

불법말소된 근저당권자는 그 회복등기 신청절차에 의하여 말소된 등기를 회복할 수 있으므로, 말소된 근저당권설정등기의 등기명의인이 곧바로 근저당권 상실의 손해를 입게 된다고 할 수 없다(2009다68408). 그러나 (말소회복등기가 불가능한) 저당권자는 불법말소에 관여한 자에 대하여 손해배상을 청구할 수 있는데, 이 경우 저당권자가 입게 되는 손해는 저당목적물의 가액범위 내에서 채권최고액을 한도로 하는 피담보채권이다(97다35771).

---

33) **[사실관계]** 선순위 저당권자 甲의 피담보채권액이 1억 원, 후순위 가압류권자 乙과 저당권자 丙의 피담보채권액이 각 1억 원이고, 경매 납입금이 9천만 원인 경우, 만약 甲의 저당권이 무효라면 乙과 丙이 각 4,500만 원씩 평등배당을 받아야 하나, 乙만 배당이의를 했다면 乙에게 9천만 원이 배당되는 것으로 배당표가 확정된다. 이 경우 이의를 제기하지 않은 丙은 9천만 원을 배당받은 乙을 상대로 4,500만 원의 부당이득반환청구를 할 수 있다.

34) **[사실관계]** 예를 들어 위의 각주 사안에서 乙은 배당이의를 하지 않았어도 丙을 상대로 부당이득반환청구를 할 수 있으나, 배당요구조차 하지 않았다면 배당이의의 소도 제기하지 못하고(원고적격이 부정됨) 丙을 상대로 부당이득반환청구도 할 수 없다.

I. 저당권과 용익권의 우열관계 [D-112]

경매를 통해 매각부동산 위의 모든 저당권은 매각으로 소멸하기 때문에(민사집행법 91조), 저당권 이전에 성립된 용익권인지 여부는 경매를 신청하는 저당권자를 기준으로 하는 것이 아니라, 최선순위저당권을 기준으로 하여 결정된다.

II. 저당토지상의 건물에 대한 일괄경매청구권 [D-114]

1. 요 건

일괄경매의 요건에 관해서는 일반적으로 i) 토지에 대하여 저당권설정 당시에 그 지상에 건물이 없을 것 ii) 저당권설정 후에 설정자가 당해 토지에 건물을 건축하였을 것 iii) 경매신청시에 토지와 지상건물의 소유자가 동일한 것이 필요하다(제365조).

(1) 토지에 대하여 저당권설정 당시에 그 지상에 건물이 없을 것 [09·15사법, 11행정]

判例(전합98다43601)는 토지에 공동저당권을 설정한 당시에 그 지상에 건물이 존재하고 있었다고 하더라도 그 후 건물이 멸실되거나 철거됨으로써 나대지를 목적으로 하여 저당권을 설정한 경우와 동일한 상태가 발생하였고 그 후 신건물이 재건축되어 그 신 건물을 위한 법정지상권이 성립하지 않는 경우에도 일괄경매를 신청할 수 있다고 한다.[35]

(2) 저당권설정 후에 설정자가 당해 토지에 건물을 건축하였을 것 [7회 사례형]

判例는 저당권설정자로부터 토지 용익권을 취득한 자가 건물을 신축하고 저당권설정자가 신축자로부터 그 건물의 소유권을 취득한 경우에 일괄경매를 허용하였다(2003다3850).[36] (12회 선택형)

(3) 경매신청시에 토지와 지상건물의 소유자가 동일할 것

判例는 나대지에 관한 저당권설정자가 그 지상에 건물을 신축하여 그 소유권만을 제3자에게 이전해 준 사안에서 일괄경매청구권은 저당권설정자가 건물을 축조하여 소유하고 있는 경우에 한한다고 보아 일괄경매청구권을 부정하였다(99마146).[37] (12회 선택형)

2. 효 과

(1) 일괄경매청구의 권리성, 일괄경매의 추가신청

토지의 저당권자는 토지와 함께 그 건물에 대하여도 경매를 청구할 수 있다(제365조 본문). 다만 일괄경매청구권은 토지저당권자가 선택할 수 있는 권리일 뿐 의무는 아니다(77다77). 그리고 토지의 저당권자가 토지에 대해 경매를 신청한 후에도 그 토지상의 건물에 대하여 토지에 관한 경매기일

---

35) **[판례검토]** 건물철거 방지 등의 제365조의 입법취지에 비추어 i)의 요건을 완화한 것으로 타당하다.
36) **[판례검토]** 건물철거 방지 등의 제365조의 입법취지에 비추어 ii)의 요건을 완화한 것으로 타당하다.
37) **[판례검토]** 이는 제3자 소유의 재산에 대해서까지 경매할 수는 없다는 취지로 보이나, 그렇다면 결국 건물은 철거되어야 하고 이로 인해 저당토지의 환가에도 지장이 생기는바, 제365조의 취지를 고려하여 이러한 경우에도 일괄경매청구권을 인정하는 것이 타당하다.

공고시까지는 일괄경매의 추가신청을 할 수 있고, 이 경우 집행법원은 두 개의 경매사건을 병합하여 일괄경매절차를 진행하여야 한다(2001마1632)**(12회 선택형)**

(2) 건물 경매대가에 대한 토지 저당권자의 지위

저당권자는 그 건물의 대가로부터는 우선변제를 받을 수 없다(제365조 단서). 이것은 부합물이나 종물의 경우와 다른 점이다. 따라서 토지와 건물을 일괄하여 매각하더라도 토지와 건물의 매각대금은 따로 결정할 필요가 있다. 이 경우 토지에 안분할 매각대금은 법정지상권 등 이용제한이 없는 상태의 토지로 평가하여 산정하여야 하고, 토지의 저당권자가 건물의 매각대금에서 배당을 받으려면 민사집행법 제268조, 제88조의 규정에 의한 적법한 배당요구를 하였거나 그 밖에 배당을 받을 수 있는 채권으로서 필요한 요건을 갖추고 있어야 한다(2011다54587)**(12회 선택형)**

Ⅲ. 저당부동산의 제3취득자의 보호 [D-115]

1. 저당권실행 전(저당물의 매각허가 결정 전)의 지위

(1) 제3취득자의 변제권

저당부동산에 대하여 소유권, 지상권 또는 전세권을 취득한 제3자는 저당권자에게 그 부동산으로 담보된 채권을 변제하고 저당권의 소멸을 청구할 수 있다(제364조).

1) 요 건 [9회 사례형, 07행정]

① **[저당부동산에 대한 제3자가 권리를 취득할 것]** 제3취득자의 범위와 관련하여 법문에는 '소유권, 지상권 또는 전세권을 취득한 제3자'라고 규정되어 있는바[경매개시 후 경락대금 완납 전에 소유권 등을 취득한 자도 포함된다(74마440)**(3회 선택형)**], 학설은 대체로 제364조를 열거조항으로 이해하여 '대항력을 갖춘 임차인'은 여기에 해당하지 않는다고 본다. ㉠ 判例도 '후순위 근저당권자'는 제364조의 제3취득자에 포함되지 않는다고 하며, 따라서 제469조에 따른 (이해관계 있는) 제3자의 변제로서 피담보채무 전액을 변제해야만 그 말소를 구할 수 있다고 한다(2005다17341)**(1회, 3회 선택형)**. ㉡ 아울러 부동산의 양수인이 매매계약을 할 때 피담보채무를 인수한 경우에는, 그 때부터 그는 채권자에 대한 관계에서는 채무자의 지위로 변경되므로 제364조는 적용되지 않는다. 따라서 매수인이 '이행인수'를 한 경우에는 제364조의 제3취득자로서 저당권을 소멸시킬 수 있다(2002다7176)**(3회 선택형)**.

② **[제3취득자의 피담보채권의 변제]** ㉠ 단순히 제3자의 변제라면 지연이자의 금액을 전액 변제하여야 하나(제469조 1항), 제3취득자는 그 부동산으로 담보된 채권, 즉 **제360조에 규정된 범위의 금액만을 변제하면 되므로 지연이자의 범위가 이행기일 경과후 1년분에 한정된다(제364조)(12회 선택형)**. ㉡ '근저당권'의 경우에는 채무액이 최고액을 초과하는 경우 근저당권의 제3취득자는 '**최고액**'과 '**경매비용**'만을 변제하고 근저당권설정등기의 말소를 청구할 수 있다(71마251). 다만, 그 피담보채무가 확정될 때까지의 채무의 소멸 또는 이전은 근저당권에 영향을 미치지 않으므로 근저당부동산에 대하여 소유권을 취득한 제3자는 '피담보채무가 확정된 이후'에 그 확정된 피담보채무를 채권최고액의 범위 내에서 변제하고 근저당권의 소멸을 청구할 수 있다(2002다7176)**(3회 선택형)**. ㉢ 한편, '물상보증인'이 연대보증도 한 경우에는 채무 총액을 변제하여야 하지만(72다485,486)[6회 사례형], 물상보증만을 한 때에는 제3취득자와 같은 지위를 부여한다(74다998).

2) 효 과

① **[제3취득자와 저당권자간의 법률관계]** 제3취득자의 변제로 인해 저당권은 부종성으로 인해 소멸한다. 이때는 등기를 요하지 않는다(제187조).

② **[제3취득자와 저당채무자 사이의 법률관계]** ㉠ 저당부동산의 제3취득자는 변제할 정당한 이익이 있는 자이므로 변제를 하면 당연히 **채권자를 대위한다**(제481조). 따라서 소유자인 제3취득자가 변제한 경우에는 저당권은 소멸하지만(다만 혼동의 예외가 인정될 수 있다), 지상권자 또는 전세권자인 제3취득자가 변제한 경우에는 대위에 의해 저당권은 제3취득자가 가지게 된다. ㉡ 변제한 제3취득자는 채무자에 대해 구상권을 가진다**(12회 선택형)**. 민법 제576조 2항은 소유권을 취득한 제3취득자가 자신의 출재로 그 소유권을 보존한 때에는 특별히 매도인에게 담보책임의 성립을 인정하고 있다. 따라서 매수인이 제576조에 의해 비용상환을 청구하는 경우 매도인이 저당채무자인 때에는 구상권과 함께 손해배상책임도 추궁할 수 있다(제576조 3항).

⑵ 매수인의 대금지급거절권(추탈위험의 항변권 : 제588조)

⑶ 경매인이 될 수 있는 권리

저당물의 소유권을 취득한 제3자도 경매인이 될 수 있다(제363조 2항)**(12회 선택형)**. 저당권설정자인 동시에 채무자인 자를 제외하고는 누구든지 경매인이 될 수 있으므로(민사집행규칙 제202조, 제59조), 이는 주의적 규정이다. 그리고 본조는 소유권만을 규정하고 있으나 기타 지상권, 전세권 등의 권리를 취득한 자도 당연히 경매인이 될 수 있다(77다2314). **[9회 사례형, 07행정]**

2. 저당권실행 후(저당물의 매각허가 결정 후)의 지위

⑴ 제3취득자의 비용상환청구권(제367조)

제3취득자가 저당부동산의 보존·개량을 위하여 필요비 또는 유익비를 지출한 경우는 제203조 1항·2항에 의해(제203조 3항은 준용하지 않는데 이는 저당물이 이미 현금화된 상황을 전제로 하기 때문이다)그 저당부동산의 매각대금에서 우선상환을 받을 수 있다(제367조). 저당물에 관한 지상권, 전세권을 취득한 자만이 아니고 소유권을 취득한 자도 민법 제367조 소정의 제3취득자에 해당한다(2004다36604)**(12회 선택형)**.

⑵ 권리상실과 담보책임(제576조), 채무불이행책임(이행불능 : 제390조), 불법행위책임(제750조)

I. 저당권부 채권의 양도
[D-117]

1. 통상의 저당권 또는 피담보채권이 확정된 근저당권의 경우

(1) 피담보채권만 양도한 경우

저당권부 채권이 양도되면 저당권도 양도된다. 만일 저당권부 채권만을 양도하기로 하는 합의가 있는 경우 저당권은 소멸한다. 判例 역시 "담보권의 수반성이란 피담보채권의 처분이 있으면 '언제나' 담보권도 함께 처분된다는 것이 아니라 채권담보라고 하는 담보권 제도의 존재 목적에 비추어 볼 때 특별한 사정이 없는 한 피담보채권의 처분에는 담보권의 처분도 당연히 포함된다고 보는 것이 '합리적'이라는 것일 뿐이므로, 피담보채권의 처분이 있음에도 불구하고, 담보권의 처분이 따르지 않는 특별한 사정이 있는 경우에는 채권양수인은 담보권이 없는 무담보의 채권을 양수한 것이 되고 채권의 처분에 따르지 않은 담보권은 소멸한다"(2003다61542)(10회 선택형)는 입장이다.

(2) 저당권과 피담보채권을 함께 양도한 경우 1 : 채권양도의 대항요건은 갖추었으나 저당권의 이전등기를 나중에 마친 경우(일시적 분리)

判例는 "채권양도와 근저당권이전등기 사이에 어느 정도 시차가 불가피한 이상 피담보채권이 먼저 양도되어 일시적으로 피담보채권과 근저당권의 귀속이 달라진다고 하여 근저당권이 무효로 된다고 볼 수는 없다"(2001다77888)라고 하여 채권양도의 효력은 먼저 발생하는 것으로 본다. 한편 위 판결은 "위 근저당권은 그 피담보채권의 양수인에게 이전되어야 할 것에 불과하고, 근저당권의 명의인은 피담보채권을 양도하여 결국 피담보채권을 상실한 셈이므로 집행채무자로부터 변제를 받기 위하여 배당표에 자신에게 배당하는 것으로 배당표의 경정을 구할 수 있는 지위에 있다고 볼 수 없다"고 하여, 근저당권 명의인의 배당이의를 배척하였다(9회 선택형).

(3) 저당권과 피담보채권을 함께 양도한 경우 2 : 채권양도의 제3자에 대한 대항요건은 갖추지 않았으나 저당권의 이전등기를 마친 경우

1) 제1양수인이 제450조 2항의 대항요건을 갖추기 전에 제2양수인이 이를 갖춘 경우

"제1양수인이 확정일자 있는 증서에 의한 대항요건을 갖추기 전에 제2양수인이 확정일자 있는 증서에 의한 대항요건을 갖추게 되면, 제1양수인과 제2양수인 사이에서는 제1양도가 무효가 되므로 결국 제1양도에 기한 저당권의 이전 또한 부종성에 기해 무효가 된다"(2003다35659)[38] (4회, 8회, 9회, 10회, 13회 선택형).

---

38) "존속기간의 경과로서 본래의 용익물권적 권능이 소멸하고 담보물권적 권능만 남은 전세권에 대해서도 그 피담보채권인 전세금반환채권과 함께 제3자에게 이를 양도할 수 있다 할 것이지만 이 경우에는 제450조 2항 소정의 확정일자 있는 증서에 의한 채권양도절차를 거치지 않는 한 위 전세금반환채권의 압류·전부 채권자 등 제3자에게 위 전세보증금반환채권의 양도 사실로써 대항할 수 없다"

2) 저당권 명의인의 저당권 실행가부

① "㉠ 피담보채권을 저당권과 함께 양수한 자는 저당권이전의 부기등기를 마치고 저당권실행의 요건을 갖추고 있는 한 채권양도의 대항요건을 갖추고 있지 아니하더라도 경매신청을 할 수 있으며, ㉡ 채무자는 경매절차의 이해관계인으로서 채권양도의 대항요건을 갖추지 못하였다는 사유를 들어 경매개시결정에 대한 이의나 즉시항고절차에서 다툴 수 있고, 이 경우는 신청채권자가 대항요건을 갖추었다는 사실을 증명하여야 할 것이나, ㉢ 이러한 절차를 통하여 채권 및 근저당권의 양수인의 신청에 의하여 개시된 경매절차가 실효되지 아니한 이상 그 경매절차는 적법한 것이고, 그 경매신청인(양수인)은 양수채권의 변제(배당절차에서 배당)를 받을 수도 있다"(2004다29279)(**11회 선택형**).[39]

② 한편 判例는 근저당권부 채권양도에서 이전등기만 마치고 대항요건을 갖추지 못한 양수인이 배당받은 경우 '**채무자**'는 배당으로 인해 손해가 발생하였다고 보기 어려우므로 부당이득반환청구를 할 수는 없다(2021다215701)고 한다.

2. 근저당권의 피담보채권이 확정되기 전

근저당권의 피담보채권이 확정되기 전에 그 채권의 일부를 양도하거나 대위변제한 경우 근저당권이 양수인이나 대위변제자에게 이전할 여지는 없다(**8회 선택형**). 그러나 그 근저당권에 의하여 담보되는 피담보채권이 확정되면, 피담보채권액이 근저당권의 채권최고액을 초과하지 않는 한 그 근저당권 내지 그 실행으로 인한 경락대금에 대한 권리 중 그 '**피담보채권액을 담보하고 남는 부분**'은 저당권의 일부이전의 부기등기의 경료 여부와 관계없이 대위변제자에게 법률상 당연히 이전된다(제483조 1항 참조 ; 2001다53929)(**채권자우선설**).

Ⅱ. 저당권부 채권의 입질   [D-118]

1. 요 건

저당권에 의해 담보된 채권을 다른 채권의 담보로 제공하는 것은 저당권부 채권의 입질에 해당한다. 이것은 채권의 입질과 저당권의 입질 두 가지를 포함하므로, 그 입질에 따른 각각의 요건(채권의 입질은 제349조에 따른 통지 또는 승낙, 저당권의 입질은 제348조에 따른 부기등기)을 갖추어야 한다. 참고로 判例는 '담보가 없는 채권'에 질권을 설정한 다음 그 채권을 담보하기 위해 저당권이 설정되었더라도, '제348조가 유추적용'되어 저당권설정등기에 질권의 부기등기를 하지 않으면 질권의 효력이 저당권에 미친다고 볼 수 없다고 한다(2016다235411)(**13회 선택형**) **[12회 사례형]**

2. 효 과

질권자는 입질된 채권의 추심권을 갖는다(제353조). 그리고 질권자의 피담보채권과 입질채권이 모두 변제기에 도달하면 질권자는 저당권을 실행할 수 있다.

---

39) **[판례검토]** 채권양도에서 통지·승낙은 채권양도의 효력요건이 아니라 채무자 (및 제3자)에 대한 대항요건에 지나지 않으므로 양도인과 양수인 사이에서는 채권양도의 효력이 발생하므로 이에 기하여 이루어진 저당권이전등기는 일단 유효하다. 그리고 사안에서 채무자가 이미 변제를 한 것도 아니어서 채무자에게 특별히 불리할 것도 없다는 점에서 판례의 태도는 타당하다.

3. 피담보채권만을 질권의 목적으로 하고 저당권은 질권의 목적으로 하지 않는 것도 가능한지 여부

"제361조의 취지[40]상 저당권으로 담보된 채권에 질권을 설정한 경우 원칙적으로는 저당권이 피담보채권과 함께 질권의 목적이 된다고 보는 것이 합리적이지만, 질권자와 질권설정자가 피담보채권만을 질권의 목적으로 하고 저당권은 질권의 목적으로 하지 않는 것도 가능하고 이는 '저당권의 부종성'에 반하지 않는다(10회 선택형). 이는 저당권과 분리해서 피담보채권만을 양도한 경우 양도인이 채권을 상실하여 양도인 앞으로 된 저당권이 소멸하게 되는 것과 구별된다"(2016다235411).

Set 135   근저당 ★★★★

Ⅰ. 의 의   [D-119]

계속적인 거래관계로부터 발생, 소멸하는 다수의 불특정채권을 장래의 결산기에서 일정한 한도까지 담보하려는 저당권을 말한다(제357조). 근저당권은 ① 장래 증감변동하는 불특정의 채권을 담보하며, ② 저당권의 성립과 소멸에 관한 부종성이 요구되지 않는다.

Ⅱ. 피담보채권액의 확정   [D-121]

1. 원본(元本 : 원금)의 확정사유

약정된 확정시기의 도래 이외에 다음과 같은 확정사유가 있다.

⑴ 근저당권설정자의 근저당권 확정청구 [06사법]

근저당권설정자는 결산기 또는 존속기간이 도래하기 전에도 ⅰ) 피담보채권의 현존여부와 상관없이 상당한 기간 동안 거래가 없어 새로운 채무의 발생이 없고 앞으로도 거래를 계속할 수 없는 객관적인 사정이 있으며 ⅱ) 채무자도 더 이상 거래를 계속할 의사가 없는 경우에는 근저당권자에게 해지의 의사표시를 함으로써 피담보채권을 확정시킬 수 있다(2002다7176).

⑵ 근저당권자의 경매신청

근저당권자가 근저당목적물에 대하여 경매신청을 함으로써 거래를 종료시키려는 의사를 표시한 경우에는 '경매신청시'(경매개시결정시가 아님)에 피담보채권의 원본이 확정된다(87다카545)(2회, 12회, 13회 선택형). [6·9회 사례형] 그리고 일단 근저당권자의 경매신청에 의하여 피담보채권이 확정된 이상 그 후 경매신청이 '취하'되더라도 확정의 효력에는 영향이 없다(2001다73022)(8회, 9회, 11회, 12회 선택형). 그러나 경매신청이 '각하'된 경우에는 피담보채권이 확정되지 않는다.

⑶ 제3자(후순위담보권자)의 경매신청

이 경우 근저당권의 당사자들은 매각대금이 완납될 때까지 거래를 계속할 수 있지만, 그때까지 피담보채권이 확정되지 않는다고 하면 후순위담보권자가 지나치게 불리해질 가능성이 있다.

---

40) "민법 제361조는 '저당권은 그 담보한 채권과 분리하여 타인에게 양도하거나 다른 채권의 담보로 하지 못한다'라고 정하고 있을 뿐 피담보채권을 저당권과 분리해서 양도하거나 다른 채권의 담보로 하지 못한다고 정하고 있지 않다."

그러나 채권최고액 만큼의 담보가치는 이미 선순위 근저당권자에 의하여 파악되어 있는 것이므로 이는 후순위담보권자가 감수해야 할 위험이라고 보아야 한다. 따라서 '후순위 근저당권자'가 경매를 신청한 경우 '선순위 근저당권'의 피담보채권은 그 근저당권이 소멸하는 시기, 즉 경락인이 경락대금을 완납한 때에 확정된다(99다26085)(2회, 8회, 11회, 12회 선택형).

✎ **공동근저당권의 피담보채권액 확정**

① 공동근저당권자가 목적물 중 일부에 대하여 '스스로 경매를 신청'한 경우에는 목적물 전체에 관하여 공동근저당권이 확정된다(95다36596). **[9회 사례형]**

② 그러나 공동근저당권자가 목적 부동산 중 일부 부동산에 대하여 '제3자가 신청한 경매절차에 소극적으로 참가하여 우선배당을 받은 경우', 해당 부동산에 관한 근저당권의 피담보채권은 그 근저당권이 소멸하는 시기, 즉 매수인이 매각대금을 지급한 때에 확정되지만, '나머지 목적 부동산에 관한 근저당권의 피담보채권'은 기본거래가 종료하거나 채무자나 물상보증인에 대하여 파산이 선고되는 등의 다른 확정사유가 발생하지 아니하는 한 확정되지 아니한다(2015다50637)(12회 선택형).

2. 확정의 효과

(1) 부종성, 수반성의 취득

근저당권의 피담보채권이 확정되면 이제 근저당권은 부종성, 수반성을 취득하게 되어, 확정된 피담보채권이 전부 소멸하면 근저당권도 소멸하며, 확정된 피담보채권이 양도되면 근저당권도 이전된다.

(2) 피담보채권의 범위 [6회 사례형]

근저당권의 피담보채권이 확정되더라도 최고액을 한도로 담보한다는 근저당권의 본질은 변하지 않는다. 따라서 제360조가 적용되지 않고, 근저당권은 최고액의 범위 내에서 확정된 피담보채권 원본에 대한 '배당기일까지'의 지연손해금을 모두 담보하게 된다(2005다38300)(2회 선택형).

(3) 채권최고액의 의미(특히 피담보채권액이 채권최고액을 초과한 경우)

① **[채무자 겸 근저당권설정자의 입장]** 근저당권의 피담보채권의 총액이 채권최고액을 초과하는 경우, 근저당권자와 채무자 겸 근저당권설정자와의 관계에 있어서는 '채권 전액'의 변제가 있을 때까지 근저당권의 효력이 채권최고액과는 관계없이 잔존채무에 미친다(2000다59081)(10회 선택형) **[6회 사례형]**

② **[물상보증인(제3취득자)의 입장]** ㉠ '제3취득자'는 최고액까지만 변제하고 근저당권의 소멸을 청구할 수 있다(제364조)(71다26). ㉡ '물상보증인'이 연대보증도 한 경우에는 채무 총액을 변제해야 하나(72다485,486) **[6회 사례형]** 물상보증만을 한 때에는 제3취득자와 같은 지위를 부여한다(74다998). ㉢ '후순위 근저당권자'는 제364조의 제3취득자에 포함되지 않으므로 제469조에 따른 (이해관계 있는) 제3자의 변제로서 피담보채무 전액을 변제해야만 그 말소를 구할 수 있다(2005다17341)(3회 선택형).

Ⅲ. 근저당권의 변경 [D-122]

1. 채무 확정 전에 채무범위나 채무자가 변경된 경우

⑴ 피담보채무의 범위나 채무자 변경의 경우

근저당의 피담보채무가 확정되기 전에는 근저당의 피담보채권을 발생시키는 기본계약상의 채무자의 지위를 변경(이전)하는 것도 가능하며, 이는 '계약인수'의 성질을 지닌다. 이 경우 **변경된 내용상의 채무**(인수인이 부담하는 채무)만이 근저당으로 담보되고, 변경 전의 범위에 속하는 채권이나 채무자에 대한 채권은 그 근저당권에 의하여 담보되는 채무의 범위에서 제외된다(97다15777, 15784). 피담보채무의 범위 또는 채무자를 변경할 때 이해관계인의 승낙을 받을 필요가 없다(2021다255648).

⑵ 피담보채무를 인수한 경우

기본계약상의 지위의 이전이 아니라 개별 채무만을 인수한 경우에는 인수한 기존의 채무만이 근저당에 의해 담보된다고 하여(2001다73022)**(10회 선택형)**, 결과적으로 면책적 채무인수시 종전의 근저당권은 확정된다는 입장을 취하고 있다.[41]

2. 개별 채권의 양도 또는 대위변제

근저당권의 피담보채권이 확정되기 전에 그 채권의 일부를 양도하거나 대위변제한 경우 근저당권이 양수인이나 대위변제자에게 이전할 여지는 없다**(8회, 9회 선택형)**. 그러나 그 근저당권에 의하여 담보되는 피담보채권이 확정되면, 피담보채권액이 근저당권의 채권최고액을 초과하지 않는 한 그 근저당권 내지 그 실행으로 인한 경락대금에 대한 권리 중 그 '피담보채권액을 담보하고 남는 부분'은 저당권의 일부이전의 부기등기의 경료 여부와 관계없이 대위변제자에게 법률상 당연히 이전된다(제483조 1항 참조 ; 2001다53929)**(9회, 13회 선택형)**.

Ⅳ. 근저당권의 소멸 [D-123]

判例는 "근저당권이 설정된 후에 그 부동산의 소유권이 제3자에게 이전된 경우에는 현재의 소유자가 자신의 소유권에 기하여 피담보채무의 소멸을 원인으로 그 근저당권설정등기의 말소를 청구할 수 있음은 물론이지만, 근저당권설정자인 종전의 소유자도 근저당권설정계약의 당사자로서 근저당권소멸에 따른 원상회복으로 근저당권자에게 근저당권설정등기의 말소를 구할 수 있는 계약상 권리가 있으므로 이러한 계약상 권리에 터잡아 근저당권자에게 피담보채무의 소멸을 이유로 하여 그 근저당권설정등기의 말소를 청구할 수 있다"(전합93다16338)**(11회 선택형)**고 한다.

Ⅴ. 포괄근저당 [D-125]

1. 유 형

① '순수(무제한적) 포괄근저당'이란 기초적인 거래관계의 열거 없이 단순히 당사자 사이에 현

---

41) **[판례검토]** '물상보증인의 의사'는 '구 채무자가 부담하고 있다가 신 채무자가 인수하게 된 채무만을 담보한다'는 의사이지 그 후 신채무자(채무인수인)가 다른 원인으로 부담하게 된 새로운 채무까지 담보하겠다는 의사로 볼 수는 없다. 따라서 면책적 채무인수는 근저당권의 확정사유라고 봄이 상당하다.

재 및 장래에 발생할 일체의 채권·채무를 담보하기로 하는 근저당을 말한다. ② 그러나 '부가적(제한적) 포괄근저당'이란 기초적인 거래관계(당좌대월계약, 계속적 어음할인계약 등)를 특정하면서도 이에 부가하여 '기타 일체의 채무를 담보'하는 형식으로 설정된 유형을 말한다.

2. 유효성

判例는 "근저당권설정계약서에 그 피담보채권으로서 근저당권설정 당시의 차용금채무 뿐만 아니라, '기타 각종 원인으로 장래 부담하게 될 모든 채무까지 담보한다'라고 기재되어 있으면" 그 계약서의 내용은 포괄적인 근저당으로서 '유효'하다고 하여(82다카413), 제한적 포괄근저당에 대해서는 유효한 것으로 보고 있는 것으로 평가된다. 그러나 순수한 포괄근저당도 유효로 보고 있다고 단정할 수는 없다. 다만 判例는 포괄근저당권이 유효한가에 대한 판단은 유보한 채 **법률행위 해석**(주로 예문해석)을 통해 피담보채무의 범위를 제한하는 경우가 많다(89다카12152 등).

Set 136 공동저당 ★★★★

I. 서 설 [D-126]

공동저당이란 채권자가 동일한 채권의 담보로서 수개의 부동산 위에 저당권을 설정하는 것을 말한다(제368조 1항). 공유지분도 공동저당에 있어서의 수개의 부동산으로 본다(2005다44091). 이러한 공동저당권은 ㉠ 목적물의 수만큼 저당권이 성립하고, ㉡ 저당권의 일반적 성질(물상대위성, 부종성, 수반성)을 가진다. 그러나 불가분성에 있어서는 예외가 인정된다(제368조).

II. 공동저당권의 효과 [D-128]

1. 후순위저당권자에 대한 관계

(1) 일괄경매(동시배당의 경우)

1) 각 부동산의 경매대가에 비례하여 채권 분담

공동저당권자의 자의를 허용하지 않고 각 부동산의 경매대가에 비례해서 피담보채권의 부담 부분을 안분하고(제368조 1항), 그 비례안분액을 넘는 부분은 후순위저당권자의 변제에 충당한다.

2) 제368조 1항의 적용범위(1회, 2회, 3회, 6회, 10회 선택형)

判例는 "제368조 1항은 채무자 소유의 수 개의 부동산 또는 동일한 물상보증인 소유의 수 개의 부동산에 관하여 공동저당권이 설정된 경우에만 적용되고, 채무자 소유의 부동산과 물상보증인 소유의 부동산에 관하여 공동저당권이 설정된 경우에는 적용되지 않는다. 즉, 이 경우에는 **채무자 소유 부동산의 경매대가에서 공동저당권자에게 우선적으로 배당**을 하고, 부족분이 있는 경우에 한하여 물상보증인 소유 부동산의 경매대가에서 추가로 배당을 하여야 한다"(2008다41475)고 한다.[42]

---

42) **[판례검토]** 물상보증인 소유 부동산의 경매대가로 피담보채무가 변제되면 물상보증인은 채무자에 대한 구상권으로 공동저당권자를 변제자대위하여 다시 채무자 소유 부동산의 경매대가에서 그 만족을 얻게 될 것이고, 채무자 소유 부동산의 후순위저당권자는 물상보증인의 이러한 변제자대위를 각오하고 후순위저당권을 취득한 것으로 보는 것이 합리적이기 때문에

🖋 **[관련판례]** 한편 "당사자는 최초 근저당권 설정시는 물론 그 후에도 '공동근저당권'임을 등기하여 공동근저당권의 저당물을 추가할 수 있는데, 이와 같이 특정 공동근저당권에 있어 공동저당물이 추가되기 전에 기존의 저당물에 관하여 후순위 근저당권이 설정된 경우에도 민법 제368조 제1항이 마찬가지로 적용된다"(2013다36040). **[9회 사례형]** 나아가 주택임차인이 '소액보증금'에 대하여 대지와 건물 모두로부터 배당을 받는 경우에도 제368조 1항이 유추적용된다 (2001다66291).

⑵ 개별경매(이시배당의 경우)

1) 전부변제

공동저당권자는 어느 일부 부동산만을 경매하여 먼저 배당받는 경우에는 그 경매대금에서 전부변제를 받을 수 있다(제368조 2항 1문).

2) 후순위저당권자의 대위

후순위저당권자는 동시에 배당했더라면 공동저당권자가 다른 부동산에서 변제받을 수 있었던 금액의 한도 내에서 공동저당권자를 대위한다(제368조 2항 2문).

🖋 **제368조 2항에 의한 후순위저당권자의 대위가 제한되는 경우**

" i) 후순위저당권자는 제368조 2항에 의해 선순위저당권자가 가지고 있던 다른 부동산에 대한 저당권을 대위하게 되는데, 그 저당권이 말소되지 않고 등기부에 존속하는 동안에는 공동저당의 대위등기를 하지 않더라도 제3취득자는 저당권이 있는 상태에서 취득한 것이므로, 이 경우에는 제3취득자를 보호할 필요성은 적고, 따라서 후순위저당권자는 대위할 수 있다(제187조). ii) 그러나, 후순위저당권자가 대위할 저당권이 말소된 상태에서 그 부동산의 소유권 등 새로이 이해관계를 취득한 제3자에 대해서는, 제3취득자를 보호하여야 하고, 후순위저당권자는 제368조 2항에 의한 대위를 주장할 수 없다"(2012다99341)[43](개정 부동산등기법 제80조 신설 참조)**(10회 선택형)**.

3) 선순위 공동저당권자가 후순위저당권자의 대위에 관한 정당한 기대를 침해한 경우(저당권의 포기)

判例는 "선순위 공동저당권자가 피담보채권을 변제받기 전에 공동저당 목적 부동산 중 일부에 관한 저당권을 포기한 경우에는, 후순위저당권자가 있는 부동산에 관한 경매절차에서, 저당권을 포기하지 아니하였더라면 후순위저당권자가 대위할 수 있었던 한도에서는 후순위저당권자에 우선하여 배당을 받을 수 없다고 보아야 한다"(2009다41250)**(6회 선택형)**고 한다.[44] 아울러 공동저당 부동산의 후순위저당권자의 대위에 관한 법적 지위 및 기대는 공동저당 부동산의 일부가 제3자에게 양도

判例의 태도는 타당하다(통설).

43) **[구체적 예]** 물상보증인 甲소유의 X, Y부동산과 채무자 乙소유의 Z부동산 중 X, Z부동산에 대한 경매가 이루어져 공동근저당권자인 채권자 A가 채권액 중 상당액을 배당받고 4천여만 원이 남게 되었는데, 甲이 이를 (대위)변제하자 Y부동산에 대한 A명의의 근저당권설정등기를 말소해 주었다. 그런데 X부동산에 대해서는 후순위근저당권자 B가 있었고, 그 후 Y부동산은 丙 앞으로 소유권이전등기가 경료된 경우, 判例에 따르면 B는 공동저당의 대위등기가 없었으므로 제368조 2항에 의해 Y부동산에 대해 A를 대위할 수 없다. 다만, 甲과 A가 권한 없이 Y부동산에 대한 A명의의 근저당권등기를 말소함으로써 B가 대위하지 못하는 손해를 입게 한 것은 불법행위가 성립된다(同 判例).

44) **[판례검토]** 후순위저당권자로서는 선순위 공동저당권자가 피담보채권을 변제받지 않은 상태에서도 추후 공동저당 목적 부동산 중 일부에 관한 경매절차에서 선순위 공동저당권자가 그 부동산의 책임분담액을 초과하는 경매대가를 배당받는 경우 다른 공동저당 목적 부동산에 관하여 <u>선순위 공동저당권자를 대위하여 저당권을 행사할 수 있다</u>는 대위의 기대를 가진다고 보아야 하고, 후순위저당권자의 이와 같은 대위에 관한 정당한 기대는 보호되어야 하므로 判例는 타당하다.

되었다는 사정에 의해 영향을 받지 않는다(2010다99132).

4) 제368조 2항 2문의 적용범위

위 법리는 채무자 소유의 수 개의 부동산 또는 동일한 물상보증인 소유의 수 개의 부동산에 관하여 공동저당권이 설정된 경우에만 적용되고, 채무자 소유의 부동산과 물상보증인 소유의 부동산에 관하여 공동저당권이 설정된 경우에는 적용되지 않는다.

가) 채무자 소유 부동산이 먼저 경매된 경우

채무자 소유 부동산이 먼저 경매되면 그 부동산의 후순위저당권자는 물상보증인 소유 부동산에 대하여 제368조 2항 후단의 후순위저당권자대위를 하지 못하고(95마500)(1회, 3회, 6회, 10회, 13회 선택형),[45] 이러한 법리는 채무자 소유의 부동산에 후순위 저당권이 설정된 후에 물상보증인 소유의 부동산이 추가로 공동저당의 목적으로 된 경우에도 마찬가지로 적용된다(2013다207996).

나) 물상보증인 소유 부동산이 먼저 경매된 경우

① 반대로 물상보증인 소유 부동산이 먼저 경매되면 물상보증인이 채무자 소유 부동산에 '변제자대위'를 하고 물상보증인 소유 부동산의 후순위저당권자는 이에 대하여 다시 '물상대위'를 하게 된다(93다25417)[46](1회, 3회, 6회 선택형). [11입법]

② 물상보증인 소유 부동산의 후순위저당권자가 물상대위를 하는 경우, "채무자는 물상보증인에 대한 반대채권이 있더라도 특별한 사정이 없는 한 물상보증인의 구상금 채권과 상계함으로써 물상보증인 소유의 부동산에 대한 후순위저당권자에게 대항할 수 없다. 채무자는 선순위공동저당권자가 물상보증인 소유의 부동산에 대해 먼저 경매를 신청한 경우에 비로소 상계할 것을 기대할 수 있는데, 이처럼 우연한 사정에 의하여 좌우되는 상계에 대한 기대가 물상보증인 소유의 부동산에 대한 후순위저당권자가 가지는 법적 지위에 우선할 수 없다"(2014다221777, 221784)(13회 선택형).[47]

다) 동일물상보증인 소유의 부동산에 공동저당이 설정, 그 중 한 부동산에 후순위저당권이 설정된 경우

물상보증인 A가 소유하는 X부동산과 Y부동산에 공동근저당이 설정되고 X부동산에 후순위 전세권이 D에게 설정된 다음에 그 부동산은 채무자 B에게 양도되고, Y부동산은 제3취득자 C에게 이전되었는데, 제3취득자 C가 공동근저당 채무를 전부 변제하고 변제자대위로써 X부동산에 대한 선순위 근저당권을 취득하였다며 후순위 전세권자 D에 대한 우선배당을 주장한 경우, 判例

---

45) [판례검토] 후순위저당권자는 공동저당의 등기에 의하여 물상보증인의 선순위저당권자에 대한 대위를 미리 예견할 수 있다는 점에서 물상보증인을 우선하는 것이 타당하다.

46) [판례검토] 물상보증인은 어차피 후순위저당권자에 대하여 집행의 부담을 지고 있었으므로 변제자대위에 의해 유리하게 될 이유가 없다. 따라서 물상대위를 인정하는 判例가 타당하다.

47) [사실관계] 甲 소유의 부동산과 채무자인 乙 소유의 부동산을 공동저당의 목적으로 하여 丙 은행 앞으로 선순위근저당권이 설정된 후 甲 소유의 부동산에 관하여 丁 앞으로 후순위근저당권이 설정되었는데, 甲 소유의 부동산에 관하여 먼저 경매절차가 진행되어 丙 은행이 채권 전액을 회수하였고, 이에 丁이 甲 소유의 부동산에 대한 후순위저당권자로서 물상보증인에게 이전된 근저당권으로부터 우선하여 변제를 받을 수 있다고 주장하며 丙 은행 등을 상대로 근저당권설정등기의 이전을 구하자, 甲이 乙에 대해 취득한 구상금 채권이 상계로 소멸하였다고 주장하며 乙이 丙 은행을 상대로 근저당권설정등기의 말소를 구하는 독립당사자 참가신청을 한 사안에서, 乙의 말소등기청구는 등기의 이전을 구하는 丁의 청구와 동일한 권리관계에 관하여 주장 자체로 양립되지 않는 관계에 있지 않으므로 민사소송법 제79조 제1항 전단에 따른 권리주장참가의 요건을 갖추지 못하였고, 丁과 丙 은행이 소송을 통하여 乙의 권리를 침해할 의사가 있다고 객관적으로 인정하기도 어려우므로 민사소송법 제79조 제1항 후단에 따른 사해방지참가의 요건을 갖추었다고 볼 수도 없다는 이유로 乙의 독립당사자 참가신청을 각하한 사례.

는 제3취득자 C의 변제자대위는 후순위 전세권자 D의 지위에 영향을 주지 않는 범위에서 성립한다고 한다. 즉, "이 경우 물상보증인이 자신이 변제한 '채권 전부'에 대해 변제자대위를 할 수 있다고 본다면, 후순위저당권자는 저당부동산이 채무자에게 이전되었다는 우연한 사정으로 대위를 할 수 있는 지위(제368조 2항 2문 참조)를 박탈당하는 반면, 물상보증인 또는 그로부터 부동산을 양수한 제3취득자는 뜻하지 않은 이득을 얻게 되어 부당하다. 따라서 같은 물상보증인이 소유하는 복수의 부동산에 공동저당이 설정된 경우 그 부동산 중 일부에 대한 후순위저당권자는 선순위 공동저당권자가 공동저당이 설정된 '부동산의 가액에 비례'하여 배당받는 것(제368조 2항 2문, 제482조 2항 3호·4호 참조)을 전제로 부동산의 담보가치가 남아있다고 기대하여 저당권을 설정받는 것이 일반적이고, 이러한 기대를 보호하는 것이 제368조의 취지에 부합한다"(2021다247258)고 한다.

2. 물상보증인 또는 제3취득자와의 관계 – 물상보증인의 대위권(제481조, 제482조)과 후순위저당권자 대위권(제368조 2항 후단)의 관계 [09사법, 11입법]

(1) 채무자 소유 부동산의 후순위저당권자와 물상보증인의 관계

判例는 "공동저당의 목적인 채무자 소유의 부동산과 물상보증인 소유의 부동산 중 채무자 소유의 부동산에 대하여 먼저 경매가 이루어져 그 경매대금의 교부에 의하여 1번 공동저당권자가 변제를 받더라도, 채무자 소유의 부동산에 대한 후순위저당권자는 민법 제368조 제2항 후단에 의하여 1번 공동저당권자를 대위하여 물상보증인 소유의 부동산에 대하여 저당권을 행사할 수 없다"(95마500)(1회, 3회, 6회, 13회 선택형)고 판시하여 물상보증인을 우선시키고 있다.

(2) 물상보증인 소유 부동산의 후순위저당권자와 물상보증인과의 관계

"공동저당의 목적인 채무자소유의 부동산과 물상보증인소유의 부동산에 각각 채권자를 달리하는 후순위저당권이 설정되어 있는 경우, 자기소유의 부동산이 먼저 경매되어 1번 저당권자에게 대위변제를 한 물상보증인은 1번 저당권을 대위취득하고 그 물상보증인 소유부동산의 후순위 저당권자는 1번 저당권에 대하여 물상대위를 할 수 있다"(93다25417)(1회, 3회, 6회 선택형).

Ⅲ. 공동근저당

[D-129]

공동근저당에 관하여도 공동저당에 관한 제368조가 적용되고, 또한 공동근저당권자 스스로 경매를 실행하는 경우는 물론 타인이 실행한 경매에서 우선배당을 받는 경우에도 적용된다(2005다14502 등). 다만, 공동근저당권자가 공동담보의 목적 부동산 중 일부에 대한 환가대금 등으로부터 다른 권리자에 우선하여 피담보채권의 일부에 대하여 배당받은 경우, 공동담보의 나머지 목적 부동산에 대한 경매 등의 환가절차에서 나머지 피담보채권에 대하여 다시 최초의 채권최고액 범위 내에서 공동근저당권자로서 우선변제권을 행사할 수는 없다. 그리고 이러한 법리는 채권최고액을 넘는 피담보채권이 원금이 아니라 이자·지연손해금인 경우에도 마찬가지로 적용[48]된다(전합2013다16992)(10회, 13회 선택형).[49]

---

48) **[10회 선택형]** 따라서 예컨대, 공동근저당의 목적 부동산 일부에 대한 경매가 실행되어 그 경매대가로 피담보채권 일부가 변제된 후 잔존 원본에 대한 '지연이자'가 다시 발생하였더라도, 공동근저당권자가 공동근저당 목적 부동산의 각 환가대금으로부터 배당받는 원본 및 지연이자의 합산액이 결과적으로 최초의 채권최고액을 초과한다면, 그 지연이자에 대하여도 나머지 목적 부동산에 관한 경매절차에서 다시 우선변제권을 행사할 수 없다.

🔖 **[구체적 예]** 甲이 乙과의 계속적 거래에 따라 생기는 채권을 담보하기 위하여 乙 소유의 X부동산과 Y부동산에 채권최고액 5억 원의 1순위 근저당권을 취득하였고, 이후 Y부동산은 후순위근저당권의 경매신청에 따라 Y부동산이 경매되었고, 甲은 그 배당시까지 생긴 3억 원을 배당받았다. 그 뒤에도 甲은 계속하여 乙과 거래를 하였고, 새로이 6억 원의 채권이 발생하였다. 그러나 乙이 채무를 불이행하자 甲은 적법·유효하게 X부동산에 대하여 경매를 신청한바, 甲은 X부동산의 경매대금에서 얼마를 배당받을 수 있는가? 위 판례에 따르면 甲은 선행 경매절차에서 3억 원을 배당받았으므로 채권최고액 5억 원에서 이를 공제한 2억 원의 범위에서 경매절차에서 우선변제권이 있다.

이는 채무자 소유의 부동산과 물상보증인 소유의 부동산에 공동근저당권이 설정된 후 공동담보의 목적 부동산 중 채무자 소유 부동산을 임의환가하여 청산하는 경우에도 적용된다. 즉 "공동담보 목적 부동산 중 채무자 소유 부동산을 제3자에게 매각하여 그 대가로 피담보채권의 일부를 변제하는 경우, 공동근저당권자는 그와 같이 변제받은 금액에 관하여는 더 이상 물상보증인 소유 부동산에 대한 경매 등의 환가절차에서 우선변제권을 행사할 수 없다"(2017다292756)**(10회 선택형)**.

🔖 **[비교 : 누적적 근저당권]** "하나의 기본계약에서 발생하는 동일한 채권을 담보하기 위하여 여러 개의 부동산에 근저당권을 설정하면서 각각의 근저당권 채권최고액을 합한 금액을 우선변제받기 위하여 공동근저당권의 형식이 아닌 개별 근저당권의 형식을 취한 경우, 이러한 근저당권은 제368조가 적용되는 공동근저당권이 아니라 피담보채권을 누적적으로 담보하는 근저당권에 해당한다. 이러한 **누적적 근저당권**은 공동근저당권과 달리 담보의 범위가 중첩되지 않으므로, 누적적 근저당권을 설정받은 채권자는 여러 개의 근저당권을 동시에 실행할 수도 있고, 여러 개의 근저당권 중 어느 것이라도 먼저 실행하여 그 채권최고액의 범위에서 피담보채권의 전부나 일부를 우선변제받은 다음 피담보채권이 소멸할 때까지 나머지 근저당권을 실행하여 그 근저당권의 채권최고액 범위에서 반복하여 우선변제를 받을 수 있다"(2014다51756, 51763)**(13회 선택형)**.

---

49) **[판례검토]** 선순위공동근저당권의 담보가치에 대한 기대권과 기타 다른 이해관계인들이 이해관계를 고려하건대 判例의 입장이 타당하다.

I. 적용범위

[D-131]

가등기담보법의 적용 여부에 따라 ① 양도담보권의 법적 성질, ② 담보 목적의 실행 방법, ③ 양도담보에서 악의의 제3자 보호 여부 등이 달라지므로 논의의 실익이 있다. 가등기담보법은 민법 제607조를 위반한 것을 전제로 한 대물변제예약을 규율하고 있다(가등기담보법 1조).

🖋 구체적 차이점

① 양도담보권의 법적 성질과 관련하여 가담법이 적용되지 않는 양도담보권은 신탁적 소유권이지만, 적용되는 양도담보권은 담보물권에 불과하다는 것이 통설이다. ② 담보 목적의 실행 방법과 관련하여 ⅰ) 양도담보의 경우 가담법이 적용되면 귀속청산(선 청산)만이 허용되지만, 적용되지 않으면 처분청산 및 귀속청산(후 청산)이 가능하다. 따라서 가담법이 적용되지 않는 양도담보권자는 설정자에 대하여 담보권의 실행을 청구원인으로 하여 먼저 목적물을 인도할 것을 청구할 수 있다. ⅱ) 가등기담보의 경우 가담법이 적용되면 사적실행(선 청산) 또는 경매 청구를 할 수 있으나, 적용되지 않으면 사적실행(후 청산)은 가능하나 경매 청구는 허용되지 않는다. 따라서 가담법이 적용되지 않는 가등기담보권자는 설정자에 대하여 담보권의 실행을 위하여 먼저 가등기에 기한 본등기 및 목적물의 인도를 할 것을 청구할 수 있다. ③ 양도담보에서 악의의 제3자 보호 여부와 관련하여 가담법이 적용되지 않으면 악의의 제3자도 원칙적으로 보호를 받으나, 적용되면 악의의 제3자는 보호를 받지 못한다.

II. 적용요건

[D-131]

1. 피담보채권의 발생원인

判例는 가등기담보법 제1조를 근거로 피담보채무가 매매대금채권인 경우에는 가담법이 적용되지 않으며, 주된 목적이 매매대금채권의 확보에 있고 대여금채권의 확보는 부수적 목적인 경우라도 가담법이 적용되지 않는다고 한다(2002다50484)(4회 선택형). [7회 기록형] 그 외에도 "금전소비대차나 준소비대차에 기한 차용금반환채무와 그 외의 원인으로 발생한 채무를 동시에 담보할 목적으로 경료된 가등기나 소유권이전등기라도 그 후 후자의 채무가 변제 기타의 사유로 소멸하고 금전소비대차나 준소비대차에 기한 차용금반환채무의 전부 또는 일부만이 남게 된 경우에는 그 가등기담보나 양도담보에 가등기담보 등에 관한 법률이 적용된다"(2003다29968)(13회 선택형)고 한다. [9회 기록형]

2. 재산권이전의 약정

3. 부동산 가액이 차용액 및 이자의 합산액을 초과할 것

가담법은 채무불이행이 생긴 때에 이전하기로 한 부동산의 예약당시의 가액이 차용액과 그에 붙인 이자의 합산액을 넘는 경우에 관하여 그 법을 적용하고 있다(동법 제1조)(1회 선택형). 차주의 재산에 선순위 근저당권이 설정되어 있는 경우에는 그 현존 피담보채무액 상당부분은 대주의 이득으로 귀속될 것이 명백하다고 할 수 없어 차주가 그 피담보채무를 인수한 여부에 관계없이 위 피담보채무액을 공제한 가액을 위 법조 소정의 재산가액으로 보는 것이 타당하다(90다카24526).

4. 양도담보계약만 있고 아직 소유권이전등기가 마쳐지지 않은 경우

"민법 제607조, 제608조에 위반된 대물변제의 약정은 대물변제의 예약으로서는 무효가 되지만 약한 의미의 양도담보를 설정하기로 하는 약정으로서는 유효하되, 다만 그에 기한 소유권이전등기를 미처 경료하지 아니한 경우에는 아직 양도담보가 설정되기 이전의 단계이므로 **가등기담보법 제3조 소정의 담보권 실행에 관한 규정이 적용될 여지가 없는 한편, 채권자는 '양도담보의 약정을 원인으로 하여' 담보목적물에 관하여 소유권이전등기절차의 이행을 청구할 수 있다**"(98다51220).

| Set 138 | 가등기담보권 ★★ |

Ⅰ. 가등기담보권의 효력 [D-134]

① 대외적 관계에서 가등기담보권자는 저당권자와 마찬가지로 취급된다(동법 제17조 3항). ② 대내적으로 부동산의 소유권 내지 사용수익권은 채무자(가등기담보권설정자)에게 있으므로, **채권자가 본등기를 마친 이후에 채무자 측 내지 다른 임차인들로부터 지급받은 '차임'은 그 명목과 상관없이 원칙적으로 '피담보채무의 변제에 충당'**되었다고 판단하였다(2018다300661)(13회 선택형).

Ⅱ. 가등기담보법이 적용되는 경우 [D-135]

1. 사적실행

가등기담보권을 실행하는 방법으로는 '처분정산'이나 '귀속정산' 중 채권자가 선택하는 방법에 의할 수 있으나(87다카2685), 이때 처분정산은 경매를 통한 공적 실행으로서의 처분정산을 의미하며, 사적 실행으로서는 귀속정산만 인정되고 처분정산은 허용되지 않는다.

(1) 실행 통지

변제기 후 채무자(물상보증인, 제3취득자 포함) 등에게 '통지 당시'의 청산금의 '평가액'을 통지하여야 한다(동법 제3조 1항 1문). 채무자 등의 전부 또는 일부에 대하여 위 통지를 하지 않으면 청산기간이 진행할 수 없게 되고, 따라서 가등기담보권자는 그 후 적절한 청산금을 지급하였다 하더라도 가등기에 기한 본등기를 청구할 수 없으며, 양도담보의 경우에는 그 소유권을 취득할 수 없다(94다36162)(4회 선택형). 청산금이 없다고 인정되는 때에는 그 뜻을 통지하여야 한다(동법 제3조 제1항 2문). 평가액은 채권자의 주관적인 평가액이다. 채권자가 이와 같이 나름대로 평가한 청산금의 액수가 객관적인 청산금의 평가액에 미치지 못한다고 하더라도 담보권 실행의 통지로서의 효력이나 청산기간의 진행에는 아무런 영향이 없다(96다6974)(1회, 4회 선택형).

(2) 청산기간(위 통지가 채무자등에게 도달한 날로부터 2월)의 경과

(3) 청산금의 지급

① 청산기간이 경과한 후, 채권자는 위 '통지 당시'를 기준으로 한 청산금의 '객관적 가액'을 채무자 등에게 지급하여야 한다(동법 제4조 제1항 1문). 다만, 채권자는 그가 통지한 청산금의 '평가액'이 '객관적인 가액'보다 크다는 이유로 청산금의 수액을 다툴 수 없다(동법 제9조 참조)(4회 선택형).

② 채무자 등은 정당하게 평가된 청산금을 지급받을 때까지 목적 부동산의 소유권이전등기 및 인도채무의 이행을 거절하면서, 피담보채무 전액을 채권자에게 지급하고 채권 담보의 목적으로 마쳐진 가등기의 말소를 구할 수 있다(96다6974)(5회 선택형).

③ 청산금의 지급채무와 가등기에 기한 본등기 및 인도의무의 이행은 동시이행의 관계에 있다(동법 제4조 3항). 이에 반하는 특약으로서 채무자등에게 불리한 것은 그 효력이 없다(동법 제4조 4항 본문)(13회 선택형). 따라서 청산금의 지급 없이 담보가등기에 기한 본등기가 이루어진 경우 그 본등기는 무효이고, 이른바 약한 의미의 양도담보로서 존속하는 것이 아니다(92다20132)(4회 선택형). 다만, 그 후 동법 소정의 절차에 따라 청산절차를 마치면 그 소유권이전등기는 실체관계에 부합하는 유효한 등기가 된다(2002다42001)(1회 선택형).

(4) 채무자 등의 말소청구권

① [발생] 채무자 등은 '청산금채권을 변제받을 때'(청산기간 중이 아님)까지 그 채무액(반환할 때까지의 이자와 손해금을 포함한다)을 채권자에게 '미리'지급하고 그 채권담보의 목적으로 마친 소유권이전등기의 말소(담보가등기도 포함 : 통설)를 청구할 수 있다(가담법 제11조 본문)(13회 선택형). 이처럼 그 등기의 말소를 구하려면 '먼저' 채무를 변제하여야 하고 피담보채무의 변제와 교환적으로 말소를 구할 수는 없다.

② [소멸] 채무자 등의 말소청구권은 ㉠ 채권자로부터 정당한 청산금의 지급이 이루어진 경우(가담법 제11조 본문의 반대해석), ㉡ 채무의 변제기로부터 10년이 경과한 경우(가담법 제11조 단서 전단), ㉢ 선의의 제3자가 소유권을 취득한 경우(가담법 제11조 단서 후단)(5회, 13회 선택형) 소멸한다. 다만 ㉢의 경우에도 채무자 등과 채권자 사이의 청산금 지급을 둘러싼 채권·채무 관계까지 모두 소멸하는 것은 아니고, 채무자 등은 채권자에게 청산금의 지급을 청구할 수 있다(2016다248325). 또한 ㉢의 경우 채권자의 행위는 채무자에 대한 관계에서 불법행위가 성립하며, 이때 채무자가 입은 손해는 "채무자가 더는 그 소유권이전등기의 말소를 청구할 수 없게 된 때의 담보목적부동산의 가액에서 그때까지의 채무액을 공제한 금액"이다(2010다27458).

2. 경매에 의한 실행

가등기담보권자는 그 선택에 따라 제3조의 규정에 의한 담보권을 실행하거나 목적 부동산의 경매를 청구할 수 있다(7회 선택형). 이 경우 경매에 관하여는 가등기담보권을 저당권으로 본다(동법 제12조 1항).

3. 다른 권리자에 의하여 목적 부동산에 대한 경매가 신청된 경우

담보가등기가 경료된 부동산에 대하여 경매등 개시의 결정이 있는 경우에는 그 경매의 신청이 청산금을 지급하기 전에 행하여진 때(청산금이 없는 경우에는 청산기간의 경과 전)에는 가등기담보권자는 그 가등기에 기한 본등기를 청구할 수 없다(동법 제14조)(1회,13회 선택형).

Ⅲ. 가등기담보법이 적용되지 않는 경우

[D-137]

1. 채권자의 담보 목적 실행 방법

채무자기 이행기에 채무를 이행하지 못하면 채권자는 일단 가등기에 기한 본등기를 마치고 목적물을 인도 받은 후, 그 가액을 스스로 평가하거나(귀속청산) 목적물을 처분한 대가로(처분청산) 우선 자기의 변제에 충당하고, 나머지가 있으면 이를 설정자에게 반환한다. 채권자가 위와 같은 담보 목적 실행을 위하여 설정자에게 가등기에 기한 본등기 및 목적물의 인도를 청구하는 경우, 설정자는 청산금채권으로 동시이행의 항변을 하지 못하고 무조건 이에 응하여야 한다.

2. 채권자가 가등기에 기한 본등기를 마친 경우

判例는 "가등기담보 등에 관한 법률이 적용되지 않는 경우에도 채권자가 채권담보의 목적으로 부동산에 가등기를 경료하였다가 그 후 변제기까지 변제를 받지 못하여 위 가등기에 기한 소유권이전의 본등기를 경료한 경우에는, 당사자들 사이에 채무자가 변제기에 피담보채무를 변제하지 아니하면 채권채무관계는 소멸하고 부동산의 소유권이 확정적으로 채권자에게 귀속된다는 명시의 특약이 없는 한, 그 본등기도 채권담보의 목적으로 경료된 것으로서 정산절차를 예정하고 있는 이른바 '약한 의미의 양도담보'가 된다. 그리고 이와 같이 약한 의미의 양도담보가 된 경우에는 채무의 변제기가 도과한 후에도 채권자가 담보권을 실행하여 정산절차를 마치기 전에는 채무자는 언제든지 채무를 변제하고 채권자에게 위 가등기 및 그 가등기에 기한 본등기의 말소를 청구할 수 있다"(2005다61140)(1회 선택형)고 판시하고 있다.

즉, 채권자는 대외적으로는 소유권을 취득하지만, 대내적으로는 청산절차를 마쳐야만 확정적으로 목적물의 소유권을 취득한다. 따라서 설정자는 청산금을 지급받을 때까지는 언제든지 피담보채권을 변제하고 가등기 및 본등기의 말소를 청구할 수 있다(이른바 환수권). 그러나 제3자에게 처분이 이루어진 경우에는 그렇지 않다. 본등기를 마친 채권자는 대외적으로 소유자이기 때문에 제3자는 그의 선·악을 불문하고 목적물의 소유권을 유효하게 취득한다.

Set 139 │ 양도담보권 ★★★

Ⅰ. 동산 양도담보

[D-139]

1. 동산 양도담보의 법적 성질

① 判例는 동산양도담보의 경우 가등기담보 등에 관한 법률의 시행 전후를 불문하고 양도담보권자는 청산절차를 마치기 전이라 하더라도, 제3자에 대한 관계에서는 물건의 소유자임을 주장할 수 있다고 하여 신탁적소유권이전설의 입장이다(93다44739). 다만, 대내외관계를 구별하는 判例에 의하면, 양도담보설정자의 대내적 관계에서는 양도담보권자는 담보계약에 따른 권리만을 갖는다. 즉 "금전채무를 담보하기 위하여 채무자가 그 소유의 동산을 채권자에게 양도하되 점유개정에 의하여 채무자가 이를 계속 점유하기로 한 경우 특별한 사정이 없는 한 동산의 소유권은 신탁적으로 이전됨에 불과하여 채권자와 채무자 사이의 대내적 관계에서 채무자는 의연히 소유권을 보유

하나 대외적인 관계에 있어서 채무자는 동산의 소유권을 이미 채권자에게 양도한 무권리자가 된다"(2003다 30463)(3회,11회 선택형)고 판시하고 있다.

② 특약이 없는 한 양도담보권설정자가 사용, 수익하고(2006다37106), 따라서, "그 동산이 일정한 토지 위에 설치되어 있어 그 토지의 점유·사용이 문제된 경우에는 특별한 사정이 없는 한 양도담보 설정자가 그 토지를 점유·사용하고 있는 것으로 보아야 한다"(2018다201429).

2. 양도담보권의 실행

① 判例에 의하면 대내적 관계에서는 양도담보권자는 소유자가 아니고 담보계약에 따른 권리만을 가지기 때문에, 채무자가 이행기에 채무를 이행하지 않으면 양도담보권자는 설정자를 상대로 소유권에 기하여 목적물의 인도를 청구할 수는 없고, 다만 담보계약에 따라 취득한 환가권(귀속청산 또는 처분청산)을 실행하기 위한 일환으로 목적물의 인도를 청구할 수 있다.[50]

② 양도담보권자는 위와 같이 인도받은 목적물의 가액을 스스로 평가하거나(귀속청산) 그 처분대 가로(처분청산) 자기 채권의 변제에 우선 충당하고, 나머지가 있으면 이를 설정자에게 반환한 다. 이 경우 설정자의 일반채권자들은 안분배당을 요구하지 못한다(99다65066).

3. 동산 이중양도담보(쟁점구조 Set 111.참고)

(1) 문제점

甲은 돼지를 사육하는 농장주인데, 乙이 사료대금채권의 담보로서 그 돼지를 점유개정의 방식으로 양도받았고, 그 후 丙이 甲에 대한 대여금채권의 담보로서 위 돼지를 역시 점유개정의 방식으로 양도받았다. 이 경우 제2양도담보권자인 丙이 양도담보권을 취득하는지, 만약 丙이 현실인도받아 丁에게 처분(인도)한 경우에 丁이 돼지의 소유권을 취득할 수 있는지 등이 문제된다.

(2) 원칙 : 제1양도담보권자(乙)가 우선 [11행정]

"점유개정의 방법으로 인도를 하더라도 선의취득이 인정되지 않는 한 나중에 설정계약을 체결한 채권자는 양도담보권을 취득할 수 없는데, 현실의 인도가 아닌 점유개정으로는 선의취득이 인정되지 아니하므로, 결국 뒤의 채권자는 양도담보권을 취득할 수 없다"(2003다30463)(3회 선택형).

(3) 예외 : 제2양도담보권자(丙)의 선의취득

점유개정에 의한 선의취득이 부정된다고 하여, 종국적인 것으로 볼 것은 아니다. 즉, 그 후에 다른 인도방법(현실인도 또는 반환청구권의 양도)을 갖추면, 선의취득을 부정할 것은 아니다. 다만 이러한 경우에 다른 인도방법을 갖출 때(점유개정시가 아님) 특히 선의·무과실의 요건이 구비되어야 한다.

(4) 제2양도담보권자(丙)가 현실인도받아 제3자(丁)에게 처분한 경우

악의 또는 과실이 있어 양도담보권을 취득하지 못한 제2양도담보권자가 양도담보권을 실행하여 목적물을 인도 받은 후 제3자에게 처분한 경우에는 그 제3자가 목적물을 선의취득할 수 있다. 이 경우에는 반사적으로 제1양도담보권자의 적법, 유효한 양도담보권이 소멸하게 되므로,

---

50) 그러나 대내외관계에서 모두 소유권이 이전된다는 학설에 의하면 양도담보권자는 설정자에게 소유권에 기하여 인도를 청구할 수 있다. 이 경우 설정자는 목적물을 점유할 권리가 있다는 항변을 하지 못한다. 설정자의 사용, 수익권은 채무자가 이행지체에 빠지면 소멸하는 것으로 보아야 하기 때문이다.

제2양도담보권자는 이중양도담보 설정행위가 횡령죄나 배임죄를 구성하는지 여부나 뒤의 양도담보권자가 이중양도담보 설정행위에 적극적으로 가담하였는지 여부와 관계없이, 제1양도담보권자에게 불법행위로 인한 손해배상책임을 진다(99다65066)(3회, 4회 선택형).

II. 부동산 양도담보

[D-140]

1. 가등기담보법의 적용을 받지 않는 경우 부동산 양도담보권의 법적 성질

① 가담법이 적용되지 않는 부동산 양도담보권이 설정된 경우에 대법원은 일관하여 "담보목적의 범위 내에서 채권자에게 그 소유권이 이전된다"(96다9218)고 판시하고 있다. 이는 대외적으로는 양도담보권자에게 그 소유권이 이전되지만, 대내적으로는 양도담보권자가 담보계약에 따른 권리만을 갖는다는 의미이다(신탁적 소유권이전설).

② "일반적으로 부동산을 채권담보의 목적으로 양도한 경우 특별한 사정이 없는 한 목적부동산에 대한 사용수익권은 채무자인 양도담보설정자에게 있으므로, 양도담보권자는 사용수익할 수 있는 정당한 권한이 있는 채무자나 채무자로부터 그 사용수익할 수 있는 권한을 승계한 자에 대하여는 사용수익을 하지 못한 것을 이유로 임료 상당의 손해배상이나 부당이득반환청구를 할 수 없다"(2007다37394,37400)(11회 선택형).

2. 가등기담보법의 적용을 받는 부동산 양도담보권의 법적 성질

① 判例는 가담법 시행 이전에는 신탁적 소유권이전설의 입장이었으나, 가담법 시행 이후에 부동산양도담보의 경우는 신탁적 소유권이전설을 취한 것도 있으나(94다46428), 대체로 담보물권설을 취하고 있는 것으로 보인다(2000다47682 ; 2021다263519 : 양도담보에 관한 판례 중 가담법의 적용대상이 되는 것 자체가 많지 않다).[51]

② 최근 대법원은 가등기담보법이 적용되는 건물에 대한 양도담보는 담보물권이고, 담보물권자의 토지 사용·수익을 인정할 수 없으므로 대지 소유자는 건물의 양도담보권자를 상대로 차임 상당의 부당이득을 청구할 수 없다고 한다. 구체적으로 "가담법이 적용되는 경우에는 채권자가 담보목적 부동산에 관하여 소유자로 등기되어 있다고 하더라도 청산절차 등 법에 정한 요건을 충족해야만 비로소 담보목적 부동산의 소유권을 취득할 수 있다. 채무를 담보하기 위하여 채무자가 자기의 비용과 노력으로 신축하는 건물의 신축허가 명의를 채권자 명의로 한 경우 이는 완성될 건물을 양도담보로 제공하기로 하는 담보권 설정의 합의가 있다고 볼 수 있다(2001다48347). 이때 완성된 건물의 소유권은 이를 건축한 채무자가 원시적으로 취득하고, 채권자가 그 명의로 소유권보존등기를 함으로써 건물에 대한 양도담보가 설정된 것으로 보아야 한다. 이러한 양도담보가 가등기담보법의 적용대상이 되는 경우에는 양도담보권자가 청산절차 등을 거쳐 담보목적 부동산의 소유권을 취득하기 전까지 특별한 사정이 없는 한 양도담보 설정자가 건물의 소유자로서 이를 현실적으로 점유하면서 사용·수익하고 있다고 볼 수 있으므로 채권자가 건물에 대한 양도담보권을 취득했다고 해서 그 대지 소유자에게 부당이득반환의무를 부담하는 것은 아니다"(2021다263519).

---

51) [판례검토] 가등기담보법은 담보물권에 특유한 권리인 경매청구권, 우선변제권 등에 관하여 규정함으로써 가등기담보권자에게 저당권자와 유사한 지위를 부여한 점 등에 비추어 가담법의 규율을 받는 양도담보는 일종의 담보물권이라고 하여야 한다(통설).

I. 소유권유보부매매 ★★   [D-141.이하]

1. 법적성질

判例는 "목적물의 소유권을 이전한다는 당사자 사이의 물권적 합의는 매매계약을 체결하고 목적물을 인도한 때 이미 성립하지만 대금이 모두 지급되는 것을 정지조건으로 하므로"라고 함으로써 정지조건부소유권이전설을 따르고 있다(96다14807).[52]

따라서 ① 목적물이 매수인에게 인도되었다고 하더라도 특별한 사정이 없는 한 매도인은 대금이 모두 지급될 때까지 매수인뿐만 아니라 제3자에 대하여도 유보된 목적물의 소유권을 주장할 수 있고(96다14807), ② "이와 같은 법리는 소유권유보의 특약을 한 매매계약이 매수인의 목적물 판매를 예정하고 있고, 그 매매계약에서 소유권유보의 특약을 제3자에 대하여 공시한 바 없고, 또한 그 매매계약이 종류물을 목적물로 하고 있다 하더라도 다를 바 없다"(99다30534).

2. 소유권유보의 효력

(1) 대내적 효력

일차적으로 계약에 의하고 계약에서 정하지 않은 경우에는 매수인은 목적물을 점유하여 이를 사용, 수익하고 매수인은 매매대금채무 특히 약정된 할부금을 지체없이 지급하여야 할 것으로 해석된다. 소유권 유보의 실제기능은 매매대금채권의 담보에 있는바, 담보 목적물이 쌍방의 귀책사유없이 멸실되었다고 해서 그 피담보채권이 소멸하는 법은 없으므로, 매매목적물이 매수인의 점유하에서 쌍방의 책임없이 멸실된 경우 위험이 매수인에게 이전되었다고 보아 매도인은 여전히 매수인에게 매매대금의 지급을 청구할 수 있다고 해석하는 것이 타당하다.

(2) 대내적 효력

매수인이 대금을 완납할 때까지 소유권이 매도인에게 유보되어 있으므로, 매수인은 소유자로서 목적물을 원칙적으로 처분할 수 없다. 또한 매수인의 일반채권자가 목적물에 대하여 강제집행을 하는 경우 매도인은 소유권자로서 일반채권자를 상대로 제3자 이의의 소를 제기할 수 있고, 매수인이 파산한 경우 매도인은 소유권자로서 환취권을 가진다.

II. 동산담보권과 채권담보권 ★   [D-144.이하]

1. 동산·채권 등의 담보에 관한 법률

동법에 의한 담보권과는 별개로 기존의 담보제도는 존속한다. 주의할 것은, 동법은 인적 적용범위를 제한하고 있다. 즉, 동산이나 채권을 담보로 제공할 수 있는 담보권설정자는 법인(상사법인, 민법법인, 특별법에 따른 법인, 외국법인을 말한다) 또는 상업등기법에 따라 상호등기를 한 사람으로 한정한다(동법 제2조 5호).

---

52) **[판례검토]** 당사자의 의사를 반영하는 정지조건부소유권이전설이 타당하다. 다만 담보권으로서의 실질을 고려하여 형식적 소유권은 매도인에게 귀속시키되, 소유권의 내용과 효력은 가능한 한 담보목적에 제한하여 해석함이 타당하다.

2. 동산담보권

(1) 목적물

동산담보권의 목적물 동산담보권의 목적물은 (양도할 수 있는) 동산이다(동법 제33조, 민법 제331조). 여러 개의 동산(장래에 취득할 동산을 포함한다)이더라도 목적물의 종류, 보관장소, 수량을 정하거나 그 밖에 이와 유사한 방법으로 특정할 수 있는 경우에는 그 목적물이 될 수 있다(동법 제3조 2항).

(2) 동산담보권의 성립

'동산담보등기부'에 등기함으로써 동산담보권이 성립한다(동법 제2조 2호·8호). 동산담보등기부는 담보권설정자별로 편제하는 '인적 편성주의'를 취한다(동법 제47조).

(3) 동산담보권의 효력

1) 피담보채권의 범위 및 물적 범위

민법의 저당권에서와 같은 지연배상의 제한(제360조 단서)은 없고, 담보목적물의 멸실·훼손·공용징수 외에 '매각 또는 임대'의 경우에까지 물상대위를 인정하고 있다(동법 제14조). 설정자가 담보권이 설정된 동산을 제3자에게 매각하여 그가 선의취득하는 경우가 있을 수 있고, 이러한 경우를 대비한 것이다.

2) 우선변제적 효력

담보권자는 설정자가 제공한 담보목적물에 대하여 다른 채권자보다 자기채권을 우선변제받을 권리가 있다(동법 제8조). 동일한 동산에 설정된 동산담보권의 순위는 등기의 순서에 따르며(동법 제7조 2항), 동일한 동산에 관하여 담보등기부의 등기와 인도가 행하여진 경우에 그에 따른 권리 사이의 순위는 (법률에 다른 규정이 없으면) 그 선후에 따른다(동법 제7조 3항).

3. 채권담보권

(1) 채권담보권의 목적

채권담보권의 목적은 '금전의 지급'을 내용으로 하는 지명채권이다(동법 제34조 1항). 즉, 금전채권에 대해서만 채권담보권이 성립할 수 있다.

(2) 동산·채권 등의 담보에 관한 법률 제35조에 따른 채권담보권자(甲), 제3채무자(乙), 채권양수인(丙) 간의 관계

" ㉠ 甲이 담보가등기를 마쳤으나 乙에게 아직 담보권설정의 통지를 하지 않은 상태에서 丙이 대항요건을 갖춘 경우, 乙은 丙에게 유효하게 채무를 변제할 수 있고 이로써 甲에 대해서도 면책된다. 다만 丙은 甲에 대해서는 후순위로서, 甲의 우선변제적 지위를 침해하여 이익을 얻은 것이되므로, 甲은 丙에게 부당이득으로서 그 변제받은 것의 반환을 청구할 수 있다. ㉡ 甲이 담보등기를 마치고, 丙이 대항요건을 갖춘 후, 乙이 丙에게 채무를 변제하기 전에 甲이 乙에게 담보설정의 통지를 한 경우에는 乙은 甲에게 변제하여야 하고, 丙에게 변제하였다면 이로써 甲에게 대항할 수 없다. ㉢ 다만, 이 경우 乙이 丙에게 채무를 변제한 것에 대해 甲이 무권한자인 丙의 변제수령을 추인하였다면, 민법 제472조의 법리에 따라 乙의 丙에 대한 변제는 유효하게 되지만,[53] 甲은 丙에게 부당이득으로서 그 변제받은 것의 반환을 청구할 수 있다(2015다71856, 71863).

---

53) "민법 제472조는 불필요한 연쇄적 부당이득반환의 법률관계가 형성되는 것을 피하기 위하여 변제받을 권한 없는 자에 대한 변제의 경우에도 채권자가 이익을 받은 한도에서 효력이 있다고 규정하고 있는데, 여기에서 말하는 '채권자가 이익을 받은' 경우에는 변제의 수령자가 진정한 채권자에게 채무자의 변제로 받은 급부를 전달한 경우는 물론이고, 그렇지 않더라도 무권한자의 변제수령을 채권자가 사후에 추인한 때와 같이 무권한자의 변제수령을 채권자의 이익으로 돌릴 만한 실질적 관련성이 인정되는 경우도 포함된다(2010다32214 참조).

2025 해커스변호사
민법 암기장

제 5 편

친족·상속법

Ⅰ. 친족의 범위

[E-1.이하]

1. 친족의 종류

친족관계는 혈연과 혼인에 의해 성립한다. 민법은 혈족, 인척, 배우자를 친족으로 규정하고 있다(제767조)**(10회 선택형)**. 따라서 배우자나 인척은 친족이지만, 혈족은 아니다.

2. 혈 족

양자는 입양이 되어도 친생부모와의 자연혈족관계는 존속하므로(제882조의2 2항), 만약 양자가 직계비속 없이 사망한다면, 양부모뿐만 아니라 친생부모도 상속권을 갖는다. 이 경우 양부모와 친생부모는 공동상속인이 된다**(7회 선택형)**. 이와 달리 친양자의 경우 입양 전의 친족관계는 소멸하므로(제908조의3 2항 본문), 친양자가 직계비속 없이 사망한 경우 친생부모나 생가의 친족은 상속인이 될 수 없다. 다만, 부부의 일방이 그 배우자의 친생자를 단독으로 입양한 경우라면 배우자 및 그 친족과 친생자 간의 친족관계는 존속하므로(제908조의3 2항 단서), 이 경우에는 친생부 또는 친생모 및 그 친족도 상속인이 될 수 있다.

3. 인 척

민법은 혈족의 배우자, 배우자의 혈족, 배우자의 혈족의 배우자(혈족의 배우자의 혈족은 아님)를 '인척'으로 한다(제769조)**(10회 선택형)**.

✎ **부부 일방의 부모 등 그 직계혈족과 상대방 사이에 직계혈족이 사망하고 생존한 상대방이 재혼하지 않은 경우에 부양의무가 인정되는 경우**

부부 일방의 부모 등 그 직계혈족과 상대방 사이에서는, 직계혈족(남편)이 생존해 있다면 민법 제974조 제1호에 의하여 생계를 같이 하는지와 관계없이 부양의무가 인정되지만, 직계혈족(남편)이 사망하면 생존한 상대방이 재혼하지 않았더라도(사망한 부부 일방의 부모와 생존한 상대방 사이는 기타 친족간에 해당하므로) 민법 제974조 제3호에 의하여 생계를 같이 하는 경우에 한하여 부양의무가 인정된다(2013스96)[54]**(11회 선택형)**.

Ⅱ. 가족관계등록부

종래 判例(전합2009스117)는 성전환자가 혼인 중에 있거나 미성년자인 자녀가 있는 경우 성별정정을 허가하지 않는다는 입장이었으나, 최근 判例는 입장을 변경하여 **현재 혼인 중에 있지 아니한 성전환자는 미성년 자녀가 있는 경우에도, 성별정정을 허가할 수 있다고** 판시하였다(전합2020스616)**(13회 선택형)**.

---

54) **[구체적 예]** 배우자 甲이 사망하였지만 재혼하지 않은 乙은 甲의 직계존속이 자기의 자력 또는 근로에 의하여 생활을 유지할 수 없는 경우, 생계를 같이 하는 경우에 한하여 부양의무가 인정된다.

Ⅲ. 가사소송과 가사비송사건, 조정전치주의 등

		종 류	성질 등	조정전치주의
가사소송	가류	각종 **무효확인소송**, 친생자관계존부확인의 소	확인의 소	×
	나류	각종 **취소소송**, 재판상 이혼·파양, 친양자파양, 친생부인의 소, 父를 정하는 소, 인지청구(인지이의의 소), 사실혼관계존부확인의 소	형성의 소	○
	다류	신분관계 해소를 원인으로 한 손해배상의 청구 및 원상회복의 청구**(4회 선택형)**	이행의 소	○
가사비송	라류	제한능력에 관한 사항, 부재자재산관리·실종선고에 관한 사항, 후견 및 친권에 관한 사항	상대방 없음	×
	마류	이혼에 따른 재산분할청구, 상속재산분할청구, 기여분의 결정, 친권자의 지정과 변경, 子의 양육에 관한 처분[과거의 양육비 청구도 이에 해당(전합92스21)], 부양에 관한 처분**(6회 선택형)**[부부간의 부양의무를 이행하지 않은 부부의 일방에 대하여 상대방의 친족이 구하는 부양료 상환청구는 민사소송(2011다96932 : **6회,8회 선택형**)]	상대방 있음	○
주의		조정전치주의가 적용되는 나류 사건과 마류 사건 중에도, 당사자가 임의로 결정할 수 없는 사항에 관한 것으로서 조정의 성립만으로 효력이 생기지 않고 가정법원의 판결이 있어야 효력이 생기는 것은 다음과 같다. ① 친생부인의 소에서의 조정, ② 父를 정하는 소에서의 조정, ③ 친권상실의 재판에서의 조정, ④ 대리권과 재산관리권의 상실의 재판에서의 조정		

Ⅳ. 가족

① 민법은 배우자, 직계혈족 및 형제자매, 그리고 '생계를 같이 하는' 직계혈족의 배우자, 배우자의 직계혈족 및 배우자의 형제자매를 가족으로 하고 있다(제779조)**(10회 선택형)**.

② 자의 복리를 위하여 자의 성과 본을 변경할 필요가 있을 때에는 부, 모 또는 자의 청구에 의하여 법원의 허가를 받아 이를 변경할 수 있다(제781조 6항). 제781조 6항에 따른 자의 성·본 변경허가 심판을 할 때 가정법원은 청구인의 주장에 구애되지 않고 '직권'으로 탐지한 자료에 따라 '성·본 변경이 청구된 자녀의 복리에 적합한지'를 최우선적으로 고려하여 후견적 입장에서 허가 여부를 판단하여야 한다(2021스3).

Ⅰ. 약혼의 해제사유　　　　　　　　　　　　　　　　　　　　　　　　　　　　　[E-9]

약혼 후 당사자의 일방에 제804조 각 호의 사유가 있는 때에는 상대방은 약혼을 해제할 수 있다. 특히 제804조 8호에서 말하는 '중대한 사유'란 학력·직업·연령·처녀성 등에 대한 기망[약혼시 학력이나 직업 등을 속인 것은 제804조 8호 소정의 '기타 중대한 사유가 있는 때'에 해당하여 약혼의 해제는 적법하다(94므1676,1683)], 애정의 상실, 중대한 모욕, 간음 외의 부정행위, 재산 상태에 관한 착오, 약혼 전에 자격정지 이상의 형을 선고받은 사실이 있는 경우 등을 의미한다. 그러나 임신불능 또는 빈곤한 환경은 이에 속하지 않는다(4299민상995).

Ⅱ. 약혼해제(파기)에 따른 예물의 반환청구권　　　　　　　　　　　　　　　　　[E-10]

1. 약혼예물의 법적성격

약혼 예물의 수수는 약혼의 성립을 증명하는 증거이자 동시에 '혼인의 불성립을 해제조건으로 하는 증여'라고 할 수 있다(96다5506등)(12회 선택형).

2. 약혼이 해제(파기)되어 혼인이 불성립한 경우의 약혼예물반환 청구 가부

유책자의 무책자에 대한 예물반환청구와 관련하여 判例는 "약혼의 해제에 관하여 과실이 있는 유책자로서는 그가 제공한 약혼예물은 이를 적극적으로 반환을 청구할 권리가 없다"(76므42)라고 판시함으로써 부정설의 입장이다.[1]

3. 혼인이 일단 성립한 이후의 약혼예물반환 청구 가부

判例는 ⅰ) 설령 혼인의 파탄의 원인이 그 예물의 수령자에게 있는 경우라도 일단 혼인이 성립하였다면 그 후 혼인이 해소되어도 그 반환을 구할 수는 없는 것이 원칙이다. ⅱ) 그러나 예물의 수령자측이 혼인 당초부터 성실히 혼인을 계속할 의사가 없고 그로 인하여 혼인의 파국을 초래하였다고 인정되는 등 특별한 사정이 있는 경우에는 신의칙 내지 형평의 원칙에 비추어 혼인 불성립의 경우에 준하여 예물반환의무를 인정한다(96다5506등).

Ⅰ. 혼인의 성립요건　　　　　　　　　　　　　　　　　　　　　　　　　　　　[E-12]

혼인이 성립하기 위해서는 ① 실질적 요건으로 ⅰ) 당사자 사이에 '혼의의 합의'가 있을 것, ⅱ) 혼인의 무효, 취소 사유가 없을 것을 요하고, ② 형식적 요건으로 혼인신고를 하여야 한다.

1. 혼인의 합의

---

1) [판례검토] 제150조 2항의 취지상 判例가 타당하다.

혼인의 성립요건과 관련하여 判例는 혼인신고의 의사만으로 부족하고, 부부공동생활을 할 의사가 있어야 한다고 한다(제815조 1호)(2010므574).[2](실질적 의사설)

2. 혼인의 무효 청구와 혼인의 취소 청구의 권리남용

윤리적 요소가 강한 친족상속법상의 권리행사의 경우에 判例는 법률적으로는 상당하지만 윤리적인 측면에서 용납하기 어려운 경우 권리남용에 해당한다고 한다. 따라서 ① 중혼의 배우자가 상속회복청구권을 행사하는 경우(82므64), ② 중혼 성립 후 10년이 지난 다음 중혼을 취소하는 경우(92므907) 위와 같은 사정이 있다면 권리행사가 제한된다고 한다(실효의 원칙에는 반하지 않는다).

3. 혼인취소

(1) 제816조 2호 '부부생활을 계속할 수 없는 악질 기타 중대한 사유'

배우자의 성염색체 이상과 불임 등은 이에 해당하지 않는다(2014므4734,4741)

(2) 제816조 3호 '사기로 인한 혼인취소사유'

아동성폭력범죄 등의 피해를 당해 임신을 하고 출산을 하였으나 자녀와의 관계가 단절되고 상당한 기간 양육이나 교류 등이 이루어지지 않은 경우, 출산 경력을 고지하지 않은 것은 이에 해당하지 않는다(2015므654, 661). **[13회 사례형]**

(3) 중 혼

① **[의의]** 배우자 있는 자는 다시 혼인하지 못한다(제810조). 즉 중혼은 금지된다(후혼이 취소대상이다). 중혼의 예로는 각기 다른 사람과 국내·국외에서의 이중혼인(95다48308), 전혼에 관한 협의이혼취소심판이 계속 중인 상태에서 피청구인이 타인과 혼인하였는데 취소심판이 청구인 승소로 확정된 경우[84므9 ; 혼인의 취소(제824조)와 달리 이혼의 취소는 소급효가 인정된다]등을 들 수 있다.

② **[위반의 효과]** 중혼은 후혼의 취소사유에 불과하므로 취소가 없으면 전혼과 후혼이 모두 유효하다(제816조 1호, 제810조). 따라서 중혼자가 사망한 경우에 전혼의 배우자와 후혼의 배우자가 모두 상속권을 가지며, **중혼자는 양 배우자에 대하여 상속권을 가진다**(95다48308 ; 재일교포 甲이 일본에서 혼인을 하고 일본법에 따라 그 신고를 한 후 子 A가 출생하였고, 그 후 甲은 다시 국내에서 다른 사람과 결혼을 하고 혼인신고를 한 후 子 B가 출생하였는데, 이러한 상태에서 甲이 사망하여 B가 甲을 상속하자 A가 중혼을 이유로 국내혼인의 취소를 구한 사안에 관한 것이다)(1회, 3회 선택형). **[14입법]** 그리고 **재판상 이혼의 청구도 가능**하다 (91므344).

(4) 혼인취소의 효과 [10사법, 14입법]

취소판결이 확정되면 혼인은 장래에 향하여 해소되며, 소급효가 인정되지 않는다(제824조). 따라서 혼인에 의하여 출생한 子는 혼인 중의 출생자로서의 지위를 잃지 않고, 혼인 중에 포태한 자도 친생추정을 받는다. 그리고 앞서 중혼에서 살핀바와 같이 배우자 사이에 재산상속이 있은 후에 그 혼인이 취소되더라도 상속이 무효로 무효로 되거나 그 상속재산이 법률상 원인 없이 취득한 것이라고는 볼 수 없다(95다48308)(3회 선택형).

---

2) **[판례검토]** 혼인의 경우에는 민법 등에 의하여 여러 가지 권리(상속권 등)가 주어지는 등 법의 보호가 뒤따르기 때문에 실질적인 혼인의사의 합치가 있어야 한다.

1. 동거의무

(1) 의 의

부부는 동거하며 서로 부양하고 협조하여야 한다. 그러나 정당한 이유로 일시적으로 동거하지 아니하는 경우에는 서로 인용하여야 한다(제826조 1항).

(2) 동거의무 위반의 효과

1) 이혼사유

동거의무 위반은 제840조 2호(악의의 유기)의 이혼사유가 될 수 있다.

2) 부양청구권 제한

동거의무 위반자는 배우자에게 부양료 청구를 하지 못하는 사유가 된다. 부부간의 동거·부양·협조의무는 서로 독립된 별개의 의무가 아니라 결합되어 있는 것이기 때문이다(91므245)(10회, 13회 선택형).

3) 강제집행 가능여부 및 위자료청구 인정 여부

부부의 동거의무는 '인격존중'의 귀중한 이념이나 '부부관계의 본질' 등에 비추어 부부의 동거의무 자체에 관하여는 간접강제를 포함하여 강제집행이 허용되지 않는다. 그러나 동거의무를 유책하게 위반한 것에 대해 비재산적 손해, 즉 위자료의 배상을 청구할 수는 있으며, 이러한 위자료청구가 허용되기 위해서 먼저 이혼청구가 전제되어야 하는 것은 아니다(2009다32454)(6회 선택형).

2. 부양의무

(1) 의 의

부부 사이의 부양의무는 1차적 부양의무이어서(일방에게 경제적 여유가 있는 경우에만 인정되는 친족간의 부양과 달리) 무조건적인 것이다(제826조 1항)(6회 선택형). 그리고 부양은 부부의 사회적 지위나 재산상태를 고려하여 자기 생활과 같은 수준의 생활을 보장하는 것이어야 한다(제833조에 따른 생활비용의 공동부담을 생각하여 보라). 判例는 "제826조 제1항(부부간의 부양의무)은 부부간의 부양·협조의무의 '근거'를, 제833조(부부간의 생활비용)는 위 부양·협조의무 '이행의 구체적인 기준'을 제시한 조항라고 한다. 따라서 제833조에 의한 생활비용청구가 제826조와는 무관한 별개의 청구원인에 기한 청구라고 볼 수는 없다고 한다(2014스26).

(2) 기 한

"혼인이 사실상 파탄되어 부부가 별거하면서 서로 이혼소송을 제기하는 경우라고 하더라도, 특별한 사정이 없는 한 이혼을 명한 판결의 확정 등으로 법률상 혼인관계가 완전히 해소될 때까지는 부부간 부양의무가 소멸하지 않는다"(2022스771)(13회 선택형).

(3) 과거의 부양료 청구 : 가사비송사건(전합92스21)

判例는 "부부간의 상호부양의무는 부부의 일방에게 부양을 받을 필요가 생겼을 때 당연히 발생하는 것이기는 하지만, 과거의 부양료에 관하여는 부양을 받을 자가 부양의무자에게 부양의무의 이행을 청구하였음에도 불구하고 부양의무자가 부양의무를 이행하지 아니함으로써 '이행지체에 빠진 이후의 것'에 대하여만 부양료의 지급을 청구할 수 있을 뿐, 부양의무자가 부양의무의 이행을 청구받기 이전의 부양료의 지급은 청구할 수 없다"(2005스50)(2회, 8회, 13회 선택형)고 한다.[3]

✎ **[비교판례]** "부모의 자녀양육의무는 특별한 사정이 없는 한 자녀의 출생과 동시에 발생하는 것이므로 과거의 양육비에 대하여도 상대방이 분담함이 상당하다고 인정되는 경우에는 그 비용의 상환을 청구할 수 있다"(전합92스21)(6회, 11회 선택형).

(4) 피부양자 부모의 피부양자 배우자에 대한 부양료 구상 청구 : 민사소송(2011다96932)

1) 배우자의 부양의무와 부모의 부양의무의 우선순위

"부부간의 상호부양의무(제826조 1항)는 혼인관계의 본질적 의무로서 부양을 받을 자의 생활을 부양의무자의 생활과 같은 정도로 보장하여 부부공동생활의 유지를 가능하게 하는 것을 내용으로 하는 제1차 부양의무이고(8회 선택형), 반면 부모가 성년의 자녀에 대하여 직계혈족으로서 부양의무(제974조 제1호, 제975조)는 부양의무자가 자기의 사회적 지위에 상응하는 생활을 하면서 생활에 여유가 있음을 전제로 하여 부양을 받을 자가 자력 또는 근로에 의하여 생활을 유지할 수 없는 경우에 한하여 그의 생활을 지원하는 것을 내용으로 하는 제2차 부양의무이다(8회 선택형). 이러한 제1차 부양의무와 제2차 부양의무는 의무이행의 정도뿐만 아니라 의무이행의 순위도 의미하는 것이므로, 제2차 부양의무자는 제1차 부양의무자보다 후순위로 부양의무를 부담한다(6회, 8회 선택형). 따라서 제1차 부양의무자와 제2차 부양의무자가 동시에 존재하는 경우에 제1차 부양의무자는 제2차 부양의무자에 우선하여 부양의무를 부담하므로, 제2차 부양의무자가 부양받을 자를 부양한 경우에는 소요된 비용을 제1차 부양의무자에 대하여 상환청구할 수 있다"(2011다96932)(6회, 8회, 10회, 11회 선택형).

🖊 **성년의 자녀가 부모를 상대로 부양료를 청구할 수 있는 경우 및 범위**(제2차 부양의무)

"특별한 사정이 없는 한 통상적인 생활필요비라고 보기 어려운 유학비용의 충당을 위해 성년의 자녀가 부모를 상대로 부양료를 청구할 수는 없다"(2017스5)(8회 선택형).

2) 구상의 범위

"부부의 일방이 제1차 부양의무자로서 제2차 부양의무자인 상대방의 친족에게 상환하여야 할 과거 부양료의 액수는 부부 일방이 타방 배우자에게 부담하여야 할 부양의무에 한정된다"(2011다96932).

3. 정조의무

부부 일방이 정조의무를 위반한 경우에, 이는 부정행위로서 이혼사유에 해당하고(제840조 1호), 그 일방은 상대방에 대하여 손해배상책임을 진다(제843조, 제806조).

그리고 부정행위의 상대방도 배우자 있음을 알면서 통정하였다면, 공동불법행위자로서 배상책임을 진다(제760조)(2013므2441). 하지만 특별한 사정이 없는 한 정조의무를 위반한 부정행위자가 자녀들에 대해서도 불법행위책임을 지는 것은 아니며(2004다1899), 비록 부부가 아직 이혼하지 아니하였지만 부부공동생활이 파탄되어 실체가 더 이상 존재하지 아니하게 되고 객관적으

---

3) **[판례해설]** 부부간의 상호부양의무는 부부의 일방에게 부양을 받을 필요가 생겼을 때 당연히 발생하는 것이므로 判例와 같은 해석은 합리적인 근거를 찾기 어려울 뿐만 아니라, 부양료를 지급하지 않고 오래 버틸수록 부양의무자에게 유리하게 되어 도덕적 해이를 부추기는 결과가 되므로 부당하다는 비판이 있다(다수설).

로 회복할 수 없는 정도에 이른 경우에는 제3자가 부부의 일방과 성적인 행위를 하더라도 배우자에 대하여 손해배상책임을 부담하는 것은 아니다(전합2011므2997)**(6회, 10회 선택형)**.

4. 부부간의 계약취소권 [2012년 2월 10일 개정민법으로 삭제]

부부간의 계약은 혼인 중 언제든지 부부의 일방이 이를 취소할 수 있다. 그러나 제3의 권리를 해하지 못한다(제828조).

| Set 144 | 혼인의 재산적 효력(부부별산제) ★★★ |

Ⅰ. 부부재산계약 [09사법]   [E-16]

1. 의 의

부부가 '혼인성립 전'에 '혼인 후의 재산적 법률관계'에 관하여 따로 약정을 할 수 있는 바 이를 부부재산계약이라고 한다. 이러한 부부재산계약은 법정부부재산제를 배제하는 효과를 발생시킨다(제829조). 이러한 부부재산계약은 혼인하기 전의 혼인당사자들의 재산관계에 대한 자유로운 의사를 존중하고 이를 혼인 후에도 보호하기 위한 제도이다.

2. 요 건

ⅰ) 혼인하려는 당사자 간의 계약이어야 하며, ⅱ) 혼인성립 전에 체결해야 하고, ⅲ) 혼인 후의 재산적 법률관계를 대상으로 하여야 한다. ⅳ) 특별한 방식은 요하지 않으나 혼인신고시까지 등기해야 한다.

Ⅱ. 부부별산제(부부재산의 귀속과 관리)   [쟁점 25.]

※ 정신병원에 입원 중인 남편명의 부동산을 부인이 처분한 경우 논리(사례) 구조

> ① 처분된 부동산에 대한 원소유권자 검토(부부별산제와 관련한 제830조 해석론)⋯ ② 부부 일방의 명의로 되어 있지만 실질적으로 부부의 공동재산(단독재산)에 속하는 재산의 법률관계(명의신탁법리) ⇒ ③ 대리권 수여(임의대리권)여부 검토 ⇒ ④ 일상가사대리권(법정대리권) 및 비상가사대리권 인정 여부 검토(결론은 무권대리) ⇒ ⑤ 표현대리 검토(주로 제126조의 정당한 이유 판단이 관건)

(1) 혼인 중 부부일방의 명의로 취득한 재산(제830조 1항) - 위 사례구조 ① 관련

"민법이 혼인 중 부부일방의 명의로 취득한 재산에 대해서 그 일방의 특유재산으로 하는 것은 부부 '내부관계'에서의 '추정적 효과' 밖에 생기지 않으므로, 실질적으로 다른 일방 또는 쌍방이 그 재산의 대가를 부담하여 취득한 것이 증명[4]된 때에는 그 추정은 깨어지고 다른 일방의 소유이거나 쌍방의

---

4) 단순히 다른 일방 배우자가 그 매수자금의 출처라는 사정만으로 무조건 특유재산의 추정(제810조 1항)이 번복되어 당해 부동산에 관하여 명의신탁이 있었다고 볼 것은 아니고(2006두8068).

공유라고 보아야 한다"(92다16171).

判例는 ㉠ 일반적으로 금전적 대가 지급, 공동채무 부담 등 '유형적 기여'가 있어야 특유재산의 추정을 번복할 사유가 된다고 하며, 단순히 협력이 있었다거나 결혼생활에 내조의 공이 있었다는 것만으로는 이에 해당하지 않는다고 한다.[5] ㉡ 그러나 "처가 가사노동을 분담하는 등으로 내조를 함으로써 부의 재산의 유지 또는 증가에 기여하였다면 쌍방의 협력으로 이룩된 재산은 '재산분할의 대상'이 된다"(93스6)**(2회 선택형)**고 보아 혼인관계를 유지하면서 특유재산의 추정을 번복하기 위한 요건과 이혼을 하면서 재산분할을 청구하기 위한 요건에 차이를 두고 있다.

(2) 부부일방의 명의로 되어 있지만 실질적으로 부부의 공동재산에 속하는 경우 - 위 사례구조 ② 관련

부부가 협력하여 부동산을 구입하는 경우 등기명의자가 아닌 타방은 자기의 공유지분(배우자의 기여분)을 명의자에게 신탁한 것이다(98두15177).[6]

(3) 부부간의 대리권 수여(임의대리권) - 위 사례구조 ③ 관련

"남편이 아내의 인감도장을 보관하고 있었다는 사실만으로 이 인감도장의 사용에 관하여 포괄적인 대리권을 위임받은 것이라고 할 수 없다"(84도1093).

(4) 일상가사대리권과 제126조의 표현대리 - 위 사례구조 ④ 관련 [12회 사례형]

1) 일상가사의 범위 [9회 기록형]

判例는 일반적·추상적 판단설에 따른 판시내용도 있고, 개별적·구체적 판단설에 따른 판시내용도 있으나 일반적으로 일상가사의 범위를 어느 정도 고정적인 것으로 보아, 부동산의 매각이나 담보설정은 일상가사의 범위를 벗어난 행위로 보며(68다1727, 1728 등), 기본적으로 비상가사대리권을 인정하지 않으려는 태도를 보이고 있다.

2) 제126조의 적용여부

判例는 일관되게 일상가사대리권은 제126조의 기본대리권이 될 수 있으나, "문제된 월권행위에 관하여 그 권한을 수여받았다고 믿을 만한 정당한 사유가 있는 경우"에만 제126조의 적용을 인정하고 있다(68다1727외 다수)**(1회 선택형)**.

3) 제126조의 정당한 이유 - 위 사례구조 ⑤ 관련

대법원은 '부부별산제의 취지'(제830조, 부부의 재산적 독립보장)에 비추어 정당한 이유의 유무를 판단함에 있어 엄격하게 판단한다.

따라서 判例는 ㉠ 부부관계인 경우에는 부부의 일방이 거래에 필요한 서류를 가지고 있더라도, 이와 같은 서류의 입수가 용이하다는 것을 이유로 원칙적으로 정당한 이유를 인정하지 않는다(80다3204). ㉡ 그러나 본인과 대리인이 부부관계인 경우에도, 처분행위가 아닌 채무부담행위(담보설정행위)인 경우에는 비교적 용이하게 정당한 이유를 인정한다(80다609). 그리하여 '부동산 처분행위'에 대한 부부간 일상가사대리에 있어서 제126조의 표현대리는 다음과 같은 경우에

---

5) **[판례해설]** 判例는 처의 가사노동을 정당하게 평가하지 않았으므로 부당하다는 비판이 있다.

6) 따라서 명의자는 단독으로 유효한 처분행위를 할 수 있으나 타방 배우자는 명의자로부터 처분권 및 대리권을 수여받아야 유효한 법률행위를 할 수 있다. 아울러 이러한 재산은 내부적으로 공동귀속하므로 부부는 관리·사용·처분에 있어 그의 지분에 상응하는 권한을 갖는다.

한정하여 인정하고 있다. ㉠ 夫가 장기간 외국 또는 지방에 체류하여 살림 일체를 맡긴 경우(82
다카177), ㉡ 夫가 정신병원에 입원하여 처가 부동산을 매각하여 입원비·생활비 등에 충당한
경우(70다1812), ㉢ 처가 남편의 인감도장 등을 가지고 있었고 처의 인척을 통해 부부 사이가
원만하며 남편이 처를 통해 금전을 차용하고자 한다는 말을 듣고 돈을 빌려주고 담보권을 설정
한 경우(80다609) 등의 경우이다.[7]

Set 145 이혼 및 이혼시 재산분할청구권 ★★★

Ⅰ. 협의상 이혼   [E-18]

협의상 이혼이 성립하기 위해서는 ① 실질적 요건으로 ⅰ) 당사자 사이에 '이혼의 합의'가 있을
것, ⅱ) 이혼의 무효, 취소 사유가 없을 것을 요하고, ② 형식적 요건으로 ⅰ) 이혼숙려기간 경과
후, ⅱ) 가정법원의 확인을 받아, ⅲ) 이혼신고를 하여야 한다.

✎ 이혼의 합의

判例는 "일시적으로나마 그 법률상의 부부관계를 해소하려는 당사자간의 합의하에 협의이혼신
고가 된 이상, 그 협의이혼에 다른 목적이 있다 하더라도 양자간에 이혼의 의사가 없다고는 말
할 수 없고 따라서 그 협의이혼은 무효로 되지 아니한다"(93므11 등)라고 판시하여 사실상 형식
적 의사설(신고의사설)의 입장이다.[8]

Ⅱ. 재판상 이혼   [E-19]

1. 제840조 제1호 내지 제6호의 성격

判例는 "제840조 각 호 사유마다 각 별개의 독립된 이혼사유를 구성하는 것"이므로 "이혼청구를
구하면서 위 각 호 소정의 수개의 사유를 주장하는 경우 법원은 그 중 어느 하나를 받아들여
청구를 인용할 수 있으며"(99므1886)**(6회 선택형)**, "법원은 원고가 주장하는 이혼사유에 관해서만
심판하여야 한다"(62다812)**(11회 선택형)**고 판시하고 있다.

2. 유책배우자의 이혼청구(제840조 6호 관련)

判例는 유책배우자의 이혼청구를 배척하는 것이 기본입장이나(유책주의), ⅰ) 상대방도 이혼의 반소를 제
기하여 이혼의사가 있는 경우나(87므44), ⅱ) 상대방도 혼인을 계속할 의사가 없음이 객관적으로
명백한데도 오기나 보복적 감정에서 이혼에 응하지 아니하고 있을 뿐이라는 등의 경우는 '예외
적'으로 유책배우자의 이혼청구권이 인정된다(69므31)고 한다.

그리고 최근에는 전원합의체 판결을 통해 그 사유를 확대하였는바, " ㉠ 이혼을 청구하는 배우자의 유책성
을 상쇄할 정도로 상대방 배우자 및 자녀에 대한 보호와 배려가 이루어진 경우, ㉡ 세월의 경과에 따라 유

---

7) **[판례검토]** 표현대리를 넓게 인정했을 때 발생할 수 있는 부부의 재산적 독립보장의 문제는 '정당한 이유'에 대한 엄격한
판단을 통해 충분히 달성할 수 있다는 점 등에서 判例의 태도가 타당하다.

8) **[판례검토]** 이혼의 경우에는 법의 보호가 소멸하기 때문에 실질적인 이혼의사의 합치까지 요구할 필요가 없다.

책배우자의 유책성과 배우자가 받은 정신적 고통이 약화되는 등과 같이 **혼인생활의 파탄에 대한 유책성이 그 이혼청구를 배척해야 할 정도로 남아 있지 아니한 특별한 사정**이 있는 경우에는 예외적으로 유책배우자의 이혼청구를 허용할 수 있다"(전합2013므568)**(11회 선택형).** [9]

예를 들어 判例는 혼인기간 중 총 10여 차례에 이를 정도로 협의이혼 절차 또는 이혼소송 절차를 신청 내지 청구하였다가 취하하는 행위를 반복하는 등 더 이상 혼인관계를 유지하는 것이 무의미하고, 오히려 미성년 자녀의 복지를 해한다고 판단되는 경우 유책배우자의 이혼 청구를 예외적으로 허용할 수 있다고 판시하였다(2020므11818).

Ⅲ. 이혼의 효과 : 손해배상청구권   [E-20]

1. 재판상 이혼의 경우

재판상 이혼의 경우 당사자 일방은 과실있는 상대방에 대하여 재산상의 손해뿐만 아니라 정신상의 고통에 대하여도 손해배상을 청구할 수 있다(제843조, 제806조 1항 및 2항). 혼인파탄에 있어 유책성은 혼인파탄의 원인된 사실을 기초로 판단하며 혼인관계가 완전히 파탄된 뒤에 있은 일을 가지고 따질 것은 아니다(2003므1890).

2. 위자료청구권의 양도·승계 및 상속

위자료청구권은 양도 또는 승계되지 않으나, 당사자간에 이미 그 배상에 관한 계약이 성립되거나 소를 제기한 후에는 승계된다(제843조, 제806조 3항). 이와 관련하여 判例는 이혼위자료청구권은 행사상 일신전속권이고 귀속상 일신전속권은 아니라 할 것인바, 그 청구권자가 위자료의 지급을 구하는 소송을 제기함으로써 청구권을 행사할 의사가 외부적 객관적으로 명백하게 된 이상 양도나 상속 등 승계가 가능하다고 한다(92므143)**(1회, 4회 선택형).** 즉 이혼·위자료 청구 소송 중 원고가 사망한 경우, 이혼소송은 종료되지만 위자료청구소송은 상속인들이 수계할 수 있다.

Ⅳ. 이혼의 효과 : 이혼시 재산분할청구   [쟁점 26.]

1. 법적 성질

判例는 이혼에 따른 재산분할은 혼인 중 쌍방의 협력으로 형성된 공동재산의 청산이라는 성격에 상대방에 대한 부양적 성격이 가미된 제도(2000다63516)라고 하여 **청산 및 부양설**의 입장이다.

2. 재산분할청구권의 성립요건

ⅰ) 이혼이나 혼인취소에 의하여 혼인관계가 종료될 것, [10] ⅱ) 당사자 쌍방의 협력으로 이룩한 재산일 것, ⅲ) 이혼한 날로부터 2년이 경과하지 않았을 것(제839조의 2).

3. 발생시기 및 확정시기 등

이러한 재산분할청구권은 '이혼의 성립'에 따라 '발생'한다. 그러나 이러한 청구권은 '협의 또는 심판'에

---

9) **[판례검토]** 이러한 대법원의 입장은 전체적으로 '개인의 행복추구'보다 '가족 및 혼인제도의 가치'를 더욱 중시한 입장이라 할 수 있는바, 아직까지는 사회적 약자인 여성 배우자를 보호해야 (축출이혼방지 등)한다는 측면에서도 타당하다.

10) "이혼으로 인한 재산분할청구권은 이혼이 성립한 때에 법적 효과로서 비로소 발생하므로, 당사자가 '이혼이 성립하기 전'에 이혼소송과 병합하여 재산분할의 청구를 한 경우 재산분할청구권을 미리 양도할 수 없다"(2015다62186).

의하여 비로소 그 구체적 내용이 정해지게 되므로, 당사자가 이혼이 성립하기 전에 이혼소송과 병합하여 재산분할의 청구를 하고 법원이 이혼과 동시에 재산분할로서 금전의 지급을 명하는 판결을 하는 경우, 그 금전채무에 관하여는 그 **판결이 확정된 다음날**(이혼성립 다음날이 아님)부터 **이행지체책임**(연 5%의 법정이율)을 지게 되고(9회 선택형), 이혼소송이 확정되기 전까지는 이행기가 도래하지 아니할 뿐만 아니라 금전채권의 발생조차 확정되지 아니한 상태에 있다고 할 것이어서 금전분할을 명하는 재산분할 판결에 대하여 **가집행선고를 할 수 없다**(2012므1656)(9회 선택형).

4. 재산분할청구권의 행사

(1) 분할청구권자

判例는 이혼의 일방배우자가 청구할 수 있으며 유책배우자라 할지라도 부부가 혼인중에 취득한 실질적인 공동재산에 대해 재산분할을 청구할 수 있고(93스6)(2회, 4회 선택형), 혼인취소의 일방배우자도 청구할 수 있으며(가사소송법 제2조 1항 마류 4호), 사실상의 배우자도 재산분할을 청구할 수 있다고 한다(94므1379). 그러나 중혼적 사실혼은 법률혼 관계가 사실상 이혼상태라는 등의 특별한 사정이 없는 한 사실혼으로서 보호받을 수 없다고 하여 중혼적 사실혼이 해소된 경우에 재산분할청구를 부정하고 있다.[11]

(2) 분할의 방법(제839조의2 1항, 2항)

1) 당사자의 협의에 의한 분할

협의상 이혼을 전제로 재산분할약정을 했는데 이혼협의가 되지 않아 재판상 이혼을 한 경우, 그 협의는 '조건의 불성취'로 인하여 효력이 발생하지 않는다(95다23156)(5회 선택형).

2) 법원에 의한 분할

협의가 성립하지 않거나 불가능한 때에는 당사자의 청구에 의해 가정법원이 결정한다(제839조의2 2항). 법원에 의한 분할의 경우 "일방 당사자가 특정한 방법으로 재산분할을 청구하더라도 법원은 이에 구속되지 않고 타당하다고 인정되는 방법에 따라 재산분할을 명할 수 있다. 그러나 쌍방 당사자가 일부 재산에 관하여 분할방법에 관한 합의를 하였고, 그것이 그 일부 재산과 나머지 재산을 적정하게 분할하는 데 지장을 가져오는 것이 아니라면 법원으로서는 이를 최대한 존중하여 재산분할을 명해야 한다"(2021므10898).

(3) 분할의 대상이 되는 재산(제839조의2 2항)

'당사자 쌍방의 협력으로 이룩한 재산'이 대상이 된다.

1) 혼인 중 부부의 협력으로 이룩한 재산이 일방(특히 夫)의 명의로 되어 있을 경우

判例는 부부의 일방이 혼인 중에 자기명의로 취득한 재산은 그 명의자의 특유재산으로 추정되나 실질적으로 다른 일방 또는 쌍방이 그 재산의 대가를 부담하여 취득한 것이 증명된 때에는 특유재산의 추정은 번복되어 다른 일방의 소유이거나 쌍방의 공유(특유재산추정설 ; 90다카5624)라고 보아 재산분할의 대상이 된다고 본다.

---

11) [판례검토] 재산분할청구권 중 적어도 청산적 요소에 해당하는 부분에 한하여는 중혼적 사실혼의 경우에도 인정하여야 한다.

判例는 妻의 가사노동도 재산조성에 대한 협력으로 취급함으로써 구체적인 증명이 없더라도 일방의 특유재산에 대한 재산분할청구의 길을 열어놓고 있다(93스6 등).

2) 퇴직연금

① 이미 수령한 퇴직금은 재산분할의 대상이 되나(2009므2628, 2635), 종래 判例는 "향후 수령할 퇴직연금은 여명을 확정할 수 없으므로 이를 바로 분할대상 재산에 포함시킬 수는 없고, 제839조의2 ②항의 '기타 사정'으로 참작하여 분할액수와 방법을 정함이 상당하다"고 하였으나, 전원합의체 판결에 의해 견해를 변경한바, "부부 일방이 아직 재직 중이어서 실제 퇴직급여를 수령하지 않았더라도 이혼소송의 사실심 변론종결시에 이미 잠재적으로 존재하여 그 경제적 가치의 현실적 평가가 가능한 재산인 퇴직급여채권은 재산분할의 대상에 포함시킬 수 있으며, 구체적으로는 이혼소송의 사실심 변론종결시를 기준으로 그 시점에서 퇴직할 경우 수령할 수 있을 것으로 예상되는 퇴직급여 상당액의 채권이 그 대상이 된다"(전합2013므2250)**(4회, 7회 선택형)**고 판시하였다.

② 나아가 判例는 연금수급권자인 배우자가 매월 수령할 퇴직연금액 중 일정 비율에 해당하는 금액을 상대방 배우자에게 정기적으로 지급하는 방식의 재산분할도 가능하고, 이 경우 공무원 퇴직연금수급권과 다른 일반재산을 구분하여 개별적으로 분할비율을 정하는 것이 타당하다고 판시하였다. 다만 공무원 퇴직연금수급권은 일신전속적인 것이므로 분할권리자의 위와 같은 정기금채권 역시 제3자에게 양도되거나 분할권리자의 상속인에게 상속될 수는 없다(전합2012므2888). 이 후 대법원은 분할청구권 규정이 따로 없는 '퇴직수당'에 대해서도 이혼소송 과정에서 재산분할 대상에 포함시켜 분할해야 한다고 판단했다(2017므11917).

[비교판례] 그러나 "국민연금법 제64조에 규정된 이혼배우자의 분할연금 수급권은 민법상 재산분할청구권과는 구별되는 것으로 국민연금법에 따라 이혼배우자가 국민연금공단으로부터 직접 수령할 수 있는 이혼배우자의 고유한 권리이다"(2018두65088).

3) 부부일방이 혼인 중 제3자에게 부담한 채무(소극재산)

① **[청산의 대상이 되는 채무]** 채무가 일상가사에 관한 것이 아닌 경우에는 개인채무로서 청산대상이 되지 않으나, 공동재산의 형성에 수반하여 부담한 채무인 경우에는 청산대상이 된다(97므1486)**(7회 선택형)**. 예를 들어, 혼인생활 중 쌍방의 협력으로 취득한 부동산에 관하여 부부의 일방이 부담하는 임대차보증금반환채무는 혼인 중 재산의 형성에 수반한 채무로서 청산의 대상이 된다(2010므4699,4705,4712).

② **[소극재산의 총액이 적극재산의 총액을 초과하는 경우]** 과거 判例는 "이혼하는 부부의 일방이 재산분할의 대상이 되는 채무를 부담하고 있어 총재산가액에서 위 채무액을 공제하면 남는 금액이 없는 경우에는 상대방의 재산분할 청구는 받아들여질 수 없다"는 입장이었으나 **전원합의체 판결로 견해를 변경하여 "소극재산의 총액이 적극재산의 총액을 초과하여 재산분할을 한 결과가 결국 채무의 분담을 정하는 것이 되는 경우에도 법원은 일체의 사정을 참작하여 이를 분담하게 하는 것이 적합하다고 인정되면 구체적인 분담의 방법 등을 정하여 재산분할 청구를 받아들일 수 있다"**(전합2010므4071)**(5회, 7회 선택형)**고 판시하였다. 다만 혼인 중에 이룩한 재산관계의 청산뿐 아니라 이혼 이후 당사자들의 생활보장에 대한 배려 등 부양적 요소 등도 함께 고려할 대상이 되므로, 적극재산을 분할할 때처럼 재산형성에 대한 기여도 등을 중심으로 일률적인 비율을 정하여 당연히 분할 귀속되게 하여야 한다는 취지는 아니라고 한다.

✎ **[관련판례]** ① "분할대상이 되는 재산은 적극재산이거나 소극재산이거나 그 액수가 대략적으로나마 확정되어야 할 것이다"(96므1397). ② "사실혼 관계에 있는 부부 일방이 혼인 중 공동재산의 형성에 수반하여 채무를 부담하였다가 사실혼이 종료된 후 그 채무를 변제한 경우 변제된 채무는 특별한 사정이 없는 한 청산 대상이 된다" (2020므15841). ③ 1인 회사 소유의 적극재산을 바로 1인 주주 개인의 적극재산으로 평가하여 재산분할의 대상으로 포함시킬 수는 없다 (2010므4699, 4705, 4712)

4) 제3자 명의의 재산

제3자 명의의 재산이더라도 그것이 부부 중 일방에 의하여 명의신탁된 재산 또는 부부의 일방이 실질적으로 지배하고 있는 재산으로서 부부 쌍방의 협력에 의하여 형성된 것이거나 부부 쌍방의 협력에 의하여 형성된 유형, 무형의 자원에 기한 것이라면 그와 같은 사정도 참작하여야 한다는 의미에서 재산분할의 대상이 된다(96므1434).

5) 부부의 일방이 제3자와 합유하고 있는 재산

합유재산이라는 이유만으로 이를 재산분할의 대상에서 제외할 수는 없고, 다만 부부의 일방이 제3자와 합유하고 있는 재산 또는 그 지분은 이를 임의로 처분하지 못하므로(제272조 본문, 제273조 1항), 직접 당해 재산의 분할을 명할 수는 없으나 그 지분의 가액을 산정하여 이를 분할의 대상으로 삼거나 다른 재산의 분할에 참작하는 방법으로 재산분할의 대상에 포함하여야 한다(2009므2840, 2857).

(4) 분할의 기준시기

① **[재판상 이혼에 따른 재산분할]**에 있어 분할의 대상이 되는 재산과 그 액수는 이혼소송의 사실심 변론종결일을 기준으로 하여 정하는 것이 원칙이지만(**5회, 9회 선택형**), 혼인관계가 파탄된 이후 변론종결일 사이에 생긴 재산관계의 변동이 부부 중 일방에 의한 후발적 사정에 의한 것으로서 혼인 중 공동으로 형성한 재산관계와 무관하다는 등 특별한 사정이 있는 경우에는 그 변동된 재산은 재산분할 대상에서 제외하여야 할 것이나(2013므1455), 부부의 일방이 혼인관계 파탄 이후에 취득한 재산이라도 그것이 혼인관계 파탄 이전에 쌍방의 협력에 의하여 형성된 유형·무형의 자원에 기한 것이라면 재산분할의 대상이 된다(2019므12549, 12556).

② **[협의이혼에 따른 재산분할]**에 있어 분할의 대상이 되는 재산과 액수는 협의이혼이 성립한 날(이혼신고일)을 기준으로 정하여야 한다(2005다74900등)(**9회 선택형**).

5. 재산분할청구권의 소멸

재산분할청구권은 이혼한 날로부터 2년을 경과하면 소멸하는데(제839의2 3항) 判例는 이 기간의 성질을 '제척기간'으로 보고 있어, 그 기간이 도과하였는지 여부는 당사자의 주장에 관계없이 법원이 당연히 조사하여 고려할 사항이라고 한다(94다17536)(**2회 선택형**). 나아가 判例는 "재산분할재판에서 분할대상인지 여부가 전혀 심리된 바 없는 재산이 재판확정 후 추가로 발견된 경우에는 이에 대하여 추가로 재산분할청구를 할 수 있다. 다만, 추가 재산분할청구 역시 이혼한 날부터 2년 이내라는 제척기간을 준수하여야 한다"(2018스18)(**11회 선택형**)고 판시하였다. 한편 재산분할청구권을 미리 포기하는 것은 허용되지 않지만(2002므1787)(**7회, 9회 선택형**), 사후에 포기하는 것은 가능하다.

6. 위자료청구권과의 관계

判例는 기본적으로 개별청구권설의 입장을 따르면서도, 재산분할에 분할자의 유책행위에 의하여 이혼함으로 인하여 입게 되는 정신적 손해를 배상하기 위한 급부로서의 성질까지 포함하여 분할할 수도 있다고 하여, 포괄청구권설의 입장을 따른 듯한 것도 있다(2000다58804).

7. 구에 대한 효과

⑴ 친권자 지정(제909조 4항, 6항)

재판상 이혼의 경우에 당사자의 청구가 없다 하더라도 법원은 직권으로 미성년자인 자녀에 대한 친권자 및 양육자를 정하여야 하며, 따라서 법원이 이혼 판결을 선고하면서 미성년자인 자녀에 대한 친권자 및 양육자를 정하지 아니하였다면 '재판의 누락'(판단누락 아님)이 있다(2013므2397).

⑵ 면접교섭권

과거 부모에게만 면접교섭권을 인정하고 있어 자녀는 면접교섭권의 객체로 인식되는 문제가 있었다. 이에 개정 민법은 자녀에게도 면접교섭권을 인정하고 있다(제837조의2 1항). 또한 최근 2016년 개정 민법은 부모의 직계존속에게도 면접교섭권을 인정하고 있다(제837조의2 2항). 이러한 면접교섭권은 부모(의 직계존속)와 자녀에게 주어진 고유한 권리로서 절대권이며, 일신전속권이므로 양도할 수 없고, 영속적 성질을 가지므로 포기할 수도 없다.

⑶ 양육에 관한 사항(제837조)

① "제837조, 제909조 4항 등이 부부의 이혼 후 그 자의 친권자와 그 양육에 관한 사항을 다른 조항에서 규정하고 있는 점 등에 비추어, 이혼 후 부모와 자녀의 관계에 있어서 친권과 양유권이 항상 같은 사람에게 돌아가야 하는 것은 아니다"(2011므4719)**(11회 선택형)**. "재판상 이혼시 친권자와 양육자로 지정된 부모의 일방은 상대방에게 양육비를 청구할 수 있고, 이 경우 가정법원으로서는 자녀의 양육비 중 양육자가 부담해야 할 양육비를 제외하고 상대방이 분담해야 할 적정 금액의 양육비만을 결정하는 것이 타당하다"(2019므15302)**(10회 선택형)**.

② "이혼한 부부 사이에서 子에 대한 양육비의 지급을 구할 권리(이하 '양육비채권')는 당사자의 협의 또는 가정법원의 심판에 의하여 구체적인 청구권의 내용과 범위가 확정되기 전에는 그 내용이 극히 불확정하여 상계할 수 없지만, 가정법원의 심판에 의하여 구체적인 청구권의 내용과 범위가 확정된 후의 양육비채권 중 이미 이행기에 도달한 후의 양육비채권은 완전한 재산권(손해배상청구권)으로서 친족법 상의 신분으로부터 독립하여 처분이 가능하고, 권리자의 의사에 따라 포기, 양도 또는 상계의 자동채권으로 하는 것도 가능하다"(2006므751)**(5회, 10회, 13회 선택형)**. **[16사법]**

③ "가정법원이 제924조의2에 따라 부모의 친권 중 양육권만을 제한하여 미성년후견인으로 하여금 자녀에 대한 양육권을 행사하도록 결정한 경우에 제837조를 유추적용하여 미성년후견인은 비양육친을 상대로 가사소송법 제2조 제1항 제2호 나목 3)에 따른 양육비심판을 청구할 수 있다"(2019스621 : 미성년후견인인 외조부가 비양육친인 사건본인의 아버지에 대하여 사건본인의 양육비를 청구한 사안)**(12회 선택형)**.

V. 이혼소송과 소송상 지위의 승계 관련 판례정리

① 재판상 이혼청구권은 부부의 일신전속의 권리이므로 이혼소송 계속 중 배우자의 일방이 사망한 때에는 상속인이 그 절차를 수계할 수 없다(94므246, 253 : 소송종료선언) **(1회 선택형)**.

② 재산분할청구권은 이혼이 성립한 때에 비로소 발생하므로, 이혼이 되기 전에(이혼소송 및 재산분할청구소송 도중에) 배우자 일방이 사망하면 이혼의 성립을 전제로 하여 이혼소송에 부대한 재산분할청구 역시 이를 유지할 이익이 상실되어 이혼소송의 종료와 동시에 종료된다(94므246, 253)**(1회, 5회 선택형)**.

③ 이혼에 따른 위자료 청구권은 불법행위책임의 성질을 가지므로 귀속상 일신전속적 권리라 할 수 없다. 따라서 청구권자가 위자료의 지급을 구하는 소송을 제기함으로써 청구권을 행사할 의사가 외부적 객관적으로 명백하게 된 이상 이혼소송이 종료하더라도 소송은 승계될 수 있다(92므143).

④ 사실혼관계는 당사자 일방의 의사에 의해 해소될 수 있고 재산분할심판청구시 사실혼관계가 이미 해소되었으므로 사망한 상대방의 상속인이 승계하게 된다(2008스105).

Set 146 | **사실혼 ★★**

I. 성립 요건

[E-22.이하]

사실혼이 성립하기 위해서는 당사자 사이에 ㉠ 주관적으로 혼인의사의 합치가 있고, ㉡ 객관적으로 부부공동생활이라고 인정할 만한 혼인생활의 실체가 존재하여야 한다(2000다52943 ; 대표적으로 결혼식 이후 혼인신고 이전 기간). 즉, 단기간의 동거 또는 간헐적인 정교관계가 있는 것만으로는 혼인의 실체를 인정할 수 없다.

II. 사실혼관계가 일방 당사자의 사망으로 종료된 경우 재산분할청구권

判例는 법률상 혼인관계가 일방 당사자의 사망으로 인하여 종료된 경우에도 생존 배우자에게 재산분할청구권이 인정되지 않는다는 점을 근거로 부정하였다(20005두15595)**(4회, 13회 선택형)**.

III. 중혼적 사실혼의 해소

① 중혼적 사실혼의 해소에 따른 보호와 관련하여 判例는 "법률상 배우자 있는 자는 그 법률혼 관계가 사실상 이혼상태라는 등의 특별한 사정이 없는 한 사실혼관계에 있는 상대방에게 그와의 사실혼 해소를 이유로 재산분할을 청구함은 허용되지 않는다"고 판시하여 법률혼의 사실상의 이혼상태를 기준으로 보호여부를 달리 한다.

② 아울러 사실상 이혼상태의 판단과 관련하여 判例는 법률상의 혼인을 한 부부의 어느 일방이 집을 나가 장기간(20년) 돌아오지 아니하고 있는 상태에서, "부부의 다른 한쪽이 제3자와 혼인의 의사로 실질적인 혼인생활을 하고 있다고 하더라도 특별한 사정이 없는 한 이를 사실혼으로 인정하여 법률혼에 준하는 보호를 허용할 수는 없다"(96므530)고 하여 **법률혼의 사실상 이혼상태의 인정기준을 엄격히 이해하고 있다.**

Ⅰ. 혼인 중의 출생자

[E-27]

1. 의 의

혼인 중의 출생자(婚生子)는 혼인관계에 있는 부모 사이에서 태어난 자를 말한다. 혼생자로는 친생추정을 받는 子, 친생추정을 받지 않는 子 및 準正에 의한 혼생자가 있다.

2. 친생자 추정

제844조의 친생추정 규정에 따라 아내가 임신한 자녀를 남편의 자녀로 추정하는 것은 혼인 중 출생한 자녀가 남편의 자녀일 개연성이 높다는 점뿐만 아니라 실제로 그러한 관계를 기초로 실질적인 가족관계가 형성될 개연성이 높다는 점을 전제로 한다(전합2016므2510)**(12회 선택형)**. 그러나 헌법이 보장하고 있는 혼인과 가족제도, 사생활의 비밀과 자유, 부부와 자녀의 법적 지위와 관련된 이익의 구체적인 비교 형량 등을 종합하면, 혼인 중 아내가 임신하여 출산한 자녀가 남편과 혈연관계가 없다는 점이 밝혀졌더라도 친생추정이 미치지 않는다고 볼 수 없다(전합2016므2510)**(12회 선택형)**.

(1) 친생자 추정의 요건

① 친생자 추정의 요건은 ⅰ) 母가 妻일 것, ⅱ) 혼인 중에 포태할 것을 요한다(제844조). 제844조 2항의 '혼인성립의 날'은 혼인신고의 날이며 여기에는 사실혼성립의 날도 포함된다고 해석하는 것이 判例이다(63다228). 한편, 구민법은 "혼인성립의 날로부터 200일 후 또는 혼인관계 종료의 날로부터 300일 내에 출생한 자는 혼인 중에 포태한 것으로 추정한다"(제844조 2항)고 규정하였으나 헌법재판소는 "혼인관계종료의 날로부터 300일 내에 출생한 자"에 관한 부분이 母가 가정생활과 신분관계에서 누려야 할 인격권, 혼인과 가족생활에 관한 기본권을 침해한다고 하여 헌법불합치결정을 하였다(2013헌마623).

② 이에 개정민법은 2항과 3항을 구분하여 규정하였다. 한편, 구법상 친생추정이 경합하는 경우(출산이 전혼 종료 후 300일 내이지만 후혼 성립 후 200일 이후인 경우)에는 父를 정하는 소에 의해 해결된다(제845조). 그러나 신법에서는 친생부인의 허가를 받거나(제854조의2), 生父가 인지의 허가를 받아(제855조의2) '제844조 3항'(제844조의 2항이 아님)의 추정이 미치지 못하도록 하였다. 즉, 이 경우 전혼 배우자의 자녀로 추정되는 것(제844조 3항)을 상대적으로 구민법보다 쉽게 번복할 수 있도록 있도록 하였다.

(2) 친생자 추정의 제한

① ㉠ 현재의 判例는 妻가 夫의 子를 포태할 수 없는 것이 객관적으로 명백한 사정이 있는 경우에는 夫의 친생자로서의 추정이 미치지 않는다는 외관설의 입장이다(전합82므59).[12] ㉡ 즉, 제844

---

12) **[판례검토]** 가정의 평화를 유지한다는 친생자추정 및 부인제도의 취지에 비추어 비록 혈연진실주의에 반하더라도 포태기간 중의 동서(同棲)의 결여라는 외관상 객관적으로 명백한 사실이 존재하는 경우가 아니라면, 夫에 의한 포태가능성이 없음(가령 夫의 생식불능 또는 夫와 子의 혈액형의 상위와 같은 부부의 개인적인 내부사정)을 이유로 가령 친생자관계존부확인의 소에 의하여 친생을 부인할 수는 없다.

조 1항의 친생추정은 반증을 허용하지 않는 강한 추정이므로, 이러한 예외적인 사유가 없는 한 누구라도 그 자가 부의 친생자가 아님을 주장할 수 없다(2021므13293).

② 전원합의체 판결은 ㉠ 아내가 혼인 중 남편이 아닌 제3자의 정자를 제공받아 인공수정으로 자녀를 출산한 경우에도 친생추정 규정을 적용하여 인공수정으로 출생한 자녀가 남편의 자녀로 추정되며, ㉡ 인공수정에 동의한 남편이 나중에 이를 번복하고 친생부인의 소를 제기하는 것은 원칙적으로 허용되지 않는다고 보았다.[13] ㉢ 또한 같은 취지에서 혼인 중 아내가 임신하여 출생한 자녀가 남편과 혈연관계가 없다는 점이 밝혀졌더라도 친생추정이 미친다고 보아 부자관계를 단절시킬 수 있는 기간을 제한시켰다(전합2016므2510)(11회, 13회 선택형)고 한다.

(3) 친생자 추정의 효과

1) 친생자 추정을 받지 않는 혼인 중의 출생자의 경우 : 친생관계존부확인의 소

① **[소제기]** 이를 다툴 때에는 출소기간의 제한이 없는 '친생자관계 부존재확인의 소'(제865조)에 의하여 부자관계를 부정할 수 있다(전합82므59). 다만 당사자 일방이 사망한 때에는 그 사망을 안 날부터 2년 내에 검사를 상대로 하여 소를 제기하여야 하고(제865조 2항), 제3자가 친생자관계 존부확인의 소를 제기함에 있어 당사자 쌍방이 모두 사망한 경우 제소기간은 당사자 쌍방이 모두 사망한 사실을 안 날로부터 기산한다(2003므2503)(9회 선택형).

② **[원고적격]** "이해관계인은 제862조에 따라 다른 사유를 원인으로 하여 친생자관계존부확인의 소를 제기할 수 있다. 따라서 다른 사람들 사이의 친생자관계존부가 판결로 확정됨에 따라 상속이나 부양 등에 관한 자신의 권리나 의무, 법적 지위에 구체적인 영향을 받게 되는 경우이어야 '이해관계인'으로서 친생자관계존부확인의 소를 제기할 수 있다"(전합2015므8351)(12회, 13회 선택형). 즉, 判例는 제777조의 친족이라는 사실만으로 당연히 당해 소를 제기할 수 있다는 입장을 버리고 "친생자관계존부확인의 소는 법적 친생자관계의 성립과 해소에 관한 다른 소송절차에 대하여 '보충성'을 가지는 점을 고려할 때 이러한 소를 제기할 수 있는 자는 각 소에서 정한 제소권자로 한정된다"고 한다. 따라서 ㉠ 친생자관계의 당사자로서 부, 모, 자녀, ㉡ 자녀의 직계비속과 그 법정대리인, ㉢ 성년후견인, 유언집행자, 부(夫) 또는 처의 직계존속·직계비속, ㉣ 이해관계인(제862조 : 인지에 대한 이의의 소)은 친생자관계존부확인의 소를 제기할 수 있다고 하였다(전합2015므8351)

③ **[피고적격]** "친생자관계존부 확인소송은 소송물이 일신전속적인 것이므로, 제3자가 친자 쌍방을 상대로 제기한 당해 소송이 계속되던 중 친자 중 어느 한편이 사망하였을 때에는 생존한 사람만 피고가 되고, 사망한 사람의 상속인이나 검사가 절차를 수계할 수 없다. 이 경우 사망한 사람에 대한 소송은 종료된다"(2014므4963)(소송종료선언).

2) 친생자 추정을 받는 혼인 중의 출생자의 경우 : 친생부인의 소

이를 다툴 때에는 父가 엄격한 요건의 '친생부인의 소'를 제기하여야 하고(제846조)[제847조 제1항에서 정한 친생부인의 소의 원고적격이 있는 '父, 妻'는 子의 생모에 한정되고, 여기에 친생부인이 주장되는 대상자

---

13) "나아가 인공수정 동의와 관련된 현행법상 제도의 미비, 인공수정이 이루어지는 의료 현실, 민법 제852조에서 친생자임을 승인한 자의 친생부인을 제한하고 있는 취지 등에 비추어 이러한 동의가 명백히 밝혀지지 않았던 사정이 있다고 해서 곧바로 친자관계가 부정된다거나 친생부인의 소를 제기할 수 있다고 볼 것은 아니다"(12회 선택형)

의 법률상 父와 '재혼한 처'는 포함되지 않는다(2013므4591)] **(9회 선택형)**, 제865조에 의한 '친생자관계부존재확인의 소'에 의할 수는 없다(2000므292)**(9회 선택형)**. 따라서 친생자 추정을 받는 자에 대해서는 친생자관계부존재확인의 소, 인지청구, 임의인지 등을 할 수 없고 또한 별소에서 선결문제로 친생부인을 주장하는 것도 허용되지 않는다. 그리고 제3자에 의한 인지도 허용되지 않는다(2000므292).

II. 혼인 외의 출생자
[E-28]

1. 의 의

혼인 외의 출생자는 부모가 혼인하지 않은 상태에서 출생한 子이다. 예컨대, 사실혼 관계·무효혼관계(제855조 1항 후문)등으로부터 출생한 자, 혼인 중의 출생자 중 친생부인의 판결 또는 친생자관계부존재확인의 판결에 의하여 그 친생자가 아님이 확정된 자는 혼인 외의 출생자이다. 그러나 혼인이 취소된 경우에는 소급효가 없기 때문에(제824조), 그 子는 혼인 중의 출생자가 된다.

2. 임의인지

혼인 외의 출생자에 대하여 생부 또는 생모가 자기의 子라고 인정하는 것으로(제855조 1항), 인지될 수 있는 자는 혼인 외의 출생자이다. 그러나 타인의 친생자로 추정되고 있는 자에 대하여는 친생부인의 소의 확정판결에 의하여 친자관계가 부인되기 전에는 아무도 인지할 수 없다(86므129). 물론 호적상의 부모의 혼인중의 자로 등재되어 있는 자라 하더라도 그의 생부모가 호적상의 부모와 다른 사실이 객관적으로 명백한 경우에는 그 친생추정이 미치지 아니하므로, 그와 같은 경우에는 곧바로 생부모를 상대로 인지청구를 할 수 있다(99므1817)**(5회 선택형)**.

3. 강제인지

부 또는 모가 임의인지를 하지 않고 있는 경우, 재판으로 인지를 강제할 수 있다(제863조). 그리고 부 또는 모, 양자 사망시에는 검사를 상대로 그 사망을 안 날로부터 2년 내에 인지에 대한 이의의 소 또는 인지청구의 소를 제기할 수 있다(제864조). 혼인 외 출생자의 경우 母子관계는 인지를 요하지 아니하고 법률상의 친자관계가 인정될 수 있지만, 父子관계는 父의 인지에 의하여서만 발생하는 것이므로, 父가 사망한 경우에는 그 사망을 안 날로부터 2년 이내에 검사를 상대로 인지청구의 소를 제기하여야 하고, ㉠ '혼인 외 출생자'는 검사를 상대로 사망한 부와 사이에 '친생자관계존재확인'을 구할 수 없고(2017므14817),[14] ㉡ '생모나 친족 등 이해관계인'은 혼인 외 출생자를 상대로 혼인 외 출생자와 사망한 부 사이의 '친생자관계존재확인'을 구할 수 없다(96므738)**(12회 선택형)**.

4. 효 과

임의인지의 경우에는 인지신고를 한 때, 강제인지의 경우에는 인지판결이 확정된 때 효력이 생기며, 그 효력은 출생시에 소급한다(제860조 본문). 그러나 인지의 소급효는 제3자가 이미 취득

---

14) **[민사소송법 쟁점]** "혼인 외 출생자 등이 법률상 부자관계의 성립을 목적으로 친생자관계존재확인의 소를 제기한 경우에 법원은 친생자관계존재확인의 소의 보충성을 이유로 그대로 소를 각하할 것이 아니라 원고의 진정한 의사를 확인하여 그에 알맞은 청구취지와 청구원인으로 정리하도록 '석명'하여야 한다"(2017므14817).

한 권리를 해하지 못한다(제860조 단서). 인지의 소의 확정판결에 의하여 일단 부와 자 사이에 친자관계가 창설된 이상, '재심의 소'로 다투는 것은 별론으로 하고, 확정판결에 반하여 '친생자관계부존재확인의 소'로써 당사자 사이에 친자관계가 존재하지 않는다고 다툴 수는 없고(2014므8217)(9회 선택형), '인지에 대한 이의의 소'로써도 다툴 수 없다(80므109).

Set 148 인지의 소급효(제860조 단서)에 따른 문제점 ★★★

Ⅰ. 과거의 부양료(양육비) 청구(구상)에 관한 문제 [E27-1]

1. 과거의 부양료(양육비) 청구(구상)의 인정 여부

判例는 "부모의 자녀양육의무는 특별한 사정이 없는 한 자녀의 출생과 동시에 발생하는 것이므로 과거의 양육비에 대하여도 상대방이 분담함이 상당하다고 인정되는 경우에는 그 비용의 상환을 청구할 수 있다"(전합92스21)(6회, 11회 선택형)라고 하여 긍정하고 있다.

2. 소멸시효

당사자의 협의 또는 가정법원의 심판에 의하여 구체적인 지급청구권으로서 성립하기 전에는 과거의 양육비에 관한 권리는 양육자가 그 권리를 행사할 수 있는 재산권에 해당한다고 할 수 없고, 따라서 소멸시효가 진행할 여지가 없다(2008스67).

Ⅱ. 상속의 문제 [E27-2]

2010. 5. 사망한 A에게 유족으로는 처 甲과 직계혈족 乙이 있고, 상속재산으로는 A의 단독소유인 X주택(시가 3억 원 상당), 저축은행 Y에 예금 1억 원이 남았다. 사안에서 甲과 乙(A의 모라고 가정함)이 A의 재산을 공동상속하고 이미 재산분할까지 마친 상황에서 A의 내연녀인 B가 丁을 출산하여 A의 친자로 밝혀졌고, 2010. 10. 인지신고가 되었다. 이 경우 A의 최종 상속인은 누구이며, 그들의 구체적인 상속분(적극재산에서 소극재산을 제외한 상속재산은 2억 1천만 원으로 가정함)은 각각 얼마인가? [12사법]

위 判例에 따르면 후순위상속인 乙은 丁의 인지와 동시에 상속권을 상실한다(제860조 본문). 결국 최종상속인은 배우자 甲과 직계비속 丁이다. 구체적 상속분은 ① 적극재산에서 소극재산을 제외한 상속재산이 2억 1천만 원이라는 점에서 소극재산은 1억 9천만 원임을 알 수 있다. 따라서 만약 소극재산 1억 9천만 원이 금전채무라면 이 중 3/5(1억 1,400만 원)는 甲에게 귀속되고 2/5(7,600만 원)은 丁에게 귀속되어 각 분할채무를 부담하게 된다(97다8809참고). ② 적극재산 중 X주택은 甲이 3/5, 丁이 2/5지분으로 공유하고(제1006조), 예금 1억 원은 甲에게 3/5인 6,000만 원이 귀속되고, 丁에게 2/5인 4,00만 원이 귀속되어 각 분할채권을 취득한다(2005스83 참고).

1. 상속재산 분할 후에 피인지자가 분할을 청구하는 경우(제1014조)(Set 154. 참고)

2. 피인지자보다 후순위 상속인이 제860조 단서의 제3자에 해당하는지 여부

① 判例는 "혼인 외의 출생자가 父의 사망 후에 인지의 소에 의하여 출생자로 인지받은 후 피인지자보다 후순위상속인인 피상속인의 직계존속 또는 형제자매 등은 피인지자의 출현과 함께 자신이 취득한 상속권을 소급적으로 잃게 되는 것으로 보아야 하고, 그것에 제860조 단서의 규정에 따라 인지의 소급효 제한에 의하여 보호받게 되는 제3자의 기득권에 포함된다고 볼 수 없다"(92다48512)고 한다.[15] **[12사법]**

② 반면, "인지를 요하지 아니하는 모자관계에는 인지의 소급효 제한에 관한 민법 제860조 단서가 적용 또는 유추적용되지 아니하며, 상속개시 후의 인지 또는 재판의 확정에 의하여 공동상속인이 된 자의 가액지급청구권을 규정한 민법 제1014조를 근거로 자가 모의 다른 공동상속인이 한 상속재산에 대한 분할 또는 처분의 효력을 부인하지 못한다고 볼 수도 없다. 이는 비록 다른 공동상속인이 이미 상속재산을 분할 또는 처분한 이후에 그 모자관계가 친생자관계존재확인판결의 확정 등으로 비로소 명백히 밝혀졌다 하더라도 마찬가지이다"(2018다1049)**(13회 선택형). [10회 기록형]**

3. 상속채권의 채무자의 변제(제470조)

"인지판결이 확정되기 전의 정당한 상속인이 채무자에 대하여 소를 제기하고 나아가 승소판결까지 받았다면, 채무자로서는 그 상속인이 장래 혼인 외의 子에 대한 인지판결이 확정됨으로 인하여 소급하여 (제860조) 상속인으로서의 지위를 상실하게 될 수 있음을 들어 그 권리행사를 거부할 수 없으므로, 그러한 표현상속인에 대한 채무자의 변제는 특별한 사정이 없는 한 채권의 준점유자에 대한 변제로서 적법하다"(93다32200)고 한다.

Set 149 │ 입 양 ★★

I. 양 자

[E-29. 이하]

1. 입양의 성립요건 중 실질적 요건

(1) 무효사유

ⅰ) 당사자 사이에 입양의 합의가 있어야 한다(제883조 1호). 그런데 양자가 될 사람이 만13세 이상의 미성년자인 경우에 법정대리인의 동의를 받아 입양을 승낙하여야 하고, 양자가 될 사람이 만 13세 미만(종래에는 만 15세 미만)인 경우에는 법정대리인이 그를 갈음하여 입양을 승낙한다(제869조 1항, 2항). 다만 법정대리인이 정당한 이유 없이 동의 또는 승낙을 거부하는 경우 또는 법정대리인의 소재를 알 수 없는 등의 사유로 동의 또는 승낙을 받을 수 없는 경우에는 가정법원이 입양을 허가할 수 있다(제860조 3항). ⅱ) 양자는 양친의 존속 또는 연장자가 아니어야 한다(제877조 1항). ⅰ), ⅱ)요건이 흠결되면 입양은 무효이다(제869조 1항은 취소사유이고 2항은 무효사유이다).

---

15) **[판례검토]** 동순위 상속인조차 인지되어 새로 상속인이 된 자가 있는 경우 가액반환의무(제1014조 참조)를 부담하는 점을 고려할 때 후순위 상속권자의 상속권은 제860조 단서에 의해 보호받는 제3자의 권리에 해당하지 않는다고 보는 것이 타당하다.

🖊 ⑴ 만 13세 미만의 자가 법정대리인의 승낙 없이 입양된 경우 그 입양은 무효이나, 양자가 만 13세 이상이 되어 입양이 무효인 점을 알고 추인하면 입양의 유효가 인정될 수 있다(96므 1151)[16] ⑥ 조부모와 손자녀 사이에는 이미 혈족관계가 존재하지만 부모·자녀 관계에 있는 것은 아니다. 민법은 입양의 요건으로 동의와 허가 등에 관하여 규정하고 있을 뿐이고 존속을 제외하고는 혈족의 입양을 금지하고 있지 않다(제877조 참조). 따라서 '조부모가 손자녀를 입양'할 수 있다(전합2018스5)**(12회 선택형)**.

⑵ 취소사유

iii) 양친이 되는 자는 성년이어야 한다(제866조). iv) 양자가 될 자는 '원칙적'으로 부모 등의 동의를 얻어야 한다. 양자가 될 자가 성년인 경우에도 마찬가지이다. 다만 부모의 소재를 알 수 없는 등의 사유로 동의를 받을 수 없는 경우 그러하지 아니하다(제870조, 제871조). ⅴ) 배우자 있는 자가 양자를 할 때에는 배우자와 공동으로 하여야 하고, 배우자 있는 자가 양자가 될 때에는 다른 일방의 동의를 얻어야 한다(민법 제874조). iii),iv),v) 요건이 흠결되면 입양은 취소될 수 있다.

🖊 만약 처가 있는 자가 입양을 함에 있어 혼자만의 의사로 부부 쌍방 명의의 입양신고를 하여 수리된 경우 입양의 효력이 있는지에 대해 判例는 "부부의 공동입양의 경우에도 부부 각자에 대하여 별개의 입양행위가 존재하여 부부 각자와 양자 사이에 각각 양친자관계가 성립하는바, 먼저 '**처와 양자 사이**'에는 입양의 합의가 없어 '**무효**'이고, '**처가 있는 자와 양자 사이**'에는 입양의 일반 요건을 모두 갖추었다 하더라도 부부 공동입양의 요건을 갖추지 못하였으므로 처가 그 입양의 '**취소를 청구**'할 수 있으나, 그 취소가 이루어지지 않는 한 그들 사이의 입양은 유효하게 존속한다"(97므25)고 판시하고 있다.

2. 입양의 성립요건 중 형식적 요건

입양은 가족관계의 등록 등에 관한 법률이 정한 바에 의하여 신고함으로써 그 효력이 생긴다(제878조 1항 ; 창설적 신고). 이 신고는 당사자 쌍방과 성년자인 증인 2인의 연서한 서면으로 하여야 한다(제878조 2항).

3. 친생자관계부존재확인의 소제기의 적법 여부

判例는 "당사자가 입양의 의사로 친생자출생신고를 하고 입양의 실질적 요건이 구비되어 법률상의 친자관계인 양친자관계가 형성되어 있다면 파양에 의하여 그 양친자관계를 해소할 필요가 있는 등 특별한 사정이 없는 한 친생자관계부존재확인청구는 허용될 수 없다"(85므86)라고 하여 확인의 이익이 없는 것으로 부적법하다고 한다.

한편 위 85므86의 반대해석에 따라 判例는 재판상 파양 사유가 있어 양친자관계를 해소할 필요성이 있는 이른바 재판상 파양에 갈음하는 친생자관계부존재확인청구를 긍정한다(99므2230). 즉, 判例는 "양부가 사망한 때에는 양모는 단독으로 양자와 협의상 또는 재판상 파양을 할 수 있으되 이는 양부와 양자 사이의 양친자관계에 영향을 미칠 수 없는 것이고, 또 양모가 사망한 양부에 갈음하거나 또는 양부를 위하여 파양을 할 수는 없다"는 입장이다(99므2230)**(12회 선택형)**.

---

16) '허위의 친생자 출생신고와 입양'은 민법총칙 '무효행위의 전환', '무효행위의 추인' Set 025.참고

1. 친양자입양의 성립요건

⑴ 3년 이상 혼인중인 부부로서 공동으로 입양할 것

여기서 혼인중이란 법률혼만을 의미하고 사실혼은 해당하지 않는다. 3년 이상 혼인중인 부부란 3년 이상 실질적인 혼인생활의 지속을 의미한다. 다만 1년 이상 혼인중인 부부의 일방이 그 배우자의 친생자를 친양자로 하는 경우에는 그러하지 아니하다(제908조의2 1항 1호 단서).

⑵ 친양자로 될 자가 미성년자일 것(제908조의2 1항 2호)

친양자 입양을 청구할 당시 미성년자이어야 한다(**3회 선택형**).

⑶ 친생부모의 동의

친양자로 될 자의 친생부모가 친양자 입양에 동의해야 하지만, 부모의 친권이 상실되거나 사망 그 밖의 사유로 동의할 수 없는 경우에는 그러하지 아니하다(제908조의2 1항 3호). 만약 子가 혼인 외 子로서 生父의 인지를 받지 않고 있다면 生母의 동의만으로 충분하다(**3회 선택형**).

⑷ 법정대리인의 승낙

친생부모가 법정대리인인 경우 부모의 동의는 결국 법정대리인으로서 양자에 갈음하여 승낙하는 것과 같은 것으로 보아야 한다. 친양자가 될 사람이 만 13세 이상인 경우에는 법정대리인의 동의를 받아 입양을 승낙해야 하고, 만 13세 미만인 경우에는 법정대리인이 그를 갈음하여 입양을 승낙해야 한다(제908조의2 1항 4호, 5호 ; 이에 대한 예외는 제908조의2 2항)(**3회 선택형**).

⑸ 가정법원의 허락결정

가정법원은 친양자로 될 자의 복리를 위하여 그 양육상황, 친양자 입양의 동기, 양친의 양육능력 그 밖의 사정을 고려하여 친양자 입양이 적당하지 아니하다고 인정되는 경우에는 친양자 입양의 청구를 기각할 수 있다(제908조의2 3항).

2. 친양자입양의 효력

① 친양자는 양친부모의 혼인중의 출생자신분을 갖게 되고(제908조의3 1항), 양부의 성과 본을 따르게 되며(제908조의8, 제781조 1항), 양친부모가 친양자의 친권자가 된다(제909조 1항). ② 입양전 친족관계는 종료된다(제908조의3 2항). 다만, 부부일방이 그 배우자의 친생자를 단독으로 입양한 경우에 있어서의 배우자 및 그 친족과 친생자간의 친족관계는 그러하지 아니하다(제908조의3 2항 단서).

3. 친양자입양의 취소 등

① 친양자는 가정법원의 심판에 의하기 때문에 보통양자의 입양 무효·취소에 관한 규정인 제883조 및 제884조의 규정은 친양자 입양에 대하여 적용되지 않는다(제908조의4 2항). ② 친양자로 될 자의 친생의 부 또는 모는 자신에게 책임이 없는 사유로 인하여 친양자 입양의 동의를 할 수 없었던 경우에는 친양자 입양의 사실을 안 날부터 6개월 내에 가정법원에 친양자 입양의 취소를 청구할 수 있다(제908조의4 1항). ③ 취소판결이 확정되면 친양자 관계는 소멸하고 입양

전의 친족관계는 부활한다(제908조의7 1항). 친양자 입양의 취소의 효력은 소급하지 아니한다(제908조의7 2항)(3회 선택형).

Set 150 부양, 친권 ★

Ⅰ. 부 양

① 직계혈족 및 그 배우자간, 기타 친족간(생계를 같이 하는 경우에 한한다)은 서로 부양의 의무가 있다(제974조). 예를 들어 계모자 관계는 종래 법정혈족이었지만 1990년 민법 개정으로 '직계혈족의 배우자'로서 인척관계가 되었다. 따라서 계자녀는 생계를 같이 하는 경우에 한하여 계모에 대한 부양의무가 있다(10회 선택형).

② "민법 제974조, 제975조에 따라 부양의 의무 있는 사람이 여러 사람인 경우에 그중 부양의무를 이행한 1인은 다른 부양의무자를 상대로 하여 이미 지출한 과거의 부양료에 대해서도 상대방이 분담함이 상당하다고 인정되는 범위에서 그 비용의 상환을 청구할 수 있다. 다만 부모와 성년의 자녀·그 배우자 사이에 민법 제974조 제1호, 제975조에 따라 부담하는 부양의무 중 과거의 부양료에 관해서는 부양의무 이행청구에도 불구하고 그 부양의무자가 부양의무를 이행하지 않음으로써 '이행지체에 빠진 후'의 것이거나, 그렇지 않은 경우에는 부양의무의 성질이나 형평의 관념상 이를 허용해야 할 특별한 사정이 있는 경우에 한하여 이행청구 이전의 과거 부양료를 청구할 수 있다"(2018스542)

Ⅱ. 친 권

[E-33.이하]

1. 친권자

① 부모가 혼인 중인 경우 부모가 공동으로 행사한다(제909조 2항). ② 이혼 등으로 단독 친권자로 정해진 부모의 일방이 사망하거나 친권을 상실하는 등 친권을 행사할 수 없는 경우에 종래 判例는 다른 일방의 친권이 당연히 부활한다고 보았으나(94다1302), 개정 민법은 '가정법원의 심리를 거쳐' 친권자로 정해지지 않았던 부모의 다른 일방을 친권자로 지정하거나 후견이 개시되도록 하였다(제909조의2, 제912조 2항, 제927조의2, 제931조 2항)(6회 선택형).

2. 친권의 내용

① 자의 보호·교양에 관한 권리 및 의무(제913조), ② 거소지정권(제914조), ③ 징계권(제915조). 다만, 이 조항에서 말하는 '징계'의 범위에 물리적인 체벌이 포함되어 있는 것으로 오용될 수 있다는 우려 때문에 2021년 1월 26일부로 폐지되었다. ④ 재산관리권(제916조), ⑤ 대리권(제920조), ⑥ 이해상반행위(제921조)

🖋 **재산관리권(제916조, 제923조)**

"친권자의 위와 같은 반환의무는 민법 제923조 제1항의 계산의무 이행 여부를 불문하고 그 재산 관리 권한이 소멸한 때 발생한다고 봄이 타당하다. 이에 대응하는 자녀의 친권자에 대한 위와 같은 반환청구권은 재산적 권리로서 일신전속적인 권리라고 볼 수 없으므로, 자녀의 채권자가 그

반환청구권을 압류할 수 있다"(2018다294179)

3. 친권의 상실, 일시정지(제924조) 및 일부제한(제924조의2) 등

① 判例는 "제924조 제1항에 따른 친권 상실 청구가 있으면 가정법원은 민법 제925조의2의 판단 기준을 참작하여 친권 상실사유에는 해당하지 않지만 자녀의 복리를 위하여 친권의 일부 제한 이 필요하다고 볼 경우 청구취지에 구속되지 않고 친권의 일부 제한을 선고할 수 있다"(2018스 520)고 하며, ② "제924조의2에 따른 친권의 일부 제한으로 미성년 자녀에 대한 양육권한을 갖게 된 미성년후견인도 제837조를 유추적용하여 비양육친을 상대로 가사소송법 제2조 제1항 제2호 나목 3)에 따른 양육비심판을 청구할 수 있다"(2019스621 : 미성년후견인인 외조부가 비양육친인 미성녀 자의 아버지에 대하여 미성년자의 양육비를 청구한 사안 : **12회 선택형**)고 한다. 즉, 미성년자녀를 양육하게 된 **미성년후견인은 비양육친을 상대로**(미성년 자녀를 대리할 필요 없이) **직접 양육비심판을 청구할 수 있다.**

Set 151 | **상속인 ★★**

Ⅰ. 대습상속

[E-40]

1. 요 건

대습상속의 요건으로는 ㉠ 피대습자는 상속인이 될 직계비속 또는 형제자매로서, 상속개시 전에 피대습자가 사망하거나 결격되어야 하며(제1001조, 제1003조 2항), ㉡ 대습상속인은 피대습자의 직계비속이나 배우자여야 한다(제1001조, 제1003조 2항). ㉢ 아울러 대습상속자도 상속인인 이상 피상속인에 대하여 상속결격사유가 없어야 한다.

⑴ 상속개시 전 피대습자의 사망 또는 피대습자의 결격

① 判例는 피상속인과 피대습자가 동시에 사망한 경우(제30조 참조)에도 대습상속이 인정된다고 한다 (99다13157).[17] ② '결격'은 상속개시 후에 일어나더라도 무방하다. ③ 상속포기는 법문상 포함되 지 않는다(제1001조). 그러므로 상속포기자의 직계비속이나 배우자가 대습상속을 할 수는 없 다. 다만 자녀가 모두 상속포기를 하여 다음 순위자인 손자녀가 상속을 하는 것은 가능하나(94 다11835), 이 경우에는 손자녀가 본위상속을 하는 것일 뿐 대습상속을 하는 것은 아니다(**11회 선택형**).

⑵ 재대습상속

재대습상속도 인정된다. 다만, 判例는 대습자인 피대습자의 배우자가 대습상속 개시 전에 사망한 경우 에 재대습상속을 부정하였다. 즉 "대습상속이 인정되는 경우는 상속인이 될 자(사망자 또는 결격자)가 피상속인의 직계비속 또는 형제자매인 경우에 한한다"(98다64318, 64325)(**3회 선택형**).

---

17) "대습자는 피대습자가 상속개시 전에 사망한 경우에는 대습상속을 하고, 피대습자가 상속개시 후에 사망한 경우에는 피대습 자를 거쳐 피상속인의 재산을 본위상속을 하므로 두 경우 모두 상속을 하는데, 만일 피대습자가 피상속인의 사망, 즉 상속개 시와 동시에 사망한 것으로 추정되는 경우에만 그 직계비속 또는 배우자가 본위상속과 대습상속의 어느 쪽도 하지 못하게 된다면 동시사망 추정 이외의 경우에 비하여 현저히 불공평하고 불합리한 것이라 할 것이다"

2. 직계비속인 피대습자가 전부 사망한 경우

피대습자의 배우자가 없는 경우에 직계비속인 피대습자의 직계비속이 하는 상속이 피상속인의 직계비속으로서 본위상속을 하는 것인지, 아니면 대습상속을 하는 것인지와 관련하여 判例는 "피상속인의 자녀가 상속개시 전에 전부 사망한 경우 피상속인의 손자녀는 본위상속이 아니라 대습상속을 한다"(99다13157)고 하여 대습상속설의 입장이다.

✎ **[구체적 예]** 예를 들어 피상속인의 자녀 A, B이 피상속인보다 먼저 사망하였고 A에게는 배우자 없이 C와 D, B에게는 배우자 없이 E라는 자녀가 있다고 가정한다면, ① '본위상속설'에 따르면 C : D : E는 1 : 1 : 1의 비율로 상속한다. ② 그러나 '대습상속설'에 따르면 C : D : E는 1 : 1 : 2의 비율로 상속한다.

Ⅱ. 상속결격

[E-41]

1. 상속결격사유 : 살인 또는 살인미수(제1004조 1호) [07·12사법, 3회 사례형]

⑴ 낙태가 제1004조 1호의 살해에 해당하는지 여부(적극)

判例는 낙태를 공동상속인을 살해한 것에 해당한다고 보아 상속결격이 된다고 한다(92다2127).

⑵ 상속결격이 되기 위해서 상속에 유리하다는 인식을 요하는지 여부(소극)

判例는 살해의 고의는 필요하나 그 외에 상속에 유리하다는 인식은 필요치 않다고 한다(92다2127).

2. 상속결격사유 : 유언에 대한 부정행위(제1004조 3호 내지 5호)

제1004조 제5호 소정의 '상속에 관한 유언서를 은닉한 자'라 함은 유언서의 소재를 불명하게 하여 그 발견을 방해하는 일체의 행위를 한 자를 의미하는 것이므로, 단지 공동상속인들 사이에 그 내용이 널리 알려진 유언서에 관하여 피상속인이 사망한지 6개월이 경과한 시점에서 비로소 그 존재를 주장하였다고 하여 이를 두고 유언서의 은닉에 해당한다고 볼 수 없다(97다38510).

Set 152 | 상속회복청구권 ★★★★

Ⅰ. 서 설

1. 상속회복청구권의 의의

'상속회복청구권'이란 진정한 상속인이 참칭상속인이나 전득자에 대하여 자기의 상속권에 기한 재산의 회복을 소송으로써 구할 수 있는 실체법상의 권리이다(제999조 1항).

2. 상속회복청구권의 법적 성질(제소기간)

判例는 "참칭상속인 또는 자기들만이 재산상속을 하였다는 일부 공동상속인들을 상대로 그 소유권 또는 지분권이 귀속되었다는 주장이 상속을 원인으로 하는 것인 이상 그 청구원인 여하에 불구하고 민법 제999조의 단기 제척기간의 적용을 받는 상속회복의 소로 보아야 한다"(전합90다5740)라고 판시하여 집합권리설(개별적청구권설)을 취하고 있다.[18]

✎ **자기의 상속권을 주장하지 않고 별도의 취득원인(가령 매매나 증여)에 기한, 상속재산에 대한 권리를 주장하는 자(소극)**

判例는 ㉠ 피상속인 사망 후 공동상속인 중 1인이 다른 공동상속인에게 자신의 상속지분을 중간생략등기방식으로 명의신탁했다가 그 명의신탁이 '부동산실명법이 정한 유예기간(1996.6.30.)의 도과로 무효가 되었음을 이유'로 명의수탁자를 상대로 상속지분의 반환을 구하는 경우, 그러한 청구는 상속으로 인한 재산권의 귀속을 주장하는 것이라고 볼 수 없으므로 상속회복청구에 해당하지 않는다고 하고(2008다16899), ㉡ 원고가 피고를 상대로 '피고 명의의 소유권이전등기가 참칭상속인에 의한 것이어서 무효임'을 이유로 하지 않고 '후행 보존등기 자체가 무효임'을 이유로 하여 피고 명의의 소유권이전등기의 말소를 청구하는 경우에는 이는 상속회복청구의 소에 해당하지 않는다고 하며(이중보존등기 참고), ㉢ 일단 적법하게 '공동상속등기'가 마쳐진 부동산에 관하여 상속인 중 1인이 자기 단독명의로 '소유권이전등기'를 한 경우, 다른 상속인들이 그 이전등기가 원인 없이 마쳐진 것이라 하여 말소를 구하는 소는 소유권의 회복을 구하는 것이기 때문에 상속회복청구의 소에 해당하지 않는다고 한다(2009다78801)**(5회 선택형)**.

Ⅱ. 당사자
[E-45]

1. 회복청구권자

상속권자 또는 그 법정대리인(제999조 1항), 진정상속인으로부터 상속분을 양도받은 포괄승계인(제1011조), 포괄수유자(2000다22942) 등이 청구권자가 될 수 있다. 그러나 상속재산분할이 이루어지기 전에 민사소송에서 특별수익에 기한 구체적 상속분을 주장하면서 법정상속분에 따라 마쳐진 공동상속인 명의의 소유권이전등기에 관하여 상속회복청구의 소를 제기할 수 없다(2020다292626).

2. 상속회복청구권의 상대방(피고적격)

(1) 참칭상속인

상속권이 없음에도 불구하고 상속인인 것 같은 외관을 갖거나 상속인이라고 사칭하는 자이다(90다카19470). 따라서 상속인으로서의 외관이 없는 자는 자신이 상속인이라고 주장하였더라도 참칭상속인이 아니며(92다9755), 또한 상속권의 침해가 없다면 참칭상속인이라고 할 수 없다(92다33701)**(5회 선택형)**.

(2) 다른 상속인의 상속분을 침해하는 공동상속인(적극) [9·11회 사례형]

判例는 상속재산분할 후에 피인지된 자의 상속재산분할청구권(공동상속인에 대한 가액반환청구권인 제1014조 포함)도 상속회복청구권이라 할 수 있으므로 단기제척기간이 적용된다고 한다(93다12).

---

18) **[판례검토]** 독립청구권설은 ⅰ) 단기의 제척기간을 정함으로써 권리관계의 조속한 안정을 취하려는 제999조의 입법취지와 맞지 않으며, ⅱ) 청구원인에 따라 제척기간의 적용 여부가 달라지게 되어 형평성을 잃게 된다는 문제점이 있다. 따라서 현행 민법규정의 해석으로는 집합권리설이 타당하다(다수설).

특히 이 경우 '침해를 안 날부터 3년'의 기산점은 그 인지판결이 확정된 날로부터 기산한다(77므21).

(3) 참칭상속인으로부터의 제3취득자(적극)

단기의 제척기간을 통해 권리관계의 조속한 안정을 취하려는 제999조의 입법취지상 **참칭상속인으로부터 권리를 이전받은 제3자와 참칭상속인의 상속인도 상속회복청구의 상대방이 된다**(전합79다854).

Ⅲ. 상속회복청구권의 소멸 [E-47]

상속회복청구권은 상속인 또는 그 법정대리인이 침해를 안 날부터 3년, 상속권의 침해행위가 있은 날부터 10년이 경과하면 소멸한다(제999조 2항). 이 기간은 제척기간이다(78다1811).

1. 제척기간의 경과

(1) 상속권의 침해를 안 날부터 3년

이는 자기가 진정한 상속인임을 알고 또 자기가 상속에서 제외된 사실을 안 때를 가리키는 것으로서, 단순히 상속권 침해의 추정이나 의문만으로는 충분하지 않다(2007다 36223)**(3회 선택형)**.

(2) 상속권의 침해행위가 있은 날부터 10년

① 제척기간의 준수 여부는 상속회복청구의 상대방별로 각각 판단하여야 할 것이어서, ㉠ '진정한 상속인이 참칭상속인으로부터 상속재산에 관한 권리를 취득한 제3자를 상대로 제척기간 내에 상속회복청구의 소를 제기한 이상' 참칭상속인에 대하여 그 기간 내에 상속회복청구권을 행사한 일이 없다고 하더라도 그것이 진정한 상속인의 제3자에 대한 권리행사에 장애가 될 수는 없다(2009다42321). ㉡ 그러나 참칭상속인의 최초 침해행위가 있은 날로부터 10년이 경과한 이후에는 비록 제3자가 참칭상속인으로부터 상속재산에 관한 권리를 취득하는 등의 새로운 침해행위가 '**최초 침해행위시**'로부터 10년이 경과한 후에 이루어졌다 하더라도 상속회복청구권은 제척기간의 경과로 소멸되어 진정상속인은 더 이상 제3자를 상대로 그 등기의 말소 등을 구할 수 없다 할 것이며, 이는 '진정상속인이 참칭상속인을 상대로 제척기간 내에 상속회복청구의 소를 제기하여 승소의 확정판결을 받았다'고 하여 달리 볼 것은 아니라 할 것이다(2006다26694).

② **상속재산의 일부에 대한** 상속회복청구의 제소기간을 준수하였다고 하여 그로써 다른 상속재산에 대한 소송에 그 기간준수의 효력이 생기지 않는다(80므84)**(5회 선택형)**.

③ 判例는 "피상속인인 남한주민으로부터 상속을 받지 못한 북한주민의 경우에도, '남한에 입국한 때부터 3년 내'가 아니라 '상속권이 침해된 날부터 10년'이 경과하면 민법 제999조 제2항에 따라 상속회복청구권이 소멸한다"(전합2014다46648)고 한다. 물론 상속권이 침해를 안 날로부터 3년 내의 요건도 충족해야 한다.

2. 소멸의 효과

判例는 상속회복청구권 소멸의 '반사적 효과'로서 참칭상속인의 지위는 확정되어 참칭상속인이 상속개시일로부터 소급하여 상속인으로서의 지위를 취득한 것으로 봄이 상당하므로, 상속재산은 '상속개시일로 소급하여 **참칭상속인의 소유**'로 된다고 한다(96다37398)**(3회, 5회 선택형)**.

※ 상속회복청구권과 관련한 사례구조(상속회복청구권, 동시사망, 대습상속과 관련한 99다13157 판결)

甲에게는 딸 乙과 동생 A가 있고, 또한 乙은 丙과 혼인하여 丁을 출산하였다. 그런데, 甲·乙·丁은 1985.9.20. 괌으로 향하는 비행기를 타고 가던 중 추락하여 사망하였는데 누가 먼저 사망하였는지에 관하여 확증은 없어서 모두 동시에 사망한 것으로 추정이 되었다. 당시 甲에게는 X부동산이 있었으나 X부동산에 대하여 상속등기가 이루어지지 않고 있던 중 2000.1.10. 호적부에 A 자신이 단독상속인으로 기재되어 있음으로 보고 자신이 甲의 단독상속인이라 믿고 자신의 명의로 상속을 원인으로 하는 이전등기를 경료하였다. 그리고 A는 2000.11.5. B와 X부동산에 대한 매매계약을 체결하여 2001.1.20 B앞으로 소유권이전등기를 경료하여 주었다. 이러한 사실을 뒤늦게 알게 된 丙은 2001.6.25. 자신이 甲을 대습상속하여 X부동산을 단독으로 상속하였음을 이유로, B를 상대로 X부동산에 대한 소유권이전등기의 말소를 청구하였다.

Ⅰ. 丙의 B에 대한 소유권이전등기말소청구의 소가 적법한 것인지 여부

① 丙의 청구가 제999조 2항의 제척기간의 적용을 받는지 여부(상속회복청구권의 법적성질론) ⇒ ② 참칭상속인(A)으로부터 목적물을 취득한 제3자(B)도 상속회복청구의 피고적격이 인정되는지 여부(O)

Ⅱ. 丙의 B에 대한 청구가 인용될 수 있는지 여부

① 제1003조 2항의 '상속개시 전'의 의미와 관련하여 피상속인과 피대습자가 동시에 사망한 것으로 추정되는 경우도 포함되는지 여부(O) ⇒ ② 대습상속권(丙)과 방계혈족의 상속권(A) 간의 우열판단의 문제(丙)

Set 153 상속 일반 ★★★

Ⅰ. 특별상속 : 제사용 재산(제1008조의 3)   [E-49b]

분묘에 속한 1정보(3,000평) 이내의 금양임야와 600평 이내의 묘토인 농지, 족보와 제구의 소유권은 상속인 중 '제사를 주재하는 자'가 승계한다(제1008조의 3).

1. 유체·유골

" ⅰ) 사람의 유체·유골은 매장·관리·제사·공양의 대상이 될 수 있는 유체물로서, 분묘에 안치되어 있는 선조의 유체·유골은 민법 제1008조의3 소정의 제사용 재산인 분묘와 함께 그 제사주재자에게 승계되고, 피상속인 자신의 유체·유골 역시 위 제사용 재산에 준하여 그 제사주재자에게 승계된다(4회 선택형). ⅱ) 피상속인이 생전행위 또는 유언으로 자신의 유체·유골을 처분하거나 매장장소를 지정한 경우에, 선량한 풍속 기타 사회질서에 반하지 않는 이상 그 의사는 존중되어야 하고 이는 제사주재자로서도 마찬가지이지만, 피상속인의 의사를 존중해야 하는 의무는 도의적인 것에 그치고, 제사주재자가 무조건 이에 구속되어야 하는 법률적 의무까지 부담한다고 볼 수는 없다"(전합2007다27670)(13회 선택형).

2. 제사를 주재하는 자

과거에는 '조리'에 부합하였던 법규범이라도 사회관념과 법의식의 변화 등으로 인해 헌법을 최상위 규범으로 하는 전체 법질서에 부합하지 않게 되었다면, 대법원은 그러한 법규범이 현재의 법질서에 합치하도록 하여야 한다. 따라서 '제사주재자'(제1008조의3)는 우선적으로 공동상속인들 사이의 협의에 의해 정하되, 협의가 이루어지지 않는 경우에는 피상속인의 직계비속 중 남녀, 적서를 불문하고 **최근친의 연장자**가 제사주재자로 우선한다고 보는 것이 '조리'에 부합한다고 한다(전합2018다248626)**(13회 선택형)**. 이러한 새로운 법리는 그 '판결 선고 이후'에 제사용 재산의 승계가 이루어지는 경우에만 적용된다(2022다302039).

II. 일반 상속 : 공동상속 [E-50]

1. 공동상속의 공유의 의미(제1006조) [08 · 10사법]

상속인이 수인인 때에는 상속재산은 그 공유로 한다(제1006조). 判例는 공동상속을 공유관계로 보면서 개별재산에 대한 지분의 자유로운 처분(제263조)을 긍정한다(94다61649).[19]

2. 채무의 공동상속

(1) 불가분채무

상속채무가 불가분채무인 경우 그 채무는 공동상속인 전원에게 **불가분적으로 귀속된다**. 따라서 공동상속인 각자가 그 채무 전부에 대한 이행책임을 진다(제411조). 다만 判例는 불가분채무인 건물철거의무(80다756)나 소유권이전등기의무(78다2281)를 공동상속한 경우에, 상속인들은 각자 자기 지분의 범위 안에서 목적물 전체에 대한 의무를 부담한다고 하여 가분채무와 마찬가지로 처리한다.[20]

(2) 가분채무 [13사법 · 3회 사례형]

判例는 "금전채무와 같이 급부의 내용이 가분인 채무가 공동상속된 경우, 이는 상속 개시와 동시에 당연히 법정상속분에 따라 공동상속인에게 분할되어 귀속되는 것이므로, 상속재산 분할의 대상이 될 여지가 없다"(97다8809)**(3회, 5회, 8회, 9회 선택형)**고 한다.

III. 상속분 [E-51]

1. 법정상속분(제1009조, 제1010조)

2. 특별수익자의 상속분(제1008조) … 특별수익자의 상속분을 감하는 제도

---

19) **[판례검토]** 무엇보다도 민법이 명문으로 공유라고 규정한 것을 합유라고 해석하는 것은 명문의 규정에 반하는 해석이며, 합유설에 의하면 공동상속인 각자의 재산권 행사를 어렵게 하므로(제273조 1항) 상속지분의 신속한 거래와 거래안전의 측면에 비추어 볼 때 공유설이 타당하다.

20) **[8회 기록형]** 따라서 '청구취지' 기재례에서 이 경우에는 불가분채무임을 이유로 '공동하여'라고 표시하지 않고 '각'이라고 표시한다.
가. 피고 박영희는 3/5 지분에 관하여, 피고 이정숙은 2/5 지분에 관하여 각 별지 목록 2 기재 건물을 철거하고, 나. 별지 목록 1 기재 토지 중, 피고 박영희는 3/5 지분에 관하여, 피고 이정숙은 2/5 지분에 관하여 각 2016. 12. 1. 매매를 원인으로 한 소유권이전등기절차를 이행하고, 다. 피고 박영희, 이정숙은 각 나.항 기재 토지를 인도하라.

(1) 특별수익자 : 공동상속인 중 증여 또는 유증을 받은 자

1) 원 칙

특별수익의 반환의무를 부담하는 수증자는 상속을 승인한 공동상속인이다.

① 상속결격사유가 발생한 이후에 결격된 자가 피상속인에게서 직접 증여를 받은 경우, 그 수익은 상속인의 지위에서 받은 것이 아니어서 원칙적으로 상속분의 선급으로 볼 수 없다. 따라서 결격된 자의 수익은 특별한 사정이 없는 한 특별수익에 해당하지 않는다(2014스206, 207)**(13회 선택형)**.

② 그리고 대습상속인이 대습원인의 발생 이전에 피상속인으로부터 증여를 받은 경우, 대습상속인의 위와 같은 **수익이 특별수익에 해당하는 것은 아니다**(2012다31802 ; 피상속인 甲이 사망하기 이전에 甲의 자녀들 중 乙 등이 먼저 사망하였는데, 甲이 乙 사망 전에 乙의 자녀인 丙에게 임야를 증여한 사안에서, 丙이 甲으로부터 임야를 증여받은 것은 상속인의 지위에서 받은 것이 아니므로 상속분의 선급으로 볼 수 없어 특별수익에 해당하지 아니하여 유류분 산정을 위한 기초재산에 포함되지 않는다)**(13회 선택형)**.

2) 예 외

예외적으로 상속인의 직계비속, 배우자, 직계존속 등에게 이루어진 증여나 유증이 실질적으로 피상속인으로부터 상속인에게 직접 증여된 것과 다르지 않다고 인정되는 경우에는 특별수익으로서 이를 고려할 수 있다(2006스3,4).

(2) 특별수익

증여나 유증은 사전상속의 의미가 있는 것을 말한다. 혼수자금, 주택구입 자금 등은 특별수익에 포함된다. 다만 기여의 대가로 지급한 것이나, 상속과 관계없는 애정에 의한 증여(처에게 선물로 준 것 등)는 특별수익에서 제외된다(2010다66644).

(3) 구체적 상속분의 산정

① 각 상속인의 상속재산 분배액 = (현존상속재산가액 + 생전증여의 가액) × 법정상속분 - 특별수익(이미 받은 생전증여 및 받을 유증의 가액) ② 상속이익 = 각 상속인의 상속재산 분배액 + 이미 받은 생전증여 및 받을 유증

1) 소극재산을 상속재산에 포함시킬 것인지 여부(소극)

구체적 상속분의 산정을 위한 계산의 기초가 되는 '피상속인이 상속개시 당시에 가지고 있던 재산의 가액'은 상속재산 가운데 적극재산의 전액을 가리킨다(94다16571). 즉 제1008조는 적극재산에 대해서만 적용되며, 특별수익자가 있더라도 상속채무는 원칙적으로 공동상속인간에 법정상속분(제1009조)에 따라 승계된다(이는 유류분산정의 경우와 다르다).

2) 특별수익(증여 또는 유증가액)의 산정시기

상속재산과 특별수익재산 가액의 산정기준시기는 상속개시시이다. 그러나 대금으로 정산하는 경우 구체적 정산액 산정은 분할시를 기준으로 한다(96스62)**(3회 선택형)**.

3) 산정의 기준

가) 특별수익이 본래의 법정상속분에 미달한 경우

부족 부분의 한도에서 상속을 할 수 있다. 부족분이 상속분이 된다(제1008조). 특별수익 자체는 상속분이 아니다[기여상속인의 기여분(제1008조의2)은 상속분이 된다].

나) 특별수익이 본래의 법정상속분을 초과하는 경우

초과부분을 반환해야 하는가에 대하여 과거에 있던 초과부분 반환금지규정이 유류분제도가 신설되면서 삭제된 점을 고려할 때 **공동상속인의 유류분을 침해한 경우에만 반환하여야 한다**는 견해가 타당하다(다수설)**(13회 선택형)**

3. 기여분(제1008조의2) … 특별부양(기여)자의 상속분을 더하는 제도

'**공동상속인 중**'에서 상당한 기간 동거·간호 그 밖의 방법으로 피상속인을 '**특별히 부양**'하거나 피상속인의 재산의 유지 또는 증가에 관하여 '**특별히 기여**'한 자가 있을 때에 이를 상속분의 산정에 그러한 특별한 기여나 부양을 고려하는 제도이다(제1008조의2).

(1) 피상속인에 대한 특별한 부양

判例는 ① 성년인 딸이 장기간(30년간) 부모와 동거하면서 생계유지의 수준을 넘는 부양자 자신과 같은 생활수준을 유지하는 부양을 한 경우, 제1008조의2 소정의 특별부양자에 해당한다고 하였으나(97므513, 520), ② 망인이 공무원으로 종사하면서 적으나마 월급을 받아 왔고, 교통사고를 당하여 치료를 받으면서 처로부터 간병을 받았다고 하더라도 이는 부부간의 부양의무 이행의 일환일 뿐, 망인의 상속재산 취득에 특별히 기여한 것으로 볼 수 없다고 하였다(95스30, 31). ③ 그리고 피상속인의 배우자가 상당한 기간 투병 중인 피상속인과 동거하면서 간호하는 방법으로 피상속인을 부양한 경우 그러한 사정만으로 배우자에게 기여분을 인정할 수 없다고 판시하였다(전합2014스44,45)**(13회 선택형)**.

(2) 기여분의 결정

기여분은 상속재산분할의 전제문제로서의 성격을 갖는 것이므로 상속재산분할의 청구나 조정신청이 있는 경우에 한하여 기여분결정청구를 할 수 있고(제1008조의2 4항), 다만 예외적으로 상속재산분할 후에라도 피인지자나 재판의 확정에 의하여 공동상속인이 된 자의 상속분에 상당한 가액의 지급청구가 있는 경우(제1014조)에는 기여분의 결정청구를 할 수 있다(99스28). 따라서 상속재산분할의 심판청구가 없음에도 단지 유류분반환청구가 있다는 사유만으로는 기여분결정청구가 허용된다고 볼 것은 아니다(99스28)**(3회 선택형)**. 한편 이러한 방법으로 기여분이 결정되기 전에는 다른 소송에서 항변으로 기여분을 주장할 수 없다(94다8334 참고)**(3회 선택형)**.

(3) 유류분과의 관계

유증은 기여분에 우선하고(제1008의2 3항) 유류분은 유증에 우선한다(제1115조). 그러나 기여분과 유류분은 아무 관계가 없다. 즉, 기여분은 공동상속인간의 실질적 공평을 실현하기 위한 제도이므로 기여분이 아무리 커도 유류분을 침해하는 것이 아니다. 따라서 "설령 공동상속인의 협의 또는 가정법원의 심판으로 기여분이 결정되었다고 하더라도 유류분을 산정함에 있어 기여분을 공제할 수 없고, 기여분으로 인하여 유류분에 부족이 생겼다고 하여 기여분에 대하여 반환을 청구할 수도 없다"(2013다60753)**(6회 선택형)**. 다만, 실제 기여분 산정에 있어서는 다른 공동상속인의 유류분을 참작하여 결정한다.

(4) 기여상속인의 상속분 논리(사례)구조

> A는 甲의 사망으로 그의 처A, 장남 B, 차남 C 출가한 장녀 D가 공동상속인이 되었다. 甲의 재산이 1,200만 원이나, B가 재산형성에 기여한 몫이 300만 원 인정되었다. B의 구체적 상속분의 가액은 얼마인가?
>
> 제1008조의2 1항에 의할 때 ⅰ) 먼저 상속재산은 ⇒ [1200 - 300 = 90만 원]이 되고, ⅱ) 공동상속인 A,B,C,D각자의 상속분은 1.5:1:1:1이 되므로, 사안에 있어 기여상속인 B의 구체적 상속분의 가액은 ⇒ [900 × 2/9 + 300(기여분) = 500만 원]이 된다.

4. 상속분의 양도와 양수(제1011조)

공동상속의 경우 상속재산분할 전이라도 상속인은 상속채권 및 상속채무를 포함하여 '상속분을 포괄적'으로 제3자에게 양도할 수 있고(상속인 지위의 양도), 이 때 다른 공동상속인이 '그 가액과 양도비용'을 상환하고 그 상속분을 양수할 수 있다(제1011조 1항). 따라서 상속인이 '개별재산에 대한 지분'을 양도하는 것은 상속분 양도가 아니므로 상속분양수의 대상이 되지 않는다(2006다2719)**(4회 선택형)**.

Set 154 | 상속재산의 분할 ★★★★

I. 의 의

'상속재산의 분할'이란 상속 개시로 생긴 공동상속인 사이의 상속재산 공유관계를 종료시키고 상속분에 따라 이를 배분하여 각자의 단독 소유로 확정하기 위한 절차를 말한다. 이러한 상속재산의 분할을 위한 요건으로는 ㉠ 상속재산에 관한 공유관계의 존재, ㉡ 공동상속인의 확정, ㉢ 분할금지가 없을 것이다(제1012조).

II. 요 건

㉠ 상속재산에 대하여 공유관계가 존재하여야 하며, ㉡ 공동상속인이 확정되어야 하며, ㉢ 분할의 금지가 없어야 한다(제1012조).

1. 분할의 당사자

공동상속인 전원이 참가하여야 한다. 따라서 일부상속인만으로 한 협의분할(93다54736) 또는 공동상속인 중 일부의 동의가 없거나 그 의사표시에 대리권의 흠결이 있다면 분할은 무효이다(2001다28299)**(5회 선택형). [6회 기록형]**

(1) 공동상속인인 친권자와 미성년인 수인의 자 사이에 상속재산 분할협의를 하는 경우

"공동상속인인 친권자와 미성년인 수인의 자 사이에 상속재산 분할협의를 하게 되는 경우에는 미성년자 각자마다 특별대리인을 선임하여 그 각 특별대리인이 각 미성년자인 자를 대리하여 상속재산분할의 협의를 하여야 하고, 만약 친권자가 수인의 미성년자의 법정대리인으로서 상속재산 분할협의를 한 것이라면 이는 민법 제921조에 위반된 것으로서 이러한 대리행위에 의하여 성립된 상속재산 분할협의는 적법한 추인이 없는 한 그 '전체'가 무효라고 할 것이다"(2001다28299)(5회, 6회, 7회, 8회 선택형). [4회 기록형]

⑵ 상속포기의 신고가 아직 행하여지지 아니하거나 법원에 의하여 아직 수리되지 아니하고 있는 동안에 포기자를 제외한 나머지 공동상속인들 사이에 이루어진 상속재산분할협의

이러한 상속재산분할협의는 후에 상속포기의 신고가 적법하게 수리되어 상속포기의 효력이 발생하게 됨으로써 공동상속인의 자격을 가지는 사람들 전원이 행한 것이 되어 소급적으로 유효하게 된다. 상속의 포기는 상속이 개시된 때에 소급하여 그 효력이 있고(제1042조), 포기자는 처음부터 상속인이 아니었던 것이 되기 때문이다. 이는 설사 포기자가 상속재산분할협의에 참여하여 그 당사자가 되었다고 하더라도 그 협의가 그의 상속포기를 전제로 하여서 포기자에게 상속재산에 대한 권리를 인정하지 아니하는 내용인 경우에도 마찬가지이다(2011다29307).

한편 判例는 "상속재산분할청구 절차를 통하여 분할의 대상이 되는 상속재산의 범위를 한꺼번에 확정하는 것이 상속채권자의 보호나 청산절차의 신속한 진행을 위하여 필요하다는 점 등을 고려하면, 한정승인에 따른 청산절차가 종료되지 않은 경우에도 상속재산분할청구가 가능하다"고 한다(2011스226)(6회, 9회 선택형).

2. 상속재산 분할의 대상이 되는 재산

원칙적으로 피상속인이 남긴 재산 전부가 분할의 대상이 된다. "상속개시 당시에는 상속재산을 구성하던 재산이 그 후 처분되거나 멸실·훼손되는 등으로 상속재산분할 당시 상속재산을 구성하지 아니하게 되었다면 그 재산은 상속재산분할의 대상이 될 수 없다. 다만 상속인이 그 대가로 처분대금, 보험금, 보상금 등 대상재산(代償財産)을 취득하게 된 경우에는, 그 대상재산이 상속재산분할의 대상으로 될 수는 있을 것이다"(2014스122, 2018다238865)(9회 선택형).

⑴ 가분채권

"㉠ [원칙] 금전채권과 같이 급부의 내용이 가분인 채권은 공동상속되는 경우 상속개시와 동시에 당연히 법정상속분에 따라 공동상속인들에게 분할되어 귀속되므로 상속재산분할의 대상이 될 수 없는 것이 원칙이다. ㉡ [예외] 그러나 예를 들어 공동상속인들 중에 초과특별수익자가 있는 경우 초과특별수익자는 초과분을 반환하지 아니하면서도 가분채권은 법정상속분대로 상속받게 되는 부당한 결과가 나타난다. 그 외에도 특별수익이 존재하거나 기여분이 인정되어 구체적인 상속분이 법정상속분과 달라질 수 있는 상황에서 상속재산으로 가분채권만이 있는 경우에는 모든 상속재산이 법정상속분에 따라 승계되므로 수증재산과 기여분을 참작한 구체적 상속분에 따라 상속을 받도록 함으로써 공동상속인들 사이의 공평을 도모하려는 제1008조, 제1008조의2의 취지에 어긋나게 된다. 따라서 이와 같은 특별한 사정이 있는 때는 상속재산분할을 통하여 공동상속인들 사이에 형평을 기할 필요가 있으므로 가분채권도 예외적으로 상속재산분할의 대상이 될 수 있다"(2014스12)(6회 선택형).

丙은 2017. 4. 1. 사망하였고, 丙의 상속인으로 그의 자(子) 甲과 丁이 있다. 丙 사망 당시 상속재산으로 A은행에 대한 1억 원의 예금채권이 전부였고, 甲에게 6,000만 원의 특별수익분이 있었다. 丁은 甲에 대하여 위 예금채권에 관한 상속재산 분할협의를 제안하였고, 甲은 가분채권은 분할협의의 대상이 되지 않는다고 하면서 이를 거절하였다. 누구의 주장이 타당한가? [2019년 2차 법전협모의 제1문]

특별수익자의 상속재산 분배액은 (현존상속재산가액 + 생전증여의 가액) × 법정상속분 - 특별수익(이미 받은 생전증여 및 받을 유증의 가액)이므로 甲의 구체적 상속분은 2천만 원이고[(1억 + 6천만 원) × 1/2 - 6천만 웬], 丁의 구체적 상속분은 8천만 원이다. 그럼에도 위 예금채권이 법정상속분에 따라 공동상속인에게 분할적으로 귀속된다고 하면 甲은 총 1억 1천만 원(=1억 원의 예금채권 중 법정상속분 5천 + 특별수익 6천), 丁은 5천만 원(=1억 원의 예금채권 중 법정상속분 5천)을 상속받게 되어 丁에게 매우 불리하게 된다. 따라서 丙의 A에 대한 예금채권은 상속재산분할의 대상이 될 수 있으므로, 丁의 주장이 타당하다.

(2) 가분채무인 경우 [3 · 9 · 11회 사례형, 13사법]

금전채무와 같이 급부의 내용이 가분인 채무가 공동상속된 경우, 이는 상속 개시와 동시에 당연히 법정상속분에 따라 공동상속인에게 분할되어 귀속되는 것이므로, 상속재산 분할의 대상이 될 여지가 없다. 그러나 분할의 협의가 있는 경우라면 이는 제1013조의 상속재산의 협의분할에 해당하는 것은 아니지만, 위 분할의 협의에 따라 공동상속인 중의 1인이 법정상속분을 초과하여 채무를 부담하기로 하는 약정은 **면책적 채무인수**의 실질을 가진다고 할 것이어서, '**채권자의 승낙**'이 필요하다(97다8809)(3회, 5회, 8회, 9회, 11회 선택형)

乙은 2009. 2. 1. F가 야기한 교통사고로 사망하였는데, 사망 당시 상속인으로는 배우자인 C와 망인의 父 D, 母 E가 있었고, 상속채무로 甲에 대한 1억 원의 의류대금채무가 있었으며 C, D, E는 이러한 상속재산의 현황을 잘 알고 있었다. D, E는 2009. 6. 1. C에게 'C가 망인의 채무를 포함한 재산 전부를 상속하는 것에 대해 이의를 제기하지 않겠다'는 취지의 각서를 작성해 주었다. 이러한 사실을 알게 된 甲은 2009. 7. 1. C를 상대로 의류대금 1억 원 전액의 지급을 구하는 소를 제기하였다. [3회 사례형]

判例에 따르면 ① 乙의 금전채무를 C가 단독으로 부담하기로 한 합의는 '**상속재산 분할협의**'로서의 효력은 없다. ② 그러나 위 상속인 간의 합의는 '**면책적 채무인수**'에 해당할 수 있는바(97다8809), ③ 사안에서 채권자 甲이 채무인수의 사실을 알고 인수인인 C에 대해 인수채무금 전액의 지급을 청구하였다면 이는 '**묵시적으로 채무인수에 대한 승낙**'이 있었다고 볼 수 있다(88다카29962). 따라서 甲은 C에 대해 상속채무 전액을 청구할 수 있다.

(3) 불가분채무 : 소유권이전등기의무

상속재산 분할의 대상이 될 수 있고, 소유권을 상속시키기로 한 사람에게 소유권이전등기의무를 귀속시키는 내용의 분할의 경우에는 채권자인 매수인의 승낙이 필요 없다(90다8237).

3. 상속재산분할의 방법

⑴ 지정분할(제1012조)

⑵ 협의분할(제1013조)

유언에 의한 분할지정이 없거나 무효인 경우에, 공동상속인은 언제든지 협의에 의하여 상속재산을 분할할 수 있다(제1013조 1항). 이에는 공유물분할에 관한 제269조가 준용된다(동법 2항).

1) 협의의 절차 [6회 기록형]

공동상속인 전원이 참가하여야 한다. 따라서 일부상속인만으로 한 협의분할(93다54736) 또는 공동상속인 중 일부의 동의가 없거나 그 의사표시에 대리권의 흠결이 있다면 분할은 무효이다(2001다28299)(5회 선택형).

2) 협의의 방식 [7회 사례형]

협의의 방식에는 제한이 없다. 공동상속인 전원의 약정에 의하여 일부상속인에게 상속지분을 양도하는 것도 협의분할의 취지로 한 것으로 볼 수 있고(94다23067), 상속재산 전부를 상속인 중 1인에게 상속시키기 위하여 나머지 상속인들이 법원에 상속포기신고를 하였으나 그 신고가 법정기간 도과 후의 것이어서 상속포기로서의 효력이 없더라도 **무효행위의 전환법리**가 적용되어 그러한 내용의 분할협의가 이루어진 것으로 해석할 것이다(95다45545,45552,45569)(1회 선택형).

3) 반사회적 상속재산분할협의 [15사법]

判例는 ① "상속재산 협의분할로 부동산을 단독으로 상속한 자가 협의분할 이전에 공동상속인 중 1인이 그 부동산을 제3자에게 매도한 사실을 알면서도 상속재산 협의분할을 하였을 뿐만 아니라, 그 매도인의 배임행위(또는 배신행위)를 유인 · 교사하거나 이에 협력하는 등 적극적으로 가담한 경우"에 반사회질서의 법률행위에 해당될 수 있다고 한다(95다54426, 54433). ② 다만 "그 상속재산 협의분할 중 그 매도인의 법정상속분에 관한 부분"만이 (일부) 무효라고 한다.

4) 상속재산분할협의 후 재분할협의(=기존의 상속재산분할협의 합의해제) [9회 사례형, 16법행]

判例는 "상속재산 분할협의는 공동상속인들 사이에 이루어지는 일종의 계약으로서, 공동상속인들은 이미 이루어진 상속재산 분할협의의 전부 또는 일부를 전원의 합의에 의하여 해제한 다음 다시 새로운 분할협의를 할 수 있다(9회 선택형). 상속재산 분할협의가 합의해제되면 그 협의에 따른 이행으로 변동이 생겼던 물권은 당연히 그 분할협의가 없었던 원상태로 복귀하지만, 민법 제548조 제1항 단서의 규정상 이러한 합의해제를 가지고서는, 그 해제 전의 분할협의로부터 생긴 법률효과를 기초로 하여 새로운 이해관계를 가지게 되고 등기 · 인도 등으로 완전한 권리를 취득한 제3자의 권리를 해하지 못한다"(2002다73203)고 판시하여 거래의 안전을 도모하고 있다.

⑶ 조정 또는 심판에 의한 분할

공동상속인 사이에 분할의 협의가 성립되지 아니한 때에는 각 공동상속인은 가정법원에 그 분할을 청구할 수 있다(가사소송법 제2조 1항 마류비송사건). 우선 조정을 신청하여야 하고, 조정이 성립되지 않으면 심판을 청구할 수 있다. 이 경우, 상속재산에 속하는 개별 재산에 관하여 제268조의 규정에 따라 공유물분할청구의 소를 제기할 수는 없다(2015다18367)(7회, 8회 선택형).

4. 상속재산분할의 효과

(1) 소급효 [9회 사례형, 15사법]

상속재산분할의 소급효는 제3자의 권리를 침해할 수 없다(제1015조 단서). 제3자는 상속재산분할 전에 이해관계를 맺은 '특별승계인'으로서 '권리변동의 효력발생요건'(제186조·제188조)을 갖추어야 한다. 즉, 제1015조 단서에서 말하는 제3자는 일반적으로 상속재산분할의 대상이 된 상속재산에 관하여 상속재산분할 전에 새로운 이해관계를 가졌을 뿐만 아니라 등기, 인도 등으로 권리를 취득한 사람을 말하고, 判例에 따르면 '상속재산분할심판에 대해 선의'이어야 한다고 한다. 즉, 判例에 따르면 "상속재산인 부동산의 분할 귀속을 내용으로 하는 상속재산분할심판이 확정되면 제187조에 의하여 상속재산분할심판에 따른 등기 없이도 해당 부동산에 관한 물권변동의 효력이 발생한다. 다만 제1015조 단서의 내용과 입법취지 등을 고려하면, '상속재산분할심판에 따른 등기'가 이루어지기 전에 상속재산분할의 효력과 양립하지 않는 법률상 이해관계를 갖고 등기를 마쳤으나 상속재산분할심판이 있었음을 알지 못한 제3자에 대하여는 상속재산분할의 효력을 주장할 수 없다. 이 경우 제3자가 상속재산분할심판이 있었음을 알았다는 점에 관한 주장·증명책임은 상속재산분할심판의 효력을 주장하는 자에게 있다"(2019다249312)고 한다.

(2) 분할 후의 피인지자 등의 청구 [10사법]

제1014조에 따른 피인지자의 가액반환청구권은 거래의 안전을 보호하면서도 판결에 의해 상속인이 된 상속인의 실질적인 상속권도 보호하기 위한 것이다.

1) 가액청구의 요건

㉠ 제1014조에 기한 청구권자는 상속개시 후 인지 또는 재판의 확정에 의하여 공동상속인이 된 자이어야 하며, ㉡ 인지자 등이 재산분할을 청구할 당시 이미 다른 공동상속인이 분할 기타 처분을 하였어야 한다. ㉢ 아울러 위 가액청구권은 상속회복청구권의 실질이 있으므로 상속회복청구권의 단기제척기간이 적용된다(93다12)**(3회 선택형)**. 특히 이 경우 상속회복청구권의 제척기간과 관련하여 '침해를 안 날부터 3년'의 기산점은 그 인지판결이 확정된 날로부터 기산한다(77므21)**(3회 선택형)**.

2) 청구의 성질

判例는 상속회복청구권의 일종으로 보고, 그 가액의 범위에 관하여 부당이득반환의 범위에 관한 민법규정을 유추적용할 수 없고, 다른 공동상속인들이 분할 기타의 처분시에 피인지자의 존재를 알았는지 여부에 의하여 그 지급할 가액의 범위가 달라지는 것도 아니라고 하였다(93다12).

3) 청구의 내용

피인지자 등은 그의 상속분에 상당하는 가액을 청구할 수 있는데, 여기서의 상속분은 적극재산만에 대한 것을 의미한다. 가액은 피인지자 등에게 현실로 지급하는 때[소송에서라면 상속재산을 실제처분한 가액 또는 처분한 때의 시가가 아니라 사실심 변론종결시의 시가를 의미한다(93다12)]의 시가로 평가하고, 이에 대한 자기 상속분을 산출한 후 이것을 각 공동상속인에게 안분한 것이다. 상속재산의 과실은 제1014조에 따른 상속분 상당 가액청구에서 가액산정의 대상에 포함되지 않으며, 따라서 이에 대한 부당이득반환청구는 허용되지 않는다(2006므2757, 2764)**(5회 선택형)**. [11회 사례형]

한편 判例는 상속재산분할심판에서 상속재산 과실을 고려하지 않은 채, 분할의 대상이 된 상속재산 중 특정 상속재산을 상속인 중 1인의 단독소유로 하고 그의 구체적 상속분과 특정 상속재산의 가액과의 차액을 현금으로 정산하는 방법으로 상속재산을 분할한 경우에도, 공동상속인들은 수증재산과 기여분 등을 참작하여 상속개시 당시를 기준으로 산정되는 '구체적 상속분'의 비율에 따라 상속재산 과실을 취득한다(2015다27132, 27149)고 한다.

Set 155　상속의 승인과 포기 ★★★

I. 승인·포기의 기간
[E-53a]

1. 의 의

상속인은 '상속개시 있음을 안 날'로부터 3월내에 단순승인이나 한정승인 또는 포기를 할 수 있고(제1019조 1항 본문), 상속인이 이 기간 내에 승인이나 포기를 하지 않으면 단순승인을 한 것으로 의제된다(제1026조 2호).

2. 기산점

'상속개시 있음을 안 날'이란 상속인이 상속개시의 사실과 상속인이 된 사실을 인식한 날이란 뜻이며, '상속재산 또는 상속채무의 존재'를 알거나 '상속포기제도의 존재'까지 알 것은 요하지 않는다(88스 10, 11, 12, 13). 통상적인 상속의 경우에는 상속인이 상속개시의 원인사실을 앎으로써 그가 상속인이 된 사실까지도 알았다고 보는 것이 합리적이나, 피상속인의 처와 자녀가 상속을 포기한 경우 피상속인의 손자녀가 이로써 자신들이 상속인이 되었다는 사실까지 안다는 것은 오히려 이례에 속한다고 할 것이고, 따라서 이와 같은 과정에 의해 피상속인의 손자녀가 상속인이 된 경우에는 상속인이 상속개시의 원인사실을 아는 것만으로 자신이 상속인이 된 사실을 알기 어려운 특별한 사정이 있다고 볼 것이다(2003다43681 ; 즉, 2순위 상속인의 고려기간은 제1순위자 전원이 포기하여 자기가 상속인이 되었음을 안날부터 기산한다).

3. 승인·포기 기간의 예외 : 특별한정승인

① 상속인은 상속채무가 상속재산을 초과하는 사실을 '중대한 과실없이' 상속개시 있음을 안날부터 3월 내에 알지 못하고 단순승인(제1026조 제1호 및 제2호의 규정에 의하여 단순승인한 것으로 보는 경우를 포함한다)을 한 경우에는 그 사실을 안 날부터 3월내에 한정승인을 할 수 있다(제1019조 3항). 따라서 判例도 "상속인들이 상속재산 협의분할을 통해 이미 상속재산을 처분한 바 있다고 하더라도 상속인들은 여전히 민법 제1019조 제3항의 규정에 의하여 한정승인을 할 수 있다고 할 것이고, 따라서 위 협의분할 때문에 이 사건 심판이 한정승인으로서 효력이 없다고 할 수는 없다"(2003다29562)고 판시하였다. 다만, 중대한 과실 없이 민법 제1019조 제1항의 기간 내에 상속채무가 상속재산을 초과하는 사실을 알지 못하였다는 점에 대한 입증책임은 상속인에게 인정된다(2003다30517).

✒️ **[관련판례]** "민법 제1019조 제3항이 신설된 후 상속인이 단순승인을 하거나 단순승인한 것으로 간주된 후에 한정승인 신고를 하고 가정법원이 특별한정승인의 요건을 갖추었다는 취지에서 수리심판을 하였다면 상속인이 특별한정승인을 한 것으로 보아야 한다"(2017다289651).

② 한편 개정 민법(22.12.13.시행)에 따르면 ㉠ 미성년 상속인은 상속채무가 상속재산을 초과하는 상속을 성년이 되기 전에 법정대리인이 단순승인(의제)한 경우 **미성년 시기의 법정대리인의 인식 여부와 관계없이** 성년이 된 후 본인이 상속의 상속채무 초과사실을 안 날부터 3개월 내에 한정승인을 할 수 있고(제1019조 제4항 전단 신설), ㉡ 현행 제1019조 제3항의 특별한정승인의 요건을 충족하지 못하거나, 해당 요건에 해당하지만 그에 따라 한정승인을 하지 아니하는 경우에도 제1019조 제4항에 따라 신설되는 특별한정승인 규정이 적용된다는 것을 명확히 하였다(제1019조제4항 후단 신설).

✒️ **[관련판례]** 상속인이 미성년인 경우 제1019조 3항이나 그 소급 적용에 관한 민법 부칙에서 정한 '상속채무 초과사실을 안 날' 등을 판단할 때에는 법정대리인의 인식을 기준으로 해야 하므로, 법정대리인의 인식을 기준으로 하여 특별한정승인이 불가능하다면, 상속인이 성년에 이른 뒤에 본인 스스로의 인식을 기준으로 새롭게 특별한정승인을 할 수는 없다(전합2019다232918)는 판례는 위 최근 민법 개정으로 의미를 상실하였다.

Ⅱ. 법정단순승인(제1026조 각호) [E-53b]

1. 상속인이 상속재산에 대한 처분행위를 한 경우(제1026조 1호) [3회 사례형]

判例에 따르면 상속인이 피상속인의 채권을 추심하여 변제받는 것(2009다84936)(**9회, 10회, 13회 선택형**), 공동상속인들이 상속재산분할을 하는 행위(82도2421)도 법정단순승인사유로서의 처분에 해당한다고 한다. 한편, 상속인이 가정법원에 상속포기의 신고를 하였다 하더라도 이를 수리하는 가정법원의 심판이 고지되기 이전에 상속재산을 처분하였다면, 이는 상속 포기의 효력 발생 전에 처분행위를 한 것에 해당하므로 제1026조 1호에 따라 상속의 단순승인을 한 것으로 보아야 한다(2013다73520)(**9회, 10회, 13회 선택형**).

2. 상속인이 승인 또는 포기를 하여야 할 기간 내에 하지 않은 경우(제1026조 2호)

3. 상속인이 한정승인 또는 포기를 한 후에 상속재산을 은닉하거나 부정소비하거나 고의로 재산목록에 기입하지 아니한 경우(제1026조 3호)

상속재산을 처분하여 그 대금을 전액 상속채무의 변제에 사용한 경우(2003다63586)(**9회 선택형**), 상속재산에 관하여 제3자에게 소유권을 이전해 주거나 저당권 등의 담보권을 설정해 주는 경우(전합2007다77781 참고)는 '부정소비'라고 할 수 없다.

1. 의 의

한정승인이란 승인을 하지만 피상속인의 채무와 유증에 의한 채무는 상속재산의 한도에서 변제하고 상속인의 고유재산으로 책임을 지지 않는 것을 말한다. 상속인이 한정승인을 한 경우 **상속채무는 전부 승계되지만, 책임은 상속채무의 범위 내에서만 진다**(유한책임). 따라서 상속채권자는 특별한 사정이 없는 한 '상속인의 고유재산'에 대하여 강제집행을 할 수 없으며 '상속재산'으로부터만 채권의 만족을 받을 수 있다(대판 2016.5.24. 2015다250574).

2. 효 과

(1) 채무와 책임의 분리

채무와 책임이 분리된다. 즉, 한정승인자에게 '상속채무'는 전부 승계되나, '책임'은 상속재산의 범위 내에서만 진다.

(2) 상속재산과 고유재산의 분리

㉠ 상속재산과 상속인의 고유재산은 분리·유지된다. 그리하여 피상속인에 대한 상속인의 재산상의 권리나 의무는 소멸하지 아니한다(제1031조)(즉 혼동에 의해 소멸하게 되는 것이 아니다). ㉡ 상속채권자가 상속이 개시된 후 한정승인 이전에 피상속인에 대한 채권을 자동채권으로 하여 상속인에 대한 채무에 대하여 상계하였더라도, 그 이후 상속인이 한정승인을 하는 경우에는 민법 제1031조의 취지에 따라 상계가 소급하여 효력을 상실하고, 상계의 자동채권인 상속채권자의 피상속인에 대한 채권과 수동채권인 상속인에 대한 채무는 모두 부활한다(2022다254154,254161).[21]

(3) 상속재산의 관리

상속인은 그 고유재산에 대하는 것과 동일한 주의로 상속재산을 관리하여야 한다(제1022조)(13회 선택형).

(4) 청산절차(제1032조 내지 제1039조)

청산절차(제1032조 내지 제1039조)와 관련하여 判例는 "민법 제1034조 1항에 따라 배당변제를 받을 수 있는 '한정승인자가 알고 있는 채권자'에 해당하는지 여부는 한정승인자가 채권신고의 최고를 하는 시점이 아니라 배당변제를 하는 시점을 기준으로 판단하여야 한다. 따라서 한정승인자가 채권신고의 최고를 하는 시점에는 알지 못했더라도 그 이후 실제로 배당변제를 하기 전까지 알게 된 채권자가 있다면 그 채권자는 제1034조 1항에 따라 배당변제를 받을 수 있는 '한정승인자가 알고 있는 채권자'에 해당한다"(2015다75308)고 한다.

---

21) "상속채권자가 피상속인에 대하여는 채권을 보유하면서 상속인에 대하여는 채무를 부담하는 경우, 상속이 개시되면 위 채권 및 채무가 모두 상속인에게 귀속되어 상계적상이 생기지만, 상속인이 한정승인을 하면 상속이 개시된 때부터 민법 제1031조에 따라 피상속인의 상속재산과 상속인의 고유재산이 분리되는 결과가 발생하므로, 상속채권자의 피상속인에 대한 채권과 상속인에 대한 채무 사이의 상계는 제3자의 상계에 해당하여 허용될 수 없다"

(5) 상속채권자와 상속인의 고유채권자의 관계

1) 일반적인 관계

한정승인을 하면 일단 상속재산과 상속인의 고유재산이 분리되는 효과가 발생하고, 상속채권자는 청산절차에서 변제를 받으며 남은 상속재산이 있으면 이는 한정승인한 상속인도 상속하여 그 상속인 고유의 채권자가 그 재산으로부터 변제를 받거나 집행할 수 있다. 그러한 범위 내에서는 상속채권자는 상속재산에 대해 한정승인한 상속인의 고유채권자보다 우선한다고 할 수 있다.

따라서 "상속재산에 관하여 담보권을 취득하였다는 등 사정이 없는 이상, 한정승인자의 고유채권자는 상속채권자가 상속재산으로부터 그 채권의 만족을 받지 못한 상태에서 상속재산을 고유채권에 대한 책임재산으로 삼아 이에 대하여 강제집행을 할 수 없다"(2015다250574판결은 상속재산의 매각대금을 한정승인자의 고유채권자로서 그 상속재산에 관하여 담보권을 취득한 바 없는 조세채권자에게 상속채권자보다 우선하여 배당한 경매법원의 조치는 위법하다고 보았다).

2) 한정승인자가 자신의 고유채권자를 위해 상속재산에 담보권을 설정한 경우

① [담보권 설정의 유효성] 민법은 한정승인자에 관하여 그가 상속재산을 은닉하거나 부정소비한 경우 단순승인을 한 것으로 간주하는 것(제1026조 3호) 외에는 상속재산의 처분행위 자체를 직접적으로 제한하는 규정을 두고 있지 않기 때문에, 한정승인자가 상속재산에 관하여 제3자에게 소유권을 이전해 주거나 저당권 등의 담보권을 설정해 주더라도 그 자체는 법률상 유효하다(전합2007다77781)(2회, 6회 선택형).

② [우열관계] 判例는 "한정승인자로부터 상속재산에 관하여 저당권 등의 담보권을 취득한 사람과 상속채권자 사이의 우열관계는 민법상의 일반원칙에 따라야 하고, 상속채권자가 한정승인의 사유만으로 우선적 지위를 주장할 수는 없다. 그리고 이러한 이치는 한정승인자가 그 저당권 등의 피담보채무를 상속개시 전부터 부담하고 있었다고 하여 달리 볼 것이 아니다"(전합2007다77781)(10회 선택형)라고 판시하여 이때에는 일반상속채권자가 담보권자에 우선할 수 없다고 보았다.[22]

(6) 한정승인과 관련한 절차법적 문제들 [민소법 쟁점]

1) 상속의 한정승인에 있어서 상속재산이 없거나 그 상속재산이 상속채무의 변제에 부족한 경우 상속채무 전부에 대한 이행판결을 선고하여야 하는지 여부(적극)

"상속의 한정승인은 채무의 존재를 한정하는 것이 아니라 단순히 그 책임의 범위를 한정하는 것에 불과하기 때문에, 한정승인이 인정되는 경우에도 상속채무가 존재하는 것으로 인정되는 이상, 법원으로서는 상속재산이 없거나 그 상속재산이 상속채무의 변제에 부족하다고 하더라도 상속채무 전부에 대한 이행판결을 선고하여야 하고, 다만, 그 채무가 상속인의 고유재산에 대해서는 강제집행을 할 수 없는 성질을 가지고 있으므로, 집행력을 제한하기 위하여 이행판결의 주문에 상속재산의 한도에서만 집행할 수 있다는 취지를 명시하여야 한다"(2003다30968)(2회, 6회 선택형).

---

22) [판례검토] 한정승인만으로 상속채권자에게 상속재산에 관하여 한정승인자로부터 물권을 취득한 제3자에 대하여 우선적 지위를 부여하는 규정은 없으며, 현행법상 한정승인을 하더라도 그러한 사실이 등기 등에 의하여 공시되지 않는다(전합2007다77781판시내용). 따라서 상속인과 거래를 하는 자의 신뢰를 보호할 필요가 있다는 상황을 고려할 경우 담보물권을 설정한 상속인의 고유채권자에게 우선변제권을 인정하는 것이 타당하다.

2) 한정승인 사실이 적법한 청구이의사유인지 여부(적극)

判例는 종래 해석론상 논의되던, 적법하게 한정승인신고를 하고서도 소송과정에서 한정승인의 항변을 하지 않았던 상속인이 집행절차에서 비로소 한정승인주장(청구에 관한 이의의 소)을 할 수 있는지 여부에 관하여 긍정설이다(2006다23138)(2회, 4회 선택형). 즉, 대법원은 한정승인제도와 관련하여 상속채권자의 보호에 제한적 태도를 취하고 있다. 이는 우리 민법상의 한정승인 제도가 상속채권자의 보호보다는 상속인이 피상속인의 채무를 무한정 상속하여 파탄에 빠지는 것을 막아 상속인을 보호하려는 데 본래의 목적이 있기 때문이다.

[비교판례] 그러나 상속포기의 경우 判例는 채무자가 상속포기를 하였으나 채권자가 제기한 소송에서 사실심변론종결시까지 이를 주장하지 않은 경우, 채권자의 승소판결 확정 후 청구이의의 소를 제기할 수 없다고 하였다(2008다79876)(2회, 10회 선택형).

Ⅳ. 상속포기 [E-53d]

1. 방 식

(1) 상속포기의 효력이 발생하는 경우

상속개시 있음을 안 날부터 3월내에 가정법원에 포기의 신고를 하여야 한다(제1041조). 상속의 (한정승인이나) 포기는 상속인의 의사표시만으로 효력이 발생하는 것이 아니라 가정법원에 신고를 하여 가정법원의 심판을 받아야 하며, 그 심판은 당사자가 이를 고지받음으로써 효력이 발생한다(2013다73520).

(2) 상속포기의 효력이 발생하지 않는 경우

① [포기기간 내 단순승인 간주] 상속포기 기간 안에 단순승인으로 간주되는 행위를 하였다면 그 뒤에는 상속포기를 할 수 없다. 예컨대 상속재산 분할협의를 하였다면 이는 상속재산에 대한 처분행위에 해당하기 때문에(제1026조), 그 후에는 상속포기를 할 수 없다.

② [상속개시 전의 상속포기] 상속의 포기는 상속이 개시된 후 일정한 기간 내에만 가능하므로, 상속개시 전에 한 상속포기약정은 효력이 없다. 따라서 상속인 중의 1인이 피상속인의 생존시에 피상속인에 대하여 유류분을 포함한 상속을 포기하기로 약정하였다고 하더라도, 상속개시 후 민법이 정하는 절차와 방식에 따라 상속포기를 하지 아니한 이상, 상속개시 후에 자신의 상속권을 주장하는 것은 정당한 권리행사로서 권리남용에 해당하거나 또는 신의칙(금반언)에 반하는 권리의 행사라고 할 수 없다(98다9021)(9회 선택형).

③ [포기기간 경과 후 포기신고] 반대로 포기기간 경과 후의 포기신고는 상속포기로서는 효력이 없으나, 그 취지에 따라서는 무효행위의 전환법리(제138조)가 적용되어 상속재산분할의 협의로 될 수는 있다(95다45545,45552,45569)(1회 선택형) [3회·7회 사례형, 17사법]

2. 효 과

(1) 소급효

상속포기는 소급효가 있다. 따라서 처음부터 상속인이 아닌 것으로 된다(제1042조). 단, 상속인이 상속포기를 한 후에 상속재산을 은닉하거나 부정소비하거나 고의로 재산목록에 기입하지 아니한 때에는 상속인이 단순승인을 한 것으로 본다(제1026조 3호).

(2) 포기한 상속분의 귀속

공동상속인의 일부가 상속을 포기한 경우 포기자의 상속분은 혈족이나 배우자 구별 없이 다른 공동상속인에게 귀속한다(제1043조).

① 공동상속인 전원이 상속을 포기하면 다음 순위자에게 상속이 되는데, 선순위 상속인인 처와 자가 모두 상속포기를 한 경우 후순위 상속인이 없다면 손자가 '본위상속'한다(95다27769)(11회 선택형).

② 만약 선순위 상속인인 처와 자가 모두 상속포기를 한 후 후순위 상속인인 피상속인의 직계존속이 사망하여 '대습상속'이 개시되었으나, 대습상속인이 한정승인이나 상속포기를 하지 않은 경우, 처와 자가 '종전에 한 상속포기의 효력이 대습상속의 포기에까지 미치는 것은 아니므로' 단순승인을 한 것으로 간주되어 결국 종전 피상속인의 채권자는 대습상속인을 상대로 채무의 이행을 청구할 수 있다(2014다39824)(9회 선택형).

③ 아울러 직계비속과 배우자가 공동상속인인데 직계비속이 모두 상속을 포기하면 배우자가 단독상속하는지, 후순위 혈족상속인과 배우자가 공동상속하는지 문제되는바, 바뀐 判例에 따르면 당사자들의 의사와 사회 일반의 법감정을 고려할 때 피상속인의 배우자와 손자녀 또는 직계존속이 공동상속인이 되지 않고 '배우자가 단독상속인'이 된다고 한다(전합2020그42)(13회 선택형).

(3) 포기한 상속재산의 관리계속의무(제1044조)

① 상속인은 상속포기를 할 때까지는 그 '고유재산에 대하는 것과 동일한 주의'로 상속재산을 관리하여야 한다(제1022조)(13회 선택형). 아울러 상속을 포기한 자는 그 포기로 인하여 상속인이 된 자가 상속재산을 관리할 수 있을 때까지 그 고유재산에 대하는 것과 동일한 주의로 그 재산의 관리를 '계속'하여야 한다(제1044조).

② "이와 같이 상속인은 아직 상속 승인, 포기 등으로 '상속관계가 확정되지 않은 동안'에도 잠정적으로나마 피상속인의 재산을 당연 취득하고 상속재산을 관리할 의무가 있으므로, 상속채권자는 그 기간 동안 상속인을 상대로 상속재산에 관한 가압류결정을 받아 이를 집행할 수 있다. 그 후 상속인이 상속포기로 인하여 상속인의 지위를 소급하여 상실한다고 하더라도 이미 발생한 가압류의 효력에 영향을 미치지 않는다"(2021다224446)(13회 선택형).

I. 유언의 성질, 유언의 자유와 그 제한 [E-56]

① 유언은 '사인행위'로서 유언자가 사망하여야 효력이 발생하며, '상대방 없는 단독행위'이다. 그리고 유언은 '요식행위'이며(제1060조), 유언은 유언자가 사망하기 전까지는 언제든지 '철회'할 수 있다(제1108조). **[13회 사례형]**

② 사적자치의 한 내용으로 유언의 자유가 인정된다. 따라서 법정상속분을 변경하는 내용의 유언도 허용된다(11회 선택형). 다만 유언은 '일정한 방식'으로 '법정사항'(재단법인의 설립, 친생부인, 인지, 후견인지정, 상속재산분할방법의 지정 또는 위탁, 상속재산분할금지, 유언집행자의 지정 또는 위탁, 유증 등)에 한하여 할 수 있다. 아울러 민법은 유언방식으로 5가지를 한정하는 '법정방식주의'를 채택하고 있다(유언의 방식은 자필증서, 녹음, 공정증서, 비밀증서와 구수증서의 5종으로 한다. 제1065조). 법정된 요건과 방식에 어긋난 유언은 그것이 유언자의 진정한 의사에 합치하더라도 무효이다(2005다57899).

II. 유언의 방식 [E-57]

1. 자필증서에 의한 유언(제1066조)(11회 선택형)

① 연월만 기재하고 일의 기재가 없는 자필유언증서는 그 작성일을 특정할 수 없으므로 효력이 없다고 한다(2009다9768).[23] ② 유언자가 주소를 자서하지 않았다면 이는 법정된 요건과 방식에 어긋난 유언으로서 효력이 부정되며, 유언자의 특정에 지장이 없다고 하여 달리 볼 수 없다(2012다71688)(11회 선택형). ③ 성명을 자서하였더라도 유언자의 날인이 없는 유언장은 자필증서에 의한 유언으로서의 효력이 없다(2006다12848). 성명은 자서를 하여야 하나, 날인은 타인이 하여도 무방하며, 날인은 인장 대신에 무인에 의한 경우에도 유효하다(11회 선택형).

2. 녹음에 의한 유언(제1067조)

녹음에 의한 유언이 성립한 후에 녹음테이프나 녹음파일 등이 멸실 또는 분실된 경우 녹음의 내용을 증명하여 유언의 유효를 주장할 수 있다(2009다96403).

3. 공정증서에 의한 유언(제1068조)

'유언취지의 구수'라고 함은 말로써 유언의 내용을 상대방에게 전달하는 것을 뜻하는 것이므로 이를 엄격하게 제한하여 해석하여야 한다. 그러므로 어떠한 형태이든 유언자의 구수는 존재하여야 하나, i) 공증인이 유언자의 의사에 따라 유언의 취지를 작성하고 ii) 그 서면에 따라 유언자에게 질문을 하여 유언자의 진의를 확인한 다음 iii) 유언자에게 필기된 서면을 낭독하여 주었고, iv) 유언자가 유언의 취지를 정확히 이해할 의사식별능력이 있고 v) 유언의 내용이나 유언경위로 보아 유언 자체가 유언자의 진정한 의사에 기한 것으로 인정할 수 있는 경우에는, 위와 같은 '유언취지의 구수' 요건을 갖추었다고 보아야 한다(2007다51550, 51567).

---

23) **[판례검토]** 유언자의 진의를 명확히 하고 그로 말미암아 법적 분쟁과 혼란을 예방하기 위한 '유언의 엄격요식성'의 취지를 고려할 때 判例의 태도는 타당하다.

4. 비밀증서에 의한 유언(제1069조)

비밀증서에 의한 유언이 그 방식에 흠결이 있는 경우에 그 증서가 자필증서의 방식에 적합한 때에는 자필증서에 의한 유언으로 본다(제1071조)(1회 선택형).

5. 구수증서에 의한 유언(제1070조)

① [급박한 사유] 자필증서, 녹음, 공정증서 및 비밀증서의 방식에 의한 유언이 객관적으로 가능한 경우까지 구수증서에 의한 유언을 허용하여야 하는 것은 아니다(98다17800).

② [유언취지의 구수] '유언취지의 구수'라 함은 말로써 유언의 내용을 상대방에게 전달하는 것을 뜻하는 것이므로, 증인이 제3자에 의하여 미리 작성된, 유언의 취지가 적혀 있는 서면에 따라 유언자에게 질문을 하고 유언자가 동작이나 간략한 답변으로 긍정하는 방식은, 특별한 사정이 없는 한 민법 제1070조 소정의 유언취지의 구수에 해당한다고 볼 수 없다.

Ⅲ. 유언의 일반적 효력
[E-58]

① [효력발생시기] 유언은 유언자가 사망한 때로부터 그 효력이 생긴다(제1073조)(7회 선택형). 따라서 적법한 유언은 검인(제1091조)이나 개봉절차(제1092조)를 거치지 않더라도 유언자의 사망에 의하여 곧바로 그 효력이 생기는 것이며, 검인이나 개봉절차의 유무에 의하여 유언의 효력이 영향을 받지 아니한다(97다38510).

② [유언집행자] 유언집행자(갈음형의 제3자 법정소송담당)가 있는 경우 그의 유언집행에 필요한 한도에서 상속인의 상속재산에 대한 처분권은 제한되며 그 제한 범위 내에서 상속인은 원고적격이 없다(2009다20840)(7회 선택형).

Ⅳ. 유증
[E-59]

유증은 유언자가 유언으로 자기의 재산을 수증자에게 사후에 무상으로 증여하는 단독행위이다.

1. 포괄유증

포괄적 수증자의 지위는 상속인과 동일한 권리의무가 있다(제1078조). 다만, 제562조가 사인증여에 관하여 유증에 관한 규정을 준용하도록 규정하고 있으나, 포괄적 사인증여(계약)에 제1078조가 준용된다면 결과적으로 포괄적 유증(상대방 없는 단독행위)에 엄격한 방식을 요하는 요식행위로 규정한 조항들은 무의미하게 되므로 위 조항은 준용되지 아니한다(94다37714,37721).

2. 특정유증(제1079조 내지 제1087조)

① 제1085조의 취지상 "유증의 목적물이 유언자의 사망 당시에 '제3자의 권리의 목적인 경우'에는 그와 같은 제3자의 권리는 특별한 사정이 없는 한 유증의 목적물이 수증자에게 귀속된 후에도 그대로 존속하는 것으로 보아야 한다"(2017다289040)(12회 선택형). 따라서 예컨대 甲이 자신 소유 X부동산을 乙에게 특정유증하기 前 A와 사용대차 계약을 체결하고 사망한 경우, 乙은 유언의 효력 발생 후 A에게 X부동산의 인도 청구 및 이에 대한 차임 상당 부당이득 반환을 청구할 수 없다.

② 포괄적 유증을 받은 자(제187조)와 달리 특정유증을 받은 자는 유증받은 부동산의 소유권자가 아니어서 직접 진정한 등기명의의 회복을 원인으로 하는 소유권이전등기를 구할 수 없다(2000 다43445)(12회 선택형).

Set 157 | 유류분반환청구권 ★★★

Ⅰ. 의 의
[E-60]

유류분제도란 피상속인의 상속인 중 일정한 근친자에게 법정상속분에 대한 일정비율의 상속재산을 확보하여 주는 제도를 말한다. 결국 상속인 또는 제3자에 의한 상속권 침해시 상속회복청구권을 행사할 수 있고, 피상속인에 의한 상속권의 침해시는 유류분반환청구권을 행사할 수 있다.

Ⅱ. 유류분액의 산정의 기초가 되는 재산(제1113조 1항)
[E-61]

유류분 산정의 기초가 되는 재산 = 상속개시시 적극재산의 가액 + 생전증여재산의 가액(1년 내의 생전증여액 + 1년 전의 쌍방 악의의 생전증여액 + 공동상속인에게 한 생전증여) - 채무전액

1. 피상속인이 상속개시시에 가진 재산의 가액

① 상속재산은 적극재산만을 의미한다. 상속재산에는 유증 재산이 포함되고 유증 규정이 준용되는 사인증여도 포함된다(2001다6947).

② 제1113조 1항은 '상속개시시에 있어서 가진 재산의 가액'이라고 규정하고 있을 뿐이므로, 상속개시시에 원물로 보유하고 있지 않은 증여재산에 대해서까지 그 재산 자체의 상속개시 당시 교환가치로 평가하라는 취지로 해석하여야 하는 것은 아니다. 따라서 상속개시 전에 증여재산이 처분되거나 수용된 경우 그 상태대로 재산에 편입시켜 유류분을 반환하도록 하는 것이 타당하다. 따라서 피상속인이 상속개시 전에 재산을 증여하여 그 재산이 유류분반환청구의 대상이 된 경우, 수증자가 증여받은 재산을 상속개시 전에 처분하였거나 수용되었다면 민법 제1113조 제1항에 따라 유류분을 산정함에 있어서 그 증여재산의 가액은 증여재산의 현실 가치인 '처분 당시의 가액'(상속개시시가 아님)을 기준으로 상속개시까지 사이의 물가변동률을 반영하는 방법으로 산정하여야 한다(2019다222867).

③ 유류분반환청구권자가 유류분 제도 시행(1979. 1. 1. 시행) 전에 피상속인으로부터 재산을 증여받아 이행이 완료된 경우, 그 재산은 유류분 산정을 위한 기초재산에는 포함되지 않으나 유류분반환청구권자의 유류분 부족액 산정시 특별수익으로 공제되어야 한다(2017다278422).

2. 증여재산

증여재산은 '상속개시시'를 기준으로 산정하여야 하므로, 수증자가 증여재산을 상속개시시까지 그대로 보유하고 있는 경우에는 그 재산의 상속개시 당시 시가를 증여재산의 가액으로 평가할 수 있다(2019다222867).

(1) 상속개시전의 1년간 증여

① 증여계약이 체결된 때를 기준(증여계약의 이행시가 아님)으로 상속개시전의 1년간 증여는 모두 산입된다(제1114조 본문). 判例는 상속개시 전에 이미 증여계약이 이행되어 소유권이 수증자에게 이전된 재산을 의미한다고 한다(96다13682).

② "피상속인으로부터 특별수익인 생전 증여를 받은 '공동상속인이 상속을 포기한 경우'에는 제1114조가 적용되므로, 그 증여가 상속개시 전 1년간에 행한 것이거나 당사자 쌍방이 유류분권리자에 손해를 가할 것을 알고 한 경우에만 유류분 산정을 위한 기초재산에 산입된다고 보아야 한다. 이러한 법리는 피대습인이 대습원인의 발생 이전에 피상속인으로부터 생전 증여로 특별수익을 받은 이후 '대습상속인이 피상속인에 대한 대습상속을 포기한 경우'에도 그대로 적용된다"(2020다267620).

(2) 상속개시 1년 이전의 증여

① 당사자 쌍방이 유류분권리자에 손해를 가할 것을 알고 증여를 한 때에는 상속개시 1년 이전의 증여라도 반환을 청구할 수 있다(제1114조 후단).

② 공동상속인에 있어서는 상속 개시 1년 전에 증여받은 것이라도 모두 산입대상이 된다(95다17885)(8회, 10회 선택형). 다만, 피상속인으로부터 생전 증여를 받은 상속인이 피상속인을 특별히 부양하였거나 피상속인의 재산의 유지 또는 증가에 특별히 기여하였고, 피상속인의 생전 증여에 상속인의 특별한 부양 내지 기여에 대한 대가의 의미가 포함되어 있는 경우와 같이 상속인이 증여받은 재산을 상속분의 선급으로 취급한다면 오히려 공동상속인들 사이의 실질적인 형평을 해치는 결과가 초래되는 경우에는 그러한 한도 내에서 생전 증여를 특별수익에서 제외할 수 있다(2021다230083,2021다230090)(12회 선택형).

③ 피상속인이 공동상속인 중 1인에게 '무상으로 상속분을 양도'한 것도 유류분에 관한 제1008조의 증여(특별수익)에 해당하므로, 그 상속분은 피상속인의 사망으로 인한 상속에서 유류분 산정을 위한 기초재산에 산입된다(2016다210498)(12회 선택형). 위와 같은 법리는 상속재산 분할협의의 실질적 내용이 어느 공동상속인이 다른 공동상속인에게 자신의 상속분을 무상으로 양도하는 것과 같은 때에도 마찬가지로 적용된다. 따라서 '상속재산 분할협의에 따라 무상으로 양도된 것으로 볼 수 있는 상속분'은 양도인의 사망으로 인한 상속에서 유류분 산정을 위한 기초재산에 포함된다(2017다230338)(12회 선택형).

3. 공제되어야 할 채무

① 여기서 채무란 상속채무를 말한다. 상속재산의 관리·보존을 위한 소송비용(2012다21720) 등은 공제되어야 할 채무에 포함되지 않는다.

② '특정유증'의 경우에는, 유증 목적인 재산은 일단 상속재산으로서 상속인에게 귀속되고 유증을 받은 자는 유증의무자에 대하여 유증을 이행할 것을 청구할 수 있는 '채권'을 취득하게 된다. 유언자가 임차권 또는 근저당권이 설정된 목적물을 특정유증하면서 유증을 받은 자가 그 임대차보증금반환채무 또는 피담보채무를 인수할 것을 부담으로 정한 경우에도 상속인이 상속개시시에 유증 목적물과 그에 관한 임대차보증금반환채무 또는 피담보채무를 상속하므로 이를 전

제로 유류분 산정의 기초가 되는 재산액을 확정하여 유류분액을 산정하여야 한다(2017다 265884).

4. 평가액 산정 기준시

① 유류분액을 산정함에 있어 반환의무자가 증여받은 재산의 시가는 **상속개시 당시를 기준**으로 산정 해야 하고(95다17885), 당해 반환의무자에 대하여 반환해야 할 재산의 범위를 확정한 다음 그 원물반환이 불가능하여 가액반환을 명하는 경우에는 그 가액은 **사실심 변론종결시**를 기준으로 산정해야 한다(2004다51887)**(6회, 10회 선택형)**.

② 判例에 따르면 "증여받은 재산이 금전일 경우에는 그 증여받은 금액을 상속개시 당시의 화폐가 치로 환산하여 이를 증여재산의 가액으로 봄이 상당하고, 그러한 화폐가치의 환산은 증여 당시 부터 상속개시 당시까지 사이의 물가변동률을 반영하는 방법으로 산정하는 것이 합리적"이라 고 한다(2006다28126)**(6회 선택형)**,

Ⅲ. 유류분반환청구권   [E-62]

1. 법적성질

判例는 "유류분반환청구권의 행사에 의하여 반환되어야 할 유증 또는 증여의 목적이 된 재산이 타인에게 양도된 경우 그 양수인이 양도 당시 유류분권리자를 해함을 안 때에는 양수인에 대하 여도 그 재산의 반환을 청구할 수 있다"(2000다8878)**(10회 선택형)**고 하여 **제3자에 대한 반환청구권** 을 인정하고 있는 것으로 보아 '형성권설'로 보인다.[24]

2. 유류분반환청구권의 범위

유류분권리자가 피상속인의 제1114조에 규정된 증여 및 유증으로 인하여 그 '유류분에 부족이 생긴 때'에는 부족한 한도에서 그 재산의 반환을 청구할 수 있다(제1115조 1항).

(1) 유류분액

유류분 산정의 기초가 되는 재산 × 유류분율

(2) 상속으로 인해 취득한 이익

① "유류분제도의 입법 취지와 제1008조의 내용 등에 비추어 보면, 공동상속인 중 특별수익을 받 은 유류분권리자의 유류분 부족액을 산정할 때에는 유류분액에서 특별수익액과 순상속분액을 공제하여야 하고, 이때 공제할 순상속분액은 당해 유류분권리자의 특별수익을 고려한 구체적 인 상속분에 기초하여 산정하여야 한다"(2017다235791)**(12회 선택형)**. 이때 "유류분권리자의 구체 적인 상속분보다 유류분권리자가 부담하는 상속채무가 더 많은 경우, 그 초과분을 유류분액에 가산하여 유류분 부족액을 산정하여야 한다"(2017다265884)**(12회 선택형)**.

② 그리고 判例에 따르면 "금전채무와 같이 급부의 내용이 가분인 채무가 공동상속된 경우, 이는 상속개시와 동시에 당연히 공동상속인들에게 법정상속분에 따라 상속된 것으로 봄이 타당하므

---

24) **[판례검토]** '청구권설'에 의하면 유류분반환의무자가 무자력이 된 경우 유류분반환청구의 실효성을 거둘 수 없어 유류분권리 자의 보호에 미흡하다는 문제가 있으나, 다만 거래의 안전을 위해 선의의 전득자는 보호되어야 할 것이므로 '형성권설'을 전제 로 하면서도 거래안전을 고려하는 判例의 태도는 타당하다.

로, 법정상속분 상당의 금전채무는 유류분권리자의 유류분 부족액을 산정할 때 고려하여야 할 것이나, 공동
상속인 중 1인이 자신의 법정상속분 상당의 상속채무 분담액을 초과하여 유류분권리자의 상속채무 분담액까
지 변제한 경우에는 유류분권리자를 상대로 별도로 구상권을 행사하여 지급받거나 상계를 하는
등의 방법으로 만족을 얻는 것은 별론으로 하고, 그러한 사정을 유류분권리자의 유류분 부족액 산정
시 고려할 것은 아니다"라고 한다(2010다42624)(6회,8회 선택형).

(3) 유류분 침해액

유류분 침해액 = 유류분액(유류분 산정의 기초가 되는 재산 × 유류분율) - 상속으로 인해 취득한 이익(유류분권리
자가 받은 특별수익과 순상속분액)

3. 유류분반환청구권의 행사

(1) 행사방법

判例는 "그 의사표시는 침해를 받은 유증 또는 증여행위를 지정하여 이에 대한 반환청구의 의
사를 표시하면 그것으로 족하며, 그 목적물을 구체적으로 특정하여야 하는 것은 아니"라고 한
다(2000다8878)(6회 선택형).

(2) 행사순서

① **[유증 우선 반환청구]** 증여에 대하여는 유증을 반환받은 후가 아니면 청구할 수 없다(제1116조).

② **[수유자 또는 수증자가 수인인 경우]** 유증 및 증여를 받은 자가 수인인 때에는 각자가 얻은 가액에
비례하여 반환하여야 한다(제1115조 2항).

③ **[수유자 또는 수증자 중에 공동상속인이 있는 경우]** ㉠ 다른 공동상속인들 중 각자 증여받은 재산 등의
가액이 자기 고유의 유류분액을 초과하는 상속인만을 상대로 하여 그 유류분액을 초과한 금액의
비율에 따라서 반환청구를 할 수 있고, 제3자가 수증을 받은 경우에 그 제3자는 상속인이 아니어
서 유류분이 없으므로 그 수증가액을 기준으로 반환청구할 수 있다(2006다46346). ㉡ 判例는 유류
분반환청구에서 수인의 공동상속인이 유증받은 재산의 총 가액이 유류분권리자의 유류분 부족
액을 초과하는 경우에는 유류분 부족액의 범위 내에서 각자의 '수유재산'을 반환하면 되는 것이
지 이를 놓아두고 '수증재산'을 반환할 것은 아니라고 한다(2010다42624).

④ **[공동상속인 1인이 특별수익으로서 여러 부동산을 증여받은 경우]** "ⅰ) 제1115조 제2항을 유추적용하여
증여재산의 가액에 비례하여 안분하는 방법으로 정함이 타당하다. 따라서 유류분반환 의무자
는 증여받은 모든 부동산에 대하여 각각 일정 지분을 반환해야 하는데, 그 지분은 모두 증여재
산의 상속개시 당시 총가액에 대한 유류분 부족액의 비율이 된다. ⅱ) 다만 증여 이후 수증자나
수증자로부터 증여재산을 양수받은 사람이 자기의 비용으로 증여재산의 성상 등을 변경하여
상속개시 당시 그 가액이 증가되어 있는 경우, 그와 같은 변경이 있기 전 증여 당시의 성상
등을 기준으로 상속개시 당시 가액을 산정해야 한다. ⅲ) 반면 유류분 부족액 확정 후 증여재산
별로 반환 지분을 산정할 때 기준이 되는 증여재산의 총가액에 관해서는 상속개시 당시의 성상
등을 기준으로 상속개시 당시의 가액을 산정함이 타당하다"(2020다250783).[25]

---

25) **[사실관계]** 유류분권리자로 자녀 A와 B가 있고, 피상속인이 자녀 A에게만 10억 원의 부동산을 증여하고, 자녀 A가 자신의
비용으로 성상을 변경하여 그 가액이 20억 원이 되었으며, 상속재산과 상속채무는 없고, 자녀 B가 자녀 A를 상대로 유류분반

(3) 반환방법 : 원칙적 원물반환, 예외적 가액반환

① "민법은 유류분의 반환방법에 관하여 별도의 규정을 두지 않는바, 반환의무자는 통상적으로 증여 또는 유증대상인 재산 그 자체를 반환하면 될 것이다(제1115조 1항 참조, 예컨대 수증자 또는 수유자가 아직 목적물을 소유하고 있거나, 목적물을 양수한 제3자가 악의인 경우). 만약 원물반환이 불가능한 경우(예컨대 수증자 또는 수유자가 선의의 제3자에게 양도한 경우)에는 그 가액 상당액을 반환할 수밖에 없다. 특히 원물반환의 경우 목적물이 부동산인 때에는 유류분이 비율로 정해져 있으므로 공유지분의 이전등기를 청구하는 형태가 될 것이다.

② 이와 관련하여 "증여나 유증 후 그 목적물에 관하여 제3자가 저당권이나 지상권 등의 권리를 취득한 경우에는 원물반환이 불가능하거나 현저히 곤란하므로, 유류분권리자는 반환의무자를 상대로 원물반환 대신 그 가액의 반환을 구할 수 있다. 그러나 그렇다고 해서 유류분권리자가 스스로 위험이나 불이익을 감수하면서 원물반환을 구하는 것까지 허용되지 않는다고 볼 것은 아니므로, 그 경우에도 법원은 유류분권리자가 청구하는 방법에 따라 원물반환을 명하여야 한다"(2020다250783).

③ 그리고 "원물반환이 가능하더라도 유류분권리자와 반환의무자 사이에 가액으로 이를 반환하기로 협의가 이루어지거나 유류분권리자의 가액반환청구에 대하여 반환의무자가 이를 다투지 않은 경우에는 법원은 가액반환을 명할 수 있지만, 유류분권리자의 가액반환청구에 대하여 반환의무자가 원물반환을 주장하며 가액반환에 반대하는 의사를 표시한 경우에는 반환의무자의 의사에 반하여 원물반환이 가능한 재산에 대하여 가액반환을 명할 수 없다"(2010다42624)(8회, 10회 선택형).

(4) 반환청구권 행사의 효과

① 유류분반환청구권의 행사로 인하여 생기는 원물반환의무 또는 가액반환의무는 이행기한의 정함이 없는 채무이므로, 반환의무자는 '상속개시일부터가 아니라' 그 의무에 대한 '이행청구를 받은 때'에 비로소 지체책임을 진다(2010다42624).

② 반환의무자가 유증을 받은 부동산을 임대하여 차임 상당의 수익을 얻은 경우, 그 반환의무자의 선의 내지 악의에 따라 과실의 수취 여부가 달라진다(2010다42624).

4. 유류분반환청구권의 소멸(제1117조)

判例는 상속의 개시와 반환해야 할 증여 또는 유증을 한 사실을 안 때란, 상속개시와 유증·증여의 사실을 알 뿐만 아니라 그 사실이 유류분을 침해하여 반환청구를 할 수 있게 됨을 안 때라고 본다(2000다66430). 또한 유류분반환청구권을 행사함으로써 발생하는 목적물의 이전등기청구권 등은 유류분반환청구권과는 다른 권리이므로, 그 이전등기청구권 등에 대하여는 민법 제1117조 소정의 유류분반환청구권에 대한 소멸시효가 적용될 여지가 없고, 그 권리의 성질과 내용 등에 따라 별도로 소멸시효의 적용 여부와 기간 등을 판단하여야 한다(2011다55092, 55108)고 한다(10회 선택형).

환을 청구하는 경우(모든 가액은 상속개시시로 산정된 것임), ① 자녀 A의 유류분 부족액은 '10억 원 × 1/4 = 2억 5,000만 원'이라고 산정해야 하고 ② 자녀 B가 반환해야 할 부동산 지분은 '2억 5,000만 원 / 20억 원 = 2.5/20 지분'이라고 산정해야 한다.